財税融合，进行总结；多做练习，融会贯通。搭建考试与实践的桥梁，应试指南助您一臂之力。

吴卫华

中华会计网校
www.chinaacc.com
正保远程教育旗下品牌网站
美国纽交所上市公司（代码:DL）

梦想成真®
系列辅导丛书

2020 年度 全国税务师职业资格考试

涉税服务实务

应试指南

上册

■ 中华会计网校 编 ■ 奚卫华 主编

感恩20年相伴 助你梦想成真

人民出版社

责任编辑：薛岸杨
特邀编辑：张园园

图书在版编目（CIP）数据

涉税服务实务应试指南：全2册. 2019／中华会计
网校编；奚卫华主编. —北京：人民出版社，2019.6（2020.6 重印）
ISBN 978-7-01-020289-1

Ⅰ．①涉⋯ Ⅱ．①中⋯ ②奚⋯ Ⅲ．①税收管理–中
国–资格考试–自学参考资料 Ⅳ．①F812.423

中国版本图书馆 CIP 数据核字（2018）第 293433 号

涉税服务实务应试指南（上下册）
SHESHUI FUWU SHIWU YINGSHI ZHINAN

中华会计网校 编 奚卫华 主编

人民出版社出版发行
（100706 北京市东城区隆福寺街 99 号）

三河市荣展印务有限公司印刷 新华书店经销

2019 年 6 月第 1 版 2020 年 6 月第 2 次印刷
开本：787×1092 1/16 印张：37.5
字数：984 千字

ISBN 978-7-01-020289-1 定价：87.00 元

版权所有　侵权必究

邮购地址 100706 北京市东城区隆福寺街 99 号
人民东方图书销售中心 电话：010－84095956 65289539
中华会计网校财会书店 电话：010－82318888

前　言

主编有话说

正保远程教育

发展：2000—2020年：感恩20年相伴，助你梦想成真

理念：学员利益至上，一切为学员服务

成果：18个不同类型的品牌网站，涵盖13个行业

奋斗目标：构建完善的"终身教育体系"和"完全教育体系"

中华会计网校

发展：正保远程教育旗下的第一品牌网站

理念：精耕细作，锲而不舍

成果：每年为我国财经领域培养数百万名专业人才

奋斗目标：成为所有会计人的"网上家园"

"梦想成真"书系

发展：正保远程教育主打的品牌系列辅导丛书

理念：你的梦想由我们来保驾护航

成果：图书品类涵盖会计职称、注册会计师、税务师、经济师、资产评估师、审计师、财税、实务等多个专业领域

奋斗目标：成为所有会计人实现梦想路上的启明灯

图书特色

1 考情分析及应试方法

解读考试**整体情况**，
了解大纲**总体框架**

一、考试总体情况

《涉税服务实务》这门课程最主要的特点是综合性强、实务性强。可以说，《涉税服务实务》是《税法Ⅰ》《税法Ⅱ》《财务与会计》涉税服务相关法律》的综合体。该科目考试的难度主要体现在以下方面：（1）综合性。本科目的考核中，很多题目，尤其是简答题和综合题不仅涉及多税种，而且往往是将税务处理和账务处理、税收实体法和税收程序法结合起来进行考查。

二、大纲内容体系

2020年《涉税服务实务》教材共有十五章，可以分为四部分。
第一部分：《涉税服务实务》基础知识（第1~6章）
第二部分：涉税会计核算和代理纳税审查方法（第7~8章）
第三部分：具体税种的纳税申报和纳税审核（第9~11章）

2 应试指导及同步训练

- 深入**解读**本章考点及考试变化内容

- 全方位**透析**考试，钻研考点

- 了解命题方向和易错点

- 夯实基础，快速**掌握**答题技巧

- 本章知识体系**全呈现**

考情解密

历年考情概况
在第1~6章内容中，本章内容相对重要。历年考题多以单选题、多选题、简答题的形式出现，本章存在较大的出简答题的可能性——2010年2道简答题，2013年、2016年各1道简答题涉及本章内容。受国地税合并影响本章分值可能会略有下降，预计本章分值3~6分。

考点详解及精选例题

一、税务管理体制

（一）税务管理体制概述★
1. 税务管理体制的概念
在中央与地方，以及地方各级政府之间

中央和地方收入的划分
（3）实行以国家税务总局为主与省（区、市）人民政府双重领导管理体制；将省级和省级以下国税地税机构合并后，具体承担所辖区域内的各项税收、非税收入征管等职责。国税地税机构合并后，实行以国家税务总局为主与省（区、市）人民政府双重领导管理体制。

真题精练

一、单项选择题
1.（2019年）下列关于会计基本假设的表述中，正确的是（　）。
A. 持续经营明确的是会计核算的空间范围
B. 会计主体是指会计为之服务的特定单位，必须是企业法人

D. 会计分期是费用跨期摊销、固定资产折旧计提的前提
2.（2017年）下列各项会计处理方法中，体现财务会计信息可比性的是（　）。
A. 分期收款发出商品未全额确认为当期收入
B. 发出存货的计价方法一经确定，不得随

同步训练　限时60分钟

一、单项选择题
1. 下列关于账簿设置的表述，错误的是（　）。
A. 从事生产经营的纳税人应自其领取工商营业执照之日起15日内按规定设置账簿
B. 纳税人使用计算机记账的，应当在领取

A. 当期未发生纳税义务的纳税人
B. 当期开始享受免税待遇的纳税人
C. 实行定期定额方式缴纳税款的纳税人
D. 不能按期缴税且有特殊困难的纳税人
3. 关于纳税评估，下列表述错误的是（　）。

本章知识串联

会计基本假设
- 会计主体 —— 空间范围
- 持续经营 —— 在可预见的未来，企业将会继续经营下去
- 会计分期
- 货币计量

3 易错易混知识点辨析

避开**设题陷阱**　　快速**查漏补缺**

1. 会计上收入确认时间 VS 企业所得税收入确认时间 VS 增值税纳税义务发生时间

会计上收入确认时间：以会计准则为准，实行权责发生制，承认谨慎性原则。会计确认收入时，应借记"主营业务收入"或"其他业务收入"等收入类科目。

企业所得税收入确认时间：以企业所得税法及相关规定为准，实行权责发生制，但不承认谨慎性原则。当企业所得税与会计对收入确认存在差异时，应该通过纳税调整的方式——通过填写企业所得税纳税申报表的A105000表及相关附表进行纳税调整，无需

☑实战演练

【例题·简答题】A公司股东为B公司（持股比例60%）、C个人（持股比例40%），A公司的所有者权益为9000万元，其中实收资本4000万元，资本溢价形成的资本公积2000万元、盈余公积1500万元，未分配利润1500万元。2020年3月A公司的股东会做出决定，以2000万元的资本公积、500万元的盈余公积和1500万元的未分配利润转增资本。请问这股东B公司和C个人应如何进行税务处理？

4 考前预测试题

- 名师**精心预测**，模拟演练，助力通关

预测试题（一）

一、单项选择题（共20题，每题1.5分。每题的备选项中，只有1个最符合题意）
1. 下列有关税务师涉税服务范围和税务师权

预测试题（二）

一、单项选择题（共20题，每题1.5分。每题的备选项中，只有1个最符合题意）
1. 下列关于房地产开发企业销售开发产品增

电子发票进项税额，在纳税申报时应当填写在《增值税纳税申报表附列资料（二）》（本期进项税额明细组）中"其他"相关栏次中
2. 某人2019年采用假报出口的手段，骗取国家出口退税款，数额巨大，其将面临（　）处罚。
A. 处5年以上10年以下有期徒刑
A. 企业按规定计算的应代扣代缴的职工个人所得税，应借记"应付职工薪酬"，贷记"应交税费——应交个人所得税"
B. 企业当月预缴的增值税于当月月末应由增值税，应当根据多缴税额借记"应交税费——未交增值税"，贷记"应交税费——应交增值税（转出多交增值税）"
C. 旅游企业采用差额计税方式时，支付给

目 录 CONTENTS

上 册

第 1 部分 考情分析及应试方法

第 2 部分 应试指导及同步训练

下　册

第 3 部分　易错易混知识点辨析

第 4 部分　考前预测试题

附录：新型冠状病毒感染的肺炎疫情期间相关政策总结

正保文化官微

关注正保文化官方微信公众号，回复"勘误表"，获取本书勘误内容。

第1部分

2020

考情分析及应试方法

智慧启航

世界上最快乐的事，莫过于为理想而奋斗。

——苏格拉底

2020 年考情分析及应试方法

税务师职业资格考试的五门科目中，难度最大、综合性最强的科目就是《涉税服务实务》，因此提请大家高度重视，避免形成错误的看法——认为通过《税法Ⅰ》《税法Ⅱ》《财务与会计》的考试，就自然而然能够通过《涉税服务实务》的考试，这是历年阻碍大家通过该科目考试的一个非常重要的原因。

一、考试总体情况

《涉税服务实务》这门课程最主要的特点是综合性强、实务性强。可以说，《涉税服务实务》是《税法Ⅰ》《税法Ⅱ》《财务与会计》《涉税服务相关法律》的综合体。该科目考试的难度主要体现在以下方面：(1)综合性强。本科目的考核中，很多题目，尤其是简答题和综合题不仅涉及多税种，而且往往是将税务处理和账务处理、税收实体法和税收程序法结合起来进行考核，增加考试难度；(2)题型多，不仅有客观题(单选题和多选题)，而且有主观题(简答题和综合题)。对于很多考生而言，在回答简答题组织语言的过程中会遇到一定的困难，综合题往往将财税知识结合起来考核，增加题目难度；(3)一些题目存在争议。可以这样说，越是实务性强的考试，争议就越大。因为税收征管实践中，税企之间的争议也很多，比如增值税中界定"非正常损失"时如何理解"管理不善"、如何理解企业所得税前扣除的相关性原则等。如何解决这一问题呢？我们将在"学习方法"中给出相应的建议。

二、大纲内容体系

2020 年《涉税服务实务》大纲共有十五章，可以分为四部分。

第一部分：《涉税服务实务》基础知识(第 1~6 章)

第二部分：涉税会计核算和代理纳税审查方法(第 7~8 章)

第三部分：具体税种的纳税申报和纳税审核(第 9~11 章)

第四部分：社会保险费、税务行政复议、税务咨询与事务所质量控制(第 12~15 章)

《涉税服务实务》基本结构见下表：

教材结构	章节	分值及比例	难易程度
第一部分	第 1~6 章	合计分值 16 分左右，占总分值 12% 左右	★
第二部分	第 7~8 章	合计分值 20 分左右，占总分值 15% 左右	★★
第三部分	第 9~11 章	合计分值 90~95 分左右，占总分值 65% 左右	★★★
第四部分	第 12~15 章	合计分值 10~13 分左右，占总分值 8% 左右	★

三、命题规律及应试方法

（一）命题规律

近年来，《涉税服务实务》由于考试形式以及考试时间的变动，题型题量均有所调整。但从 2016 年之后相对比较稳定。从近几年的考试情况来看，考试时间为 150 分钟，题型包括单项选择题(20 道题)、多项选择题(10 道题)、简答题(5 道题)以及综合题(2 道题)，所占分值分别为 30 分、20 分、40 分和 50 分，总分合计 140 分。

（二）应试方法

在税务师 5 门科目的考试中，《涉税服务实务》是唯一一门不仅有单项选择题、多项选择题等客观题，而且还有简答题和综合题等主观题的科目。由于主观题的存在，在很大程度上增加了考试的难度。

1. 单项选择题

本题型以教材基础内容为主，主要考核基本规定；与《税法Ⅰ》和《税法Ⅱ》相比，本科目的单项选择题难度低，容易得分，为确保通过考试，本题型的得分率最低应该达到 80% 以上；同时在考试过程中，本题型不应该占用过多时间，用时应该控制在 20 分钟左右。

2. 多项选择题

与单项选择题相比，多项选择题综合性强，可能在一个题目中考核一项行为的不同税种的处理；难度增强，因为多选、错选都是不得分的，少选，所选的每个正确选项得 0.5 分。因此对于多项选择题应该采用谨慎性原则——对于不确定的选项，可以不选，保证所选的正确选项能够得分。与《税法Ⅰ》和《税法Ⅱ》相比，《涉税服务实务》多项选择题的考核内容相对综合，但详细程度、深入程度低于《税法Ⅰ》和《税法Ⅱ》。整体而言，本题型得分难度居中，为通过考试，建议本题型的得分率达到 70% 及以上，用时控制在 30 分钟左右。

3. 简答题

一般而言，简答题的数量为 5 道题，分值为 40 分。简答题涉及的主要内容是：(1)具体税种的财税处理，包括增值税、消费税、个人所得税、企业所得税、土地增值税、房产税、印花税等税种的税务处理及账务处理；(2)发票管理类题目，包括发票开具、代开、取得、保管、丢失、作废、开具红字发票、税率变动后开具发票、异常增值税扣税凭证等问题，近几年国家出台了大量加强发票管理的文件，而且在税收征管中发票日益重要，建议大家重视发票管理类题目；(3)税收征管及税务行政复议、税务代理类题目，主要是给出企业的具体情况以及税务机关的处理决定之后，判断税务机关的处理决定是否正确？是否可以申请复议？税务师事务所是否可以代理税务行政复议等等；(4)错账的甄别与调整。这类题目具有一定的综合性，而且可能涉及容易混淆的内容，比如收取租金时，如何进行账务处理，增值税、企业所得税、房产税、印花税等税种应纳税额的计算等，这就涉及会计上收入确认、企业所得税收入确认、增值税纳税义务发生等内容。对于这类题目，建议大家在平常复习时，多注意总结：总结一项行为涉及多税种的处理；总结财税处理的不同；总结各个税种规定的不同；总结特殊行业(比如房地产业、建筑安装服务等)的特殊规定。为通过考试，建议本题型的得分率达到 70% 及以上，用时控制在 40 分钟左右。

4. 综合题

近 3 年，综合题的数量均为 2 道题，但每道题的业务量有所下降，每道题的业务量基本上是 5~8 项业务；2 道综合题基本上 1 道是以增值税为主的综合题，1 道是以企业所得税为主的综合题。2018 年、2019 年的考试画风有所变化，2018 年 2 道综合题均是以企业所得税为主的综合题，2019 年 2 道综合题均是增值税的综合题。此时学员就会疑惑，是不是 2018 年综合题中没有考增值税的问题？2019 年综合题中没有考企业所得税的问题？当然不是，两年的题目中都有一个共同特点，就是将增值税和企业所得税组合出题，或者将企业所得税和个人所得税组合出题，增强题目的综合性。在增值税的综合题中，需要注意：营改增的最新规定，账务处理的最新变化以及纳税申报表的填写，同时要注意有可能以特殊行业（比如建筑业、房地产业等）为背景信息进行考核；在企业所得税的综合题中，需要注意收入类、扣除类、税收优惠类项目的纳税调整问题，错账的甄别与调整，纳税申报表的填写。虽然近几年这类题目的难度有所降低，但总体而言难度仍较高，建议大家在复习过程中，通过分析近几年的题目总结考试的重点难点，并确定不同业务得分的难易程度，在考试前对于哪些业务要确保得分，哪些业务需要放弃做到心中有数。比如在企业所得税的综合题中，一定会考到业务招待费的纳税调整问题，如果题目中涉及的收入类错账较多、视同销售的业务较多，考试时间又比较紧张的情况下，就需要考虑放弃业务招待费的纳税调整，而将有限的时间留给诸如工资及三项经费、研发费用加计扣除等业务，因为后面的业务与其他业务的关联性不强，相对容易得分。也就是说在复习过程中，要总结考试的概率、得分的难易程度，并确定应考策略。如果在综合题中，前面有业务拿不准，则计算应补应退企业所得税或计算本月应纳增值税的问题就需要放弃，留下时间回答其他问题。为通过考试，建议本题型的得分率达到 60% 及以上，用时控制在 60 分钟左右。

具体学习方法如下：

1. 培养学习兴趣，带着问题去学习

俗话说，兴趣是最好的老师。如果我们在学习《涉税服务实务》时仅仅以考试作为唯一目的，那么您就会感觉税法规定纷繁复杂，学习起来枯燥无趣、甚至于"蓝瘦、香菇"；但如果您明晰税法在实践工作中的用处，用税法分析、解决实际问题，带着兴趣、带着问题去学习，则是另一番滋味——您会体会到满足和收获。因此在学习这门课程时，请您牢记"税法无边，兴趣为帆，共同努力，扬帆远航"。

2. 持之以恒，循序渐进

在日常生活中，我们经常以"死记硬背"来说某人学习方法不对头。但我认为这是一个误解，对税法的学习、对涉税服务实务的学习需要经历三个阶段：死记硬背、死去活来、活学活用三个阶段。没有对税法基本规定的学习与掌握，就谈不上未来考试和工作中的活学活用。因此要想通过考试，无论哪种学习方法，都必须要经历一个踏踏实实、持之以恒、循序渐进学习税法基本知识的过程。只有经过这个阶段，我们才能体会化蛹成蝶的成就和快乐。

3. 把握命题规律，制定学习计划，并付诸实施

"凡事预则立，不预则废"，知道了考试范围、了解了命题规律，接下来就应该根据自身的情况，量身定制一份专属学习计划。也许有些考生认为，制定计划没有什么用处；还有些考生认为即使制定了计划，也可能因为各种各样的原因导致计划无法完成。的确，计划虽然重要，但更为重要的是执行。因此建议大家在制订计划时给自己留有一定余地，按照每周 6 天的时间安排学习计划，留出 1 天时间作为机动，同时体会能够提前完成计划的快乐和满足。

4. 熟悉历年考题，充分利用各种学习资源

历年考题是最好的复习资料，没有任何题目比考题更有代表性。《应试指南》专门设置了

"真题精练"栏目，让大家在学习基础知识之后，可以直接看到相关的考试真题，将"学习"和"考试"直接连接起来，带着在真题中发现的命题规律去做练习，"举一反三"，最大程度的节约大家的学习时间。

5. 注意总结整理

由于《涉税服务实务》的考试综合性强，经常考核一项行为涉及多税种的情况，而且往往将财税处理、实体法与征管法结合起来考核，因此需要各位考生在平时复习时注意整理一项行为涉及多税种时的财税处理。

6. 听与练结合

在面授的过程中，经常有考生说，在平常学习时遇到的问题是"一听就会，一做就蒙"。为什么会出现这种情况？两个字"欠练"——也就是听得多，但做得少。因此建议大家多做练习，无论是《应试指南》《经典题解》的题目，还是网校基础班、习题班、模拟试题的题目，一定要做到先自己练习，再看答案，对照答案找问题所在，并进行总结。

四、2020 年备考特别提示

2019 年《涉税服务实务》的考试题目相对简单，因此 2020 年的考试题目可能会相对较难，因此大家要做好打硬仗的思想准备。

总之，税务师考试作为税务专业的最权威考试之一，有一定的考试难度，是很正常的事情。但只要我们认真学习、练习、备考，功到自然成。预祝各位考生在 2020 年能够梦想成真！

2020年考试变化讲解

关于左侧小程序码，你需要知道——

亲爱的读者，无论你是新学员还是老考生，本着"逢变必考"的原则，今年考试的变动内容你都需要重点掌握。微信扫描左侧小程序码，网校名师为你带来2020年本科目考试变动解读，助你第一时间掌握重要考点。

第 2 部分

2020

应试指导及同步训练

智慧启航

执着追求并从中得到最大快乐的人，才是成功者。

——梭罗

第1章　导　论

考情解密

历年考情概况

本章是涉税服务实务的基础性内容，但并不是考试的重点章节。历年考题多以单选题、多选题的形式出现，预计考试分值在3~4分。

近年考点直击

考点	主要考查题型	考频指数	考查角度
税务师的概念	单选题、多选题，可以作为简答题考点	★★	税务师执业，主要依托于税务师事务所，也可以依托其他涉税专业服务机构，不得以个人名义承揽业务
税务师的服务范围	单选题、多选题，可以作为简答题考点	★★★	专业税务顾问、税收策划、涉税鉴证、纳税情况审查四大类业务，必须由具有税务师事务所、会计师事务所、律师事务所资质的涉税专业服务机构从事，相关文书应由税务师、注册会计师、律师签字，并承担相应的责任
税务师行业的特点	单选题、多选题，可以作为简答题考点	★★	尤其要主体的特定性、执业内容的确定、税收法律责任的不转嫁性的含义
税务师的权利与义务	单选题、多选题，可以作为简答题考点	★★	能够分清哪些是权利，哪些是义务
税务师事务所	单选题、多选	★★	(1)组织形式； (2)具备的条件； (3)行政登记，注意时间的规定。
税务师的执业规则	单选题、多选题，可以作为简答题考点	★★	(1)税务师应当拒绝出具有关报告的情形； (2)税务师出具报告时，不得出现的行为； (3)税务师不得出现的行为
涉税专业服务的法律关系	单选题、多选	★★	(1)确立的条件； (2)变更的情形； (3)单方终止的规定。
涉税专业服务的法律关系	单选题、多选题，可以作为简答题考点	★★	(1)熟悉委托方的法律责任，掌握受托方、双方连带责任的规定； (2)注意征管法实施细则、《涉税专业服务监管办法(试行)》的规定

本章2020年考试主要变化

1. 税务师执业，主要依托于税务师事务所，也可以依托其他涉税专业服务机构。
2. 税务师的服务范围。

3. 税务师行业的特点中"主体的特定性"发生变化；"税收法律责任的不转嫁性"中增加了"税务师违反税收法律法规，造成国家税款损失的，应承担相应的法律责任"。

4. "税务师行业未来发展应坚持的原则"发生变化。

5. 增加税务师事务所报送《涉税专业服务机构(人员)基本信息采集表》的规定。

6. 增加"专业税务顾问、税收策划、涉税鉴证、纳税情况审查业务，只能由具有税务师事务所、会计师事务所、律师事务所资质的涉税专业服务机构从事，税务代理公司等其他涉税专业服务机构不能从事。"以及报送《专项业务报告要素信息采集表》的要求。

7. 新增"涉税专业服务信用评价管理"。

8. 新增"专业税务顾问、税收策划、涉税鉴证、纳税情况审查四大类业务，必须由具有税务师事务所、会计师事务所、律师事务所资质的涉税专业服务机构从事，相关文书应由税务师、注册会计师、律师签字，并承担相应的责任"。

9. 新增"涉税专业服务协议签署后，涉税专业服务机构应当于首次为委托人提供约定的涉税专业服务前，向主管税务机关报送《涉税专业服务协议要素信息采集表》，发生变更和终止的，应当自变更或者终止之日起30日内向主管税务机关报送该表"。

10. "税务师职业基本道德要求"的表述发生变化。

考点详解及精选例题

一、税务师的概念 ★★*

扫我解疑难

税务师是在中华人民共和国境内依法取得税务师职业资格证书，从事涉税专业服务相关业务的专业人员。

上述概念中，有三个要点：(1)税务师执业要依法取得税务师执业资格证书；(2)税务师执业，主要依托于税务师事务所，也可以依托其他涉税专业服务机构，个人不可以独立执业；(3)税务师事务所及税务师应当对其

出具的鉴证报告及其他执业行为承担法律责任。

二、税务师的服务范围 ★★

扫我解疑难

【知识点拨】相对重要，容易出题，与本章"七、涉税专业服务的范围"、第三章"涉税服务业务"结合起来学习。

税务师的服务范围主要是纳税申报代理业务、一般税务咨询业务、专业税务顾问业务、税收策划业务、涉税鉴证业务、纳税情

关于"扫我解疑难"，你需要知道——

亲爱的读者，下载并安装"中华会计网校"APP，扫描对应二维码，即可获赠知识点概述分析及知识点讲解视频（前10次试听免费），帮助夯实相关考点内容。若想获取更多的视频课程，建议选购中华会计网校辅导课程。

---

* 注：本书采用★级进行标注，★表示了解，★★表示熟悉，★★★表示掌握。

况审查业务、其他税务事项代理业务和其他涉税服务业务。

三、税务师行业的特点★★

扫我解疑难

1. 主体的特定性

（1）提供服务的一方：必须是从事涉税专业服务的税务师、税务师事务所和其他涉税专业服务机构及其涉税服务人员。

（2）接受涉税服务的一方：可以是负有纳税义务或扣缴税款义务的纳税人或扣缴义务人，也可以是需要了解第三方涉税事项的政府机关、其他机构或个人。

2. 涉税服务活动的公正性

3. 法律约束性

4. 执业活动的知识性与专业性

5. 执业内容的确定性

（1）税务师**不得**超越规定的内容从事涉税专业服务活动；

（2）除税务机关依法委托其代理外，税务师**不得代理**应由税务机关行使的行政职权。

6. 税收法律责任的不转嫁性（重要考点，需要重点掌握）

涉税专业服务关系的建立并不改变纳税人、扣缴义务人对其本身所固有的税收法律责任的承担。在涉税专业服务过程中产生的税收法律责任，无论出自纳税人、扣缴义务人的原因，还是由于税务师的原因，其承担者均应为纳税人或扣缴义务人。

但法律责任的不转嫁性并不意味着税务师在执业过程中可以对纳税人、扣缴义务人的权益不负责任，不承担任何过错和责任。纳税人、扣缴义务人可以通过民事诉讼程序向税务师及其所属涉税专业服务机构提出赔偿要求；税务师违反税收法律法规，造成国家税款损失的，应承担相应的法律责任。

7. 执业有偿服务性

【例题1·单选题】下列有关涉税专业服务基本特征表述错误的是（　　）。

A. 提供涉税服务的一方必须是从事涉税专业服务的税务师、税务师事务所和其他涉税专业服务机构及其涉税服务人员

B. 除税务机关依法委托其代理外，税务师不得代理应由税务机关行使的行政职权

C. 因税务师工作过失而产生的税收法律责任，应由纳税人、扣缴义务人承担

D. 涉税专业服务法律关系的建立可以改变纳税人、扣缴义务人相关的法律责任

解析 ▶ 根据税收法律责任的不转嫁性，涉税专业服务关系的建立并不改变纳税人、扣缴义务人对其本身所固有的税收法律责任的承担。　　**答案** ▶ D

真题精练（客观题）

（2019年单选题）甲税务师事务所的税务师代客户乙公司进行纳税申报，申报后因少缴纳税款被税务机关处以罚款，承担该罚款的是（　　）。

A. 税务师

B. 甲税务师事务所

C. 税务师、乙公司、甲税务师事务所

D. 乙公司

解析 ▶ 涉税专业服务关系的建立并不改变纳税人、扣缴义务人对其本身所固有的税收法律责任的承担，所以应该由乙公司承担该罚款。　　**答案** ▶ D

四、税务师的执业原则★★

扫我解疑难

（1）自愿委托原则。

（2）依法涉税专业服务原则。

（3）独立、公正原则。

（4）维护国家利益和保护委托人合法权益的原则。

【例题2·多选题】下列关于税务师的执业原则理解错误的有（　　）。

A. 根据自愿委托原则，税务师不能以任何方式强迫纳税人、扣缴义务人委托其进行涉税专业服务，但纳税人委托税务师进行涉

税专业服务的，税务师不得拒绝

B. 税务师在执业过程中，要充分体现涉税专业服务对象的所有意愿，在涉税专业服务对象授权的范围内开展活动

C. 税务师在其接受涉税专业服务的权限内独立行使自己的职责，其从事的具体代理活动不受税务机关控制，更不受纳税人、扣缴义务人左右，这体现了税务师执业的独立、公正原则

D. 通过税务师的涉税专业服务业务，纳税人可避免因不知法而导致不必要的处罚，而且还可通过税务师在合法合理的基础上进行税收筹划，节省不必要的税收支出，减少损失，这体现的是维护国家利益和保护委托人合法权益的原则

E. 税务师在实施涉税专业服务过程中，必须站在公正的立场上，在维护税法尊严的前提下，公正、客观地为纳税人、扣缴义务人代办税务事宜，绝不能因收取委托人的报酬而偏袒或迁就纳税人或扣缴义务人，这体现了依法涉税专业服务原则

解析 ▶ 选项 A，根据自愿委托原则，税务师也同样具有选择其所服务对象的自由，在涉税专业服务对象向其寻求涉税专业服务时，税务师拥有接受委托或拒绝服务的选择权；选项 B，根据依法涉税专业服务原则，税务师在执业过程中，要充分体现涉税专业服务对象的合法意愿，在涉税专业服务对象授权的范围内开展活动；选项 E，体现的是独立、公正原则。 **答案** ▶ ABE

真题精练（客观题）

1.（2015年多选题）下列规则中，属于税务师从事涉税专业服务必须遵循的原则有（ ）。

A. 依法涉税专业服务

B. 独立、公正

C. 委托人利益最大化

D. 按照税务机关要求开展业务原则

E. 自愿委托

解析 ▶ 本题考核税务师的执业原则。

答案 ▶ ABE

2.（2016年多选题）依法涉税专业服务原则包括的内容有（ ）。

A. 承办的涉税专业服务业务，都要以法律、法规为指针

B. 承接的涉税专业服务范围，都要以法律、法规为设定

C. 从事涉税专业服务的机构必须是依法成立的税务师事务所

D. 税务师在执业过程中，要充分体现涉税专业服务对象的合法意愿，在涉税专业服务对象授权的范围内开展活动

E. 涉税专业服务必须按规定出具报告

解析 ▶ 本题考核依法涉税专业服务原则的具体解释。依法涉税专业服务原则：首先，从事涉税专业服务的机构必须是依法成立的；其次，税务师承办一切涉税专业服务业务，都要以法律、法规为指针，其所有活动都必须在法律、法规规定的范围内进行。税务师制作涉税文书，须符合国家法律、法规规定的原则，依照税法规定正确计算涉税专业服务对象应纳或应扣缴的税款。税务师在执业过程中，要充分体现涉税专业服务对象的合法意愿，在涉税专业服务对象授权的范围内开展活动。

答案 ▶ ABCD

五、涉税专业服务制度的产生与发展 ★

扫我解疑难

（一）基本历程与现状（简单了解即可）

（1）2015 年注册税务师职业资格由准入类调整为水平评价类，并更名为"税务师"，纳入全国专业技术人员职业资格证书制度统一规划。

（2）2016 年 5 月，中国注册税务师协会先后发布了《税务师职业资格证书登记服务办法（试行）》《中国注册税务师协会行业诚信记录管理办法（试行）》和《中国注册税务师协会税务师事务所综合评价办法（试行）》，为税务师行业自律管理、规范服务和转型升级创

造了较为完善的制度保证。

（3）2016 年 6 月，国家税务总局发布关于《建立税务机关涉税专业服务社会组织及其行业协会和纳税人三方沟通机制的通知》，是新时期指导涉税专业服务社会组织发展、构建税收共治格局的重要指导文件。

（4）2017 年 5 月，国家税务总局发布了《涉税专业服务监管办法（试行）》，主要内容：

①全面开放涉税专业服务市场，建立健全监管制度，优化服务措施，不断提高监管水平；

②取消税务师事务所设立审批后，《办法》出台将在制度上明确税务师事务所行政登记制度，有利于促进税务师行业转型升级健康发展。

（5）2017 年 8 月，国家税务总局发布《税务师事务所行政登记规程（试行）》，意义在于：

①解决税务师事务所主体问题，《规程》出台后，税务机关将依据《规程》启动税务师事务所行政登记工作；

②简化了税务师事务所行政登记报送资料，极大地便利了行政相对人。

（6）2017 年 11 月，国家税务总局发布《涉税专业服务信息公告与推送办法（试行）》。

①使纳税人和社会公众了解涉税专业服务机构和从事涉税服务人员的相关信息，扩大纳税人选择范围，减少信息不对称，间接督促涉税专业服务机构和从事涉税服务人员提高执业质量；

②实现涉税专业服务机构和从事涉税服务人员与纳税人信息的联动管理，有利于进一步加强风险防控，实施分级分类管理，打造数据管税格局；

③实现税务机关与外部其他部门和行业协会的信息共享，推进联合激励和联合惩戒，促进社会共治。

（7）2017 年 12 月，国家税务总局发布

《涉税专业服务信用评价管理办法（试行）》，对于加强涉税专业服务信用管理，促进涉税专业服务机构及其从事涉税服务人员依法诚信执业具有重要意义。

（8）2017 年 12 月，国家税务总局发布《关于采集涉税专业服务基本信息和业务信息有关事项的公告》。

（9）2018 年 10 月，国家税务总局发布《关于从事涉税服务人员个人信用积分指标体系及积分记录规则的公告》。

（10）税务师行业未来发展的指导思想。（简单了解）

（二）税务师行业未来发展应坚持的原则

税务师行业发展应以习近平新时代中国特色社会主义思想为指导、服务税收工作大局，坚持以下原则：

（1）坚持党建引领；

（2）坚持依法执业；

（3）坚持人才为基；

（4）坚持市场主导；

（5）坚持科学治理。

六、税务师与税务师事务所

扫我解疑难

（一）税务师的权利与义务 ★★

1. 税务师的权利

（1）有权依照《涉税专业服务监管办法（试行）》规定的范围，从事涉税专业服务；税务师对委托人违反税收法律、法规行为的委托，有权拒绝；

（2）依法从事涉税专业服务业务，受国家法律保护，任何机关、团体、单位和个人不得非法干预；

（3）可以向税务机关查询税收法律、法规、规章和其他规范性文件；

（4）可以要求委托人提供有关会计、经营等涉税资料（包括电子数据），以及其他必要的协助；

（5）可以对税收政策存在的问题向税务机

关提出意见和修改建议；可以对税务机关和税务人员的违法、违纪行为提出批评或者向上级主管部门反映；

(6)对行政处罚决定不服的，可以依法申请复议或向人民法院起诉。

2. 税务师的义务

税务师应按其代理职责履行义务并承担相关的法律责任。税务师执业，需履行下列义务：

(1)应当在对外出具的涉税文书上签字盖章，并对其真实性、合法性负责；

(2)执业中发现委托人有违规行为并可能影响审核报告的公正、诚信时，应当予以劝阻；劝阻无效的，应当终止执业；

(3)对执业中知悉的委托人商业秘密，负有保密义务；

(4)应当对业务助理人员的工作进行指导与审核，并对其工作结果负责；

(5)与委托人有利害关系的，应当回避；委托人有权要求其回避；

(6)应当不断更新执业所需的专业知识，提高执业技能，并按规定接受后续教育培训。

【例题3·多选题】下列属于税务师权利的有( )。

A. 税务师与委托人有利害关系的，应当回避，委托人有权要求其回避

B. 税务师可以向税务机关查询税收法律、法规、规章和其他规范性文件

C. 税务师可以对税收政策存在的问题进行修改和完善

D. 税务师依法从事涉税专业服务业务，受国家法律保护，任何机关、团体、单位和个人不得非法干预

E. 税务师应当在对外出具的涉税文书上签字盖章，并对其真实性、合法性负责

解析 ▶ 本题考核的是税务师的权利，而非义务。选项AE为税务师的义务。选项C，税务师可以对税收政策存在的问题向税务机关提出意见和修改建议，而不是进行修改和完善。

答案 ▶ BD

(二)税务师事务所 ★ ★

税务师事务所是专职从事涉税专业服务的工作机构，由税务师出资设立。

(1)税务师事务所的设立条件。

税务师事务所采取合伙制或者有限责任制组织形式的，合伙制税务师事务所分为普通合伙税务师事务所和特殊普通合伙税务师事务所。

除国家税务总局另有规定外，应当具备下列条件：

①合伙人或者股东由税务师、注册会计师、律师担任，其中**税务师占比应高于50%**；

②有限责任制税务师事务所的法定代表人由股东担任；

③税务师、注册会计师、律师不能同时在两家以上的税务师事务所担任合伙人、股东或者从业；

④税务师事务所字号不得与已经行政登记的税务师事务所字号重复。

(2)税务机关应当对税务师事务所实施行政登记管理。未经行政登记不得使用"税务师事务所"名称，不能享有税务师事务所的合法权益。

省、自治区、直辖市和计划单列市税务机关(以下简称省税务机关)负责本地区税务师事务所行政登记。

省税务机关对税务师事务所准予行政登记的，颁发《税务师事务所行政登记证书》，并将相关资料报送国家税务总局，抄送省税务师行业协会。不予行政登记的，书面通知申请人。

行政相对人办理税务师事务所行政登记，应当自取得营业执照之日起20个工作日内向所在地省税务机关提交相应材料。

省税务机关自受理材料之日起20个工作日内办理税务师事务所行政登记。符合行政登记条件的，将税务师事务所名称、合伙人或者股东、执行事务合伙人或者法定代表人、职业资格人员等有关信息在门户网站公示，

公示期不得少于5个工作日。

税务师事务所成立后，还需在**首次开展业务前**，向主管税务机关报送**《涉税专业服务机构(人员)基本信息采集表》**；对于机构和人员情况发生变化的，也需**在变更之日起30日内**向**主管税务机关**报送该表。

【知识点拨】 此行为与行政登记不是同一事项，报送机关也不相同。

(3)税务师事务所的变更登记。

税务师事务所的名称、组织形式、经营场所、合伙人或者股东、执行事务合伙人或者法定代表人等事项发生变更的，应当自办理工商变更之日起20个工作日内办理变更行政登记，向所在地省税务机关提交相应材料；省税务机关自受理材料之日起15个工作日内办理税务师事务所变更行政登记。符合行政登记条件的，换发《登记证书》，并进行公告，同时将《税务师事务所变更/终止行政登记表》报送国家税务总局，抄送省税务师行业协会；不符合变更行政登记条件的，出具《不予登记通知书》并公告，同时将有关材料抄送工商行政管理部门。

(4)税务师事务所的注销登记。

税务师事务所注销工商登记前，应当办理终止行政登记，向所在地省税务机关提交相应材料；税务师事务所注销工商登记前未办理终止行政登记的，省税务机关公告宣布行政登记失效；终止情形属实的，予以终止行政登记。省税务机关对税务师事务所终止情况进行公告，同时将《税务师事务所变更/终止行政登记表》报送国家税务总局，抄送省税务师行业协会。

【例题4·多选题】 税务师事务所采取合伙制或者有限责任制组织形式的，除国家税务总局另有规定外，股东由( )担任。

A. 税务师　　B. 注册会计师
C. 高级会计师　　D. 律师
E. 注册资产评估师

解析 ▶ 税务师事务所的合伙人或者股东由税务师、注册会计师、律师担任，其中税务师占比应高于50%。　**答案** ▶ ABD

1. (2018年单选题)税务师事务所合伙人或者股东中，税务师占比应高于( )。

A. 30%　　　　　B. 40%
C. 60%　　　　　D. 50%

解析 ▶ 税务师事务所的合伙人或者股东由税务师、注册会计师、律师担任，其中税务师占比应高于50%。　**答案** ▶ D

2. (2018年多选题)除国家税务总局另有规定外，税务师事务所可采取的组织形式有( )。

A. 普通合伙税务师事务所
B. 有限责任制税务师事务所
C. 个体工商户税务师事务所
D. 特殊普通合伙税务师事务所
E. 股份公司制税务师事务所

解析 ▶ 税务师事务所可以采取合伙制或者有限责任制组织形式。合伙制税务师事务所分为普通合伙税务师事务所和特殊普通合伙税务师事务所。　**答案** ▶ ABD

七、涉税专业服务的范围★★

扫我解疑难

税务师事务所及税务师服务人员可以从事的涉税专业服务如下：

(1)纳税申报代理。
(2)一般税务咨询。
(3)专业税务顾问。
(4)税收策划。
(5)涉税鉴证。
(6)纳税情况审查。
(7)其他税务事项代理。
(8)其他涉税专业服务。

【知识点拨1】 专业税务顾问、税收策划、涉税鉴证、纳税情况审查业务，只能由具有税务师事务所、会计师事务所、律师事务所资质的涉税专业服务机构从事，税务代理公司等其他涉税专业服务机构不能从事。

税务师事务所、会计师事务所、律师事务所应当于完成专业税务顾问、税收策划、涉税鉴证、纳税情况审查业务的**次年 3 月 31 日前，向主管税务机关报送《专项业务报告要素信息采集表》**。

【知识点拨2】 涉税专业服务机构及其涉税服务人员不能违法行使税务机关的行政职能。

【知识点拨3】 对税务机关规定必须由纳税人、扣缴义务人自行办理的涉税事宜，涉税专业服务机构及其涉税服务人员不得代办。

【例题5·多选题】 (　)只能由具有税务师事务所、会计师事务所、律师事务所资质的涉税专业服务机构从事，税务代理公司等其他涉税专业服务机构不能从事。

A. 专业税务顾问
B. 涉税鉴证
C. 纳税申报代理
D. 税收策划
E. 纳税情况审查业务

解析 ▶ 专业税务顾问、税收策划、涉税

鉴证、纳税情况审查业务，只能由具有税务师事务所、会计师事务所、律师事务所资质的涉税专业服务机构从事，税务代理公司等其他涉税专业服务机构不能从事。

答案 ▶ ABDE

【例题6·多选题】 税务师事务所及税务师服务人员可以从事的涉税专业服务业务包括(　)。

A. 纳税申报代理
B. 税收策划
C. 涉税鉴证
D. 税款征收
E. 纳税情况审查

解析 ▶ 选项D，税务师不能违反法律、行政法规的规定行使税务机关的行政职能。

答案 ▶ ABCE

八、涉税专业服务中税务师的执业规则（见表1-1）★★

扫我解疑难

表1-1　涉税服务中税务师的执业规则

执业规则类型	具体要求
税务师应当**拒绝出具有关报告**的情形	(1)委托人示意其作不实报告或者不当证明的； (2)委托人故意不提供有关资料和文件的； (3)因委托人有其他不合理的要求，致使税务师出具的报告不能对涉税的重要事项作出正确的表述的
税务师出具报告时，不得出现的行为	(1)明知委托人对重要涉税事项的处理与国家税收法律、法规及有关规定相抵触，而不予指明； (2)明知委托人对重要涉税事项的处理会损害报告使用人或者其他利害关系人的合法权益，而予以隐瞒或者作不实的报告； (3)明知委托人对重要涉税事项的处理会导致报告使用人或者其他利害关系人产生重大误解，而不予指明； (4)明知委托人对重要涉税事项的处理有其他不实内容，而不予指明
税务师不得出现的行为	(1)**执业期间**，买卖委托人的股票、债券； (2)索取、收受委托合同约定以外的酬金或者其他财物，或者利用执业之便，谋取其他不正当的利益； (3)允许他人以本人名义执业； (4)向税务机关工作人员行贿或者指使、诱导委托人行贿； (5)其他违反法律、行政法规的行为

【例题 7·多选题】 税务师执业时，遇有下列情形，应当拒绝出具有关报告的有（ ）。

A. 委托人对重要涉税事项的处理会损害报告使用人或其他利害关系人的合法权益的

B. 委托人示意其作不实报告或不当证明的

C. 委托人故意不提供有关资料和文件的

D. 委托人对重要涉税事项的处理与国家税收法律、法规及有关规定相抵触的

E. 委托人有其他不合理的要求，致使税务师出具的报告不能对涉税的重要事项作出正确表述的

解析 ▶ 选项 AD 应在出具报告时，予以指明，而不是拒绝出具有关报告。 **答案** ▶ BCE

真题精练（客观题）

（2018 年多选题）税务师在税务事务所执业时，不得有下列行为（ ）。

A. 购买委托人的股票

B. 对税收政策存在的问题向税收机关提出修改意见

C. 拒绝接受委托人违反税收法律法规行为的委托

D. 以个人名义受聘税收顾问或提供税收咨询

E. 分别在不同省份的两家以上税务师事务所从事执业活动

解析 ▶ 本题考核税务师执业规则及税务师事务所行政登记的有关内容。选项 E，税务师、注册会计师、律师不能同时在两家以上的税务师事务所担任合伙人、股东或者从业。 **答案** ▶ ADE

九、涉税专业服务信用评价管理

扫我解疑难

（1）涉税专业服务机构信用评价实行信用积分和信用等级相结合方式。

（2）从事涉税专业服务人员信用记录实行信用积分和执业负面记录相结合方式。

十、涉税专业服务的法律关系（见表 1-2）★★

扫我解疑难

表 1-2 涉税专业服务的法律关系

阶段	具体内容	提示
涉税专业服务的确立	确立的前提： (1)委托项目必须符合法律规定； (2)受托涉税专业服务机构及其涉税服务人员必须接受税务机关实名制管理； (3)签订涉税专业服务协议书	(1)涉税专业服务机构应当于首次提供涉税专业服务前，向主管税务机关报送《涉税专业服务机构(人员)基本信息采集表》。基本信息发生变更的，应当自变更之日起30日内向主管税务机关报送该表； (2)专业税务顾问、税收策划、涉税鉴证、纳税情况审查四大类业务，必须由具有税务师事务所、会计师事务所、律师事务所资质的涉税专业服务机构从事，相关文书应由税务师、注册会计师、律师签字，并承担相应的责任； (3)签订涉税专业服务协议书必须采用书面协议(或其他法律认可的电子形式)；不得口头或其他形式； (4)涉税专业服务协议签署后，涉税专业服务机构应当于首次为委托人提供约定的涉税专业服务前，向主管税务机关报送《涉税专业服务协议要素信息采集表》，发生变更和终止的，应当自变更或者终止之日起30日内向主管税务机关报送该表

阶段			具体内容	提示
涉税专业服务的变更			(1)委托项目发生变化； (2)**涉税专业服务人员发生变化**； (3)由于客观原因，需要延长完成协议时间的。	**必须先修订涉税专业服务协议书，并经过委托方和受托方共同签章后生效，修订后的协议书具有同等法律效力**
涉税专业服务关系的终止	自然终止		业务委托协议约定的服务期限届满且服务事项完成	——
	单方终止	委托方单方终止	有下列情形之一的，委托方在代理期限内可单方终止服务行为： (1)涉税服务人员未按涉税专业服务协议的约定提供服务； (2)涉税专业服务机构被注销资格； (3)涉税专业服务机构破产、解体或被解散	必须在代理期限内提出，分清何种情况下委托方可以单方终止，何种情况下受托方可以单方终止
		受托方单方终止	有下列情形之一的，涉税专业服务机构在服务期限内可单方终止服务行为： (1)委托人死亡或解体、破产； (2)委托人自行实施或授意涉税服务人员实施违反国家法律、法规行为，经劝告仍不停止其违法活动的； (3)委托人提供虚假的生产经营情况和财务会计资料，造成涉税服务错误的	
	协商终止		委托关系存续期间，一方如遇特殊情况需要终止服务行为的，提出终止的一方应及时通知另一方，终止的具体事项由双方协商解决	——

【例题8·单选题】下列涉税专业服务情形中，委托方不能单方终止代理行为的是( )。

A. 涉税服务人员延时提供服务

B. 涉税专业服务机构解散

C. 涉税专业服务机构因经营不善破产

D. 涉税服务人员未按涉税专业服务协议的约定提供服务

解析 ▶ 有下列情形之一的，委托方在代理期限内可单方终止服务行为：

(1)涉税服务人员未按涉税专业服务协议的约定提供服务；

(2)涉税专业服务机构被注销资格；

(3)涉税专业服务机构破产、解体或被解散。

答案 ▶ A

⁕ **真题精练(客观题)** ⁕

1. (2019年多选题)税务师在税务师事务所执业时，不得有下列行为( )。

A. 对于涉税鉴证服务，可以出具否定意见的鉴证业务报告

B. 接收的涉税服务业务，可以不签订业务约定书

C. 分别在不同省份的两家以上税务师事务所从事执业活动

D. 在执业中发现不能胜任，单方面终止协议

E. 以口头或其他方式提供涉税专业服务，不出具书面的业务报告

解析 ▶ 选项B，应签订业务约定书；选项C，税务师、注册会计师、律师不能同时在两家以上的税务师事务所担任合伙人、股东或者从业；选项D，不能单方面终止协议，但应提前通知对方，并由双方协商解决。　　**答案** ▶ BCD

2. (2018年单选题)税务师张某因入股甲税务师事务所而离开原执业的乙税务师事务所。张某在乙税务师事务所服务未到期的受托顾问服务应(　　)。

A. 乙税务师事务所单方面终止张某顾问服务

B. 委托人单方面终止

C. 办理涉税专业服务变更，由乙税务师事务所另行指派其他税务师继续担任税务顾问

D. 办理涉税专业服务变更，由甲税务师事务所指派张某继续担任税务顾问

解析 ▶ 由于税务师发生变化，属于涉税专业服务关系变更的情形。应当由乙税务师事务所另行指派其他税务师继续担任税务顾问。　　**答案** ▶ C

3. (2015年单选题，改)下列情形中，属于委托方在代理期限内可以单方终止代理行为的是(　　)。

A. 涉税服务人员发生变化

B. 涉税服务人员未按照协议要求提供服务

C. 客观原因导致委托代理内容发生变化

D. 税务师事务所代表人变更

解析 ▶ 有下列情形之一的，委托方在代理期限内可单方终止服务行为：

(1)涉税服务人员未按涉税专业服务协议的约定提供服务；

(2)涉税专业服务机构被注销资格；

(3)涉税专业服务机构破产、解体或被解散。

　　答案 ▶ B

十一、涉税专业服务的法律责任★★

扫我解疑难

该知识点为重要考点，受托方法律责任和双方共同法律责任尤其重要。

1. 委托方的法律责任

承担本身应承担的税收法律责任，按规定向受托方支付违约金和赔偿金。

2. 受托方的法律责任

(1)《合同法》：涉税专业服务机构及其涉税服务人员如因工作失误或未按期完成涉税专业服务事务等未履行涉税专业服务职责，给委托方造成不应有的损失的，应由受托方负责。

(2)《税收征管法实施细则》的规定。

税务代理违反税收法律、行政法规，造成委托人未缴或者少缴税款的，除由纳税人缴纳或者补缴应纳税款、滞纳金外，对税务代理人处纳税人未缴或者少缴税款50%以上3倍以下的罚款。

(3)《涉税专业服务监管办法(试行)》的规定见表1-3。

表1-3　违规处理

违规行为	违规处理
①使用税务师事务所名称未办理行政登记的； ②未按照办税实名制要求提供涉税专业服务机构和从事涉税服务人员实名信息的； ③未按照业务信息采集要求报送从事涉税专业服务有关情况的； ④报送信息与实际不符的； ⑤拒不配合税务机关检查、调查的； ⑥其他违反税务机关监管规定的行为	由税务机关责令限期改正或予以约谈；逾期不改正的，由税务机关降低信用等级或纳入信用记录，暂停受理所代理的涉税业务(暂停时间不超过六个月)；情节严重的，由税务机关纳入涉税服务失信名录，予以公告并向社会信用平台推送，其所代理的涉税业务，税务机关不予受理

违规行为	违规处理
①违反税收法律、行政法规,造成委托人未缴或者少缴税款,按照《中华人民共和国税收征收管理法》及其实施细则相关规定被处罚的; ②未按涉税专业服务相关业务规范执业,出具虚假意见的; ③采取隐瞒、欺诈、贿赂、串通、回扣等不正当竞争手段承揽业务,损害委托人或他人利益的; ④利用服务之便,谋取不正当利益的; ⑤以税务机关和税务人员的名义敲诈纳税人、扣缴义务人的; ⑥向税务机关工作人员行贿或者指使、诱导委托人行贿的; ⑦其他违反税收法律法规的行为	由税务机关列为重点监管对象,降低信用等级或纳入信用记录,暂停受理所代理的涉税业务(暂停时间不超过六个月);情节较重的,由税务机关纳入涉税服务失信名录,予以公告并向社会信用平台推送,其所代理的涉税业务,税务机关不予受理;情节严重的,其中,税务师事务所由省税务机关宣布《税务师事务所行政登记证书》无效,提请工商部门吊销其营业执照,提请全国税务师行业协会取消税务师职业资格证书登记、收回其职业资格证书并向社会公告,其他涉税服务机构及其从事涉税服务人员由税务机关提请其他行业主管部门及行业协会予以相应处理

3. 对属于共同法律责任的处理

代理人知道委托代理的事项违法,仍进行代理活动的,或者被代理人知道代理人的代理行为违法,不表示反对的,由被代理人和代理人负连带责任。

真题精练(客观题)

(2018年多选题)税务师事务所及其税务师服务人员有下列情形且情节严重的可由省税务机关提请工商部门吊销其营业执照的有( )。

A. 拒不配合税务机关检查

B. 未按照办税实名制要求提供从事涉税服务人员的实名信息

C. 未按照涉税专业服务相关业务规范执行出具虚假意见

D. 指使委托人向税务机关工作人员行贿

E. 违反税法规定造成委托人偷税,按规定被处罚

解析 ▶ 本题考核受托方的法律责任。

答案 ▶ CDE

十二、税务师的职业道德★

扫我解疑难

本部分内容简单了解即可。

(一)税务师职业道德概述及内涵

"独立、客观、公正" 是税务师职业道德中的三个重要概念,也是对税务师职业道德的最基本要求。

(二)税务师职业道德的基本要求

1. 诚信

未经委托人同意,税务师事务所涉税服务人员不得将委托人所托事务转托他人办理。

2. 独立性

税务师事务所涉税服务人员从事纳税申报代理、一般税务咨询、专业税务顾问、税收策划、其他税务事项代理、其他涉税专业服务业务,应当从形式上保持独立性。

税务师事务所涉税服务人员承办业务,如与委托人存在以下利害关系之一,可能影响业务公正执行的,应当主动向所在的税务师事务所说明情况并请求回避。

所称利害关系主要包括:

(1)与委托人存在密切的商业关系或者涉及直接的经济利益;

(2)税务师事务所的收入过度依赖于委托人;

(3)承办业务的涉税服务人员受雇于该委托人;

(4)税务师事务所受到解除业务关系的威胁;

(5)与委托人有夫妻关系、直系血亲关系、三代以内旁系血亲关系以及近姻亲关系;

(6)执业相关法律法规规定的利益冲突

关系；

(7)其他可能影响业务公正执行的情况。

3. 客观公正

4. 专业胜任能力

5. 保密义务

(1)税务师事务所涉税服务人员**未经委托人允许**，不得向税务师事务所以外的第三方泄露其所获取的**委托人隐私和商业秘密**。国家法律法规另有规定的除外。

(2)税务师事务所涉税服务人员不得利用所获取的涉密信息为自己或任何形式的第三方牟取利益。

(三)税务师职业道德规范的重要性

同步训练 限时40分钟

一、单项选择题

1. 因甲税务师事务所代理人丙失误，所代理的乙企业2019年3月份的增值税申报未在规定的期限内办理，乙企业的主管税务机关对乙企业做出加收滞纳金300元和罚款1500元决定。对于这些滞纳金和罚款，应( )。

A. 全部由甲税务师事务所缴纳

B. 全部由乙企业缴纳，但乙企业可以向甲税务师事务所提出赔偿要求

C. 全部由乙企业缴纳，但乙企业可以向代理人丙提出赔偿要求

D. 由乙企业缴纳罚款，由甲税务师事务所缴纳滞纳金

2. 纳税人有委托或者不委托的选择权，同时也有选择谁为其服务的权力，这体现了税务师的( )执业原则。

A. 自愿委托原则

B. 依法涉税专业服务原则

C. 独立、公正原则

D. 维护国家利益和保护委托人合法权益的原则

3. 负责本地区税务师事务所行政登记的是( )。

A. 县(市)税务机关

B. 省税务机关

C. 国家税务总局

D. 省税务师行业协会

4. 下列行为，税务师在执业过程中不得实施的是( )。

A. 接受纳税人的委托代理记账

B. 以个人所在税务师事务所的名义承揽业务

C. 就汇算清缴过程中遇到的疑难问题向主管税务机关进行咨询

D. 允许他人以本人名义执业

5. 关于涉税专业服务关系确立的前提，下列表述错误的是( )。

A. 受托涉税专业服务机构及其涉税服务人员必须接受税务机关实名制管理

B. 双方达成了代理事项的口头协议

C. 委托代理项目符合法律规定

D. 签订涉税专业服务协议书

6. 下列属于委托方在代理期限内不得单方面终止服务行为的情形是( )。

A. 涉税专业服务机构被注销资格

B. 涉税服务人员未按协议的约定提供服务

C. 涉税专业服务机构破产、解体或被解散

D. 涉税服务人员未按照委托方的非法授意进行税务代理

7. 关于涉税专业服务法律关系终止的说法，错误的是( )。

A. 涉税服务人员没有按照涉税专业服务协议提供服务，委托方欲终止代理行为，应与受托方协商并经过受托方同意后终止

B. 在代理期限内委托方被法院宣告破产，涉税专业服务机构可以单方终止代理行为

C. 在代理期限内委托人提供虚假资料造成代理判断错误，涉税专业服务机构可单方终止代理行为

D. 委托关系存续期间，一方如遇特殊情况需要终止代理行为的，提出终止的一方应及时通知另一方，并向当地主管税务机关报告，终止的具体事项由双方协商解决

8. 某税务师事务所 2019 年接受某生产企业委托，代理该企业增值税纳税事宜。8月，该企业将自产的成本为 100 万元的货物用于对外捐赠，假设该货物无同类售价，在咨询税务师时，税务师认为增值税应作进项税额转出处理，并在《增值税纳税申报表》中将 13 万元作为进项税额转出填报。对于该事项，税务师事务所可能承担的法律责任是(　　)。(产品成本利润率为 10%)

A. 税务师的判断是正确的，不用承担法律责任

B. 税务师事务所要代企业缴纳 1.30 万元的税款及滞纳金

C. 税务师事务所会被处以 3 万元的罚款

D. 税务师事务所会被处以 8 万元的罚款

二、多项选择题

1. 税务师的服务范围包括(　　)。

A. 一般税务咨询

B. 专业税务顾问

C. 纳税情况审查

D. 税收策划

E. 代为填制原始凭证

2. 税务师行业的基本特点有(　　)。

A. 执业内容的确定性

B. 法律约束性

C. 社会性

D. 涉税专业服务活动的公正性

E. 执业有偿服务性

3. 依法涉税专业服务是税务师执业的一个重要原则，下列体现依法涉税专业服务原则的有(　　)。

A. 从事涉税专业服务的机构必须是依法成立的

B. 税务师从事的业务属于涉税专业服务范畴，必须依照民法有关涉税专业服务活动的基本原则，坚持自愿代理

C. 税务师在执业过程中，要充分体现涉税专业服务对象的合法意愿，在涉税专业服务对象授权的范围内开展活动

D. 税务师承办一切涉税专业服务业务，都要以法律、法规为指针，其所有活动都必须在法律、法规规定的范围内进行

E. 税务师制作涉税文书，须符合国家法律、法规规定的原则，依照税法规定正确计算被涉税专业服务对象应纳或应扣缴的税款

4. 特指在出具报告时，税务师不得出现的行为包括(　　)。

A. 明知委托人对重要涉税事项的处理与国家税收法律、法规及有关规定相抵触，而不予指明

B. 因委托人有其他不合理的要求，致使税务师出具的报告不能对涉税的重要事项作出正确的表述

C. 明知委托人对重要涉税事项的处理会导致报告使用人或者其他利害关系人产生重大误解，而不予指明

D. 明知委托人对重要涉税事项的处理有其他不实内容，而不予指明

E. 索取、收受委托合同约定以外的酬金或者其他财物，或者利用执业之便，谋取其他不正当的利益

5. 下列关于税务师权利义务及执业规则的说法，错误的有(　　)。

A. 税务师应当回避与其有利害关系的委托方业务

B. 税务师对职业中知悉的委托人的所有信息负有保密义务

C. 税务师在执业期间可以购入委托人的股票

D. 委托人示意其作为不实报告的，税务师应当拒绝

E. 税务师有权向税务机关查询税收规范性文件

6. 下列选项中可以引起涉税专业服务关系变

更的有( )。

A. 原委托代理项目有了新发展，代理内容超越了原约定范围

B. 由于客观原因，委托代理内容发生变化的

C. 涉税服务人员发生变化的

D. 由于客观原因，需要延长完成协议时间的

E. 由于涉税服务人员刻意安排，需要延长完成协议时间的

7. 下列各项中，涉税专业服务机构在代理期限内可单方面终止代理行为的有( )。

A. 委托人要求降低税务代理费用，涉税专业服务机构认为无法承受的

B. 委托人提供虚假的生产、经营情况和财务会计报表，造成代理错误的

C. 委托人投资方发生重大变化，税务师事务所认为税务代理关系无法继续的

D. 委托人授意涉税服务人员实施违反国家法律、行政法规的行为，经劝告仍不停止其违法活动的

E. 委托方解体

8. 以下事项中，可能使代理人和被代理人承担共同法律责任的有( )。

A. 某企业在确定纳税义务发生时间时，认为根据收款方式不同纳税义务发生时间不同，可以达到延期纳税的目的，甲税务师表示认可

B. 某企业直接从甲企业购买增值税抵扣凭证，用于进项税额抵扣，达到少缴增值税的目的，乙税务师表示可以

C. 某企业采用修改账簿记录，少计收入的方式达到少缴纳税款的目的，甲税务师发现后，未表示反对

D. 某企业委托甲税务师事务所从事代理纳税申报工作，由于负责该项业务的乙税务师忘记了，没有在规定的时间进行纳税申报，被税务机关处以罚款

E. 某企业与甲税务师事务所达成协议，甲税务师事务所提供方案，使企业少缴税款，就可以取得少缴税款的 20% 作为代理收入。甲税务师事务所于是提出了将收取的货款计入"其他应付款"科目中核算的方案

9. 涉税专业服务机构及其涉税服务人员有( )的，由税务机关责令限期改正或予以约谈；逾期不改正的，由税务机关降低信用等级或纳入信用记录，暂停受理所代理的涉税业务(暂停时间不超过 6 个月)；情节严重的，由税务机关纳入涉税专业服务失信名录，予以公告并向社会信用平台推送，其所代理的涉税业务，税务机关不予受理。

A. 使用税务师事务所名称未办理行政登记的

B. 未按照办税实名制要求提供税务师事务所和从事涉税服务人员实名信息的

C. 未按照业务信息采集要求报送从事涉税专业服务有关情况的

D. 利用服务之便，谋取不正当利益的

E. 向税务机关工作人员行贿或者指使、诱导委托人行贿的

三、简答题

某省税务局拟在 2019 年 8 月～10 月对超市增值税缴纳情况进行专项稽查，根据计划部署，要求各个相关企业于 2019 年 7 月底前自行或者委托税务师事务所进行检查，并将检查及补缴税款情况以书面报告形式报所在县(或市)税务稽查局。

2019 年 4 月 17 日某县综合超市的相关人员找到诚信税务师事务所的执业税务师王某，要求对综合超市的增值税缴纳情况进行代理检查，出具增值税纳税情况鉴证报告，并代为撰写向县税务稽查局的自查报告，同时表示此项业务的报酬可以不通过税务师事务所而直接付给王某个人。

按照税务师执业的有关要求签订协议后，王某及其辅助人员于 2019 年 4 月 22 日对综合超市增值税纳税情况进行审核，发现该超市存在虚开农产品收购发票问题，且

数额巨大，超市负责人要求王某在鉴证报告和自查报告中对上述事项不予反映。

问题：

(1)王某能否代综合超市撰写向县税务稽查局的自查报告？为什么？

(2)此项业务王某能否个人收款？并简述理由。

(3)对综合超市虚开农产品收购发票问题，王某在执业时应如何处理？

同步训练答案及解析

一、单项选择题

1. B 【解析】税收法律责任具有不转嫁性，在涉税专业服务过程中产生的税收法律责任，无论出自纳税人、扣缴义务人的原因，还是由于税务师的原因，其承担者均应为纳税人或扣缴义务人，而不能因为建立了涉税专业服务关系而转移征纳关系，即转移纳税人、扣缴义务人的法律责任。若因税务师工作过失而导致纳税人、扣缴义务人产生损失的，纳税人、扣缴义务人可以通过民事诉讼程序向涉税服务人员提出赔偿要求。税务师对外执业是以税务师事务所的名义，因此，应该由乙企业缴纳滞纳金和罚款，之后乙企业可以向甲税务师事务所提出赔偿要求。

2. A 【解析】纳税人有委托或者不委托的选择权，同时也有选择谁为其服务的权力，这体现了税务师的自愿委托的执业原则。

3. B 【解析】省、自治区、直辖市和计划单列市税务机关(简称省税务机关)负责本地区税务师事务所行政登记。

4. D 【解析】税务师不得允许他人以本人名义执业。

5. B 【解析】涉税专业服务关系确立必须书面签订委托代理协议书，而不得以口头或其他形式。

6. D 【解析】有下列情形之一的，委托方在代理期限内可单方终止服务行为：(1)涉税服务人员未按涉税专业服务协议的约定提供服务；(2)涉税专业服务机构被注销资格；(3)涉税专业服务机构破产、解体或被解散。

7. A 【解析】涉税服务人员未按涉税专业服务协议提供服务的，委托方可单方终止代理行为，所以选项 A 错误。

8. C 【解析】税务代理人违反税收法律、行政法规，造成纳税人未缴或者少缴税款的，除由纳税人缴纳或者补缴应纳税款、滞纳金外，对税务代理人处纳税人未缴或少缴税款50%以上3倍以下的罚款。该项业务中，税务师解答错误，将自产的货物用于对外捐赠，应该按视同销售处理，而非进项税额转出。如果该商品有正常售价，应该按售价乘以适用税率，扣除进项税后补税；如果没有售价，那该企业应该补缴的增值税 = 100×(1+10%)×13%-13 = 1.30(万元)，所以税务师事务所可能会被处以 0.65 万元以上 3.9 万元(50%以上，3 倍以下)以下的罚款；本题中，只有选项 C 在该区间内；选项 B，代理失误只是承担罚款，不承担税款和滞纳金本身。

二、多项选择题

1. ABCD 【解析】填制原始凭证必须由纳税人、扣缴义务人自行办理，不得由税务师代办。

2. ABDE 【解析】税务师行业的特点：主体的特定性；涉税专业服务活动的公正性；法律约束性；执业活动的知识性与专业性；执业内容的确定性；税收法律责任的不转嫁性；执业有偿服务性。

3. ACDE 【解析】选项 B 属于自愿委托原则。

4. ACD 【解析】选项 B 属于应当拒绝出具报告的情形；选项 E 属于税务师不得出现

的行为，并非特指在出具报告时不得出现的行为。

5. BC 【解析】税务师对执业中知悉的委托人的商业秘密，负有保密义务，而并非对所有信息保密；税务师在执业期间不能购入委托人的股票。

6. ABCD 【解析】由于客观原因，需要延长完成协议时间，可以引起涉税专业服务关系变更。税务师刻意安排不是客观原因，所以选项 E 不应该选。

7. BDE 【解析】有下列情形之一的，涉税专业服务机构在服务期限内可单方终止服务行为：（1）委托人死亡或解体、破产；（2）委托人自行实施或授意涉税服务人员实施违反国家法律、法规行为，经劝告仍不停止其违法活动的；（3）委托人提供虚假的生产经营情况和财务会计资料，造成涉税服务错误的。

8. BCE 【解析】代理人知道被委托代理的事项违法，仍进行代理活动的，或者被代理人知道代理人的代理行为违法，不表示反对的，由被代理人和代理人负连带责任。根据这项规定，税务师与被代理人如果互相勾结、偷税、抗税、共同违法，应按共同违法论处，双方都要承担法律责任。

选项 A 中企业的理解是正确的，所以税务师表示认可，并没有违反本条法规的规定，不属于共同犯罪；选项 D 属于税务代理人的责任，应当由税务代理人承担因未按期纳税而给企业造成的损失。

9. ABC 【解析】涉税专业服务机构及其涉税服务人员有下列情形之一的，由税务机关责令限期改正或予以约谈；逾期不改正的，由税务机关降低信用等级或纳入信用记录，暂停受理所代理的涉税业务（暂停时间不超过 6 个月）；情节严重的，由税务机关纳入涉税专业服务失信名录，予以公告并向社会信用平台推送，其所代理的涉税业务，税务机关不予受理：①使用税务师事务所名称未办理行政登记的；②未按照办税实名制要求提供税务师事务所和从事涉税服务人员实名信息的；③未按照业务信息采集要求报送从事涉税专业服务有关情况的；④报送信息与实际不符的；⑤拒不配合税务机关检查、调查的；⑥其他违反税务机关监管规定的行为。

三、简答题

【答案】

（1）王某可以代综合超市撰写自查报告，这属于税务师执业范围中的"代为制作涉税文书"业务。

（2）王某个人不可以收款，税务师执业应该由税务师事务所委派，个人不得承接业务。

（3）委托人示意税务师作不实报告或者不当证明，税务师应当拒绝出具报告，并劝告其停止违法活动，否则税务师事务所可单方终止代理协议。

本章知识串联

税务师概述★★
- 税务师的概念：税务师执业，主要依托于税务师事务所，也可以依托其他涉税专业服务机构
- 服务范围：四大类业务只能有三类事务所从事
- 税务师行业的特点（特别注意主体的特定性、执业内容的确定性、税收法律责任的不转嫁性）
- 税务师的执业原则

涉税专业服务制度的产生与发展（了解）★

税务师与税务师事务所★★
- 税务师的权利与义务
- 税务师事务所（条件、时间、行政登记）

导论

涉税专业服务的范围和规则★★
- 涉税专业服务的范围
- 执业规则：拒绝出具有关报告的情形，出具报告时，不得出现的行为，出具报告时，不得出现的行为

涉税专业服务的法律关系与法律责任★★
- 法律关系（确立的条件、变更的情形、单方终止）
- 法律责任（注意受托方的法律责任、双方共同责任）

税务师的职业道德★

第2章 税务管理概述

历年考情概况

在第1~6章内容中，本章内容相对重要。历年考题多以单选题、多选题、简答题的形式出现，本章存在较大的出简答题的可能性——2010年2道简答题，2013年、2016年各1道简答题涉及本章内容。受国地税合并影响本章分值可能会略有下降，预计本章分值3~6分。

近年考点直击

考点	主要考查题型	考频指数	考查角度
税收征收范围的划分	单选题、多选题	★	主要考查哪些税种由税务机关征收，哪些税种由海关征收
税务登记	单选题、多选题	★★	注意税务登记中期限的规定；适用范围，尤其是变更登记和注销登记的范围
账簿、凭证管理	单选题、多选题	★★	设置账簿的范围、财会制度备案和账簿、凭证保存期限
纳税申报	单选题、多选题	★	纳税申报方式、纳税申报的具体要求、延期申报的有关规定
纳税评估	单选题、多选题	★	纳税评估的概念、工作内容、对象、方法以及有关结果的处理
税款征收	单选题、多选题、可以作为简答题的考点	★★★	税收征收方式与税收征收措施的区别，在税收征收措施中特别注意税收保全措施、强制执行措施和阻止出境的有关规定；税收优先的规定；纳税人有合并、分立情形的税收规定
税务检查	单选题、多选题	★★	注意税务检查的范围
征纳双方的权利、义务和责任	单选题、多选题、可以作为简答题的考点	★★★	区分税务机关与纳税人的权利、义务、责任；特别注意追征税款权、延期缴纳税款权、依法申请收回多缴的税款权；注意滞纳金的起止时点及计算；注意法律责任中处罚的有关规定

本章2020年考试主要变化

1. 新增税收票证管理的规定。
2. 新增疫情期间"非接触式"网上办税的规定。
3. 新增税收风险管理及纳税信用管理的政策规定。
4. 重新编写纳税人的权利和义务的相关内容。

考点详解及精选例题

一、税务管理体制

扫我解疑难

（一）税务管理体制概述 ★

1. 税务管理体制的概念

在中央与地方，以及地方各级政府之间划分税收管理权限的一种制度。税务税收管理权限包括税收立法权和税收管理权两个方面。

2. 分税制下的税务管理体制

（1）分税制是指在划分中央与地方政府事权的基础上，按照税种划分中央与地方财政收入的一种财政管理体制。

（2）分税制的内容：合理划分中央和地方政府的事权范围；合理划分税种，按税种划分中央与地方收入。其中相对重要的内容是中央和地方收入的划分。

（3）实行以国家税务总局为主与省（区、市）人民政府双重领导管理体制：将省级和省级以下国税地税机构合并，具体承担所辖区域内的各项税收、**非税收入**征管等职责。国税地税机构合并后，实行以国家税务总局为主与省（区、市）人民政府双重领导管理体制。

（二）国税地税征管体制改革

2018 年 7 月 20 日，全国省市县乡四级新税务机构全部完成挂牌。在国税地税合并后，需要注意以下两点：

1. 纳税人、扣缴义务人按规定需要向原国税、地税机关分别报送资料的，**相同资料只需提供一套**；按规定需要在原国税、地税机关分别办理的事项，**同一事项只需申请一次。**

2. 新税务机构挂牌后启用新的税收票证式样和发票监制章。挂牌前已由各省税务机关统一印制的税收票证和原各省国税机关已监制的发票在 2018 年 12 月 31 日前可以继续使用，由国家税务总局统一印制的税收票证

在 2018 年 12 月 31 日后继续使用。纳税人在用税控设备可以延续使用。

与机构改革前相比，除国税部门、地税部门原有职责合并外，最大的变化就是将社会保险费、有关非税收入的征收管理责任划入税务机构。

二、税务登记管理 ★★

扫我解疑难

（一）税务登记的内容

自 2015 年 10 月 1 日起，"三证合一、一照一码"的登记制度改革在全国推行；2016 年 6 月 30 日，国务院发布通知，在"三证合一"的基础上，整合社会保险登记证和统计登记证，推进"五证合一"。"五证合一"登记制度改革并非将税务登记取消了，税务登记的法律地位依然存在。详细内容见第 4 章。

1. 设立税务登记

（1）税务登记的范围。

按照"多证合一"等商事制度改革要求，领取加载统一社会信用代码证件的，企业、农民专业合作社、个体工商户及其他组织无需单独到税务机关办理该事项，其领取的证件作为税务登记证件使用。

"多证合一"改革之外的其他组织，如事业单位、社会组织、境外非政府组织等，应当依法向税务机关办理税务登记，领取税务登记证件。

（2）税务登记的时限要求。

上述需要办理税务登记的组织，若资料齐全、符合法定形式、填写内容完整的，税务机关受理后可以**即时办结。**

纳税人采用新办纳税人"套餐式"服务的，可一并办理以下涉税事项：电子税务局开户、登记信息确认、财务会计制度及核算软件备案、纳税人存款账户账号报告、增值税一般

纳税人登记、发票票种核定、增值税专用发票最高开票限额审批、实名办税、增值税税控系统专用设备初始发行、发票领用。

2. 变更税务登记

变更税务登记的适用范围：①改变纳税人名称、法定代表人的；②改变住所、经营地点的(不含改变主管税务机关的)；③改变经济性质或企业类型的；④改变经营范围、经营方式的；⑤改变产权关系的；⑥改变注册资金的。

【知识点拨】税务登记内容发生变化，纳税人按照规定不需要在工商行政管理机关办理变更登记，或者其变更登记的内容与工商登记内容无关的，应当自税务登记内容实际变化之日起30日内，或者自有关机关批准或者宣告变更之日起30日内，持有关证件到原税务登记机关申报办理变更税务登记。

3. 注销税务登记

(1)注销税务登记的适用范围。

①纳税人发生解散、破产、撤销的；②纳税人被工商行政管理机关吊销营业执照的；③纳税人因住所、经营地点或产权关系变更而涉及改变主管税务机关的；④纳税人发生的其他应办理注销税务登记情况的。

【知识点拨】纳税人改变经营住所和经营地点的：(1)仍由同一主管税务机关管辖的：变更登记；(2)涉及不同主管税务机关管辖的：注销登记，再到新址办理开业税务登记。

(2)注销税务登记的时限要求(见表2-1)。

表 2-1 注销税务登记的时限要求

情形		注销税务登记时限
一般情况(先税务，后工商)		在向工商行政管理机关办理注销登记前
特殊情况(15日)	按规定不需要在工商行政管理机关办理注销登记的	自有关机关批准或者宣告终止之日起15日内
	被工商行政管理机关吊销营业执照的	自营业执照被吊销之日起15日内

【知识点拨】纳税人在办理注销登记前，应当向税务机关结清应纳税款、滞纳金、罚款、缴销发票和其他税务证件。

【例题1·单选题】甲厂系由乙公司和丙商场共同投资的食品生产企业。因经营情况变化，经投资双方协商，丙商场将其持有甲厂的全部股权转让给乙公司，并签订转让协议，于2020年2月18日向产权转移中心和工商行政管理部门办理了相关的登记手续。甲厂投资主体变化后，有关各方的税务登记，正确的做法是( )。

A. 甲厂、乙公司和丙商场分别办理变更税务登记

B. 甲厂应办理变更税务登记；乙公司和丙商场不需要办理任何税务登记手续

C. 甲厂应先办注销税务登记，再办设立税务登记；乙公司和丙商场分别办理变更税务登记

D. 甲厂应先办注销税务登记，再办设立税务登记；乙公司和丙商场不需要办理任何税务登记手续

解析 ➡️ 对于乙公司和丙商场而言，只是对外投资发生变化了，无需办理税务登记。对于甲厂而言，股东发生变化，需要办理变更登记。   答案 ➡️ B

【例题2·单选题】下列( )情形下，企业应办理注销税务登记。

A. 改变纳税人名称

B. 改变法定代表人

C. 改变注册资金的

D. 因经营地点变更而涉及改变主管税务机关的

解析 ➡️ 注销税务登记的适用范围：(1)纳税人发生解散、破产、撤销的；(2)纳税人被工商行政管理机关吊销营业执照的；(3)纳税人因住所、经营地点或产权关系变更

而涉及改变主管税务机关的;(4)纳税人发生的其他应办理注销税务登记的情况。

答案 ▶ D

(二)税务登记的管理

1. 税务登记证使用范围:开立银行账户;申请减税、免税、退税;申请办理**延期**申报、**延期**缴纳税款;领购发票;填报《跨区域涉税事项报告表》;办理停业、歇业;其他有关税务事项。

【知识点拨】纳税人正常办理纳税申报和缴纳税款,无需持税务登记证,只要延期申报和延期缴纳税款时才需要持税务登记证。

2. 税务登记的审验

(1)税务机关对税务登记证件实行定期验证和换证制度。

(2)纳税人应当将税务登记证件正本在其生产、经营场所或者办公场所公开悬挂,接受税务机关检查。

(3)纳税人遗失税务登记证件的,应当在15日内书面报告主管税务机关,并登报声明作废。

(4)纳税人跨省(自治区、直辖市和计划单列市)临时从事生产经营活动的,不再开具《外出经营活动税收管理证明》,改向机构所在地的税务机关**填报《跨区域涉税事项报告表》**。纳税人在省(自治区、直辖市和计划单列市)内跨县(市)临时从事生产经营活动的,是否实施跨区域涉税事项报验管理由各省(自治区、直辖市和计划单列市)税务机关自行确定;**取消跨区域涉税事项报验管理的固定有效期**。税务机关不再按照180天设置报验管理的固定有效期,改按跨区域经营合同执行期限作为有效期限。合同延期的,纳税人可**向经营地或机构所在地**的税务机关办理报验管理有效期限延期手续。

【例题3·多选题】自2017年10月30日起,下列关于纳税人跨省(自治区、直辖市和计划单列市)临时从事生产经营活动的税收管理,说法正确的有(   )。

A. 关于纳税人跨省临时从事生产经营活动前,需要向机构所在地的税务机关开具《外出经营活动税收管理证明》

B. 纳税人跨省临时从事生产经营活动前,应向机构所在地的税务机关填报《跨区域涉税事项报告表》

C.《外出经营活动税收管理证明》的有效期是180天

D. 按跨区域经营合同执行期限作为报验管理的有效期限

E. 合同延期的,纳税人必须向机构所在地的税务机关办理报验管理有效期限延期手续。

解析 ▶ 自2017年10月30日起,纳税人跨省(自治区、直辖市和计划单列市)临时从事生产经营活动的,不再开具《外出经营活动税收管理证明》,改向机构所在地的税务机关填报《跨区域涉税事项报告表》。税务机关不再按照180天设置报验管理的固定有效期,改按跨区域经营合同执行期限作为有效期限。合同延期的,纳税人可向经营地或机构所在地的税务机关办理报验管理有效期限延期手续。

答案 ▶ BD

三、账簿、凭证及税收票证管理 ★★

扫我解疑难

(一)账簿、凭证管理

1. 设置账簿的范围(相对重要考点)(见表2-2)

表2-2 设置账簿的范围

类型	要求
从事生产、经营的纳税人	应自其领取工商营业执照之日起**15日**内按规定设置账簿,所称账簿是指总账、明细账、日记账以及其他辅助性账簿(总账、日记账应当采用订本式)

类型	要求
扣缴义务人	应当自扣缴义务发生之日起**10日**内，按照所代扣、代收的税种，分别设置代扣代缴、代收代缴税款账簿
生产、经营规模小又确无建账能力的纳税人	可以聘请经批准从事会计代理记账业务的专业机构或者财会人员代为建账和办理账务

纳税人、扣缴义务人会计制度健全，能够通过计算机正确、完整计算其收入和所得或者代扣代缴、代收代缴税款情况的，其计算机输出的完整的书面会计记录，可视同会计账簿

2. 对纳税人财务会计制度及其处理办法的管理

（1）从事生产、经营的纳税人应当自领取税务登记证件之日起**15日内**，将其财务、会计制度或者财务、会计处理办法和会计核算软件报送税务机关备案。

（2）纳税人使用计算机记账的，应当在**使用前**将会计电算化系统的会计核算软件、使用说明书及有关资料报送主管税务机关备案。

【例题4·单选题】下列关于账簿设置的表述，正确的是（ ）。

A. 扣缴义务人应当自扣缴义务发生之日起15日内，按照所代扣、代收的税种，分别设置代扣代缴、代收代缴税款账簿

B. 从事生产、经营的纳税人应自其领取税务登记证之日起15日内按照国务院财政、税务部门的规定设置账簿

C. 纳税人、扣缴义务人会计制度健全，能够通过计算机正确、完整计算其收入和所得或者代扣代缴、代收代缴税款情况的，其计算机储存的会计记录可视同会计账簿，不必打印成书面资料

D. 从事生产经营的纳税人应当自领取税务登记证件之日起15日内，将其财务会计制度或者财务会计处理办法和会计核算软件报送税务机关备案

解析▶选项A，扣缴义务人应当自扣缴义务发生之日起10日内，按照所代扣、代收的税种，分别设置代扣代缴、代收代缴税款账簿；选项B，从事生产经营的纳税人应自其领取工商营业执照之日起15日内按规定设

置账簿，而不是领取税务登记证之日起15日内设置账簿；选项C，纳税人、扣缴义务人会计制度健全，能够通过计算机正确、完整计算其收入和所得或者代扣代缴、代收代缴税款情况的，其计算机输出的完整的书面会计记录，可视同会计账簿，也就说需要打印成书面会计记录。 答案▶D

【例题5·单选题】从事生产、经营的纳税人应当自领取税务登记证件之日起（ ）日内将财务、会计制度和会计核算软件等有关资料报送税务机关备案。

A. 10

B. 15

C. 30

D. 45

解析▶财会制度备案时间为领取税务登记证件之日起15日内。 答案▶B

3. 账簿、凭证的保存

除法律、行政法规另有规定外，账簿、会计凭证、报表、完税凭证及其他有关资料应当保存**10年**。

【例题6·单选题】从事生产、经营的纳税人应自领取工商营业执照之日起（ ）日内按照国务院财政、税务部门的规定设置账簿，扣缴义务人应当自税法规定的扣缴义务发生之日起（ ）日内，设置代扣代缴、代收代缴税款账簿。

A. 10，10

B. 10，15

C. 15，15

D. 15，10

解析 ▶ 从事生产、经营的纳税人应自领取工商营业执照之日起 15 日内按照国务院财政、税务部门的规定设置账簿，扣缴义务人应当自税法规定的扣缴义务发生之日起 10 日内，按照所代扣、代收的税种，分别设置代扣代缴、代收代缴税款账簿。 **答案** ▶ D

(二)税收票证管理

1. 税收票证的概念

税收票证，是指税务机关、扣缴义务人依照法律法规，代征代售人按照委托协议，征收税款、基金、费、滞纳金、罚没款等各项收入(以下统称税款)的过程中，开具的收款、退款和缴库凭证。税收票证是纳税人实际缴纳税款或者收取退还税款的法定证明。

(1)税收票证包括纸质形式和数据电文形式。

(2)税务机关、代征代售人征收税款时应当开具税收票证。

(3)税收票证的基本要素包括：税收票证号码、征收单位名称、开具日期、纳税人名称、纳税人识别号、税种(费、基金、罚没款)、金额、所属时期等。

(4)纸质税收票证的基本联次包括收据联、存根联、报查联。

2. 税收票证的种类和适用范围

税收票证包括税收缴款书、税收收入退还书、税收完税证明、出口货物劳务专用税收票证、印花税专用税收票证以及国家税务总局规定的其他税收票证。

税收缴款书是纳税人据以缴纳税款，税务机关、扣缴义务人以及代征代售人据以征收、汇总税款的税收票证。

税收收入退还书是税务机关依法为纳税人从国库办理退税时使用的税收票证。

出口货物劳务专用税收票证是由税务机关开具，专门用于纳税人缴纳出口货物劳务增值税、消费税或者证明该纳税人再销售给其他出口企业的货物已缴纳增值税、消费税的纸质税收票证。

印花税专用税收票证是税务机关或印花

税票代售人在征收印花税时向纳税人交付、开具的纸质税收票证。

税收完税证明是税务机关为证明纳税人已经缴纳税款或者已经退还纳税人税款而开具的纸质税收票证。

扫我解疑难

四、纳税申报 ★

1. 纳税申报的概念

纳税申报是指纳税人按照税法规定定期或按次就计算缴纳税款的有关事项向税务机关提出的书面报告。

2. 纳税申报的方式

(1)自行申报。

(2)邮寄申报(需要经过税务机关批准)。

(3)电子方式。

①税务机关确定的电话语音、电子数据交换和网络传输等电子方式；

②纳税人应按规定的期限和要求保存有关资料，并定期书面报送主管税务机关。

(4)代理申报(税务师事务所开展的非涉税鉴证业务)。

3. 纳税申报的具体要求(相对重要考点)

(1)纳税人、扣缴义务人，不论当期是否发生纳税义务，除经税务机关批准外，均应按规定办理纳税申报或者报送代扣代缴、代收代缴税款报告表。

(2)实行定期定额方式缴纳税款的纳税人，可以实行简易申报、简并征期等申报纳税方式。

(3)纳税人享受减税、免税待遇的，在减税、免税期间应当按照规定办理纳税申报。

(4)延期申报。

①纳税人、扣缴义务人按规定期限办理纳税申报或者报送代扣代缴、代收代缴税款报告表确有困难，需要延期的，应当在规定的期限内向税务机关提出书面延期申请，经税务机关核准，在核准的期限内办理；

②纳税人、扣缴义务人因不可抗力办理

延期申报的：应在不可抗力情形消除后立即向税务机关报告；

③注意：延期申报≠延期纳税。

延期申报应在纳税期内按照上期实际缴纳的税额或者税务机关核定的税额预缴税款，并在核准的延期内办理税款结算。

4."非接触式"网上办税

2020年初，为积极应对新冠肺炎疫情，最大程度降低疫情传播风险，税务部门积极拓展"非接触式"办税缴费事项，在为纳税人、缴费人提供安全、高效、便利服务的同时，切实降低疫情传播风险。

按照"尽可能网上办"的原则，截至2020年3月底，国家税务总局共梳理了185个涉税缴费事项可在网上办理，纳税人可依托电子税务局等各类"非接触式"办税缴费服务渠道，办理各项主要涉税事宜。

【例题7·多选题】纳税申报方式中，下列属于电子方式的有（　　）。

A. 邮寄

B. 网络传输

C. 电话语音

D. 电子数据交换

E. 代理申报

解析 ▶ 电子申报方式包括税务机关确定的电话语音、电子数据交换和网络传输等方式。　　　　　　　　　**答案** ▶ BCD

【例题8·多选题】下列关于纳税申报的陈述，正确的有（　　）。

A. 扣缴义务人只能直接到税务机关办理纳税申报，纳税人可以上门申报也可以按照规定采取邮寄、数据电文或者其他方式办理上述申报

B. 纳税人不论当期是否发生纳税义务，除经税务机关批准外，均应按规定办理纳税申报

C. 实行定期定额方式缴纳税款的纳税人，可以实行简易申报、简并征期等申报纳税方式

D. 纳税人采取电子方式办理纳税申报的，不再需要书面报送主管税务机关

E. 纳税人享受减免税待遇的，在减免税期限应当按规定办理纳税申报

解析 ▶ 选项A，纳税人、扣缴义务人可以直接到税务机关办理纳税申报或者报送代扣代缴、代收代缴税款报告表，也可以按照规定采取邮寄、数据电文或者其他方式办理上述申报、报送事项；选项D，纳税人采取电子方式办理纳税申报的，应当按照税务机关规定的期限和要求保存有关资料，并定期书面报送主管税务机关。　　**答案** ▶ BCE

对于一般情况下的办税流程，如图2-1所示。

图2-1　一般情况下办税流程

五、纳税评估、税收风险管理及纳税信用管理★

扫我解疑难

(一)纳税评估

1. 纳税评估的概念

纳税评估是指税务机关运用数据信息对比分析的方法,对纳税人和扣缴义务人纳税申报(包括减免缓抵退税申请)情况的真实性和准确性作出定性和定量的判断,并采取进一步征管措施的管理行为。

2. 纳税评估的工作内容

(1)设立评估指标及其预警值;

(2)筛选评估对象;

(3)进行深入分析并作出定性和定量的判断;

(4)税务约谈、调查核实、处理处罚、提出管理建议、移交稽查部门查处;

(5)维护更新税源管理数据,为税收宏观分析和行业税负监控提供基础信息。

3. 纳税评估的指标

纳税评估指标分为通用分析指标和特定分析指标两大类。通用分析指标包括收入类、成本类、费用类、利润类和资产类评估分析指标等。

4. 纳税评估的对象

纳税评估的对象为税务机关负责管理的所有纳税人及其应纳所有税种。

重点分析对象:综合审核对比分析中发现有问题或疑点的纳税人要作为重点评估分析对象;重点税源户、特殊行业的重点企业、税负异常变化、长时间零税负和负税负申报、纳税信用等级低下、日常管理和税务检查中发现较多问题的纳税人要列为纳税评估的重点分析对象。

5. 纳税评估的方法

纳税评估工作按照属地管理原则和管户责任开展,对同一纳税人申报缴纳的各个税种的纳税评估要相互结合、统一进行,避免多头重复评估。

6. 纳税评估结果的处理(见表2-3)

表2-3 纳税评估结果的处理

发现的问题	处理方法
计算和填写错误、政策和程序理解偏差等一般性问题,或存在疑点问题调查清楚后不具有违法嫌疑,无需立案查处	提请纳税人自行改正
需要纳税人进行陈述说明、补充提供举证资料等问题	约谈纳税人(主要是企业财务会计人员)(纳税人可以 委托税务代理人进行税务约谈)
必须到生产经营现场了解情况、审核账目凭证	实地调查核实
发现纳税人有偷税、逃避追缴欠税、骗取出口退税、抗税或其他需要立案查处的税收违法行为嫌疑	移交税务稽查部门处理
发现外商投资和外国企业与其关联企业之间的业务往来不按照独立企业业务往来收取或者支付价款、费用,需要调查、核实	移交上级税务机关国际税收管理部门(或有关部门)处理

【知识点拨】对纳税评估工作中发现的问题要作出评估分析报告。纳税评估分析报告和纳税评估工作底稿是税务机关内部资料,不发给纳税人,不作为行政复议和诉讼依据。

对重点税源户,要保证每年至少重点评估分析一次。

7. 纳税评估工作的管理

【例题9·多选题】在选择纳税评估对象时,下列纳税人中需要作为重点评估分析对象的有( )。

A. 重点税源户

B. 特殊行业的重点企业

C. 长时间零税负和负税负申报的企业

D. 纳税信用等级低下的企业

E. 纳税信用 B 级的企业

解析 综合审核对比分析中发现有问题或疑点的纳税人要作为重点评估分析对象；重点税源户、特殊行业的重点企业、税负异常变化、长时间零税负和负税负申报、纳税信用等级低下、日常管理和税务检查中发现较多问题的纳税人要列为纳税评估的重点分析对象。其中纳税信用等级低下指的是 C 级及以下纳税人。**答案** ABCD

真题精练(客观题)

1. (2017 年多选题)下列纳税人应作为纳税评估重点分析对象的有(　　)。

A. 办理延期纳税申报的纳税人

B. 税负异常变化的纳税人

C. 纳税信用等级低下的纳税人

D. 重点税源户

E. 税务稽查中未发现问题的纳税人

解析 综合审核对比分析中发现有问题或疑点的纳税人要作为重点评估分析对象；重点税源户、特殊行业的重点企业、税负异常变化、长时间零税负和负税负申报、纳税信用等级低下、日常管理和税务检查中发现较多问题的纳税人要列为纳税评估的重点分析对象。**答案** BCD

2. (2015 年多选题)关于纳税评估结果的处理，下列说法正确的有(　　)。

A. 税务约谈的对象只限于企业财务会计人员，不得约谈企业其他相关人员

B. 对纳税评估中发现的计算和填写错误，可提请纳税人自行改正

C. 纳税评估中发现的需要提请纳税人进行陈述说明的问题，应由主管税务机关约谈纳税人

D. 对约谈中发现的必须到生产经营现场了解情况的应移交给税务稽查部门处理

E. 税务约谈必须由纳税人参加，不得委托代理人参加

解析 选项 A，税务约谈的对象主要是企业财务会计人员，因评估工作需要，必须约谈企业其他相关人员的，应经税源管理部门批准并通过企业财务部门进行安排；选项 D，对约谈中发现的必须到生产经营现场了解情况的，应经所在税源管理部门批准，由税收管理员进行实地调查核实；选项 E，纳税人可以委托代理人进行税务约谈。**答案** BC

(二)税收风险管理

1. 税收风险管理的概念

税收风险管理，是指以最小的税收成本代价降低税收流失的一系列程序。它由目标确定、风险识别、风险评估、风险处理、评价和修正 5 部分组成。其中，风险识别、风险评估、风险处理是最主要的环节。

2. 税收风险管理的意义

①税收风险管理有利于提高税收管理的公平性。

②实施税收风险管理可以使税收管理更有效率。

③税收风险管理有利于保证税收的安全、稳定，降低税收征管成本。

3. 税收风险管理的内容

税收风险管理的内容包括目标规划、信息收集、风险识别、等级排序、任务统筹、风险应对、过程监控和评价反馈，以及通过评价成果应用于规划目标的修订校正等。其中重点为：风险识别、风险分析及排序、风险应对和风险监控四个部分。

(三)纳税信用管理

1. 概念

纳税信用管理，是指税务机关对纳税人的纳税信用信息开展的采集、评价、确定、发布和应用等活动。

2. 纳税信用评价

(1)纳税信用评价采取年度评价指标得分和直接判级方式。评价指标包括税务内部信息和外部评价信息。

(2)纳税信用级别设 A、B、M、C、D 五级。

有下列情形之一的纳税人，本评价年度不能评为 A 级：

①实际生产经营期不满 3 年的；②上一评价年度纳税信用评价结果为 D 级的；③非正常原因一个评价年度内增值税或营业税连续 3 个月或者累计 6 个月零申报、负申报的；④不能按照国家统一的会计制度规定设置账簿，并根据合法、有效凭证核算，向税务机关提供准确税务资料的。

有下列情形之一的纳税人，本评价年度直接判为 D 级：

①存在逃避缴纳税款、逃避追缴欠税、骗取出口退税、虚开增值税专用发票等行为，经判决构成涉税犯罪的；

②存在上述①项所列行为，未构成犯罪，但偷税（逃避缴纳税款）金额 10 万元以上且占各税种应纳税总额 10% 以上，或者存在逃避追缴欠税、骗取出口退税、虚开增值税专用发票等税收违法行为，已缴纳税款、滞纳金、罚款的；

③在规定期限内未按税务机关处理结论缴纳或者足额缴纳税款、滞纳金和罚款的；

④以暴力、威胁方法拒不缴纳税款或者拒绝、阻挠税务机关依法实施税务稽查执法行为的；

⑤存在违反增值税发票管理规定或者违反其他发票管理规定的行为，导致其他单位或者个人未缴、少缴或者骗取税款的；

⑥提供虚假申报材料享受税收优惠政策的；

⑦骗取国家出口退税款，被停止出口退（免）税资格未到期的；

⑧有非正常户记录或者由非正常户直接责任人员注册登记或者负责经营的；

⑨由 D 级纳税人的直接责任人员注册登记或者负责经营的；

⑩存在税务机关依法认定的其他严重失信情形的。

未发生上述①至⑩项所列失信行为的下列企业适用 M 级纳税信用：

①新设立企业；

②评价年度内无生产经营业务收入且年度评价指标得分 70 分以上的企业。

3. 纳税信用评价结果的确定、发布及应用

（1）税务机关每年 4 月确定上一年度纳税信用评价结果，并为纳税人提供自我查询服务。纳税人对纳税信用评价结果有异议的，可以书面向作出评价的税务机关申请复评。

（2）税务机关按照守信激励，失信惩戒的原则，对不同信用级别的纳税人实施分类服务和管理。

4. 纳税信用修复

税务机关对企业进行纳税信用积分评定后，如纳税人符合下列条件之一的，可在规定期限内向主管税务机关申请纳税信用修复：

（1）纳税人发生未按法定期限办理纳税申报、税款缴纳、资料备案等事项且已补办的。

（2）未按税务机关处理结论缴纳或者足额缴纳税款、滞纳金和罚款，未构成犯罪，纳税信用级别被直接判为 D 级的纳税人，在税务机关处理结论明确的期限期满后 60 日内足额缴纳、补缴的。

（3）纳税人履行相应法律义务并由税务机关依法解除非正常户状态的。

六、税款征收 ★★★

扫我解疑难

1. 税款征收的概念

税款征收是税收征收管理工作的中心环节。

2. 税款征收方式（见表 2-4）

表 2-4　税款征收方式

方式	适用范围
查账征收	账务健全的纳税人
核定征收	对账务不全，但能控制其材料、产量或进销货物的纳税单位或个人，由税务机关依据正常条件下的生产能力对其生产的应税产品查定产量、销售额并据以征收税款的征收方式
查验征收	税务机关对纳税人的应税商品、产品，通过查验数量，按市场一般销售单价计算其销售收入，并据以计算应纳税款的征收方式
定期定额征收	对小型个体工商户采取的一种征收方式
代扣代缴	在向纳税人支付款项时依法扣缴税款
代收代缴	在向纳税人收取款项时依法收取税款
委托代征	对零星、分散、异地缴纳的税收 注意：（1）对拒绝代征人依法代征税款的纳税人，自其拒绝之时起 24 小时内报告税务机关；（2）自 2013 年 2 月 1 日起，税务机关委托交通运输部门、海事管理机构代为征收船舶车船税税款

3. 税款征收措施

税款征收措施的主要的内容包括：核定、调整应纳税额，责令缴纳，责令提供纳税担保，采取税收保全措施，采取税收强制执行措施，阻止出境等。

注意分清哪些属于税收征收方式，哪些属于税款征收措施。

（1）由主管税务机关调整应纳税额。

纳税人有下列情形之一的，税务机关有权核定应纳税额，具体情形见表 2-5。

表 2-5　税务机关有权核定应纳税额的情形

分类	具体情形
无账可查	①依照法律、行政法规的规定可以不设置账簿的； ②依照法律、行政法规的规定应当设置但未设置账簿的； ③擅自销毁账簿或者拒不提供纳税资料的； ④发生纳税义务，未按照规定的期限办理纳税申报，经税务机关责令限期申报，逾期仍不申报的
难以查账	⑤虽设置账簿，但账目混乱或者成本资料、收入凭证、费用凭证残缺不全，难以查账的；
计税依据不可信	⑥纳税人申报的计税依据明显偏低，又无正当理由的

（2）关联企业纳税调整。

应当按照独立企业之间的业务往来收取或支付价款、费用。

【例题 10·多选题】税务师对某企业应纳消费税进行审查时，发现该企业向其关联企业转让产品时，价格明显偏低且无正当理由，税务师应建议该企业按照（　）进行调整。

A. 税务机关核定消费税的最低计税价格

B. 独立企业之间进行相同或类似业务活动的价格

C. 销售给无关联关系的第三者的价格

D. 成本加合理的费用和利润的方法

E. 销售给关联企业的实际销售价格

解析 ▶ 税务机关对各关联企业之间收取的价款、支付的费用进行核实，如价格明显偏低又无正当理由的，按税法规定予以调整。

具体方法为：

①按独立企业之间进行相同或类似业务活动的价格；

②按照销售给无关联关系的第三者的价格所应取得的收入和利润水平；

③按成本加合理的费用和利润；

④按照其他合理的方法。　　**答案 ▶ BCD**

（3）责令缴纳。

对未按规定办理税务登记的纳税人以及临时从事经营的纳税人，由税务机关核定其应纳税额，责令缴纳；对未按照规定办理税务登记的从事生产、经营的纳税人以及临时从事经营的纳税人，由税务机关核定其应纳税额，责令缴纳。

不缴纳的，税务机关可以扣押其价值相当于应纳税款的商品、货物。逾期仍不缴纳，经县以上税务局（分局）局长批准，税务机关可以依法拍卖或变卖所扣押的商品、货物，以拍卖所得或变卖所得抵缴税款。

（4）责令提供纳税担保。

①税务机关有根据认为从事生产、经营的纳税人有逃避纳税义务行为的，可以在规定的纳税期前责令纳税人限期缴纳应纳税额，在限期内发现纳税人有明显的转移、隐匿其应纳税的商品、货物以及其他财产或者应纳税的收入的迹象的，税务机关可责成纳税人提供纳税担保。

②对象：从事生产、经营的纳税人，不包括非从事生产、经营的纳税人和扣缴义务人。

（5）采取税收保全措施（重要考点）。

①适用对象：从事生产、经营的纳税人拒绝或无力提供纳税担保。

②审批权限：县以上税务局（分局）局长。

③具体措施：

a. 书面通知纳税人开户银行或者其他金融机构冻结纳税人的金额相当于应纳税款的存款；

b. 扣押、查封纳税人的价值相当于应纳税款的商品、货物或者其他财产。

（6）采取强制执行措施（重要考点）。

①适用对象：从事生产经营的纳税人、扣缴义务人未按规定的期限缴纳税款或者解缴税款，纳税担保人未按照规定的期限缴纳所担保的税款，税务机关责令限期缴纳，逾期仍未缴纳的。

②审批权限：县以上税务局（分局）局长。

③具体措施：

a. 书面通知其开户银行或者其他金融机构从其存款中扣缴税款；

b. 扣押、查封、依法拍卖或者变卖其价值相当于应纳税款的商品、货物或者其他财产，以拍卖或者变卖所得抵缴税款。

税收保全措施和强制执行措施的区分（见表 2-6）。

表 2-6　税收保全措施和强制执行措施的区分

项目	税收保全措施（预防措施）	强制执行措施（补救措施）
对象	从事生产经营的纳税人，**不包括扣缴义务人和纳税担保人**	从事生产经营的纳税人，扣缴义务人，纳税担保人
前提	未提供纳税担保	责令限期缴纳，逾期仍未缴纳（告诫在先原则）
审批	县以上税务局（分局）局长	
措施	冻结存款 扣押查封	从存款中扣缴税款 扣押、查封、依法拍卖或变卖

项目	税收保全措施（预防措施）	强制执行措施（补救措施）
物品范围	不采取税收保全措施和强制执行措施的物品： (1)个人及其所扶养家属维持生活必需的住房和用品，不包括机动车辆、金银饰品、古玩字画、豪华住宅或者 1 处以外的住房； (2)单价 5000 元以下的其他生活用品	

【例题 11·多选题】 税务机关实施税收保全措施时，下列属于税收保全措施之内的物品有（   ）。

A. 市场价格为 300 元的自行车

B. 单价 5000 元以上的生活用品

C. 被执行人所拥有的金银饰品

D. 被执行人扶养的亲属维持生活的必需品

E. 被执行人家中唯一的别墅

解析 ▶ 选项 A，市场价格为 300 元的自行车属于单价 5000 元以下的其他生活物品，不能采取税务保全和强制执行措施；选项 D，个人及其所扶养家属维持生活必需的住房和用品，不在税收保全措施之内。 **答案** ▶ BCE

【例题 12·多选题】 税务机关采取的下列措施中，属于强制执行措施的有（   ）。

A. 查封纳税人的价值相当于应纳税款的商品或货物

B. 书面通知纳税人的开户银行从其银行存款中扣缴税款

C. 拍卖纳税人其价值相当于应纳税款的商品用以抵缴税款

D. 对纳税人逃避纳税义务的行为处以 2000 元以上 5000 元以下的罚款

E. 扣押纳税人的价值相当于应纳税款的货物或其他财产

解析 ▶ 选项 AE 属于税收保全措施；选项 D 属于税务行政处罚措施。 **答案** ▶ BC

真题精练（客观题）

1. (2019 年单选题)当需要采取税收保全措施时，下列被执行人的财产不能纳入税收保全措施范围的是（   ）。

A. 唯一的一辆机动车

B. 新购入的价值 4000 元的家具

C. 别墅

D. 金银首饰

解析 ▶ 税务机关对单价 5000 元以下的其他生活用品，不采取税收保全措施和强制执行措施。 **答案** ▶ B

2. (2018 年单选题)在规定纳税期前，税务机关有根据认为从事生产、经营的纳税人有逃避纳税义务行为的，首先应（   ）。

A. 核定其应纳税额

B. 责令限期缴纳应纳税额

C. 税收强制执行措施

D. 扣押其商品

解析 ▶ 税务机关有根据认为从事生产、经营的纳税人有逃避纳税义务行为的，可以在规定的纳税期前责令纳税人限期缴纳应纳税额，在限期内发现纳税人有明显的转移、隐匿其应纳税的商品、货物以及其他财产或者应纳税的收入的迹象的，税务机关可责成纳税人提供纳税担保。 **答案** ▶ B

3. (2015 年单选题)关于一般程序的税收保全措施的说法错误的是（   ）。

A. 税收保全措施必须经县以上税务局(分局)局长批准

B. 纳税人在规定期限内缴纳税款的，税务机关必须立即解除税收保全措施

C. 个人及其所扶养家属维持生活必需的住房和用品，不在税收保全措施范围之内

D. 有人居住的住房不适用税收保全措施

解析 ▶ 个人及其所扶养家属维持生活必需的住房和用品，不在税收保全措施范围之内。但是有人居住的住房不一定是维持生活必需的，因此选项 D 不正确。 **答案** ▶ D

(7)阻止出境(重要考点)。

①适用对象：**欠缴税款的纳税人或纳税人的法定代表人,**出境前未按规定结清税款、滞纳金或提供纳税担保。

②执行机关：出入境管理机关。

【知识点拨1】 阻止出境的措施仅适用于欠缴税款的纳税人或纳税人的法定代表人,不适用于其财税人员。

【知识点拨2】 阻止出境的执行机关是出入境管理机关,而非税务机关。

【例题13·单选题】 下列主管税务机关对欠税的纳税人作出的行为中,不符合《税收征收管理法》及有关政策规定的是( )。

A. 通知出入境管理机关阻止其办税人员出境

B. 欠缴税款的纳税人因怠于行使到期债权,给国家税收造成损害的,税务机关依法行使代位权

C. 应抵押贷款银行要求向银行提供其有关的欠税情况

D. 向人民法院申请以税务机关名义代其行使债权抵缴税款

解析 税务机关可以通知出入境管理机关阻止欠缴税款的纳税人和纳税人的法定代表人出境,但不能阻止其办税人员出境。

答案 A

【例题14·多选题】 在整个税收征收管理工作中,税务机关必须依照法律、行政法规的规定将纳税人应纳的税款组织征收入库。下列属于税款征收措施的有( )。

A. 阻止出境

B. 关联企业纳税调整

C. 查验征收

D. 查账征收

E. 由主管税务机关核定应纳税额

解析 选项 CD 属于税款征收方式。

答案 ABE

【知识点拨】 关于税款征收方式和税款征收措施的区分见表2-7。

表2-7 税款征收方式 VS 税款征收措施

税款征收方式	税款征收措施
查账征收	由主管税务机关调整应纳税额
核定征收	关联企业纳税调整
查验征收	责令缴纳
定期定额征收	责令提供纳税担保
代扣代缴	采取税收保全措施
代收代缴	强制执行措施
委托代征	阻止出境

真题精练(客观题)

(2017年单选题)某公司拖欠2016年度增值税42万元,催款无效,经县税务局局长批准2017年3月,税务机关书面通知开户银行扣缴所欠税款,这一行政行为属于( )。

A. 税收保全措施

B. 提供纳税担保

C. 强制执行措施

D. 税务行政协助

解析 书面通知纳税人开户银行或者其他金融机构从其存款中扣缴税款属于强制执行措施。

答案 C

4. 税收优先的规定(重要考点)

(1)税收与无担保债权的关系:税收优先(破产法规定的破产企业所欠职工工资和医疗、伤残补助、抚恤费用,所欠的应当划入职工个人账户的基本养老保险、基本医疗保

险费用，以及法律、行政法规规定应当支付给职工的补偿金除外)。

(2)税收与有担保债权的关系：是平等的，只看先后顺序，欠税在前，税款优先。

纳税人欠缴的税款发生在纳税人以其财产设定抵押、质押或者纳税人的财产被留置之前的，税收应当优先于抵押权、质权、留置权执行。

(3)税收与其他行政处罚的关系：税收优先于罚款、没收违法所得。

【知识点拨】有担保债权的担保方式包括抵押、质押和留置。

【例题 15·多选题】下列关于税款受偿顺序的说法中，正确的有( )。

A. 除法律另有规定之外，税收优先于无担保债权

B. 税款优先于发生在其之后的以其财产设定抵押的债权

C. 税款优先于发生在其之前的以其财产设定质押的债权

D. 税款优先于发生在其之后的财产被留置的债权

E. 税款优先于发生在其之前的罚款

解析▶选项 C，以其财产设定质押的债权发生在税款之前的，有质押财产的债权优先受偿。 答案▶ABDE

5. 纳税人有合并、分立情形的税收规定(重要考点)

(1)纳税人合并时未缴清税款的，应当由合并后的纳税人继续履行未履行的纳税义务；纳税人分立时未缴清税款的，分立后的纳税人对未履行的纳税义务应该承担连带责任。

(2)欠缴税款数额在5万元以上的纳税人在处分其不动产或者大额资产以前，应当向税务机关报告。

(3)欠缴税款的纳税人因怠于行使到期债权，或者放弃到期债权，或者无偿转让财产，或者以明显不合理的低价转让财产而受让人知道该情形，给国家税收造成损害的，税务机关可以按照《合同法》的规定行使代位权、撤销权。

【例题 16·单选题】甲公司与乙商场采用新设丙公司的方式进行合并重组，符合企业所得税特殊性税务处理的条件。乙商场未缴清的税款，应( )。

A. 由丙公司继续履行，甲公司股东和乙商场股东不承担连带责任

B. 由乙商场股东继续履行，甲公司股东和丙公司股东承担连带责任

C. 由丙公司继续履行，乙商场股东承担连带责任

D. 由乙商场股东继续履行，丙公司承担连带责任

解析▶纳税人合并时未缴清税款的，应当由合并后的纳税人继续履行未履行的纳税义务。 答案▶A

【例题 17·多选题】欠缴税款的纳税人( )时，给国家税收造成损害的，税务机关可以行使代位权、撤销权。

A. 以等价交换方式转让财产

B. 存在大量尚未到期的债权

C. 怠于行使到期债权

D. 以明显不合理的低价转让财产而受让人知道该情形

E. 放弃到期债权

解析▶欠缴税款的纳税人因怠于行使到期债权，或者放弃到期债权，或者无偿转让财产，或者以明显不合理的低价转让财产而受让人知道该情形，给国家税收造成损害的，税务机关可以行使代位权、撤销权。 答案▶CDE

真题精练(客观题)

1. (2018年多选题)关于纳税人欠税的税务处理，下列说法正确的有( )。

A. 税务机关依法对欠税企业行使代位权的可免除欠税企业的尚未履行的纳税义务

B. 欠税5万元以上的纳税人在处分其不动产前，应当向税务机关报告

C. 抵押权人、质权人可以要求税务机关提供纳税人有关欠税的情况

D. 税务机关清收欠税时税收优先于所有抵押权、质权执行

E. 税务机关可按规定对欠税的纳税人采取强制执行措施

解析 ▶ 选项 A，税务机关依法行使代位权、撤销权的，不免除欠缴税款的纳税人尚未履行的纳税义务和应承担的法律责任；选项 D，税务机关征收税款，税收优先于无担保债权。选项 E 是正确的，因为从事生产、经营的纳税人、扣缴义务人未按照规定的期限缴纳或者解缴税款，纳税担保人未按照规定的期限缴纳所担保的税款，由税务机关责令限期缴纳，逾期仍未缴纳的，经县以上税务局（分局）局长批准，税务机关可以采取强制执行措施。

答案 ▶ BCE

2.（2015 年多选题）关于纳税人欠税的处理，下列说法正确的有（　　）。

A. 税务机关应对纳税人的欠税情况保密

B. 税收优先的原则要求在清理税额时，税款优先各类债权执行

C. 纳税人欠缴同时又被行政机关处以罚款的，税款优先于罚款

D. 欠税金额在 5 万元以上的纳税人在处分其不动产以前，应当向税务机关报告

E. 尚有欠税的纳税人出境时，税务稽查部门可以直接阻止其出境

解析 ▶ 税收优先原则是指税务机关征收税款，税收优先于无担保债权，除法律另有规定的除外；纳税人欠缴的税款发生在纳税人以其财产设定抵押、质押或者纳税人的财产被留置之前的，税收应当先于抵押权、质权、留置权执行。纳税人欠缴税款，同时又被行政机关决定处以罚款、没收违法所得的，税收优先于罚款、没收违法所得。税收违法行为信息不属于保密范围。欠缴税款的纳税人或者其法定代表人在出境前未按规定结清应纳税款、滞纳金或者提供纳税担保的，税务机关可以通知出境管理机关阻止其出境。

答案 ▶ CD

七、税务检查★★

扫我解疑难

在税务检查的范围中特别注意场地检查权、存款账户检查权的有关规定。

1. 场地检查权

税务机关可以到纳税人的生产、经营场所和货物存放地检查，税务机关无权到纳税人的生活区检查。

2. 存款账户检查权（见表 2-8）

表 2-8　存款账户检查权

类别	权限
存款账户	经县以上税务局（分局）局长批准，凭全国统一格式的检查存款账户许可证明，可以查询从事生产、经营的纳税人、扣缴义务人在银行或者其他金融机构的存款账户
储蓄存款	税务机关在调查税收违法案件时，经设区的市、自治州以上税务局（分局）局长批准，可以查询案件涉嫌人员的储蓄存款

【知识点拨 1】 税务机关派出的人员进行税务检查时，应当出示税务检查证件。

【知识点拨 2】 税务机关查询所获得的资料，不得用于税收以外的用途。

【例题 18·多选题】 下列关于税务机关行使税务检查权的表述中，符合税法规定的有（　　）。

A. 到纳税人的住所检查应纳税的商品，货物和其他财产

B. 责成纳税人提供与纳税有关的文件，证明材料和有关资料

C. 到车站检查纳税人托运货物或者其他

财产的有关单据，凭证和资料

D. 经县税务局长批准，凭统一格式的检查存款账户许可证，查询案件涉嫌人员的储蓄存款

E. 税务机关派出的人员进行税务检查时，应当出示税务检查证件

解析 ▶选项 A，税务机关可以到纳税人的生产、经营场所和货物存放地检查，税务机关无权到纳税人的生活区检查；选项 D，查询案件涉嫌人员的储蓄存款需要经设区的市、自治州以上税务局(分局)局长批准。

答案 ▶BCE

八、征纳双方的权利、义务和责任

扫我解疑难

在本部分内容中，首先要分清哪些是税务机关的权利、义务和责任，哪些是纳税人的权利、义务和责任。此外要特别注意追征税款权、延期缴纳税款权、依法申请收回多缴的税款权；注意法律责任中处罚的有关规定。

(一)税务机关的权利、义务和责任 ★ ★★

1. 税务机关的权利

(1)税收法律、行政法规的建议权，税收规章的制定权。

(2)税收管理权。

(3)税款征收权。包括：依法计征权；核定税款权；税收保全和强制执行权；追征税款权。特别注意追征税款权(见表 2-9)。

表 2-9　追征税款权

情形		处理措施
税务机关的责任		税务机关在 **3 年内**可以要求纳税人、扣缴义务人补缴税款，但是**不得加收滞纳金**
纳税人、扣缴义务人	计算错误等**失误**	税务机关在 **3 年内**可以追征税款、滞纳金；有特殊情况的，追征期可以**延长到 5 年**
	对**偷税**、**抗税**、**骗税**的	税务机关追征其未缴或者少缴的税款、滞纳金或者所骗取的税款，税务机关可以**无限期追征**

【知识点拨】滞纳金的计算

①纳税人未按照规定期限缴纳税款的，扣缴义务人未按照规定期限解缴税款的，税务机关除责令限期缴纳外，从滞纳税款之日起，按日加收滞纳税款万分之五的滞纳金；

②加收滞纳金的起止时间为税款缴纳期限届满次日起至纳税人、扣缴义务人实际缴纳或者解缴税款之日止。

③自 2020 年 3 月 1 日起，对纳税人、扣缴义务人、纳税担保人应缴纳的欠税及滞纳金不再要求同时缴纳，可以先行缴纳欠税，再依法缴纳滞纳金。

【例题 19·单选题】下列关于税款追征权的表述，正确的是(　　)。

A. 因扣缴义务人计算错误等失误，未缴或者少缴税款的，税务机关在 5 年内可以追征税款、滞纳金，有特殊情况的，追征期可以延长到 10 年

B. 因税务机关的责任，致使纳税人未缴或者少缴税款的，税务机关在 1 年内可以要求纳税人补缴税款，但不得加收滞纳金

C. 因纳税人隐瞒收入的行为造成未缴或者少缴税款的，税务机关可以无限期追征其未缴或者少缴的税款、滞纳金

D. 因纳税人计算错误等失误，未缴或者少缴税款的，税务机关可在 3 年内追征税款，

但不加收滞纳金、罚款

解析 对偷税、抗税、骗税的，税务机关追征其未缴或者少缴的税款、滞纳金或者所骗取的税款，税务机关可以无限期追征。因纳税人隐瞒收入的行为造成未缴或者少缴税款的，属于偷税，因此应无限期追征税款。

答案 C

真题精练(客观题)

(2017年单选题)关于追征纳税人未缴、少缴税款的说法，正确的是( )。

A. 因税务机关的责任，造成少缴税款，税务机关可以在5年内要求纳税人补缴税款

B. 对骗税行为，税务机关可以在10年内追征纳税人所骗取的税款

C. 因纳税人非主观故意造成少缴税款，一般情况下税务机关追征期限为2年

D. 纳税人因计算错误造成少缴税款，一般情况下税务机关追征期限为3年，同时加收滞纳金

解析 选项B，对偷税、抗税、骗税的，税务机关追征其未缴或者少缴的税款、滞纳金或者所骗取的税款，税务机关可以无限期追征；选项C，因纳税人、扣缴义务人计算错误等失误，未缴或者少缴税款的，税务机关在3年内可以追征税款、滞纳金；有特殊情况的，追征期可以延长到5年。

答案 D

(4)批准税收减、免、退、延期缴纳税款权。

为了照顾某些特殊困难的纳税人，经省、自治区、直辖市税务局批准，可以延期缴纳税款，但是最长不得超过3个月。

(5)税务检查权。

(6)处罚权。

(7)国家赋予的其他权利。

2. 税务机关的义务

3. 税务人员的法律责任

真题精练(客观题)

(2018年多选题)税务机关在税收征收管理中可以行使的权利有( )。

A. 税收保密权

B. 核定税款权

C. 税收强制执行权

D. 税收检查权

E. 处罚权

解析 税务机关的权利主要包含：(1)税收法律、行政法规的建议权，税收规章的制定权；(2)税收管理权；(3)税款征收权；(4)批准税收减、免、退、延期缴纳税款权；(5)税务检查权；(6)处罚权；(7)国家赋予的其他权利。

答案 BCDE

(二)纳税人的权利、义务和责任★★★

1. 纳税人的权利

(1)知情权。纳税人有权向税务机关了解国家税收法律、行政法规的规定以及与纳税程序有关的情况。

(2)保密权。纳税人有权要求税务机关为纳税人的情况保密。税务机关将依法为纳税人的商业秘密和个人隐私保密。但根据法律规定，**税收违法行为信息不属于保密范围**。

(3)税收监督权。纳税人对税务机关违反税收法律、行政法规的行为，可以进行检举和控告。同时，纳税人对其他纳税人的税收违法行为也有权进行检举。

(4)纳税申报方式选择权。纳税人可以直接到办税服务厅办理纳税申报或者报送代扣代缴、代收代缴税款报告表，也可以按照规定采取邮寄、数据电文或者其他方式办理上述申报、报送事项。但采取邮寄或数据电文方式办理上述申报、报送事项的，需经纳税人的主管税务机关批准。

(5)申请延期申报权。

(6)申请延期缴纳税款权。如纳税人因有特殊困难，不能按期缴纳税款的，经省、自治区、直辖市税务局批准，可以延期缴纳税款，但是最长不得超过3个月。

特殊困难是指：①是因不可抗力，导致纳税人发生较大损失，正常生产经营活动受到较大影响的；②是当期货币资金在扣除应

付职工工资、社会保险费后，不足以缴纳税款的。

（7）依法申请收回多缴税款权（见表2-10）。

表 2-10　依法申请收回多缴的税款

发现方	税务处理	差别
税务机关发现	税务机关发现后，将自发现之日起 10 日内办理退还手续	无时间限制，但不加算利息
纳税人发现	纳税人自结算税款之日起3年内发现的，可以向税务机关要求退还多缴的税款并加算银行同期存款利息，税务机关将自接到纳税人退还申请之日起 30 日内查实并办理退还手续	时间限制，加算利息

【例题20·单选题】下列关于退还纳税人多缴税款的表述中，正确的是（　）。

A. 税务机关发现多缴税款但距缴款日期已超过 3 年的，税务机关应该退还多缴税款

B. 税务机关发现多缴税款的，在退还税款的同时，应一并计算银行同期存款利息

C. 税务机关发现多缴税款但距缴款日期已超过 3 年的，税务机关不再退还多缴税款

D. 纳税人发现当年预缴企业所得税款超过应缴税额的，可要求退款并加计银行同期存款利息

解析 ▶ 在本题中需要分清税务机关发现和纳税人发现多缴税款在处理上的区别。

答案 ▶ A

（8）依法享受税收优惠权。

（9）委托税务代理权。

（10）陈述与申辩权。

（11）对未出示税务检查证和税务检查通知书的拒绝检查权。

（12）税收法律救济权。纳税人对税务机关作出的决定，依法享有申请行政复议、提起行政诉讼、请求国家赔偿等权利。

（13）依法要求听证的权利。

（14）索取有关税收凭证的权利。

2. 纳税人的义务

（1）依法进行税务登记的义务。

（2）依法设置账簿、保管账簿和有关资料以及依法开具、使用、取得和保管发票的义务。

（3）财务会计制度和会计核算软件备案的义务。

（4）按照规定安装、使用税控装置的义务。

（5）按时、如实申报的义务。

（6）按时缴纳税款的义务。

（7）代扣、代收税款的义务。

（8）接受依法检查的义务。

（9）及时提供信息的义务。

（10）报告其他涉税信息的义务。

【例题21·单选题】纳税人不能按照税法规定的纳税期限缴纳税款，（　），不足以缴纳税款的，可申请延期纳税。

A. 当期银行存款在扣除应付职工工资、社会保险费后

B. 当期货币资金在扣除应付职工工资、社会保险费后

C. 当期货币资金在扣除银行存款及各项上交款项后

D. 当期货币资金在扣除应付职工工资和应计提的公益金、公积金以后

解析 ▶ 纳税人当期货币资金在扣除应付职工工资、社会保险费后，不足以缴纳税款的，可申请延期纳税。

答案 ▶ B

真题精练（客观题）

1. (2018 年单选题)纳税人因有些特殊困难，经省、自治区、直辖市税务局批准，可以延期纳税款，但是最长不得超过（　）个月。

A. 1　　　　　　　　B. 2

C. 4　　　　　　　　D. 3

解析 ▶ 税务机关有权在法律、行政法规规定的权限内，对纳税人的减免税申请予以

审批，但不得违反法律、行政法规的规定，擅自作出减税免税的规定。为了照顾纳税人的某些特殊困难，经省、自治区、直辖市税务局批准，可以延期缴纳税款，但是最长不得超过3个月。 **答案** ▶D

2. (2015年单选题)关于延期纳税的说法正确的是( )。

A. 经县以上税务局(分局)局长批准，可以延期纳税

B. 延期纳税最长不得超过60日

C. 特殊困难包括当期货币资金扣除应付账款，应付工资和社会保险费后，不足以缴纳税款的

D. 经税务机关批准延期纳税的，在批准的期限内不予加收滞纳金

解析 ▶选项A，延期纳税要经省、自治区、直辖市税务局批准；选项B，延期纳税最长不得超过3个月；选项C，特殊困难包括当期货币资金扣除应付工资、社会保险费后，不足以缴纳税款的。 **答案** ▶D

3. 纳税人、扣缴义务人的法律责任(重要考点)

(1)违反税务管理的行为及处罚(见表2-11)。

表2-11　违反税务管理的行为及处罚

违反税务管理的行为	处罚
纳税人有下列行为之一： ①未按照规定的期限申报办理税务登记、变更或注销登记的； ②未按照规定设置、保管账簿或者保管记账凭证和有关资料的； ③未按照规定将财务、会计制度或财务会计处理方法和会计核算软件报送税务机关备案的； ④未按照规定将其全部银行账号向税务机关报告的； ⑤未按照规定安装、使用税控装置，或者损毁或者擅自改动税控装置的； ⑥纳税人未按照规定办理税务登记证件验证或者换证手续的	由税务机关责令限期改正，可以处以2000元以下的罚款；情节严重的，处以2000元以上1万元以下的罚款
纳税人不办理税务登记	税务机关责令限期改正，逾期不改正的，税务机关提请工商行政管理机关吊销其营业执照
纳税人未按照规定使用税务登记证件，或者转借、涂改、损毁、买卖、伪造税务登记证件	处2000元以上1万元以下的罚款；情节严重的，处1万元以上5万元以下的罚款
扣缴义务人未按规定设置、保管代扣代缴、代收代缴税款账簿或者记账凭证及有关资料	税务机关责令改正；可处以2000元以下的罚款；情节严重的，处以2000元以上5000元以下的罚款
纳税人、扣缴义务人未按规定的期限办理纳税申报和报送纳税资料的，或者扣缴义务人未按规定的期限向税务机关报送代扣代缴、代收代缴税款报告表和有关资料	税务机关责令限期改正，可处以2000元以下的罚款；情节严重的，可处以2000元以上1万元以下的罚款

(2)欠税行为及处罚。

①界定：纳税人、扣缴义务人逾期未缴纳税款的行为。

②处罚：纳税人欠缴应纳税款，采取转移或隐匿财产的手段，妨碍税务机关追缴欠税的，处罚见表2-12。

表2-12　欠税行为的处罚

对象	处罚行为
纳税人	由税务机关追缴欠缴的税款、滞纳金，并处以欠缴税款50%以上5倍以下的罚款。构成犯罪的，依法追究刑事责任

对象	处罚行为
扣缴义务人	由税务机关向纳税人追缴税款，对扣缴义务人处应扣未扣、应收未收税款**50%以上3倍以下**罚款。对扣缴义务人的处罚轻一些

【例题22·单选题】税务机关在对某实木地板加工企业进行税务稽查时，发现其受托加工的实木地板业务未按规定扣缴消费税，税务机关作出如下处理中正确的是( )。

A. 由该企业补缴未代扣代缴的消费税，按规定加收滞纳金，并处以未扣缴税款50%以上5倍以下罚款

B. 不向该企业补征未代扣的消费税，但按规定加收滞纳金，并处以未扣缴税款50%以上3倍以下罚款

C. 由该企业补缴未代扣的消费税，按规定加收滞纳金，但不处罚款

D. 不向该企业补征未代扣的消费税和加收滞纳金，但处以未扣缴款50%以上3倍以下罚款

解析 ▶扣缴义务人应扣未扣、应收而不收税款的，由税务机关向纳税人追缴税款，对扣缴义务人处应扣未扣、应收未收税款50%以上3倍以下罚款。 答案 ▶D

(3)逃避缴纳税款行为及处罚。

①纳税人采取欺骗、隐瞒手段进行虚假纳税申报或者不申报，逃避缴纳税款数额较大并且占应纳税额10%以上的，处3年以下有期徒刑或者拘役，并处罚金；数额巨大并且占应纳税额30%以上的，处3年以上7年以下有期徒刑，并处罚金。

②对扣缴义务人采取前款所列手段，不缴或者少缴已扣、已收税款，数额较大的，依照上述规定处罚。

③对多次实施前两款行为，未经处理的，按照累计数额计算。

④有上述行为，经税务机关依法下达追缴通知后，补缴应纳税款，缴纳滞纳金，已受行政处罚的，不予追究刑事责任；但是5年内因逃避缴纳税款受过刑事处罚或者被税务机关给予2次以上行政处罚的除外。

(4)抗税行为及处罚。

①界定：纳税人、扣缴义务人以暴力威胁方法拒绝缴纳税款的行为。

②处罚(见表2-13)。

表2-13　抗税行为的处罚

类型		具体处罚
行政责任		情节轻微、未构成犯罪的，由税务机关追缴其拒缴的税款、滞纳金，并处以拒缴税款1倍以上5倍以下的罚款
刑事责任	构成犯罪的	处3年以下有期徒刑或者拘役，并处拒缴税款1倍以上5倍以下罚金
	情节严重的	处3年以上7年以下有期徒刑，并处拒缴税款1倍以上5倍以下罚金
	以暴力方法抗税，致人重伤或者死亡的	按伤害罪、杀人罪从重处罚，并处罚金

(5)行贿行为及处罚。

纳税人向税务人员行贿，不缴或者少缴应纳税款的，按照表2-14进行处罚。

表2-14　行贿行为的处罚

情形	具体处罚
一般规定	依照行贿罪追究刑事责任，并处不缴或者少缴的税款5倍以下的罚金

情形	具体处罚
对犯行贿罪的	处 5 年以下有期徒刑或拘役，并处罚金
因行贿牟取不正当利益，情节严重的，或者使国家利益遭受重大损失的	处 5 年以上 10 年以下有期徒刑，并处罚金
情节特别严重的，或者使国家利益遭受特别重大损失的	处 10 年以上有期徒刑或者无期徒刑，可以并处罚金或没收财产

（6）骗税行为及处罚（见表 2-15）。

表 2-15　骗税行为的处罚

类型		具体处罚
行政责任		由税务机关追缴其骗取的出口退税款，并处骗取税款 1 倍以上 5 倍以下的罚款。对骗取国家出口退税款的，税务机关可以在规定的期间内停止为其办理出口退税
刑事责任	构成犯罪的	处 5 年以下有期徒刑或者拘役，并处罚金
	数额巨大或者有其他严重情节的	处 5 年以上 10 年以下有期徒刑，并处罚金
	数额特别巨大或者有其他特别严重情节的	处 10 年以上有期徒刑或者无期徒刑，并处罚金或者没收财产

（7）其他违法行为及处罚（见表 2-16）。

表 2-16　其他违法行为及处罚

违法行为	处罚
非法印制、转借、倒卖、变造或者伪造完税凭证	由税务机关责令改正，处 2000 元以上 1 万元以下的罚款；情节严重的，处 1 万元以上 5 万元以下的罚款；构成犯罪的，依法追究刑事责任
银行及其他金融机构未依照《税收征管法》的规定在从事生产、经营的纳税人的账户中登录税务登记证件号码，或者未按规定在税务登记证件中登录从事生产、经营的纳税人的账户账号	由税务机关责令限期改正，处 2000 元以上 2 万元以下的罚款；情节严重的，处 2 万元以上 5 万元以下的罚款
为纳税人、扣缴义务人非法提供银行账户、发票、证明或者其他方便，导致未缴、少缴税款或者骗取国家出口退税款	税务机关除没收违法所得外，可以处未缴、少缴或者骗取的税款 1 倍以下的罚款
税务机关依照《税收征管法》，到车站、码头、机场、邮政企业及其分支机构检查纳税人有关情况时，有关单位拒绝	由税务机关责令改正，可以处 1 万元以下的罚款；情节严重的，处 1 万元以上 5 万元以下的罚款

【例题 23·单选题】纳税人未按规定的期限申报办理税务登记、变更或注销登记的，情节严重的，处以（　）的罚款。

A. 2000 元以上 5000 元以下

B. 1000 元以上 10000 元以下

C. 2000 元以上 10000 元以下

D. 1000 元以上 5000 元以下

解析▶本题考核纳税人法律责任的具体规定。

答案▶C

【例题 24·多选题】纳税人下列行为中，如情节严重的，可以处 2000 元以上 1 万元以下罚款的有（　）。

A. 未按规定的期限办理纳税申报

B. 欠缴应纳税款

C. 进行虚假纳税申报

D. 擅自毁损税控装置

E. 不办理税务登记

解析 ▶ 本题考核纳税人法律责任的具体规定。　　　　　　　　**答案** ▶ AD

【例题 25·多选题】 下列违反税务管理的行为，可以由税务机关责令限期改正，处以 2000 元以下的罚款；情节严重的，处以 2000 元以上 1 万元以下的罚款的有(　　)。

A. 未按规定将财务会计处理办法和会计核算软件报送税务机关备案的

B. 未按规定办理税务登记证件验证的

C. 未按照规定安装、使用税控装置的

D. 未按照规定将其全部银行账号向税务机关报告的

E. 未按照规定使用税务登记证件的

解析 ▶ 未按照规定使用税务登记证件，或者转借、涂改、毁损、买卖、伪造税务登记证件的，处 2000 元以上 1 万元以下的罚款；情节严重的，处 1 万元以上 5 万元以下的罚款。　　**答案** ▶ ABCD

真题精练(客观题)

1. (2019年多选题，改)纳税人在税收征管中享有的权利有(　　)。

A. 申请延期申报

B. 按时、如实申报

C. 财务会计制度备案

D. 纳税申报方式选择

E. 税收法律救济

解析 ▶ 选项BC，属于纳税人承担的义务。

答案 ▶ ADE

2. (2016年多选题)纳税人、扣缴义务人下列

行为中，应由税务机关责令限期改正，处 2000 元以下罚款，情节严重的处 2000 元以上 1 万元以下罚款的有(　　)。

A. 纳税人未按规定期限办理纳税申报

B. 扣缴义务人未按规定设置、保管代扣代缴账簿

C. 纳税人未按规定安装使用税控装置

D. 纳税人未按规定将全部银行账号上报

E. 扣缴义务人应扣未扣，应收而不收税款的

解析 ▶ 纳税人有下列行为之一的，由税务机关责令限期改正，可以处 2000 元以下的罚款，情节严重的，处以 2000 元以上 1 万元以下的罚款：

(1)未按照规定的期限申报办理税务登记、变更或注销登记的；

(2)未按照规定设置、保管账簿或者保管记账凭证和有关资料的；

(3)未按照规定将财务、会计制度或财务会计处理办法和会计核算软件报送税务机关备案的；

(4)未按照规定将其全部银行账号向税务机关报告的；

(5)未按照规定安装、使用税控装置，或者损毁或者擅自改动税控装置的；

(6)纳税人未按照规定办理税务登记证件验证或换证手续的；

(7)纳税人、扣缴义务人未按规定的期限办理纳税申报和报送纳税资料的，或者扣缴义务人未按照规定的期限向税务机关报送代扣代缴、代收代缴税款报告表和有关资料的。　　**答案** ▶ ACD

同步训练 限时60分钟

一、单项选择题

1. 下列关于账簿设置的表述，错误的是(　　)。

A. 从事生产经营的纳税人应自其领取工商营业执照之日起 15 日内按规定设置账簿

B. 纳税人使用计算机记账的，应当在领取

税务登记证之日起 15 日内将会计电算化系统的会计核算软件、使用说明书及有关资料报送主管税务机关备案

C. 除法律、行政法规另有规定外，账簿、会计凭证、报表、完税凭证及其他有关资

料应当保存 10 年

D. 扣缴义务人应当自税收法律、行政法规规定的扣缴义务发生之日起 15 日内，按照所代扣、代收的税种，分别设置代扣代缴、代收代缴税款账簿

2. 下列纳税人，可以实行简易申报方式的是（　　）。

A. 当期未发生纳税义务的纳税人

B. 当期开始享受免税待遇的纳税人

C. 实行定期定额方式缴纳税款的纳税人

D. 不能按期缴税且有特殊困难的纳税人

3. 关于纳税评估，下列表述错误的是（　　）。

A. 纳税评估分析报告和纳税评估工作底稿可作为行政复议和诉讼依据

B. 对重点税源户，要保证每年至少重点评估分析一次

C. 对汇总合并缴纳企业所得税企业的纳税评估，由其汇总合并纳税企业申报所在地税务机关实施

D. 综合审核对比分析中发现有问题或疑点的纳税人要作为重点评估分析对象；重点税源户、特殊行业的重点企业要列为纳税评估的重点分析对象

4. 下列关于税款征收采取强制执行措施的说法，错误的是（　　）。

A. 如果纳税人未按规定期限缴纳税款，税务机关就可以采取强制执行措施

B. 税务机关采取强制执行措施时，对纳税人、扣缴义务人、纳税担保人未缴纳的滞纳金同时强制执行

C. 个人及其扶养家属维持生活必需的住房和用品不在强制执行的范围内

D. 税务机关采取强制执行措施可扣押、查封、依法拍卖或者变卖价值相当于应纳税款的商品、货物或者其他财产，以拍卖、变卖所得抵缴税款

5. 关于税款追征与退还的说法，正确的是（　　）。

A. 纳税人多缴的税款，税务机关发现后应当立即退还

B. 纳税人多缴的税款，自结算税款之日起 5 年内发现的，可以向税务机关要求退还

C. 纳税人多缴的税款退回时，应加算银行同期贷款利息

D. 由于税务机关适用法规错误导致纳税人少缴税款，税务机关可以在 3 年内补征税款和加收滞纳金

6. 按照《税收征收管理法》的有关规定，欠缴税款数额较大的纳税人在处分其不动产或大额资产前，应当向税务机关报告。其中欠缴税款数额较大是指欠缴税款在（　　）万元以上。

A. 3　　　　　　　　B. 5

C. 10　　　　　　　D. 15

7. 下列不属于税务检查的是（　　）。

A. 检查纳税人的账簿、记账凭证、报表和有关资料

B. 检查纳税人货物、商品、机器设备

C. 责令纳税人、扣除义务人提供与纳税或代扣代缴有关的文件

D. 要求纳税人使用不与税收法规相冲突的会计核算方法

8. 对纳税人的应税商品、产品，通过查验数量，按市场一般销售单价计算销售收入，并据以计算应纳税款的（　　）的税款征收方式。

A. 定期定额征收　　B. 查验征收

C. 核定征收　　　　D. 查账征收

9. 某企业 2019 年 10 月应纳增值税税款 20 万元，于 10 月 25 日申请延期缴纳，税务机关在 11 月 3 日收到该申请报告，11 月 20 日税务机关作出不予批准的决定，则该企业应在 11 月 20 日向税务机关缴纳（　　）。

A. 20 万元税款

B. 20 万元税款和 0.10 万元滞纳金

C. 20 万元税款和 0.05 万元滞纳金

D. 20 万元税款和 0.11 万元滞纳金

10. 下列各项中，不属于税收风险管理的意义的是（　　）。

A. 税收风险管理有利于提高税收管理的公平性

B. 实施税收风险管理可以使税收管理更有效率

C. 税收风险管理有利于保证税收的安全、稳定，降低税收征管成本

D. 可进行风险分析及排序

11. 扣缴义务人未按规定设置、保管代扣代缴、代收代缴税款账簿或者记账凭证及有关资料的，其法律责任的表述正确的是（　　）。

A. 处以 5000 元以下的罚款

B. 情节严重的，处以 2000 元以上 5000 元以下的罚款

C. 情节严重的，处以 2000 元以上 10000 元以下的罚款

D. 处以代扣代缴、代收代缴税款 1 倍以上 3 倍以下的罚款

二、多项选择题

1. 下列关于纳税申报的说法中，正确的有（　　）。

A. 实行定期定额方式缴纳税款的纳税人，可以不进行纳税申报，直接按照核定的税款缴纳

B. 扣缴义务人在规定的期限内报送代扣代缴、代收代缴税款报告表确有困难的，可以在规定的时间内向税务机关提出书面延期申请，但是纳税人不得申请延期纳税申报

C. 扣缴义务人办理了延期纳税申报的，应当在申报期限内先预缴税款

D. 纳税人享受定期减税、免税待遇的，在减税、免税期限内应当按照规定办理纳税申报

E. 纳税人当期没有销售货物、提供劳务，没有取得应税所得的，应当在规定的时间进行纳税申报

2. 下列情形中，属于税务机关可以核定纳税人其应纳税额的情形有（　　）。

A. 甲一般纳税人企业 2020 年 1 月 1 日成立，2020 年 3 月自行将账簿销毁重新设立账簿

B. 乙小规模纳税人企业由于经营金额较小，没有设立账簿

C. 丙个体工商户由于经营规模较小，自己无法设置账簿，由税务机关指定的财务人员代为设置账簿

D. 丁企业账簿设置较乱，成本资料、收入凭证、费用凭证残缺不全，税务机关无法查账

E. 戊企业 2020 年 2 月 1 日成立，到 2020 年 5 月尚未进行过纳税申报，经税务机关责令限期申报，仍然置之不理

3. 下列有关对于税款征收采取税收保全措施的说法，正确的有（　　）。

A. 税务机关责令纳税人提供纳税担保而纳税人拒绝提供纳税担保或无力提供纳税担保的，经县以上税务局（分局）局长批准，税务机关可以采取税收保全措施

B. 税务机关既可以对纳税人采取税收保全措施，也可以对扣缴义务人、纳税担保人采取税收保全措施

C. 纳税人唯一住房（非豪华住宅）不在税收保全措施的物品范围内

D. 税务机关采取税收保全措施可书面通知纳税人开户银行从其存款中扣缴税款

E. 税收保全措施应该由税务机关做出

4. 税务机关依法采取税收强制执行措施的前提有（　　）。

A. 从事生产、经营的纳税人未按照规定的期限缴纳或者解缴税款，由税务机关责令限期缴纳，逾期仍未缴纳

B. 扣缴义务人未按照规定的期限缴纳或者解缴税款，由税务机关责令限期缴纳，已经在限期内缴纳

C. 纳税担保人未按照规定的期限缴纳所担保的税款，由税务机关责令限期缴纳，逾期仍未缴纳

D. 经县级以上税务局局长批准

E. 经省级以上税务局局长批准

5. 以下关于纳税评估的说法正确的有( )。

A. 纳税评估的对象为税务机关负责管理的所有纳税人及其应纳所有税种

B. 纳税评估分析报告和纳税评估工作底稿可以根据具体情况决定是否发给纳税人

C. 因评估工作需要，必须约谈企业其他相关人员的，应经税源管理部门批准并通过企业财务部门进行安排

D. 发现纳税人有偷税嫌疑的，要移送税务稽查部门处理

E. 对税务约谈中发现的必须到生产经营现场了解情况、审核账目凭证的，可以当即进行实地调查证实

6. 根据规定，税务机关可以在一定范围内进行税务检查，下列符合规定的有( )。

A. 经县以上税务局（分局）局长批准，可以查询案件涉嫌人员的储蓄存款

B. 到纳税人的生活、经营场所和货物存放地检查纳税人应纳税的商品、货物或者其他财产的有关单据、凭证和有关资料

C. 询问纳税人、扣缴义务人与纳税或者代扣代缴、代收代缴税款有关的问题和情况

D. 检查纳税人的账簿、记账凭证、报表和有关资料

E. 责成纳税人、扣缴义务人提供与纳税或者代扣代缴、代收代缴税款有关的文件、证明材料和有关资料

7. 下列关于税收规定说法错误的有( )。

A. 欠缴税款在3万元以上的纳税人在处分其不动产或者其他资产以前，应当向税务机关报告

B. 欠缴税款的纳税人因怠于行使到期债权，税务机关可以依法行使撤销权

C. 欠缴税款的纳税人放弃到期债权的，税务机关可以依法行使代位权

D. 欠缴税款的纳税人以明显不合理的低价转让财产的，税务机关均可依法行使撤销权

E. 欠缴税款的纳税人以明显不合理的低价转让财产的，受让人知道该情形，对国家税收造成损害的，税务机关可依法行使撤销权

8. 依据《税收征收管理法》的规定，纳税人应享有的权利包括( )。

A. 税收监督

B. 依法享受税收优惠

C. 索取有关税收凭证

D. 申请延期缴纳税款

E. 按时缴纳税款

9. 下列关于纳税人、扣缴义务人法律责任的说法，符合税法规定的有( )。

A. 伪造税务登记证件的，处2000元以上5000元以下的罚款

B. 逃避缴纳税款数额较大并占应纳税额10%以上的，处5年以下有期徒刑

C. 发生抗税行为未构成犯罪的，处拒缴税款1倍以上5倍以下的罚款

D. 伪造完税凭证，情节严重的，处1万元以上5万元以下的罚款

E. 纳税人向税务人员行贿，处以罚金，不追究刑事责任

10. 纳税人下列行为属于逃避缴纳税款的有( )。

A. 甲企业采用两套账簿进行核算，将开具发票的收入凭证账簿应付税务机关的检查，没有开具发票的收入进行内部核算

B. 乙企业在发放职工工资的时候，对超过计税工资部分的工资，让职工以发票报销的方式领取

C. 丙企业财务人员由于家中有事，所以在规定的纳税申报期限未进行纳税申报，在税务机关通知申报后，马上进行了申报

D. 丁企业采用向税务机关人员行贿的方式，让其在当年度的所得税纳税审查中认可企业上报的应纳税所得额

E. 戊企业采用虚报出口的方式，达到多退税的目的

11. 纳税信用等级评价时，本评价年度直接

判为 D 级的情形包括( )。

A. 存在逃避缴纳税款经判决构成涉税犯罪的

B. 在规定期限内未按税务机关处理结论缴纳或者足额缴纳税款、滞纳金和罚款的

C. 提供虚假申报材料享受税收优惠政策的

D. 有非正常户记录或者由非正常户直接责任人员注册登记或者负责经营的

E. 非正常原因一个评价年度内增值税连续 3 个月或者累计 6 个月零申报、负申报的

三、简答题

1. 某电子生产企业系增值税一般纳税人,各纳税期按规定申报缴纳增值税,无留抵税额。2020 年 4 月税务局稽查分局对其 2019 年 1 月~2020 年 3 月增值税纳税情况进行检查,发现该企业 2019 年 3 月份有一笔销售电子产品业务,开具增值税专用发票注明:价款 500 万元,税款 80 万元,于当月收到购货方出具的商业承兑汇票。该电子生产企业以购货方占用其流动资金为由经协商另收 20 万元作为补偿,款项已于当月收到,公司新入职的财务人员将其作为利息收入,并按"贷款服务"计提申报缴纳增值税。

税务检查人员认定该项补偿款应按销售货物的价外费用缴纳增值税,经稽查相应程序,税务稽查分局于 2020 年 4 月 28 日制作《税务行政处罚事项告知书》《税务处理决定书》和《税务行政处罚决定书》,并于当日派员同时送达该电子生产企业,要求其按照

16% 的税率补缴增值税 16265.45 元,按滞纳时间每日收取 0.5‰滞纳金,并处以少缴税款 50% 的罚款。

要求:

(1)判断稽查分局及相关人员作出的各项处理是否正确?简要说明理由。

(2)2019 年 4 月 1 日增值税税率调整,请问该企业一旦需要补税,应该按照 16% 还是按照 13% 的税率补税?简要说明理由。

(3)该企业可以采取哪些有效措施减少经济损失?简要说明理由。

2. 个体工商户甲在某集贸市场从事服装经营。2020 年 1 月,甲以生意清淡经营亏损为由,没有在规定的期限办理纳税申报,所在地税务所责令其限期申报,但甲逾期仍不申报。随后,税务所核定其应缴纳税款 1000 元,出具《应纳税额核定书》,限期于 15 日内缴清税款。甲对核定的税款提出异议,在限期内未缴纳税款。15 日期满后,税务所到期后直接扣押了其价值 1500 元的一批服装。扣押后甲仍未缴纳税款,税务所遂将服装以 1000 元的价格委托某商店销售,用以抵缴税款。

问题:

(1)如果甲经营亏损的情况属实,其是否需要办理纳税申报。如果需要办理而未办理,税务机关就此行为可以如何处理?

(2)甲对核定的税款提出异议,未在规定的期限内缴纳税款,税务机关接下来的处理有何不妥?

(3)甲如果对核定的应纳税款有异议,应如何应对?

第 2 章 税务管理概述

同步训练答案及解析

一、单项选择题

1. D 【解析】扣缴义务人应当自税收法律、行政法规规定的扣缴义务发生之日起 10 日内,按照所代扣、代收的税种,分别设置代扣代缴、代收代缴税款账簿。

2. C 【解析】实行定期定额方式缴纳税款的纳税人,可以实行简易申报、简并征期等申报纳税方式。

3. A 【解析】纳税评估分析报告和纳税评估工作底稿是税务机关内部资料，不发给纳税人，不作为行政复议和诉讼依据。

4. A 【解析】选项A，从事生产、经营的纳税人、扣缴义务人未按照规定的期限缴纳或者解缴税款，纳税担保人未按照规定的期限缴纳所担保的税款，由税务机关责令限期缴纳，逾期仍未缴纳的，经县以上税务局(分局)局长批准，税务机关可以采取强制执行措施。

5. A 【解析】选项B，纳税人多缴的税款，税务机关发现后将自发现之日起10日内办理退还手续，纳税人自结算税款之日起3年内发现的，可以向税务机关要求退还多缴的税款并加算银行同期存款利息；选项C，纳税人多缴的税款，税务机关发现的，税款退回时，不加算银行同期贷款利息；选项D，因税务机关的责任，致使纳税人、扣缴义务人未缴或少缴税款的，税务机关在3年内可以要求纳税人、扣缴义务人补缴税款，但是不得加收滞纳金。

6. B 【解析】《中华人民共和国税收征收管理法》第49条规定，欠缴税款数额较大的纳税人在处分其不动产或者大额资产之前，应当向税务机关报告。《中华人民共和国税收征收管理法实施细则》第77条，税收征管法第49条所称欠缴税款数额较大，是指欠缴税款5万元以上。

7. D 【解析】选项D，不属于税务检查的范围。

8. B 【解析】对纳税人的应税商品、产品，通过查验数量，按市场一般销售单价计算销售收入，并据以计算应纳税款的是查验征收的税款征收方式。

9. C 【解析】税务机关应当自收到申请延期缴纳税款报告之日起20日内作出批准或者不予批准的决定；不予批准的，从缴纳税款期限届满之日起加收滞纳金。滞纳天数从11月16日开始计算，截止至11月20日，滞纳天数是5天，滞纳金=20×

0.5‰×5＝0.05(万元)。

10. D 【解析】选项D，为税收风险管理的内容。

11. B 【解析】扣缴义务人未按规定设置、保管代扣代缴、代收代缴税款账簿或者记账凭证及有关资料的，由税务机关责令改正；可处以2000元以下的罚款；情节严重的，处以2000元以上5000元以下的罚款。

二、多项选择题

1. CDE 【解析】实行定期定额方式缴纳税款的纳税人，可以简易申报，但仍需要进行纳税申报，因此选项A错误。无论纳税人、还是扣缴义务人按照规定的期限办理纳税申报或者报送代扣代缴、代收代缴税款报告表确有困难，均可以申请延期，因此选项B错误。

此外纳税申报的具体要求包括：

(1)纳税人、扣缴义务人，不论当期是否发生纳税义务，除经税务机关批准外，均应按规定办理纳税申报或者报送代扣代缴、代收代缴税款报告表；

(2)实行定期定额方式缴纳税款的纳税人，可以实行简易申报、简并征期等申报纳税方式；

(3)纳税人享受减税、免税待遇的，在减税、免税期间应当按照规定办理纳税申报；

(4)纳税人、扣缴义务人按照规定的期限办理纳税申报或者报送代扣代缴、代收代缴税款报告表确有困难，需要延期的，应当在规定的期限内向税务机关提出书面延期申请，经税务机关核准，在核准的期限内办理。经核准延期办理前款规定的申报、报送事项的，应当在纳税期内按照上期实际缴纳的税额或者税务机关核定的税额预缴税款，并在核准的延期内办理税款结算。

2. ABDE 【解析】纳税人有下列情形之一的，税务机关有权核定其应纳税额：

(1)依照法律、行政法规的规定可以不设置账簿的；

(2)依照法律、行政法规的规定应当设置但未设置账簿的；

(3)擅自销毁账簿的或者拒不提供纳税资料的；

(4)虽设置账簿，但账目混乱或者成本资料、收入凭证、费用凭证残缺不全，难以查账的；

(5)发生纳税义务，未按照规定的期限办理纳税申报，经税务机关责令限期申报，逾期仍不申报的；

(6)纳税人申报的计税依据明显偏低，又无正当理由的。

3. ACE 【解析】选项 B 税务机关不可以对扣缴义务人、纳税担保人采取税收保全措施。选项 D 税务机关采取税收保全措施可书面通知纳税人开户银行从其存款中扣缴税款是强制执行措施。

4. ACD 【解析】税收强制执行措施是指税务机关对未按照规定的期限缴纳或者解缴税款的纳税人、扣缴义务人以及纳税担保人所采取的强制扣划其存款或拍卖、变卖其财产以抵缴税款的措施。一般条件：对于从事生产、经营的纳税人、扣缴义务人未按照规定的期限缴纳或者解缴税款，纳税担保人未按照规定的期限缴纳所担保的税款，由税务机关责令限期缴纳，逾期未缴纳的，经县级以上税务局局长批准，税务机关可以采取强制执行措施。

5. ACD 【解析】选项 B，纳税评估分析报告和纳税评估工作底稿是税务机关内部资料，不发纳税人，不作为行政复议和诉讼依据；选项 E，对税务约谈中发现的必须到生产经营现场了解情况、审核账目凭证的，应经所在税源管理部门批准，由税收管理员进行实地调查证实。

6. CDE 【解析】选项 A，税务机关在调查税收违法案件时，经设区的市、自治州以上税务局(分局)局长批准，可以查询案件涉嫌人员的储蓄存款；选项 B，到纳税人的生产、经营场所和货物存放地检查纳税人应纳税的商品、货物或者其他财产，但不能到纳税人的生活场所检查。

7. ABCD 【解析】欠缴税款在 5 万元以上的纳税人在处分其不动产或者大额资产以前，应当向税务机关报告。欠缴税款的纳税人因怠于行使到期债权，税务机关可以依法行使代位权。欠缴税款的纳税人放弃到期债权的，税务机关可以依法行使撤销权。欠缴税款的纳税人以明显不合理的低价转让财产的，受让人知道该情形，对国家税收造成损害的，税务机关可依法行使撤销权。

8. ABCD 【解析】选项 E，属于纳税人的义务。

9. CD 【解析】选项 A，伪造税务登记证件的，处 2000 元以上 1 万元以下的罚款；情节严重的，处 1 万元以上 5 万元以下的罚款；选项 B，逃避缴纳税款数额较大并占应纳税额 10% 以上的，处 3 年以下有期徒刑或拘役，并处罚金；选项 E，纳税人向税务人员行贿，不缴或者少缴应纳税款的，依照行贿罪追究刑事责任，并处不缴或者少缴税款 5 倍以下的罚金。

10. AB 【解析】选项 C 已按规定申报，不属于偷税；选项 D 属于行贿行为；选项 E 属于骗税。

11. ABCD 【解析】有下列情形之一的纳税人，本评价年度直接判为 D 级：

①存在逃避缴纳税款、逃避追缴欠税、骗取出口退税、虚开增值税专用发票等行为，经判决构成涉税犯罪的；

②存在上述①项所列行为，未构成犯罪，但偷税(逃避缴纳税款)金额 10 万元以上且占各税种应纳税总额 10% 以上，或者存在逃避追缴欠税、骗取出口退税、虚开增值税专用发票等税收违法行为，已缴纳税款、滞纳金、罚款的；

③在规定期限内未按税务机关处理结论

缴纳或者足额缴纳税款、滞纳金和罚款的；

④以暴力、威胁方法拒不缴纳税款或者拒绝、阻挠税务机关依法实施税务稽查执法行为的；

⑤存在违反增值税发票管理规定或者违反其他发票管理规定的行为，导致其他单位或者个人未缴、少缴或者骗取税款的；

⑥提供虚假申报材料享受税收优惠政策的；

⑦骗取国家出口退税款，被停止出口退(免)税资格未到期的；

⑧有非正常户记录或者由非正常户直接责任人员注册登记或者负责经营的；

⑨由D级纳税人的直接责任人员注册登记或者负责经营的；

⑩存在税务机关依法认定的其他严重失信情形的。

三、简答题

1.【答案】

(1)①税务检查人员认定该项补偿款应该按照16%缴纳增值税是正确的。

增值税的计税依据是销售额。《增值税暂行条例》规定：销售额为纳税人销售货物或者提供应税劳务向购买方收取的全部价款和价外费用。《增值税暂行条例实施细则》规定：价外费用是指价外向购买方收取的手续费、补贴、基金、集资费、返还利润、奖励费、违约金(延期付款利息)、包装费、包装物租金、储备费、优质费、运输装卸费、代收款项、代垫款项及其他各种性质的价外收费。本题目中，该电子生产企业以购货方占用其流动资金为由经协商另收20万元作为补偿，实质上是《增值税暂行条例实施细则》中规定的延期付款利息，所以，应当作为价外费用按照销售货物计征增值税，而不是按照贷款服务计征增值税。应当补缴增值税 = 200000 ÷ (1+16%) × 16% − 200000 ÷ (1+6%) × 6% =

16265.45(元)。

②税务机关要求其补缴增值税16265.45元，按滞纳时间每日收取0.5‰滞纳金是正确的，但并处以少缴税款50%的罚款不符合法律规定。

征管法规定，因纳税人、扣缴义务人计算错误等失误，未缴或者少缴税款的，税务机关在3年内可以追征税款、滞纳金；有特殊情况的，追征期可以延长到5年。但征管法中对此并没有罚款的规定，所以，税务机关不能对其处以罚款。

③将《税务行政处罚事项告知书》《税务处理决定书》和《税务行政处罚决定书》同时送达甲企业做法不符合程序。对于企业处罚在10000元以上的，应先告知企业听证的权利，在3日内不申请听证的，才下《税务行政处罚决定书》，稽查分局同时送达有剥夺甲企业听证权利的嫌疑。

(2)该企业需要按照16%的增值税税率计算补税。因为虽然该企业是在2019年4月1日后被税务机关检查，但是该企业的销售行为发生在2019年3月31日之前，适用的税率是16%，而非13%。按照"实体从旧、程序从新"的原则，补税时适用行为发生时的税率16%，而非税务机关检查时的税率13%。

(3)该企业应当及时补缴税款及滞纳金，以减少经济损失。征管法规定，纳税人未按照规定期限缴纳税款的，扣缴义务人未按照规定期限解缴税款的，税务机关除责令限期缴纳外，从滞纳税款之日起，按日加收滞纳税款0.5‰的滞纳金。因为滞纳金是按日加收的，所以，尽快补缴税款可以少缴滞纳金，减少经济损失。

2.【答案】

(1)甲应该按期办理纳税申报，不得以生意清淡经营亏损为由拒绝办理纳税申报。对于甲未按期办理纳税申报，税务机关应责令其限期申报，并可以处以2000元以下罚款；情节严重的，可以处2000元以上

1万元以下的罚款。对于甲在限期申报期逾期仍不申报，税务局有权核定应纳税款并责令其限期缴纳。

（2）①经县以上税务局（分局）局长批准，才可以采取强制执行措施。税务所未经批准就采取强制执行措施，做法不妥。②纳税人对税务机关作出的具体行政行为有要求听证的权利，有申诉、抗辩权，税务所未听其申诉，做法不妥。③税务机关采取强制执行措施时，应扣押、查封、依法拍卖或变卖其价值相当于应纳税款的商品、货物或其他财产，税务所核定甲某的应纳税款为1000元，而扣押了甲某价值1500元的一批服装，扣押货物的价值超过了应纳税款的价值，该做法不妥。④所扣押的商品未依法拍卖或变卖，而自行委托商店销售，做法不妥。

（3）甲可以在缴纳税款或者提供相应担保的前提下申请行政复议，在缴清税款或者所提供的担保得到作出具体行政行为的税务机关确认之日起60日内提出税务行政复议。

税务管理体制 ★
- 税务管理体制概述
- 国税地税征管体制改革

税务管理概述

税收征收管理程序及要求 ★★
- 税务登记管理
- 账簿、凭证及税收票证管理（设置账簿的时间、保管时间以及财会制度备案制度）
- 纳税申报（注意纳税申报的具体要求）
- 纳税评估、税收风险管理及纳税信用管理
- 税款征收
  - 税收保全措施
  - 强制执行措施
  - 阻止出境
  - 税收优先
  - 纳税人有分立、合并情形时的税收规定
- 税务检查
  - 概念
  - 范围：查账、现场检查、责成提供资料、询问有关问题、在交通要道和邮政企业的查证、检查存款账户
- 税务行政复议

征纳双方的权利、义务和责任 ★★★
- 区分税务机关和纳税人的权利、义务、责任
- 特别注意追征税款权、延期缴纳税款权、依法申请收回多缴的税款权
- 注意法律责任中处罚的有关规定

第3章 涉税服务业务

考情解密

历年考情概况

本章是 2014 年教材修订时新增章节，到目前为止历经 6 个考试年度。历年考试所占比重较小，是非重点章节，大多以单选题、多选题的形式在考题中出现，预计分值在 1~3 分。

近年考点直击

（本章内容今年重新编写，因此本表内容为预计，供各位学员参考）

考点	主要考查题型	考频指数	考查角度
涉税业务的分类	单选题、多选题	★★	哪些业务应当由具有税务师事务所、会计师事务所、律师事务所资质的涉税专业服务机构从事
信赖保护原则	单选题、多选题	★★	什么情况下涉税服务专业机构及涉税服务相应人员有权终止业务；对于终止的业务是否可以收费，如何划分责任
各类业务的具体种类	单选题、多选题	★★	税务事项代理业务、税务咨询业务、涉税鉴证业务、纳税情况审查业务的具体业务种类
涉税咨询、涉税鉴证业务应遵循的原则	单选题、多选题	★	能否区分哪些是涉税咨询应遵循的原则，哪些是涉税鉴证业务应遵循的原则
涉税鉴证业务的特点	单选题、多选题	★	考查涉税鉴证业务与其他涉税业务相比，具有哪些特点
各类涉税业务的基本流程	单选题、多选题	★★	考核业务实施过程中的具体规定，尤其要注意工作底稿的有关规定；业务报告的基本结构及出具业务报告基本程序；在涉税鉴证业务中何时出具无保留意见、保留意见、无法表明意见及否定意见的业务报告

本章2020年考试主要变化

除"第三节涉税鉴证业务"外，其他内容全部重新改写。

第3章 涉税服务业务

059

考点详解及精选例题

一、涉税业务的分类

扫我解疑难

将涉税专业服务机构可以从事的涉税业务分为八类，见表3-1。

表3-1 涉税业务分类

涉税业务类型	可以实施该业务的机构
专业税务顾问业务、税收策划业务、涉税鉴证业务、纳税情况审查业务	应当由具有税务师事务所、会计师事务所、律师事务所资质的涉税专业服务机构从事，相关文书应由税务师、注册会计师、律师签字，并承担相应的责任
纳税申报代理业务、一般税务咨询业务、其他税务事项代理业务和其他涉税服务业务	可以由税务师事务所和从事涉税专业服务的会计师事务所、律师事务所、代理记账机构、税务代理公司、财税类咨询公司等机构承接

二、税务事项代理业务

扫我解疑难

（一）税务事项代理业务的概念

税务事项代理业务是指涉税专业服务机构接受纳税人、扣缴义务人委托，指派本机构涉税服务人员对委托人提供的资料进行归集和专业判断，代为制作、签署相关文件，并完成委托人委托事项。

（二）税务事项代理业务的种类

涉税事项代理业务包括纳税申报代理业务和其他税务事项代理业务。

其他税务事项代理业务包括：涉税信息报告事项代理、发票相关代理、税收优惠代理、涉税证明代理、清税注销代理、建账记账、涉税争议等税务事项的代理业务。

（三）税务事项代理业务注意事项

税务师事务所及其涉税服务人员提供其他税务事项代理服务，实行信任保护原则。存在下列情形之一的，税务师事务所及其涉税服务人员有权终止业务：

1. 委托人违反法律、法规及相关规定的；

2. 委托人提供不真实、不完整资料信息的；

3. 委托人不按照业务结果进行申报的；

4. 其他因委托人原因限制业务实施的情形。

如已完成部分约定业务，应当按照协议约定收取费用，并就已完成事项进行免责性声明，由委托人承担相应责任，税务师事务所及其涉税服务人员不承担该部分责任。

（四）税务事项代理业务基本流程

基本流程包括：业务承接、业务计划、归集资料、专业判断、实施办理、反馈结果、业务记录、业务成果等。

1. 业务承接

在确定是否接受和保持业务委托关系前，项目负责人应当对委托人的情况进行了解和评估，充分评估项目风险；重大项目，应由税务师事务所主要业务负责人对项目负责人的评估情况进行评价和决策。

税务师事务所签订业务委托协议后，应当获取委托人出具的授权委托书以及委托人管理层对其提供的会计资料和纳税资料的真实性、合法性和完整性负责的承诺声明。

2. 业务计划

项目负责人应当在实施纳税申报代理业

务前，编制纳税申报代理业务计划。

3. 归集资料

涉税服务人员应当告知委托人，其应当对提供材料的真实性和合法性负责。

4. 专业判断

涉税服务人员应当对收集的相关资料进行专业判断和数据确认，重点关注事项包括事实方面，会计方面，税收方面，具体税务事项的政策依据，收集资料是否完整、充分、适当并经委托人确认无误，与委托人的沟通记录是否完整、是否履行了签字确认手续，其他应关注的事项。

5. 实施办理

涉税服务人员在委托范围内实施税务事项代理业务时，应当关注所代理的具体涉税事项，政策法规依据，委托人提供的资料，税务机关对纳税人办理业务的时限要求；税务机关工作流程、环节和工作时限；其他应当关注事项。

对需出具报告的代理事项，承办的涉税服务人员在对委托人提供的代理事项所需资料验证、核实的基础上，制作税务代理报告、涉税文书等，经**征求委托人同意**后，加盖公章送交委托人或主管税务机关。

6. 反馈结果

税务师事务所办结税务事项后取得的代理结果应当及时转交给委托人。转交时，需要填写代理结果交接表，由涉税专业服务机构与委托人双方经办人签字。

涉税服务人员完成委托事项后，应当提示纳税人对所有必报资料按照《会计档案管理办法》进行归档管理，对备查资料进行装订和妥善保管，以备税务机关检查。

7. 业务记录

税务师事务所应当制定业务工作底稿管理制度和其他税务事项代理业务工作底稿。

8. 业务成果

税务师事务所开展税务事项代理业务，应当根据业务协议的约定提交业务成果。

三、税务咨询业务

扫我解疑难

(一)税务咨询业务的概念

(二)税务咨询业务的种类(见表3-2)

表3-2　税务咨询业务的种类

税务咨询业务的种类	界定	注意事项
一般税务咨询	一般税务咨询业务包括纳税申报咨询、税务信息提供、税务政策解答、税务事项办理辅导等。通常是简单内容的政策辅导、无需进行细致调查分析，多是针对某一具体事先确定的事项答疑解惑	
专业税务顾问	包括专项税务咨询服务和长期税务顾问服务。专项税务咨询服务包括涉税尽职审慎性调查、纳税风险评估、资本市场特殊税务处理合规性审核、与特别纳税调整事项有关的服务等。长期税务顾问服务是指服务期限一年以上的专业税务顾问服务	应当由具有税务师事务所、会计师事务所、律师事务所资质的涉税专业服务机构从事，相关文书应由税务师、注册会计师、律师签字，并承担相应的责任
税收策划业务	对某一具体涉税事项深入调查分析，是一种为委托人提供系统性解决方案专业化服务，最终要提供符合税收法律法规及相关规定的纳税计划、纳税方案	

(三)涉税咨询遵循的原则

税务师事务所及其涉税服务人员在实施专业税务顾问服务中应坚持以下基本原则：

1. 合法性原则。

2. 合理性原则。

3. 特定目标原则。以委托人的委托目标为核心，开展专业税务顾问服务。

4. 胜任原则。慎重考虑胜任能力，指派

具有专业胜任能力人员提供服务。

【例题 1·多选题】 税务师事务所及其涉税服务人员在实施专业税务顾问服务中应坚持的基本原则包括( )。

A. 合法性原则　　B. 合理性原则

C. 特定目标原则　D. 风险原则

E. 胜任原则

解析 税务师事务所及其涉税服务人员在实施专业税务顾问服务中应坚持以下基本原则：合法性原则、合理性原则、特定目标原则、胜任原则。　**答案** ABCE

(四)税务咨询业务基本流程

基本业务流程包括业务承接、业务计划、业务实施、业务记录和业务报告。

根据承接业务的简易程度，**可以选择仅执行部分程序，但需保证已执行程序足以支撑方案制定以及结论。**

1. 业务承接

在接受税收咨询业务委托前，指派涉税服务人员对委托人的情况进行调查，评估是否对税收咨询业务产生重大影响。

税务师事务所及其涉税服务人员应与委托方进行沟通，确保其已经清楚理解委托人的税收咨询业务的要求及目标，并从以下方面进行分析评估，决定是否接受委托：

(1)委托事项是否符合国家税收政策及其他相关法律法规的相关规定；

(2)初步分析评估委托人的税收策划目的及目标可行性，考虑其基础数据是否恰当、完整和可靠，其假设前提是否合理；

(3)本机构是否具有相应的资质及专业服务能力；

(4)本机构是否能够根据服务需求和工作量安排具有胜任能力的具有资质的涉税服务人员；

(5)本机构是否可以承担相应的风险，服务收费是否合理；

(6)其他相关因素。

2. 业务计划

对服务需求内容较少风险较低的服务项目，可以简化。

制定业务计划，应当遵循以下基本要求：

(1)符合法律、法规规定，不得损害国家税收利益和其他相关主体的合法权益；

(2)充分考虑委托人的业务需求，合理规划和实施必要的程序；

(3)审慎评价委托人的业务需求和自身的专业能力，合理利用专家的工作。.

3. 业务实施

(1)涉税服务人员应当对了解情况和取得资料进行专业判断后形成委托人的业务事实。

(2)对委托人提交的资料，涉税服务人员无法进行专业判断的，应当寻求外部专家支持或外部鉴定机构支持。

(3)涉税服务人员对委托人的业务事实的判断结论应当与委托人讨论。

(4)委托人对业务事实的判断提出修改时，涉税服务人员应当要求委托人提供修改理由和补充资料。

(5)涉税服务人员对相关法律法规理解不同所导致的分歧，应与发文机关沟通确认。

(6)业务报告起草应当在法规符合性分析、方案、建议完成后实施；业务报告初步形成后，应以草稿形式提交**委托人**征求意见，**得到委托人认可后形成最终稿。**

(7)业务报告最终稿应在本事务所内部控制程序履行完毕和签字盖章后提交给委托人。

(8)业务报告内容包含但不限于以下内容：目录、前言、背景、告知事项及执行程序、分析过程、分析结论相关建议、相关法规附件等内容。

(9)业务报告应当达到以下基本要求：起草原因清楚、报告目的明确、告知事项全面、分析过程严谨、报告结论清晰、报告附件齐全。

4. 业务记录

涉税服务人员编制的业务底稿应当清楚反映以下内容：

(1)提供服务的性质；

(2)涉税服务人员的工作计划的制定和

执行；

（3）涉税服务人员实施的工作程序；

（4）业务成果以及涉税服务人员的分析判断过程和依据；

（5）业务底稿的编制人和复核人的签署姓名和日期。

5. 业务报告

业务报告起草应当在法规符合性分析、方案、建议完成后实施；业务报告初步形成后，应以草稿形式**提交委托人征求意见，得到委托人认可后形成最终稿**；业务报告最终稿应在本事务所内部控制程序履行完毕和签字盖章后提交给委托人。

业务报告内容包含但不限于以下内容：目录、前言、背景、告知事项及执行程序、分析过程、分析结论相关建议、相关法规附件等内容。

业务报告应当达到以下基本要求：起草原因清楚、报告目的明确、告知事项全面、分析过程严谨、报告结论清晰、报告附件齐全。

四、涉税鉴证业务

扫我解疑难

（一）涉税鉴证业务的概念和特点

涉税鉴证业务：**税务师事务所、会计师事务所、律师事务所**接受行政机关、纳税人、扣缴义务人委托，按照法律法规以及依据法律、法规制定的相关规定要求，指派**本机构**税务师、注册会计师、律师，对被鉴证方纳税人涉税事项真实性和合法性进行**鉴定和证明，**并出具书面专业意见。

1. 相关概念

涉税鉴证业务涉及到当事人、鉴证事项、鉴证材料、鉴证结果。具体见表3-3。

表3-3 涉税鉴证的相关概念

概念	具体内容
当事人	（1）委托人：委托税务师事务所对涉税事项进行鉴证的单位和个人； （2）鉴证人：接受委托，执行涉税鉴证业务的税务师及所在的税务师事务所； （3）被鉴证人：与鉴证事项相关的单位或个人。被鉴证人可以是委托人，也可以是委托人有权指定的第三人； （4）使用人：预期使用鉴证结果的单位或个人
鉴证事项	鉴证人所评价和证明的对象
鉴证材料	在鉴证业务过程中涉及的各类信息载体
鉴证结果	鉴证人执行鉴证项目的最终状态，包括出具鉴证报告或终止涉税鉴证业务委托合同等其他情况

【例题2·多选题】 涉税鉴证业务中的当事人包括（ ）。

A. 委托人　　　　B. 被鉴证人

C. 使用人　　　　D. 鉴证人

E. 保证人

解析 ▶ 涉税鉴证业务涉及的当事人，包括委托人、鉴证人、被鉴证人和使用人。

答案 ▶ ABCD

2. 涉税鉴证的特点

（1）委托人**不是唯一的服务对象**，作出的评价或证明的结论，**一般为委托人以外的部**门或人员使用；

（2）限定于规定的涉税鉴证项目——"准法定"业务；

（3）因外部需求触发涉税鉴证；

（4）应出具规定种类的业务报告。

（二）涉税鉴证业务的种类

涉税鉴证业务包括：企业注销登记鉴证、土地增值税清算鉴证、企业资产损失税前扣除鉴证、研发费用税前加计扣除鉴证、高新技术企业专项认定鉴证、涉税交易事项鉴证、涉税会计事项鉴证、税收权利义务事项鉴证和其他涉税事项鉴证。

【例题 3 · 多选题】下列业务属于涉税鉴证业务的( )。

A. 企业注销登记鉴证

B. 土地增值税清算鉴证

C. 企业所得税汇算清缴

D. 企业资产损失所得税税前扣除的鉴证

E. 新技术企业专项认定鉴证

解析 ▶ 选项 C 属于纳税申报范畴。

答案 ▶ ABDE

(三)涉税鉴证遵循的原则

1. 合法原则。

2. 目的原则——保证鉴证结果符合约定的鉴证目的。

3. 独立原则——在被鉴证人和使用人之间保持中立。

4. 胜任原则——鉴证人应当审慎评价鉴证事项的业务要求和自身的专业能力，合理利用其他专家的工作，妥善处理超过自身专业能力的鉴证事项。

5. 责任原则。

(四)涉税鉴证业务注意事项

1. 鉴证人提供涉税鉴证业务，**实行信任保护原则**。存在以下情形之一的，涉税专业服务机构及涉税服务人员有权终止业务：

(1)委托人违反法律、法规及相关规定的；

(2)委托人提供不真实、不完整资料信息的；

(3)委托人不按照业务结果进行申报的；

(4)其他因委托人原因限制业务实施的情形。

【知识点拨】如已完成部分约定业务，应当按照协议约定收取费用，并就已完成事项进行免责性声明，由委托人承担相应责任，涉税专业服务机构及涉税服务人员不承担该部分责任。

2. 鉴证人提供涉税鉴证业务服务，应当遵循涉税鉴证业务与代理服务**不相容原则**。**承办被鉴证单位代理服务的人员，不得承办**

被鉴证单位的涉税鉴证业务。

3. 鉴证人提供涉税鉴证业务，应当遵循《税务师事务所质量控制规则(试行)》相关的规定，在业务承接、业务计划、业务实施、业务结果等鉴证服务各阶段，充分考虑对执业风险的影响因素，使执业风险降低到可以接受的程度。

【例题 4 · 单选题】关于涉税鉴证业务的说法，正确的是( )。

A. 委托人不按照业务结果进行申报的，涉税专业服务机构及涉税服务人员有权终止业务

B. 委托人违反法律、法规及相关规定的，涉税专业服务机构及涉税服务人员有权终止业务，对于已完成的部分约定业务，无权收款

C. 委托人提供不真实、不完整资料信息的，涉税专业服务机构及涉税服务人员有权终止业务，对于已完成的部分约定业务，税务师事务所要承担责任

D. 为提高工作效率，承办被鉴证单位代理服务的人员，最好同时承办被鉴证单位的涉税鉴证业务

解析 ▶ 选项 B、C，涉税专业服务机构及涉税服务人员有权终止业务时，如已完成部分约定业务，应当按照协议约定收取费用，并就已完成事项进行免责性声明，由委托人承担相应责任，涉税专业服务机构及涉税服务人员不承担该部分责任。选项 D，由鉴证人提供涉税鉴证业务服务，应当遵循涉税鉴证业务与代理服务不相容原则。承办被鉴证单位代理服务的人员，不得承办被鉴证单位的涉税鉴证业务。

答案 ▶ A

(五)涉税鉴证业务基本流程★

主要环节包括：鉴证准备、证据收集评价、鉴证事项评价、工作底稿、鉴证报告等。

1. 鉴证准备

(1)分析评估。

鉴证人承接涉税鉴证业务，应当对委托事项进行初步调查和了解，并从以下方面进行分

析评估，决定是否接受涉税鉴证业务委托：

①委托事项是否属于涉税鉴证业务；

②是否具有承办涉税鉴证业务的专业胜任能力；

③是否可以承担相应的风险；

④承办人员是否为鉴证人提供了涉税服务；

⑤其他相关因素。

（2）签订涉税鉴证业务委托协议。

鉴证人决定接受涉税鉴证业务委托的，应按规定与委托人签订涉税鉴证业务委托协议。鉴证人可以要求委托人、被鉴证人出具书面文件，承诺声明对其所提供的与鉴证事项相关的会计资料、纳税资料及其他相关资料的真实性、合法性负责。

（3）涉税鉴证业务计划。

鉴证人应当指派能够胜任受托涉税鉴证业务的具有资质的涉税服务人员作为项目负责人，具体实施涉税鉴证业务；项目负责人可以根据业务需要，请求相关领域的专家协助工作。**项目负责人应当对专家工作成果负责。**

2. 证据收集评价

（1）证据收集。

证据范围主要包括：时间范围、职权范围、业务范围。

证据种类包括：书证、物证、视听资料、电子数据、证人证言、当事人的陈述、鉴定意见、勘验笔录、现场笔录。

鉴证人可以通过下列途径，获取涉税鉴证业务证据：

①委托人配合提供的鉴证材料；

②被鉴证人协助提供的鉴证材料；

③鉴证人采取审阅、查阅、检查和盘点、询问或函证、记录及其他方法取得的鉴证材料。

（2）证据评价。

从证据的合法性、真实性角度对证据进行评价。

（3）证据审查。

①鉴证人从以下方面审查证据的**相关性：**

a. 证据与待证事实是否具有证明关系；

b. 证据与待证事实的关联程度；

c. 影响证据关联性的其他因素。

②下列证据材料不得作为鉴证依据：

a. 违反法定程序收集的证据材料；

b. 以偷拍、偷录和窃听等手段获取侵害他人合法权益的证据材料；

c. 以利诱、欺诈、胁迫和暴力等不正当手段获取的证据材料；

d. 无正当事由超出举证期限提供的证据材料；

e. 无正当理由拒不提供原件、原物，又无其他证据印证，且对方不予认可的证据的复制件、复制品；

f. 无法辨明真伪的证据材料；

g. 不能正确表达意志的证人提供的证言；

h. 不具备合法性、真实性的其他证据材料。

鉴证人应当取得支持鉴证结果所需的事实证据和法律依据．鉴证人对鉴证事项合法性的证明责任，**不能替代或减轻委托人或被鉴证人应当承担的会计责任、纳税申报责任以及其他法律责任。**

真题精练（客观题）

（2015 年单选题）鉴证人获取涉税鉴证证据不可以用的方法是（　　）。

A. 偷拍偷录　　　B. 审阅书面材料

C. 检查盘点实物　　D. 询问或函证事项

解析 ▶ 下列证据材料不得作为鉴证依据：①违反法定程序收集的证据材料；②以偷拍、偷录和窃听等手段获取侵害他人合法权益的证据材料；③以利诱、欺诈、胁迫和暴力等不正当手段获取的证据材料；④无正当事由超出举证期限提供的证据材料；⑤无正当理由拒不提供原件、原物，又无其他证据印证，且对方不予认可的证据的复制件、复制品；⑥无法辨明真伪的证据材料；⑦不能正确表达意志的证人提供的证言；⑧不具备合法性、真实性的其他证据材料。

答案 ▶ A

3. 鉴证事项评价

（1）鉴证事项合法性的评价要点包括：事

实、证据、依据、程序、内容。

（2）鉴证事项的合理性评价要点包括：处理行为是否客观、是否符合情理。例如，是否符合交易常规、会计常规。

（3）鉴证事项有关的事实（见表3-4）。

表3-4　鉴证事项有关的事实

类型	具体内容
交易处理	包括环境事实、业务事实和其他事实
会计处理	包括交易事项的确认与计量的会计凭证、会计账簿、财务会计报告等
税务处理	包括会计数据信息采集、计税依据、适用税率、纳税调整、纳税申报表或涉税审批备案表填写等

（4）鉴证人发表鉴证结论，应关注适用依据是否正确，鉴证业务是否准确适用法律依据。

①是否符合《中华人民共和国立法法》规定的法律适用原则；

②是否存在应该用该条款（项目）而用了它条款（项目）。适用法律依据要具体到"条、款、项、目"；

③是否存在常见的错误，如适用已经失效或者尚未生效的依据、应当适用上位法却适用了下位法、引用法律条款错误、遗漏法律条款或者适用法律条款不具体不规范等。

（5）鉴证人发表鉴证结论，应关注**适用程序**是否合法。

4. 工作底稿

鉴证人应当遵循《税务师工作底稿规则（试行）》相关的规定，编制涉税鉴证业务工作底稿，保证工作底稿记录的完整性、真实性和逻辑性。

涉税鉴证业务工作底稿包括以下要素：

（1）鉴证项目名称；

（2）被鉴证人名称；

（3）鉴证项目所属期间；

（4）索引；

（5）鉴证过程和结果的记录；

（6）证据目录；

（7）工作底稿编制人签名和编制日期；

（8）工作底稿复核人签名和复核日期。

5. 鉴证报告

（1）涉税鉴证业务报告包括内容（见表3-5）。

表3-5　涉税鉴证业务报告的内容

内容	具体规定
标题	涉税鉴证业务报告的标题应当规范为"鉴证事项+鉴证报告"
编号	按照鉴证人业务成果编号规则统一编码并在业务成果首页注明，全部业务成果均应编号，以便留存备查或向税务机关报送
收件人	即鉴证人按照业务委托协议的要求致送涉税鉴证业务报告的对象，一般指鉴证业务的委托人。涉税鉴证业务报告应当载明收件人全称
引言	涉税鉴证业务报告引言应当表明委托人与受托人的责任，对委托事项是否进行鉴证审核以及审核标准、审核原则等进行说明
鉴证实施情况	鉴证人在业务实施过程中所采用的程序和方法、分析事项、具体步骤、计算过程等
鉴证结论或鉴证意见	鉴证人提供涉税专业服务的最终结果，有明确的意见、建议或结论
签章	涉税鉴证业务报告，应当由实施该项业务的税务师、注册会计师或律师签章
报告出具日期	**完成业务成果外勤工作**的日期
附件	鉴证业务说明，鉴证人可以根据业务性质和业务需求调整或增减鉴证业务说明的内容

（2）开具涉税鉴证业务报告注意事项。

①涉税鉴证业务报告应当**在鉴证人完成内部审批复核程序及签字手续，加盖鉴证人公章后对外出具。**

②在正式出具涉税鉴证业务报告前，项目负责人应与委托人或者被鉴证人就拟出具的涉税鉴证业务报告的有关内容进行沟通。

③涉税鉴证业务报告应由**两个**以上具有

涉税鉴证业务资质的涉税服务人员签字。

④涉税鉴证业务报告具有特定目的或服务于特定使用人的，鉴证人应当在涉税鉴证业务报告中予以注明，对报告的用途加以限定和说明。

⑤鉴证人应当对提供涉税鉴证业务服务过程中形成的业务记录和业务成果以及知悉的委托人和被鉴证人商业秘密和个人隐私予以保密，**未经委托人同意，不得向第三方泄露相关信息。但下列情形除外：（掌握）**

a. 税务机关因行政执法需要进行查阅的；

b. 涉税专业服务监管部门和行业自律部门因检查执业质量需要进行查阅的；

c. 法律、法规规定可以查阅的其他情形。

⑥实施涉税鉴证业务过程中，项目负责人认为委托人提供的会计、税收等基础资料缺乏完整性和真实性，可能对鉴证项目的预期目的产生重大影响的，应当在报告中做出适当说明。

⑦项目负责人在涉税鉴证业务报告正式出具后，如发现新的重大事项足以影响已出具的涉税鉴证业务报告结论，应当及时报告鉴证人，做出相应的处理。

⑧税务师事务所出具的涉税鉴证业务报告，应当由委托协议双方留存备查。其中，税收法律、法规及国家税务总局规定报送的，应当向税务机关报送。

【例题5·单选题】鉴证人应当对提供涉税鉴证业务服务过程中形成的业务记录和业务成果以及知悉的委托人和被鉴证人商业秘密和个人隐私予以保密，以下情形中未经委托人同意，不得向第三方泄露相关信息的是（　　）。

A. 税务机关因行政执法需要查阅的

B. 涉税专业服务监管部门因检查执业质量需要进行查阅的

C. 事务所之间进行交流

D. 行业自律部门因检查执业质量需要进行查阅的

解析 ▶ 鉴证人应当对提供涉税鉴证业务服务过程中形成的业务记录和业务成果以及知悉的委托人和被鉴证人商业秘密和个人隐私予以保密，未经委托人同意，不得向第三方泄露相关信息。但下列情形除外：（1）税务机关因行政执法需要进行查阅的；（2）涉税专业服务监管部门和行业自律部门因检查执业质量需要进行查阅的；（3）法律、法规规定可以查阅的其他情形。　**答案** ▶ C

（3）涉税鉴证业务报告出具规范。

税务师应当出具合法、真实的鉴证报告。涉税鉴证业务报告根据审核鉴证的情况不同，分为鉴证结论和鉴证意见（见表3-6）。

表3-6　涉税鉴证业务报告

报告类型		出具条件
提出**鉴证结论**的涉税鉴证报告	**无保留意见**的涉税鉴证业务报告	鉴证事项**完全符合法定性标准**，涉及的会计资料及纳税资料遵从了国家法律、法规及税收有关规定；税务师已经按照有关准则的规定，实施了必要的审核程序，审核过程未受到限制；税务师获取了鉴证对象信息所需**充分、适当**的证据，完全可以确认涉税鉴证事项的具体金额 **【知识点拨】**应当以**积极方式**提出鉴证结论，对鉴证对象信息提供**合理保证**
	保留意见的涉税鉴证业务报告	涉税鉴证的**部分事项**因税收法律、法规及其具体政策规定或执行时间**不够明确**；经过咨询或询证，对鉴证事项所涉及的具体税收政策在理解上与税收执法人员**存在分歧**，需要提请税务机关裁定；部分涉税事项因审核范围受到限制，不能获取充分、适当的证据，虽然影响较大，但不至于出具无法表明意见的鉴证报告 **【知识点拨】**应当以**积极方式**提出鉴证结论，对鉴证对象信息提供**合理保证**，并对不能确认金额的部分涉税鉴证事项予以说明，提请预期使用者决策

报告类型	出具条件
无法表明意见的鉴证报告	如果**审核范围受到限制**，对涉税鉴证事项可能产生的**影响非常重大和广泛**，不能获取充分、适当的证据，以至于无法对涉税事项发表审核意见，税务师应当出具无法表明意见的鉴证业务报告 **【知识点拨】** 应当以**消极方式**提出鉴证意见，对鉴证对象信息提供有限保证，并说明涉税鉴证事项无法表明意见的理据
提出鉴证意见的涉税鉴证报告	
否定意见的鉴证业务报告	如果发现涉税事项**总体上没有遵从法定性标准**，存在违反税收法律法规或有关规定的情形，经与被审核方有关部门和人员沟通或协商，在所有重大方面未能达成一致，不能真实、合法地反映鉴证结果的，税务师应当出具否定意见的鉴证业务报告 **【知识点拨】** 应当以消极方式提出鉴证意见，对鉴证对象信息提供有限保证，并说明持否定意见的依据

【例题6·单选题】 涉税鉴证业务报告的类型不包括（   ）。

A. 无保留意见的涉税鉴证业务报告

B. 保留意见的涉税鉴证业务报告

C. 否定意见的鉴证业务报告

D. 待审定意见的鉴证业务报告

解析 ▶ 涉税鉴证报告的类型有：无保留意见的涉税鉴证业务报告、保留意见的涉税鉴证业务报告、无法表明意见的鉴证报告、否定意见的鉴证业务报告。　　**答案** ▶ D

【例题7·多选题】 （   ）属于在合理保证的鉴证业务中，税务师以积极方式提出结论，出具的含有鉴证结论的书面报告。

A. 肯定意见的鉴证业务报告

B. 无保留意见的鉴证业务报告

C. 保留意见的涉税鉴证业务报告

D. 无法表明意见的鉴证报告

E. 否定意见的鉴证业务报告

解析 ▶ 在合理保证的鉴证业务中，税务师应当以积极方式提出结论，出具含有鉴证结论的书面报告包括：无保留意见的鉴证业务报告和保留意见的涉税鉴证业务报告。

答案 ▶ BC

【例题8·单选题】 如果审核范围受到限制，对涉税鉴证事项可能产生的影响非常重大和广泛，不能获取充分、适当的证据，以至于无法对涉税事项发表审核意见，税务师应当出具（   ）。

A. 否定意见的鉴证业务报告

B. 无保留意见的涉税鉴证业务报告

C. 保留意见的涉税鉴证业务报告

D. 无法表明意见的鉴证业务报告

解析 ▶ 如果审核范围受到限制，对涉税鉴证事项可能产生的影响非常重大和广泛，不能获取充分、适当的证据，以至于无法对涉税事项发表审核意见，税务师应当出具无法表明意见的鉴证业务报告。　　**答案** ▶ D

（4）涉税鉴证业务报告风险控制。

①基本准则。

税务师事务所应当根据《税务师业务报告规则（试行）》形成制作基本要求，制定相关程序以保证业务报告质量和控制风险；税务师在编写业务报告过程中，应当按照《税务师工作底稿规则（试行）》编制记录工作底稿。

②业务报告起草应注意的事项。

a. 法律法规时效性；

b. 利用其他项目结果时，应关注其适用条件和可衔接性；

c. 对委托人或者委托人指定的第三人情况的描述，应以实际调查的结果为准；

d. 针对会计决算前的会计事项和数据所形成的初步结论，应关注该会计事项和数据的会计处理在会计决算前后是否一致，以及不一致对初步结论产生的影响。

对委托人或者委托人指定的第三人提出的修改业务报告结论或意见的要求，税务师应当向委托人或者委托人指向的第三人询问修改理由、获取新的有效证据，对新证据与原证据综合进行分析后，再决定是否保持、调整或修改报告结论或意见。

（5）涉税鉴证业务报告示范文本。

（2017年单选题）涉税鉴证业务完成后，负责编制涉税鉴证报告的人员为（　）。

A. 项目负责人

B. 辅助人员

C. 税务师事务所所长

D. 执业质量复核人员

解析 ▶ 受托的涉税鉴证业务完成后，由项目负责人编制涉税鉴证业务报告。

答案 ▶ A

五、纳税情况审查业务

扫我解疑难

（一）纳税情况审查业务的概念

纳税情况审查业务是指**税务师事务所、会计师事务所、律师事务所**接受行政机关、司法机关委托，指派本所税务师、注册会计师、律师，依法对纳税人、扣缴义务人等纳税情况进行审查并作出专业结论。

【例题9·多选题】（　）应当由具有税务师事务所、会计师事务所、律师事务所资质的涉税专业服务机构从事，相关文书应由税务师、注册会计师、律师签字，并承担相应的责任，而不能由其他涉税机构从事。

A. 专业税务顾问业务

B. 税收策划业务

C. 纳税申报代理业务

D. 涉税鉴证业务

E. 纳税情况审查业务

解析 ▶ 专业税务顾问业务、税收策划业务、涉税鉴证业务、纳税情况审查业务应当由具有税务师事务所、会计师事务所、律师事务所资质的涉税专业服务机构从事，相关文书应由税务师、注册会计师、律师签字，

并承担相应的责任。

答案 ▶ ABDE

（二）纳税情况审查业务的种类

包括海关委托保税核查、海关委托稽查、企业信息公示委托纳税情况审查、税务机关委托纳税情况审查、司法机关委托纳税情况审查等。

（三）纳税情况审查业务基本流程

包括业务承接、业务计划、业务实施、业务记录、业务成果、质量监控与复核等一般流程。

1. 业务承接

应当对委托事项进行初步调查和了解，并从下列方面进行分析评估，决定是否接受纳税情况审查业务委托：

（1）本所是否具有专业胜任能力；

（2）本所是否可以承担相应的风险；

（3）其他相关因素。

纳税情况审查业务多涉及政府购买服务，税务师事务所应按照政府采购程序，依据委托人的采购需求和流程，编制项目方案参加政府采购活动。税务师事务所决定接受纳税情况审查业务委托的，应与委托人签订业务委托协议，作出保密、廉洁承诺。

税务师事务所应获取被审查人出具的对其所提供的会计资料及纳税资料的真实性、合法性和完整性负责的承诺声明。

2. 业务计划

3. 业务实施

对可能影响审查结果的下列情况，应当重点关注：

（1）组织机构控制、会计系统控制、信息系统控制、物流系统控制等内控制度；

（2）环境事实、业务事实和其他事实；

（3）会计凭证、会计账簿、会计报表等；

（4）计税依据与适用税率是否符合税收法规，相关事务办理程序是否符合税收征管制度，其他有关纳税方面的情况。

4. 业务记录

税务师编制纳税情况审查备查类工作底稿和业务类工作底稿，保证工作底稿记录的

完整性、真实性和逻辑性。

5. 业务成果

开展纳税情况审查业务，**应根据委托协议的约定确定是否出具书面业务报告。**

纳税情况审查业务报告应根据委托人的要求和被审查人实际情况编制，主要包括下列内容：

(1)标题；

(2)委托人名称；

(3)纳税情况审查的内容；

(4)被审查人基本情况；

(5)纳税情况审查情况；

(6)纳税情况审查的支持证据；

(7)纳税情况审查适用文件；

(8)纳税情况审查意见。

六、其他涉税服务业务

扫我解疑难

(一)其他涉税服务业务的概念

其他涉税服务是涉税专业服务机构及其从事涉税服务人员向纳税人、扣缴义务人以及其他单位和个人提供的除税务代理、一般税务咨询、专业税务顾问、税收策划、涉税鉴证及纳税情况审查以外的其他涉税服务。

(二)其他涉税服务业务的种类

包括涉税培训、税收信息化管理咨询服务等业务。

同步训练 / 限时30分钟

一、单项选择题

1. 依据信赖保护原则，税务师事务所及其涉税服务人员有权终止业务时，对于已完成的部分约定业务，下列说法正确的是(   )。
   A. 无权收取费用，无需承担该部分责任
   B. 有权收取费用，并承担该部分责任
   C. 无权收取费用，由委托人承担相应责任
   D. 应当按照协议约定收取费用，并就已完成事项进行免责性声明，由委托人承担相应责任，税务师事务所及其涉税服务人员不承担该部分责任

2. 代理记账机构、税务代理公司、财税类咨询公司等机构可以承接(   )。
   A. 税务政策解答
   B. 资本市场特殊税务处理合规性审核
   C. 长期税务顾问服务
   D. 税收策划业务

3. 涉税鉴证业务承接时，鉴证人应当对委托事项进行初步调查和了解，并进行分析评估，决定是否接受涉税鉴证业务委托。在决定是否接受涉税鉴证业务委托时，无需考虑的因素是(   )。

   A. 委托事项是否属于涉税鉴证业务
   B. 是否具有承办涉税鉴证业务的专业胜任能力
   C. 是否可以承担相应的风险
   D. 本税务师事务所是否通过函证来获取证据

4. 在涉税鉴证业务中，如果发现涉税事项总体上没有遵从法定性标准，存在违反税收法律法规或有关规定的情形，经与被审核方有关部门和人员沟通或协商，在所有重大方面未能达成一致，不能真实、合法地反映鉴证结果的，税务师应当(   )。
   A. 以积极方式发表否定意见的鉴证业务报告
   B. 以积极方式发表无法表明意见的鉴证报告
   C. 以消极方式发表否定意见的鉴证业务报告
   D. 以消极方式发表无法表明意见的鉴证报告

5. 在涉税鉴证服务中，经过咨询或询证，对鉴证事项所涉及的具体税收政策在理解上与税收执法人员存在分歧，需要提请税务

机关裁定时，应出具(　　)。

A. 无保留意见的涉税鉴证业务报告

B. 保留意见的涉税鉴证业务报告

C. 无法表明意见的鉴证报告

D. 否定意见的鉴证业务报告

二、多项选择题

1. 税务师事务所及其涉税服务人员提供其他税务事项代理服务，实行信任保护原则。存在下列(　　)情形的，税务师事务所及其涉税服务人员有权终止业务。

A. 委托人违反法律、法规及相关规定的

B. 委托人提供不真实、不完整资料信息的

C. 委托人不按照业务结果进行申报的

D. 委托人未按期付费的

E. 委托人善意取得虚开增值税专用发票的

2. 涉税鉴证中的被鉴证人可以指(　　)。

A. 委托人

B. 委托方指定的第三方

C. 使用人

D. 鉴证人

E. 税务机关

3. 下列关于涉税鉴证业务实施的说法正确的有(　　)。

A. 涉税鉴证业务工作底稿可以在业务过程中，通过记录、复制、录音、录像、照相等方式随时形成，并由实施人员签名

B. 涉税鉴证业务报告应由两个以上具有涉税鉴证业务资质的涉税服务人员签字

C. 在任何情况下税务师事务所均不得向第三方提供工作底稿

D. 涉税鉴证业务报告出具日期是鉴证人完成内部审批复核程序及签字手续的日期

E. 可以采用偷拍、偷录的方式取得相关资料

4. 关于涉税业务，下列说法正确的是(　　)。

A. 只能由具有税务师事务所、会计师事务所、律师事务所资质的涉税专业服务机构从事税务咨询服务

B. 对需出具报告的代理事项，经征求委托人同意后，加盖公章送交委托人或主管税务机关

C. 对于税务咨询业务，可以根据承接业务的简易程度，可以选择仅执行部分程序，但需保证已执行程序足以支撑方案制定以及结论

D. 鉴证人提供涉税鉴证业务服务，应当遵循涉税鉴证业务与代理服务不相容原则。承办被鉴证单位代理服务的人员，不得承办被鉴证单位的涉税鉴证业务

E. 开展纳税情况审查业务，必须出具书面业务报告

同步训练答案及解析

一、单项选择题

1. D 【解析】依据信赖保护原则，税务师事务所及其涉税服务人员有权终止业务时，对于已完成的部分约定业务，应当按照协议约定收取费用，并就已完成事项进行免责性声明，由委托人承担相应责任，税务师事务所及其涉税服务人员不承担该部分责任。

2. A 【解析】代理记账机构、税务代理公司、财税类咨询公司等机构可以承接一般税务咨询，包括纳税申报咨询、税务信息

提供、税务政策解答、税务事项办理辅导等。资本市场特殊税务处理合规性审核和长期税务顾问服务属于专业税务顾问。专业税务顾问和税收策划业务应当由具有税务师事务所、会计师事务所、律师事务所资质的涉税专业服务机构从事，相关文书应由税务师、注册会计师、律师签字，并承担相应的责任。

3. D 【解析】选项 D 不属于承接业务时要考虑的因素，而是具体实施鉴证业务中获取证据的一种手段。

4. C 【解析】如果发现涉税事项总体上没有遵从法定性标准，存在违反税收法律法规或有关规定的情形，经与被审核方有关部门和人员沟通或协商，在所有重大方面未能达成一致，不能真实、合法地反映鉴证结果的，税务师应当出具否定意见的鉴证业务报告。否定意见的鉴证业务报告应当以消极方式作出。

5. B 【解析】符合下列情形之一，应出具保留意见的涉税鉴证业务报告：（1）涉税鉴证的部分事项因税收法律、法规及其具体政策规定或执行时间不够明确；（2）经过咨询或询证，对鉴证事项所涉及的具体税收政策在理解上与税收执法人员存在分歧，需要提请税务机关裁定；（3）部分涉税事项因审核范围受到限制，不能获取充分、适当的证据，虽然影响较大，但不至于出具无法表明意见的鉴证报告。

二、多项选择题

1. ABC 【解析】税务师事务所及其涉税服务人员提供其他税务事项代理服务，实行信任保护原则。存在下列情形之一的，税务师事务所及其涉税服务人员有权终止业务：

（1）委托人违反法律、法规及相关规定的；

（2）委托人提供不真实、不完整资料信息的；

（3）委托人不按照业务结果进行申报的；

（4）其他因委托人原因限制业务实施的情形。

2. AB 【解析】涉税鉴证服务中的被鉴证人，可以是委托人，也可以是委托人有权指定的第三人。

3. AB 【解析】选项 C，鉴证人应当对提供涉税鉴证业务服务过程中形成的业务记录和业务成果以及知悉的委托人和被鉴证人商业秘密和个人隐私予以保密，未经委托人同意，不得向第三方泄露相关信息。但下列情形除外：税务机关因行政执法需要进行查阅的；涉税专业服务监管部门和行业自律部门因检查执业质量需要进行查阅的；法律、法规规定可以查阅的其他情形。选项 D，涉税鉴证业务报告出具日期是完成业务成果外勤工作的日期。选项 E，不得采用偷拍、偷录的方式取得相关资料。

4. BCD 【解析】选项 A，税务咨询服务中的专业税务顾问业务、税收策划业务只能由具有税务师事务所、会计师事务所、律师事务所资质的涉税专业服务机构从事，而其他涉税服务机构可以提供一般税务咨询服务；选项 E，开展纳税情况审查业务，应根据委托协议的约定确定是否出具书面业务报告，而不是必须出具书面业务报告。

涉税业务的分类 —— 注意可以实施业务的机构

税务事项代理业务
- 概念与种类 —— 纳税申报代理业务和其他税务事项代理业务
- 注意事项 —— 注意信任保护原则的规定，何时有权终止业务
- 基本流程 —— 业务承接、业务计划、归集资料、专业判断、实施办理、反馈结果、业务记录、业务成果

税务咨询业务
- 概念与种类 —— 一般税务咨询、专业税务顾问、税收策划业务，注意实施机构的不同
- 应遵循原则 —— 合法性、合理性、特定目标、胜任
- 基本流程 —— 业务承接、业务计划、业务实施、业务记录、业务报告

涉税鉴证业务
- 概念与特点（特点相对重要）
- 种类和应遵循原则 —— 合法、目的、独立、胜任、责任
- 注意事项 —— 注意信任保护原则和不相容原则
- 基本流程 —— 鉴证准备、证据收集评价、鉴证事项评价、工作底稿、鉴证报告，注意涉税鉴证业务报告出具规范

纳税情况审查业务
- 概念与种类 —— 注意实施机构的规定
- 基本流程 —— 业务承接、业务计划、业务实施、业务记录、业务成果、质量监控与复核

其他涉税服务业务 —— 涉税培训、税收信息化管理咨询服务等

涉税服务业务

第3章 涉税服务业务

第4章

税务登记代理

考情解密

本章属于涉税服务实务考试的非重点章节，历年考试中多以单选题、多选题形式出现，偶尔会以简答题小问题的形式出现。由于统一小规模纳税人标准及一般纳税人转小规模纳税人的政策变动，分值可能会略有上升，预计本章分值为 3~5 分。

近年考点直击

考点	主要考查题型	考频指数	考查角度
"五证合一、一照一码"登记制度的有关规定	单选题、多选题	★★★	(1)五证的范围； (2)"五证合一"的作用和影响； (3)变更税务登记中哪些在税务机关变更，哪些在市场监督部门变更
存款账户账号报告、财务会计制度及核算软件备案报告	单选题、多选题	★	注意时间要求
跨区域经营信息报告	单选题、多选题	★★	注意哪些事项在经营地办理，哪些在机构所在地办理；时间规定
定期定额户停(复)业报告	单选题、多选题	★★	停业期等具体规定
税务注销	单选题、多选题	★★★	(1)即办范围； (2)简化措施； (3)注销程序； (4)办理时限； (5)免办范围； (6)承诺制容缺办理
一般纳税人与小规模纳税人管理规定	单选题、多选题	★★★	(1)两类纳税人划分标准； (2)年应税销售额的含义； (3)登记时间点的规定； (4)转登记为小规模纳税人的有关规定； (5)未及时办理的法律责任

本章2020年考试主要变化

1. 将工商机关统一修改为"市场监督部门"。

2. "第一节企业信息报告代理"的内容基本上每部分都有变化，其中变化最大的是"税务注销"的内容，顺序调整，增加新措施。

考点详解及精选例题

一、企业信息报告代理★

扫我解疑难

(一)设立登记

1. "五证合一、一照一码"登记制度

(1)"五证合一、一照一码"登记制度。

从 2016 年 10 月 1 日起正式实施"五证合一、一照一码",在更大范围、更深层次实现信息共享和业务协同,巩固和扩大"三证合一"登记制度改革成果。

【知识点拨 1】 五证:工商营业执照、组织机构代码证、税务登记证、社会保险登记证和统计登记证。

【知识点拨 2】 "五证合一"并非取消税务登记,而是政府简政放权,将此环节改为由市场监督部门一口受理,核发一个加载法人和其他组织统一社会信用代码营业执照,这个营业执照在税务机关完成信息补录后具备税务登记证的法律地位和作用。

新设立企业、农民专业合作社领取由市场监督部门核发加载法人和其他组织统一社会信用代码的营业执照后,无需再次进行税务登记,不再领取税务登记证。

【知识点拨 3】 2016 年 12 月 1 日起,全面实施个体工商户营业执照和税务登记证的两证整合。

【知识点拨 4】 过渡期已经结束,目前均已经实行"五证合一"。

五证合一的有关规定见表 4-1。

表 4-1 五证合一的有关规定

情形	税务处理
新设立企业、农民专业合作社领取五证合一的营业执照后	无需再次进行税务登记,不再领取税务登记证。企业办理涉税事宜时,在完成补充信息采集后,凭加载统一代码的营业执照可以代替税务登记证使用
个体工商户	2016 年 12 月 1 日起在全国范围内实施营业执照和税务登记证"两证整合"登记制度。对 2016 年 12 月 1 日前成立的个体工商户申请办理变更登记或换照的,换发加载统一社会信用代码的营业执照
暂未取得加载统一社会信用代码营业执照的个体户	其营业执照和税务登记证继续有效
除以上情形外	其他税务登记按照原有法律制度执行

【例题 1 · 多选题】 "五证合一、一照一码"登记制度改革中的"五证"是指( )。

A. 营业执照

B. 组织机构代码证

C. 税务登记证

D. 社会保险登记证

E. 投资许可证

解析 五证是指"工商营业执照、组织机构代码证、税务登记证、社会保险登记证、统计登记证"。 **答案** ABCD

真题精练(客观题)

(2018 年单选题)"五证合一"登记制度改革后,下列关于新开设企业税务登记表述准确的是( )。

A. 取消税务登记,以营业执照替代税务登记证

B. 仍办理税务登记,并核发税务登记证件

C. 向税务机关完成信息补录,仍核发税务登记证件

D. 只向税务机关完成信息补录，不再核发税务登记证件

解析 ▶ 企业到税务机关办理涉税事宜时，在完成补充信息采集后，凭借加载统一社会信用代码的营业执照就可以替代税务登记证使用。

答案 ▶ D

（2）"五证合一"办证流程

采取"一表申请、一窗受理、并联审批、一份证照"的流程（只需等待2个工作日）（见图4-1）。

工商网报系统申请

↓

打印《新设立企业五证合一登记申请表》，携带资料，前往大厅多证合一窗口受理

↓

核对无误后，将信息导入工商准入系统，生成工商注册号

↓

打印出载有一个证号的营业执照

在"五证合一"平台生成各部门号码，补录信息，将企业材料扫描，与《工商企业注册登记联办流转申请表》传至质监、税务、社保、统计四部门，由四部门分别完成后台信息录入

图4-1 "五证合一"办证流程

（3）"五证合一"后设立登记流程

"五证合一"后设立登记流程有所变化，各地略有差异——以北京为例加以说明（见表4-2）。

表4-2 "五证合一"后设立登记流程（以北京为例）

组织类型	具体流程
新设企业、农民专业合作社、外国企业常驻代表机构	（1）市场监督部门统一受理并核发载有18位"统一社会信用代码"的营业执照，企业无须再次进行设立登记； （2）新办企业采取全区通办模式； （3）当企业近期无应税行为发生，不用进行纳税申报或申领（代开）发票时，可暂不办理税务机关报到事宜
其他主体	其他机关（编办、民政、司法等）批准设立的主体暂不纳入"五证合一、一照一码"办理范围

2. 代理设立登记操作规范（见表4-3）

表4-3 代理设立登记操作规范

组织类型	操作规范
多证合一：企业、农民专业合作社、个体工商户及其他组织	无须单独到税务机关办理该事项，其领取的证件作为税务登记证件使用
其他组织：事业单位、社会组织、境外非政府组织等	应依法向税务机关办理税务登记，领取税务登记证件，报送《纳税人（扣缴义务人）基础信息表》

【知识点拨1】纳税人对报送材料的真实性和合法性承担责任。

【知识点拨2】纳税人在资料完整且符合法定受理条件的前提下，最多只需要到税务机关跑一次。

【知识点拨3】税务机关提供新办纳税人"套餐式"服务的，纳税人可以一并办理存款账户账号报告、发票领用等多个事项。具体事项范围由省税务机关确定。

（二）变更税务登记（见表4-4）

表4-4 变更税务登记的规定

基本情况	处理方式
领取《税务登记证》或《临时税务登记证》的纳税人	向主管税务机关办理变更税务登记

基本情况		处理方式
"多证合一"纳税人	生产经营地址、财务负责人、核算方式、从业人数、办税人	向主管税务机关申请变更
	除上述信息以外的其他登记信息发生变化的	向设立登记机关(如市场监督部门)办理变更登记
	办理时限	资料齐全、符合法定形式、填写内容完整的,税务机关受理后即时办结
"一照一码户"	市场监管等部门登记信息发生变更的	向市场监管等部门申报办理变更登记 『提示』税务机关接收市场监管等部门变更信息,经纳税人确认后更新系统内的对应信息
	生产经营地、财务负责人等非市场监管等部门登记信息发生变化时	向主管税务机关申报办理变更
纳税人在资料完整且符合法定受理条件的前提下,最多只需要到税务机关跑一次		

【知识点拨】对于不适用"一照一码""两证整合"的纳税人需要报送的资料,大家了解即可。

【例题2·多选题】对于多证合一的纳税人,下列情形发生变化,应向主管税务机关申请变更税务登记的有( )。

A. 注册资金　　B. 生产经营地址

C. 财务负责人　　D. 核算方式

E. 从业人数

解析 ▶ "多证合一"纳税人,生产经营地址、财务负责人、核算方式、从业人数、办税人等登记信息发生变化的,应向主管税务机关办理变更登记。　　答案 ▶ BCDE

(三)纳税人(扣缴义务人)身份信息报告

1. 不适用"一照一码""两证整合"的纳税人,满足以下情形的纳税人应办理纳税人(扣缴义务人)身份信息报告:

(1)取得统一社会信用代码,但批准部门为除市场监督管理部门之外其他有关部门批准设立的(如社会团体,律师事务所等);

(2)因经营地址变更等原因,注销后恢复开业的;

(3)有独立的生产经营权、在财务上独立核算并定期向发包人或者出租人上交承包费或租金的承包承租人;

(4)在中华人民共和国境内承包建筑、安装、装配、勘探工程和提供劳务的境外企业;

(5)从事生产、经营的纳税人,应经有关部门批准设立但未经有关部门批准的;

(6)非境内注册居民企业收到居民身份认定书的;

(7)依法负有扣缴税款义务的扣缴义务人,应当办理扣缴税款登记的。

上述纳税人(扣缴义务人)身份信息发生变化的也通过该事项办理。

2. 需要报送的资料简单了解即可。

3. 办理时限

资料齐全、符合法定形式、填写内容完整的,税务机关受理后即时办结。

4. 办理结果(见表4-5)

表4-5　办理结果

情形	结果
对纳税人提交资料齐全、符合法定形式的	受理申请。当场打印发放《税务登记证》(正本)和《税务登记证》(副本)、《临时税务登记证》(正本)和《临时税务登记证》(副本)、《扣缴税款登记证》等证件

情形	结果
纳税人提交资料不齐全或不符合法定形式的	制作《税务事项通知书》(补正通知)，一次性告知纳税人需补正的内容
依法不属于本机关职权或本业务受理范围的	制作《税务事项通知书》(不予受理通知)，告知纳税人不予受理的原因

(四)自然人自主报告身份信息

以自然人名义纳税的中国公民、外籍人员和我国港、澳、台地区人员申请办理自然人信息报告。

自然人报送基础信息的方式包括自然人由本人向税务机关报送和由扣缴义务人代为向税务机关报送两种。

需要报送的信息包括：

1. 基础信息报告

自然人(或委托代理人)到税务机关填写《个人所得税基础信息表(B 表)》，生成自然人基础信息档案。自然人基础信息发生变化时，由自然人(或委托代理人)填写《个人所得税基础信息表(B 表)》申请变更。

需要报送的资料：《个人所得税基础信息表(B 表)》，自然人身份证件原件等。

2. 专项附加扣除信息报告

享受专项附加扣除的纳税人，应向税务机关报送《个人所得税专项附加扣除信息表》，相关信息发生变化的，应及时向税务机关报告。

(五)扣缴义务人报告自然人身份信息

1. 基础信息报告

扣缴义务人首次向纳税人支付所得时，应当按照纳税人提供的纳税人识别号等基础信息，填写《个人所得税基础信息表(A 表)》，并于次月扣缴申报时向税务机关报送。相关基础信息变化情况，应当于次月扣缴申报时向税务机关报送。

2. 专项附加扣除信息报送

享受专项附加扣除的纳税人，应向税务机关报送《个人所得税专项附加扣除信息表》。

3. 个人股东变动情况报告

被投资单位发生个人股东变动或者个人股东所持股权变动的，扣缴义务人应当在次月 15 日内向主管税务机关报送含有股东变动信息的《个人所得税基础信息表(A 表)》及股东变更情况说明。企业发生股权交易及转增股本等事项后，应在次月 15 日内，将股东及其股权变化情况、股权交易前原账面记载的盈余积累数额、转增股本数额及扣缴税款情况报告主管税务机关。

(六)存款账户账号报告

1. 从事生产、经营的纳税人应当自开立基本存款账户或者其他存款账户之日起15 日内，向主管税务机关报告其全部账户账号；账户账号发生变化的，应当自发生变化之日起15 日内，向主管税务机关报告。

2. 资料齐全、符合法定形式、填写内容完整的，主管税务机关受理后即时办结。

(七)财务会计制度及核算软件备案报告

1. 从事生产、经营的纳税人应当自首次办理涉税事宜之日起15 日内，将其财务、会计制度或者财务、会计处理办法等信息报送税务机关备案。

2. 办理时限：资料齐全、符合法定形式、填写内容完整的，税务机关受理后即时办结。

3. 纳税人注意事项

(1)境外注册中资控股居民企业应当按照中国有关法律、法规和国务院财政、税务主管部门的规定，编制财务、会计报表，并在办理基础信息报告之日起15 日内将企业的财务、会计制度或者财务会计、处理办法及有关资料报送主管税务机关备案。

(2)未按照规定将财务、会计制度或者财务、会计处理办法和会计核算软件报送税务机关备案的，将影响纳税信用评价结果。

（八）跨区域经营信息报告

1. 跨区域经营涉税事项报告

纳税人**跨省**（自治区、直辖市和计划单列市）临时从事生产经营活动的，应向**机构所在地**的税务机关填报《跨区域涉税事项报告表》。

纳税人在**省内**跨县（市）临时从事生产经营活动的，是否进行跨区域经营信息报告，**由省税务机关确定。**

（1）办理时限：资料齐全、符合法定形式、填写内容完整的，税务机关受理后**即时办结。**

（2）办理结果。

机构所在地税务机关将跨区域涉税信息共享到**经营地**税务机关。

（3）纳税人注意事项。

合同延期的，纳税人可向**经营地或机构所在地**的税务机关办理报验管理有效期限延期手续。

2. 跨区域经营涉税事项反馈

纳税人跨区域经营活动结束后，应当结清经营地的税务机关的应纳税款以及其他涉税事项，并填报《**经营地**涉税事项反馈表》。

（1）办理时限。

资料齐全、符合法定形式、填写内容完整的，税务机关受理后**即时办结。**

（2）办理结果。

经营地税务机关将相关信息反馈给**机构所在地**税务机关。

（3）纳税人注意事项。

①纳税人在向经营地的税务机关预缴税款后，应当及时向经营地的税务机关申报缴纳相应的税费；

②纳税人结清经营地的税务机关应纳税款以及其他涉税事项后，才能填报《经营地涉税事项反馈表》。

（九）定期定额户停（复）业报告

1. 实行**定期定额征收的个体工商户或比照定期定额户进行管理的个人独资企业**暂停经营的，应当在停业前向主管税务机关办理停业报告，**停业期不得超过一年。**

【知识点拨】其他企业不是按照定期定额

征收方式缴纳税款的，没有实际税款是不需缴纳的，只需要办理零申报即可，所以不需办理停业、复业。对于实行定期定额征收方式的个体工商户，如果不办理停业，就需要继续缴纳税款。

2. 办理停业报告的纳税人，恢复生产经营的，应当向主管税务机关办理复业报告。

3. 办理时限：资料齐全，符合法定形式、填写内容完整的，税务机关受理后**即时办结。**

4. 纳税人注意事项

（1）纳税人在停业期间发生纳税义务的或提前复业的，应当按照税收法律、法规的规定申报缴纳税款。

（2）纳税人停业期满不能及时恢复生产经营的，应当在停业期满前到税务机关申请延长停业。

（3）纳税人停业期满未按期复业又不申请延长停业的，视为已恢复生产经营，税务机关将纳入正常管理，并按核定税额按期征收税款。

【例题3·单选题】下列关于停业的税务管理，表述正确的是（　　）。

A. 定期定额征收方式的个体工商户停业期不得超过半年

B. 若停业期间发生经营行为时，不需要申报缴纳税款

C. 纳税人办理停业登记，纳税人保留税务登记证件

D. 办理停业报告的纳税人，恢复生产经营的，应当向主管税务机关办理复业报告

解析 ▶ 定期定额征收方式的个体工商户停业期不得超过1年；停业期间发生经营行为时，需要申报缴纳税款；纳税人办理停业登记，税务机关收存其税务登记证。

答案 ▶ D

真题精练（客观题）

（2019年单选题）实行定期定额征收的个体工商户在停业前应当向主管税务机关办理停业报告，停业时间不得超过（　　）。

A. 3个月　　　　B. 9个月
C. 1年　　　　　D. 半年

解析 ▶ 实行定期定额征收的个体工商户或比照定期定额进行管理的个人独资企业暂停经营的，应当在停业前向主管税务机关办理停业报告，停业期不得超过一年。2015年也曾经考过类似的单选题。

答案 ▶ C

（十）税务注销

1. 税务注销的规定

（1）税务注销事项的范围。

包括："一照一码"清税申报、企业所得税清算报备、"两证整合"个体工商户清税申报、注销税务登记（非"一照一码"和个体户）、税务注销即时办理、注销扣款登记。

（2）优化税务注销办理程序的规定（见表4-6）。

表4-6　优化税务注销办理程序的规定

类别	具体措施
进一步扩大即办范围	①未办理过涉税事宜的纳税人，主动到税务机关办理清税的，税务机关可根据纳税人提供的营业执照即时出具清税文书。 ②办理过涉税事宜但未领用发票、无欠税（滞纳金）及罚款的纳税人，主动到税务机关办理清税，资料齐全的，税务机关即时出具清税文书；资料不齐的，可采取"承诺制"容缺办理，在其作出承诺后，即时出具清税文书。 ③经人民法院裁定宣告破产的纳税人，持人民法院终结破产程序裁定书向税务机关申请税务注销的，税务机关即时出具清税文书，按照有关规定核销"死欠"
进一步简化税务注销前业务办理流程	①处于非正常状态纳税人在办理税务注销前，需先解除非正常状态，补办纳税申报手续。符合以下情形的，税务机关可打印相应税种和相关附加的《批量零申报确认表》，经纳税人确认后，进行批量处理： a. 非正常状态期间增值税、消费税和相关附加需补办的申报均为零申报的； b. 非正常状态期间企业所得税月（季）度预缴需补办的申报均为零申报，且不存在弥补前期亏损情况的。 ②纳税人办理税务注销前，无需向税务机关提出终止"委托扣款协议书"申请。税务机关办结税务注销后，委托扣款协议自动终止
进一步减少证件、资料报送	对已实行实名办税的纳税人，免予提供以下证件、资料： ①《税务登记证》正（副）本、《临时税务登记证》正（副）本和《发票领用簿》； ②市场监督管理部门吊销营业执照决定原件（复印件）； ③上级主管部门批复文件或董事会决议原件（复印件）； ④项目完工证明、验收证明等相关文件原件（复印件）

2. 税务注销程序

（1）"一照一码"户清税注销（见表4-7）。

表4-7　"一照一码"户清税注销

类别	具体内容
申请条件	向市场监督管理等部门申请办理注销登记前，须先向税务机关申报清税。清税完毕后，税务机关向纳税人出具《清税证明》，纳税人持《清税证明》到原登记机关办理注销。 程序： 清税［结清应纳税款、多退（免）税款、滞纳金和罚款，缴销发票和其他税务证件］——《清税证明》——向市场监督管理等部门申请办理注销登记

类别	具体内容
办理时限	**20个工作日内办结**。若在核查检查过程中发生以下情形的，办理时限中止，待相关事项办理完毕后方可继续办理注销事宜，办理时限继续计算： a. 发生涉嫌偷、逃、骗、抗税或虚开发票的； b. 需要进行纳税调整等情形的
免予到税务机关办理清税证明	向市场监管部门申请简易注销的纳税人，符合下列情形之一的，可免予到税务机关办理清税证明： ①未办理过涉税事宜的； ②办理过涉税事宜但未领用发票、无欠税(滞纳金)及罚款的

(2)企业所得税清算报备。

①企业应当在办理注销登记前，就其清算所得向税务机关申报并依法缴纳企业所得税。

②下列企业应进行清算的所得税处理：

a. 按《公司法》《企业破产法》等规定需要进行清算的企业；

b. 企业重组中需要按清算处理的企业。企业发生符合相关规定的特殊性税务处理规定的合并、分立，无需进行清算。

③进入清算期的企业应对清算事项，报主管税务机关备案。

④纳税人有解散、撤销、破产情形的，在清算前应当向其主管税务机关报告；未结清税款的，由其主管税务机关参加清算。

⑤办结时限——即时办结。

(3)"两证整合"个体工商户清税申报。

①申请条件。

已实行"两证整合"登记模式的个体工商户向市场监督管理部门申请办理注销登记前，先向税务机关申报清税。清税完毕后，税务机关向纳税人出具《清税证明》，纳税人持《清税证明》到原登记机关办理注销。

②办理时间。

20个工作日内办结。定期定额个体工商户5个工作日内办结。税务机关在核查、检查过程中发现涉嫌偷、逃、骗、抗税或虚开发票的，或者需要进行纳税调整等情形的，办理时限中止。

(4)注销税务登记(适用于"一照一码""两证整合"以外的纳税人)(见表4-8)。

表4-8 注销税务登记(适用于"一照一码""两证整合"以外的纳税人)

类别	具体内容
申请条件	①因解散、破产、撤销等情形，依法终止纳税义务的； ②按规定不需要在市场监督管理机关或者其他机关办理注销登记的，但经有关机关批准或者宣告终止的； ③被市场监督管理机关吊销营业执照或者被其他机关予以撤销登记的； ④境外企业在中华人民共和国境内承包建筑、安装、装配、勘探工程和提供劳务，项目完工、离开中国的； ⑤外国企业常驻代表机构驻在期届满、提前终止业务活动的； ⑥非境内注册居民企业经国家税务总局确认终止居民身份的
办理时间	**20个工作日内办结。定期定额个体工商户5个工作日内办结**。税务机关在核查、检查过程中发现涉嫌偷、逃、骗、抗税或虚开发票的，或者需要进行纳税调整等情形的，办理时限中止

(5)税务注销即时办理(见表4-9)。

表 4-9　税务注销即时办理

类别	具体内容
"承诺制"容缺办理	对未处于税务检查状态、无欠税(滞纳金)及罚款、已缴销增值税专用发票及税控专用设备，且符合下列情形**之一**的纳税人，税务机关提供即时**办理服务，采取"承诺制"容缺办理，**即：纳税人在办理税务注销时，若资料不齐，可在其作出承诺后，税务机关即时出具清税文书。 a. 纳税信用级别为**A级和B级**的纳税人； b. 控股母公司纳税信用级别为**A级**的**M级**纳税人； c. **省级**人民政府引进人才或经**省级以上行业协会**等机构认定的行业领军人才等创办的企业； d. 未纳入纳税信用级别评价的定期定额个体工商户； e. 未达到增值税纳税起征点的纳税人
即时出具清税文书	a. 未办理过涉税事宜的纳税人，主动到税务机关办理清税的，税务机关可根据纳税人提供的营业执照即时出具清税文书。 b. 办理过涉税事宜但未领用发票、无欠税(滞纳金)及罚款的纳税人，主动到税务机关办理清税，资料齐全的，税务机关即时出具清税文书；资料不齐的，可采取"承诺制"容缺办理，在其作出承诺后，即时出具清税文书
核销"死欠"	经人民法院裁定宣告破产的纳税人，持人民法院终结破产程序裁定书向税务机关申请税务注销的，税务机关即时出具清税文书，按照有关规定核销"死欠"
办理时间	即时办结
报送条件	①税务登记证件的报送条件为" 一照一码"或"两证整合"纳税人或已实行实名办税的纳税人，可取消报送； ②经办人身份证件的报送条件为已实行实名办税的纳税人，可取消报送； ③《发票领用簿》的报送条件为已发放过《发票领用簿》的纳税人；已实行实名办税的纳税人，可取消报送； ④上级主管部门批复文件或董事会决议复印件的报送条件为单位纳税人，已实行实名办税的纳税人，可取消报送，能够通过政府信息共享获取相关信息的可取消复印件的报送； ⑤项目完工证明、验收证明等相关文件复印件的报送条件为非居民企业在中国境内承包工程作业或提供劳务且项目完工的，已实行实名办税的纳税人，可取消报送，能够通过政府信息共享获取相关信息的可取消复印件的报送； ⑥市场监督管理部门吊销营业执照决定复印件的报送条件为被吊销营业执照的，已实行实名办税的纳税人，可取消报送，能够通过政府信息共享获取相关信息的可取消复印件的报送； ⑦民事裁定书或民事判决书复印件的报送条件为法院裁定破产的纳税人； ⑧营业执照的报送条件为未办理过涉税事宜的纳税人

(6)注销扣缴税款登记(见表 4-10)。

表 4-10　注销扣缴税款登记

类别	具体内容
申请条件	①未办理信息报告的扣缴义务人发生解散、破产、撤销以及其他情形，依法终止扣缴义务的； ②已办理信息报告的扣缴义务人未发生解散、破产、撤销以及其他情形，未依法终止纳税义务，仅依法终止扣缴义务的，持有关证件和资料向税务机关申报办理注销扣缴税款登记
注意事项	①扣缴义务人对报送材料的真实性和合法性承担责任； ②扣缴义务人使用符合电子签名法规定条件的电子签名，与手写签名或者盖章具有同等法律效力。 ③经过实名信息验证的办税人员，不再提供登记证件、身份证件复印件等资料。 ④已办理信息报告的扣缴义务人发生解散、破产、撤销以及其他情形，依法终止纳税义务的，申报办理税务注销时，不需单独提出申请，税务机关在办理税务注销的同时，注销扣缴税款登记

【例题 4·多选题】 在办理税务注销时，符合（　　）情形之一的纳税人，税务机关提供即时办结服务，采取"承诺制"容缺办理。

A. 纳税信用级别为 A 级和 B 级的纳税人

B. 控股母公司纳税信用级别为 A 级或 B 级的 M 级纳税人

C. 省级人民政府引进人才或经省级以上行业协会等机构认定的行业领军人才等创办的企业

D. 未达到增值税纳税起征点的纳税人

E. 小型微利企业

解析 ▶ 本题目考核容缺办理的条件。

答案 ▶ ACD

真题精练（客观题）

（2019 年多选题）税务机关提供即时办结税务注销服务，采取"承诺制"容缺办理，纳税人必须符合的容缺条件包括（　　）。

A. 已缴销增值税专用发票及税控专用设备

B. 无欠税（滞纳金）及罚款

C. 经县以上税务局审核的

D. 销售收入在 500 万元以下的

E. 未处于税务检查状态

解析 ▶ 本题考核采取"承诺制"容缺办理的条件。对未处于税务检查状态、无欠税（滞纳金）及罚款、已缴销增值税专用发票及税控专用设备，且符合规定情形的纳税人，税务机关提供即时办结服务，采取"承诺制"容缺办理。

答案 ▶ ABE

扫我解疑难

二、纳税资格信息报告 ★★★*

1. 增值税一般纳税人和小规模纳税人的划分标准（见表 4-11）

表 4-11　增值税一般纳税人与小规模纳税人的划分标准

情形	划分标准
自 2018 年 5 月 1 日起，小规模纳税人的标准调整为年应征增值税销售额**500 万元及以下**	
除个体工商户以外的**其他个人**	**不登记**为一般纳税人
非企业性单位、**不经常发生**应税行为的单位和个体工商户	**可以选择**按小规模纳税人纳税
年销售额未超过小规模纳税人标准以及新开业的纳税人，可以向主管税务机关申请一般纳税人资格登记	

『提示』 从事成品油销售的加油站、航空运输企业、电信企业总机构及其分支机构，一律由主管税务机关登记为增值税一般纳税人。

【例题 5·单选题】 关于增值税小规模纳税人的说法，错误的是（　　）。

A. 销售货物的非企业性单位，可选择按小规模纳税人纳税

B. 提供应税服务的企业性单位，可选择按小规模纳税人纳税

C. 不经常发生应税行为的个体工商户，可选择按小规模纳税人纳税

D. 提供应税服务的其他个人属于小规模纳税人

解析 ▶ 一般发生增值税应税行为（包括应税服务）的企业性单位，纳税人身份不可自主选择，要根据年应税销售额的大小，判断其纳税人的身份。

答案 ▶ B

2. 年应税销售额的界定

（1）年应税销售额，是指纳税人在连续不超过 12 个月或四个季度的经营期内累计应征增值税销售额，包括纳税申报销售额、稽查查补销售额、纳税评估调整销售额，其中纳税申报销售额包括免税销售额和税务机关代开发票销售额，但不包括未发生增值税纳税义务的预售销售额、不征税销售额等。

---

* 注：该知识点需重点掌握，历年考试经常涉及。

年应税销售额未超过规定标准的纳税人，会计核算健全，能够提供准确税务资料的，可以向主管税务机关办理一般纳税人登记。

（2）销售服务、无形资产或者不动产有扣除项目的纳税人，其应税行为年应税销售额按**未扣除之前**的销售额计算。

（3）稽查查补销售额和纳税评估调整销售额计入查补税款申报当月的销售额，不计入税款所属期销售额。

（4）偶然发生的销售无形资产、转让不动产的销售额，不计入应税行为年应税销售额。

真题精练（客观题）

1. （2018年多选题）增值税一般纳税人登记办法规定，纳税人的年应税销售额超过标准时，应登记为一般纳税人，纳税人下列业务的销售额，应包含在年应税销售额范围的有（ ）。

A. 销售废料取得的销售额

B. 自产货物无偿捐赠公益性组织而视同销售的销售额

C. 出口自产货物取得的销售额

D. 出售闲置不用的仓库取得的销售额

E. 税务稽查于当期查补的上年度隐匿货物销售额

解析 ▶ 年应税销售额是指纳税人在连续不超过12个月或四个季度的经营期内累计应征增值税销售额，包括纳税申报销售额、稽查查补销售额、纳税评估调整销售额。"纳税申报销售额"是指纳税人自行申报的全部应征增值税销售额，其中包括免税销售额和税务机关代开发票销售额。纳税人偶然发生的销售无形资产、转让不动产的销售额，不计入应税行为年应税销售额。

答案 ▶ ABCE

2. （2017年多选题，改）年应税销售额超过规定标准的纳税人应向主管税务机关办理增值税一般纳税人登记，年应税销售额包括（ ）。

A. 税务机关代开发票销售额

B. 免税销售额

C. 预收的销售额

D. 稽查查补销售额

E. 纳税申报销售额

解析 ▶ 年应税销售额，是指纳税人在连续不超过12个月或四个季度的经营期内累计应征增值税销售额，包括纳税申报销售额、稽查查补销售额、纳税评估调整销售额。其中纳税申报销售额包括免税销售额和税务机关代开发票销售额。

答案 ▶ ABDE

3. 登记的权限

一般纳税人登记的权限，在县（市、区）税务局或同级别的税务分局。

4. 登记时间规定

（1）纳税人应在年应税销售额超过规定标准的月份（或季度）的所属申报期结束后15日内按照相关规定办理相关手续。

（2）纳税人未按规定时限办理一般纳税人登记的，主管税务机关应当在规定期限结束后5日内制作《税务事项通知书》，告知纳税人应当在5日内向主管税务机关办理相关手续。

真题精练（客观题）

1. （2017年单选题，改）纳税人办理增值税一般纳税人登记时，办理相关手续的时间是申报期结束后（ ）个工作日内。

A. 10　　　　B. 15

C. 30　　　　D. 40

解析 ▶ 自2018年2月1日起，纳税人应在申报期结束后15个工作日内按照规定向主管税务机关办理一般纳税人登记手续。

答案 ▶ B

2. （2016年单选题，改）年应税销售额已超过小规模纳税人标准的纳税人，未在规定期限内办理一般纳税人登记的，应当在收到《税务事项通知书》后（ ）个工作日内向主管税务机关报送《增值税一般纳税人登记表》。

A. 30　　　　B. 40

C. 20　　　　D. 5

解析 纳税人未按规定时限办理一般纳税人登记的，主管税务机关应当在规定期限结束后5个工作日内制作《税务事项通知书》，告知纳税人应当在5个工作日内向主管税务机关办理相关手续。 **答案** D

5. 未及时登记的责任

逾期仍不办理的，次月起按销售额依照增值税税率计算应纳税额，不得抵扣进项税额，直至纳税人办理相关手续为止。

6. 转登记为小规模纳税人的有关规定

（1）按规定已登记为增值税一般纳税人的单位和个人，在2019年12月31日前，可转登记为小规模纳税人。

『提示』根据国家税务总局公告2020年第9号关于明确二手车经销等若干增值税征管问题的公告，一般纳税人符合条件的，在**2020年12月31日**前，可选择转登记为小规模纳税人：转登记日前连续12个月（以1个月为1个纳税期）或者连续4个季度（以1个季度为1个纳税期）累计销售额未超过500万元。

（2）转登记为小规模纳税人时，其未抵扣的进项税额作转出处理。

（3）一般纳税人转登记为小规模纳税人（以下称转登记纳税人）后，自转登记日的下期起，按照简易计税方法计算缴纳增值税；转登记日当期仍按照一般纳税人的有关规定计算缴纳增值税。

（4）转登记纳税人按规定再次登记为一般纳税人后，不得再转登记为小规模纳税人。

（5）自转登记日的下期起连续不超过12个月或者连续不超过4个季度的经营期内，转登记纳税人应税销售额超过小规模纳税人标准的，应当按规定向主管税务机关办理一般纳税人登记。

真题精练（客观题）

（2016年多选题，改）关于增值税一般纳税人登记的说法，正确的有（　）。

A. 个体工商户不能登记为一般纳税人

B. 不经常发生应税行为的单位可选择小规模纳税人

C. 纳税人办理一般纳税人登记后，转登记日前连续12个月经营累计销售额未超过规定标准，2019年12月31日前可再转为小规模纳税人

D. 一般纳税人登记的销售额标准是指一个纳税年度的销售额

E. 偶然发生的不动产的销售额，不计入一般纳税人登记的年销售额中

解析 选项A，年应税销售额超过规定标准的其他个人不能登记为一般纳税人；选项C，按照最新规定，转登记日前连续12个月或者连续4个季度累计应征增值税销售额未超过500万元，2019年12月31日前可以申请转为小规模纳税人；选项D，按现行一般纳税人登记政策规定，纳税人连续不超过12个月或四个季度的经营期内累计销售额超过规定标准，应在申报期结束后15个工作日内办理一般纳税人登记手续。 **答案** BCE

同步训练 限时30分钟

一、单项选择题

1. 下列关于"五证合一、一照一码"登记制度的说法中，错误的是（　）。

A. "五证合一"登记制度改革取代了税务登记制度

B. 新设立企业领取由市场监督部门核发加载法人和其他组织统一社会信用代码的营业执照后，无需再次进行税务登记，不再领取税务登记证

C. 企业办理涉税事宜时，在完成补充信息采集后，凭加载统一代码的营业执照可代替税务登记证使用

D. 暂未取得加载统一社会信用代码营业执照的个体工商户，其营业执照和税务登

记证继续有效

2. 从事生产、经营的纳税人应当自开立基本存款账户或者其他存款账户之日起( )日内，向主管税务机关报告其全部账户账号。

A. 15　　　　　　　B. 30

C. 10　　　　　　　D. 5

3. 下列关于停业、复业登记的表述中，正确的是( )。

A. 所有纳税人都可以办理停业、复业登记

B. 纳税人的停业期不得超过半年

C. 纳税人停业期间发生纳税义务的，可以不进行纳税申报

D. 纳税人停业期满不能及时恢复生产经营的，应当在停业期满前向税务机关提出延长停业登记申请

4. 从事生产、经营的纳税人应当自首次办理涉税事宜之日起( )，将其财务、会计制度或者财务、会计处理办法等信息报送税务机关备案。

A. 10 日内　　　　　B. 15 日内

C. 20 日内　　　　　D. 30 日内

5. 向市场监管部门申请简易注销的纳税人，符合下列情形之一的，可免予到税务机关办理清税证明的是( )。

A. 因住所、经营地点变动，涉及改变税务登记机关的

B. 被市场监督管理机关吊销营业执照或者被其他机关予以撤销登记的

C. 办理过涉税事宜但未领用发票、无欠税（滞纳金）及罚款的

D. 外国企业常驻代表机构驻在期届满、提前终止业务活动的

6. 纳税人应当向其主管税务机关办理一般纳税人登记手续，其中主管税务机关指的是( )。

A. 机构所在地主管税务机关

B. 法定代表人住所所在地主管税务机关

C. 纳税人经营地主管税务机关

D. 就近选择主管税务机关

7. 下列关于办理增值税一般纳税人登记的表述中，错误的是( )。

A. 纳税人在年应税销售额超过规定标准的月份（或季度）的所属申报期结束后 15 日内按照规定办理相关手续

B. 未按规定时限办理相关手续的，主管税务机关应当在规定时限结束后 5 日内制作《税务事项通知书》，告知纳税人应当在 5 日内向主管税务机关办理相关手续

C. 逾期仍不办理的，次月起按销售额依照增值税税率计算应纳税额，不得抵扣进项税额，直至纳税人办理相关手续为止

D. 纳税人办理一般纳税人登记，纳税人填报内容与税务登记信息一致的，主管税务机关应该于收到申请之日起 10 日内登记

8. 增值税纳税人年应税销售额超过财政部、国家税务总局规定的小规模纳税人标准的，除特殊情况规定外，应当向主管税务机关办理一般纳税人登记，下列相关说法错误的是( )。

A. 年应税销售额，是指纳税人在连续不超过 12 个月或四个季度的经营期内累计应征增值税销售额，包括纳税申报销售额、稽查查补销售额、纳税评估调整销售额

B. 销售服务、无形资产或者不动产有扣除项目的纳税人，其应税行为年应税销售额按未扣除之前的销售额计算

C. 纳税人偶然发生的销售无形资产、转让不动产的销售额，应计入应税行为年应税销售额

D. 年应税销售额未超过规定标准的纳税人，会计核算健全，能够提供准确税务资料的，可以向主管税务机关办理一般纳税人登记

9. 自 2018 年 5 月 1 日起，增值税小规模纳税人标准为年应征增值税销售额( )万元及以下。

A. 100　　　　　　　B. 200

C. 300　　　　　　　D. 500

10. 下列关于自然人自主报告身份信息的表

述，错误的是（　　）。

A. 所有的中国公民都需要申请办理自然人信息报告

B. 以自然人名义纳税的外籍人员需要申请办理自然人信息报告

C. 自然人报送基础信息的方式包括自然人由本人向税务机关报送和由扣缴义务人代为向税务机关报送两种

D. 自然人向税务机关报送身份信息时，因与公安信息比对不通过的问题导致校验不通过的，由税务机关办税服务厅特定岗位人员进行处理

二、多项选择题

1. 关于"五证合一""多证合一"税务登记改革的说法，正确的有（　　）。

A. "五证合一"登记制度改革取消了原有税务登记制度

B. 营业执照在税务机关完成信息补录后具备税务登记证的法律地位和作用

C. 实行"五证合一"登记制度的企业，领取营业执照后无需再次进行税务登记，不再领取税务登记证并非将税务登记取消，税务登记的法律地位依然存在

D. 司法机关属于"五证合一、一照一码"的办理范围

E. "多证合一"改革之外的其他组织，应当依法向税务机关办理税务登记，领取税务登记证件报送《纳税人（扣缴义务人）基础信息报告表》

2. "多证合一"纳税人，生产下列情形，应向主管税务机关办理变更登记的有（　　）。

A. 生产经营地址发生变化

B. 财务负责人发生变化

C. 核算方式发生变化

D. 从业人数发生变化

E. 隶属关系发生变化

3. 下列关于 2018 年 5 月 1 日起增值税一般纳税人登记的说法，正确的有（　　）。

A. 已经登记为一般纳税人，不得再转为小规模纳税人

B. 从事货物生产的纳税人，年应税销售额超过 50 万元的，应当向税务机关办理一般纳税人登记手续

C. 年应税销售额超过规定标准的其他个人，不办理一般纳税人登记

D. 纳税人应税销售额超过一般纳税人标准，未办理一般纳税人登记手续的，应按销售额依照增值税税率计算应纳税额，不得抵扣进项税额，也不得使用增值税专用发票

E. 纳税人未按规定时限办理一般纳税人登记的，主管税务机关应当在规定期限结束后 5 日内制作《税务事项通知书》，告知纳税人应当在 5 日内向主管税务机关办理相关手续

4. 税务机关自受理之日起 20 个工作日办结税务注销。若在核查检查过程中发生以下（　　）情形的，办理时限中止，待相关事项办理完毕后方可继续办理注销事宜，办理时限继续计算。

A. 发生涉嫌偷逃骗抗税等重大事项的

B. 需要进行特别纳税调整的

C. 有欠税、滞纳金及罚款的

D. 欠缴税款未完结的

E. 发生涉嫌虚开发票等重大事项的

三、简答题

某新西兰保健品公司拟在中国设立一家商贸公司专门从事其保健品在中国的销售业务。中国境内的商贸子公司，会计核算健全，2019 年 4 月 1 日开始运营，预计 2019 年保健品的不含增值税年销售额为人民币 70 万元，销售对象是具有增值税一般纳税人资格的大型百货商场；预计 2019 年采购额折合人民币 40 万元（含关税但不含进口增值税），采购全部来自新西兰。2019 年 6 月该公司财务经理向税务师咨询关于一般纳税人登记事宜。

问题：

（1）此种情况下是否允许该商贸公司办理增值税一般纳税人登记？

（2）若允许，单从增值税税额及其对获利影响的角度看，该商贸公司选择按小规模纳税人纳税还是按一般纳税人纳税更为有利？

同步训练答案及解析

一、单项选择题

1. A 【解析】"五证合一"并非取消税务登记，而是政府简政放权将此环节改为由工商行政管理部门一口受理，核发一个加载法人和其他组织统一社会信用代码营业执照，这个营业执照在税务机关完成信息补录后具备税务登记证的法律地位和作用。

2. A 【解析】从事生产、经营的纳税人应当自开立基本存款账户或者其他存款账户之日起15日内，向主管税务机关报告其全部账户账号。

3. D 【解析】选项A，只有实行定期定额征收方式的个体工商户才可以办理停业、复业登记；选项B，纳税人的停业期不得超过一年；选项C，纳税人在停业期间发生纳税义务的，应当按规定申报缴纳税款。

4. B 【解析】从事生产、经营的纳税人应当自首次办理涉税事宜之日起15日内，将其财务、会计制度或者财务、会计处理办法等信息报送税务机关备案。

5. C 【解析】向市场监管部门申请简易注销的纳税人，符合下列情形之一的，可免予到税务机关办理清税证明：
①未办理过涉税事宜的；
②办理过涉税事宜但未领用发票、无欠税（滞纳金）及罚款的。

6. A 【解析】纳税人应当向其机构所在地主管税务机关办理一般纳税人登记手续。

7. D 【解析】纳税人办理一般纳税人登记的程序如下：
(1)纳税人向主管税务机关填报《增值税一般纳税人登记表》，如实填写固定生产经营场所等信息，并提供税务登记证件；
(2)纳税人填报内容与税务登记信息一致的，主管税务机关当场登记；

(3)纳税人填报内容与税务登记信息不一致，或者不符合填列要求的，税务机关应当场告知纳税人需要补正的内容。

8. C 【解析】选项C，纳税人偶然发生的销售无形资产、转让不动产的销售额，不计入应税行为年应税销售额。

9. D 【解析】自2018年5月1日起，增值税小规模纳税人标准为年应征增值税销售额500万元及以下。

10. A 【解析】以自然人名义纳税的中国公民、外籍人员和我国港、澳、台地区人员申请办理自然人信息报告。

二、多项选择题

1. BCE 【解析】选项A，"五证合一"登记制度并非将税务登记取消，税务登记的法律地位依然存在；选项D，其他机关（编办、民政、司法等）批准设立的主体暂不纳入"五证合一、一照一码"办理范围。

2. ABCD 【解析】"多证合一"纳税人，生产经营地址、财务负责人、核算方式、从业人数、办税人等登记信息发生变化的，应向主管税务机关办理变更登记。

3. CDE 【解析】选项A，2019年12月31日之前，符合条件的一般纳税人可以转登记为小规模纳税人；选项B，自2018年5月1日起，无论何种行业的企业，增值税一般纳税人和小规模纳税人的划分标准为年应征增值税销售额500万元。

4. ABE 【解析】税务机关自受理之日起20个工作日办结税务注销。若在核查检查过程中发生以下情形的，办理时限中止，待相关事项办理完毕后方可继续办理注销事宜，办理时限继续计算：(1)发生涉嫌偷逃骗抗税或虚开发票等重大事项的；(2)需要进行特别纳税调整等情形的。

三、简答题

【答案】

(1) 允许登记为一般纳税人。自 2018 年 5 月 1 日起，增值税小规模纳税人标准为年应征增值税销售额 500 万元及以下。该公司的销售额虽然没有超过规定的标准，属于年应税销售额未超过规定标准的纳税人，但会计核算健全，能够提供准确税务资料的，可以向主管税务机关办理一般纳税人登记。

(2) 纳税人身份的选择。

①如果选择作为小规模纳税人：

预计 2019 年应缴纳的增值税 = 70×3% = 2.1(万元)

预计 2019 年毛利 = 70-(40+40×13%) = 70-45.2 = 24.8(万元)

②如果选择登记为一般纳税人：

自 2019 年 4 月 1 日起，进口和销售保健品适用的增值税税率为 13%。

预计 2019 年应缴纳的增值税 = 70×13% - 40×13% = 3.9(万元)

预计 2019 年毛利 = 70-40 = 30(万元)

综上所述，从利润最大化角度，选择登记为增值税一般纳税人更为有利。

设立登记 —— 五证的范围、作用、操作流程

变更税务登记 —— 何时在税务机关办理，何时在市场监督部门办理；办理时限

纳税人（扣缴义务人）身份信息报告

自然人自主报告身份信息

扣缴义务人报告自然人身份信息

企业信息报告代理

存款账户账号报告 —— 注意时间要求

财务会计制度及核算软件备案报告 —— 注意时间要求

跨区域经营信息报告 —— 注意哪些事项在经营地办理，哪些在机构所在地办理

定期定额户停（复）业报告 —— 停业期等具体规定

税务注销 —— 即办范围、简化措施、注销程序、办理时限、免办范围、即时出具清税文书、核销 死欠"、承诺制容缺办理

税务登记代理

增值税一般纳税人和小规模纳税人管理

两类纳税人划分标准

年应税销售额的含义

登记时间点的规定

转登记为小规模纳税人的有关规定

未及时办理的法律责任

第5章 发票领用与审核代理

考情解密

历年考情概况

本章是"涉税服务实务"考试中较为重要的章节，随着近几年税收征管中越来越重视发票问题，本章的重要性有所提高。考试时有可能以单选题、多选题、简答题的形式出现。预计分值在5~10分。

近年考点直击

考点	主要考查题型	考频指数	考查角度
发票的种类与使用范围	单选题、多选题，可以作为简答题的考点	★★	(1)行业专业发票的有关规定； (2)小规模纳税人自开专票的规定； (3)一般纳税人不得领购开具专票的情形
增值税发票管理新系统	单选题、多选题	★★	尚未纳入增值税发票管理新系统的发票
发票领用	单选题、多选题，可以作为简答题的考点	★★★	(1)与税款的计算缴纳结合，考核税务机关代开发票的问题——开具发票时需要缴纳哪些税收和金额； (2)跨省、市、自治区从事临时经营活动发票的领购问题； (3)领用专票的时间点； (4)专票最高开票限额； (5)发票领用数量的审批； (6)专用设备的领购和发行中何时变更发行，何时注销发行； (7)发票领购需要准备的资料
发票印制、保管、保存和缴销	单选题、多选题	★★	(1)冠名发票管理规定； (2)发票保管期限的规定
开具发票的代理	单选题、多选题	★★★	(1)由付款方向收款方开具发票的情形； (2)收取款项未发生销售行为开具的发票； (3)不得开具专票的情形； (4)发票开具的基本要求； (5)虚开发票的界定； (6)差额征税差额开票的具体规定； (7)发票备注栏的要求； (8)税率变动对发票开具的影响
发票使用的审核	单选题、多选题、简答题	★★★	(1)丢失发票的处理； (2)异常增值税扣税凭证的认定及处理措施； (3)取得虚开发票的税务处理
发票违章处理	单选题、多选题、简答题	★★	发票违章处理措施

1. 行业专业发票是否套印全国统一发票监制章；行业专业发票的范围增加了收费公路通行费增值税电子普票。

2. 可以作为抵扣增值税进项税额凭证的普票中新增机动车销售统一发票。

3. 小规模纳税人自开专票的规定发生变化。

4. 发票领用的内容进行调整。

5. 稀土企业发票开具内容变化。

6. 新增税务机关代开货物运输业小规模纳税人的专票。

7. 专票的认证期限发生变化。

8. 丢失专票的处理措施发生变化。

9. 取得异常增值税扣税凭证的内容发生变化。

考点详解及精选例题

一、发票的管理★

扫我解疑难

1. 国务院税务主管部门统一负责全国的发票管理工作。

省税务机关的发票管理工作由国家税务总局各省、自治区、直辖市和计划单列市税务局负责。

2. 发票的种类、联次、内容以及使用范围由国务院税务主管部门规定。

其中，在全国范围内统一式样的发票，由国家税务总局确定；在省、自治区、直辖市范围内统一式样的发票，由省税务机关确定。

3. 增值税专用发票由国务院税务主管部门确定的企业印制；其他发票，按照国务院税务主管部门的规定，由省税务机关确定的企业印制。

4. 发票应当套印全国统一发票监制章

全国统一发票监制章的式样，由国务院税务主管部门规定。发票监制章由省税务机关制作。

二、发票的种类与适用范围★★★

扫我解疑难

发票可以从多种角度进行分类，每种发票都有特定的使用范围。具体分类方法见表5-1。

表5-1　发票的种类

分类标准	分类结果	注意事项
按适用发票管理办法分类	常规发票	——
	行业专业发票	(1)由国家税务总局与行业主管部门共同管理； (2)此类发票有的套印，有的不套印全国统一发票监制章； (3)常见的行业专业发票：金融企业的存贷、汇兑、转账凭证；公路、铁路和水上运输企业的客运发票；航空运输企业提供的航空运输电子客票行程单、收费公路通行费增值税电子普票等； (4)行业专业发票仅适用于特殊行业的特殊经营业务，对于特殊行业的常规经营业务，仍应使用常规发票

分类标准	分类结果	注意事项
按增值税抵扣凭证分类	增值税专用发票	(1)基本联次：发票联(购买方)、抵扣联(购买方)、记账联(销售方)。 (2)专票限于增值税一般纳税人领用使用。自2020年2月1日起，增值税小规模纳税人可以自开专票，也可以由税务机关代开专票。 具体规定我们后面介绍
	增值税普通发票	

【例题1·单选题】属于行业专业发票类型的是(　)。

A. 废旧物资收购发票

B. 增值税专用发票

C. 收费公路通行费增值税电子普票

D. 产权交易专用发票

解析 ▶ 常见的行业专业发票：金融企业的存贷、汇兑、转账凭证；公路、铁路和水上运输企业的客运发票；航空运输企业提供的航空运输电子客票行程单、收费公路通行费增值税电子普票等。　　答案 ▶ C

(一)增值税专用发票

1. 基本联次

发票联(购买方)、抵扣联(购买方)、记账联(销售方)。

2. 增值税专用发票限于增值税一般纳税人领用使用。自2020年2月1日起，增值税小规模纳税人(其他个人除外)可以自开专票，也可以由税务机关代开专票。

3. 不得领用开具专用发票的情形

并不是所有的一般纳税人都可以领用专票。一般纳税人有下列情形之一的，不得领用开具专用发票：

(1)会计核算不健全，不能向税务机关准确提供增值税销项税额、进项税额、应纳税额数据及其他有关增值税税务资料的。

(2)有《税收征管法》规定的税收违法行为，拒不接受税务机关处理的。

(3)有下列行为之一，经税务机关责令限期改正而仍未改正的：

①虚开增值税专用发票；

②私自印制增值税专用发票；

③向税务机关以外的单位和个人买取增值税专用发票；

④借用他人增值税专用发票；

⑤未按规定要求开具增值税专用发票；

⑥未按规定保管增值税专用发票和专用设备；

⑦未按规定申请办理防伪税控系统变更发行；

⑧未按规定接受税务机关检查。

4. 小规模纳税人自行开具增值税专用发票的规定

增值税小规模纳税人(其他个人除外)发生增值税应税行为，需要开具增值税专用发票的，可以自愿使用增值税发票管理系统自行开具。**选择自行开具增值税专用发票的小规模纳税人，税务机关不再为其代开增值税专用发票。**

增值税小规模纳税人应当就开具增值税专用发票的销售额计算增值税应纳税额，并在规定的纳税申报期内向主管税务机关申报缴纳。在填写增值税纳税申报表时，应当将当期开具增值税专用发票的销售额，按照3%和5%的征收率，分别填写在《增值税纳税申报表》(小规模纳税人适用)第2栏和第5栏"税务机关代开的增值税专用发票不含税销售额"的"本期数"相应栏次中。

【知识点拨1】所有小规模纳税人(其他个人除外)均可以选择使用增值税发票管理系统自行开具增值税专用发票。

【知识点拨2】自愿选择自行开具增值税专用发票的小规模纳税人，税务机关不再为其代开。需要特别说明的是，货物运输业小规模纳税人可以根据自愿原则选择自行开具增值税专用发票；未选择自行开具增值税专用发票的纳税人，向税务机关申请代开。

【知识点拨3】自愿选择自行开具增值税专用发票的小规模纳税人销售其取得的不动产，需要开具增值税专用发票的，税务机关不再为其代开。

【知识点拨4】除其他个人外，小规模纳税人无论销售额高低，均可以自愿选择自行开具增值税专用发票。

【例题2·多选题】对以下（　　）行为经税务机关责令限期改正而仍未改正者不得领购使用增值税专用发票。

A. 不能向税务机关准确提供有关增值税计税资料

B. 未按规定开具增值税专用发票

C. 未按规定接受税务机关检查的

D. 销售的货物全部属于免税项目的

E. 外购货物既用于生产应税货物又用于生产免税货物，无法分清各自耗用数额的

解析▶ 选项AD是直接不得领购使用增值税专用发票的情形；选项E属于按比例计算不得抵扣进项税额的情形，而非不得领购使用增值税专用发票的情形。 答案▶ BC

（二）增值税普通发票

主要由增值税小规模纳税人使用，增值税一般纳税人发生应税行为在不能开具专用发票的情况下也可使用普通发票。

（1）机动车销售统一发票、农产品销售发票、通行费发票、通行费电子发票以及国内旅客运输服务的增值税电子普通发票、航空运输电子客票行程单、铁路车票和公路、水路等其他客票可以作为抵扣增值税进项税额的凭证，除此之外的其他普票不能作为抵扣进项的凭证。

（2）普票常见联次：存根联（收款方或开票方留存备查）、发票联、记账联。

（3）常见的增值税普通发票：增值税普通发票、机动车销售统一发票、增值税电子普通发票、收费公路通行费增值税电子普通发票

票、增值税普通发票（卷式）、增值税普通发票（折叠式）、门票、过路（过桥）费发票、定额发票、二手车销售统一发票和印有本单位名称的增值税普通发票等。

真题精练（客观题）

（2019年单选题）增值税一般纳税人取得的增值税普通发票，可以抵扣增值税进项税额的是（　　）。

A. 定额发票

B. 门票

C. 机动车销售统一发票

D. 印有本单位名称的增值税普通发票

解析▶ 本题考核哪些普票可以抵扣进项税额。可以抵扣进项税额的普票包括：机动车销售统一发票、农产品销售发票、通行费发票、通行费电子发票以及国内旅客运输服务的增值税电子普通发票、航空运输电子客票行程单、铁路车票和公路、水路等其他客票。 答案▶ C

扫我解疑难

三、增值税发票管理系统★★

1. 国家税务总局决定自2015年1月1日起在全国范围推行增值税发票系统升级版，即增值税发票管理新系统。

2. 自2016年5月1日起，纳税人应使用增值税发票管理新系统选择相应的商品和服务编码开具增值税发票。

3. 纳入增值税发票管理新系统的纳税人：不仅包括增值税一般纳税人，也包括小规模纳税人。

4. 纳入增值税发票管理新系统的发票：不再限于增值税专用发票，还包括增值税普通发票、机动车销售统一发票、增值税电子普通发票、增值税普通发票（卷式）、印有本单位名称的增值税普通发票（折叠票）和收费公路通行费电子普通发票、二手车销售统一发票。

5. 目前尚未纳入增值税发票管理新系统

的发票主要有门票、过路（过桥）费发票、定额发票和客运发票。

【例题3·多选题】目前尚未纳入增值税发票管理新系统的发票主要有（　　）。

A. 门票

B. 过桥费发票

C. 定额发票

D. 收费公路通行费电子普通发票

E. 二手车销售统一发票

解析 ▶ 目前尚未纳入增值税发票管理新系统的发票主要有门票、过路（过桥）费发票、定额发票和客运发票。　答案 ▶ ABC

扫我解疑难

四、发票领用★★

（一）领用发票的纳税人范围（见表5-2）

表5-2　领用发票的纳税人范围

类型	发票领用规定
依法办理税务登记的单位和个人	在领取《税务登记证》或领取《营业执照》到税务机关办理落户手续后，可以申请领用发票，属于法定的发票领购对象
依法不需要办理税务登记或领取《营业执照》的单位和个人	可以凭购销商品、提供或接受服务以及从事其他经营活动的书面证明、经办人身份证明，直接向经营地税务机关申请代开发票
临时到本省、自治区、直辖市以外从事经营活动的单位和个人	向机构所在地的税务机关填报《跨地区涉税事项报告表》，对按规定需要领用经营地发票的，应在按要求提供保证人或交纳保证金的前提下，向经营地税务机关领用

【知识点拨】为切实减轻纳税人办税负担，提高税收征管效率，外出经营活动税收管理进行了更名与创新，主要内容如下：将"外出经营活动税收管理"更名为"跨区域涉税事项报验管理"；纳税人跨区域经营前不再开具相关证明，改为填报《跨区域涉税事项报告表》。纳税人跨省（自治区、直辖市和计划单列市）临时从事生产经营活动的，不再开具《外出经营活动税收管理证明》，改向机构所在地的税务机关填报《跨区域涉税事项报告表》。

（二）首次申领发票

首次申请时，办理的主要涉税事项包括：发票票种核定、专票（增值税税控系统）最高开票限额审批、增值税税控系统专用设备初始发行、发票领用等涉税事项。

1. 发票票种核定

（1）申领发票的种类。

包括普票和专票两类。

①领用普通发票资格。

纳税人办理了税务登记或领取《营业执

照》办理落户手续后，即具有领购普通发票的资格。

②领用增值税专用发票资格。

a. 纳税人在办理一般纳税人登记手续时，可自行选择登记的当月1日或者次月1日为一般纳税人生效之日；

b. 除另有规定外，一般纳税人自生效之日起可以按照规定领用增值税专用发票。

（2）增值税专用发票（增值税税控系统）最高开票限额的审批。

①增值税专用发票实行最高开票限额管理，最高开票限额由一般纳税人和选择自行开具专票的小规模纳税人申请，区县税务机关依法审批；

②一般纳税人申请最高开票限额。主管税务机关受理纳税人申请以后，根据需要进行实地查验；

③一般纳税人申请专票（包括专票和货物运输业专票）最高开票限额不超过10万元的，主管税务机关不需事前进行实地查验；

④最高开票限额审批自受理申请之日起

10个工作日内作出行政许可决定。在上述时限内不能办结的，经税务机关负责人批准，可以延长5个工作日。

（3）发票领用数量的审批。

自2020年1月起，纳税人办理普票、增值税电子普票、收费公路通行费增值税电子普票、机动车销售统一发票、二手车销售统一发票票种核定事项，除税务机关按规定确定的高风险等情形外，主管税务机关应当即时办结。

2. 增值税税控系统专用设备的领购初始发行

①使用专票的纳税人或纳入增值税发票管理新系统的纳税人，通过增值税防伪税控系统使用增值税发票，应按规定向批准发行的机构领购金税盘或税控盘等专用设备；

②纳税人在领购金税盘或税控盘后，应到主管税务机关进行专用设备的发行。

3. 压缩新办纳税人首次申领增值税发票时间（见表5-3）

表5-3　压缩新办纳税人首次申领增值税发票时间的规定

项目	具体规定
符合首次申领发票压缩时间纳税人的纳税人条件	同时满足下列条件的新办纳税人： ①纳税人的办税人员、法定代表人已经进行实名信息采集和验证（需要采集、验证法定代表人实名信息的纳税人范围由各省税务机关确定）； ②纳税人有开具增值税发票需求，主动申领发票； ③纳税人按照规定办理税控设备发行等事项
首次申领时限	符合条件的纳税人首次申领增值税发票，主管税务机关应当自受理申请之日起2个工作日内办结，有条件的主管税务机关当日办结
首次申领发票的票种核定	专票　最高开票限额不超过10万元；每月最高领用数量不超过25份
	普票　最高开票限额不超过10万元；每月最高领用数量不超过50份
首次领用发票的方式	可以通过"非接触式"方式办理——通过电子税务局办理

（三）后续申领发票

需要重新（或补充）办理发票领用涉税事项的主要有：

1. 名称变更或纳税识别号变更

2. 提高发票最高开票限额和增加发票领用数量（见表5-4）

表5-4　发票领用数量的规定

纳税信用等级	发票领用规定	注意事项
纳税信用A级	可一次领取不超过3个月的增值税发票用量	生产经营情况发生变化，需要调整增值税发票用量，按照规定即时办理
纳税信用B级	可一次领取不超过2个月的增值税发票用量	

3. 实行纳税辅导期管理的一般纳税人

因纳税遵从度低而被主管税务机关实行纳税辅导期管理的一般纳税人，领用的专票采取"限额开票、限量控制"。主管税务机关对实行纳税辅导管理期间的一般纳税人，增值税专用发票最高开票限额将根据企业实际经营情况重新核定。同时根据经营情况核定每次增值税专用发票的供应数量，但每次发出增值税专用发票数量不得超过25份；辅导期纳税人领用的专用发票未使用完而再次领用的，发出增值税专用发票的份数不得超过核定的每次领购增值税专用发票份数与未使用完的增值税专用发票份数的差额。

4. 小规模纳税人选择自行开具专票

5. 专用设备的变更发行和注销发行

①纳税人名称、开票限额、购票限量、

开票机数量等事项发生变更的，纳税人应到主管税务机关办理**变更发行**；

②**纳税人识别号**发生变化的，纳税人应到主管税务机关办理**注销发行**。

真题精练（客观题）

（2018年单选题）辅导期纳税人增值税专用发票的领用实行按次限额控制，每次领用增值税专用发票数量不得超过（　　）份。

A. 15　　　　　　　B. 20

C. 30　　　　　　　D. 25

解析 ▶ 辅导期纳税人增值税专用发票的领用实行按次限量控制，主管税务机关可根据纳税人的经营情况核定每次增值税专用发票的供应数量，但每次发出增值税专用发票数量不得超过25份。　　答案 ▶ D

（四）发票领用手续

1. 在领用发票时，应当持**经办人身份证明，根据不同情况携带金税盘、税控盘、报税盘、税控收款机用户卡、税务登记副本等**，按国务院税务主管部门规定式样制作的**发票专用章的印模**，向主管税务机关办理发票领用手续。

2. 未纳入增值税发票管理新系统的纳税人，应出示发票领购簿申领相应的发票；纳入增值税发票管理新系统的纳税人，可以持金税盘或税控盘及相关资料到主管税务机关领取相应的增值税发票。

3. 发票领购手续方面的变革：发票领用同城统办和网上领用发票已在许多地区实施。

（五）申领增值税电子普票

对于增值税电子普票，需要注意：

1. 需要建设电子发票服务平台或通过增值税电子发票公共服务平台。

电子发票服务平台以纳税人自建为主，也可由第三方建设提供服务平台。自2020年1月起，纳税人也可以通过增值税电子发票公共服务平台开具增值税电子普票。

2. 增值税电子普票的票种核定与普票的票种核定一致。

3. 根据业务情况选择税控装置

电子商务企业等**用票量大**的企业可选用**服务器版**税控开票系统；

用票量小的企业可使用**单机版**税控开票系统。

4. 领用增值税电子发票表现为发票赋号

税务机关会将赋予纳税人的发票号段通过后台征管系统通过接口方式同步至增值税电子发票系统。

五、印有本单位名称的发票印制★

扫我解疑难

（一）发票印制

1. 用票单位，可以向税务机关申请印有本单位名称的发票——冠名发票。

2. 纳税人申请印有本单位名称的发票只**限于增值税普通发票**。

3. 印制冠名发票的程序

（1）以纳税人名义**书面**向税务机关要求使用印有本单位名称的增值税普通发票，税务机关按规定确认印有该单位名称发票的种类和数量。纳税人通过**增值税发票管理新系统**开具印有本单位名称的增值税普通发票。

（2）由国家税务总局统一招标采购的增值税普通发票中标厂商印制，其式样、规格、联次和防伪措施等与税务机关统一印制的增值税普通发票一致，并加印企业发票专用章。

（3）印有本单位名称的增值税普通发票的发票代码按照规定的编码规则编制。

（4）使用印有本单位名称的增值税普通发票的企业，按规定与发票印制企业**直接结算**印制费用。

六、发票的保管、保存和缴销★

扫我解疑难

1. 开具发票的单位和个人应当建立发票使用登记制度，设置发票登记簿，并定期向主管税务机关报告发票使用情况。

2. 使用发票的单位和个人应当妥善保管

发票。发生发票丢失情形时，应当于发现丢失当日书面报告税务机关，并登报声明作废。

3. 开具发票的单位和个人应当在办理变更或者注销税务登记的同时，办理发票和发票领购簿的变更、缴销手续。使用增值税发票管理新系统的纳税人，发生注销或票种变更的，需在增值税发票管理新系统中对未开具的发票进行退回或作废操作，并携带增值税发票、专用设备及相关资料到主管税务机关办理发票退回或缴销手续。

4. 开具发票的单位和个人应当按规定存放和保管发票，不得擅自损毁；已经开具的发票存根联和发票登记簿，应当保存5年。保存期满，报经税务机关查验后销毁。

真题精练（客观题）

（2019年单选题）发生发票丢失情形时，应当于发生发票丢失的（　　）向税务机关书面报告。

A. 当日　　　　B. 2日

C. 3日　　　　D. 5日

解析 ▶ 使用发票的单位和个人应当妥善保管发票。发生发票丢失情形时，应当于发现丢失当日书面报告税务机关，并登报声明作废。　　　　**答案** ▶ A

七、开具发票的代理 ★★

扫我解疑难

（一）开具发票的范围

1. 注意事项

（1）除"未发生销售行为的不征税项目"外，只有发生增值税应税行为，才能开具发票。

（2）销售商品、提供服务以及从事其他经营活动的单位和个人，对外发生经营业务收取款项，收款方应当向付款方开具发票；特殊情况下由付款方向收款方开具发票。

（3）向消费者个人零售小额商品或者提供零星服务的，是否可免予逐笔开具发票，由省税务机关确定。

（4）填开发票的单位和个人必须在发生经营业务确认营业收入时开具发票。

2. 付款方向收款方开具的发票

（1）收购单位和扣缴义务人支付个人款项时；

（2）国家税务总局认为其他需要由付款方向收款方开具发票的。

真题精练（客观题）

（2018年单选题）下列情形中，应由付款方向收款方开具发票的是（　　）。

A. 企业发生销售货物退回

B. 企业销售免税商品

C. 食品加工厂向农民个人收购其自产农产品

D. 加油站发售加油卡

解析 ▶ 收购单位和扣缴义务人支付个人款项时，由付款方向收款方开具发票。

答案 ▶ C

3. 收取款项未发生销售行为开具的发票 ★★★

这类发票应开具增值税普通发票，不得开具增值专用发票，并使用"未发生销售行为的不征税项目"编码，发票税率栏应填写"不征税"。

目前，收取款项未发生销售行为开具的发票主要情形见表5-5。

表5-5　收取款项未发生销售行为开具的发票

情形	适用范围
预付卡销售和充值	适用于单用途商业预付卡（简称单用途卡）和支付机构预付卡（简称多用途卡）售卡或充值时开具
销售自行开发的房地产项目预收款	在房地产开发企业收取房地产项目预售款时开具

情形	适用范围
已申报缴纳营业税未开票补开票	在营改增前的业务按规定补开发票时开具
通行费电子发票	在发票服务平台暂由 ETC 客户服务机构开具，主要适用如下两种情形： (1) ETC 后付费客户和用户卡客户通过政府还贷性收费公路部分的通行费； (2) ETC 预付费客户选择在充值后索取发票的预付款
建筑服务预收款	自 2017 年 7 月 1 日起，建筑服务收到预收款不再作为纳税义务发生时间，由此，建筑服务收取预收款需要开具发票时，需开具这种发票
不征税自来水	水资源费改税试点期间，按照不增加城镇公共供水企业负担的原则，城镇公共供水企业缴纳的水资源税所对应的水费收入不征收增值税，按"不征税自来水"项目开具增值税普通发票
代理进口免税货物货款	纳税人代理进口按规定免征进口增值税的货物，其销售额不包括向委托方收取并代为支付的货款。向委托方收取并代为支付的款项，不得开具增值税专用发票，可以开具增值税普通发票

【知识点拨】代收印花税、代收车船税、融资性售后回租承租方出售资产、资产重组涉及的不动产、资产重组涉及的土地使用权和有奖发票奖金支付等情形，都是未发生销售行为，不征收增值税，也需要开具此类发票。

【真题精练（客观题）】

1. (2019 年单选题)下列业务应开具增值税普通发票，并使用"未发生销售行为的不征税项目"编码、发票写"不征税"的是( )。

A. 销售免税货物

B. 以分期收款方式销售货物

C. 房地产开发企业以预收款方式销售自行开发的房地产项目

D. 以赊销方式销售货物

解析 ▶ 本题考核"未发生销售行为的不征税项目"的范围。　　答案 ▶ C

2. (2018 年多选题)纳税人支付下列款项取得的增值普通发票或增值税电子普通发票，发票税率栏填写为"不征税"的有( )。

A. 支付按差额征税方法缴纳增值税的劳务派遣费

B. 支付建筑服务预收款

C. 通过政府还贷性收费公路的通行费

D. 商业预付卡充值

E. 房地产开发企业销售的开发项目的预收款

解析 ▶ "未发生销售行为的不征税项目"在开具发票时，税率栏填写"不征税"。选项 A，纳税人提供劳务派遣服务，选择差额纳税的，发票税率栏填写为"＊＊＊"。

答案 ▶ BCDE

(二)增值税专用发票的开具范围★★★

一般纳税人和自愿选择自行开具专票的小规模纳税人发生增值税应税行为，可以按规定向购买方开具专票。

不得开具增值税专用发票的情形见表 5-6。

表 5-6　不得开具增值税专用发票的情形

不得开具专票的原因	具体情形
下游不得抵扣进项税额	(1) 商业企业一般纳税人零售的烟、酒、食品、服装、鞋帽(不包括劳保专用的部分)、化妆品等消费品不得开具专用发票； (2) 销售免税货物或者提供免征增值税的销售服务、无形资产或者不动产； (3) 向消费者个人销售货物或者提供销售服务、无形资产或者不动产

第 5 章　发票领用与审核代理

续表

不得开具专票的原因	具体情形
与差额纳税有关的（注意差额纳税≠差额开专票）	（1）金融商品转让； （2）经纪代理服务，向委托方收取的政府性基金或者行政事业性收费； （3）2016年4月30日前签订融资性售后回租合同且选择按扣除向承租方收取的价款本金以及对外支付利息方法缴纳增值税的纳税人，向承租方收取的有形动产价款本金； （4）提供旅游服务选择按扣除向旅游服务购买方收取并支付的住宿费、餐饮费、交通费、签证费、门票费和其他接团旅游企业的旅游费用缴纳增值税的，向旅游服务购买方收取并支付的上述费用； （5）提供签证代理服务，向服务接受方收取并代为支付的签证费、认证费
与简易计税有关的（注意简易计税≠不得开具专票）	（1）增值税一般纳税人的单采血浆站销售非临床用人体血液选择简易计税的； （2）销售自己使用过的固定资产，按简易办法依照3%征收率减按2%征收增值税的。 但纳税人销售自己使用过的固定资产，适用简易办法依照3%征收率减按2%征收增值税政策的，可以放弃减税，按照简易办法依照3%征收率缴纳增值税，并可以开具增值税专用发票
收取款项未发生销售行为	具体见表5-5

【例题4·多选题】根据增值税发票使用规定，一般纳税人的下列销售行为中，不得开具增值税专用发票的有（　　）。

A. 向消费者个人销售服务

B. 向一般纳税人销售生产用设备

C. 金融商品转让

D. 大型超市零售食品、服装等生活用品

E. 汽车厂商将汽车销售给运输公司

解析 ▶ 选项A，向消费者个人销售服务，不得开具增值税专用发票；选项C，金融商品转让不得开具专用发票；选项D，一般纳税人经营商业零售的烟、酒、食品、服装、鞋帽（不包括劳保专用的部分）、化妆品等消费品不得开具专用发票。 答案 ▶ ACD

真题精练（客观题）

1.（2019年多选题）增值税一般纳税人发生下列业务，可以开具增值税专用发票的有（　　）。

A. 金融商品转让

B. 销售古旧图书

C. 销售2018年建造的房屋

D. 销售使用了2年的机动车

E. 销售存货

解析 ▶ 选项A，金融商品转让不得开具增值税专用发票；选项B，销售古旧图书，免征增值税，销售免税货物不得开具增值税专用发票。 答案 ▶ CDE

2.（2016年单选题）增值税一般纳税人2016年7月份发生的下列经济行为中可以开具增值税专用发票的是（　　）。

A. 丙企业将生产的锅炉直接销售给某物业公司（一般纳税人）

B. 乙企业将化妆品销售给消费者

C. 丁企业将一批免税药品销售给医药公司

D. 甲企业为某公司提供餐饮服务

解析 ▶ 不得开具增值税专用发票的情况：（1）商业企业一般纳税人零售的烟、酒、食品、服装、鞋帽（不包括劳保专用部分）、化妆品等消费品不得开具增值税专用发票。（2）销售免税货物不得开具增值税专用发票，法律、法规及国家税务总局另有规定的除外。（3）销售报关出口的货物、在境外销售应税劳务。（4）将货物用于集体福利或者个人消费。（5）将货物无偿赠送他人（非一般纳税人）。（6）向小规模纳税人销售应税项目，可以不开具增值税专用发票。（7）向消费者个人销售货物、服务、无形资产或者不动产。（8）适用增值税免税规定的行为。 答案 ▶ A

3.（2015年多选题）某商厦（增值税一般纳税

第5章 发票领用与审核代理

人)零售的下列物品中，不得开具增值税专用发票的有( )。

A. 食品

B. 烟

C. 酒

D. 劳保用品

E. 化妆品

解析 ▶ 商业企业一般纳税人零售的烟、酒、食品、服装、鞋帽(不包括劳保专用部分)、化妆品等消费品不得开具专用发票。

答案 ▶ ABCE

（三）发票开具

1. 发票开具的基本要求

在开具发票时，应当按照规定的时限，做到按照号码顺序填开，填写项目齐全，内容真实，字迹清楚，全部联次一次打印，内容完全一致，并在发票联和抵扣联加盖发票专用章。

开具发票应当使用中文。民族自治地方可以同时使用当地通用的一种民族文字。

任何单位和个人不得有下列虚开发票行为：

（1）为他人、为自己开具与实际经营业务情况不符的发票；

（2）让他人为自己开具与实际经营业务情况不符的发票；

（3）介绍他人开具与实际经营业务情况不符的发票。

2. 增值税专用发票的开具要求

增值税专用发票应按下列要求开具：

（1）项目齐全，与实际交易相符；

（2）字迹清楚，不得压线、错格；

（3）发票联和抵扣联加盖发票专用章；

（4）按照增值税纳税义务的发生时间开具。

不符合上述要求的增值税专用发票，购买方有权拒收。

一般纳税人发生应税行为时可汇总开具增值税专用发票，同时使用增值税发票管理新系统开具《销售货物或者提供应税劳务清单》，并加盖发票专用章。

（2017年单选题）下列关于发票开具的说法，错误的是( )。

A. 开具发票应按照号码顺序填开

B. 填开发票单位如有特殊要求，可以自行扩大专用发票的使用范围

C. 开具发票应该全部联次一次打印

D. 未发生经营业务一律不得开具发票

解析 ▶ 任何单位和个人不得转借、转让、代开发票；未经税务机关批准，不得拆本使用发票；不得自行扩大专业发票使用范围。

答案 ▶ B

3. 运用增值税发票管理新系统开具发票

（1）互联网连接状态下在线开具发票。

①在线使用增值税发票管理新系统开具发票，并自动上传已开具的发票明细数据；

②纳税人因网络故障等原因无法在线开票的，在税务机关设定的离线开票时限和离线开具发票总金额范围内仍可开票，超限将无法开具发票。纳税人开具发票次月仍未连通网络上传已开具发票明细数据的，也将无法开具发票。无法连通网络的需携带专用设备到税务机关进行征期报税或非征期报税后方可开票。

【知识点拨】离线发票：纳税人已开具未上传的增值税发票。

a. 离线开票时限：自第一份离线发票开具时间起开始计算可离线开具的最长时限；

b. 离线开票总金额：可开具离线发票的累计不含税总金额，离线开票总金额按不同票种分别计算；

c. 纳税人离线开票时限和离线开票总金额的设定标准及方法由各省、自治区、直辖市和计划单列市税务局确定。

③按照有关规定不使用网络办税或不具备网络条件的特定纳税人，以离线方式开具发票，不受离线开票时限和离线开具发票总金额限制；

自2020年2月1日起，下列两类纳税人

不得离线开具发票:

a. 经税务总局、省税务局大数据分析发现存在涉税风险的纳税人，不得离线开具发票，其开票人员在使用开票软件时，应当按照税务机关指定的方式进行人员身份信息实名验证;

b. 新办理增值税一般纳税人登记的纳税人，自首次开票之日起3个月内不得离线开具发票，按照规定不使用网络办税或不具备风险条件的特定纳税人除外。

④纳税人应在纳税申报期内将上月开具发票汇总情况通过增值税发票管理新系统进行网络报税。

(2)选择相应的编码开具增值税发票。

自2018年1月1日起，纳税人通过增值税发票管理新系统开具增值税发票(包括增值税专用发票、增值税普通发票、增值税电子普通发票)时，商品和服务税收分类编码对应的简称会自动显示并打印在发票票面"货物或应税劳务、服务名称"或"项目"栏次中。

4. 填写购买方的纳税人识别号或统一社会信用代码开具增值税普通发票

自2017年7月1日起，**购买方为企业的，**索取增值税普通发票时，应向销售方提供纳税人识别号或统一社会信用代码;销售方为其开具增值税普通发票时，应在"购买方纳税人识别号"栏填写购买方的纳税人识别号或统一社会信用代码。不符合规定的发票，不得作为税收凭证。

【知识点拨】企业的范围:包括公司、非公司制企业法人、企业分支机构、个人独资企业、合伙企业和其他企业。

5. 增值税发票作废或开具红字发票

开具发票后，如发生误开、销货退回或者销售折让等，必须按规定作废或开具红字增值税发票。

(1)增值税普通发票的作废或开具红字发票。

①开具增值税普通发票后，如发生销货退回需开红字发票的，必须收回原发票并注明"作废"字样或取得对方有效证明。

②开具增值税发票后，如发生开票有误、应税服务中止、销货部分退回及销售折让的，必须在收回原发票并注明"作废"字样后重新开具发票或取得对方有效证明后开具红字发票。

(2)增值税专用发票的作废或开具红字发票。

①作废。纳税人在开具增值税专用发票当月，发生销货退回、开票有误等情形，收到退回的发票联、抵扣联符合作废条件的，按作废处理;开具时发现有误的，可即时作废。

【知识点拨】作废条件是指同时具有下列情形:

a. 收到退回的发票联、抵扣联，且时间未超过销售方开票当月;

b. 销售方未抄税且未记账;

c. 购买方未认证，或者认证结果为"纳税人识别号认证不符""增值税专用发票代码、号码认证不符"。

②开具红字发票。纳税人开具增值税专用发票后，发生销货退回、开票有误、应税服务中止等情形但不符合发票作废条件，或者因销货部分退回及发生销售折让，需要开具红字增值税专用发票的，按以下方法处理:

a. 填开并上传《开具红字增值税专用发票信息表》(见表5-7)。

表5-7　填开并上传《开具红字增值税专用发票信息表》的规定

情形	税务处理
购买方取得专用发票已用于申报抵扣的	购买方可在增值税发票管理新系统中填开并上传《开具红字增值税专用发票信息表》，在填开《信息表》时不填写相对应的蓝字专用发票信息，应暂依《信息表》所列增值税税额从当期进项税额中转出，待取得销售方开具的红字专用发票后，与《信息表》一并作为记账凭证

情形	税务处理
购买方取得专用发票未用于申报抵扣、但发票联或抵扣联无法退回的	**购买方**填开《信息表》时应填写相对应的蓝字专用发票信息
销售方开具专用发票尚未交付购买方，以及购买方未用于申报抵扣并将发票联及抵扣联退回的	**销售方**可在新系统中填开并上传《信息表》。销售方填开《信息表》时应填写相对应的蓝字专用发票信息

b. 主管税务机关通过网络接收纳税人上传的《信息表》，系统自动校验通过后，生成带有"红字发票信息表编号"的《信息表》，并将信息同步至纳税人端系统中。

c. 销售方凭税务机关系统校验通过的《信息表》开具红字增值税专用发票，在增值税发票管理新系统中以销项负数开具。红字增值税专用发票应与《信息表》一一对应。

d. 纳税人也可凭《信息表》电子信息或纸质资料到税务机关对《信息表》内容进行系统校验。

【例题 5 · 单选题】下列关于发票开具要求的说法，错误的是(   )。

A. 开具发票后，如发生误开、销货退回或者销售折让等，必须按规定作废或开具红字增值税发票

B. 一般纳税人销售货物、提供加工修理修配劳务和发生应税行为可汇总开具增值税专用发票

C. 开具发票应当使用中文，民族自治地方可以同时使用当地通用的一种民族文字

D. 纳税人在开具增值税专用发票开具时发现有误的，需要开具红字增值税专用发票

解析 ▶ 选项 D，纳税人在开具增值税专用发票当月，发生销货退回、开票有误等情形，收到退回的发票联、抵扣联符合作废条件的，按作废处理；开具时发现有误的，可即时作废。　　　　　**答案** ▶ D

6. 差额征税发票开具

按照现行政策规定适用差额征税办法缴纳增值税，在开具增值税发票时，有的情形可以全额开具增值税专用发票，有的只能差额开具增值税专用发票，即差额征税 ≠ 差额开票。具体见表 5-8。

表 5-8　差额征税发票开票总结

情形	可扣除项目	发票开具
金融商品转让	买入价	不得开专票
经纪代理服务	向委托方收取并代为支付的政府性基金或者行政事业性收费	扣除部分不得开专票
融资租赁服务	借款利息、发行债券利息和车辆购置税	全额开专票
融资性售后回租服务	借款利息、发行债券利息	无必要开专票，因下游不得抵扣进项税额
客运场站服务	支付给承运方运费	无不得开专票规定
旅游服务	向旅游服务购买方收取并支付给其他单位或者个人的住宿费、餐饮费、交通费、签证费、门票费和支付给其他接团旅游企业的旅游费用	扣除部分不得开专票
建筑服务适用简易计税方法的	支付的分包款	全额开专票

情形	可扣除项目	发票开具
房地产开发企业中的一般纳税人销售其开发的房地产项目采用一般计税方法的	受让土地时向政府部门支付的土地价款	全额开专票
劳务派遣	代用工单位支付给劳务派遣员工的工资、福利和为其办理社会保险及住房公积金	差额开专票
提供物业管理服务的纳税人，向服务接受方收取的自来水水费	对外支付的自来水水费	全额开专票

对于差额征税差额开具专票的情形，规定如下：

（1）纳税人通过增值税发票管理新系统中差额征税开票功能，录入含税销售额（或含税评估额）和扣除额，系统自动计算税额和不含税金额，备注栏自动打印"差额征税"字样，发票开具不应与其他应税行为混开。

（2）在开具差额征税发票时，计算的税额系统自动填写于"税额"栏，全部含税价款与税额的差额系统自动填写于"金额"栏，"税率"显示" ＊＊＊"。

7. 增值税电子普通发票开具

（1）一般的增值税电子普票开具。

a. 2020 年 1 月起纳税人通过增值税电子发票公共服务平台开具的增值税电子普票生成电子发票的版式文件。

b. 增值税电子发票系统不支持作废操作，发生退货、电子发票开具有误等情况，开票人应通过开具红字发票进行冲减。

c. 增值税电子普票的开票方和受票方需要纸质发票的，可以自行打印增值税电子普票的版式文件，其法律效力、基本用途、基本使用规定等与税务机关监制的普票相同。

（2）通行费电子发票——行业专业发票。

通行费电子发票开具等有关规定由交通运输部和国家税务总局联合制订。

①通行费电子发票的种类（见表 5-9）。

表 5-9 通行费电子发票的种类

类型	具体规定
通行费征税发票	左上角标识"通行费"字样，且税率栏次显示适用税率或征收率的通行费增值税电子普通发票
通行费不征税发票	左上角无"通行费"字样，且税率栏次显示"不征税"的通行费增值税电子普通发票

②通行费电子发票开具规定（见表 5-10）。

表 5-10 通行费电子发票开具规定

情形			发票类型
ETC 后付费客户和用户卡客户	经营性收费公路的部分		通行费征税发票
	政府还贷性收费公路的部分		通行费不征税发票
ETC 预付费客户	在充值后索取发票的		通行费不征税发票
	实际发生通行费用后	通过经营性收费公路的部分	通行费征税发票
		通过政府还贷性收费公路的部分	通行费不征税发票

【知识点拨】 客户使用 ETC 卡或用户卡通行收费公路并交纳通行费，可以在实际发生通行费用后第 10 个自然日(遇法定节假日顺延)起，登录发票服务平台，选择相应通行记录取得通行费电子发票；客户可以在充值后实时登录发票服务平台，选择相应充值记录取得通行费电子发票。

真题精练(客观题)

(2017 年多选题)关于发票的说法，正确的有(　　)。

A. 单位办理注销税务登记前，应当办理发票的缴销手续

B. 小规模纳税人只能开具增值税普通发票

C. 增值税一般纳税人在不能开具专票的情况下，也可使用增值税普通发票

D. 增值税电子普通发票的受票方自行打印的纸质发票无效

E. 发票应当使用中文印刷，民族自治地方的发票，可以加印当地一种通用的民族文字

解析 选项 B，小规模纳税人可以自开专票，也可以申请由税务机关代开专票；选项 D，增值税电子普通发票的开票方和受票方需要纸质发票的，可以自行打印增值税电子普通发票的版式文件，其法律效力、基本用途、基本使用规定等与税务机关监制的增值税普通发票相同。

答案 ACE

8. 机动车销售统一发票开具

(1)纳税人从事机动车(旧机动车除外)零售业务须开具机动车销售统一发票；

(2)"纳税人识别号"栏内打印购买方纳税人识别号，如购买方需要抵扣增值税税款，该栏必须填写，其他情况可为空；

(3)纳税人销售免征增值税的机动车，通过新系统开具时应在机动车销售统一发票"增值税税率或征收率"栏选填"免税"，机动车销售统一发票"增值税税率或征收率"栏自动打印显示"免税"，"增值税税额"栏自动打印

显示"＊＊＊"；

(4)纳税人丢失机动车销售统一发票的，如在办理车辆登记和缴纳车辆购置税手续前丢失的，应按程序办理补开机动车销售统一发票的手续，再按已丢失发票存根联的信息开红字发票。

9. 稀土企业发票开具

从事稀土产品生产、商贸流通的增值税纳税人(以下简称稀土企业)销售稀土产品或提供稀土应税劳务、服务的，应当通过增值税发票管理系统开具稀土专票；销售非稀土产品或提供非稀土应税劳务、服务的，不得开具稀土专票。

稀土企业开具稀土专票时：

(1)稀土专票开具**不得**使用增值税发票管理系统"销售货物或者提供应税劳务、服务**清单**"填开功能。稀土专票"货物或应税劳务、服务名称"栏应当通过增值税发票管理系统中的稀土产品目录选择，"单位"栏选择"公斤"或"吨"，"数量"栏按照折氧化物计量填写。增值税发票管理系统在发票左上角自动打印"XT"字样。

(2)稀土企业销售稀土矿产品、稀土冶炼分离产品、稀土金属及合金，提供稀土加工应税劳务、服务的，应当按照《稀土产品目录》的分类分别开具发票。

10. 成品油发票开具

(1)发售加油卡、加油凭证销售成品油的增值税专用发票。

①发售加油卡、加油凭证销售成品油的纳税人在售卖加油卡、加油凭证时，应按预收账款方法做相关账务处理，不征收增值税。

②**预售**单位在发售加油卡或加油凭证时**可开具普通发票，**如购油单位要求开具增值税专用发票，待用户卡或加油凭证加油后，根据加油卡或加油凭证回笼记录，向购油单位开具增值税专用发票。

③接受加油卡或加油凭证销售成品油的单位与预售单位结算油款时，接受加油卡或加油凭证销售成品油的单位根据实际结算的

油款向预售单位开具增值税专用发票。

（2）成品油发票开具。

自2018年3月1日起，开具成品油发票时需要遵守下列规定：

①所有成品油发票均须通过增值税发票管理新系统中成品油发票开具模块开具；

②成品油发票：销售汽油、柴油、航空煤油、石脑油、溶剂油、润滑油、燃料油等成品油所开具的发票；

③纳税人需要开具成品油发票的，由主管税务机关开通成品油发票开具模块；

④开具成品油发票时，应遵守以下规则：

a. 正确选择商品和服务税收分类编码。

b. 发票"单位"栏应选择"吨"或"升"，蓝字发票的"数量"栏为必填项且不为"0"。

c. 开具成品油专用发票后，发生销货退回、开票有误以及销售折让等情形的，应按规定开具红字成品油专用发票；销货退回、开票有误等原因涉及销售数量的，应在《开具红字增值税专用发票信息表》中填写相应数量，销售折让的不填写数量。

d. 成品油经销企业某一商品和服务税收分类编码的油品可开具成品油发票的总量，应不大于所取得的成品油专用发票、海关进口消费税专用缴款书对应的同一商品和服务税收分类编码的油品总量。

11. 备注栏注明经营业务的发票开具（见表5-11）★★★

表5-11　发票备注栏的要求

发票类型	备注栏要求
提供建筑服务	注明建筑服务发生地县(市、区)名称及项目名称
销售不动产	在发票"货物或应税劳务、服务名称"栏填写不动产名称及房屋产权证书号码(无房屋产权证书的可不填写)，"单位"栏填写面积单位，备注栏注明不动产的详细地址
出租不动产	应在备注栏注明不动产的详细地址
货物运输服务	(1)起运地、到达地、车种车号以及运输货物信息； (2)如内容较多可另附清单； (3)铁路运输企业受托代征的印花税款信息，可填写在发票备注栏中
单用途卡或多用途卡结算销售款	(1)单用途商业预付卡，销售方与售卡方不是同一个纳税人的，销售方在向售卡方开具增值税普通发票，在备注栏注明"收到预付卡结算款"； (2)支付机构预付卡，即多用途卡，特约商户向支付机构开具增值税普通发票，在备注栏注明"收到预付卡结算款"
保险公司代收车船税	保险机构代收车船税并开具增值税发票时，应在备注栏注明代收车船税税款信息。具体包括：保险单号、税款所属期(详细至月)、代收车船税金额、滞纳金金额、金额合计等。该增值税发票可作为纳税人缴纳车船税及滞纳金的会计核算原始凭证
个人保险代理人汇总代开	代开发票的税务机关在发票备注栏备注"个人保险代理人汇总代开"字样。 证券经纪人、信用卡和旅游等行业的个人代理人可以比照个人保险代理人向统一主管税务机关申请汇总代开增值税普通发票或增值税专用发票，代开发票的备注栏备注相应的汇总代开字样
差额征税差额开票	备注栏自动打印"差额征税"字样
异地代开不动产经营租赁服务或建筑服务发票	税务机关为跨县(市、区)提供不动产经营租赁服务、建筑服务的小规模纳税人(不包括其他个人)，代开增值税发票时，在发票备注栏中自动打印"yd"字样

真题精练（客观题）

（2019年多选题）纳税人提供建筑劳务自行开具或税务机关代开增值税发票时，应在"备注栏"注明的内容有（　　）。

A. 建筑服务提供时间

B. 项目总金额

C. 建筑服务发生地县(市、区)名称

D. 建筑服务负责人

E. 项目名称

解析 ▶ 提供建筑劳务纳税人自行开具或者税务机关代开增值税发票时,应在发票的备注栏注明建筑服务发生地县(市、区)名称及项目名称。 **答案** ▶ CE

真题精练(主观题)

(2018年简答题)根据现行政策,有些经营业务在开具发票时,必须在备注栏注明相关信息,请写出其中4类业务及应在备注栏注明的信息。

答案 ▶

此题的答案从我们的表5-11中任意列示4类业务即可。

(四)税务机关代开发票

需要临时使用发票的单位和个人,可以凭购销商品、提供或者接受服务以及从事其他经营活动的**书面证明、经办人身份证明,**直接向经营地税务机关申请代开发票。依法应当缴纳税款的,税务机关应当先征收税款,再开具发票。

1. 税务机关代开发票的范围(见表5-12)

表5-12　税务机关代开发票的范围

类别	具体规定	
税务机关代开专票的范围	已办理税务登记的小规模纳税人	可以向**主管税务机关**申请代开
	已办理税务登记的小规模纳税人出租不动产	可向**不动产所在地**主管税务机关申请代开
	已办理税务登记的小规模纳税人销售其取得的不动产 *	可向**不动产所在地**主管税务机关申请代开
	其他个人销售不动产和出租不动产	可向不动产所在地主管税务机关申请代开
	个人保险代理人为保险公司提供保险代理服务,接受税务机关委托代征税款的保险企业向个人保险代理人支付佣金费用后	可代个人保险代理人统一向主管税务机关申请汇总代开
税务机关代开普票的范围	(1)符合代开条件的单位和个人发生增值税应税行为,需要开具普票的; (2)不能自开普票的小规模纳税人销售其取得的不动产,需要开具普票的; (3)其他个人出租不动产,需要开具普票	

【知识点拨】大多数增值税发票代开是向纳税人机构所在地的主管税务机关申请,但**不动产销售或出租需要代开发票时,应向不动产所在地主管税务机关**申请代开。

2. 税务机关代开发票的规范

(1)增值税纳税人应在代开增值税专用发票的备注栏上,加盖申请代开单位的发票专用章(为其他个人代开的特殊情况除外);

(2)税务机关在代开增值税普通发票以及为其他个人代开增值税专用发票的备注栏上,加盖税务机关代开发票专用章;

(3)增值税小规模纳税人月销售额不超过10万元(按季纳税30万元)的,当期因代开增值税专用发票已经缴纳的税款,在增值税专用发票全部联次追回或者按规定开具红字增值税专用发票后,可以向主管税务机关申请退还。

【例题6·简答题】工程师高某是境内某县自然人,2019年6月接受某县城设计院委托设计集成电路。高某历时三个月完成所有设计任务,按原约定可向该企业收取设计费50000元。在向该设计院要求支付报酬时,设

---

* 此处去掉"包括自行开具专票试点的小规模纳税人",因为根据国家税务总局2019年33号文件的规定,"选择自行开具专票的小规模纳税人,税务机关不再为其代开专票。"

计院财务人员告知高某必须提供合法的票据。针对该项业务，请回答下列问题(考虑地方教育附加，不考虑其他涉税事项和税收优惠)。

(1)高某应如何取得合法的票据？

(2)高某在取得合法票据时应缴纳哪些税费？分别是多少？

答案

(1)高某应向当地税务机关申请代开设计费发票(集成电路设计属于信息技术服务中的电路设计及测试服务)。

因为依法不需要办理税务登记的单位和个人，临时取得收入，需要开具发票的，主管税务机关可以为其代开发票。

(2)高某在税务机关为其代开设计费发票时，应当按信息技术服务计算缴纳增值税，此外还需要缴纳城建税及教育费附加和地方教育附加，并按劳务报酬所得预缴个人所得税。

应缴纳增值税 = 50000÷(1+3%)×3% = 1456.31(元)

应缴纳城建税 = 1456.31×5% = 72.82(元)

应缴纳教育费附加 = 1456.31×(3%+2%) = 72.82(元)

应预缴个人所得税：

预缴时的应纳税所得额 = (50000÷1.03-72.82-72.82)×(1-20%) = 38718.44(元)

预缴个人所得税 = 38718.44×30%-2000 = 9615.53(元)

3. 税务机关代开货物运输业小规模纳税人专票的特殊之处见表5-13。

表5-13　税务机关代开货物运输业小规模纳税人专票的特殊之处

类别	具体规定
小规模纳税人申请代开专票的条件	应同时具备以下条件： (1)在境内提供公路或内河货物运输服务，并办理了税务登记(包括临时税务登记)； (2)提供公路货物运输服务的(以4.5吨及以下普通货运车辆从事普通道路货物运输经营的除外)，取得《中华人民共和国道路运输经营许可证》和《中华人民共和国道路运输证》；提供内河货物运输服务的，取得《国内水路运输经营许可证》和《船舶营业运输证》； (3)在税务登记地主管税务机关按增值税小规模纳税人管理
营运资质等向主管税务机关备案	—
可就近代开申请代开专票	可在税务登记地、货物起运地、货物到达地或运输业务承揽地(含互联网物流平台所在地)中任何一地，就近向税务机关申请代开专票
申请代开专票提供的资料	应向代开单位提供以下资料： (1)《货物运输业代开专票缴纳税款申报单》； (2)加载统一社会信用代码的营业执照(或税务登记证或组织机构代码证)复印件； (3)经办人身份证件及复印件
代开的专票作废或红字处理	应由原代开单位按照现行规定予以受理
代开专票的税款缴纳	(1)纳税人申请代开专票时，应按照所代专票上注明的税额向代开单位全额缴纳增值税。(2)纳税人在非税务登记地申请代开专票，不改变主管税务机关对其实施税收管理——向主管税务机关申报缴纳增值税，代开专票已经缴纳的增值税允许抵减

八、发票使用的审核 ★★

扫我解疑难

(一)取得发票的基本要求

1. 取得与经营活动相符的发票

取得发票时，不得要求变更品名和金额。

不符合规定的发票，不得作为财务报销凭证，任何单位和个人有权拒收。

2. 使用发票时不得发生的行为

任何单位和个人应当按照发票管理规定使用发票，不得有下列行为：

(1)转借、转让、介绍他人转让发票、发票监制章和发票防伪专用品；

(2)知道或者应当知道是私自印制、伪造、变造、非法取得或者废止的发票而受让、开具、存放、携带、邮寄、运输；

(3)扩大发票使用范围；

(4)以其他凭证代替发票使用。

(二)发票的真伪鉴别

伪造的虚假发票，不能作为财务核算、税前扣除等有效凭证，发票的真伪鉴别是发票使用审核的首要内容。

发票真伪鉴别方法：

(1)依据发票的防伪措施鉴别——最基本的鉴别方法；

(2)通过发票查验平台(https://inv-veri.chinatax.gov.cn/index.html)对增值税发票新系统开具的发票信息进行查验；

(3)申请税务机关进行鉴别。

(三)取得发票的合法有效审核

取得的发票是否合法有效是税务师进行发票审核的最核心内容。

1. 审核发票记载的业务真实性

2. 审核发票开具的规范性

3. 审核发票开具的内容逻辑性

(四)进项税额用于抵扣或出口退税的发票认证确认或用途确认*

1. 纳税人购进货物、接受劳务或服务取得的**增值税专用发票、机动车销售统一发票和通行费电子发票**，在抵扣进项税额时，自2020年1月起，改在增值税发票综合服务平台进行用途确认。纳税人取得符合条件的海关进口增值税专用缴款书后，也可通过增值税发票综合服务平台进行用途确认。

2. 认证有效期限

自2020年3月1日起，取消增值税扣税凭证认证确认期限。具体规定见表5-14。

表5-14 取消增值税扣税凭证认证确认期限的具体规定

票据情况	认证规定
增值税一般纳税人取得2017年1月1日及以后开具的增值税专用发票、海关进口增值税专用缴款书、机动车销售统一发票、收费公路通行费增值税电子普通发票	取消认证确认、稽核比对、申报抵扣的期限
增值税一般纳税人取得2016年12月31日及以前开具的增值税专用发票、海关进口增值税专用缴款书、机动车销售统一发票	执行原有认证期限规定。超过认证确认、稽核比对、申报抵扣期限，但符合规定条件的，仍可按规定，继续抵扣进项税额

(五)增值税专用发票或机动车销售统一发票丢失(见表5-15)

表5-15 专票或机动车销售统一发票丢失

具体情形	处理措施
同时丢失已开具专票或机动车销售统一发票的发票联和抵扣联	可凭加盖销售方发票专用章的相应发票记账联复印件，作为增值税进项税额的抵扣凭证、退税凭证或记账凭证

---

* 此项为第9章内容，为了便于理解，特调整至本章。

具体情形	处理措施
丢失已开具专票或机动车销售统一发票的抵扣联	可凭相应发票的发票联复印件，作为增值税进项税额的抵扣凭证或退税凭证
丢失已开具专票或机动车销售统一发票的发票联	可凭相应发票的抵扣联复印件，作为记账凭证

（六）取得异常增值税扣税凭证

1. 异常增值税扣税凭证的范围

符合下列情形之一的增值税专用发票，列入异常凭证范围：

（1）纳税人丢失、被盗税控专用设备中未开具或已开具未上传的增值税专用发票；

（2）非正常户纳税人未向税务机关申报或未按规定缴纳税款的增值税专用发票；

（3）增值税发票管理系统稽核比对发现"比对不符""缺联""作废"的增值税专用发票；

（4）经税务总局、省税务局大数据分析发现，纳税人开具的增值税专用发票存在涉嫌虚开、未按规定缴纳消费税等情形的；

（5）走逃（失联）企业存续经营期间发生下列情形之一的，所对应属期开具的增值税专用发票列入异常增值税扣税凭证：

①商贸企业购进、销售货物名称严重背离的；生产企业无实际生产加工能力且无委托加工，或生产能耗与销售情况严重不符，或购进货物并不能直接生产其销售的货物且无委托加工的。

②直接走逃失踪不纳税申报，或虽然申报但通过填列增值税纳税申报表相关栏次，规避税务机关审核比对，进行虚假申报的。

2. 增值税一般纳税人申报抵扣异常凭证，同时符合下列情形的，其对应开具的增值税专用发票列入异常凭证范围：

①异常凭证进项税额累计占同期全部增值税专用发票进项税额70%（含）以上的；

②异常凭证进项税额累计超过5万元的。

纳税人尚未申报抵扣、尚未申报出口退税或已作进项税额转出的异常凭证，其涉及的进项税额不计入异常凭证进项税额的计算。

3. 增值税一般纳税人取得异常增值税扣税凭证的处理

增值税一般纳税人取得的增值税专用发票列入异常凭证范围的，应按照以下规定处理（见表5-16）。

表5-16　异常增值税扣税凭证的处理

类型	处理措施
①尚未申报抵扣增值税进项税额的	暂不允许抵扣。已经申报抵扣增值税进项税额的，除另有规定外，一律作进项税额转出处理
②尚未申报出口退税或者已申报但尚未办理出口退税的	除另有规定外，暂不允许办理出口退税。适用增值税免抵退税办法的纳税人已经办理出口退税的，应根据列入异常凭证范围的增值税专用发票上注明的增值税额作进项税额转出处理；适用增值税免退税办法的纳税人已经办理出口退税的，税务机关应按照现行规定对列入异常凭证范围的增值税专用发票对应的已退税款追回。纳税人因骗取出口退税停止出口退（免）税期间取得的增值税专用发票列入异常凭证范围的，按照①执行
③消费税纳税人以外购或委托加工收回的已税消费品为原料连续生产应税消费品	尚未申报除原料已纳消费税款的，暂不允许抵扣；已经申报抵扣的，冲减当期允许抵扣的消费税税款，当期不足冲减的应当补缴税款
④纳税信用A级纳税人取得异常凭证且已经申报抵扣增值税、办理出口退税或抵扣消费税的	可以自接到税务机关通知之日起10个工作日内，向主管税务机关提出核实申请。经税务机关核实，符合现行增值税进项税额抵扣、出口退税或消费税抵扣相关规定的，可不作进项税额转出、追回已退税款、冲减当期允许抵扣的消费税税款等处理。纳税人逾期未提出核实申请的，应于期满后按照上述规定做相关处理

类型	处理措施
⑤纳税人对税务机关认定的异常凭证**存有异议**	可以向主管税务机关提出**核实申请。经税务机关核实**，符合现行增值税进项税额抵扣或出口退税相关规定的，纳税人可继续申报抵扣或者重新申报出口退税；符合消费税抵扣规定且已缴纳消费税款的，纳税人可继续申报抵扣消费税税款

4. 纳税人取得虚开发票如何进行税务处理(见表5-17)

表5-17 纳税人取得虚开发票如何进行税务处理

	善意取得	非善意取得
增值税	进项税额转出，补增值税，但无需缴纳滞纳金。如重新取得，可抵进项税额	进项转出，补增值税，缴纳滞纳金、罚款
企业所得税	如重新取得合格票据，可扣除。如对方非正常经营，提供证据资料，可以扣除	不得税前扣除

真题精练(客观题)

1. (2019年多选题，改)关于增值税一般纳税人取得走逃(失联)企业的异常增值税扣税凭证的说法中，正确的有( )。

A. 适用增值税免退税办法的纳税人已经办理出口退税的，税务机关应按照现行规定对列入异常凭证范围的增值税专用发票对应的已退税款追回

B. 已经申报抵扣的，可以先不作进项税额转出处理

C. 经核实，符合现行增值税出口退税相关规定的，企业可重新申报出口退税

D. 经核实，符合现行增值税进项税额抵扣规定的，企业可继续申报抵扣

E. 尚未申报抵扣或申报出口退税的，暂不允许抵扣或办理退税

解析 ▶ 增值税一般纳税人取得异常增值税扣税凭证，除另有规定外，**暂**不允许办理出口退税。适用增值税免抵退税办法的纳税人已经办理出口退税的，应根据列入异常凭证范围的增值税专用发票上注明的增值税额作进项税额转出处理；适用增值税免退税办法的纳税人已经办理出口退税

的，税务机关应按照现行规定列入异常凭证范围的增值税专用发票对应的**已退税款追回**。   **答案** ▶ ACDE

2. (2017年多选题，改)增值税一般纳税人取得走逃(失联)企业开具的异常增值税扣税凭证，下列处理符合规定的有( )。

A. 在核实符合增值税进项税额抵扣规定前，尚未申报抵扣的，暂不允许抵扣

B. 在核实符合增值税进项税额抵扣规定前，已申报抵扣的，除另有规定外，一律先作进项税额转出

C. 在核实符合增值税进项税额抵扣规定前，尚未申报抵扣的，暂先允许抵扣

D. 在核实符合增值税进项税额抵扣规定前，已申报抵扣的，暂先不作进项税转出

E. 在核实符合增值税进项税额抵扣规定后，尚未申报抵扣的，可继续申报抵扣

解析 ▶ 增值税一般纳税人取得异常凭证，尚未申报抵扣的，暂不允许抵扣；已经申报抵扣的，除另有规定外，一律先作进项税额转出；经核实，符合现行增值税进项税额抵扣相关规定的，企业可继续申报抵扣。   **答案** ▶ ABE

九、企业所得税税前扣除凭证管理办法*

扫我解疑难

(一)税前扣除凭证的基本规定

企业所得税税前扣除凭证在管理中遵循真实性、合法性、关联性原则。

企业应在当年度企业所得税法规定的汇算清缴期结束前取得税前扣除凭证。

企业应将与税前扣除凭证相关的资料，包括合同协议、支出依据、付款凭证等留存备查，以证实税前扣除凭证的真实性。

【知识点拨】企业在当年度企业所得税法规定的汇算清缴期结束前未取得符合规定的税前扣除凭证时，将涉及到纳税调整问题。

(二)企业所得税税前扣除凭证的分类

税前扣除凭证按照来源分为内部凭证和外部凭证，具体分类见表5-18。

表5-18　企业所得税税前扣除凭证的分类

类别	具体规定		
内部凭证	企业自制用于成本、费用、损失和其他支出核算的会计原始凭证。比如领料单、差旅费报销单等		
外部凭证	企业发生经营活动和其他事项时，从其他单位、个人取得的用于证明其支出发生的凭证，包括但不限于发票(包括纸质发票和电子发票)、财政票据、完税凭证、收款凭证、分割单等	在境内发生的支出属于增值税应税项目的	对方为已办理税务登记的增值税纳税人	以发票(包括按照规定由税务机关代开的发票)作为税前扣除凭证
			对方为依法无需办理税务登记的单位或者从事小额零星经营业务的个人 【知识点拨】小额零星经营业务的判断标准是个人从事应税项目经营业务的销售额不超过增值税相关政策规定的起征点	以税务机关代开的发票或者收款凭证及内部凭证作为税前扣除凭证，收款凭证应载明收款单位名称、个人姓名及身份证号、支出项目、收款金额等相关信息
		企业在境内发生的支出项目不属于增值税应税项目的	对方为单位的	以对方开具的发票以外的其他外部凭证作为税前扣除凭证
			对方为个人的	以内部凭证作为税前扣除凭证
			但按税务总局规定可以开具发票的	可以发票作为税前扣除凭证。比如"未发生销售行为的不征税项目"发票
		企业从境外购进货物或者劳务发生的支出	以对方开具的发票或者具有发票性质的收款凭证、相关税费缴纳凭证作为税前扣除凭证	

【知识点拨1】发票是税前扣除的重要凭证，但不是唯一凭证。

【知识点拨2】是否以发票作为税前扣除凭证，关键点是支出项目是否属于增值税应税项目。

(三)企业未取得合格税前扣除凭证的处理(见表5-19)

---

* 该内容为国家税务总局2018年28号公告的内容，体现在教材的299~300页中，在本书中调整至第5章。

第5章 审核代理 发票领用与

表 5-19　企业未取得合格税前扣除凭证的处理

类别	具体规定
不合规发票、不合规其他外部凭证不得作为税前扣除凭证	企业取得私自印制、伪造、变造、作废、开票方非法取得、虚开、填写不规范等不符合规定的发票(以下简称"不合规发票"),以及取得不符合国家法律、法规等相关规定的其他外部凭证(以下简称"不合规其他外部凭证"),不得作为税前扣除凭证
补救措施1:补开、换开	企业应当取得而未取得发票、其他外部凭证或者取得不合规发票、不合规其他外部凭证的,若支出真实且已实际发生,应当在当年度汇算清缴期结束前,要求对方补开、换开发票、其他外部凭证。补开、换开后的发票、其他外部凭证符合规定的,可以作为税前扣除凭证
补救措施2:以相应资料证实支出真实性后,其支出允许税前扣除	企业在补开、换开发票、其他外部凭证过程中,因对方注销、撤销、依法被吊销营业执照、被税务机关认定为非正常户等特殊原因无法补开、换开发票、其他外部凭证的,可凭以下资料证实支出真实性后,其支出允许税前扣除: (1)无法补开、换开发票、其他外部凭证原因的证明资料(包括工商注销、机构撤销、列入非正常经营户、破产公告等证明资料); (2)相关业务活动的合同或者协议; (3)采用非现金方式支付的付款凭证; (4)货物运输的证明资料; (5)货物入库、出库内部凭证; (6)企业会计核算记录以及其他资料。 (1)~(3)项为必备资料
被税务机关发现的处理措施	汇算清缴期结束后,税务机关发现企业应当取得而未取得发票、其他外部凭证或者取得不合规发票、不合规其他外部凭证并且告知企业的,企业应当自被告知之日起60日内补开、换开符合规定的发票、其他外部凭证。其中,因对方特殊原因无法补开、换开发票、其他外部凭证的,企业应当按照上述规定,自被告知之日起60日内提供可以证实其支出真实性的相关资料。 企业在规定的期限未能补开、换开符合规定的发票、其他外部凭证,并且未能按规定提供相关资料证实其支出真实性的,相应支出不得在发生年度税前扣除
以后年度取得相应凭证追补扣除的规定	企业以前年度应当取得而未取得发票、其他外部凭证,且相应支出在该年度没有税前扣除的,在以后年度取得符合规定的发票、其他外部凭证或者按规定提供可以证实其支出真实性的相关资料,相应支出可以追补至该支出发生年度税前扣除,但追补年限不得超过五年

(四)分割单作为税前扣除凭证的规定

1. 企业与其他企业(包括关联企业)、个人在境内共同接受应纳增值税劳务发生的支出,采取分摊方式的,应当按照独立交易原则进行分摊,企业以发票和分割单作为税前扣除凭证,共同接受应税劳务的其他企业以企业开具的分割单作为税前扣除凭证;

2. 企业与其他企业、个人在境内共同接受非应税劳务发生的支出,采取分摊方式的,企业以发票外的其他外部凭证和分割单作为税前扣除凭证,共同接受非应税劳务的其他企业以企业开具的分割单作为税前扣除凭证;

3. 企业租用(包括企业作为单一承租方租用)办公、生产用房等资产发生的水、电、燃气、冷气、暖气、通讯线路、有线电视、网络等费用，出租方作为应税项目开具发票的，企业以发票作为税前扣除凭证；**出租方采取分摊方式的，企业以出租方开具的其他外部凭证作为税前扣除凭证。**

真题精练（主观题）

（2019年简答题，8分）某企业系增值税一般纳税人，2019年3月16日收到税务机关通知，经增值税专用发票协查确认，该企业2018年10月收到并申报抵扣的一份会展服务发票系某会展公司借用其他企业发票虚开的；同时税务机关确认该企业确实参加会展公司举办的展销活动并支付费用，且当时并不知晓会展公司提供的是虚开的增值税专用发票，属于善意取得的增值税专用发票。

经与会展公司交涉，该企业于2019年7月12日取得会展公司重新开具的此项会展费用的增值税专用发票。

请逐一回答下列问题：

（1）对于善意取得的虚开增值税专用发票，在2019年3月收到税务机关通知时，增值税如何处理？

（2）在2018年企业所得税汇算清缴时，应如何处理？

（3）重新取得会展公司开具的增值税专用发票，增值税、企业所得税如何处理？

真题精练（主观题）答案

（1）2019年3月收到税务机关通知时，增值税应先作进项税额转出处理。

（2）2018年度的该项会展支出不得在企业所得税汇算清缴时扣除，应做纳税调增处理。

（3）2019年7月重新取得发票：

增值税：符合现行增值税进项税额抵扣相关规定的，准予重新抵扣增值税进项税额。

企业所得税：准予追补至实际支出发生年度扣除。即仍作为2018年度的支出进行扣除。

真题精练（主观题）总结

2019年的主观题不仅考核了纳税人善意取得虚开增值税专用发票的增值税处理，而且考核了企业所得税税前扣除的有关规定。

十、发票违章处理★

扫我解疑难

（1）违反发票管理的规定，有下列情形之一的，由税务机关责令改正，可以处1万元以下的罚款；有违法所得的予以没收：

①应当开具而未开具发票，或者未按照规定的时限、顺序、栏目，全部联次一次性开具，发票，或者未加盖发票专用章的；

②使用税控装置开具发票，未按期向主管税务机关报送开具发票的数据的；

③使用非税控电子器具开具发票，未将非税控电子器具使用的软件程序说明资料报主管税务机关备案，或者未按照规定保存、报送开具发票的数据的；

④拆本使用发票的；

⑤扩大发票使用范围的；

⑥以其他凭证代替发票使用的；

⑦跨规定区域开具发票的；

⑧未按照规定缴销发票的；

⑨未按照规定存放和保管发票的。

（2）跨规定的使用区域携带、邮寄、运输空白发票，以及携带、邮寄或者运输空白发票出入境的，由税务机关责令改正，可以处1万元以下的罚款；情节严重的，处1万元以上3万元以下的罚款；有违法所得的予以没收。

【知识点拨】丢失发票或者擅自损毁发票的，依照上述规定处罚。

（3）违反规定虚开发票的，由税务机关没收违法所得；虚开金额在1万元以下的，可以并处5万元以下的罚款；虚开金额超过1万元的，并处5万元以上50万元以下的罚款；构成犯罪的，依法追究刑事责任。

第5章 发票领用与审核代理

【知识点拨】 非法代开发票的，依照上述规定处罚。

（4）私自印制、伪造、变造发票，非法制造发票防伪专用品，伪造发票监制章的，由税务机关没收违法所得，没收、销毁作案工具和非法物品，并处 1 万元以上 5 万元以下的罚款；情节严重的，并处 5 万元以上 50 万元以下的罚款；对印制发票的企业，可以并处吊销发票准印证；构成犯罪的，依法追究刑事责任。

（5）有下列情形之一的，由税务机关处 1 万元以上 5 万元以下的罚款；情节严重的，处 5 万元以上 50 万元以下的罚款；有违法所得的予以没收：

①转借、转让、介绍他人转让发票、发票监制章和发票防伪专用品的；

②知道或者应当知道是私自印制、伪造、变造、非法取得或者废止的发票而受让、开具、存放、携带、邮寄、运输的。

（6）发票违章处理其他相关规定。

①税务机关对违反发票管理法规的行为进行处罚，应当将行政处罚决定书面通知当事人；对违反发票管理法规的案件，应当立案查处。

②对违反发票管理规定 2 次以上或者情节严重的单位和个人，税务机关可以在办税场所或者广播、电视、报纸、期刊、网络等新闻媒体上公告纳税人发票违法的情况。

③违反发票管理法规，导致其他单位或者个人未缴、少缴或者骗取税款的，由税务机关没收违法所得，可以并处未缴、少缴或者骗取的税款 1 倍以下的罚款。

④对违反发票管理法规情节严重构成犯罪的，税务机关应当依法移送司法机关处理。

⑤当事人对税务机关的处罚决定不服的，可以依法申请行政复议或者向人民法院提起行政诉讼。

⑥税务人员利用职权之便，故意刁难印制、使用发票的单位和个人，或者有违反发票管理法规行为的，依照国家有关规定给予处分；构成犯罪的，依法追究刑事责任。

同步训练 /限时60分钟

一、单项选择题

1. 下面( )属于行业专业发票。
   - A. 商品销售发票
   - B. 餐饮发票
   - C. 银行贷款利息发票
   - D. 货运发票

2. 关于发票的说法正确的是( )。
   - A. 所有小规模纳税人均可以自行开具增值税专用发票
   - B. 自愿选择自行开具增值税专用发票的小规模纳税人，税务机关不再为其代开增值税专用发票
   - C. 自行开具增值税专用发票的小规模纳税人在销售不动产时，仍旧由税务机关代开增值税专用发票
   - D. 小规模纳税人只有月销售额达到 10 万元(按季度纳税的，季度销售额达到 30 万元)，才能自行开具增值税专用发票

3. 已经开具的发票存根联和发票登记簿，应当保存( )年。
   - A. 1
   - B. 3
   - C. 5
   - D. 10

4. 一般纳税人零售下列商品可以开具增值税专用发票的是( )。
   - A. 食品
   - B. 劳保用品
   - C. 服装
   - D. 化妆品

5. 自愿选择自行开具增值税专用发票的小规模纳税人销售其取得的不动产，需要开具专用发票的，应( )。
   - A. 向主管部门申请代开
   - B. 向税务机关申请代开
   - C. 通过增值税发票管理新系统自行开具

D. 由税务师事务所利用主机共享服务系统为其代开

6. 除另有规定外，一般纳税人自生效之日起可以按照规定领用增值税专用发票。下列关于一般纳税人生效之日的说法正确的是( )。

A. 一般纳税人登记的当月 1 日

B. 一般纳税人登记的当天

C. 一般纳税人登记的次月 1 日

D. 纳税人在办理一般纳税人登记手续时，可自行选择登记的当月 1 日或者次月 1 日为一般纳税人生效之日

7. 下列关于冠名发票管理的有关规定，错误的是( )。

A. 用票单位，可以书面申请印有本单位名称的发票

B. 印有本单位名称的增值税普通发票，由省税务局统一招标采购的增值税普通发票中标厂商印制

C. 纳税人申请印有本单位名称的发票只限于增值税普通发票

D. 使用印有本单位名称的增值税普通发票的企业，按规定与发票印制企业直接结算印制费用

8. 下列关于增值税电子发票的说法错误的是( )。

A. 增值税电子发票包括电子普通发票和电子专用发票

B. 增值税电子普通发票的开票方和受票方需要纸质发票的，可以自行打印增值税电子普通发票的版式文件，其法律效力、基本用途、基本使用规定等与税务机关监制的增值税普通发票相同

C. 发票服务平台应当将通行费电子发票对应的通行明细清单留存备查

D. 发票服务平台免费向用户提供通行费电子发票及明细信息下载、转发、预览、查询等服务

9. 下列关于发票开具的说法，错误的是( )。

A. 开具发票应按照号码顺序填开

B. 不得扩大发票使用范围

C. 开具发票应该全部联次一次打印

D. 未发生纳税义务一律不得开具发票

10. 下列关于企业开具发票的说法中，正确的是( )。

A. 属于民族自治区的企业，必须同时使用中文和民族文字开具发票

B. 一般纳税人采用简易计税方法时不得对外开具增值税专用发票

C. 销售非稀土产品或提供非稀土应税劳务、服务的，不得开具稀土专用发票

D. 差额征收增值税时只能差额开具增值税专用发票

11. 下列关于企业开具和使用发票的说法中，正确的是( )。

A. 属于民族自治区的企业，必须同时使用中文和民族文字开具发票

B. 填开发票的单位和个人必须在取得营业收入时开具发票

C. 向消费者个人零售小额商品或提供零星服务的，免予逐笔开具发票

D. 发票换票证仅限于在本县(市)范围内使用

12. 收取款项未发生销售行为开具的发票应开具增值税普通发票，不得开具增值专用发票，发票税率栏应填写( )。

A. 不征税　　　　B. 免税

C. 零税率　　　　D. ＊＊＊

13. 纳税人在开具差额征税发票时，计算的税额系统自动填写于"税额"栏，全部含税价款与税额的差额系统自动填写于"金额"栏，"税率"显示( )。

A. 0　　　　　　B. 免税

C. 不征税　　　　D. ＊＊＊

14. 下列项目中，应由付款方向收款方开具发票的是( )。

A. 商场向消费者个人零售商品

B. 小商品市场向经销商批发商品

C. 转让专利技术的某科研所向受让方收

取款项

D. 收购单位向农民收购农副产品支付款项

15. 汇算清缴期结束后，税务机关发现企业应当取得而未取得发票、其他外部凭证或者取得不合规发票、不合规其他外部凭证并且告知企业的，企业应当自被告知之日起( )内补开、换开符合规定的发票、其他外部凭证。

A. 10   B. 15

C. 30   D. 60

16. 企业以前年度应当取得而未取得发票、其他外部凭证，且相应支出在该年度没有税前扣除的，在以后年度取得符合规定的发票、其他外部凭证或者按规定提供可以证实其支出真实性的相关资料，相应支出( )。

A. 可以取得当年度税前扣除

B. 可以追补至该支出发生年度税前扣除，但追补年限不得超过三年

C. 可以追补至该支出发生年度税前扣除，但追补年限不得超过五年

D. 不允许税前扣除

二、多项选择题

1. 具有( )行为的纳税人，不得领购开具增值税专用发票。

A. 会计核算不健全

B. 有税收违法行为，接受税务机关处罚的

C. 虚开增值税专用发票，税务机关责令限期改正，限期内已经改正的

D. 借用他人专用发票，税务机关责令限期改正而逾期仍未改正的

E. 销售的货物全部属于免税项目

2. 纳税人发生下列( )时不得开具增值税专用发票。

A. 未发生销售行为的不征税项目

B. 销售使用过的、未抵扣过进项税额的固定资产，按3%征收率计算缴纳增值税

C. 商业企业零售的食品

D. 商业企业批发的化妆品

E. 金融商品转让

3. 下列( )普通发票可以作为抵扣增值税进项税额的凭证。

A. 农产品销售发票

B. 通行费电子发票

C. 商品零售发票

D. 货物运输发票

E. 保险发票

4. 以下( )发票尚未纳入增值税发票管理系统。

A. 增值税电子普通发票

B. 过桥费发票

C. 门票

D. 定额发票

E. 客运发票

5. 山东特色食品公司2020年3月16日到上海市进行为期20天的宣传促销活动，下列关于其领购发票的说法正确的有( )。

A. 应当向山东的税务机关领购发票

B. 可以向上海的税务机关领购发票

C. 领购发票需要提供保证人或缴纳保证金

D. 可以直接领购发票

E. 领购发票需要提前缴纳税款

6. 保险机构作为车船税扣缴义务人，在代收车船税并开具增值税发票时，应在增值税发票备注栏中注明代收车船税税款信息。具体包括( )。

A. 保险单号

B. 税款所属期

C. 代收车船税金额

D. 滞纳金金额

E. 车种信息

7. 在开具发票时，必须在备注栏注明的经营业务包括( )。

A. 提供建筑劳务

B. 销售不动产

C. 货物运输服务

D. 有形动产融资租赁服务

E. 委托加工劳务

8. 在增值税专用设备的领购和发行管理中，

（   ）事项发生变化需要办理变更发行。

A. 纳税人名称　　B. 纳税人识别号

C. 开票限额　　　D. 购票限量

E. 开票机数量

9. 增值税一般纳税人申报抵扣异常凭证，同时符合下列(   )情形的，其对应开具的增值税专用发票列入异常凭证范围。

A. 异常凭证进项税额累计占同期全部增值税专用发票进项税额70%（含）以上的

B. 异常凭证进项税额累计超过5万元的

C. 异常凭证进项税额占当年全部增值税专用发票进项税额70%（含）以上的

D. 当年异常凭证进项税额超过5万元的

E. 经税务机关通知申报拒不申报的

10. 需要由税务机关责令改正，可以处1万元以下的罚款，有违法所得的予以没收的行为包括(   )。

A. 应当开具而未开具发票

B. 跨规定区域开具发票

C. 拆本使用发票

D. 虚开发票

E. 未按照规定存放和保管发票

11. 纳入增值税发票管理新系统的发票有(   )。

A. 增值税专用发票

B. 增值税普通发票

C. 客运发票

D. 过路费发票

E. 收费公路通行费增值税电子普通发票

12. 下列属于收取款项未发生销售行为开具的发票有(   )。

A. 租赁服务预收款

B. 销售自行开发的房地产项目预收款

C. 销售工期超过12个月的大型机械设备、船舶、飞机等的预收款

D. 建筑服务预收款

E. 融资性售后回租承租方出售资产

13. 关于企业所得税税前扣除凭证的说法，正确的有(   )。

A. 企业只有在纳税年度结束前取得税前

扣除凭证，才允许税前扣除

B. 税前扣除凭证包括但不限于发票、财政票据、完税凭证、收款凭证、分割单等。

C. 企业所得税税前扣除凭证在管理中遵循真实性、合法性、关联性原则

D. 税前扣除凭证按照来源分为内部凭证和外部凭证

E. 企业在境内发生的支出项目不属于应税项目的，对方为个人的，以对方开具的发票以外的其他外部凭证作为税前扣除凭证

14. 企业在补开、换开发票、其他外部凭证过程中，因对方注销、撤销、依法被吊销营业执照、被税务机关认定为非正常户等特殊原因无法补开、换开发票、其他外部凭证的，可凭相应资料证实支出真实性后，其支出允许税前扣除。其中属于必备资料的有(   )。

A. 无法补开、换开发票、其他外部凭证原因的证明资料

B. 相关业务活动的合同或者协议

C. 货物运输的证明资料

D. 采用非现金方式支付的付款凭证

E. 企业会计核算记录以及其他资料

三、简答题

1. 张先生2019年7月1日起将位于县城的一幢住房出租给某设计公司专作为职工宿舍，每月收取含税租金35000元。租期两年。张先生按设计公司要求将房子进行修缮，取得修缮发票7000元。张先生将修缮发票给设计公司，设计公司拒绝接受张先生的修缮发票。

其他相关资料：不考虑其他涉税事项和税收优惠。

请按要求回答下列问题。

(1)设计公司拒绝张先生的发票合理吗？

(2)张先生是否可以申请税务机关代开增值税专用发票？如果设计公司取得税务机关代开的增值税专用发票，是否可以抵扣

进项税额？为什么？

(3)张先生半年要交什么税，交多少？（考虑地方教育附加）

2. 西城汽车配件销售公司于 2019 年 10 月 28 日销售一批汽车配件给江南汽车修理厂，货物于当日发出，并开具增值税专用发票给江南汽车修理厂。因户名开具错误，江南汽车修理厂拒收这张增值税专用发票，并于 2019 年 11 月 7 日将原开具的增值税专用发票的发票联及抵扣联还给西城汽车配件销售公司，要求重新开具增值税专用发票。西城汽车配件销售公司的开票人员当即将原开具的增值税专用发票作废，重新开具增值税专用发票给江南汽车修理厂。

(1)简述西城汽车配件销售公司开票人员当即将原开具的增值税专用发票作废的做法错误的理由。

(2)该项业务应由谁向主管税务机关填报《开具红字增值税专用发票信息表》？

(3)该项业务的《开具红字增值税专用发票信息表》上应填写哪些信息？

3. 某增值税一般纳税人购进一批生产用材料，销售方 2019 年 3 月开具的增值税专用发票的发票联和抵扣联在邮寄过程中因误递，到 2020 年 4 月才收到。

问题：该纳税人收到的此份增值税专用发票能否于 2020 年 4 月办理认证，并申报抵扣进项税额？说明理由。

同步训练答案及解析

一、单项选择题

1. C 【解析】常见的行业专业发票包括金融企业的存贷、汇兑、转账凭证；公路、铁路和水上运输企业的客运发票；航空运输企业提供的航空运输电子客票行程单等。

2. B 【解析】选项 A，除其他个人外的小规模纳税人可以自开专票；选项 C，自行开具增值税专用发票的小规模纳税人在销售不动产，无需税务机关代开，由纳税人自行开具；选项 D，除其他个人外，小规模纳税人无论销售额高低，均可以自愿选择自行开具增值税专用发票。

3. C 【解析】已经开具的发票存根联和发票登记簿，应当保存 5 年。保存期满，报经税务机关查验后销毁。

4. B 【解析】一般纳税人经营商业零售劳保用品可以开具增值税专用发票。

5. C 【解析】自愿选择自行开具增值税专用发票的小规模纳税人销售其取得的不动产，需要开具增值税专用发票的，应当自行开具，无需向税务机关申请代开。

6. D 【解析】纳税人在办理一般纳税人登记手续时，可自行选择登记的当月 1 日或者次月 1 日为一般纳税人生效之日。

7. B 【解析】印有本单位名称的增值税普通发票，由国家税务总局统一招标采购的增值税普通发票中标厂商印制。

8. A 【解析】增值税电子发票是指电子普通发票。

9. D 【解析】目前有"未发生销售行为的不征税项目"这一编码的发票，因此选项 D 错误。

10. C 【解析】选项 A，属于民族自治区的企业，开具发票时民族文字可以使用，也可以不使用，而不是必须使用民族文字；选项 B，一般纳税人采用简易计税方法时，除非另有规定，否则可以开具专用发票；选项 D，差额征收增值税时有的情形应该差额开具增值税专用发票，也有的情形可以全额开具增值税专用发票。

11. D 【解析】选项 A，填写发票应当使用中文，民族自治地区可以同时使用一种民族文字；选项 B，填开发票的单位和个人必须在发生经营业务确认营业收入时开具发票，未发生经营业务一律不准开具发票；选项 C，向消费者个人零售小额商品或者提供零星服务的，是否可免于逐笔开具发票，由省税务机关确定。

12. A　【解析】收取款项未发生销售行为开具的发票应开具增值税普通发票，不得开具增值专用发票，并使用"未发生销售行为的不征税项目"编码，发票税率栏应填写"不征税"。

13. D　【解析】纳税人在开具差额征税发票时，"税率"显示"＊＊＊"。

14. D　【解析】由付款方向收款方开具发票的情形：(1)收购单位和扣缴义务人支付个人款项时；(2)国家税务总局认为其他需要由付款方向收款方开具发票的。

15. D　【解析】汇算清缴期结束后，税务机关发现企业应当取得而未取得发票、其他外部凭证或者取得不合规发票、不合规其他外部凭证并且告知企业的，企业应当自被告知之日起 60 日内补开、换开符合规定的发票、其他外部凭证。

16. C　【解析】企业以前年度应当取得而未取得发票、其他外部凭证，且相应支出在该年度没有税前扣除的，在以后年度取得符合规定的发票、其他外部凭证或者按规定提供可以证实其支出真实性的相关资料，相应支出可以追补至该支出发生年度税前扣除，但追补年限不得超过五年。

二、多项选择题

1. ADE　【解析】选项 B，纳税人有税收违法行为，拒不接受税务机关处理的，不得领购开具增值税专用发票；选项 C，纳税人虚开增值税专用发票，税务机关责令限期改正而仍未改正的，不得领购开具增值税专用发票，若是已经改正，是可以领购开具增值税专用发票的。

2. ACE　【解析】选项 B，销售使用过的、未抵扣过进项税额的固定资产，放弃减税，按 3% 征收率计算缴纳增值税，可以开具增值税专用发票；选项 D，商业企业零售的化妆品不得开具增值税专用发票，但是批发的化妆品可以开具增值税专用发票。

3. AB　【解析】可以抵扣进项税额的普票包括：农产品销售发票、通行费发票、通行费电子发票以及国内旅客运输服务的增值税电子普通发票、航空运输电子客票行程单、铁路车票和公路、水路等其他客票。

4. BCDE　【解析】目前尚未纳入增值税发票管理新系统的发票主要有门票、过路(过桥)费发票、定额发票和客运发票。

5. BC　【解析】临时到本省、自治区、直辖市以外从事经营活动的单位或者个人，应当向机构所在地的税务机关填报《跨区域涉税事项报告表》，对按规定需要领用经营地发票的，应在按要求提供保证人或交纳保证金的前提下，向经营地税务机关领用。

6. ABCD　【解析】在代收车船税并开具增值税发票时，应在增值税发票备注栏中注明代收车船税税款信息。具体包括：保险单号、税款所属期(详细至月)、代收车船税金额、滞纳金金额、金额合计等。

7. ABC　【解析】在开具时必须在备注栏注明的经营业务主要有：

(1)提供建筑劳务；

(2)销售不动产；

(3)出租不动产；

(4)货物运输服务；

(5)单用途卡或多用途卡结算销售款；

(6)保险公司代收车船税；

(7)个人保险代理人汇总代开。

8. ACDE　【解析】纳税人名称、开票限额、购票限量、开票机数量等事项发生变更的，纳税人应到主管税务机关办理变更发行；纳税人识别号发生变化的，纳税人应到主管税务机关办理注销发行。

9. AB　【解析】增值税一般纳税人申报抵扣异常凭证，同时符合下列情形的，其对应开具的增值税专用发票列入异常凭证范围：(1)异常凭证进项税额累计占同期全部增值税专用发票进项税额70%(含)以上的;(2)异常凭证进项税额累计超过5万元的。纳税人尚未申报抵扣、尚未申报出口退税或已作进项税额转出的异常凭证，其涉及的进项税额不计入异常凭证进项税额的计算。

10. ABCE 【解析】选项D，违反规定虚开发票的，由税务机关没收违法所得;虚开金额在1万元以下的，可以并处5万元以下的罚款;虚开金额超过1万元的，并处5万元以上50万元以下的罚款;构成犯罪的，依法追究刑事责任。

11. ABE 【解析】纳入增值税发票管理新系统的纳税人不限于增值税一般纳税人，也包括小规模纳税人;使用的发票也不再限于增值税专用发票，还包括增值税普通发票、机动车销售统一发票、增值税电子普通发票、增值税普通发票(卷式)、印有本单位名称的增值税普通发票(折叠票)和收费公路通行费增值税电子普通发票等。自2018年4月1日起，二手车销售统一发票也通过增值税发票管理新系统开具。目前，尚未纳入增值税发票管理新系统的发票主要有门票、过路(过桥)费发票、定额发票和客运发票。

12. BDE 【解析】收取款项未发生销售行为开具的发票主要有:
①预付卡销售和充值;
②销售自行开发的房地产项目预收款;
③已申报缴纳营业税未开票补开票(除特殊情况外，2018.1.1停用);
④通行费电子发票;
⑤建筑服务预收款;
⑥不征税自来水;
⑦代理进口免税货物货款;
⑧代收印花税、代收车船使用税、融资性售后回租承租方出售资产、资产重组涉及的不动产、资产重组涉及的土地使用权和有奖发票奖金支付等。

13. BCD 【解析】选项A，企业应在当年度企业所得税法规定的汇算清缴期结束前取得税前扣除凭证;选项E，企业在境内发生的支出项目不属于应税项目的，对方为单位的，以对方开具的发票以外的其他外部凭证作为税前扣除凭证;对方为个人的，以内部凭证作为税前扣除凭证。

14. ABD 【解析】企业在补开、换开发票、其他外部凭证过程中，因对方注销、撤销、依法被吊销营业执照、被税务机关认定为非正常户等特殊原因无法补开、换开发票、其他外部凭证的，可凭以下资料证实支出真实性后，其支出允许税前扣除:
(1)无法补开、换开发票、其他外部凭证原因的证明资料(包括工商注销、机构撤销、列入非正常经营户、破产公告等证明资料);
(2)相关业务活动的合同或者协议;
(3)采用非现金方式支付的付款凭证;
(4)货物运输的证明资料;
(5)货物入库、出库内部凭证;
(6)企业会计核算记录以及其他资料。
(1)~(3)项为必备资料。

三、简答题

1.【答案】

(1)设计公司拒绝接受张先生的发票是合理的。根据双方合同规定，张先生作为出租人按承租人要求进行房屋修缮，该笔修缮费用由张先生负担，不应该由承租人支付。张先生应提供租金发票给设计公司，而不是提供修缮发票。

(2)张先生可以申请由税务机关代开增值税专用发票。
即使设计公司取得税务机关代开的增值税专用发票，也不得抵扣进项税额，因为属于用于集体福利，不得抵扣进项税额。

(3)增值税 = 35000 ÷ 1.05 × 1.5% × 6 = 3000(元)

城市维护建设税=3000×5%=150(元)

教育费附加和地方教育附加=3000×(3%+2%)=150(元)

房产税=(35000-35000÷1.05×1.5%)×4%×6=8280(元)

个人所得税=(35000-500-25-25-1380-800)×(1-20%)×6×10%=15489.6(元)

2. 【答案】

(1)错误的理由——发票作废需同时满足下列条件：

①收到退回的发票联、抵扣联时间未超过销售方开票的当月；

②销售方未抄税并且未记账；

③购买方未认证或者认证的结果为"纳税人识别号认证不符""专用发票代码、号码认证不符"。

在本题中，西城汽车配件销售公司的开票时间是10月份，而西城汽车配件销售公司收到退回的发票联、抵扣联时间为11月份，不满足第一项条件，不符合发票直接作废的要求。

(2)应该由西城汽车配件销售公司向主管税务机关填报《开具红字增值税专用发票信息表》——因为购买方未用于申报抵扣并将发票联及抵扣联退回的，销售方可在新系统中填开并上传《信息表》。

(3)西城汽车配件销售公司填开《信息表》时应填写相对应的蓝字专用发票信息。

3. 【答案】

纳税人收到的此份增值税专用发票可以于2020年4月办理认证。因为自2020年3月1日起，增值税一般纳税人取得2017年1月1日及以后开具的增值税专用发票、海关进口增值税专用缴款书、机动车销售统一发票、收费公路通行费增值税电子普通发票，取消认证确认、稽核比对、申报抵扣的期限。

发票领用与审核代理

- 发票领用和管理的代理 ★★
  - 发票的管理
  - 发票的种类与适用范围
    - 按适用发票管理办法分类
    - 按增值税抵扣凭证分类
      - 增值税专用发票
      - 增值税普通发票
  - 增值税发票管理系统
  - 发票领用
    - 领用发票的纳税人范围
    - 首次申领发票
    - 后续申领发票
    - 发票领用手续
    - 申领增值税电子普票
  - 发票印制
  - 发票的保管、保存和缴销

- 开具发票的代理 ★★
  - 开具发票的范围
    - 付款方向收款方开具的发票
    - 收取款项未发生销售行为开具的发票
      - 预付卡销售和充值
      - 销售自行开发的房地产项目预收款
      - 已申报缴纳营业税未开票补开票
      - 通行费电子发票
      - 建筑服务预收款
      - 不征税自来水
      - 代理进口免税货物货款
  - 增值税专用发票的开具范围
    - 不得开具增值税专用发票的情形
    - 发售加油卡、加油凭证销售成品油的增值税专用发票
  - 发票开具
    - 开具发票的基本要求
    - 增值税专用发票的开具要求
    - 运用增值税发票管理新系统开具发票
    - 填写购买方的纳税人识别号或统一社会信用代码开具增值税普通发票
    - 增值税发票作废或开具红字发票
    - 差额征税发票开具
    - 增值税电子普通发票开具（通行费电子发票）
    - 机动车销售统一发票开具
    - 稀土企业发票开具
    - 成品油发票开具
    - 备注栏注明经营业务的发票开具
  - 税务机关代开发票
    - 税务机关代开发票的范围
    - 税务机关代开发票的规范
    - 税务机关代开货物运输业小规模纳税人的增值税专用发票

```
                                          ┌─ 取得与经营活动相符的发票
                            取得发票的基本要求 ┤
                                          └─ 使用发票时不得发生的行为

                            发票的真伪鉴别

                            取得发票的合法有效审核
        发票使用的审核
           ★★            进项税额用于抵扣或 ┐
                            出口退税的发票认证 ├─ 认证要求

                            增值税专用发票丢失

发票                                          ┌─ 异常增值税扣税凭证的范围
领                          取得异常增值税扣税凭证 ┤
用                                          └─ 取得异常增值税扣税凭证的处理
与
审                          企业所得税税前扣除凭证管理（类别、措施）
核
代
理

        发票违章处理
           ★
```

第6章 建账建制代理记账实务

考情解密

历年考情概况

本章为非重点章节，从历年考题来看分值不高，难度不大。考试时大多还是以单选题、多选题的形式出现，偶尔也会以简答题的形式进行考核。预计分值 1~3 分。

近年考点直击

考点	主要考查题型	考频指数	考查角度
代理建账建制的适用范围与基本要求	单选题、多选题	★	(1)考查代理建账建制的适用范围； (2)考查复式账和简易账的基本要求
代建个体工商户财务会计制度	单选题、多选题	★	(1)简易账和复式账报送报表的不同； (2)可根据实际情况自行增减或合并某些会计科目
代理记账操作规范	单选题、多选题，存在出简答题的可能性	★★	(1)个体工商户税前允许扣除项目和不得扣除项目； (2)个体工商户特殊的账务处理，尤其注意"税后列支费用"这一科目的应用； (3)代制会计凭证、代为编制会计账簿、代为编制会计报表等过程中的具体规定

本章2020年考试主要变化

1. 修改个体工商户不允许扣除的各项支出。
2. 个体工商户的会计核算改为遵循《小企业会计准则》。
3. 体工商户的所得税纳税申报，改为填报《个人所得税经营所得纳税申报表(A表)》。

考点详解及精选例题

一、代理建账建制的适用范围与基本要求

扫我解疑难

(一)代理建账建制的适用范围★

(1)有固定经营场所的个体、私营经营业户。

(2)名为国有或集体实为个体、私营经营业户。

(3)个人租赁、承包经营企业。

(二)代理建账建制的基本要求(见表6-1)★★

表6-1 代理建账建制的基本要求

项目	建立复式账	建立简易账
注册资金	20万元以上	10~20万元

项目	建立复式账	建立简易账
提供增值税应税劳务的纳税人月销售额	40000 元以上	15000～40000 元
从事货物生产的增值税纳税人月销售额	60000 元以上	30000～60000 元
从事货物批发或零售的增值税纳税人月销售额	80000 元以上	40000～80000 元

【知识点拨1】 建立简易账的个体工商户应建立经营收入账、经营费用账、商品(材料)购进账、库存商品(材料)盘点表、利润表。

【知识点拨2】 简易账簿均采用订本式。

【知识点拨3】 建立简易账簿核算的个体户其会计制度和财务制度应与设立复式账的个体业户相同,只是会计核算科目、核算方法要简单许多。

【知识点拨4】 所称纳税人月销售额或月营业额,是指个体工商户上一个纳税年度月平均销售额或营业额;新办的个体工商户为业户预估的当年度经营期月平均销售额或营业额。在确定账簿方式后,一个纳税年度内不得变更。

【例题1·多选题】 根据代理建账建制的基本要求,以下个体工商户,应当设置复式账的有( )。

A. 提供加工劳务,月销售额 50000 元

B. 注册资金在 35 万元

C. 从事电动自行车的生产,月销售额 55000 元

D. 从事卷烟批发,月销售额 30000 元

E. 从事小家电的零售,月销售额 70000 元

解析 ▶ 具备下列条件之一的个体工商户应设置复式账:

(1)注册资金在 20 万元以上。

(2)提供增值税应税劳务的纳税人月销售额在 40000 元以上;从事货物生产的增值税纳税人月销售额在 60000 元以上;从事货物批发或零售的增值税纳税人月销售额在 80000 元以上。

(3)省级税务机关确定应设置复式账的其他情形。

答案 ▶ AB

二、代理建账建制的基本内容与操作规范

扫我解疑难

(一)代理建账建制的基本内容★

1. 代建个体工商户财务会计制度(具体规定见表 6-2)

表 6-2 代建复式账与简易账的要求

类型	要求
代建个体工商户复式账会计制度	可根据实际情况自行增减或合并某些会计科目;应按月编制资产负债表、应税所得表和留存利润表
代建个体工商户简易账会计制度	设置简易会计科目核算,按月编制应税所得表

2. 准确履行纳税义务

个体、私营业户税款征收的基本方法是定期定额,查账征收所占比例较低。

对于个体工商户,在履行纳税义务时,其要求如下:

(1)按权责发生制原则确认收入。

(2)成本列支范围是个体户从事生产经营所发生的各项直接支出和应记入成本的间接费用。

(3)费用列支范围是个体户从事生产经营过程中所发生的销售费用、管理费用和财务费用,已经计入成本的有关费用除外。

(4)损失列支范围包括存货、固定资产盘亏、报废毁损和出售的净损失,自然灾害或

第 6 章 建账建制代理记账实务

者意外事故损失。另外，包括在营业外支出科目中核算的赔偿金、违约金、公益救济性捐赠等。

个体工商户发生的损失，以减除责任人赔偿和保险赔款后的余额进行扣除。

(5)下列税前不允许扣除的各项支出，要从成本费用中剔除(重点掌握)：

①个人所得税税款；
②税收滞纳金；
③罚金、罚款和被没收的财物损失；
④赞助支出；
⑤不符合扣除规定的捐赠支出；
⑥用于个人和家庭的支出；
⑦与取得生产经营收入无关的其他支出；
⑧国家税务总局规定不准扣除的其他支出。

【例题 2 · 单选题】 下列可以在计算经营所得时扣除的项目是( )。

A. 赞助支出
B. 用于个人和家庭的支出
C. 被没收的财物损失
D. 违约金

解析 ▶ 选项 ABC 三项属于税前不允许扣除的 8 项支出中的内容，要从可以扣除的成本费用中剔除。 **答案** ▶ D

真题精练(客观题)

1. (2017 年单选题)下列项目在计算个体工商户的个人所得税应纳税所得额时，可以在税前扣除的是( )。

A. 行政罚款支出
B. 生产过程中耗费的原料成本
C. 税款的滞纳金
D. 被没收的财产损失

解析 ▶ 个体工商户下列支出不得扣除：(1)个人所得税税款；(2)税收滞纳金；(3)罚金、罚款和被没收财物的损失；(4)不符合扣除规定的捐赠支出；(5)赞助支出；(6)用于个人和家庭的支出；(7)与取得生产经营收入无关的其他支出；(8)国家税务总局规定不准扣除的支出。 **答案** ▶ B

2. (2016 年单选题)依据税法规定，计算经营所得以每一纳税年度的收入总额减除( )税金、其他支出以及以前年度亏损后的余额，为应纳税所得额。

A. 成本、费用、损失和多种非广告性赞助支出
B. 成本、费用、损失和罚款
C. 成本、费用和损失
D. 成本、费用

解析 ▶ 经营所得，以每一纳税年度的收入总额，减除成本、费用、税金、损失、其他支出以及允许弥补的以前年度亏损后的余额，为应纳税所得额。选项 A，非广告性赞助支出不得扣除；选项 B，罚金、罚款和被没收财产的损失不得扣除。 **答案** ▶ C

3. (2015 年单选题)个体工商户在计算其个人所得税时，不得在税前扣除的是( )

A. 支付给生产经营从业人员的工资
B. 业主家庭支出
C. 固定资产盘亏净损失
D. 实际消耗的外购半成品

解析 ▶ 业主的家庭支出在个体工商户计算个人所得税时是不得扣除的。 **答案** ▶ B

(二)代理记账操作规范 ★★

1. 代制会计凭证

会计凭证按其填制的程序和用途不同，分为原始凭证和记账凭证两种，税务师代制会计凭证主要是在审核原始凭证的基础上代制记账凭证。

【知识点拨】 税务师代理记账但不代客户制作原始凭证，仅指导其正确填制或依法取得有效的原始凭证。

2. 代为编制会计账簿

(1)现金日记账和银行存款日记账应由纳税单位的出纳人员登记，税务师审核有关凭证和登记内容。

(2)总分类账一般应采用借、贷、余额三栏式的订本账。

(3)明细分类账是总分类账的明细科目。

明细分类账一般采用活页式账簿。

（4）税务师将上述账簿登记编制完毕，还要进行对账工作，在会计期末进行结账，并为编制会计报表准备数据。

【知识点拨1】个体工商户会计科目中的"留存收益"（相当于利润分配——未分配利润）是不同于企业会计制度的科目；

【知识点拨2】期末企业的各项收入、成本费用转入本年利润，不能在税前列支的成本费用通过"税后列支费用"，转入"留存收益"。

【例题3·单选题】下列关于代理建账记账业务的说法，符合有关规定的是（　）。

A. 税务师代理记账不包括代理制作原始凭证

B. 税务师为个体工商户建账时，应严格按个体工商户会计制度的规定，不得自行减少会计科目

C. 税务师不得代理客户进行对账和结账工作

D. 税务师可代理登记银行存款日记账

解析 ▶ 选项B，税务师为个体工商户建账时，可根据实际情况自行增减或合并某些会计科目。选项C，税务师可以代理客户进行对账和结账工作；选项D，现金日记账和银行存款日记账应由纳税单位的出纳人员登记，而不是由税务师代理登记，税务师只是审核有关凭证和登记内容。　　答案 ▶ A

3. 代为编制会计报表

（1）复式账需要编制：资产负债表、应税所得表和留存利润表。

（2）简易账需要编制：应税所得表。

【例题4·单选题】税务师为个体工商户代建复式账簿，在办理年度个人所得税申报时，按《小企业会计准则》的规定，应代为编制（　），报送主管财税机关。

A. 资产负债表、损益表、现金流量表

B. 资产负债表、应税所得表、损益表

C. 资产负债表、留存利润表、现金流量表

D. 资产负债表、应税所得、留存利润表

解析 ▶ 建立复式账的个体工商户，需要编制3张表：资产负债表、应税所得表、留存利润表。　　答案 ▶ D

4. 代理纳税申报

主要税种有：增值税、房产税、印花税、城镇土地使用税和所得税等，所得税应单独填报《个人所得税经营所得纳税申报表（A表）》，在年度终了后3个月内汇算清缴。

【知识点拨】企业所得税是在年度终了后5个月内汇算清缴；个体工商户的个人所得税是在年度终了后3个月内汇算清缴。

5. 代理纳税审查

【知识点拨】

（1）注意教材举例中小企业会计科目的使用。

（2）小企业会计科目中没有"财务费用""管理费用""销售费用"科目，相关费用通过"期间费用"科目核算。

（3）小企业会计科目中没有"营业外收入""营业外支出"科目，而是统一通过"营业外收支"科目核算。

（4）注意"本年利润""留存收益"和"税后列支费用"科目的使用。

①"留存收益"相当于企业的"利润分配——未分配利润"；

②不能在税前列支的成本费用通过"税后列支费用"核算，之后转入"留存收益"。

【例题5·单选题】某个体工商户主营玩具生产，2019年12月列支招待费用5000元，其中1000元为业主为其儿子购买液晶显示器支出，则正确的会计分录应为（　）。

A. 借：管理费用　　　　5000

　　　贷：银行存款　　　　　　5000

B. 借：生产成本　　　　4000

　　　税后列支费用　　　1000

　　　贷：银行存款　　　　　　5000

C. 借：期间费用　　　　5000

　　　贷：银行存款　　　　　　5000

D. 借：期间费用　　　　4000

税后列支费用   1000   解析 为业主儿子购买显示器的支出
      贷：银行存款   5000   1000 元通过"税后列支费用"列示。 答案 D

同步训练 限时30分钟

一、单项选择题

1. 下列情形中，（ ）的个体工商户应设立简易账。

    A. 注册资金为 25 万元

    B. 汽车修理修配厂月销售额为 30000 元

    C. 从事食品零售的企业月销售额为 90000 元

    D. 从事服装生产的增值税纳税人月销售额为 70000 元

2. 从事货物生产的个体户月销售额在（ ）万元以上及从事货物批发或零售的个体户月销售额在（ ）万元以上的，应当设置复式账。

    A. 1，5   B. 6，8

    C. 10，20   D. 5，8

3. 税务师代建个体工商业户简易账，按照制度规定除设置简易会计科目核算外，还要按月编制并向主管财政、税务机关报送的报表是（ ）。

    A. 留存利润表

    B. 资产负债表

    C. 应税所得表

    D. 银行存款余额调节表

4. 对各种账簿、记账凭证、报表、完税凭证和其他有关涉税资料应当保存（ ）年。

    A. 3   B. 5

    C. 10   D. 15

5. 以下的会计科目中，不属于个体工商户使用的是（ ）。

    A. 存货   B. 税后列支费用

    C. 营业外收入   D. 累计折旧

6. 某个体工商户以销售小商品为主，本期计提工资 8000 元，其中应在税后列支 1000 元，正确的会计分录是（ ）。

    A. 借：期间费用   7000

        税后列支费用   1000

        贷：应付职工薪酬   8000

    B. 借：管理费用   7000

        税后列支费用   1000

        贷：应付职工薪酬   8000

    C. 借：生产成本   8000

        贷：应付职工薪酬   8000

    D. 借：管理费用   8000

        贷：应付职工薪酬   8000

二、多项选择题

1. 根据规定，下列选项中，可以自行建账，也可以聘请社会中介机构代理建账的有（ ）。

    A. 有固定经营场所的个体、私营经营业户

    B. 新开业的一般纳税人

    C. 名为国有或集体实为个体、私营经营业户

    D. 个人租赁企业

    E. 个人承包经营企业

2. 下列关于个体户建账的说法，正确的有（ ）。

    A. 设置简易账的个体工商户应当设置经营收入账、经营费用账、商品（材料）购进账、库存商品（材料）盘点表和利润表

    B. 设置复式账的个体工商户应按小企业会计准则的规定设置总分类账、明细分类账、日记账等

    C. 复式账簿中现金日记账、银行存款日记账和总分类账必须使用订本式

    D. 简易账可以采用订本式，也可以不采用

    E. 账簿和凭证应当按照发生的时间顺序填写、装订或者粘贴

3. 个体工商户的下列支出，税收制度中不允许税前扣除的有（ ）。

    A. 用于个人和家庭的支出

B. 赞助支出

C. 个人所得税税款

D. 经营性支出

E. 税收滞纳金

4. 下列关于个体工商户的表述，正确的有（　　）。

A. 建立简易账簿的个体户，主要是控制收支两方面的核算和反映盈亏

B. 凡是按个体工商户进行税务登记管理的，均以每个纳税年度的应税所得作为计算个税的依据

C. 个体工商户的费用列支范围是销售费用和管理费用，不含财务费用

D. 个体户的家庭支出按比例进行税前扣除

E. 个体户的所得税，应单独填报《个人所得税经营所得纳税申报表（A 表）》

5. 某个体工商户委托某税务师事务所代理建账记账，该个体户于 2019 年度计提本年生产人员工资津贴等合计 12000 元，其中应在税后列支费用为 3000 元，代扣个人所得税 100 元，根据上述业务编制正确的会计分录为（　　）。

A. 借：生产成本　　　　　　9000
　　税后列支费用　　　　3000
　　贷：应付职工薪酬　　　　　12000

B. 借：应付职工薪酬　　　　100
　　贷：应交税费——代扣个人所得税
　　　　　　　　　　　　　　　100

C. 借：留存收益　　　　　　3000
　　贷：税后列支费用　　　　　3000

D. 借：生产成本　　　　　　12000
　　贷：应付职工薪酬　　　　　12000

E. 借：应付职工薪酬　　　　100
　　贷：税后列支费用　　　　　100

三、简答题

某个人独资企业 2019 年购入 3 辆小汽车，其中 2 辆奖励本企业 2 位优秀销售人员，1 辆作为投资者儿子的私人用车。3 辆小汽车所有权分别登记在相应人员名下。

问题：

(1) 说明上述业务涉及的个人独资企业优秀销售人员和投资者儿子的所得税分别应如何处理。

(2) 作出相应业务的会计分录（账务处理金额不予考虑）。

同步训练答案及解析

一、单项选择题

1. B 【解析】应当设置简易账：（1）注册资金在 10 万元以上 20 万元以下的；（2）提供增值税应税劳务的纳税人月销售额在 15000 元至 40000 元；从事货物生产的增值税纳税人月销售额在 30000 元至 60000 元；从事货物批发或零售的增值税纳税人月销售额在 40000 元至 80000 元；（3）省级税务机关确定应设置简易账的其他情形。

2. B 【解析】从事货物生产的增值税纳税人月销售额在 60000 元以上及从事货物批发或零售的增值税纳税人月销售额在 80000 元以上的个体工商户，应当设置复式账。

3. C 【解析】税务师代建个体工商业户简易账，按照制度规定除设置简易会计科目核算外，还要按月编制应税所得表，在办理当期纳税申报时向主管财政、税务机关报送。

4. C 【解析】对各种账簿、记账凭证、报表、完税凭证和其他有关涉税资料应当保存 10 年。

5. C 【解析】个体工商户无"营业外收入"科目，"营业外收入"的核算内容由"营业外收支"科目替代。

6. A 【解析】个体工商户企业应该设置"税后列支费用"，对于不得在税前扣除的成

本费用，可以直接计入该科目进行核算。对于从事销售的个体工商户，工资应当计入"期间费用"中核算，个体工商户会计科目中没有管理费用。税后列支的 1000 元，通过"税后列支费用"科目核算。

二、多项选择题

1. ACDE 【解析】个体、私营业户可自行建账，也可以聘请社会中介机构代理建账，具体范围如下：（1）有固定经营场所的个体、私营经营业户；（2）名为国有或集体实为个体、私营经营业户；（3）个人租赁、承包经营企业。

2. ABCE 【解析】简易账簿不是可以采用，而是均应采用订本式，所以选项 D 是错误的。

3. ABCE 【解析】经营性支出允许在税前扣除。下列情形不得税前扣除：①个人所得税税款；②税收滞纳金；③罚金、罚款和被没收的财物损失；④赞助支出；⑤不符合扣除规定的捐赠支出；⑥用于个人和家庭的支出；⑦与取得生产经营收入无关的其他支出；⑧国家税务总局规定不准扣除的其他支出。

4. ABE 【解析】选项 C，个体工商户的费用列支范围和企业相同，包括销售费用和管理费用、财务费用，只是核算科目直接都在"期间费用"科目核算；选项 D，个体户的家庭支出，不允许税前扣除。

5. ABC 【解析】本题考核个体工商户准予税前列支项目和不得税前列支项目账务处理的不同。不得税前列支项目通过"税后列支费用"，转入"留存收益"。

三、简答题

【答案】

（1）为个人独资企业优秀销售人员购车，对销售人员来说应按"工资薪金所得"缴纳个人所得税；为投资者或其家庭成员购买财产视为分配，按"经营所得"缴纳个人所得税。

（2）相应会计分录：

①发放时

借：应付职工薪酬（提示：销售人员）
　　税后列支费用（提示：投资者家庭成员）
　　贷：银行存款

②计提销售人员的工资薪金

借：期间费用（提示：销售人员）
　　贷：应付职工薪酬

③结转销售人员费用

借：本年利润（提示：销售人员）
　　贷：期间费用

④结转投资者儿子的费用

借：留存收益（提示：投资者家庭成员）
　　贷：税后列支费用

⑤扣缴相应的个人所得税

借：应付职工薪酬（提示：销售人员）
　　贷：应交税费——代扣个人所得税

借：留存收益（提示：投资者家庭成员）
　　贷：应交税费——应交个人所得税

第7章　企业涉税会计核算

考情解密

历年考情概况

本章属于"涉税服务实务"科目重点章节，在历年考题中会以各种题型进行考核。单独命题的单选题、多选题等小题年年有，总体分值不高，更多的是在综合题或简答题中涉及涉税会计核算的内容，由于本章往往和第9、10、11章结合出题，因此分值很难准确统计，预计本章分值在10分左右。（注：与具体税种核算有关的内容在第9、10、11章中做详细介绍）

近年考点直击

考点	主要考查题型	考频指数	考查角度
"应交税费"科目的核算范围	单选题、多选题	★★	考核哪些税种通过"应交税费"科目核算，哪些税种不通过"应交税费"科目核算；哪些非税收或非本企业缴纳的税收通过"应交税费"科目核算
增值税涉税会计核算	单选题、多选题、简答题、综合题	★★★	各种情况下增值税的核算，尤其要注意将营改增的内容与增值税会计核算结合起来出题
"税金及附加"科目	单选题、多选题	★★	(1)"税金及附加"科目核算的税种； (2)"税金及附加"科目的性质及出现跨年度错账时需要用"以前年度损益调整"科目调账
企业所得税的核算	单选题、多选题	★★	(1)"应交税费——应交所得税"科目与"所得税费用"科目的关系； (2)何时形成递延所得税资产，何时形成递延所得税负债
以前年度损益调整	单选题、多选题、简答题、综合题	★★★	关键是如何利用"以前年度损益调整"科目调账
营业外收入	单选题、多选题	★★	核算企业实际收到即征即退、先征后退、先征后返的增值税和直接减免的增值税
耕地占用税、车辆购置税、契税的核算	单选题、多选题	★★	注意这三个税种的税费对应的会计科目
出口退税	单选题、多选题、简答题、综合题	★★	免抵退税的税务处理与账务处理
商品流通企业增值税的核算	单选题、多选题	★★	商品流通企业增值税核算与工业企业增值税核算的不同
商品流通企业消费税的核算	单选题、多选题	★★	自购自销和自购自用金银首饰的账务处理和税务处理

本章2020年考试主要变化

1. 新增取得退还增量留抵税额的进项税额转出规定。
2. 新增取消增值税扣除凭证认证确认期限的规定。
3. 新增加计抵减政策的会计核算，计入"其他收益"科目。
4. 新增加计抵减政策的税务处理和相关计算。

考点详解及精选例题

一、"应交税费"科目★★

扫我解疑难

本科目核算企业**按税法**规定计算应缴纳的各种税费。

（一）"应交税费"科目的整体规定

1. 核算范围（见表 7-1）

表 7-1 "应交税费"的核算范围

情形	具体规定
在本科目核算的非税款或非本企业缴纳的税款	按规定应缴纳的代扣代缴的个人所得税、教育费附加、矿产资源补偿费
不在本科目核算的税款	不需要预计缴纳的税金，如耕地占用税、车辆购置税、契税等
印花税	需要预计：通过"应交税费"核算
	不需要预计：不通过"应交税费"核算

2. 本科目应按照"应交税费"的税种进行明细核算，一般一个税种设一个二级科目。增值税比较特殊，设置了 11 个二级科目，"应交增值税"还设 10 个专栏进行核算；

3. 本科目期末贷方余额，反映企业尚未缴纳的税费，期末如为借方余额，反映企业多缴或尚未抵扣的税金。

（二）增值税的涉税会计核算（见表 7-2）★★★

该知识点要重点掌握，历年考题均会涉及。

表 7-2 "应交税费"中与增值税核算有关的明细科目

序号	"应交税费"明细科目
1	应交税费——应交增值税
2	应交税费——未交增值税
3	应交税费——预交增值税
4	应交税费——待抵扣进项税额
5	应交税费——待认证进项税额
6	应交税费——待转销项税额
7	应交税费——增值税留抵税额
8	应交税费——简易计税
9	应交税费——转让金融商品应交增值税
10	应交税费——代扣代交增值税
11	应交税费——增值税检查调整

下面将按照表 7-2 所列顺序依次介绍与增值税核算有关的"应交税费"的明细科目。

1. "应交增值税"明细科目

一般纳税人"应交税费——应交增值税"科目的设置见表7-3。

表7-3 "应交税费——应交增值税"明细科目

明细	借贷	专栏	核算内容	注意事项
应交增值税	借方（6个）	进项税额	记录一般纳税人购进货物、劳务、服务、无形资产或不动产而支付或负担的、准予从当期销项税额中抵扣的增值税额	①企业购入时支付或负担的进项税额，用蓝字登记； ②退回所购货物应冲销的进项税额，用红字登记，并非通过进项税额转出进行处理； ③本科目期末可以有借方余额
		销项税额抵减	记录一般纳税人按照现行增值税制度规定因扣减销售额而减少的销项税额	①只有按一般计税方法计税允许差额纳税时才使用该科目核算； ②取得合规增值税扣税凭证且允许抵减时进行核算； ③账务处理： 借：主营业务成本等 　　应交税费——应交增值税(销项税额抵减) 　　贷：银行存款(或应付账款)
		已交税金	记录一般纳税人当月已缴纳的应缴增值税额	①注意区分是缴纳本月增值税还是上月增值税额。如果是企业缴纳上月应交未交的增值税，借记"应交税费——未交增值税"科目，贷记"银行存款"；当月缴纳当月应缴纳的增值税才通过"已交税金"专栏核算； ②退回多缴的增值税额用红字登记； ③用"应交税费——应交增值税(已交税金)"记账的情形。 a. 辅导期一般纳税人需要增购发票； b. 以1、3、5、10、15日(不足1个月)为1个纳税期的
		减免税款	记录一般纳税人按现行增值税制度规定准予减免的增值税额	①企业按规定减免的增值税额借记本科目，贷记"营业外收入"或"其他收益"科目； ②企业初次购买增值税税控系统专用设备支付的费用以及缴纳的技术维护费允许在增值税应纳税额中全额抵减的，按规定抵减的增值税应纳税额，借记"应交税费——应交增值税(减免税款)"科目(小规模纳税人借记"应交税费——应交增值税"科目)
		出口抵减内销产品应纳税额	反映出口企业销售出口货物后，向税务机关办理免抵退税申报，按规定计算的应免抵税额	①账务处理为： 借：应交税费——应交增值税(出口抵减内销产品应纳税额) 　　贷：应交税费——应交增值税(出口退税) ②免抵税额是计算城建税和教育费附加的基数
		转出未交增值税	核算企业月终转出应缴未缴的增值税	月末企业"应交税费——应交增值税"明细账出现贷方余额时，根据余额借记本科目，贷记"应交税费——未交增值税"科目。结转以后，期末"应交税费——应交增值税"科目贷方无余额

明细	借贷	专栏	核算内容	注意事项
应交增值税	贷方（4个）	销项税额	核算一般纳税人销售货物、劳务、服务、无形资产或不动产应收取的增值税额	退回销售货物应冲减的销项税额，只能在贷方用红字登记
		出口退税	记录企业出口适用零税率的货物、劳务、服务、无形资产，出口后凭相关手续向税务机关申报办理出口退税时计算的退税最高限额——即按"免抵退税额"记账	账务处理为： 借：应收出口退税款——增值税 　应交税费——应交增值税（出口抵减内销产品应纳税额） 贷：应交税费——应交增值税（出口退税）
		进项税额转出	记录企业购进货物、劳务、服务、无形资产或不动产等发生非正常损失以及其他原因而不应从销项税额中抵扣、按规定转出的进项税额	①进项税额转出的三种情形。 a. 已经抵扣进项税额的外购货物等改变用途，用于不得抵扣进项税额的用途，做进项税额转出； b. 在产品、产成品、不动产等发生非正常损失，其所用外购货物、劳务、服务等进项税额做转出处理； c. 生产企业出口自产货物的免抵退税不得免征和抵扣税额，做进项税额转出； d. 对同时符合条件的纳税人，可以向主管税务机关申请退还增量留抵税额，纳税人取得退还的留抵税额后，做进项税额转出。 ②转出时按照抵扣时的税率或扣除率做转出，而非按照转出时的税率或扣除率做转出——抵扣多少，转出多少
		转出多交增值税	记录一般纳税人月度终了转出当月多交的增值税额	按照"应交税费——应交增值税"的借方余额与已交税金专栏发生额比较，按照较小方转出。 a. 由于进项税额大于销项税额形成的"应交税费——应交增值税"的借方余额：月末无需进行账务处理； b. 由于多预缴税款形成的"应交税费——应交增值税"的借方余额：才需要做转出处理

【例题1·单选题】某工业企业为增值税一般纳税人，纳税期限为10天，2020年3月15日缴纳本月1日至10日的应纳增值税额98000元，则正确的会计处理为（　）。

A. 借：应交税费——应交增值税（已交税金）　98000
　　贷：银行存款　　　　98000

B. 借：应交税费——未交增值税　　98000
　　贷：应交税费——应交增值税（转出未交增值税）　98000

C. 借：以前年度损益调整　98000
　　贷：银行存款　　　　98000

D. 借：应交税费——未交增值税　　98000
　　贷：银行存款　　　　98000

解析 ▶ 一般纳税人当月缴纳当月的增值税应通过"已交税金"核算。　答案 ▶ A

【例题2·单选题】2020年1月某经批准从事融资租赁业务的公司购进一批车辆，价款6000000元，增值税780000元，取得机动车销售统一发票；支付车辆购置税600000元，取得完税凭证。上述款项均已支付。正确的账务处理是（　）。

A. 借：固定资产　　　6600000
　　应交税费——应交增值税（进项

税额)   780000

　　　　贷：银行存款   7380000

B. 借：固定资产   6600000

　　　　应交税费——待抵扣进项税额

　　　　　　　　　　　　　780000

　　　　贷：银行存款   7380000

C. 借：固定资产   6530973.45

　　　　应交税费——应交增值税(销项税额抵减)   69026.55

　　　　应交税费——应交增值税(进项税额)   780000

　　　　贷：银行存款   7380000

D. 借：固定资产   6522000

　　　　应交税费——应交增值税(销项税额抵减)   78000

　　　　应交税费——应交增值税(进项税额)   780000

　　　　贷：银行存款   7380000

解析▶ 经人民银行、银保监会或者商务部批准从事融资租赁业务的试点纳税人，提供融资租赁服务，以取得的全部价款和价外费用，扣除支付的借款利息、发行债券利息和车辆购置税后的余额为销售额。对于差额计税时抵减的销项税额，应通过"销项税额抵减"专栏核算，而不通过"进项税额"专栏核算。

答案▶ C

【例题 3·多选题】 下列经济业务发生后，需要通过"应交税费——应交增值税(进项税额转出)"科目核算的有(   )。

A. 一般纳税人将外购货物用于集体福利

B. 一般纳税人将自产产品用于个人消费

C. 一般纳税人将自产的产品用于股东分配

D. 一般纳税人的产成品发生了因管理不善造成的非正常损失

E. 一般纳税人将外购货物用于对外投资

解析▶ 选项 BCE 项属于视同销售，相应进项税额可以抵扣，不需进项税额转出。

答案▶ AD

真题精练(客观题)

1. (2019 年单选题)2019 年 5 月份某企业支付税控设备维修费并取得发票，该企业会计核算的借方科目是(   )。

A. 应交税费——应交增值税(销项税额)

B. 应交税费——应交增值税(进项税额)

C. 应交税费——应交增值税(销项税额抵减)

D. 应交税费——应交增值税(减免税款)

解析▶ 按现行增值税制度规定，企业初次购买增值税税控系统专用设备支付的费用以及缴纳的技术维护费允许在增值税应纳税额中全额抵减的，按规定抵减的增值税应纳税额，借记"应交税费——应交增值税(减免税款)"科目(小规模纳税人借记"应交税费——应交增值税"科目)。

答案▶ D

2. (2017 年单选题)某企业为增值税一般纳税人，根据税务机关规定每 5 天预缴一次增值税，2017 年 3 月当期进项税额 40 万元，销项税额为 90 万元，当月已缴纳的增值税为 60 万元，则月末企业的会计处理(   )。

A. 借：应交税费——未交增值税
　　　　　　　　　　　　　100000
　　贷：应交税费——应交增值税(转出多交增值税)   100000

B. 借：应交税费——应交增值税(转出多交增值税)   100000
　　贷：应交税费——未交增值税
　　　　　　　　　　　　　100000

C. 借：应交税费——未交增值税
　　　　　　　　　　　　　100000
　　贷：应交税费——应交增值税(转出未交增值税)   100000

D. 借：应交税费——应交增值税(转出未交增值税)   100000
　　贷：应交税费——未交增值税
　　　　　　　　　　　　　100000

解析▶ 月份终了，企业将本月多缴的增值税自"应交税费——应交增值税"科目转入"未交增值税"明细科目。会计分录为：

借：应交税费——未交增值税

　　贷：应交税费——应交增值税(转出

多交增值税)

答案 ▶ A

3. (2016 年单选题，改)2020 年 1 月某家电生产企业将其生产的空气加湿器作为福利发放给职工，成本 2 万元，市场不含税价 5 万元，会计处理正确的是(   )。

A. 借：应付职工薪酬——非货币性福利

　　　　　　　　　　26500

　　贷：主营业务成本　　20000

　　　　应交税费——应交增值税(销项税额)　　　6500

B. 借：应付职工薪酬——非货币性福利

　　　　　　　　　　56500

　　贷：主营业务收入　　50000

　　　　应交税费——应交增值税(销项税额)　　　6500

C. 借：应付职工薪酬——非货币性福利

　　　　　　　　　　52600

　　贷：主营业务收入　　50000

　　　　应交税费——应交增值税(销项税额)　　　2600

D. 借：应付职工薪酬——非货币性福利

　　　　　　　　　　22600

　　贷：主营业务收入　　20000

　　　　应交税费——应交增值税(销项税额)　　　2600

解析 ▶ 自产货物用于职工福利视同销售。

借：应付职工薪酬——非货币性福利

　　　　　　　　　　56500

　　贷：主营业务收入　　50000

　　　　应交税费——应交增值税(销项税额)　　　6500

答案 ▶ B

2. "未交增值税"明细科目

本科目核算一般纳税人月度终了从"应交增值税"或"预交增值税"明细科目转入当月应交未交、多交或预缴的增值税额，以及当月缴纳以前期间未缴的增值税额。

"应交税费——未交增值税"科目见图 7-1。

图 7-1　"应交税费——未交增值税"科目

【知识点拨】

(1)一般纳税人一般计税方法下的预交增值税，期末要转入本科目。

(2)因销项税额小于进项税额而产生的期末留抵税额，无需转入"应交税费——未交增值税"科目，具体核算见表 7-4。

表 7-4　"应交税费——应交增值税"的月末结转

情形	账务处理
月份终了，企业应将当月发生的应缴增值税额自"应交税费——应交增值税"科目转入"未交增值税"科目	借：应交税费——应交增值税(转出未交增值税) 　　贷：应交税费——未交增值税

情形	账务处理
月份终了，企业应将当月多缴的增值税额自"应交税费——应交增值税"科目转入"未交增值税"科目——真金白银多缴	借：应交税费——未交增值税 　贷：应交税费——应交增值税(转出多交增值税)

（3）企业**当月**缴纳**以前期间**未缴的增值税

借：应交税费——未交增值税

　贷：银行存款

【例题4·单选题】某企业为增值税一般纳税人，2020年1月15日通过银行划账上缴2019年12月应纳增值税额12000元，则正确的会计处理为（　）。

A. 借：以前年度损益调整　　12000

　　　贷：银行存款　　　　　　12000

B. 借：应交税费——应交增值税(转出未交增值税)　　12000

　　　贷：银行存款　　　　　　12000

C. 借：以前年度损益调整　　12000

　　　贷：应交税费——应交增值税(转出多交增值税)　　12000

D. 借：应交税费——未交增值税

　　　　　　　　　　　　　　12000

　　　贷：银行存款　　　　　　12000

解析 月末，企业"应交税费——应交增值税"二级科目存在贷方余额，应做分录：

借：应交税费——应交增值税(转出未交增值税)

　贷：应交税费——未交增值税

下月初缴纳本月应纳税款时，做分录：

借：应交税费——未交增值税

　贷：银行存款

答案 D

（4）月末，本科目的借方余额反映的是企业多缴的增值税款，贷方余额反映的是期末结转下期应缴的增值税。

期末留抵税额反映在"应交税费——应交增值税"的借方，而非"应交税费——未交增值税"处。

（5）一般纳税人本期既有期末留抵税额，又有欠缴税额：

①对纳税人因销项税额小于进项税额而产生期末留抵税额的，应以期末留抵税额抵减增值税欠税。

②按增值税欠税额与期末留抵税额中较小的数字，红字借记"应交税费——应交增值税(进项税额)"科目，贷记"应交税费——未交增值税"科目。

【例题5·简答题】某企业2020年5月在税务稽查中应补增值税15万元欠税未补，若2020年5月期末留抵税额10万元，6月末留抵税额8万元。5月末和6月末用留抵税额抵减欠税的账务处理。

答案 ▶

5月——期末留抵税额10万元，欠税15万元，按照较小一方即10万元红字记账：

借：应交税费——应交增值税(进项税额)

　　　　　　　　　　　　　100000

　贷：应交税费——未交增值税

　　　　　　　　　　　　　100000

6月——期末留抵税额8万元，欠税5万元，按照较小一方即5万元红字记账：

借：应交税费——应交增值税(进项税额)

　　　　　　　　　　　　　50000

　贷：应交税费——未交增值税 50000

3. "预交增值税"明细科目

本科目核算**一般纳税人转让不动产、提供不动产经营租赁服务、提供建筑服务、采用预收款方式销售自行开发的房地产项目**等，以及其他按现行增值税制度规定应预缴的增值税额。

【知识点拨】

（1）注意"应交税费——预交增值税"与"应交税费——应交增值税(已交税金)"的区别：

①"已交税金"：核算纳税人本月缴纳本

月的增值税，此时纳税人的增值税纳税义务已经发生；

②"预交增值税"核算的四种情形（见表7-5）。

表7-5 "预交增值税"核算的四种情形

情形	具体规定
提供建筑服务	跨地级市提供建筑服务或提供建筑服务收到预收款时
不动产经营租赁服务	不动产所在地与机构所在地不在同一县（市、区）的，向不动产所在地主管税务机关预缴的增值税
销售不动产	纳税人转让其取得的不动产，向不动产所在地主管税务机关预缴的增值税
房地产开发企业销售开发产品	收到预收款时预缴的增值税

（2）只有一般纳税人采用一般计税方法预缴的增值税才通过"预交增值税"核算，一般纳税人采用简易计税方法预缴的增值税通过"简易计税"核算；小规模纳税人预缴增值税通过"应交税费——应交增值税"明细科目核算。

（3）"应交税费——预交增值税"转入"应交税费——未交增值税"的时间见表7-6。

表7-6 "应交税费——预交增值税"转入"应交税费——未交增值税"的时间

企业类型	时间规定
一般企业	月末，企业应将"预交增值税"明细科目余额转入"未交增值税"明细科目 借：应交税费——未交增值税 　贷：应交税费——预交增值税
房地产开发企业	应直至纳税义务发生时方可从"应交税费——预交增值税"科目结转至"应交税费——未交增值税"科目

『链接』预缴增值税的核算（见表7-7）

表7-7 预缴增值税的核算

情形			应预缴税款的计算方法	核算科目
转让不动产	一般纳税人	自建	选择适用简易计税方法的：应预缴税款＝全部价款和价外费用÷(1+5%)×5%	应交税费——简易计税
			适用一般计税方法的：应预缴税款＝全部价款和价外费用÷(1+5%)×5%	应交税费——预交增值税
		其他形式取得	选择适用简易计税方法的：应预缴税款＝(全部价款和价外费用−不动产购置原价或者取得不动产时的作价)÷(1+5%)×5%	应交税费——简易计税
			适用一般计税方法的：应预缴税款＝(全部价款和价外费用−不动产购置原价或者取得不动产时的作价)÷(1+5%)×5%	应交税费——预交增值税
	小规模纳税人	自建	应预缴税款＝全部价款和价外费用÷(1+5%)×5%	应交税费——应交增值税
		其他形式取得	应预缴税款＝(全部价款和价外费用−不动产购置原价或者取得不动产时的作价)÷(1+5%)×5%	

情形			应预缴税款的计算方法	核算科目
不动产经营租赁（异地）	一般纳税人	营改增前取得	选择适用简易计税方法的：应预缴税款=含税销售额÷(1+5%)×5%	应交税费——简易计税
			适用一般计税方法的：应预缴税款=含税销售额÷(1+9%)×3%	应交税费——预交增值税
		营改增后取得	应预缴税款=含税销售额÷(1+9%)×3%	
	小规模纳税人		应预缴税款=含税销售额÷(1+5%)×5%	应交税费——应交增值税
建筑服务（跨地级市或收到预收款）	一般纳税人		选择适用简易计税方法的：应预缴税款=(全部价款和价外费用－支付的分包款)÷(1+3%)×3%	应交税费——简易计税
			适用一般计税方法的：应预缴税款=(全部价款和价外费用–支付的分包款)÷(1+9%)×2%	应交税费——预交增值税
	小规模纳税人		应预缴税款=(全部价款和价外费用–支付的分包款)÷(1+3%)×3%	应交税费——应交增值税
预收款销售自行开发的房产	一般纳税人		选择适用简易计税方法的：预收款÷(1+5%)×3%	应交税费——简易计税
			适用一般计税方法的：预收款÷(1+9%)×3%	应交税费——预交增值税
	小规模纳税人		预收款÷(1+5%)×3%	应交税费——应交增值税

【例题 6·多选题】 一般纳税人可能通过"应交税费——预交增值税"核算的情形包括（   ）。

A. 提供建筑服务的纳税人收到预收款时

B. 不动产所在地与机构所在地不在同一县(市、区)的不动产经营租赁服务

C. 纳税人转让其取得的不动产

D. 7月15日预缴7月1日至10日的应纳增值税

E. 房地产开发企业销售开发产品收到预收款时

解析 ▶ 选项 D，本月预缴本月增值税，通过"应交税费——应交增值税(已交税金)"核算。

答案 ▶ ABCE

（2019 年多选题）下列采取增值税一般计税方法的业务，在会计核算时会使用到"应交税费——预交增值税"科目的有（   ）。

A. 房地产开发公司销售商品房预收的销售款

B. 工业企业销售货物预售的货款

C. 建筑公司建造写字楼预收的工程款

D. 商业企业出租包装物收取的押金

E. 工业企业分期收款方式销售货物收到的款项

解析 ▶ 企业预缴增值税时，借记"应交税费——预交增值税"科目。选项 BDE，不涉及增值税的预缴，因此不会涉及该科目。

答案 ▶ AC

4. "待抵扣进项税额"明细科目

本科目核算一般纳税人已取得增值税扣税凭证并经税务机关认证，按照现行增值税制度规定准予以后期间从销项税额中抵扣的进项税额。

本明细科目核算以下内容：

（1）实行纳税辅导期管理的一般纳税人取得的尚未交叉稽核比对的增值税扣税凭证上

注明或计算的增值税额——包括尚未交叉稽核比对的专用发票抵扣联、海关进口增值税专用缴款书；

（2）2016年5月1日~2019年3月31日，按固定资产核算的不动产、不动产在建工程进项税额分2年抵扣——取得扣税凭证当月抵扣60%；第13个月抵扣40%。第13个抵扣的40%进项税额在取得扣税凭证时计入"待抵扣进项税额"。

（3）自2019年4月1日起，按固定资产核算的不动产、不动产在建工程进项税额一次性抵扣进项税额。

①自2019年4月起，企业可以将以前按规定尚未抵扣完毕的待抵扣进项税额一次性进行账务处理：

借：应交税费——应交增值税（进项税额）

贷：应交税费——待抵扣进项税额

②可在2019年4月份所属期转入，也可在以后月份所属期转入，但纳税人将待抵扣的不动产进项税额转入抵扣时，需要一次性全部转入；

③纳税人取得不动产尚未抵扣完毕的待抵扣进项税额，可自2019年4月税款所属期起从销项税额中抵扣。对于该部分进项税额，适用加计抵减政策的纳税人，可在转入抵扣的当期，计算加计抵减额；

④2019年4月1日以后一次性转入的待抵扣部分的不动产进项税额，在当期形成留抵税额的，可用于计算增量留抵税额。企业如符合留抵退税条件的，可以向主管税务机关申请退还增量留抵税额。

【例题7·简答题】某企业2018年6月为新修建厂房，购进一批工程物资，取得增值税专用发票上注明的价款100万元，增值税税款16万元。2019年4月份该企业将与不动产有关的待抵扣进项税额一次性抵扣。请做出相应的账务处理。

答案 ▶

2018年6月

借：在建工程　　　　　　　　　1000000

　　应交税费——应交增值税（进项税额）

　　　　　　　　　　　　　　　96000

　　应交税费——待抵扣进项税额

　　　　　　　　　　　　　　　64000

　　贷：银行存款　　　　　　　1160000

2019年4月

借：应交税费——应交增值税（进项税额）

　　　　　　　　　　　　　　　64000

　　贷：应交税费——待抵扣进项税额

　　　　　　　　　　　　　　　64000

5．"待认证进项税额"明细科目

（1）本科目核算一般纳税人由于未经税务机关认证而不得从当期销项税额中抵扣的进项税额。具体包括：

①一般纳税人已取得增值税扣税凭证、按照现行增值税制度规定准予从销项税额中抵扣，但尚未经税务机关认证的进项税额。

②一般纳税人已申请稽核但尚未取得稽核相符结果的海关缴款书进项税额。

【知识点拨】已申请稽核但尚未取得稽核相符结果的海关缴款书进项税额，原在"待抵扣进项税额"明细科目核算，现在调整在本科目核算。（稽核比对相符合，转入进项税额中核算）

（2）认证（查询）期、稽核比对期的规定。

自2020年3月1日起，取消增值税扣税凭证认证确认期限。具体规定见表7-8。

表7-8　取消增值税扣税凭证认证确认期限的具体规定

票据情况	认证规定
增值税一般纳税人取得2017年1月1日及以后开具的增值税专用发票、海关进口增值税专用缴款书、机动车销售统一发票、收费公路通行费增值税电子普通发票	取消认证确认、稽核比对、申报抵扣的期限

票据情况	认证规定
增值税一般纳税人取得 2016 年 12 月 31 日及以前开具的增值税专用发票、海关进口增值税专用缴款书、机动车销售统一发票	执行原有认证期限规定。超过认证确认、稽核比对、申报抵扣期限，但符合规定条件的，仍可按规定，继续抵扣进项税额

（3）"待认证进项税额"的账务处理（见表 7-9）。

表 7-9 "待认证进项税额"的账务处理

情形	账务处理
购进，未经认证（查询）、比对时	借：原材料、固定资产等 　　应交税费——待认证进项税额 　　贷：银行存款、应付账款等
经认证（查询）、比对，准予抵扣时	借：应交税费——应交增值税（进项税额） 　　贷：应交税费——待认证进项税额
经认证（查询）、比对，不得抵扣时	借：原材料等相应科目 　　贷：应交税费——待认证进项税额 或红字记账

（4）增值税一般纳税人采购业务中的核算（见表 7-10）。

表 7-10 增值税一般纳税人采购业务中的核算

业务类型	账务处理
材料虽然已经入库，但**未取得扣税凭证**的采购	月末按货物清单或相关合同协议上的价格暂估入账，**不需要将增值税的进项税额暂估入账**。下月初，用红字冲销原暂估入账金额，待取得扣税凭证后再进行相应账务处理。此时不需要通过"待认证进项税额"核算
取得扣税凭证，**未认证或查询**的采购	借：原材料、固定资产等 　　应交税费——**待认证进项税额** 　　贷：银行存款或应付账款
辅导期纳税人，取得扣税凭证，**已认证或查询、尚未交叉稽核**的采购	借：原材料、固定资产等 　　应交税费——**待抵扣进项税额** 　　贷：银行存款或应付账款
取得扣税凭证，已经认证或查询，**一次性抵扣**进项税额的采购	借：原材料、固定资产等 　　应交税费——应交增值税（**进项税额**） 　　贷：银行存款或应付账款

【例题 8·单选题】 某增值税一般纳税人购进一批原材料，取得增值税专用发票，但尚未认证，其进项税额应通过（　　）核算。

A. 应交税费——待认证进项税额

B. 应交税费——待抵扣进项税额

C. 应交税费——应交增值税（进项税额）

D. 原材料

解析 ▶ 选项 A 符合条件。　　**答案** ▶ A

6."待转销项税额"明细科目

（1）核算一般纳税人销售货物、劳务、服务、无形资产或不动产，已确认相关收入（或利得）但尚未发生增值税纳税义务而需于以后期间确认为销项税额的增值税额。

（2）与"待转销项税额"有关的账务处理（见表 7-11）。

表 7-11　与"待转销项税额"有关的账务处理

情形	账务处理
增值税纳税义务发生时间早于会计上收入确认时间	借：银行存款等 　贷：预收账款 　　　应交税费——应交增值税（销项税额）
会计上收入确认时间早于增值税纳税义务发生时间（比如建筑服务完成后被扣留的质押金、保证金）	借：应收账款 　贷：主营业务收入（或工程结算等） 　　　应交税费——待转销项税额

【例题 9 · 单选题】某建筑公司为增值税一般纳税人，2020 年 3 月完成 A 工程项目（采用一般计税方法），但是被建设方扣留了 1090 万元的含税质保金，2020 年 3 月，该建筑公司的账务处理为（　　）。

A. 借：应收账款　　　　　10900000
　　　贷：主营业务收入　　10900000

B. 借：应收账款　　　　　10900000
　　　贷：主营业务收入　　10000000
　　　　　应交税费——应交增值税
　　　　　（销项税额）　　　900000

C. 借：应收账款　　　　　10900000
　　　贷：主营业务收入　　10000000
　　　　　应交税费——待转销项税额
　　　　　　　　　　　　　　900000

D. 借：应收账款　　　　　10900000
　　　贷：主营业务收入　　10000000
　　　　　应交税费——未交增值税
　　　　　　　　　　　　　　900000

解析 对于建筑企业而言，应该按照完工百分比法确认收入，由于该工程已经全部完工，因此会计上应全部确认收入；但按照增值税的规定，被建设方扣留的质押金、保证金，只要既未开具发票，又未收取款项的，增值税纳税义务并未发生。因此该业务属于会计上收入确认时间早于增值税纳税义务发生时间的情形，需于以后期间确认为销项税额的增值税额应通过"应交税费——待转销项

税额"明细科目核算。

答案 C

7. "增值税留抵税额"明细科目

由于该科目只在营改增过渡期间使用过，现在已经过时，因此简单了解即可。

8. "简易计税"明细科目

（1）本科目核算一般纳税人采用简易计税方法发生的增值税计提、扣减、预缴、缴纳等业务。

（2）"应交税费——简易计税"无需转入"应交税费——未交增值税"科目中。

【知识点拨】一般纳税人采用一般计税与简易计税的账务处理的不同：（1）一般纳税人采用简易计税方法发生的增值税计提、扣减、预缴、缴纳等业务，均通过"简易计税"科目核算；（2）一般纳税人采用一般计税方法发生的增值税计提、扣减、预缴、缴纳等业务，需要通过"应交增值税"的各个专栏、"预交增值税""未交增值税"核算。

【例题 10 · 简答题】某建筑公司为增值税一般纳税人，2020 年 3 月对外提供建筑服务，收到预收款 1122.7 万元。

问题：

（1）如果该项目采用一般计税方式，如何进行账务处理？

（2）如果该项目采用简易计税方式，如何进行账务处理？

答案 账务处理见表 7-12。

表 7-12　建筑企业预收款时一般计税与简易计税的账务处理

业务	账务处理	
	一般计税	简易计税
预收账款时	借：银行存款　　　　　　1122.7 　贷：预收账款　　　　　　1122.7	借：银行存款　　　　　　1122.7 　贷：预收账款　　　　　　1122.7
预交增值税时	借：应交税费——预交增值税　20.6 　贷：银行存款　　　　　　20.6	借：应交税费——简易计税　32.7 　贷：银行存款　　　　　　32.7
预交税款	＝1122.7÷（1+9%）×2%	＝1122.7÷（1+3%）×3%

【例题 11·多选题】2020 年 3 月某县某企业将厂房对外出售取得含增值税收入 1020 万元，已知该厂房是 2013 年 12 月购入的，购入价格为 600 万元，厂房原值为 630 万元，已经按税法规定计提折旧 400 万元，账面净值 230 万元。厂房出售过程中用银行存款支付各种费用 5 万元，选择简易计税方法计算缴纳增值税，缴纳土地增值税 60 万元，不考虑印花税、城建税和教育费附加，则正确的账务处理有（　）。

A. 借：固定资产清理　　　2300000
　　累计折旧　　　　　4000000
　　贷：固定资产　　　　6300000

B. 借：银行存款　　　　10200000
　　贷：固定资产清理　　10000000
　　　　应交税费——简易计税
　　　　　　　　　　　　200000

C. 借：银行存款　　　　10200000
　　贷：固定资产清理　　10000000
　　　　应交税费——应交增值税
　　　　（销项税额）　　　200000

D. 借：税金及附加　　　　600000
　　贷：应交税费——应交土地增值税　　　　　　　　600000

E. 借：固定资产清理　　　6550000
　　贷：资产处置损益　　6550000

解析 ▶ 应纳增值税＝（1020－600）÷（1+5%）×5%＝20（万元），对于一般纳税人采用简易计税方法计算的增值税应通过"应交税费——简易计税"核算；固定资产处置损益＝（1020－20 增值税）－230（净值）－5（费用）－60（土地增值税）＝705（万元）。　答案 ▶ AB

真题精练（客观题）

1. (2018 年单选题)甲公司为增值税一般纳税人，2018 年 5 月销售一栋"营改增"前外购的房产，选择简易计税办法，在房产所在地预缴增值税时，会计核算的借方科目应该是（　）。

A. 应交税费——简易计税

B. 应交税费——已交税金

C. 应交税费——应交增值税

D. 应交税费——预缴增值税

解析 ▶ "应交税费——简易计税"明细科目，核算一般纳税人采用简易计税方法发生的增值税计提、扣减、预缴、缴纳等业务。　答案 ▶ A

2. (2017 年单选题)增值税一般纳税人采取简易计税方法，计提应纳增值税，应计入（　）贷方。

A. 应交税费——应交增值税（销项税额）

B. 应交税费——简易计税

C. 应交税费——未交增值税

D. 应交税费——应交增值税（转出未交增值税）

解析 ▶ 增值税一般纳税人采用简易计税方法，计提应交增值税，应计入"应交税费——简易计税"贷方。　答案 ▶ B

9. "转让金融商品应交增值税"明细科目本科目核算增值税纳税人转让金融商品发生的增值税额。

(1)"转让金融商品应交增值税"的账务

处理见表 7-13。

表 7-13 "转让金融商品应交增值税"的账务处理

时点	具体情形及账务处理
金融商品实际转让月末	如产生转让**收益**，则按应纳税额借记"投资收益"等科目，贷记"应交税费——转让金融商品应交增值税"科目
	如产生转让**损失**，则可结转下月抵扣税额，借记"应交税费——转让金融商品应交增值税"科目，贷记"投资收益"等科目
交纳增值税时	借记"应交税费——转让金融商品应交增值税"科目，贷记"银行存款"科目
年末账务处理	本科目如有借方余额，则借记"投资收益"等科目，贷记"应交税费——转让金融商品应交增值税"科目

（2）金融商品转让，按照卖出价扣除买入价后的余额为销售额。转让金融商品出现的正负差，按盈亏相抵后的余额为销售额。若相抵后出现负差，可结转下一纳税期与下期转让金融商品销售额相抵，但年末时仍出现负差的，不得转入下一个会计年度。

（3）"转让金融商品应交增值税"的期末余额**无需**转入"应交税费——未交增值税"中。

（4）差额纳税中，除金融商品转让之外，企业发生相关成本费用允许扣减销售额的，发生成本费用时，按应付或实际支付的金额，借记"主营业务成本""存货""工程施工"等科目，贷记"应付账款""应付票据""银行存款"等科目。待取得合规增值税扣税凭证且纳税义务发生时，按照允许抵扣的税额，借记"应交税费——应交增值税（销项税额抵减）"或"应交税费——简易计税"科目（小规模纳税人应借记"应交税费——应交增值税"科目），贷记"主营业务成本""存货""工程施工"等科目。

10. "代扣代交增值税"明细科目

（1）本科目核算纳税人购进在境内未设经营机构的境外单位或个人在境内的应税行为代扣代缴的增值税。

（2）在代扣代缴增值税时，无论纳税人是单位还是个人，扣缴义务人均需按照**适用税率**而非征收率代扣代缴增值税。

应扣缴税额＝购买方支付的价款÷（1+税率）×税率

（3）"代扣代交增值税"的账务处理见表 7-14。

表 7-14 "代扣代交增值税"的账务处理

时点	账务处理
扣缴增值税时	借：生产成本、无形资产、固定资产、管理费用等 贷：应付账款 　　应交税费——代扣代交增值税
实际缴纳代扣代缴增值税时	借：应交税费——代扣代交增值税 贷：银行存款
取得扣税凭证，抵扣进项税额时	借：应交税费——应交增值税（进项税额） 贷：生产成本、无形资产、固定资产、管理费用等

11. 加计抵减政策下的会计核算

自 2019 年 4 月 1 日至 2021 年 12 月 31 日，允许生产、生活性服务业纳税人按照当期可抵扣进项税额加计 10% 或 15%（自 2019 年 10 月 1 日起，生活性服务业纳税人，按照 15% 加计抵减），抵减应纳税额。

（1）日常核算不变；

（2）**实际缴纳**增值税时，按**应纳税额**借记"应交税费——未交增值税"等科目，按**实际纳税金额**贷记"银行存款"科目，按**加计抵减的金额**贷记"其他收益"科目。

12. "增值税检查调整"明细科目

（1）在**税务机关**对增值税一般纳税人增值税纳税情况进行检查后凡涉及增值税涉税账务调整的，应设立"应交税费——**增值税检查调整**"专门账户；

（2）调账过程中与增值税有关的账户用"应交税费——增值税检查调整"替代；

（3）全部调账事项入账后，结出"应交税费——增值税检查调整"的余额，并将该**余额转至"应交税费——未交增值税"中**。处理之后，本账户无余额。

【例题 12·多选题】 2020 年 4 月某公司经主管税务局检查，发现上月购进的甲材料发生非正常损失，企业仅以账面金额10000 元(不含税价格)结转至"待处理财产损溢"科目核算。税务机关要求该公司在本月调账并补交税款，则正确的账务处理为( )。

A. 借：待处理财产损溢　　　　1300
　　　贷：应交税费——增值税检查调整　　　　1300
B. 借：待处理财产损溢　　　　1300
　　　贷：应交税费——应交增值税(进项税额转出)　　　1300
C. 借：待处理财产损溢　　　　1300
　　　贷：应交税费——应交增值税(销项税额)　　　　1300
D. 借：应交税费——增值税检查调整　　　1300
　　　贷：应交税费——未交增值税　　1300
E. 借：应交税费——未交增值税　　1300
　　　贷：银行存款　　　　1300

解析 ▶ 选项 ADE 符合条件。

答案 ▶ ADE

13. 增值税税控系统专用设备和技术维护费用抵减增值税额的会计处理

（1）企业初次购买增值税税控系统专用设备支付的费用及每年缴纳的技术维护费允许在增值税应纳税额中全额抵减。

（2）申报表填写：主表第 23 栏"应纳税额减征额"。

（3）增值税税控系统专用设备和技术维护费用抵减增值税额的账务处理。

①购入时：

借：管理费用
　　贷：银行存款(应付账款)

②按规定抵减的增值税应纳税额

借：应交税费——应交增值税(减免税款)(一般纳税人)
　　或应交税费——应交增值税(小规模纳税人)
　　贷：管理费用

14. 小规模纳税人的增值税核算

（1）小规模纳税人的应纳增值税额，也通过"应交税费——应交增值税"明细科目核算，但不设置上述专栏及除"转让金融商品应交增值税""代扣代交增值税"外的明细科目。

（2）"应交增值税"不需要设置专栏，小规模纳税人"应交税费——应交增值税"科目见图 7-2。

图 7-2　小规模纳税人"应交税费——应交增值税"科目

（3）不需要设置其他明细科目。

【例题 13·简答题】 某超市为增值税小规模纳税人，2020 年 3 月购入商品一批取得增值税专用发票注明的价款 30000 元，进项税额 3900 元，当月销售取得销售收入为114800 元，销售款已收取。计算当月应纳增值税，并作出相应计提增值税的会计分录。

答案 ▶

当月应纳增值税额 = 114800 ÷ (1 + 3%) × 3% = 3343.69(元)

借：银行存款　　　　　　114800
　　贷：主营业务收入　　　111456.31
　　　应交税费——应交增值税
　　　　　　　　　　　　3343.69

（三）"应交税费"下核算的其他税种（见表7-15）

表7-15 "应交税费"下核算的其他税种

应交消费税	应交资源税	应交城市维护建设税
应交所得税	应交土地增值税	应交房产税
应交土地使用税	应交车船税	应交印花税
应交个人所得税	应交教育费附加	应交地方教育附加
	应交矿产资源补偿费	

相关核算的内容我们在下面的"税金及附加""所得税费用"等科目中进行详细介绍。

二、"税金及附加"科目★★

扫我解疑难

1. 核算企业**经营活动**发生的相关税费

核算的税种包括：消费税、城市维护建设税、资源税、教育费附加、房产税、城镇土地使用税、车船税、印花税、环境保护税等相关税费。上述税种与营业收入相关的记入"税金及附加"。

（1）房地产企业销售开发产品应纳的土地增值税也在此科目中核算；

（2）本科目不含增值税，因为增值税为价外税。

【知识点拨1】房产税、城镇土地使用税、车船税、印花税原来计入"管理费用"核算，现已调整至"税金及附加"核算；

【知识点拨2】耕地占用税、契税、车辆购置税、进口关税计入成本核算，不通过"税金及附加"核算。

2. 企业计提的与经营活动相关税费的账务处理

计提的账务处理

借：税金及附加

　　贷：应交税费——应交消费税等

（1）企业收到返还的消费税等原记入本科目的各种税金，应按实际收到的金额借记银行存款科目，贷记本科目。

（2）企业收到返还的增值税，计入"营业外收入"或"其他收益"。

3. 期末，应将本科目余额转入"本年利润"科目，结转后本科目应无余额。

根据规定，对实行增值税期末留抵退税的纳税人，允许其从城市维护建设税、教育费附加和地方教育附加的计税（征）依据中扣除退还的增值税税额。

4. 本科目属于损益类科目，一旦发生跨年度错账时，需要通过"以前年度损益调整"调账。

【例题14·多选题】企业经营活动中缴纳的税费计入"税金及附加"核算的有（　　）。

A. 消费税　　　　B. 增值税

C. 房产税　　　　D. 土地使用税

E. 车辆购置税

解析 ▶ 选项BE不通过"税金及附加"核算。　答案 ▶ ACD

真题精练（客观题）

1. （2019年单选题）2018年度某企业购进房产缴纳印花税，下列会计核算中正确的是（　　）。

A. 借：管理费用

　　贷：银行存款

B. 借：固定资产

　　贷：银行存款

C. 借：固定资产

　　贷：应交税费——应交印花税

D. 借：税金及附加

　　贷：应交税费——应交印花税

借：应交税费——应交印花税

　　贷：银行存款

解析 ▶ 计提的印花税计入"税金及附加"科目。　答案 ▶ D

2. (2018年单选题)企业按期计提车船税时，下列分录正确的是(　　)。

A. 借：管理费用
　　　贷：应交税费——应交车船税
B. 借：税金及附加
　　　贷：应交税费——应交车船税
C. 借：应交税费——应交车船税
　　　贷：银行存款
D. 借：固定资产
　　　贷：应交税费——应交车船税

解析 ▶ 计提的车船税通过"税金及附加"科目核算。　　**答案** ▶ B

3. (2016年多选题，改)企业经营活动缴纳的税金计入"税金及附加"的有(　　)。

A. 消费税
B. 增值税
C. 资源税
D. 城市建设维护税
E. 契税

解析 ▶ "税金及附加"科目核算企业经营活动发生的消费税、城市维护建设税、资源税、教育费附加及房产税、土地使用税、车船使用税、印花税等相关税费。

答案 ▶ ACD

扫我解疑难

三、"所得税费用"科目★★

1. 本科目核算的是企业根据所得税**会计准则**确认的应从当期利润总额中扣除的所得税费用。

【知识点拨】"所得税费用"不同于"应交税费——应交所得税"：

(1)"**应交税费——应交所得税**"按**税法**确定，属于**负债类科目**，表示欠国家的税款；

(2)**所得税费用**是根据**会计准则**确认的应从当期利润总额中扣除的所得税费用；

(3)"应交税费——应交所得税"与"所得税费用"的**差额**通过**递延所得税资产**、**递延所得税负债**两个科目核算。

2. 本科目应当按照"当期所得税费用""递延所得税费用"进行明细核算。所得税费用的核算见表7-16。

表7-16　所得税费用的核算

情形		核算方法
当期所得税		借：所得税费用 　　贷：应交税费——应交所得税
递延所得税 (暂时性差异)	可抵扣暂时性差异，期末>期初 应纳税暂时性差异，期末<期初	形成递延所得税资产 借：递延所得税资产 　　贷：所得税费用 或形成递延所得税负债 借：递延所得税负债 　　贷：所得税费用
	可抵扣暂时性差异，期末<期初 应纳税暂时性差异，期末>期初	形成递延所得税资产 借：所得税费用 　　贷：递延所得税资产 或形成递延所得税负债 借：所得税费用 　　贷：递延所得税负债
永久性差异		对企业所得税的影响不体现在"递延所得税资产或负债"

所得税费用=当期所得税+递延所得税

【知识点拨】

①一般情况暂时性差异的所得税影响通过"所得税费用"核算；可供出售金融资产期末公允价值发生变化，暂时性差异的所得税影响通过"其他综合收益"核算。

②所得税费用的确认见图7-3。

图7-3　所得税费用的确认

3. 期末，应将本科目的余额转入"本年利润"科目，结转后本科目应无余额。

本科目结转前先结转其他损益类科目，可得出税前利润，本科目结转后的本年利润为税后利润。

【例题15·单选题】2020年3月某啤酒生产企业，适用所得税税率为25%，根据市场情况对资产进行了减值测试，发现现有的固定资产和无形资产发生了减值损失200万元，于是企业计提了减值准备，则该项业务对于企业当年的会计核算产生的影响是（　　）。

A. 增加递延所得税资产200万元

B. 增加递延所得税资产50万元

C. 增加递延所得税负债50万元

D. 增加递延所得税负债200万元

解析 ▶▶ 企业计提的减值准备在所得税前不得扣除，属于可抵扣暂时性差异，可抵扣暂时性差异形成递延所得税资产。 答案 ▶▶ B

【例题16·简答题】A公司适用的所得税税率为25%，各年末税前会计利润为1000万元。税法规定，各项资产减值准备不允许税前扣除。有关业务如下：

（1）2018年12月31日应收账款余额为6000万元，该公司期末对应收账款计提了600万元的坏账准备。假定该公司应收账款及坏账准备的期初余额均为0。

（2）A公司2019年12月31日应收账款余额为10000万元，该公司期末对应收账款计提了400万元的坏账准备，累计计提坏账准备1000万元。

要求：请分别作出2018年与2019年有关所得税的会计处理。

答案 ▶▶

（1）2018年有关所得税的会计处理：

账面价值=6000-600=5400（万元）

计税基础=6000（万元）

可抵扣暂时性差异=600（万元）

2018年末"递延所得税资产"余额=600×25%=150（万元）

2018年末"递延所得税资产"发生额=150（万元）

2018年应交所得税=（1000+600）×25%=400（万元）

2018年所得税费用=400-150=250（万元）

借：所得税费用　　　　2500000

　　递延所得税资产　　1500000

　　贷：应交税费——应交所得税

　　　　　　　　　　　　4000000

（2）2019年有关所得税的会计处理：

账面价值=10000-（600+400）=9000（万元）

计税基础＝10000（万元）

可抵扣暂时性差异累计额＝1000（万元）

2019 年末"递延所得税资产"余额＝1000×25%＝250（万元）

2019 年末"递延所得税资产"发生额＝250－150＝100（万元）

2019 年应交所得税＝（1000＋400）×25%＝350（万元）

2019 年所得税费用＝350－100＝250（万元）

借：所得税费用　　　　　　2500000

递延所得税资产　　　　1000000

　　贷：应交税费——应交所得税

　　　　　　　　　　　　　3500000

【例题 17·简答题】 某企业 2019 年经主管税务机关核准，按上年应纳税额季度平均数，每季预缴 15 万元，次年进行所得税汇算清缴时确定全年应纳税所得额为 300 万元（所得税汇算清缴时，企业上年度已结账）。

要求：请编写企业当年预缴及次年汇算清缴时的会计分录。

答案 ▶

每季度预缴所得税时应编制会计分录：

借：所得税费用　　　　　　150000

　　贷：应交税费——应交所得税

　　　　　　　　　　　　　　150000

借：应交税费——应交所得税

　　　　　　　　　　　　　150000

　　贷：银行存款　　　　　150000

年终汇算清缴，应编制会计分录：

借：以前年度损益调整

150000（3000000×25%－150000×4）

　　贷：应交税费——应交所得税

　　　　　　　　　　　　　150000

若汇算清缴时确定的应纳税所得额为 200 万元，则多缴所得税＝15×4－200×25%＝10（万元），应编会计分录：

借：应交税费——应交所得税

　　　　　　　　　　　　　100000

　　贷：以前年度损益调整　　100000

四、"以前年度损益调整"科目★ ★★

扫我解疑难

该知识点要重点掌握，历年考试均会涉及。

1. 核算范围

只有以前年度损益类科目发生错账时才能使用本科目进行调整。企业在资产负债表日至财务报告批准报出日之间发生的需要调整报告年度损益的事项，也在本科目核算。

2. "以前年度损益调整"科目账务处理（见图 7-4）

（1）"以前年度损益调整"的记账规则与"本年利润"的记账规则相同——以前年度利润减少记借方，增加记贷方；

（2）通过"以前年度损益调整"调账时注意对所得税的影响；

（3）本科目的余额转入"利润分配——未分配利润"；

（4）本科目结转后应无余额。

以前年度损益调整

（1）调整减少以前年度利润	（1）调整增加以前年度利润
（2）调整增加以前年度亏损	（2）调整减少以前年度亏损
（3）调整增加以前年度所得税费用	（3）调整减少以前年度所得税费用
余额转入	余额转入

利润分配——未分配利润

图 7-4　"以前年度损益调整"科目账务处理

【例题 18·单选题】 在纳税检查中，发现企业以前年度少计收益多计费用的情况时，应在(　　)科目进行反映。

A. 借记"利润分配——未分配利润"

B. 借记"以前年度损益调整"

C. 贷记"以前年度损益调整"

D. 贷记"应交税费——应交所得税"

解析 ▶ 增加以前年度利润应该贷记"以前年度损益调整"。　**答案** ▶ C

【例题 19·简答题】 2019 年某企业会计误将购建固定资产的贷款利息 10 万元，计入"财务费用"账户。单位为万元，账务处理为：

借：财务费用　　　　　　　10

　　贷：应付利息　　　　　　　10

2020 年税务机关检查时发现了这一问题，该固定资产尚未完工。假设企业适用的所得税税率为 25%。企业应如何调账？

答案 ▶

①调账

借：在建工程　　　　　　　10

　　贷：以前年度损益调整　　　10

②补提企业所得税

借：以前年度损益调整　　　2.5

　　贷：应交税费——应交所得税　2.5

③结转"以前年度损益调整"余额

借：以前年度损益调整　　　7.5

　　贷：利润分配——未分配利润　7.5

真题精练（客观题）

（2018 年单选题）税务师在纳税审核时，发现企业以前年度少计收益或多计费用的情况时，调账时应(　　)。

A. 借记"利润分配——未分配利润"

B. 借记"以前年度损益调整"

C. 贷记"以前年度损益调整"

D. 贷记"应交税费——应交所得税"

解析 ▶ 企业调整增加以前年度利润或减少以前年度亏损，借记有关科目，贷记"以前年度损益调整"；调整减少以前年度利润或增加以前年度亏损，借记有关科目，贷记"以前年度损益调整"。　**答案** ▶ C

五、"营业外收入"科目★★

扫我解疑难

本科目属损益类科目。

1. 核算企业实际收到即征即退、先征后退、先征后返的增值税或直接减免的增值税。

账务处理：

借：银行存款

　　贷：营业外收入——政府补助（或其他收益）

借：营业外收入——政府补助（或其他收益）

　　贷：本年利润

【知识点拨】 与日常经营活动有关的优惠，应该计入"其他收益"，否则计入"营业外收入"。

2. 贷方发生额反映实际收到或直接减免的增值税，期末由借方结转至"本年利润"科目，结转后本科目应无余额。

【例题 20·单选题】 某软件开发企业按照增值税的有关规定，收到按即征即退方式退还的增值税，该企业正确的账务处理为(　　)。

A. 借：银行存款

　　贷：补贴收入

B. 借：银行存款

　　贷：利润分配——未分配利润

C. 借：银行存款

　　贷：其他收益

D. 借：银行存款

　　贷：以前年度损益调整

解析 ▶ 即征即退方式退还的增值税与企业日常经营活动有关，应该计入"其他收益"。

答案 ▶ C

六、其他税种的核算（见表7-17）★★

扫我解疑难

表7-17 其他税种的核算

税种	对应科目	
消费税、资源税、城市维护建设税、房产税、印花税、城镇土地使用税和车船税、教育费附加、地方教育附加	税金及附加	
土地增值税	房地产企业销售商品房	税金及附加
	转让在"固定资产"或"在建工程"科目核算的房地产	固定资产清理
个人所得税	应付职工薪酬	
耕地占用税	在建工程、固定资产、开发成本等科目	
车辆购置税	固定资产	
矿产资源补偿费	管理费用	

【知识点拨】 如果是企业处置作为固定资产管理的不动产，土地增值税对应的借方科目为"固定资产清理"；城建税与教育费附加一般月末统一结算，月末直接计入"税金及附加"科目。如果是房地产企业销售作为存货管理的房产，土地增值税、城市维护建设税等对应的借方科目为"税金及附加"科目。

七、出口货物"免、抵、退"税的会计核算★★

扫我解疑难

（一）免税

对生产企业出口的自产货物免征本企业生产销售环节的增值税。

1. 销售时

（1）一般贸易、进料加工、来料加工：财会部门收到储运或业务部门交来的已出运全套出口单证，依开具的外销出口发票上注明的出口额折换成人民币后作如下分录：

借：应收外汇账款
　　贷：主营业务收入——一般贸易出口销售

由于免税，无应交税费——应交增值税

（销项税额）；对不予免税的货物，应按规定税率计征销项税额。

（2）委托代理出口：收到受托方(外贸企业)送交的"代理出口结算清单"时：

借：应收账款等
　　销售（或营业）费用（代理手续费）
　　贷：主营业务收入

2. 收到外汇时，财会部门根据结汇水单等，作如下会计分录：

借：汇兑损益（本科目或在贷方）
　　银行存款
　　贷：应收外汇账款——客户名称

（二）抵税——抵税体现在应纳税额的计算中

生产企业出口自产货物所耗用的原材料、零部件、燃料、动力等应予退还的进项税额，抵顶内销货物的应纳税额。

【知识点拨】 应予退还的进项税额 VS 不予退还的进项税额

不予退还的进项税额=免抵退税不得免征和抵扣税额，在账务处理上需要做进项税额转出

1. 计算免抵退税不得免征和抵扣税

额——进项税额转出，即剔税

免抵退税不得免征和抵扣的税额＝出口货物离岸价格×外汇人民币牌价×（出口货物征税率－出口货物退税率）－当期免抵退税不得免征和抵扣税额抵减额

表7-18　免抵退税不得免征和抵扣税额的抵减额

项目	具体内容
抵减额与免税购进原材料价格有关	目的是让免税购进原材料能够真正享受免税待遇
免税购进原材料价格	包括从国内购进免税原材料价格和进料加工免税进口料件价格 当期进料加工免税进口料件价格＝货物到岸价格＋海关实征关税和消费税免抵退税
进料加工贸易	2013年7月1日后，用实耗法确定"免税核销进口料件组成计税价格"。 对进料加工贸易进口料件要按每期进料加工贸易复出口的销售额和计划分配率计算"免税核销进口料件组成计税价格"。
当期免抵退税不得免征和抵扣税额抵减额	＝免税购进原材料价格×（出口货物征税率－出口货物退税率）
账务处理	借：主营业务成本（红字） 　　贷：应交税费——应交增值税（进项税额转出）（红字）

3. 计算免抵退税不得免征和抵扣税额

进项税额转出，即剔税。

免抵退税不得免征和抵扣的税额＝出口货物离岸价格×外汇人民币牌价×（出口货物征税率－出口货物退税率）－当期免抵退税不得免征和抵扣税额抵减额

＝（出口货物离岸价格－免税购进原材料价格）×（出口货物征税率－出口货物退税率）

＝净出口额×（出口货物征税率－出口货物退税率）

（1）账务处理

借：主营业务成本

　　贷：应交税费——应交增值税（进项税额转出）

（2）计算当期免抵退税不得免征和抵扣额以出口货物离岸价格为标准；

（3）以到岸价格成交时的处理

若以到岸价格成交，应按运保佣的金额与征退税率之差冲减"当期免抵退税不得免征和抵扣税额"

借：主营业务成本（红字）

　　贷：应交税费——应交增值税（进项

（1）原因：出口货物征退税率不同

（2）抵减额会使进项税额转出减少

2. 免抵退税不得免征和抵扣税额的**抵减额**（见表7-18）

税额转出）（红字）

【知识点拨1】运保佣是运费、保险费、佣金的简称。

【知识点拨2】在国内销售时，运费、保险费、佣金等是通过"销售费用"核算的，而在国际贸易中，运费、保险费、佣金等是通过冲减"主营业务收入"核算的。

【知识点拨3】运保佣金额冲减主营业务收入的原因是，运保佣不是出口企业的收入，国际贸易中收入应该按离岸价格来确认，如果企业按到岸价格签订合同，收入中包括了运保佣，多确认了收入，那么就要冲减这部分金额，同时冲减与之相关的进项税额转出。

【例题21·简答题】某货物征税率为13%，出口退税率为11%。以到岸价格成交，成交价为10000元，其中运保佣为1000元。请问如何进行账务处理？

答案 ▶

（1）销售时

借：应收外汇账款　　　　　10000

　　贷：主营业务收入　　　　　　10000

同时：

借：主营业务成本　　　　　 200
　　贷：应交税费——应交增值税(进项
　　　　税额转出)　　　　 200

（2）冲减运保佣（与内销不同，内销应该计入销售费用，而外销则是冲减主营业务收入）

借：主营业务收入　　　　 1000
　　贷：银行存款　　　　　 1000

可在冲减运保佣同时，同步计算不得抵扣税额抵减额；也可以暂不冲减，在期末统一计算。

借：主营业务成本　　　　　 20
　　贷：应交税费——应交增值税(进项税额转出)　　　　 20

根据前面介绍的内容，我们总结一下当期免抵退税不得免征和抵扣税额(见表7-19)

表7-19　当期免抵退税不得免征和抵扣税额

	分类	账务处理
当期免抵退税不得免征和抵扣税额＝(出口货物其他成交价格-运保佣-免税购进原材料价格)×(出口货物征税率-退税率)	按出口货物成交价格计算的"当期免抵退税不得免征和抵扣税额"	借：主营业务成本 　　贷：应交税费——应交增值税(进项税额转出)
	按运保佣、免税购进原材料价格计算的"当期免抵退税不得免征和抵扣税额抵减额"	借：主营业务成本(红字) 　　贷：应交税费——应交增值税(进项税额转出)(红字)

4. 来料加工所耗用的国内进项税额进行转出——免税不退税

（1）来料加工贸易：外商提供原材料、零部件，由我国企业加工成产品出口交外商销售，只收取加工费的一种贸易方式。

（2）来料加工与进料加工的区别。

a. 来料加工无需我方付汇，而进料加工需要我方付汇购进材料；

b. 来料加工实际上相当于我方提供加工劳务，材料供应商和产品的购买方是一家；而进料加工中材料供应商和产品购买方是不同的。

（3）来料加工在税务处理上的关键点。

a. 出口免税；

b. 对于来料加工所耗用的国内材料的进项税额予以转出。如果所耗用材料未分别核算，则需要按销售收入比例分摊后计算应转出的进项税额。

（4）进料加工和来料加工在税务处理上最大的不同。

a. 进料加工采用免抵退税方式——出口免税，所耗用国内材料的进项税额可以抵扣，如果有留抵，可以退税。

b. 来料加工出口免税，所耗用国内材料的进项税额不得抵扣，需要做进项税额转出。

（5）来料加工所耗用的国内进项税额原则上按销售比例分摊，转出的会计分录。

借：主营业务成本——来料加工
　　贷：应交税费——应交增值税(进项税额转出)

【例题22·简答题】 某自营出口生产企业是增值税一般纳税人，出口货物的征税率为13%，退税率为10%。2020年3月外购货物准予抵扣进项税额60万元，货已入库。上期期末留抵税额3万元。当月内销货物销售额210万元。本月来料加工贸易复出口货物90万元。请计算该企业本期应纳增值税额。

答案▶

来料加工贸易复出口货物所耗进项税额转出＝60×90÷(210+90)＝18(万元)

借：主营业务成本　　　　 180000
　　贷：应交税费——应交增值税(进项税额转出)　　　　 180000

应纳增值税＝210×13%-(60-18)-3＝-17.7(万元)，即期末留抵税额17.7万元。

【例题23·简答题】 某有出口经营权的

生产企业(一般纳税人),2020 年 6 月从国内购进生产用的钢材,取得增值税专用发票上注明的价款为 368000 元,进料加工贸易保税进口料件的组成计税价格为 13200 元人民币,材料均已验收入库;本月内销货物的销售额为 150000 元,出口货物的离岸价格为 42000 美元。已知上期末留抵税额为 0,试计算该企业本期免、抵、退税额。(题中的价格均为不含税价格,增值税税率为 13%,出口退税率 10%,汇率为 1∶6.5)

答案 ▶

免抵退税不得免征和抵扣税额 = 6.5×42000×(13% − 10%) − 13200×(13% − 10%) = 7794(元)

借:主营业务成本　　　　　7794
　　贷:应交税费——应交增值税(进项税额转出)　　　7794

应纳税额 = 150000×13% − (368000×13% − 7794) = −20546(元)

当期免抵退税额 = 6.5×42000×10% − 13200×10% = 25980(元)

当期应退税额 = 20546(元)

当期免抵税额 = 25980 − 20546 = 5434(元)

借:应收出口退税款——增值税
　　　　　　　　　　　　　20546
　　应交税费——应交增值税(出口抵减内销产品应纳税额)　　5434
　　贷:应交税费——应交增值税(出口退税)　　　25980

5.抵税——体现在应纳税额的计算中

(1)应纳税额的计算。

当期应纳税额

= 内销的销项税额 − (进项税额 − 免抵退税不得免征和抵扣税额) − 上期留抵税额

= 内销的销项税额 − (内销的进项税额 + 外销的进项税额 − 免抵退税不得免征和抵扣税额) − 上期留抵税额

= (内销的销项税额 − 内销的进项税额) − (外销的进项税额 − 免抵退税不得免征和抵扣税额) − 上期留抵税额

= 内销应纳税额 − 外销应退税额 − 上期留抵税额

(2)月末账务处理及对退税的影响(见表 7-20)。

表 7-20　月末账务处理及对退税的影响

情形		月末账务处理	对退税的影响
(1)当期应纳税额大于零		借:应交税费——应交增值税(转出未交增值税) 　贷:应交税费——未交增值税	不退税,因为无期末留抵税额
(2)当期应纳税额小于零	当期进项税额大于销项税额	不进行会计处理	退税
	由于缴纳税款形成的	月末按缴纳税款与借方余额的较小数,作会计分录: 借:应交税费——未交增值税 　贷:应交税费——应交增值税(转出多交增值税)	月末账务处理后,“应交增值税”仍有借方余额的,退税

(三)退税

生产企业出口的自产货物在当月内应抵顶的进项税额大于应纳税额时,对未抵顶完的部分予以退税——有期末留抵税额时,才会出现退税。退税的计算和账务处理见表 7-21 和表 7-22。

表 7-21　退税的计算

步骤	具体规定
1. 计算免抵退税额抵减额	(1)免抵退税额抵减额=免税购进原材料价格×出口货物退税率; (2)账务处理上不体现此步骤
2. 计算免抵退税额	(1)免抵退税额 =出口货物离岸价×外汇人民币牌价×出口货物退税率-免抵退税额抵减额 =(出口货物离岸价-免税购进原材料价格)×出口货物退税率 =净出口额×出口货物退税率 (2)免抵退税额是退税的最高限额,而不是真正退还给企业的税款; (3)在账务处理中的作用; 按免抵退税额贷记"应交税费——应交增值税(出口退税)"
3. 比较确定应退税额	(1)期末留抵税额与当期免抵退税额进行比较,哪个小按哪个退; (2)退税的前提:当期期末有留抵税额; (3)退税的账务处理(见表7-22)
4. 收到退税的账务处理	借:银行存款 　　贷:应收出口退税款——增值税

表 7-22　退税的账务处理

账务处理	金额的确定
借:应收出口退税款——增值税	按期末留抵税额与免抵退税额较小的一方记账
借:应交税费——应交增值税(出口抵减内销产品应纳税额)	金额等于免抵税额(当期末留抵税额≥免抵退税额时,金额为0)
贷:应交税费——应交增值税(出口退税)	金额等于免抵退税额

【例题 24·单选题】某自营出口生产企业是增值税一般纳税人,出口货物的征税税率为13%,退税税率为10%。2020年3月有关经营业务为:购买原材料一批,取得的增值税专用发票注明的价款200万元,外购货物准予抵扣进项税额26万元通过认证。上期期末留抵税款6万元。本月内销货物不含税销售额100万元,出口货物销售额折合人民币260万元,按实耗法计算的免税进口料件价格100万元。则该公司当期的应退税额为( )万元。

A. 1.3

B. 4.8

C. 14.2

D. 16

解析 ▶ 免抵退税不得免征和抵扣税额=(260-100)×(13%-10%)=4.8(万元)

当期应纳税额=100×13%-(26-4.8)-6=-14.2(万元),即期末留抵税额为14.2万元。

免抵退税额=(260-100)×10%=16(万元)

按期末留抵税额与免抵退税额较小一方退税,因此应退税额为14.2万元。答案 ▶ C

【知识点拨】免抵退税的计算和会计处理(见图7-5)。

图 7-5 免抵退税的计算和会计处理

在结束出口退税的学习时，我们总结一下不同贸易方式出口退税的规定，见表 7-23。

表 7-23　不同贸易方式出口退税的规定

一般贸易	进料加工	来料加工
	第 1 步：计算免抵退税不得免征和抵扣税额的抵减额	原料进口免税，产品出口免税，所用国内料件的进项税额按比例转出
第 1 步：剔税	第 2 步：剔税 计算不得免征和抵扣税额	
第 2 步：抵税	第 3 步：抵税 计算当期应纳或留抵增值税税额	
	第 4 步：计算免抵退税额抵减额	
第 3 步：算尺度	第 5 步：算尺度：计算免抵退税额	
第 4 步：比较确定应退税额	第 6 步：比较确定应退税额	
第 5 步：确定免抵税额	第 7 步：确定免抵税额	

【知识点拨】从表 7-23 我们可以看到，一般贸易和进料加工的出口退税方式均是免抵退税的方法，不同之处在于进料加工有免税购进原材料，因此有 2 个抵减额——免抵退税不得免征和抵扣税额抵减额、免抵退税额抵减额；来料加工方式的出口退税不同于一般贸易和进料加工，采取免税不退税的方式。

八、商品流通企业增值税的核算 ★★

扫我解疑难

该知识点是难点，但并非重点。

与一般企业核算不同的是，商业零售企业零售库存商品的核算：售价记账，实物负责制，有"商品进销差价"科目。

实行售价金额核算的零售企业，其"库存商品"科目是按含税售价记载的，商品含税售价与不含税购进价的差额在"商品进销差价"科目中反映。"库存商品"与"商品进销差价"是形影不离的，只要"库存商品"增加，"商品进销差价"就要增加；只要"库存商品"减少，"商品进销差价"就要减少。

计入商品进销差价的金额＝商品含税售价－商品不含税进价

商业零售企业的账务处理如下：

1. 购进业务的账务处理

采购商品时：

借：在途物资(不含税成本)

应交税费——应交增值税(进项税额)

贷：银行存款

办理入库手续：

借：库存商品(含税售价)

贷：在途物资(商品采购不含税价格)

商品进销差价(含税的进销差价)

2. 进货退回的账务处理

借：银行存款(退货款)

商品进销差价(进销差价)

应交税费——应交增值税(进项税额)(红字)

贷：库存商品(商品含税销售价格)

【知识点拨】退货登记"应交税费——应交增值税"明细账时，应在"进项税额"专栏中用红字反映。

3. 销售商品时

(1)首先要按含税的价格记账：

借：银行存款

贷：主营业务收入(含增值税)

(2)同时结转成本：

借：主营业务成本(金额与主营业务收入相同)

贷：库存商品

（3）计算出销项税额，将商品销售收入调整为不含税收入：

借：主营业务收入
　　贷：应交税费——应交增值税（销项税额）

（4）月末，按含税的商品进销差价率计算已销商品应分摊的进销差价，根据计算出来的已销商品应分摊的进销差价，调整商品销售成本。

借：商品进销差价
　　贷：主营业务成本

九、商品流通企业消费税的核算 ★★

扫我解疑难

该知识点是难点，但并非重点。

商业企业原则上不核算消费税，但有四种情况特殊：

1. 进出口应税消费品

2. 卷烟批发环节加征一道消费税

卷烟批发环节，按 11% 税率，并按 0.005 元/支复合计征消费税。

【知识点拨】批发环节缴纳消费税仅限于卷烟，不包括雪茄烟、烟丝等应税消费品。

3. 超豪华小汽车零售环节缴纳消费税

自 2016 年 12 月 1 日起，对不含税零售价格在 130 万元以上的超豪华小汽车在零售环节加征 10% 的消费税。

4. 金银首饰在零售环节缴纳消费税

（1）金银首饰以旧换新业务的会计处理。

①销售时：

借：库存商品（按旧首饰的作价记账）
　　库存现金（实际收取的含税价格）
　　贷：主营业务收入（倒挤）
　　　　应交税费——应交增值税（销项税额）（实际收取的不含税价格×13%）

②计提消费税：

借：税金及附加（实际收取的不含税价格×5%）
　　贷：应交税费——应交消费税（实际收取的不含税价格×5%）

（2）包装物缴纳消费税的账务处理。

不管是随同金银首饰销售不单独计价的包装物，还是随同金银首饰销售单独计价的包装物，包装物收入缴纳的消费税均计入"税金及附加"。

（3）自购自用的账务处理。

从事批发、零售商品业务的企业将外购的金银首饰用于馈赠、赞助的金银首饰应缴纳的消费税，应记入"营业外支出"科目；

用于广告的金银首饰应缴纳的消费税，应记入"销售费用"科目；

用于职工福利、奖励的金银首饰应缴纳的消费税，应记入"应付职工薪酬"科目。

【知识点拨】改在零售环节征收消费税的金银首饰仅限于金基、银基合金首饰以及金、银和金基、银基合金的镶嵌首饰。零售环节适用税率为 5%，在纳税人销售金银首饰、钻石及钻石饰品、铂金首饰时征收。其计税依据是不含增值税的销售额。

同步训练 限时180分钟

一、单项选择题

1. 甲公司是增值税一般纳税人，2020 年 1 月初次购入一台增值税税控系统专用设备，支付不含税价款 3000 元，增值税税款 390 元，取得增值税专用发票。下列相关会计分录，正确的是（　　）。

A. 借：固定资产　　　　　3000
　　　应交税费——应交增值税（进项税额）　　　390
　　　贷：银行存款　　　　3390

B. 借：应交税费——应交增值税（减免税款）　　　3390

贷：管理费用　　　　　　3390

　　C. 借：固定资产　　　　　　3000

　　　　应交税费——应交增值税（减免税款）　　390

　　　　　贷：银行存款　　　　　3390

　　D. 借：固定资产　　　　　　3000

　　　　应交税费——应交增值税（进项税额）　　390

　　　　　贷：应交税费——应交增值税（减免税款）　　3390

2. 下列关于"应交增值税"明细科目的专栏核算的表述，错误的是（　　）。

　　A. 一般纳税人按照现行增值税制度规定因扣减销售额而减少的销项税额在"销项税额抵减"专栏核算

　　B. 一般纳税人按规定直接减免的增值税借记"减免税款"专栏

　　C. 纳税人取得退还的留抵税额时，贷记"应交税费——应交增值税（进项税额转出）"科目

　　D. "销项税额""出口退税""进项税额转出"和"转出未交增值税"专栏在"应交增值税"明细账的贷方

3. 某化工生产企业2020年3月8日销售商品给B公司，售价100万元，成本80万元，增值税税率为13%，当天B公司开出商业承兑汇票一张，面值为113万元；3月12日，用银行存款支付2月份的应纳增值税18万元，取得完税凭证。3月份认证通过的增值税专用发票12张，进项税合计5.8万元，下列会计处理错误的是（　　）。

　　A. 发生销售业务

借：应收票据　　　　　　1130000

　　贷：主营业务收入　　　1000000

　　　　应交税费——应交增值税（销项税额）　　130000

　　B. 结转成本

借：主营业务成本　　　　800000

　　贷：库存商品　　　　　800000

　　C. 缴纳上月的增值税

借：应交税费——未交增值税 180000

　　贷：银行存款　　　　　180000

　　D. 当月月末，结转当月发生的应纳增值税

借：应交税费——应交增值税　72000

　　贷：应交税费——应交增值税（转出未交增值税）　　72000

4. 某广告公司系增值税一般纳税人，2020年4月取得一笔广告费业务收入424000元，开具增值税专用发票注明价款400000元、税额24000元；同时，就此笔广告费业务支付某媒体含税广告发布费300000元，取得增值税专用发票，当月未认证。对支付广告发布费业务，广告公司正确的账务处理是（　　）。

　　A. 借：主营业务成本　　　300000

　　　　　贷：银行存款　　　　300000

　　B. 借：主营业务成本　　283018.87

　　　　应交税费——待认证进项税额　　16981.13

　　　　　贷：银行存款　　　　300000

　　C. 借：主营业务成本　　283018.87

　　　　应交税费——应交增值税（销项税额抵减）　　16981.13

　　　　　贷：银行存款　　　　300000

　　D. 借：主营业务收入　　283018.87

　　　　应交税费——应交增值税（销项税额）　　16981.13

　　　　　贷：银行存款　　　　300000

5. 某一般纳税人，当期进项税额为40万元，销项税额为90万元，当月缴纳当月的税额为60万元，则月末企业的会计处理应为（　　）。

　　A. 借：应交税费——应交增值税（转出未交增值税）　　100000

　　　　　贷：应交税费——未交增值税　　100000

　　B. 借：应交税费——未交增值税　　100000

　　　　　贷：应交税费——应交增值税（转出未交增值税）　　100000

　　C. 借：应交税费——应交增值税（转出多

交增值税)　　　　　100000
　　贷：应交税费——未交增值税
　　　　　　　　　　　100000
　　D. 借：应交税费——未交增值税
　　　　　　　　　　　100000
　　　贷：应交税费——应交增值税(转
　　　　　出多交增值税)　100000

6. 某增值税一般纳税人转让一台使用过的机器设备，该设备 2007 年 8 月购入，原价 80 万元，未抵扣进项税额，现在以30.9 万元售出，未放弃减税。账务处理正确的是(　　)。
　　A. 借：银行存款　　　　309000
　　　贷：固定资产清理　　303000
　　　　应交税费——简易计税　6000
　　B. 借：银行存款　　　　309000
　　　贷：固定资产清理　　303000
　　　　应交税费——未交增值税6000
　　C. 借：银行存款　　　　309000
　　　贷：固定资产清理　　303000
　　　　应交税费——应交增值税(销项税额)　　　　　6000
　　D. 借：银行存款　　　　309000
　　　贷：固定资产清理　　300000
　　　　应交税费——应交增值税9000

7. 某房地产公司系增值税一般纳税人，2020年 3 月预售房地产开发项目取得预收款1000 万元，该项目为老项目，企业选择简易计税方法，收取预收款预缴增值税的账务处理为(　　)。
　　A. 借：应交税费——预交增值税
　　　　　　　　　　　300000
　　　贷：银行存款　　　　300000
　　B. 借：应交税费——简易计税300000
　　　贷：银行存款　　　　300000
　　C. 借：应交税费——预交增值税
　　　　　　　　　　　285714.29
　　　贷：银行存款　　285714.29
　　D. 借：应交税费——简易计税
　　　　　　　　　　　285714.29

　　　贷：银行存款　　285714.29

8. 某动漫软件企业为增值税一般纳税人，2020 年 2 月份销售自主开发的某动漫软件，当月取得不含税收入 68000 元，本月购进生产资料取得增值税专用发票注明的增值税为 1346 元，3 月收到退还税款时，正确的账务处理为(　　)。
　　A. 借：银行存款　　　　2040
　　　贷：补贴收入　　　　2040
　　B. 借：银行存款　　　　7494
　　　贷：利润分配——未分配利润
　　　　　　　　　　　7494
　　C. 借：银行存款　　　　5454
　　　贷：其他收益　　　　5454
　　D. 借：银行存款　　　　7494
　　　贷：以前年度损益调整　7494

9. 某一般纳税人 2020 年 3 月销项税额为 60万元，进项税额为 80 万元，3 月末欠缴税款 30 万元尚未缴纳，则 3 月份企业应做的会计分录为(　　)。
　　A. 借：应交税费——未交增值税
　　　　　　　　　　　200000
　　　贷：应交税费——应交增值税(转出多交增值税)　200000
　　B. 借：应交税费——应交增值税(进项税额)　　　　　200000
　　　贷：应交税费——未交增值税
　　　　　　　　　　　200000
　　C. 借：应交税费——未交增值税
　　　　　　　　　　　100000
　　　贷：应交税费——应交增值税(转出多交增值税)　100000
　　D. 借：应交税费——应交增值税(进项税额)　　　　　-200000
　　　贷：应交税费——未交增值税
　　　　　　　　　　　-200000

10. 某小规模纳税人 2020 年 3 月销售货物，开具普通发票，注明价款 8000 元，当月购进材料取得增值税专用发票上注明价款 6000 元，不考虑其他涉税事项和税收优惠。当月增值税账务处理正确的是（　　）。

A. 借：银行存款　　　　　　8000
　　　贷：主营业务收入　　　8000

B. 借：银行存款　　　　　　8000
　　　贷：主营业务收入　　　7844.66
　　　　　应交税费——未交增值税
　　　　　　　　　　　　　155.34

C. 借：银行存款　　　　　　8000
　　　贷：主营业务收入　　　7766.99
　　　　　应交税费——应交增值税
　　　　　　　　　　　　　233.01

D. 借：银行存款　　　　　　8000
　　　贷：主营业务收入　　　7844.66
　　　　　应交税费——应交增值税
　　　　　　　　　　　　　155.34

11. 某拥有进出口经营权的生产企业，2020年1月份，内销货物销项税额为50万元，进项税额为230万元，上期留抵税额为10万元，外销货物的收入是3000万元，已知该企业增值税税率为13%，退税率为10%，则当期涉及的会计分录正确的是（　　）。

A. 借：应交税费——应交增值税（出口抵减内销产品应纳税额）
　　　　　　　　　　　　　3000000
　　　贷：应交税费——应交增值税
　　　　　（出口退税）　　3000000

B. 借：应收出口退税款——增值税
　　　　　　　　　　　　　3000000
　　　贷：应交税费——应交增值税
　　　　　（出口退税）　　3000000

C. 借：应收出口退税款——增值税
　　　　　　　　　　　　　1000000
　　　　应交税费——应交增值税（出口抵减内销产品应纳税额）
　　　　　　　　　　　　　2000000
　　　贷：应交税费——应交增值税
　　　　　（出口退税）　　3000000

D. 借：应收出口退税款——增值税
　　　　　　　　　　　　　1300000

应交税费——应交增值税（出口抵减内销产品应纳税额）
　　　　　　　　　　　　　1700000
　　　贷：应交税费——应交增值税
　　　　　（出口退税）　　3000000

12. 某自营出口生产企业是增值税一般纳税人，专门从事进料加工业务，计划分配率为30%，出口货物的征税率为13%，退税率为10%。2019年3月有关经营业务为：购进原材料一批，取得的增值税专用发票注明的价款200万元，外购货物准予抵扣进项税额26万元通过认证。上期末留抵税额6万元。本月内销货物不含税销售额100万元，收款113万元存入银行。本月进料加工出口货物离岸价折合人民币210万元。该企业当月的增值税免抵税额为（　　）万元。

A. 0　　　　　　　　B. 0.11
C. 14.7　　　　　　D. 14.59

13. 某股份公司2016年2月成立，2020年4月将购进的货物与其他公司（一般纳税人）的货物进行交换，双方互开增值税专用发票，假定上述交易具有商业实质且公允价值能够可靠计量，则该公司正确的会计处理是（　　）。

A. 借：库存商品
　　　应交税费——应交增值税（进项税额）
　　　贷：库存商品
　　　　　应交税费——应交增值税（进项税额转出）

B. 借：库存商品
　　　应交税费——应交增值税（进项税额）
　　　贷：库存商品
　　　　　应交税费——应交增值税（销项税额）

C. 借：库存商品
　　　应交税费——应交增值税（进项税额）

贷：主营业务收入

应交税费——应交增值税

（销项税额）

借：主营业务成本

贷：库存商品

D. 借：库存商品

贷：其他业务收入

应交税费——应交增值税

借：其他业务成本

贷：库存商品

14. 下列会计分录，错误的是（　　）。

A. 小规模纳税人零售商品

借：银行存款

贷：主营业务收入

应交税费——应交增值税

B. 一般纳税人处置已使用过的 2009 年 3 月份购置的生产设备

借：银行存款

贷：固定资产清理

应交税费——应交增值税（销项税额）

C. 一般纳税人处置已使用过的 2009 年 2 月份购置的小汽车

借：银行存款

贷：固定资产清理

应交税费——应交增值税（销项税额）

D. 小规模纳税人处置已使用过的生产设备

借：银行存款

贷：固定资产清理

应交税费——应交增值税

15. 某化妆品生产企业主要生产销售高档化妆品，2020 年 1 月 15 日，通过银行转账上缴 2019 年 12 月的应纳消费税 150000 元。则正确的会计处理为（　　）。

A. 借：以前年度损益调整　　　150000

贷：银行存款　　　　　　150000

B. 借：税金及附加　　　　　　150000

贷：银行存款　　　　　　150000

C. 借：以前年度损益调整　　　150000

贷：应交税费——应交消费税

150000

D. 借：应交税费——应交消费税

150000

贷：银行存款　　　　　150000

16. 某零售商业企业 2020 年 3 月上旬购进 A 种商品 2000 件，每件进价 50 元，增值税进项税额 6.5 元，含税售价 63.28 元，经甲营业柜组拆包上柜时，发现有 200 件质量上有严重缺陷，经与供货单位协商，同意退货。如数退回该商品后，收回价款存入银行。下列退货分录处理正确的是（　　）。

A. 借：银行存款　　　　　　　　11300

贷：库存商品——××供货方

10000

应交税费——应交增值税

（进项税额）　　　1300

B. 借：银行存款　　　　　　　　11300

商品进销差价　　　　　2656

应交税费——应交增值税（进项税额）　　　　　 −1300

贷：库存商品　　　　　12656

C. 借：银行存款　　　　　　　　11300

贷：库存商品　　　　　10000

应交税费——应交增值税

（进项税额）　　　1300

D. 借：商品进销差价　　　　　　3104

库存商品　　　　　　10000

贷：库存商品　　　　　13104

17. 税务师 2020 年 2 月份受托为某企业（一般纳税人）审核上年的所得税纳税情况，发现该企业 2018 年 10 月销售啤酒收取的包装物押金未退还，仍然在其他应付款中挂账，企业已结账。税务师应做的调整分录为（　　）。

A. 借：其他应付款

贷：利润分配——未分配利润

应交税费——应交增值税

（销项税额）

B. 借：其他应付款
　　　贷：以前年度损益调整
　　　　　应交税费——应交增值税
　　　　　（销项税额）

C. 借：其他应付款
　　　贷：本年利润
　　　　　应交税费——应交增值税
　　　　　（销项税额）

D. 借：其他应付款
　　　贷：以前年度损益调整
　　　　　应交税费——应交增值税
　　　　　（销项税额）
　　　　　应交税费——应交消费税

18. 某工业企业购置一辆小汽车自用，根据税法规定，缴纳了车辆购置税 50000 元，则正确的会计处理为（　　）。
　　A. 借：管理费用　　　　　　50000
　　　　　贷：应交税费——应交车辆购
　　　　　　　置税　　　　　　　50000
　　B. 借：固定资产　　　　　　50000
　　　　　贷：应交税费——应交车辆购
　　　　　　　置税　　　　　　　50000
　　C. 借：管理费用　　　　　　50000
　　　　　贷：银行存款　　　　　50000
　　D. 借：固定资产　　　　　　50000
　　　　　贷：银行存款　　　　　50000

19. 下列关于企业所得税暂时性差异的陈述，正确的是（　　）。
　　A. 当资产的账面价值小于计税基础时，会产生可抵扣暂时性差异
　　B. 当资产的账面价值大于计税基础时，会产生可抵扣暂时性差异
　　C. "递延所得税负债"的余额=该时期发生的应纳税暂时性差异×当时的税率
　　D. 当负债的账面价值小于计税基础时，会产生可抵扣暂时性差异

20. 下列涉税处理错误的是（　　）。
　　A. 某煤矿企业销售原煤，应缴纳的资源税，借记"税金及附加"，贷记"应交税费——应交资源税"

B. 某房地产开发企业，销售商品房，计算缴纳的土地增值税，借记"开产成本"，贷记"应交税费——应交土地增值税"

C. 某工业企业处置旧厂房，计算缴纳的土地增值税，借记"固定资产清理"，贷记"应交税费——应交土地增值税"

D. 某企业按规定占用耕地修建厂房，计算缴纳的耕地占用税，借记"在建工程"，贷记"银行存款"

21. 下列一般纳税人涉税会计分录中，错误的是（　　）。
　　A. 企业按规定计算的应代扣代缴的职工个人所得税，应借记"应付职工薪酬"，贷记"应交税费——应交个人所得税"
　　B. 如果企业当月多缴了增值税，应借记"应交税费——应交增值税"，贷记"应交税费——未交增值税"
　　C. 企业按规定应缴的矿产资源补偿费，应借记"管理费用"，贷记"应交税费——应交矿产资源补偿费"
　　D. 使用加计抵减政策的企业实际缴纳增值税时，按应纳税额借记"应交税费——未交增值税"等科目，按实际纳税金额贷记"银行存款"科目，按加计抵减的金额贷记"其他收益"科目

22. 某增值税一般纳税人进口货物取得的属于增值税扣税范围的海关缴款书，并于当月向主管税务机关报送《海关完税凭证抵扣清单》（电子数据），申请稽核比对。对尚未取得稽核相符结果的海关缴款书进项税额，企业的会计处理为（　　）。
　　A. 记入"应交税费——应交增值税（进项税额）"科目
　　B. 记入"应交税费——待认证进项税额"科目
　　C. 记入"应交税费——未交增值税"科目
　　D. 记入"应交税费——待抵扣进项税额"科目

23. 金融商品转让按规定以盈亏相抵后的余额作为销售额，其增值税会计核算中涉及的科目是( )。

    A. 应交税费——应交增值税

    B. 应交税费——未交增值税

    C. 应交税费——转让金融商品应交增值税

    D. 应交税费——应交增值税（销项税额抵减）

24. 某商场与某手机代理商签订合同约定，将一柜台出租给手机代理商，租期2020年1月1日-2020年3月31日，共3个月，不含增值税月租金10万元，于2020年3月31日一次性付清。对于该业务该商场选择一般计税方法，则2020年1月31日应进行的账务处理是( )。

    A. 不做任何账务处理

    B. 借：应收账款　　　　　　109000
    　　　贷：主营业务收入　　　　100000
    　　　　　应交税费——应交增值税
    　　　　　（销项税额）　　　　　9000

    C. 借：应收账款　　　　　　109000
    　　　贷：主营业务收入　　　　100000
    　　　　　应交税费——应交增值税
    　　　　　（待转销项税额）　　　9000

    D. 借：应收账款　　　　　　100000
    　　　贷：主营业务收入　　　　100000

25. 委托方将收回的委托加工应税消费品，用于连续生产应税消费品，其被代收消费税的会计处理是( )。

    A. 借：委托加工物资
    　　　贷：银行存款

    B. 借：委托加工物资
    　　　贷：应交税费——应交消费税

    C. 借：应交税费——应交消费税
    　　　贷：银行存款

    D. 借：税金及附加
    　　　贷：应交税费——应交消费税

二、多项选择题

1. 下列项目中，属于增值税一般纳税人的企业应计入收回委托加工物资成本的

有( )。

    A. 支付的委托加工费

    B. 随同加工费支付的取得增值税专用发票注明的增值税（已通过税务认证）

    C. 支付的收回后用于连续生产应税消费品的委托加工物资的消费税

    D. 随同加工费支付的取得普通发票包含的增值税

    E. 发出的用于委托加工物资的材料

2. 下列一般纳税人会计核算正确的有( )。

    A. 企业当月上缴上月应缴未缴的增值税时，借记"应交税费——未交增值税"科目，贷记"银行存款"

    B. 退回所购货物应冲销的进项税额，用红字登记"进项税额"专栏

    C. 企业按规定计算的应代扣代缴的职工个人所得税，借记"应付职工薪酬"科目，贷记"应交税费——应交个人所得税"科目

    D. 企业购进用于不得抵扣进项税额项目的货物，其进项税额直接计入相关货物的成本

    E. 一般纳税人采用简易计税方法计算增值税时，预缴的增值税通过"应交税费——简易计税"核算

3. 增值税一般纳税人初次购买增值税税控系统专用设备，支付款项取得合规票据后的账务处理中，涉及的会计科目包括( )。

    A. 固定资产

    B. 应交税费——应交增值税（进项税额）

    C. 应交税费——应交增值税（减免税额）

    D. 递延收益

    E. 管理费用

4. 2020年3月经税务师事务所检查，发现年初购进的一批原材料用于企业的职工食堂建设，企业以账面金额20000元（不含税价格）结转至"其他业务成本"科目中核算。工程尚未完工。如果该企业在本月调账，并于3月31日前补缴税款入库（不考虑滞纳金和罚款）。下列会计分录正确的有( )。

A. 借：在建工程　　　　　　22600

　　　贷：其他业务成本　　　20000

　　　　　应交税费——应交增值税（进

　　　　　项税额转出）　　　2600

B. 借：应交税费——应交增值税（转出未

　　　交增值税）　　　　　2600

　　　贷：应交税费——未交增值税2600

C. 借：应交税费——未交增值税2600

　　　贷：银行存款　　　　　2600

D. 借：在建工程　　　　　　22600

　　　贷：其他业务成本　　　20000

　　　　　应交税费——应交增值税（销

　　　　　项税额）　　　　　2600

E. 借：在建工程　　　　　　22600

　　　贷：其他业务成本　　　20000

　　　　　应交税费——增值税检查调整

　　　　　　　　　　　　　　2600

5. 下列税金应在"税金及附加"科目中核算的
有（　　）。

　A. 印花税

　B. 城镇土地使用税

　C. 车辆购置税

　D. 耕地占用税

　E. 契税

6. 某企业（增值税一般纳税人）2018年1月1日
采用具有融资性质分期收款方式销售产品一
批，不含税价款1500000元，成本800000元，
合同规定货款分别于2019年1月1日、2020
年1月1日、2021年1月1日分三次等额支
付。假定该产品的现销价格为1200000元。
下列说法正确的有（　　）。

　A. 增值税纳税义务于2018年1月1日发生

　B. 增值税纳税义务于合同规定的收款日
期，即2019年1月1日、2020年1月1
日、2021年1月1日发生

　C. 会计上于2018年1月1日确认收入

　D. 会计上分别于2019年1月1日、2020
年1月1日、2021年1月1日确认收入

　E. 由于会计上收入确认时间早于增值税纳
税义务发生时间，因此2018年1月1日应

该通过"应交税费——待转销项税额"核算
增值税

7. 小规模纳税人增值税会计核算中，需要设
置的会计科目包括（　　）。

　A. 应交税费——应交增值税

　B. 应交税费——未交增值税

　C. 应交税费——转让金融商品应交增值税

　D. 应交税费——简易计税

　E. 应交税费——代扣代交增值税

8. 某一般纳税人企业2020年3月购入一台
生产设备，取得增值税专用发票上注明
设备价款60000元，进项税额7800元，
当月认证通过，无其他购进业务，本期
销项税额为50000元，上期留抵税额为
32000元，下列当月的会计处理正确的
有（　　）。

　A. 借：固定资产　　　　　60000

　　　　应交税费——应交增值税（进项税
额）　　　　　　　　　7800

　　　贷：银行存款　　　　　67800

　B. 借：固定资产　　　　　67800

　　　贷：银行存款　　　　　67800

　C. 借：应交税费——应交增值税（转出未
交增值税）　　　　　18000

　　　贷：应交税费——未交增值税

　　　　　　　　　　　　　18000

　D. 借：应交税费——应交增值税（转出未
交增值税）　　　　　10200

　　　贷：应交税费——未交增值税

　　　　　　　　　　　　　10200

　E. 借：应交税费——未交增值税

　　　　　　　　　　　　　10200

　　　贷：应交税费——应交增值税（转
出多交增值税）　　　10200

9. 月度终了，增值税一般纳税人的（　　）明细
科目的余额应该转入"应交税费——未交
增值税"中。

　A. 简易计税

　B. 应交增值税

　C. 预交增值税

D. 代扣代缴增值税

E. 待抵扣进项税额

10. 某啤酒厂销售啤酒时，采用购买者可以免费使用啤酒储藏罐 1 年的优惠政策，为了保证啤酒罐按时收回，啤酒厂在提供啤酒罐时，每个啤酒罐收取 2000 元的押金。2019 年 6 月，当月销售啤酒 200 吨，每吨不含税价格 2800 元，共发出免费使用啤酒罐 20 个。对啤酒罐押金进行审核时，发现以前年度发出的啤酒罐有 50 个已经逾期 1 年，针对 2019 年 6 月业务会计处理中正确的有（　）。（消费税率：啤酒每吨出厂价格在 3000 元以上的，税额为每吨 250 元；3000 元以下的，税额为每吨 220 元。）

A. 借：银行存款　　　　　　672800

　　　贷：主营业务收入　　　560000

　　　　　应交税费——应交增值税

　　　　　（销项税额）　　　72800

　　　　　其他应付款　　　　40000

B. 借：银行存款　　　　　　672800

　　　贷：主营业务收入　　595398.23

　　　　　应交税费——应交增值税

　　　　　（销项税额）　　77401.77

C. 借：其他应付款　　　　　100000

　　　贷：其他业务收入　　 88495.58

　　　　　应交税费——应交增值税

　　　　　（销项税额）　　 11504.42

D. 借：税金及附加　　　　　 50000

　　　贷：应交税费——应交消费税

　　　　　　　　　　　　　　50000

E. 借：税金及附加　　　　　 44000

　　　贷：应交税费——应交消费税

　　　　　　　　　　　　　　44000

11. 下列关于包装物缴纳消费税的说法错误的有（　）。

A. 销售啤酒、黄酒而收取的包装物押金，无论押金是否返还或会计上如何核算，均需并入销售额中，依酒类产品适用税率征收消费税

B. 随同产品销售且不单独计价的包装物，其应缴的消费税应计入"税金及附加"

C. 出租出借包装物收取的押金，如果包装物逾期收不回来而将押金没收，应缴的消费税应计入"其他业务成本"

D. 包装物已作价随同产品销售而另外加收的押金，没收时应缴纳的消费税应计入"税金及附加"

E. 包装物已作价随同产品销售而另外加收的押金，没收时应缴纳的消费税应冲减"其他应付款"

12. 某钢铁公司为上市公司，2020 年 1 月发生如下经济业务，已作出了相应的会计处理，税务师审核时认为正确的有（　）。（假设相关业务中涉及原外购货物及材料的进项税额均已抵扣）

A. 将外购钢材转用于企业的厂房建设：

借：在建工程

　　贷：原材料

　　　　应交税费——应交增值税（进项税额转出）

B. 委托地板厂为其加工一批办公楼装修用的实木地板，支付的受托方代收代缴的消费税：

借：委托加工物资

　　贷：应交税费——应交消费税

借：应交税费——应交消费税

　　贷：银行存款

C. 将自己生产的产品分配给投资者，作为本期的利润分配：

借：应付股利

　　贷：库存商品

　　　　应交税费——应交增值税（销项税额）

D. 将外购文具用品一批赠送给希望小学：

借：营业外支出

　　贷：低值易耗品

　　　　应交税费——应交增值税（销项税额）

E. 将自产的产品用于抵债：

借：应付账款
　　贷：主营业务收入
　　　　应交税费——应交增值税（销项税额）

13. 下列一般纳税人账务处理正确的有( )。
A. 收到出口退还的增值税：
借：银行存款
　　贷：应收出口退税款——增值税
B. 直接减免的增值税：
借：应交税费——应交增值税（减免税款）
　　贷：其他收益
C. 计提出口应退还的消费税：
借：应收出口退税款——消费税
　　贷：主营业务成本
D. 收到即征即退的增值税：
借：银行存款
　　贷：其他收益
E. 收到先征后返的增值税：
借：银行存款
　　贷：税金及附加

14. 2020年4月某外贸企业本期购进A货物用于出口，购进价格为235294.12元，进项税额30588.24元；内销B货物销项税额为12000元。外销A货物离岸价折合人民币为300000元，退税率为10%。该企业经营货物适用的增值税率均为13%。下列正确的会计处理有( )。
A. 借：主营业务成本　　　　7058.83
　　　　贷：应交税费——应交增值税
　　　　　（进项税额转出）　7058.83
B. 借：应交税费——应交增值税（出口抵减内销产品应纳税额）
　　　　　　　　　　　　　　17000
　　　　应收出口退税款——增值税
　　　　　　　　　　　　　　13000
　　　　贷：应交税费——应交增值税
　　　　　（出口退税）　　　30000
C. 借：应收出口退税款——增值税
　　　　　　　　　　　　　23529.41

　　　　贷：应交税费——应交增值税
　　　　　（出口退税）　　　23529.41
D. 借：应收出口退税款　　　13000
　　　　贷：应交税费——应交增值税
　　　　　（出口退税）　　　13000
E. 借：应收出口退税款　　　20000
　　　　贷：应交税费——应交增值税
　　　　　（出口退税）　　　20000

15. 2020年3月某工业企业（一般纳税人），将自产的一批产品委托某商场（一般纳税人）代销，当期发出产品的成本为80000元，不含税售价100000元，按照合同约定，企业按照商场实际不含税销售额的10%支付代销手续费。4月，企业收到商场代销清单，清单注明，销售代销商品的80%，商场已将扣除手续费（含税）8000元后的金额通过银行转账的方式支付给该企业，该企业取得商场开具的手续费增值税普通发票后，将增值税专用发票开具给对方。则工业企业应做的会计处理有( )。
A. 发出代销商品时：
借：发出商品　　　　　　80000
　　贷：库存商品　　　　　　80000
B. 发出代销商品时：
借：应收账款　　　　　　80000
　　贷：库存商品　　　　　　80000
C. 收到代销清单时：
借：银行存款　　　　　　82400
　　销售费用　　　　　　8000
　　贷：主营业务收入　　　　80000
　　　　应交税费——应交增值税（销项税额）　　　　　　10400
D. 结转代销商品成本时：
借：主营业务成本　　　　64000
　　贷：应收账款　　　　　　64000
E. 结转代销商品成本时：
借：主营业务成本　　　　64000
　　贷：发出商品　　　　　　64000

16. 某生产企业2020年6月因管理不善使外

购的甲材料损失100吨，生产完工的A产品损失200箱。甲材料采购价格500元/吨，市场价格600元/吨，损失甲材料的账面价值为59300元，除了材料的购买价款以外，其他为支付的运费，取得增值税专用发票，并已经抵扣进项税。A产品每箱成本1万元，不含税售价1.3万元，主要耗用外购乙材料生产，原材料占生产成本的60%，则以下说法正确的有( )。(甲材料、乙材料、A产品适用的增值税率均为13%，均不属于应税消费品。该损失经董事会批准计入营业外支出处理)

A. 进项税额转出金额为16.33万元

B. 进项税额转出金额为15.60万元

C. 进项税额转出金额为0.73万元

D. 销项税额为44.20万元

E. 营业外支出金额为222.26万元

17. 甲企业(系增值税一般纳税人)某月"库存商品"账户的贷方发生额大于当期结转的主营业务成本，则甲企业有可能发生了( )。

A. 商业折扣行为

B. 自产货物因管理不善被盗的行为

C. 在建工程领用自产货物行为

D. 将自产货物抵偿债务的行为

E. 将自产货物用于无偿赠送给敬老院行为

18. 甲公司2019年初开始对销售部门用的设备提取折旧，该设备原价为40万元，假定无残值，会计上采用两年期直线法计提折旧，税务口径认可四年期直线法计提折旧。假定每年的税前会计利润为100万元，所得税率为25%，企业已决定不采用特殊性加速折旧方法，不考虑其他事项，2019年的暂时性差异反映分录有( )。

A. 递延所得税资产的借方是2.5万元

B. 递延所得税资产贷方是2.5万元

C. 应交所得税贷方是27.50万元

D. 递延所得税负债贷方是2.5万元

E. 应交所得税贷方是25万元

19. 下列涉税会计处理，正确的有( )。

A. 企业预缴增值税适用一般计税方法时，借记"应交税费——预交增值税"科目，贷记"银行存款"科目

B. 金融商品实际转让月末，如产生转让收益，则按应纳税额借记"投资收益"等科目，贷记"应交税费——转让金融商品应交增值税"科目

C. 进口环节缴纳消费税不通过"应交税费——应交消费税"科目核算

D. 随产品销售但单独计价的包装物，收入计入"其他业务收入"，应缴消费税记入"其他业务成本"科目

E. 委托方将委托加工产品收回后用于连续生产应税消费品的，被代收代缴的消费税记入"应交税费——应交消费税"借方

20. 下列关于商业零售企业购进商品业务的账务处理的表述，正确的有( )。

A. 库存商品的核算采用"售价记账、实物负责制"

B. 购进商品按不含税成本借记"库存商品"科目，按进项税额借记"应交税费——应交增值税(进项税额)"科目

C. 商品入库时，按含税售价借记"库存商品"科目

D. "商品进销差价"科目，反映不含税的进价和含税的销售价格的差额

E. 发生进货退出时，需要相应调整"商品进销差价"科目

三、简答题

1. 位于市区的某公司为"营改增"一般纳税人，自2019年7月1日起，签订经营租赁合同出租房产，合同约定租赁期五年，每年含税租金10万元，并约定第一年7月1日一次性向租赁方收取50万元房屋租金，一次性开具发票。公司选择简易计税方法计算增值税。问题：

(1)上述出租房产业务2019年的增值税和企业所得税应如何处理？

(2)假设当期无其他业务，就第一年收取

租金、计提税金及附加、结转收入和税费的业务作出账务处理。(不考虑地方教育附加)

2. 鼎盛公司是一家经人民银行批准专业从事汽车租赁的企业(增值税一般纳税人),该公司2019年发生如下业务:

(1)10月,公司购入10台汽车,收到机动车销售统一发票,支付价款180万元,增值税税额23.4万元,暂未认证。

(2)10月,企业缴纳当年的增值税防伪税控系统技术服务费,用银行存款支付,取得增值税专用发票,不含税价款300元,增值税税额18元。

(3)11月,鼎盛公司将其1月购入的10台汽车对外出租,租赁期限1个月,取得不含税租金收入15万元,款项已经收到。

(4)10月取得机动车销售统一发票于12月通过认证。

(5)12月,购入融资租赁用汽车5台,购入价50万元,增值税税额6.5万元,取得机动车销售统一发票并通过认证;支付车辆购置税5万元,并取得完税凭证。

要求:针对上述业务进行相应的涉税会计处理。

3. 东大股份公司主要生产电器。2020年3月内销产品收入2000万元,出口产品5万台(包括一般货物出口和进料加工复出口,其中,本期进料加工出口货物人民币离岸价为12万元人民币),进料加工计划分配率为60%),离岸价格为每台100美元,外汇人民币牌价为1美元:6.6元人民币;上期留抵税额10万元,本期进项税额100万元。另有一批上月购买的原材料100万元,增值税税额13万元当时计入了进项税额,本月转用于修饰职工食堂。该企业的电器产品出口退税率为12%。该企业按《生产企业出口货物免、抵、退税申报汇总表》申报数进行会计处理,申报数和税务机关审批数一致。企业每月税款集中在下月15日前一

次性缴纳。

问题:计算当期"免、抵、退"应纳增值税并进行相应的会计处理。

4. 甲公司是一家从事蔬菜批发和深加工业务的大型企业,属于增值税一般纳税人。公司发生如下业务:

(1)2019年6月5日,公司购入一座厂房,取得增值税专用发票并认证通过,专用发票上注明的金额为10000万元,增值税税额900万元。该厂房既用于增值税应税项目,又用于集体福利项目。甲公司按照固定资产管理该办公楼,假定分10年计提折旧,无残值。

(2)2019年10月将该厂房改变用途,专用于集体福利项目。

要求:针对上述业务,分别作出甲公司增值税相关的会计核算分录(单位:万元)。

四、综合分析题

远洋公司为增值税一般纳税人,除农产品外,其余商品适用的增值税率为13%。商品销售价格除特别注明外均为不含税价格,销售实现时结转成本。2020年2月,远洋公司业务情况如下:

(1)2月1日,收到A公司来函,要求对2020年1月15日所购商品在价格上给予10%的折让(远洋公司在该批商品售出时确认销售收入200万元,已开具发票未收款)。经查该批商品外观存在质量问题。远洋公司同意了A公司提出的折让要求。

当日凭税务机关核验通过的《开具红字增值税专用发票信息表》开具了红字增值税专用发票。

(2)2月6日与B公司签订预收货款销售合同,销售商品一批,销售价格为100万元。合同约定,B公司应当于2月6日支付预付款50万元,远洋公司应于2月6日按全额给B公司开具增值税专用发票,货物应于3月20日发出。2月6日远洋公司按合同规定开具了发票注明:价款100万

元，税款 13 万元，并将预收款存入银行。该批商品的实际成本 80 万元。

(3) 2 月 15 日，向 C 公司销售商品一批，增值税专用发票注明销售价格 300 万元，增值税额 39 万元。提货单和增值税专用发票已交 C 公司，2 月 16 日收到 C 公司款项并存入银行。该批商品的实际成本为 225 万元。

(4) 2 月直接销售商品给消费者个人，收取含税价款 56.5 万元，货款存入银行。商品的实际成本为 35 万元。

(5) 2 月 16 日从 D 公司购入不需要安装的生产用设备一台，取得增值税专用发票注明价款 50 万元，增值税 6.5 万元。取得运输公司开具的增值税专用发票注明运费 5 万元，增值税税额 0.45 万元；物流公司开具装卸费增值税专用发票，价款 1 万元，增值税税额 0.06 万元。

(6) 2 月 18 日从 F 公司购进商品，合同规定，不含税价款 200 万元，取得 F 公司开具的增值税专用发票；货物由 G 公司负责运输，运费由远洋公司负担，G 公司收取含税运输费用 10 万元、含税装卸费 1 万元，未分别核算，统一开具增值税专用发票。货物已验收入库，运费通过银行付讫，货款尚未支付。

(7) 2 月 20 日将上月从农场购进的、准备直接销售的免税农产品的 50% 用于职工福利部门使用，50% 捐赠给受灾企业，假设成本利润率为 10%。农产品收购发票上注明支付货款 20 万元，一年来农产品收购价格变化较大。

(8) 2 月 25 日，出售一辆小轿车，含税售价 120510 元，开具增值税普通发票，该辆小轿车 2010 年购进，购置原值 400000 元，已提折旧 360000 元。

(9) 出售办公用房一座，开具增值税普通发票收取含税价 2100000 元，该办公用房 2008 年 3 月购进，购进原值 1050000 元，位置在外省某市，销售时已提折旧 900000 元，选择简易计税方法缴纳增值税。

(10) 其他资料：当月取得的增值税专用发票当月通过认证，当月期初增值税留抵税额为 30 万元，未放弃减税优惠。

要求：

(1) 根据上述资料，编制远洋公司 2 月份发生的经济业务的会计分录。

(2) 分别计算远洋公司 2 月份应缴纳增值税的销项税额、进项税额和在当地应缴增值税额。

同步训练答案及解析

一、单项选择题

1. B 【解析】初次购买增值税税控系统专用设备支付的费用允许在增值税应纳税额中全额抵减，相关的会计分录为。
①购入时：
借：管理费用
　　贷：银行存款（或应付账款）
②按规定抵减的增值税应纳税额：
借：应交税费——应交增值税（减免税款）（一般纳税人）
　　或应交税费——应交增值税（小规模纳税人）
　　贷：管理费用

2. D 【解析】"销项税额""出口退税""进项税额转出"和"转出多交增值税"专栏在"应交增值税"明细账的贷方；"转出未交增值税"专栏在"应交增值税"的借方。

3. D 【解析】月份终了，企业应该将当月发生的应纳增值税自"应交税费——应交增值税"科目转入"未交增值税"明细科目。当月发生的应交税费——应交增值税贷方余额为 7.2 万元，转入未交增值税，因此 D 选项错误，正确的分录应该是：

借：应交税费——应交增值税（转出未交增值税） 72000

　　贷：应交税费——未交增值税 72000

4. B 【解析】计入主营业务成本的金额 = 300000÷（1+6%）= 283018.87（元），进项税额 = 283018.87×6% = 16981.13（元）。由于尚未经税务机关认证，所以计入待认证进项税额明细科目中。

5. D 【解析】企业当期应纳增值税额为 90-40 = 50（万元），当月已经缴纳当月的增值税 60 万元，多缴了 10 万元，因此应当转出多交增值税 10 万元。

6. A 【解析】一般纳税人销售自己使用过的不得抵扣且未抵扣进项税额的固定资产，按照简易办法依照 3% 征收率减按 2% 征收增值税。

出售时应纳税额 = 30.9÷（1+3%）×2% = 0.6（万元），会计分录为：

借：银行存款 309000

　　贷：固定资产清理 303000

　　　　应交税费——简易计税 6000

7. D 【解析】应预缴增值税 = 10000000÷（1+5%）×3% = 285714.29（元），一般纳税人采用简易计税方法计税时预缴的增值税通过"应交税费——简易计税"核算。

8. C 【解析】增值税一般纳税人的动漫企业，销售其自主开发生产的动漫软件，按 13% 的税率征收增值税后，对其增值税实际税负超过 3% 的部分，实行即征即退政策。应纳税额 = 68000×13% - 1346 = 7494（元），实际税负 = 7494÷68000 = 11.02%，实际税负超过 3% 的部分实行即征即退。实际应负担税额 = 68000×3% = 2040（元），应退税额 = 7494-2040 = 5454（元）。由于增值税即征即退与日常经营活动有关，因此应该通过"其他收益"核算。

9. D 【解析】该企业期末留抵税额 20 万元，增值税欠税 30 万元，可以用期末留抵税额与增值税欠税金额较小一方红字借记"应

交税费——应交增值税（进项税额）"，红字贷记"应交税费——未交增值税"。

10. C 【解析】应纳增值税 = 8000÷（1+3%）×3% = 233.01（元）

11. C 【解析】免抵退税额 = 3000×10% = 300（万元）

不得免征和抵扣税额 = 3000×（13% - 10%）= 90（万元）

应纳税额 = 50-（230-90）-10 = -100（万元）

因为 100 万元 < 300 万元，应退税额 = 100 万元，免抵税额 = 300-100 = 200（万元）。

借：应收出口退税款 100

　　应交税费——应交增值税（出口抵减内销产品应纳税额） 200

　　贷：应交税费——应交增值税（出口退税） 300

12. B 【解析】进料加工出口货物耗用的保税进口料件金额 = 210×30% = 63（万元）

免抵退税不得免征和抵扣税额抵减额 = 进料加工出口货物耗用的保税进口料件金额×（出口货物征税率 - 出口货物退税率）= 63×（13%-10%）= 1.89（万元）

免抵退税不得免征和抵扣税额 = 210×（13%-10%）-1.89 = 4.41（万元）

当期应纳税额 = 100×13% -（26-4.41）-6 = -14.59（万元）

免抵退税额抵减额 = 63×10% = 6.3（万元）

出口货物免抵退税额 = 210×10% - 6.3 = 14.7（万元）

因为 14.59 < 14.7，当期应退税额 14.59 万元。免抵税额 = 14.7-14.59 = 0.11（万元）。

13. C 【解析】根据企业会计准则，具有商业实质的非货币性资产交易，应作收入处理，计算增值税销项税额，换入货物取得增值税专用发票，可以抵扣进项税额。

14. C 【解析】选项 C，一般纳税人处置 2009 年购入的小汽车适用简易征收办法（因为小汽车自 2013 年 8 月 1 日起才允许抵扣进项税额，2009 年购入的小汽车购

入时未抵扣进项税额），不应通过"应交税费——应交增值税"科目核算，应适用"应交税费——简易计税"科目。

15. D 【解析】应纳消费税，单设"应交税费——应交消费税"科目核算。计提消费税时，借：税金及附加，贷：应交税费——应交消费税；缴纳消费税时，借：应交税费——应交消费税，贷：银行存款。

16. B 【解析】在实务中，为了真实反映每个供货单位提供商品的质量状况，一般将上述一笔会计分录分为两笔进行处理，即：

第一步，退货，原购进分录做相反分录处理，对应的数据为质量问题的200件，不含税进价10000元，进项税额1300元。这笔业务在登记"应交税费——应交增值税"明细账时，应在"进项税额"专栏中用红字反映。

借：银行存款　　　　　　　11300
　　应交税费——应交增值税（进项税额）
　　　　　　　　　　　　　　-1300
　　贷：库存商品——××供货方　10000

第二步，处理进销差价。

200件的含税总价款为 200 × 63.28 = 12656 元，进价为 10000 元，进销差价为 2656 元。

借：商品进销差价　　　　　2656
　　贷：库存商品　　　　　　2656

合并在一起，就是选项B。

17. B 【解析】汇算清缴期间影响以前年度损益的调整应当通过"以前年度损益调整"处理。啤酒从量征消费税，逾期的包装物押金不缴纳消费税。

18. D 【解析】契税、耕地占用税、车辆购置税不通过应交税费核算。车辆购置税应计入固定资产成本。

19. A 【解析】选项AB，当资产的账面价值小于计税基础时，会产生可抵扣暂时性差异；选项C，"递延所得税负债"余额

的计算是按该时点上的余额计算，而不是按该时期发生数计算的；选项D，当负债的账面价值小于计税基础时，会产生应纳税暂时性差异。

20. B 【解析】房地产开发企业销售开发产品计算缴纳的土地增值税，应在"税金及附加"科目反映。

21. B 【解析】选项B，如果企业当月多缴了增值税，月末出现借方余额，应借记"应交税费——未交增值税"，贷记"应交税费——应交增值税（转出多交增值税）"。

22. B 【解析】根据财会〔2016〕22号文件的规定，一般纳税人已申请稽核但尚未取得稽核相符结果的海关缴款书进项税额，记入"应交税费——待认证进项税额"科目。

23. C 【解析】增值税纳税人转让金融商品发生的增值税额应通过"应交税费——转让金融商品应交增值税"科目核算。

24. C 【解析】会计按权责发生制按月确认收入，早于增值税纳税义务发生时间和合同约定的付款日期。2020年1月，已确认相关收入但尚未发生增值税纳税义务，需于以后期间确认为销项税额的增值税额应通过"应交税费——待转销项税额"明细科目核算。

25. C 【解析】委托方将收回的委托加工应税消费品，用于连续生产应税消费品，应将受托方代收代缴的消费税计入"应交税费——应交消费税"科目的借方。

二、多项选择题

1. ADE 【解析】对于增值税一般纳税人，委托加工物资成本中包含原材料成本、加工费。对于加工费的进项税额如果是不得抵扣的，也应包含在委托加工物资的成本中。对于委托加工的物资支付的收回后用于连续生产应税消费品的委托加工物资的消费税，且属于可以抵扣消费税情形的，不包含在委托加工物资的成本中，应计入

"应交税费——应交消费税"的借方。

2. ABCE 【解析】一般纳税人购进货物、加工修理修配劳务、服务、无形资产或不动产,用于简易计税方法计税项目、免征增值税项目、集体福利或个人消费等,其进项税额按照现行增值税制度规定不得从销项税额中抵扣的,取得增值税专用发票时,应借记相关成本费用或资产科目,借记"应交税费——待认证进项税额"科目,贷记"银行存款""应付账款"等科目,经税务机关认证后,应借记相关成本费用或资产科目,贷记"应交税费——应交增值税(进项税额转出)"科目,因此选项 D 错误。

3. ACE 【解析】增值税一般纳税人初次购买增值税税控系统专用设备支付的费用以及缴纳的技术维护费允许在增值税应纳税额中全额抵减的,应在"应交税费——应交增值税"科目下设"减免税款"专栏,用于记录该企业按规定抵减的增值税应纳税额。企业购入增值税税控系统专用设备,按实际支付或应付的金额,借记"固定资产"科目,贷记"银行存款""应付账款"等科目。按规定抵减的增值税应纳税额,借记"应交税费——应交增值税(减免税款)"科目,贷记"管理费用"科目。按期计提折旧,借记"管理费用"等科目,贷记"累计折旧"科目。2016 年底,财会〔2016〕22 号文件发布后,不再使用"递延收益"科目。

4. ABC 【解析】外购材料用于集体福利部门,应作进项税额转出,而不是视同销售处理。

5. AB 【解析】全面试行营业税改征增值税后,"营业税金及附加"科目名称调整为"税金及附加"科目,该科目核算企业经营活动发生的消费税、城市维护建设税、资源税、教育费附加及房产税、土地使用税、车船使用税、印花税等相关税费;车辆购置税、耕地占用税和契税计入资产成本。

6. BCE 【解析】对于分期收款方式销售货物,在合同约定的收款日期增值税纳税义务发生,因此选项 A 错误,选项 B 正确;对于具有融资性质的分期收款销售商品而言,会计上在发出货物时确认收入,因此选项 C 正确,选项 D 错误;由于会计上收入确认时间早于增值税纳税义务发生时间,因此 2018 年 1 月 1 日应该通过"应交税费——待转销项税额"核算增值税,所以选项 E 正确。

7. ACE 【解析】小规模纳税人只需在"应交税费"科目下设置"应交增值税"明细科目,不需要设置除"转让金融商品应交增值税""代扣代交增值税"外的明细科目。

8. AD 【解析】自 2009 年 1 月 1 日起,一般纳税人购进生产经营用设备可以一次性抵扣进项税额。应纳增值税 = 50000－32000－7800 = 10200(元)。

9. BC 【解析】月度终了,"应交增值税"或"预交增值税"的余额应该转入"未交增值税"中。

10. ACE 【解析】自 2019 年 4 月 1 日起,啤酒增值税税率调整为 13%。啤酒单位税额的确定,应根据含包装物及包装物押金的不含增值税的每吨出厂价格来确定。本题中啤酒单位出厂价格 = 2800 + (20×2000÷1.13)÷200 = 2976.99(元),所以啤酒厂适用的单位税额为 220 元/吨,本月应纳消费税 = 200×220 = 44000(元)。根据规定,对销售除啤酒、黄酒外的其他酒类产品而收取的包装物押金,无论是否返还以及会计上如何核算,均应并入当期销售额征消费税和增值税。对于啤酒的包装物押金,应该采用逾期后才确认销售额计算征收增值税,所以对于当期发出的 20 个啤酒罐的押金,不应确认销售额计算征收增值税,对于当期逾期的 50 个啤酒罐,纳税义务发生,根据会计制度的规定,在"其他业务收入"科目进行核算。

11. ACD 【解析】选项 A,对酒类产品生产企业销售除啤酒、黄酒外的其他酒类产品而收取的包装物押金，无论押金是否返还或会计上如何核算，均需并入酒类产品销售额中，依酒类产品的适用税率征收消费税；选项 C，根据新准则，应计入"税金及附加"；选项 D，没收的加收的押金应冲减其他应付款，余额转入营业外收入科目。

12. DE 【解析】选项 A，自 2019 年 4 月 1 日起不动产进项税额一次性抵扣，因此将外购钢材用于修建厂房，无需另行处理增值税的问题，选项 A 错误；

选项 B，委托加工自用的应税消费品，不是连续生产应税消费品，不允许抵扣受托方代收代缴消费税，因此不通过"应交税费——应交消费税"核算，而是通过"委托加工物资"核算。

借：委托加工物资
　　贷：银行存款

选项 C，属于视同销售业务中的特殊处理，会计上要确认收入，会计处理为：

借：应付股利
　　贷：主营业务收入
　　　　应交税费——应交增值税（销项税额）

13. ABCD 【解析】先征后返的增值税，计入其他收益核算。

14. AC 【解析】外贸企业出口适用增值税先征后退，是按原购进时的进价乘退税率计算应退税额的，应退税额 = 235294.12 × 10% = 23529.41（元）。进项税额转出（征退税率差）= 30588.24 − 23529.41 = 7058.83（元）。

15. ACE 【解析】发出代销商品时：

借：发出商品　　　　　80000
　　贷：库存商品　　　　　　80000

收到代销清单时：

借：银行存款　　　　　82400
　　销售费用　　　　　8000
　　贷：主营业务收入　　　80000

应交税费——应交增值税（销项税额）　　　10400

结转代销商品成本时：

借：主营业务成本　　　64000
　　贷：发出商品　　　　　64000

16. AE 【解析】外购货物、自产产品、半成品发生因管理不善造成的非正常损失，应当将进项税额转出。甲材料发生非正常损失，应将甲材料原进项税额予以转出，所以进项税额转出 = 50000 × 13% + (59300 − 50000) × 9% = 7337（元）= 0.73（万元）；A 产品发生非正常损失，应将对应的成本中包含的进项税额予以转出，所以进项税额转出 = 200 × 1 × 60% × 13% = 15.6（万元）。

进项税额转出 = 0.73 + 15.6 = 16.33（万元），营业外支出金额 = 5.93 + 200 + 16.33 = 222.26（万元），涉及会计处理：

借：营业外支出　　　　222.26
　　贷：原材料——甲材料　　5.93
　　　　库存商品——A 产品　200
　　　　应交税费——应交增值税（进项税额转出）　　16.33

17. BCE 【解析】商业折扣行为、将自产货物用于抵偿债务，都是正常结转成本，将"库存商品"的金额结转到"主营业务成本"中；自产货物因管理不善被盗的行为，"库存商品"的金额要结转到"待处理财产损溢"中；在建工程领用自产货物，"库存商品"的金额应结转到"在建工程"中；将自产货物用于无偿赠送给敬老院，"库存商品"的金额转入"营业外支出"中。所以选项 BCE 都是可能发生的。

18. AC 【解析】(1) 设备折旧在会计、税务上的差异：2019 年会计口径 20 万元，税务口径 10 万元，暂时性差异 10 万元；(2) 会计处理如下：2019 年税前会计利润 100 万元，暂时性差异 10 万元，应税所得 110 万元，应交所得税 27.5 万元，递延所得税资产 2.5 万元，所得税费用

25万元。

19. ABE 【解析】进口环节缴纳消费税一般不通过"应交税费——应交消费税"科目核算，特殊情况下可以通过该科目核算的，比如，用于连续生产应税消费品的，选项C表述绝对化了。选项D，随同产品销售但单独计价的包装物，其收入计入其他业务收入，应缴消费税记入"税金及附加"。

20. ACDE 【解析】企业购进商品仍按不含税成本借记"在途物资"科目，而非借记"库存商品"，因此选项B表述不恰当。

三、简答题

1. 【答案】

(1)根据税法规定，纳税人提供房屋租赁劳务，采取预收款方式的，其纳税义务发生时间为收到预收款的当天。所以出租房产业务第一年的增值税 = 500000÷（1+5%）×5% = 23809.52（元）。

企业所得税法规定，租金收入按照合同约定的承租人应付租金的日期确认收入的实现。其中，如果交易合同或协议中规定租赁期限跨年度，且租金提前一次性支付的，出租人可对已确认的收入，在租赁期内，分期均匀计入相关年度收入。出租房产业务2019年的企业所得税计算时可将5万元含税金额价税分离后计入应纳税所得额中计算企业所得税。

(2)账务处理

①收取租金：

借：银行存款　　　　　　　　500000

　　贷：预收账款　　　　　　476190.48

　　　　应交税费——简易计税　23809.52

②计提税金及附加：

借：税金及附加　　　　　　　2380.95

　　贷：应交税费——应交城市维护建设税

　　　　　　　　　　　　　　1666.67

　　　　——应交教育费附加

　　　　　　　　　　　　　　714.28

【思路点拨】按照规定，此部分城市维护

建设税及附加应该通过递延税款进行核算，当预收账款转作收入时，再将递延税款转入税金及附加，但由于金额比较小，按照会计上的重要性原则及企业实际操作，往往直接计入"税金及附加"。

③结转收入和税费：

借：预收账款　　　　　　　　47619.05

　　贷：其他业务收入　　　　47619.05

2. 【答案】

(1)从事有形动产租赁，属于增值税的征税范围，但是其购入汽车的进项税暂未认证。

借：固定资产——经营租赁资产

　　　　　　　　　　　　　1800000

　　应交税费——待认证进项税额

　　　　　　　　　　　　　234000

　　贷：银行存款　　　　　2034000

(2)增值税纳税人2011年12月1日以后每年支付的防伪税控系统的技术服务费，在增值税应纳税额中全额抵减。所以企业可以按318元全额抵减增值税。

①支付时：

借：管理费用　　　　　　　　318

　　贷：银行存款　　　　　　318

②按规定抵减的增值税应纳税额：

借：应交税费——应交增值税（减免税款）

　　　　　　　　　　　　　318

　　贷：管理费用　　　　　　318

(3)纳税人的有形动产租赁，应该按13%的税率缴纳增值税。

应纳增值税 = 15×13% = 1.95（万元）

借：银行存款　　　　　　　　169500

　　贷：主营业务收入　　　　150000

　　　　应交税费——应交增值税（销项税额）　　　　　　　　　19500

(4)上月的机动车销售统一发票通过认证：

借：应交税费——应交增值税（进项税额）

　　　　　　　　　　　　　234000

　　贷：应交税费——待认证进项税额

　　　　　　　　　　　　　234000

(5)购入融资租赁用汽车,其机动车销售发票上注明的增值税可以抵扣。

借:固定资产　　　　　　　544247.79

　　应交税费——应交增值税(进项税额)

　　　　　　　　　　　　　　65000

　　应交税费——应交增值税(销项税额抵减)　　　　　　　　　　5752.21

　　　贷:银行存款　　　　　　615000

3.【答案】

(1)出口产品销售收入=出口货物离岸价×外汇人民币牌价=50000×100×6.6=33000000(元)

借:应收账款　　　　　　33000000

　　贷:主营业务收入——出口销售

　　　　　　　　　　　　　33000000

(2)免抵退税不得免征和抵扣税额=出口货物离岸价×外汇人民币牌价×(出口货物征税率–出口货物退税率)–免抵退税不得免征和抵扣税额抵减额=33000000×(13%–12%)–120000×60%×(13%–12%)=329280(元)

借:主营业务成本　　　　　329280

　　贷:应交税费——应交增值税(进项税额转出)　　　　　　329280

(3)当期应纳税额=当期内销货物增值税销项税额–(当期购入货物允许抵扣的进项税额–进项税额转出)–上期留抵的进项税额=20000000×13%–(1000000–329280–1000000×13%)–100000=1959280(元)

从以上计算可以看出,应纳税额为正数,反映企业出口货物给予退税的进项税额,已全部在内销货物应纳税额中抵减完毕,不需退税。

【知识点拨】由于修饰职工食堂支出属于用于职工福利,进项税额不得抵扣,需要做进项税额转出处理。

(4)免抵退税额=出口货物离岸价×外汇人民币牌价×出口货物退税率–免抵退税额抵减额=33000000×12%–120000×60%×12%=3951360(元)

由于该企业当期无留抵税额,因此应退税额=0(元)

免抵税额=免抵退税额–应退税额=3951360(元)

借:应交税费——应交增值税(出口抵减内销产品应纳税额)　　3951360

　　贷:应交税费——应交增值税(出口退税)　　　　　　　3951360

(5)月末把"应交税费——应交增值税"的余额转到"应交税费——未交增值税"中。

借:应交税费——应交增值税(转出未交增值税)　　　　　　1959280

　　贷:应交税费——未交增值税1959280

下月初交税时:

借:应交税费——未交增值税1959280

　　贷:银行存款　　　　　　1959280

4.【答案】

(1)借:固定资产　　　　　　10000

　　　　应交税费——应交增值税(进项税额)

　　　　　　　　　　　　　　　900

　　　　　贷:银行存款　　　　10900

【思路点拨】自2019年4月1日起,不动产进项税额允许一次性抵扣,无需分期抵扣。

(2)不动产净值率=[10000–10000÷(10×12)×4]÷10000=96.667%

不得抵扣的进项税额=900×96.667%=870.00(万元)

借:固定资产　　　　　　　　870.00

　　贷:应交税费——应交增值税(进项税额转出)　　　　　870.00

四、综合分析题

【答案】(1)业务①分录:

借:应收账款　　　　　　　–226000

　　贷:主营业务收入　　　　–200000

　　　　应交税费——应交增值税(销项税额)　　　　　　　–26000

业务②预收款项时:

借:银行存款　　　　　　　500000

　　贷:预收账款　　　　　　500000

开具发票：

借：预收账款或应收账款　130000

　　贷：应交税费——应交增值税（销项税额）　130000

业务③分录：

借：应收账款　3390000

　　贷：主营业务收入　3000000

　　　应交税费——应交增值税（销项税额）　390000

结转成本

借：主营业务成本　2250000

　　贷：库存商品　2250000

收款时：

借：银行存款　3390000

　　贷：应收账款　3390000

业务④分录：

发货收款：

借：银行存款　565000

　　贷：主营业务收入　500000

　　　应交税费——应交增值税（销项税额）　65000

结转成本：

借：主营业务成本　350000

　　贷：库存商品　350000

业务⑤分录：

借：固定资产　560000

　　应交税费——应交增值税（进项税额）　70100

　　贷：银行存款　630100

业务⑥分录：

借：库存商品　2100917.43

　　应交税费——应交增值税（进项税额）　269082.57

　　贷：银行存款　110000

　　　应付账款　2260000

【思路点拨】运费和装卸费未分别核算，统一开具运费发票，从高按9%的税率开票纳税。可抵进项税额=2000000×13%+110000÷（1+9%）×9%=269082.57（万元）。

业务⑦分录：

由于准备直接销售，因此当时购进初级农产品时按照9%抵扣的进项税额。

a. 分发给职工的账务处理

借：应付职工薪酬　100000

　　贷：库存商品　91000

　　　应交税费——应交增值税（进项税额转出）　9000

b. 用于捐赠的税务处理

借：营业外支出　100009

　　贷：库存商品　91000

　　　应交税费——应交增值税（销项税额）　9009

【思路点拨】销项税额=91000×（1+10%）×9%=9009（元）

业务⑧分录：

借：银行存款　120510

　　贷：固定资产清理　118170

　　　应交税费——简易计税　2340

借：固定资产清理　40000

　　累计折旧　360000

　　贷：固定资产　400000

借：固定资产清理　78170

　　贷：资产处置损益　78170

业务⑨分录：

在外省某市预缴增值税

借：应交税费——简易计税　50000

　　贷：银行存款　50000

当地申报：

借：银行存款　2100000

　　贷：固定资产清理　2050000

　　　应交税费——简易计税　50000

借：固定资产清理　150000

　　累计折旧　900000

　　贷：固定资产　1050000

借：固定资产清理　1900000

　　贷：资产处置损益　1900000

（2）本期应纳增值税的计算：

销项税额=-26000+130000+390000+65000+9009=568009（元）

进项税额=70100+269082.57=339182.57（元）

当期应纳增值税=568009-(339182.57-9000)-300000+50000-50000=-62173.57（元），即本期实际应纳增值税为2340元，留抵税额为62173.57元。

【思路点拨】本题多了成本利润率10%的条件，农产品一年前购入，价格变化大，暗示业务（7）使用组价，作为考试，提示使用成本利润率就计算组价，否则使用外购价作为公允价，计算销项税额。

主要会计科目的设置 ★★★

"应交税费"科目
- "应交增值税"
  - 借方明细科目
    - 进项税额
    - 销项税额抵减
    - 已交税金
    - 减免税款
    - 出口抵减内销产品应纳税额
    - 转出未交增值税
  - 贷方明细科目
    - 销项税额
    - 进项税额转出
    - 出口退税
    - 转出多交增值税
- "未交增值税"
- "预交增值税"
- "待抵扣进项税额"
- "待认证进项税额"
- "待转销项税额"
- "增值税留抵税额"
- "简易计税"
- "转让金融商品应交增值税"
- "代扣代交增值税"
- 加计抵减政策下的会计核算
- 增值税检查调整
- 增值税税控系统专用设备和技术维护费用抵减增值税额
- 小规模纳税人的增值税核算

企业涉税会计核算
- 主要会计科目的设置 ★★★
  - "税金及附加"科目
  - "所得税费用"科目、"递延所得税资产"科目、"递延所得税负债"科目
  - "以前年度损益调整"科目
  - "营业外收入"科目
- 出口货物"免、抵、退"税的会计核算（难点）★★
- 商品流通企业的涉税核算 ★★
  - 商品流通企业增值税的核算
  - 商品流通企业消费税的核算

第8章 代理纳税审查方法

考情解密

历年考情概况

本章是"涉税服务实务"科目的重点章节，在历年考题里多以单选题、多选题、简答题的形式考核。本章往往和第9~11章的内容结合起来考核，分值往往难以准确统计，预计分值在5~10分。

近年考点直击

考点	主要考查题型	考频指数	考查角度
纳税审查的基本方法	单选题、多选题	★	考查纳税审查基本方法的分类标准和结果
纳税审查的基本内容	单选题、多选题	★	考查纳税审查的基本内容
账务调整的原则和基本方法	单选题、多选题	★★	(1)考查账务调整的作用与原则——特别注意何时调账；何时纳税调整； (2)考查账务调整的基本方法
错账的类型及调整范围	单选题、多选题、简答题、综合题	★★★	(1)掌握当期错账与以往年度错账调整方法的不同； (2)不能直接按审查出的错误数额调整利润情况的账务调整方法

本章2020年考试主要变化

本章无实质性变化。

考点详解及精选例题

一、纳税审查的基本方法 ★

扫我解疑难

纳税审查的方法各有所长，纳税代理人在实际审查中，根据审查的目的、审查的范围以及审查的对象，可采用一种或多种审查方法，提高审查的效率。纳税审查的基本方法见表8-1。

表8-1　纳税审查的基本方法

分类标准	审查名称	审查方法	适用范围(优缺点)
查账顺序	顺查法	原始凭证——账簿——报表	优点是比较系统、全面，运用简单，可避免遗漏； 缺点是工作量大，重点不突出； 适用于审查经济业务量较少的纳税人、扣缴义务人
	逆查法	报表——账簿——原始凭证	优点是能抓住重点，迅速突破问题； 适合对纳税人、扣缴义务人比较了解的情况

分类标准	审查名称	审查方法	适用范围(优缺点)
审查的内容、范围	详查法	对会计凭证,账簿,报表全面、系统、详细的审查	优点是能保证质量,但工作量大;适用于审查经济业务量较少的纳税人、扣缴义务人
	抽查法	抽一部分凭证、资料进行审查	优点是提高效率,缺点是有一定风险;适用于审查经济业务量较大的纳税人、扣缴义务人
一	核对法	对纳税人的各种相关联的会计凭证、账簿、报表及实物进行相互核对	适合对纳税人比较了解的情况
	查询法	根据查账的线索,通过询问或调查的方式,取得必要的资料或旁证	便于了解现实情况,常与其他方法一起使用
一	比较分析法	将审查期与历史、计划、同行业、同类型比较分析	分析结果只能为进一步的审查提供线索
	控制计算法	根据账簿间、生产环节之间的必然联系进行测试,如以产核销、以耗定产等	需要配合其他方法发挥其作用

【例题1·多选题】根据审查的内容、范围不同,纳税审查的方法可以分为(   )。

A. 核对法　　　B. 详查法

C. 比较分析法　D. 抽查法

E. 查询法

解析▶ 根据审查的内容、范围不同,纳税审查的方法可以分为详查法和抽查法。

答案▶ BD

【例题2·单选题】根据账簿之间、生产环节等之间的必然联系,提供测算以证实账面数据是否正确的审查方法属于(   )。

A. 核对法　　　B. 比较分析法

C. 控制计算法　D. 查询法

解析▶ 本题目考核控制计算法的界定。

答案▶ C

二、纳税审查的基本内容★

扫我解疑难

(一)代理纳税审查的基本内容(见表8-2)

主要从会计、税收实体法、征管法角度进行审查。

表8-2　代理纳税审查的基本内容

纳税审查的角度	基本内容
会计	审查其核算是否符合《企业会计准则》《小企业会计准则》和分行业财务制度及会计制度
税收实体法	审查计税是否符合税收法规,重点是审查计税依据和税率
税收征管法	审查纳税人有无不按纳税程序办事、违反征管制度的情况

(二)会计报表的审查

审查会计报表是纳税审查的重要环节,在通常情况下,纳税审查是从审查和分析会计报表开始的。审查的会计报表主要包括资产负债表、利润表、现金流量表。

(三)会计账簿的审查与分析

会计账簿记录的经济活动内容更系统和详细,比会计报表所提供的资料更充实、更具体,因此,它是纳税审查的重要依据,为进一步发现问题、核实问题提供了资料。

(四)会计凭证的审查与分析

会计凭证是纳税审查中核实问题的重要依据。会计凭证按其填制程序和用途划分,可分为原始凭证和记账凭证(见表8-3)。

表8-3　原始凭证和记账凭证审查内容

原始凭证	记账凭证
审查内容是否齐全，注意审查凭证的合法性	审核所附原始凭证有无短缺，两者的内容是否一致
审查有无技术性或人为性的错误	审查会计科目及其对应关系是否正确
审查有无白条入账的情况	记账凭证的会计科目与原始凭证反映的经济业务内容是否相符

(五)不同委托人代理审查的具体内容

三、账务调整的原则★★

扫我解疑难

(1)账务处理的调整要与现行财务会计准则相一致，要与税法的有关会计核算相一致；

(2)账务处理的调整要与会计原理相符合；

(3)调整错账的方法应从实际出发，简便易行。

【知识点拨1】在账务调整中要特别注意：只有账务处理错误，才需要调账；如果账务处理正确，只是税会有差异，做纳税调整，而不需要调账。调账与纳税调整的关系如图8-1。

图8-1　调账与纳税调整的关系

【知识点拨2】何时调账？

只有在做错账的时候，才需要调账。而判断账务处理是否正确的标准是会计制度，而非税法。但账务处理正确，只是税会有差异时，需要做纳税调整，而非调账。

(2016年单选题)税务师在进行企业所得税汇算清缴鉴证时，发现企业当年度允许扣除的职工教育经费金额为12万元，而企业实际发生并计入"管理费用——职工教育经费"的金额为18万元。对此项账务处理，税务师应(　　)。

A. 仅作纳税调整增加，不做账务调整

B. 作纳税调整增加，并按红字冲销调整账务

C. 作纳税调整增加，并按补充登记法调整账务

D. 作纳税调整增加，并按综合账务调整法调整账务

解析 ▶ 该项业务会计账务处理正确，只是税法和会计相关规定有差异，所以只需要做纳税调整增加即可，不做账务调整。

答案 ▶ A

四、账务调整的基本方法★★

扫我解疑难

1. 红字冲销法

就是先用红字冲销原错误的会计分录，再用蓝字重新编制正确的会计分录，重新登记账簿。它适用于会计科目用错及会计科目正确但核算金额大于应计金额的情况。一般情况下，在及时发现错误、没有影响后续核算的情况下多使用红字冲销法。

【例题3·简答题】某税务师事务所2020年2月对某商场2020年1月的纳税情况进行纳税审查，其中发现一笔业务为销售商品一批，价款45200元(含税)，收妥货款存入银行，该批商品成本30000元，企业做如下账务处理：

借：银行存款　　　　　　　　45200

　　贷：库存商品　　　　　　　30000

　　　　应收账款　　　　　　　15200

请问企业账务处理是否正确？如果不正确，如何调账？

答案 ▶

对于销售商品，货物已经发出，货款已经收取，应该计入收入。企业账务处理错误。由于是当年错账，可以采用红字冲销法。

①用红字冲销原账错误分录

借：银行存款   -45200
    贷：库存商品   -30000
        应收账款   -15200

②再编制一套正确的会计分录

借：银行存款   45200
    贷：主营业务收入   40000
        应交税费——应交增值税
        （销项税额）   5200

借：主营业务成本   30000
    贷：库存商品   30000

2. 补充登记法

通过编制转账分录，将调整金额直接入账，以更正错账。它适用于漏记或错账所涉及的会计科目正确，但核算金额小于应计金额的情况。

3. 综合账务调整法

将红字冲销法与补充登记法综合加以运用，一般适用于会计分录借贷方，有一方会计科目用错，而另一方会计科目没有错的情况。正确的一方不调整，错误的一方用错误科目转账调整，使用正确科目及时调整。

【例题 4·简答题】 某企业将当年专项工程耗用材料列入管理费用 6000 元。

借：管理费用   6000
    贷：原材料   6000

对于上述错账，应如何调整？

答案 ▶

（1）该项账务处理存在的问题是错用会计科目，将应该记入"在建工程"的项目错误地记入了"管理费用"。

（2）如何调账。

对于当年的错账，调账分为两种情况：

①当月发现

借：在建工程   6000
    贷：管理费用   6000

②月后发现，且按月结算利润

借：在建工程   6000
    贷：本年利润   6000

对于每位刚刚开始学习《涉税服务实务》的学员而言，调账是一项比较难的任务，如何利用综合账务调整法调账，大家可以参阅图 8-2。

图 8-2　综合账务调整法调账的建议思路

五、错账的类型及调整范围 ★★★

扫我解疑难

根据错账发生的时间不同，可将错账分为当期发生的错账和以前年度发生的错账。

调账时要遵循总的原则：错账+调账=正确的分录，也就是可以通过"正确的分录-错账"挤出调账分录。

1. 当期错账和上一年度错账的调账方法（见表 8-4）

表 8-4　错账的调账方法

错账类型		调账方法
当期错账	一般情况	根据正常会计核算，采用上述三种方法进行调账
	按月结转利润	在本月内发现的错账，调整错账本身即可
		在本月以后发现的错账，影响到利润的账项还需要先通过相关科目最终结转到本年利润科目
上一年度错账	对上一年度税收发生影响	在上一年度决算报表编制前发现的： 可利用上述三种方法进行调整，对于影响利润的错账须一并调整"本年利润"科目核算的内容
		在上一年度决算报表编制之后发现的： (1)对于不影响上年利润的项目，可以直接进行调整； (2)对于影响上年利润的项目，应通过"以前年度损益调整"进行调整
	不影响上一年度的税收	与本年度核算和税收有关的，可以根据上一年度账项的错漏金额影响本年度税收情况，相应调整本年度有关账项

【例题5·简答题】某稽查局2019年年底对县城一企业2019年纳税情况进行检查，了解到该厂7月1日起将闲置不用的临街门面房四间租赁给某服装店。税务检查时，重点审核了"其他业务收入"账户，未发现有租赁收入的记载，而后又审核了"营业外收入"账户，经核对也没有结果。

于是，再进一步审核了往来结算账户，发现在"其他应付款"账户上挂了房租收入。该厂每月收取房租6300元，共计收入37800元，全部挂在"其他应付款——某服装店"账户上。四间门面房下半年已经缴纳房产税3600元，出租四间门面房的合同上约定租期1年，已经按规定贴了印花税票。(提示：原有房产；选择简易计税)

请问应该如何调账？

答案 ▷

该企业将应该记入"其他业务收入"的项目错误地记入了"其他应付款"，并且未计算相应税收。调整过程为：

(1)确认收入，计算增值税。

应纳增值税 = 37800 ÷ (1 + 5%) × 5% = 1800(元)

调账分录：

借：其他应付款　　　　　　　37800

贷：其他业务收入　　　　　　36000

　　应交税费——增值税检查调整　　1800

(2)计算补交的其他相关税费。

应补城建税 = 1800 × 5% = 90(元)

应补教育费附加和地方教育附加 = 1800 × (3% + 2%) = 90(元)

应补房产税 = 37800 ÷ (1 + 5%) × 12% - 3600 = 720(元)

(3)补提城建税、教育费附加及地方教育附加、房产税。

借：税金及附加　　　　　　　900

贷：应交税费——应交城建税　　90

　　　　——应交教育费附加　　54

　　　　——应交地方教育附加　　36

　　　　——应交房产税　720

【例题6·简答题】如果在例题5中，查账时间是2020年3月，其他条件不变，应如何调账？

答案 ▷

例题6和例题5的不同在于，例题5是当年错账的调整，例题6是跨年度错账的调整，两者不同之处在于需要将跨年度损益类错账用"以前年度损益调整"替代，同时要考虑需要补交的企业所得税问题。调整过程如下：

（1）确定收入

借：其他应付款　　　　　　37800

　　贷：以前年度损益调整　　　36000

　　　　应交税费——增值税检查调整

　　　　　　　　　　　　　　　1800

（2）补提城建税、教育费附加、房产税

借：以前年度损益调整　　　　900

　　贷：应交税费——应交城建税　90

　　　　　　　　——应交教育费附加

　　　　　　　　　　　　　　　54

　　　　　　　　——应交地方教育附加

　　　　　　　　　　　　　　　36

　　　　　　　　——应交房产税　720

（3）以前年度损益调整的贷方余额＝36000－900＝35100（元）

应补所得税＝35100×25%＝8775（元）

补提所得税：

借：以前年度损益调整　　　　8775

　　贷：应交税费——应交所得税　8775

（4）结转以前年度损益调整

借：以前年度损益调整　　　26325

　　贷：利润分配——未分配利润 26325

【例题7·简答题】 2020年3月某企业查账时发现2019年10月份将购进的10000元甲材料用于扩建办公大楼，企业错误地计入了生产成本，产品已经完工入库，但尚未销售，工程尚未完工。应如何调账？

答案 调账分录为

借：在建工程　　　　　　　10000

　　贷：库存商品　　　　　　　10000

【例题8·简答题】 如果在例题7中，该基建工程已于2020年1月完工，残值率为5%，折旧年限50年。应如何调账？

答案

由于在建工程已经完工，转入固定资产。

因此调账时不再使用"在建工程"科目，而是使用"固定资产"科目，同时还需要补提2月和3月的折旧。

（1）调整错账

借：固定资产　　　　　　　10000

　　贷：库存商品　　　　　　　10000

（2）计提折旧

借：管理费用

　　31.67（10000×95%÷600×2）

　　贷：累计折旧　　　　　　　31.67

真题精练（客观题）

（2015年单选题）税务师在2015年4月对某公司2014年度纳税情况进行审核时，发现该企业多摊销了办公室的装修费30000元。若该公司2014年度决算报表已编制。对该项费用调整的会计分录应为（　　）。

A. 借：长期待摊费用

　　贷：管理费用

B. 借：长期待摊费用

　　贷：本年利润

C. 借：长期待摊费用

　　贷：以前年度损益调整

D. 借：长期待摊费用

　　贷：利润分配——未分配利润

解析 对于影响上年利润的项目，由于企业在会计年度内已结账，所有的损益账户在当期都结转至"本年利润"账户，凡涉及调整会计利润的，不能用正常的核算程序对"本年利润"进行调整，而应通过"以前年度损益调整"进行调整。 **答案** C

2. 不能直接按审查出的错误额调整利润情况的账务调整方法（见图8-3）

常见是在材料采购成本、原材料成本的结转、生产成本的核算中发生的错误——应将错误额根据具体情况在期末原材料、在产品、产成品和本期销售产品成本之间进行合理分摊。

第一步：计算分摊率
分摊率＝审查出的错误额÷（期末材料结存成本＋期末在产品结存成本＋期末产成品结存成本＋本期销售产品成本）

第二步：计算分摊额
①期末材料应分摊的数额＝期末材料成本×分摊率
②期末在产品应分摊的数额＝期末在产品成本×分摊率
③期末产成品分摊的数额＝期末产成品成本×分摊率
④本期销售产品应分摊的数额＝本期销售产品成本×分摊率

第三步：调整相关账户
将计算出的各环节应分摊的成本数额，分别调整有关账户，在期末结账后，当期销售产品应分摊的错误数额应直接调整利润数。

图8-3　不能直接按审查出的错误额调整利润情况的账务调整方法

【知识点拨】在计算分摊率时，应根据错误发生的环节，选择相应的项目进行分摊，不涉及的项目不参加分摊。如企业当月在生产成本转入库存商品的环节多转了金额(假如这部分库存商品部分销售了)，形成了错账，则错账金额后续影响了库存商品、主营业务成本科目，分母就是库存商品结存成本与主营业务成本的合计金额。

【例题9·单选题】某税务师2019年12月对企业进行纳税审核，发现企业当月购进原材料时将应计入成本的50000元运费计入了销售费用，由于企业该批材料已经部分用于产品生产，当期未全部完工，且当期完工的产品部分已经出售，所以无法按照审核发现的50000元直接作为错账调整金额。已知企业当月的原材料科目余额是300000元，生产成本科目余额是200000元，库存商品科目余额是480000元，当期发生的主营业务成本是420000元，则本期销售产品应分摊（　　）元。

A. 14994　　　　B. 15990
C. 16994　　　　D. 14894

解析 原材料部分用于生产，当期未全部完工，完工产品也只是部分售出，所以影响原材料、在产品、库存商品和已售产品的成本。

分摊率 ＝ 50000 ÷（ 300000 ＋ 200000 ＋ 480000＋420000）×100% ＝ 3.57%

本期销售产品应分摊的数额＝本期销售产品成本×分摊率＝420000×3.57%＝14994(元)

答案 A

【例题10·简答题】税务师受托对某企业进行纳税审查，发现该企业2019年6月将新建厂房领用的生产用原材料30000元计入生产成本。由于当期期末既有期末在产品，也有生产完工产品，完工产品当月对外销售一部分，因此多计入生产成本的30000元，已随企业的生产经营过程分别进入了生产成本、产成品、产品销售成本之中。经核实，期末在产品成本为150000元，产成品成本为150000元，产品销售成本为300000元。此时税务师应如何调账？

答案

第1步：计算分摊率

分摊率＝审查出的错误额/（期末结存材料成本＋期末在产品结存成本＋期末产成品结存成本＋本期销售产品成本）

注意：具体应用时，应根据错误发生的环节，相应选择某几个项目进行分摊，不涉及的项目不参加分摊。

分摊率 ＝ 30000 ÷（ 150000 ＋ 150000 ＋ 300000）×100%

＝5%

第2步：计算各环节的分摊数额

（1）在产品应分摊数额＝150000×5% ＝7500(元)

（2）产成品应分摊数额 = 150000×5% = 7500（元）

（3）本期产品销售成本应分摊数额 = 300000×5% = 15000（元）

第3步：调整相关账户

若审查期在当年

借：在建工程　　　　　　30000

　　贷：生产成本　　　　　　7500

　　　　库存商品　　　　　　7500

　　　　本年利润　　　　　 15000

如果审查期在以后年度，则需要将"本年利润"替换为"以前年度损益调整"。

在结束本章内容学习时，我们一起总结一下调账的方法。

（1）首先判断是账务处理错误还是税会差异。

①账务处理是否错误，判断标准为会计准则或会计制度，而非税法。如果账务处理错误，需要调账；

②如果账务处理正确，只是税会有差异，需要进行纳税调整。纳税调整体现在纳税申报表的填写上。

（2）调账的思路：错账 + 调账 = 正确的分录。

（3）如何调账。

①无论何时发现错账，非损益类科目用原科目调账。

②损益类科目——发现错账的时间不同，调账方式有差异（见表8-5）。

表8-5　损益类错账的调整

错账类型			调账所用科目
当年错账	当月已经结账		本年利润
上年错账	影响上年税收	决算报表前	原科目——本年利润
		决算报表编制后	以前年度损益调整
	影响本年税收	直接调整本年损益类科目	
不能直接调整	第一步：计算分摊率 第二步：计算分摊数额 第三步：调账		

（4）注意后续影响。

①对企业所得税的影响。

一旦利润发生变化，可能影响应纳税所得额，就涉及到补或者退企业所得税。

②将"以前年度损益调整"的余额转入"利润分配——未分配利润"。

同步训练　限时60分钟

一、单项选择题

1. 根据凭证、账簿、报表之间的相互关系，对账证、账表、账账、账实的相互勾稽关系进行核对审查的方法称为（　　）。
   A. 核对法　　　　B. 比较分析法
   C. 查询法　　　　D. 控制计算法

2. 下列关于账务调整的说法，错误的是（　　）。

A. 因会计核算错误而导致的多缴税或少缴税，应先调整账务处理，然后确定应补或应退税额

B. 账务调整要与现行的财务会计准则相一致，要与税法的有关会计核算相一致

C. 在账务调整方法的运用上，能用红字冲销法，则不用补充调整法

D. 月度结账前的错账或漏账，可以在当

期的有关账户直接调整

3. 税务师对某企业纳税情况审核时，发现该企业计提 12 月份折旧时多计提了上月新购固定资产产生的折旧 3000 元，则较为恰当的调账方法是( )。

A. 红字冲销法

B. 补充登记法

C. 综合账务调整法

D. 分配率调整法

4. 某税务师于 2019 年 12 月对企业 2019 年的纳税情况进行审核时发现，2018 年 8 月销售啤酒收取的已逾期的包装物押金 22600 元仍然在其他应付款的贷方挂账，则以下调整分录中正确的是( )。

A. 借：其他应付款　　　　　22600

贷：以前年度损益调整　　22600

B. 借：其他应付款　　　　　22600

贷：利润分配——未分配利润

22600

C. 借：其他应付款　　　　　22600

贷：其他业务收入　　　22600

D. 借：其他应付款　　　　　22600

贷：其他业务收入　　　20000

应交税费——应交增值税(销项税额)　　　　　2600

5. 税务师于 2020 年 3 月份审核某企业纳税情况时发现，2019 年 11 月该企业以含税价 60000 元出售一台使用过的固定资产，出售时会计核算为：

借：银行存款　　　　　　　　60000

贷：固定资产清理　　　58834.95

应交税费——简易计税　1165.05

经进一步审核发现，该固定资产于 2012 年 2 月份购进并投入使用，购进时取得增值税专用发票注明金额 80000 元、税额 13600 元，进项税额已申报抵扣。对于此项错账，正确的账务调整是( )。

A. 借：应交税费——简易计税

1165.05

固定资产清理　　　5737.6

贷：应交税费——应交增值税(销项税额)　　　　　6902.65

B. 借：应交税费——简易计税

1165.05

以前年度损益调整　5737.6

贷：应交税费——应交增值税(销项税额)　　　　　6902.65

C. 借：以前年度损益调整　　5737.6

贷：应交税费——简易计税5737.6

D. 借：应交税费——简易计税

1165.05

以前年度损益调整　6634.95

贷：应交税费——应交增值税(进项税额转出)　　　　7800

6. 某税务师 2020 年 3 月对企业 2019 年纳税审核时，发现企业在 2019 年 8 月份结转完工产品成本时，多结转成本 20000 元，进一步审核出、入库单等原始凭证时，确定该批产品已经在 2019 年 12 月全部出售，该企业 2019 年已结账，则以下调整分录中正确的是( )。

A. 借：生产成本　　　　　　20000

贷：库存商品　　　　　20000

B. 借：生产成本　　　　　　20000

贷：主营业务成本　　　20000

C. 借：生产成本　　　　　　20000

贷：以前年度损益调整　20000

D. 借：生产成本　　　　　　20000

贷：利润分配——未分配利润

20000

7. 税务师受托对某企业进行纳税审核，发现该企业某月份将福利部门领用的原材料 20000 元，计入生产费用，经核实当月期末材料结存成本为 50000 元，期末在产品结存成本为 80000 元，期末产成品结存成本为 120000 元，本期销售成本发生额为 200000 元，则税务师采用"按比例分摊法"计算的分摊系数为( )。

A. 0.08 　　　　　B. 0.05

C. 0.04 　　　　　D. 0.0444

8. 某税务师 2020 年 3 月对企业 2019 年的纳税情况进行审核，发现企业 12 月份将福利部门领用的外购库存材料成本 30000 元计入生产成本中，由于企业生产产品成本已经进行了部分结转和销售，所以无法按照审核发现的 30000 元直接作为错账调整金额。2019 年底企业的原材料科目余额是 80000 元，生产成本科目余额是 120000 元，库存商品科目余额是 400000 元，主营业务成本是 480000 元，则以下会计调整分录中，错误的是(　　)。(增值税税率 13%，所得税税率 25%，忽略城建税及附加的影响)

A. 借：以前年度损益调整　　　10800

　　　贷：利润分配——未分配利润

　　　　　　　　　　　　　　　　10800

B. 借：应付职工薪酬——福利费

　　　　　　　　　　　　　　　　33900

　　　贷：生产成本　　　　　　3600

　　　　　库存商品　　　　　　12000

　　　　　以前年度损益调整　　14400

　　　　　应交税费——应交增值税（进项税额转出）　　　　3900

C. 借：应付职工薪酬——福利费

　　　　　　　　　　　　　　　　33900

　　　贷：生产成本　　　　　　3360

　　　　　库存商品　　　　　　2240

　　　　　以前年度损益调整　　24400

　　　　　应交税费——应交增值税（销项税额）　　　　　3900

D. 借：以前年度损益调整　　　3600

　　　贷：应交税费——应交所得税3600

9. 2020 年 1 月，税务师受托对某商业批发企业 2019 年企业所得税纳税情况进行审核，发现该企业销售商品的成本多结转 40000 元，若该企业 2019 年年度决算报表尚未编制，多结转成本的调整分录为(　　)。

A.（1）借：主营业务成本　　　-40000

　　　　　贷：库存商品　　　　-40000

（2）借：本年利润　　　　　　-40000

　　　　　贷：主营业务成本　　-40000

B. 借：利润分配——未分配利润

　　　　　　　　　　　　　　　　-40000

　　　贷：库存商品　　　　　　-40000

C. 借：库存商品　　　　　　　40000

　　　贷：以前年度损益调整　　40000

D.（1）借：库存商品　　　　　40000

　　　　　贷：以前年度损益调整

　　　　　　　　　　　　　　　　30000

　　　　　　应交税费——应交所得税

　　　　　　　　　　　　　　　　10000

（2）借：以前年度损益调整　　30000

　　　　　贷：利润分配——未分配利润

　　　　　　　　　　　　　　　　30000

二、多项选择题

1. 下列关于上一年度错误账务处理的调整方法的表述中，说法正确的有(　　)。

A. 上一年度错账且对上年度税收发生影响的，如果在上一年度决算报表编制后发现的，即使不影响利润，也要通过"以前年度损益调整"进行调整

B. 上一年度错账且对上年度税收发生影响的，如果在上一年度决算报表编制前发现的，可直接调整上年度账项，对于影响利润的错账须一并调整"本年利润"科目核算的内容

C. 上一年度错账且对上年度税收发生影响的，如果在上一年度决算报表编制后发现的，如果影响上年度会计利润，要通过"以前年度损益调整"账户进行调整

D. 上一年度错账且对上年度税收没有影响的，但是与本年度核算和税收有关的，可以根据上一年度账项的错漏金额影响本年度税收情况，通过"以前年度损益调整"账户进行调整

E. 上一年度错账且对上年度税收没有影响的，但是与本年度核算和税收有关的，可以根据上一年度账项的错漏金额影响本年度税收情况，相应调整本年度有关账项

2. 税务师在 2020 年 4 月对某工业企业上半年的纳税情况进行审核时发现，该企业 2020 年 1 月有一项办公室装修业务，领用库存材料 30000 元的账务处理为：

借：生产成本 　　　　　　　　30000
　　贷：原材料 　　　　　　　　30000

该企业按月结转利润，各期生产销售均衡，各期原材料、在产品和产成品都有一定数量的余额。税务师按照"比例分摊法"计算调整额，在调账处理时涉及的调整科目有（　　）。（企业按年结转损益）

A. 原材料
B. 生产成本
C. 库存商品
D. 以前年度损益调整
E. 本年利润

3. 某税务师事务所 2020 年 2 月对某企业 2019 年度纳税情况审核中发现多提厂房租金 100000 元，则调账分录应包括（　　）。

A. 借：其他应付款 　　　　　100000
　　贷：以前年度损益调整 　　100000

B. 借：以前年度损益调整 　　　25000
　　贷：应交税费——应交所得税
　　　　　　　　　　　　　　　25000

C. 借：所得税费用 　　　　　　25000
　　贷：应交税费——应交所得税
　　　　　　　　　　　　　　　25000

D. 借：以前年度损益调整 　　　75000
　　贷：利润分配——未分配利润
　　　　　　　　　　　　　　　75000

E. 借：本年利润 　　　　　　　25000
　　贷：所得税费用 　　　　　　25000

4. 某税务师于 2020 年 2 月对某生产企业 2019 年的纳税情况进行审核时（该企业上年度已经结账），发现企业 2019 年 8 月将自产的产品（市场价格 60000 元，成本价格 50000 元）用于以物易物，换入同价格商品，具有商业实质，双方均未开具增值税专用发票，作出以下会计分录：

借：库存商品 　　　　　　　　56500

贷：库存商品 　　　　　　　　50000
　　应交税费——应交增值税（进项税额转出） 　　　　　　6500

企业已按照当年利润计缴了企业所得税。则以下调整会计分录中，正确的有（　　）。（企业所得税税率 25%，增值税税率为 13%）

A. 借：库存商品 　　　　　　　3500
　　应交税费——应交增值税（进项税额） 　　　　　　7800
　　贷：以前年度损益调整 　　10000
　　　　应交税费——应交增值税（进项税额转出） 　　　-6500
　　　　应交税费——应交增值税（销项税额） 　　　　　7800

B. 借：库存商品 　　　　　　　-6500
　　贷：应交税费——应交增值税（进项税额转出） 　　　　-6500

C. 借：应交税费——应交所得税 2500
　　贷：以前年度损益调整 　　　2500

D. 借：库存商品 　　　　　　　11300
　　贷：以前年度损益调整 　　10000
　　　　应交税费——应交增值税（进项税额转出） 　　　-6500
　　　　应交税费——应交增值税（销项税额） 　　　　　7800

E. 借：以前年度损益调整 　　　7500
　　贷：利润分配——未分配利润 7500

5. 税务师在 2020 年 3 月对某工业企业 2019 年度年终结账后的纳税情况进行审核时发现，该企业 2019 年 8 月有一笔新建厂房领用库存材料 30000 元的账务处理为：

借：生产成本 　　　　　　　　30000
　　贷：原材料 　　　　　　　　30000

该在建工程尚未完工。该企业各期生产销售均衡，各期原材料、在产品和产成品都有一定数量的余额。税务师按照"比例分摊法"计算调整额，在调账处理时计入贷方调整科目的有（　　）。

A. 原材料

B. 生产成本

C. 库存商品

D. 以前年度损益调整

E. 应交税费——应交增值税（进项税额转出）

三、简答题

1. 某工业企业为增值税一般纳税人，2019年8月发生如下经济业务：

(1)8月10日外购原材料一批，已取得销货方开具的增值税专用发票一张，注明价款20000元，税额2600元，款项已支付。8月29日，该材料验收入库，该工业企业进行了如下账务处理：

借：原材料　　　　　　　　20000

　　应交税费——应交增值税（进项税额）

　　　　　　　　　　　　　　2600

　　贷：银行存款　　　　　　22600

(2)8月23日，依据县级人民政府收回土地使用权的正式文件被收回土地，取得财政补偿收入1000000元。

(3)本企业非独立核算食堂对外营业，8月发生了对外餐饮服务，获得含税收入50000元。

请回答下列问题：

(1)该企业对业务(1)的会计处理是否正确？如不正确，编制相应调整分录。

(2)该企业应如何缴纳业务(2)、(3)的增值税？应缴税款分别为多少？

(3)根据问题(2)计算的应缴税款，编制与税款有关的会计分录。

2. 某税务师事务所2020年3月对某市一企业2019年度6月账册进行审查，发现如下问题：

(1)该企业将自产产品用于扩建厂房，该项在建工程2019年度未完工，产品成本8000，市价12000。账务处理如下：

借：管理费用　　　　　　　　8000

　　贷：库存商品　　　　　　8000

(2)将自产产品转作固定资产。产品成本120000元，市价180000元。账务处理

如下：

借：固定资产　　　　　　　120000

　　贷：库存商品　　　　　　120000

(3)对某应收账款计提坏账准备：

借：资产减值损失　　　　　　5000

　　贷：坏账准备　　　　　　5000

借：本年利润　　　　　　　　5000

　　贷：资产减值损失　　　　5000

假定该企业2019年度已经结账，利润总额为300万元，计提企业所得税750000元。

请回答以下问题：

(1)请指出以上账务处理存在哪些问题？

(2)请做出账务调整分录，并计算应补交的企业所得税？

四、综合分析题

甲公司为增值税一般纳税人，主营建筑材料生产、销售，适用的增值税税率13%。该企业执行会计准则。原材料采用实际成本法核算。2019年9月30日，签约的税务师事务所在进行代理申报的准备过程中，发现下列财务会计资料。请根据相关资料回答有关问题。

资料1，9月3日领用上月外购的一批材料用于新建厂房。已知该批材料的购入价格为100000元(不含增值税)，甲公司会计处理如下：

借：在建工程　　　　　　　113000

　　贷：原材料　　　　　　100000

　　　　应交税费——应交增值税（进项税额转出）　　　　　　13000

资料2，9月10日，因仓库管理不善导致一批原材料丢失，已知该原材料为6月份购入，已抵扣进项税额，丢失的原材料账面成本为4000元，经请公司办公室审核后决定由责任人张某赔偿1000元，其余作为损失予以核销。甲公司先后进行会计处理如下：

借：待处理财产损溢——待处理流动资产损溢　　　　　　　　　　4000

　　贷：原材料　　　　　　4000

借：管理费用　　　　　　　　3000
　　其他应收款——张某　　　　1000
　　贷：待处理财产损溢——待处理流动
　　　　资产损溢　　　　　　　4000

资料3，9月18日，通知某购货单位B公司归还包装物，B公司告知包装物已破损，同意甲公司没收包装物押金10000元。已知该押金为本年7月份收取，甲公司会计处理如下：

借：其他应付款——B公司押金10000
　　贷：其他业务收入　　　　　10000

资料4，7月份销售一批货物给C公司，开具增值税专用发票标明销售款20000元，增值税额2600元，当月发出货物时收到货款，因质量原因对方要求退货，甲公司接受对方要求。9月15日，按照有关规定开具了红字专用发票，并将款项退还C公司，当天收到货物并验收入库。该批货物原账面成本为15000元。甲方未进行会计处理。

资料5，假设经过正确的账务处理调整和会计处理后，甲公司当月"应交税费——应交增值税"科目借方栏目（进项税额）发生额合计为358000元，贷方栏目（销项税额，进项税额转出）发生额合计为256000元。

已知甲公司8月份应纳增值税额110000元尚未缴纳入库，且该部分税额已计入"应交税费——未交增值税"贷方，该企业8月末"应交税费——应交增值税"科目余额为0。

要求：

(1)根据资料1，判断该项业务的会计处理是否正确？如不正确，请写出账务调整分录。

(2)根据资料2，判断该项业务的会计处理是否正确？如不正确，请写出账务调整分录。

(3)根据资料3，判断该项业务的会计处理是否正确？如不正确，请写出账务调整分录。

(4)根据资料4，请写出9月份对该业务处理的会计分录。

(5)根据资料5，请写出9月末对"应交税费——应交增值税"科目应进行有关核算的会计分录。

同步训练答案及解析

一、单项选择题

1. A 【解析】根据凭证、账簿、报表之间的相互关系，对账证、账表、账账、账实的相互勾稽关系进行核对审查的方法称为核对法。

2. C 【解析】在账务调整方法的运用上，坚持从简账务调整的原则，能用补充调整法，则不用红字冲销法。

3. A 【解析】红字冲销法适用于会计科目用错及会计科目正确但核算金额错误（多计）的情况。

4. D 【解析】啤酒收取的包装物押金，逾期或超过一年时需要补缴增值税。由于啤酒消费税是从量征收，所以，逾期押金不需

要缴纳消费税。调整会计分录为：

借：其他应付款　　　　　　　22600
　　贷：其他业务收入　　　　　20000
　　　　应交税费——应交增值税（销项
　　　　税额）　　　　　　　　2600

5. B 【解析】2009年后购入的固定资产，购入时已经抵扣了进项税，转让旧固定资产，应该按适用税率计算销项税额。由于固定资产清理最终会转入资产处置损益，涉及上年度的错账，应该通过"以前年度损益调整"科目来替代损益科目。

6. C 【解析】产品已经全部售出，所以错计成本影响产品的销售成本。跨年调整，影响损益的科目要通过"以前年度损益调整"

科目反映。调整分录应为：

借：生产成本 20000
　　贷：以前年度损益调整 20000

7. B 【解析】该错误影响在产品库存、产成品和当期销售成本，分摊率＝20000÷（期末在产品结存成本 80000＋期末产成品结存成本 120000＋本期产品销售成本 200000）＝5%

8. C 【解析】分摊率＝30000÷（120000＋400000＋480000）×100%＝3%

在产品应分摊数额＝120000×3%＝3600（元）

库存商品应分摊数额＝400000×3%＝12000（元）

12 月销售产品成本应分摊数额＝480000×3%＝14400（元）

调整分录为：

借：应付职工薪酬——福利费 33900
　　贷：生产成本 3600
　　　　库存商品 12000
　　　　以前年度损益调整 14400
　　　　应交税费——应交增值税（进项税额转出） 3900
借：以前年度损益调整 3600
　　贷：应交税费——应交所得税 3600
借：以前年度损益调整 10800
　　贷：利润分配——未分配利润 10800

9. A 【解析】对上一年的错账，如果在上一年度决算报表编制前发现的，可直接调整上年度账项，对于影响利润的错账须一并调整“本年利润”科目核算的内容。

二、多项选择题

1. BCE 【解析】对上一年度错误会计账目的调账方法：

（1）对上一年度错账且对上年度税收发生影响的，分以下两种情况：

①如果在上一年度决算报表编制前发现的，可直接调整上年度账项，这样可以应用红字冲销法、补充登记法等方法加以调整，对于影响利润的错账须一并调整“本年利润”科目核算的内容。②如果在上一

年度决算报表编制之后发现的，一般不能应用上述方法，而按正常的会计核算对有关账户进行一一调整。

第一种：对于不影响上年利润的项目，可以直接进行调整。

第二种：对于影响上年利润的项目，由于企业在会计年度内已结账，所有的损益账户在当期都结转至“本年利润”账户，凡涉及调整会计利润的，不能用正常的核算程序对“本年利润”进行调整，而应通过“以前年度损益调整”科目进行调整。

（2）对上一年度错账且不影响上一年度的税收，但与本年度核算和税收有关的，可以根据上一年度账项的错漏金额影响本年度税项情况，相应调整本年度有关账项。

2. BCE 【解析】办公室装修支出领用库存材料 30000 元，应计入管理费用科目。原材料科目是对的，不需要调整，生产成本、库存商品、主营业务成本等科目都受到影响。对于按月结转利润的企业，如果月后发现错账，对于影响到利润的账项还需要先通过相关科目最终结转到本年利润科目调整。

3. ABD 【解析】该企业多计提预提费用，调整分录应该调减预提费用同时调减损益科目，由于是以前年度错账，损益类科目通过以前年度损益调整科目调账。损益类科目变动影响从而影响所得税费用和利润分配——未分配利润。调整分录为：

借：其他应付款 100000
　　贷：以前年度损益调整 100000
借：以前年度损益调整 25000
　　贷：应交税费——应交所得税 25000
借：以前年度损益调整 75000
　　贷：利润分配——未分配利润 75000

4. DE 【解析】企业将自产产品用于以物易物，会计上应确认收入，计算增值税销项税额和所得税，由于购进商品未取得增值税专用发票，应将税款计入库存商品成本，涉及的调账分录：

借：库存商品　　　　　　　　11300
　　贷：应交税费——应交增值税（进项
　　　　税额转出）　　　　　－6500
　　　　应交税费——应交增值税（销项
　　　　税额）　　　　　　　　7800
　　　　以前年度损益调整　　　10000

调整应交所得税：

借：以前年度损益调整　　　　2500
　　贷：应交税费——应交所得税　2500

将以前年度损益调整贷方余额转入未分配利润：

借：以前年度损益调整　　　　7500
　　贷：利润分配——未分配利润　7500

5. BCD　【解析】由于该在建工程尚未完工，企业各期生产销售均衡，各期原材料、在产品和产成品都有一定数量的余额，而且属于跨年度调账，因此损益类错账应该用"以前年度损益调整"替代。调账分录为：

借：在建工程
　　贷：生产成本
　　　　库存商品
　　　　以前年度损益调整

三、简答题

1. 【答案】

（1）企业对业务1的会计处理是正确的。

（2）土地使用者将土地使用权归还给土地所有者，免增值税。因此，业务（2）中不需要缴纳增值税。

业务（3）属于纳税人对外提供餐饮服务，适用税率6%，增值税销项税额＝50000÷1.06×6%＝2830.19（元）。

（3）业务3与增值税有关的会计分录为：

借：银行存款（或库存现金）　50000
　　贷：其他业务收入　　　　47169.81
　　　　应交税费——应交增值税（销项
　　　　税额）　　　　　　2830.19

2. 【答案】

（1）业务（1）企业将自产产品用于扩建厂房，应将成本记入在建工程科目，不是记入管理费用科目；

业务（2）、（3）账务处理正确，无需调账，但企业提取坏账准备，计算企业所得税的应纳税所得额时不得扣除，应纳税调增应纳税所得额。

（2）第（1）项业务的调整分录：

借：在建工程　　　　　　　　8000
　　货：以前年度损益调整　　　8000

应补缴的企业所得税＝（8000+坏账准备纳税调增5000）×25%＝3250（元）

账务处理：

借：以前年度损益调整　　　　3250
　　贷：应交税费——应交企业所得税
　　　　　　　　　　　　　　3250

结转以前年度损益调整余额

借：以前年度损益调整　　　　4750
　　贷：利润分配——未分配利润　4750

四、综合分析题

【答案】

（1）该业务的会计处理错误。账务调整分录如下：

借：在建工程　　　　　　　－13000
　　贷：应交税费——应交增值税（进项
　　　　税额转出）　　　　－13000

【思路点拨】自营改增之日起，修建不动产的进项税额允许抵扣，2019年4月1日起，不动产的进项税额一次性扣除。因此将外购材料用于修建不动产无需分期抵扣，无需做进项税额转出。

（2）该业务的会计处理不正确。账务调整分录如下：

借：管理费用　　　　　　　　520
　　贷：应交税费——应交增值税（进项
　　　　税额转出）　　　　　　520

（3）该业务账务处理不正确，没收包装物押金应计销项税额＝10000÷（1+13%）×13%＝1150.44（元）。账务调整分录如下：

借：其他业务收入　　　　　1150.44
　　贷：应交税费——应交增值税（销项
　　　　税额）　　　　　　1150.44

（4）会计分录如下：

借：银行存款 -22600
　　贷：主营业务收入 -20000
　　　　应交税费——应交增值税(销项
　　　　税额) -2600
借：主营业务成本 -15000
　　贷：库存商品 -15000
(5)根据题意，调整后的期末留抵税额 =
358000－256000 = 102000(元)，小于增值
税欠税 110000 元，用留抵税额抵顶欠税，

会计分录如下：
借：应交税费——应交增值税(进项税额)
　　　　　　　　　　　 -102000
　　贷：应交税费——未交增值税
　　　　　　　　　　　 -102000
向税务机关缴纳剩余欠税时：
借：应交税费——未交增值税 8000
　　贷：银行存款 8000

本章知识串联

代理纳税审查方法

- 纳税审查的基本方法 ★
  - 顺查法和逆查法
  - 详查法和抽查法
  - 核对法和查询法
  - 比较分析法和控制计算法

- 纳税审查的基本内容 ★
  - 代理纳税审查的基本内容（三方面：会计准则、税法规定、征管程序）
  - 会计报表的审查
    - 资产负债表的审查
    - 利润表的审查
    - 现金流量表的审查
  - 会计账簿的审查与分析
    - 序时账的审查与分析
    - 总分类账的审查与分析
    - 明细分类账的审查与分析
  - 会计凭证的审查与分析
    - 原始凭证的审查
    - 记账凭证的审查
  - 不同委托人代理审查的具体内容

- 账务调整的基本方法 ★★★
  - 账务调整的作用
  - 账务调整的原则
  - 账务调整的基本方法
    - 红字冲销法
    - 补充登记法
    - 综合账务调整法
  - 错账的类型及调整范围（重要）
    - 对当期错误会计账目的调整方法
    - 对上一年度错误会计账目的调整方法
    - 不能直接按审查出的错误数额调整利润情况的调整方法（分摊率的计算）

第9章 货物和劳务税纳税申报代理和纳税审核

考情解密

历年考情概况

本章是历年考试的重中之重，每年的分值比重都特别大。本章多以单选题、多选题、简答题和综合分析题的形式考核。预计分值30~50分左右。在近年考试中特别注意"营改增"最新政策及账务处理的内容。

近年考点直击

考点	主要考查题型	考频指数	考查角度
增值税的征税范围	单选题、多选题	★★★	(1)不征收增值税的项目； (2)视同销售行为与进项税额抵扣的关系； (3)混合销售行为及兼营行为的区分及税务处理
增值税的税率与征收率	单选题、多选题	★★★	结合具体业务确定适用的税率或征收率，尤其要注意近几年税率调整的影响
一般计税方法与简易计税方法	单选题、多选题	★★★	可以选择简易计税方法的情形；针对不同业务的简易计税，确定适用的征收率
销项税额的确定及账务处理	单选题、多选题、简答题、综合题	★★★	历年考试的重点内容： (1)销售额的范围，尤其是价外费用的范围； (2)不同销售方式下销售额的确定及账务处理； (3)差额计税的规定； (4)增值税纳税义务发生时间
销售使用过的固定资产	单选题、多选题、简答题、综合题	★★★	历年考试的重点内容： (1)税务处理； (2)发票开具； (3)账务处理
进项税额的确定及账务处理	单选题、多选题、简答题、综合题	★★★	历年考试的重点内容： (1)区分哪些进项税额准予抵扣，哪些进项税额不准抵扣； (2)采购的账务处理； (3)尤其要注意不动产、农产品、过路费进项税额抵扣的问题； (4)非正常损失的判断及账务处理； (5)进项税额转出的计算及账务处理
应纳税额的计算、账务处理及申报表的填写	单选题、多选题、简答题、综合题	★★★	(1)加计抵减的计算、账务处理及申报表填写； (2)月末结账、缴纳增值税税款的账务处理； (3)在综合题中考查纳税申报表的填写

考点	主要考查题型	考频指数	考查角度
应纳税额的计算、账务处理及申报表的填写	单选题、多选题、简答题、综合题	★★★	特别注意： ①销售额指的是扣除项目之前的不含增值税销售额； ②销项税额指的是差额之后的销项税额——已经扣除了"销项税额抵减"； ③第 23 栏"应纳税额减征额"填写的内容包括：a. 初次购买税控专用设备和每年缴纳的技术维护费全额抵减的增值税税额；b. 出售使用过的固定资产适用 3% 的征税率减按 2% 计算缴纳增值税时，减征的 1% 增值税税额等
预缴税款的账务处理和税务处理	单选题、多选题、简答题、综合题	★★★	(1)需要预缴增值税的情形； (2)预缴税款的税额计算及账务处理； (3)预缴税款申报表的填写
建筑服务纳税申报和纳税审核	单选题、多选题、简答题、综合题	★★★	存在着较高的以建筑业为背景信息出简答题、综合题的可能性： (1)建筑服务一般计税与简易计税的区分； (2)预缴税款的账务处理与税务处理； (3)不同阶段的账务处理、税务处理； (4)发票开具
房地产开发企业纳税申报和纳税审核	单选题、多选题、简答题、综合题	★★★	存在着较高的以房地产业为背景信息出简答题、综合题的可能性： (1)房地产业一般计税与简易计税的区分； (2)一般计税时，差额计税的具体范围及账务处理； (3)不同阶段的账务处理、税务处理
销售不动产的纳税申报和纳税审核	单选题、多选题、简答题、综合题	★★★	(1)一般纳税人销售不动产，可以选择简易计税方法的情形； (2)销售不动产预交增值税的规定； (3)账务处理
不动产经营租赁服务的纳税申报和纳税审核	单选题、多选题、简答题、综合题	★★★	(1)不动产租赁一般计税和简易计税的区分； (2)个人出租住房的税收政策
金融服务纳税申报和纳税审核	单选题、多选题、简答题	★★	(1)金融服务，尤其是转让金融商品的税收政策； (2)转让金融商品的账务处理
小规模纳税人应纳税额的计算与审核	单选题、多选题	★★	(1)注意小规模纳税人的征收率：3%、5%、减按 2%、1.5% 计税的有关规定； (2)小规模纳税人销售使用过的固定资产、初次购买税控专用设备和每年缴纳的技术维护费全额抵减应纳税额的政策
消费税的征税范围、征税环节与税率	单选题、多选题	★★	(1)应税消费品的范围； (2)应税消费品征税环节； (3)可能与增值税结合在一起考查既需要缴纳增值税，也需要缴纳消费税的情形； (4)消费税的税率形式

第 9 章 申报代理和纳税审核 货物和劳务税纳税

考点	主要考查题型	考频指数	考查角度
消费税应纳税额的计算与审核	单选题、多选题、简答题、综合题	★★	(1)考查生产、委托加工、进口、批发、零售环节消费税应纳税额的计算和账务处理——特别注意按最高售价计算缴纳消费税的情形、委托加工的税务处理等； (2)可能将增值税和消费税结合起来考查税款计算和账务处理的简答题或综合题

本章2020年考试主要变化

1. 财政补贴的增值税税务处理。
2. 保险服务进项税额抵扣政策。
3. 纳税人现场制作食品并直接销售给消费者，按照餐饮服务缴纳增值税。
4. 对扶贫地区捐赠免增值税的规定。
5. 建筑服务简易计税无需备案的规定。
6. 专票认证（稽核）期的规定。
7. 生活服务业按照15%加计抵减政策等。

考点详解及精选例题

一、增值税征税范围的审核 ★★★

扫我解疑难

（一）征税范围的基本规定（见表9-1）

表9-1　增值税的征税范围

应税行为		征税范围
销售货物		包括电力、热力、气体
销售劳务		劳务指的是加工修理修配劳务，不包括单位或者个体工商户聘用的员工为本单位或者雇主提供加工、修理修配劳务
进口货物		在报关进口时缴纳增值税。
销售服务	交通运输服务	包括陆路运输服务、水路运输服务、航空运输服务、管道运输服务
	邮政服务	包括邮政普遍服务、邮政特殊服务、其他邮政服务
	电信服务	包括基础电信服务、增值电信服务
	建筑服务	包括工程服务、安装服务、修缮服务、装饰服务、其他建筑服务
	金融服务	包括贷款服务、直接收费金融服务、保险服务、金融商品转让
	现代服务	包括研发和技术服务、信息技术服务、文化创意服务、物流辅助服务、租赁服务、鉴证咨询服务、广播影视服务、商务辅助服务、其他现代服务
	生活服务	包括文化体育服务、教育医疗服务、旅游娱乐服务、餐饮住宿服务、居民日常服务、其他生活服务

应税行为	征税范围
销售无形资产	包括技术、商标、著作权、商誉、自然资源使用权和其他权益性无形资产
销售不动产	转让不动产所有权的业务活动。不动产包括建筑物、构筑物等。构筑物，包括道路、桥梁、隧道、水坝等建造物

【知识点拨】不征收增值税项目：

(1)根据国家指令无偿提供的铁路运输服务、航空运输服务，属于用于公益事业的服务；

(2)存款利息；

(3)被保险人获得的保险赔付；

(4)房地产主管部门或者其指定机构、公积金管理中心、开发企业以及物业管理单位代收的住宅专项维修资金；

(5)在资产重组过程中，通过合并、分立、出售、置换等方式，将全部或者部分实物资产以及与其相关联的债权、负债和劳动力一并转让给其他单位和个人，其中涉及的货物、不动产、土地使用权转让行为。

(二)审核征税范围的基本条件

全面营改增后，纳税人所有的经营活动都应缴纳增值税。属于增值税征税范围的应税行为应同时具备发生在境内、经营性的业务活动、为他人提供、有偿等四方面条件。

1. 是否属于境内应税行为的审核(见表9-2)

表9-2　境内的判断

业务类型	境内的判断标准
销售货物	销售货物的起运地或所在地在境内
加工、修理修配劳务	提供的应税劳务发生在境内
销售服务、无形资产或不动产	(1)所销售或者租赁的不动产在境内；(2)所销售自然资源使用权的自然资源在境内；(3)服务(租赁不动产除外)或者无形资产(自然资源使用权除外)的销售方或者购买方在境内；(4)财政部和国家税务总局规定的其他情形

【知识点拨】下列情形不属于在境内销售服务或者无形资产：

(1)境外单位或者个人向境内单位或者个人销售完全在境外发生的服务；

(2)境外单位或者个人向境内单位或者个人销售完全在境外使用的无形资产；

(3)境外单位或者个人向境内单位或者个人出租完全在境外使用的有形动产；

(4)财政部和国家税务总局规定的其他情形。

境外单位或者个人在境内发生应税行为，在境内未设有经营机构的，以购买方为增值税扣缴义务人。财政部和国家税务总局另有规定的除外。

2. 审核是否属于经营活动

关键：是否发生应税行为。

对于非经营活动，如向非应税行为购买方收取的补贴、资助或赞助，与应税行为无关的赔偿、违约金，发生搬迁补偿收入，无需缴纳增值税。

【知识点拨】自2020年1月1日起，纳税人取得的财政补贴收入的增值税政策：

(1)与其销售货物、劳务、服务、无形资产、不动产的收入或者数量直接挂钩的：缴纳增值税；

(2)取得的其他情形的财政补贴收入：不征收增值税。

3. 审核是否为他人提供

4. 审核应税行为是否属于有偿的

有偿：指的是取得货币、货物或其他经济利益(以物易物、获取股权、豁免债务等)。

不属于增值税征税范围的：

①行政单位收取的同时符合三项条件的政府性基金或者行政事业性收费；

②单位或者个体工商户聘用的员工为本单位或者雇主提供取得工资的服务，加工、修理修配劳务；

③单位或者个体工商户为聘用的员工提供应税服务；

④财政部和国家税务总局规定的其他情形。

（三）审核视同销售货物、服务、无形资产或者不动产

1. 营改增之前视同销售的规定（见表9-3）

表9-3　视同销售的规定

视同销售行为	纳税义务发生时间
1. 将货物交付其他单位或者个人代销	收到代销清单、收到全部或部分货款、发出代销商品满180天当天三者中较早一方
2. 销售代销货物	销售代销商品时
3. 设有两个以上机构并实行统一核算的纳税人，将货物从一个机构移送其他机构用于销售，但相关机构设在同一县（市）的除外	货物移送当天
4. 将自产、委托加工的货物用于非增值税应税项目（营改增后此项行为已经很少）	纳税义务发生时间：货物移送当天
5. 将自产、委托加工的货物用于集体福利或者个人消费 注意：个人消费包括纳税人的交际应酬消费	
6. 将自产、委托加工或购进的货物作为投资，提供给其他单位或者个体工商户	
7. 将自产、委托加工或购进的货物分配给股东或者投资者	
8. 将自产、委托加工或购进的货物无偿赠送其他单位或者个人	

【知识点拨1】视同销售中的特殊规定：

（1）自2019年1月1日至2022年12月31日，对单位或者个体工商户将自产、委托加工或购买的货物通过公益性社会组织、县级及以上人民政府及其组成部门和直属机构，或直接无偿捐赠给目标脱贫地区的单位和个人，免征增值税。

（2）自2020年1月1日起，单位和个体工商户将自产、委托加工或购买的货物，通过公益性社会组织和县级以上人民政府及其

部门等国家机关，或者直接向承担疫情防治任务的医院，无偿捐赠用于应对新型冠状病毒感染的肺炎疫情的，免征增值税、消费税、城市维护建设税、教育费附加、地方教育附加。

【知识点拨2】增值税应纳税额＝销项税额－进项税额，纳税人发生视同销售行为，将产生销项税额，相应的进项税额允许抵扣；未产生销项税额的，进项税额不得抵扣。对于视同销售与进项税额抵扣的关系见表9-4。

表9-4　视同销售与进项税额抵扣的关系

货物类型	用途	税务处理
自产、委托加工的货物	用于非应税项目；集体福利或个人消费；投资；分配；无偿赠送	视同销售，所涉及的进项税额，符合规定可以抵扣
购进的货物	用于非应税项目；集体福利或个人消费（含交际应酬消费）	不视同销售，所涉及的进项税额不得抵扣；已抵扣的，作进项税转出处理
	投资；分配；无偿赠送	视同销售，所涉及的进项税额，符合规定可以抵扣

2. 营改增后新增的视同销售

（1）单位或者个体工商户向其他单位或者个人无偿提供服务，但用于公益事业或者以社会公众为对象的除外。

（2）单位或者个人向其他单位或者个人无偿转让无形资产或者不动产，但用于公益事业或者以社会公众为对象的除外。

（3）财政部和国家税务总局规定的其他情形。

【知识点拨 1】 自 2019 年 2 月 1 日至 2020 年 12 月 31 日，对企业集团内单位(含企业集团)之间的资金无偿借贷行为，免征增值税。

【知识点拨 2】 增值税和企业所得税对视同销售的判断标准不同，即增值税的视同销售≠企业所得税的视同销售。

【例题 1·多选题】 将购买的货物用于下列项目，其进项税额准予抵扣的有(　　)。

A. 用于赠送给关系单位

B. 用于发放职工福利

C. 用于业务招待

D. 用于公司办公

E. 用于投资

解析 ▶ 选项 BC，属于将外购货物用于集体福利或个人消费，其进项税额是不能抵扣的；选项 AE，属于需要缴纳增值税的业务，进项税额可以抵扣；选项 D，属于用于增值税应税项目，进项税额可以抵扣。

答案 ▶ ADE

(四)混合销售行为 VS 兼营行为

如何界定混合销售行为和兼营行为，无论在考试中还是实践中都是难点问题。我们将两者的界定与税务处理总结如表 9-5 所示。

表 9-5　混合销售行为 VS 兼营行为的界定与税务处理

	界定	税务处理
混合销售行为	一项销售行为既涉及货物又涉及服务	以从事货物生产、批零为主的纳税人：按照销售货物缴纳增值税。 否则按照销售服务缴纳增值税
兼营行为	多项行为涉及不同税率或征收率的应税行为	分别核算适用不同税率或者征收率的销售额，未分别核算销售额的，从高适用税率或者征收率

关键：行为之间是否具有关联性和从属性

【知识点拨 1】 对于混合销售行为，需要关注三点：(1)强调"一项销售行为"，这与原规定一致；(2)"混合销售"仅仅是指服务和货物的混合，不包括劳务、不动产和无形资产，例如销售不动产的同时销售家电，不能按混合销售统一适用 9%的增值税税率，而是应该分别纳税；(3)"混合销售"的纳税人不再考虑"其他个人"，混合销售的最终判定，影响的是税率的选择，其他个人销售货物和

服务，按小规模纳税人 3%的征收率纳税，再区分混合销售已经没有意义。

【知识点拨 2】 "兼营"指的是增值税不同应税行为之间的兼营。纳税人应当分别核算适用不同税率或者征收率的销售额；未分别核算的，从高适用税率。

【知识点拨 3】 纳税人销售货物并提供建筑、安装服务及提供后续维修保养服务的税务处理(见表 9-6)。

表 9-6　销售货物并提供建筑、安装服务及提供后续维修保养服务的税务处理

情形	税务处理
一般纳税人销售自产机器设备、活动板房、钢结构件等的同时提供安装服务	分别核算；分别按税率或征收率计算纳税 如果销售的是自产机器设备：安装服务可以按照甲供工程选择简易

情形	税务处理
一般纳税人销售**外购机器设备**的同时提供安装服务	(1)按照混合销售进行税务处理； (2)如已按兼营的有关规定，分别核算： a. 机器设备销售额按照13%计算纳税，安装服务按照9%计算纳税； b. 机器设备销售额按照13%计算纳税，安装服务可以按照甲供工程选择适用简易计税方法计税——征收率3%
一般纳税人销售**电梯**的同时提供安装服务	安装服务可以按照甲供工程选择适用简易计税方法计税。 此处电梯可以是自产的，也可以是外购的
纳税人对安装运行后的机器设备、电梯提供**维护保养服务**	按照"**其他现代服务**"缴纳增值税。 注意：(1)修理修配劳务：税率13%； (2)维修保养服务：税率6%

【例题2·单选题】 根据增值税规定，下列税务处理错误的是( )。

A. 美容院销售美容产品的同时提供美容服务，应按照混合行为缴纳增值税

B. 商场销售货物并提供餐饮服务，应按照兼营行为缴纳增值税

C. 2020年5月活动板房生产企业销售自产活动板房并提供安装服务，应按照13%的税率缴纳增值税

D. 2020年5月装修公司包工包料提供装修服务，应按照9%的税率缴纳增值税

解析 纳税人销售活动板房、机器设备、钢结构件等自产货物的同时提供建筑、安装服务，不属于混合销售行为，应分别核算货物和建筑服务的销售额，分别适用不同的税率或者征收率计算缴纳增值税。所以选项C错误。 **答案** C

二、计税方法的审核——一般计税方法VS简易计税方法★★★

扫我解疑难

(一)计税方法的规定

增值税的计税方法，包括一般计税方法和简易计税方法，具体适用见表9-7。

表9-7 一般计税和简易计税方法的适用

纳税人类型	计税方法
一般纳税人	一般情况下，采用一般计税方法
	可以选择适用简易计税办法——需要备案
	暂按或按简易计税办法计税
小规模纳税人	简易计税办法

一般纳税人发生财政部和国家税务总局规定的特定应税行为，可以选择适用简易计税方法计税，但一经选择，**36个月内不得变更**

【知识点拨】 提供建筑服务的一般纳税人按规定适用或选择适用简易计税方法计税的，不再实行备案制。证明材料无需向税务机关报送，改为自行留存备查。

(二)一般纳税人可以选择适用简易计税办法的情形(见表9-8)

表9-8 一般纳税人可以选择适用简易计税办法的主要情形

情形		征收率
建筑业	老项目、甲供、清包	3%

情形		征收率
不动产	销售 2016.4.30 之前取得的不动产、转让房地产老项目	5%
	租赁原有不动产、转租 2016.4.30 之前租入的不动产	5%(个人住房：1.5%)
	收取试点前开工的一级公路、二级公路、桥、闸通行费	5%
	收取试点前开工的高速公路的车辆通行费	减按 3%
其他	公共交通服务、电影放映服务等	3%

【知识点拨】一般纳税人可以选择适用简易计税方法的具体情形

(1)县级及县级以下小型水力发电单位生产的自产电力。

(2)自产建筑用和生产建筑材料所用的砂、土、石料。

(3)以自己采掘的砂、土、石料或其他矿物连续生产的砖、瓦、石灰(不含黏土实心砖、瓦)。

(4)自己用微生物、微生物代谢产物、动物毒素、人或动物的血液或组织制成的生物制品。

(5)自产的自来水。

(6)自来水公司销售自来水。

(7)自产的商品混凝土(仅限于以水泥为原料生产的水泥混凝土)。

(8)单采血浆站销售非临床用人体血液。

(9)寄售商店代销寄售物品(包括居民个人寄售的物品在内)。

(10)典当业销售死当物品。

(11)药品经营企业销售生物制品。

(12)公共交通运输服务。

(13)经认定的动漫企业为开发动漫产品提供的相关服务,以及在境内转让动漫版权。

(14)电影放映服务、仓储服务、装卸搬运服务、收派服务和文化体育服务。

(15)销售自己使用过的、纳入营改增试点之日前取得的固定资产。

(16)以纳入营改增试点之日前取得的有形动产为标的物提供的经营租赁服务。

(17)在纳入营改增试点之日前签订的尚未执行完毕的有形动产租赁合同。

(18)销售其 2016 年 4 月 30 日前取得的不动产。

(19)出租其 2016 年 4 月 30 日前取得的不动产。

(20)在 2016 年 4 月 30 日前签订的不动产融资租赁合同,或以 2016 年 4 月 30 日前取得的不动产提供的融资租赁服务。

(21)纳税人转让 2016 年 4 月 30 日前取得的土地使用权。

(22)公路经营企业收取试点前开工的高速公路的车辆通行费(减按 3%)。

(23)收取试点前开工的一级公路、二级公路、桥、闸通行费。(不动产经营租赁 5%)

(24)以清包工方式提供的建筑服务。

(25)为甲供工程提供的建筑服务。

特别注意:自 2017 年 7 月 1 日起,建筑工程总承包单位为房屋建筑的地基与基础、主体结构提供工程服务,建设单位自行采购全部或部分钢材、混凝土、砌体材料、预制构件的,适用简易计税方法计税——此时只能适用简易计税方法,不得选择一般计税方法。

(26)为建筑工程老项目(开工日期在 2016 年 4 月 30 日前的建筑工程项目)提供的建筑服务。

(27)房地产开发企业销售自行开发的房地产老项目。

(28)提供劳务派遣服务,选择差额纳税时(5%)。

(29)提供人力资源外包服务(5%)。

(30)提供非学历教育服务。

(31)提供教育辅助服务。

(32)非企业性单位提供的研发和技术服务、信息技术服务、鉴证咨询服务,以及销售技术、著作权等无形资产。

【例题 3·多选题】 一般纳税人发生下列（　　）可以选择适用简易计税方法。

A. 以清包工方式提供的建筑服务

B. 为甲供工程提供的建筑服务

C. 销售其 2016 年 4 月 30 日前取得的不动产

D. 销售其 2016 年 5 月 18 日取得的不动产

E. 公共交通运输服务

解析 ▶ 选项 D，一般纳税人只能选择一般计税方法。　**答案** ▶ ABCE

真题精练（客观题）

（2016 年单选题）根据增值税现行政策规定，一般纳税人的下列应税行为中，不能选择简易计税方法的是（　　）。

A. 货运客运场站服务

B. 以清包工方式提供的建筑服务

C. 为建筑工程老项目提供的建筑服务

D. 销售其 2015 年购买的不动产

解析 ▶ 选项 BCD 均可以选择简易计税办法。　**答案** ▶ A

（三）如何选择

如果一般纳税人可以选择简易计税方法计税，那么此时该纳税人应该选择简易计税方法，还是一般计税方法？在选择时，应该按照利润最大化进行选择，而不应该按照税款最低进行选择，因为纳税最少的方案不一定是利润最大的方案，企业进行经营的目的不是纳最少的税，而是利润最大。

【例题 4·简答题】 2020 年 3 月，A 建筑公司以甲供工程方式为某企业修建道路，并将其中一部分工程分包给 B 公司，B 公司可以按照 3% 的征收率向 A 公司开具增值税专用发票。该工程购进的辅助材料可以取得 13% 的增值税专用发票。按税法规定，该工程可以选择简易计税方法，已知按照 12% 计算城市维护建设税、教育费附加和地方教育附加。该项工程经营情况如表 9-9 所示，请为 A 公司选择合理的计税方法。

表 9-9　工程经营情况

	一般计税方法	简易计税方法
含税总包价格	327（不含税 300）	311.06
含税分包价格	103（不含税 100）	103
含税辅料价格	33.9（不含税 30）	33.9

答案 ▶

我们在进行选择时，先计算其应纳税额和利润，再进行选择。应纳税额和利润的计算见表 9-10。

表 9-10　应纳税额和利润的计算

	一般计税方法	简易计税方法
含税总包价格	327（不含税 300）	311.06
含税分包价格	103（不含税 100）	103
含税辅料价格	33.9（不含税 30）	33.9
销项税额	27（327÷1.09×9%）	
进项税额	6.9（103÷1.03×3%+33.9÷1.13×13%）	
应纳增值税	20.1	6.06［（311.06-103）÷1.03×3%］
应纳城建税等	2.41	0.73
利润	167.59（300-100-30-2.41）	167.37（311.06÷1.03-103÷1.03-33.9-0.73）

虽然一般计税方法的应纳增值税及城建和附加均高于简易计税方法，但是由于一般计税方法的含税收入高于简易计税，因此利润反而是一般计税方法高，因此应该选择一般计税方法计税对该公司更为有利。

三、税率与征收率 ★★★

扫我解疑难

(一)增值税税率的变动情况

自 2017 年 7 月 1 日起，增值税的税率经历过 3 次变动(见表 9-11)。

表 9-11 增值税税率的变动情况

2017.6.30 之前	2017.7.1~2018.4.30	2018.5.1~2019.3.31	2019.4.1 之后
17%	17%	16%	13%
13%	11%	10%	9%
11%			
6%	6%	6%	6%

各位考生一定要重视增值税税率的学习，无论做何种类型的增值税计算题目，都首先要考虑增值税的税率。

(二)税率

1. 增值税税率的基本规定(见表 9-12 和表 9-13)

表 9-12 增值税税率的基本规定

税率	具体内容
13%基本税率	(1)增值税一般纳税人销售货物、进口货物，提供加工修理修配劳务，除下列适用 9%低税率外，均适用 13%的税率； (2)有形动产租赁服务适用 13%的税率
9%	适用 9%税率货物：生活必需品、初级农产品等，具体内容见表 9-13
	9%的营改增应税行为：提供交通运输服务、邮政服务、基础电信、建筑服务、不动产租赁服务(含纳税人以经营租赁方式将土地出租给他人使用)，销售不动产，转让土地使用权
6%	金融服务、生活服务、增值电信服务、现代服务(有形动产租赁、不动产租赁除外)、销售无形资产(转让土地使用权除外)
零税率	除另有规定外，出口货物；境内单位和个人发生的跨境应税行为

表 9-13 适用 9%税率的货物

类别	具体货物
(1)生活必需品类	(1)粮食、食用植物油(包括花椒油、橄榄油、核桃油、杏仁油、葡萄籽油和牡丹籽油，不包括环氧大豆油和氢化植物油)； (2)鲜奶、符合国标规定的巴氏杀菌乳和灭菌乳(调制乳：13%)； (3)食用盐； (4)自来水、暖气、冷气、热水、煤气、石油液化气、天然气、沼气和居民用煤炭制品等
(2)文化用品类	图书、报纸、杂志、音像制品和电子出版物
(3)农业生产资料类	饲料、化肥、农机(含农用挖掘机、养鸡设备系列、养猪设备系列，不含农机零部件)、农药、农膜

类别	具体货物
（4）（初级）农产品	（1）干姜、姜黄的增值税适用税率为9%； （2）纳税人销售自产人工合成牛胚胎免征增值税； （3）麦芽、复合胶、人发、肉桂油、桉油、香茅油、淀粉应适用13%的增值税税率
（5）其他	如二甲醚、密集型烤房设备、频振式杀虫灯、自动虫情测报灯、黏虫板等

2. 相关行业增值税税率总结（见表9-14）

表9-14　相关行业增值税税率总结

类型	具体情况	税务处理
与交通运输服务有关的服务	出租车公司向使用本公司自有出租车的出租车司机收取的管理费用	陆路运输服务9%
	程租、期租、湿租（既租赁交通运输工具，又配备操作人员）	交通运输服务（9%）
	干租、光租（只租赁交通运输工具，不配备操作人员）	有形动产租赁服务（13%）
	无运输工具承运业务	交通运输服务9%
	运输工具舱位承包业务	交通运输服务9%
	运输工具舱位互换业务	交通运输服务9%
	货运代理服务	经纪代理服务6%
	装卸搬运服务	物流辅助服务6%
	已售票但客户逾期未消费取得的运输逾期票证收入	交通运输服务9%
	为客户办理退票而向客户收取的退票费、手续费等收入	其他现代服务6%
与财产租赁有关的业务	有形动产租赁服务	有形动产租赁服务13%
	不动产租赁服务	不动产租赁服务9%
	出租建筑施工设备并配备操作人员	建筑服务9%
	出租建筑施工设备未配备操作人员	有形动产租赁服务13%
	融资性售后回租	金融服务中的贷款服务6%
	仓储服务	物流辅助服务6%
与建筑服务有关的业务	园林绿化	建筑服务9%
	出租建筑设备，并配备操作人员	建筑服务9%
	出租建筑设备，不配备操作人员	有形动产租赁13%
	苗木销售	销售货物（9%，农业生产者自产自销苗木免税）
	航道疏浚	物流辅助服务中的港口码头服务6%
	其他疏浚	建筑服务9%

类型	具体情况	税务处理
与金融服务有关的业务	融资性售后回租	金融服务中的贷款服务6%
	经营租赁、融资租赁	租赁服务(有形动产租赁服务13%、不动产租赁服务9%)
	以货币资金投资收取固定利润或保底利润	金融服务中的贷款服务6%
与软件有关的税率	销售软件产品	销售货物13%
	软件开发服务、软件咨询服务、软件维护服务、软件测试服务	信息技术服务中的软件服务6%
邮政服务	中国邮政集团公司及其所属邮政企业提供邮件寄递、邮政汇兑和机要通信等邮政基本服务的业务活动。包括邮册等邮品销售、邮政代理等业务活动。	邮政服务9%
	其他企业销售邮品	销售货物13%
电信服务	利用固网、移动网、卫星、互联网,提供语音通话服务的业务活动,以及出租或者出售带宽、波长等网络元素的业务活动	基础电信服务9%
	利用固网、移动网、卫星、互联网、有线电视网络,提供短信和彩信服务、电子数据和信息的传输及应用服务、互联网接入服务等业务活动;卫星电视信号落地转接服务	增值电信服务6%
与代理有关的业务	邮政代理服务	邮政服务9%
	其他代理服务	经纪代理服务6%
与现代服务有关的业务	宾馆、旅馆、旅社、度假村和其他经营性住宿场所提供会议场地及配套服务的活动	会议展览服务6%
	港口设施经营人收取的港口设施保安费	港口码头服务6%
	装卸搬运服务	物流辅助服务6%
	货运代理服务	经纪代理服务6%
	将建筑物、构筑物等不动产或飞机、车辆等有形动产的广告位出租给其他单位或个人用于发布广告	不动产租赁服务9%或有形动产租赁服务13%
	车辆停放服务、道路通行服务(包括过路费、过桥费、过闸费等)	不动产经营租赁服务9%
	武装守护押运服务	安全保护服务6%
	安全保护服务	比照劳务派遣政策,一旦差额计税,5%征收率
	对安装运行后的电梯、机器设备提供的维护保养服务	其他现代服务6%

类型	具体情况	税务处理
与生活服务有关的业务	提供餐饮服务的纳税人销售的外卖食品	餐饮服务 6%
	纳税人现场制作食品并直接销售给消费者	餐饮服务 6%
	在旅游场所经营索道、摆渡车、电瓶车、游船等取得的收入	文化体育服务 6%
	提供植物养护服务	其他生活服务 6%
与无形资产有关的业务	纳税人通过省级土地行政主管部门设立的交易平台转让补充耕地指标	转让无形资产 6%

【知识点拨】软件产品的税务处理：

（1）增值税一般纳税人销售其自行开发生产的软件产品，按13%的税率征收增值税后，对实际税负超过3%的部分实行即征即退；

（2）增值税一般纳税人将进口软件产品进行本地化改造后对外销售，享受增值税即征即退政策。

本地化改造：对进口软件产品进行重新设计、改进、转换等，单纯对进口软件产品进行汉字化处理不包括在内。

3. 单位和个人销售的下列服务和无形资产，适用增值税零税率

（1）国际运输服务。

（2）航天运输服务。

（3）向境外单位提供的完全在境外消费的下列服务：

①研发服务。

②合同能源管理服务。

③设计服务。

④广播影视节目(作品)的制作和发行服务。

⑤软件服务。

⑥电路设计及测试服务。

⑦信息系统服务。

⑧业务流程管理服务。

⑨离岸服务外包业务。

⑩转让技术。

（4）财政部和国家税务总局规定的其他服务。

【例题 5·单选题】根据税法的规定，下列对增值税处理错误的是（ ）。

A. 农民销售自产农产品应按 9% 计征增值税

B. 小规模纳税人销售外购农产品按 3% 计征增值税

C. 纳税人已售票但客户逾期未消费取得的运输逾期票证收入，按照交通运输服务 9% 的税率计征增值税

D. 音像制品和电子出版物均适用 9% 的低税率

解析 ▶ 农业生产者销售自产农产品是免税的。   答案 ▶ A

【例题 6·多选题】下列各项业务所取得的收入中，应按 9% 的税率征收增值税的有（ ）。

A. 搬家公司从事的搬家业务

B. 无运输工具承运业务

C. 货运代理业务

D. 仓储服务

E. 出租建筑施工设备并配备操作人员

解析 ▶ 选项 A、C、D 适用 6% 的税率。   答案 ▶ BE

（三）征收率

一般情况征收率为3%，不动产租售的征收率一般而言为5%。征收率的特殊规定见表9-15。

表 9-15　征收率的特殊规定

情形	征收率
销售原有（2016.4.30 之前取得）不动产、转让房地产老项目；租赁原有不动产、转租 2016.4.30 之前租入的不动产；收取试点前开工的一级公路、二级公路、桥、闸通行费	5%
个人出租住房	减按 1.5%
收取试点前开工的高速公路的车辆通行费	减按 3%
一般纳税人和小规模纳税人提供劳务派遣服务，选择差额纳税的	5%
一般纳税人提供人力资源外包服务，选择适用简易计税方法的	5%
销售使用过的不得抵扣且未抵扣进项税额的固定资产（见表 9-17）	可减按 2%

真题精练（客观题）

（2018 年单选题）小规模纳税人的下列应税行为适用 3%征收率的是（　）。

A. 跨县（市）提供建筑服务

B. 销售自建的不动产

C. 提供劳务派遣服务并选择差额计税方法

D. 出租其取得的不动产

解析 ▶ 选项 BCD 适用 5%的征收率。

答案 ▶ A

（四）销售使用过的固定资产或物品 ★★★

1. 固定资产中的有形动产进项税额抵扣的变化

在学习本部分内容之前，我们先了解一下固定资产中的有形动产进项税额抵扣的变化，见图 9-1。

图 9-1　固定资产中有形动产进项税额抵扣的变化

2. 判断一般纳税人销售的固定资产是否抵扣过进项税额（见表 9-16）。

表 9-16　如何判断固定资产是否抵扣过进项税额

判断依据	未抵扣过进项税额	可能抵扣过进项税额
购入资产时纳税人类型	小规模纳税人、营业税纳税人	一般纳税人
购入时点	2008.12.31 前	2009.1.1 后
资产类型（自用的应征消费税的摩托车、汽车、游艇）	2013.7.31 前	2013.8.1 后
资产用途	不得抵扣用途	可以抵扣用途
未抵扣原因		自身原因（视同抵扣过进项税额）

3. 销售使用过的固定资产或物品的税务处理和账务处理见表 9-17。

表 9-17　销售使用过的固定资产、物品

纳税人类别	情形	税务处理	计税公式	发票开具
一般纳税人	销售使用过的、已抵扣进项税额的固定资产	按适用税率征收增值税	销项税额 = 含税售价/(1 + 13% 或 9%) × 13% 或9%	可以开具专票
	销售使用过的、不得抵扣且未抵扣进项税额的固定资产	依照3%征收率减按2%征收增值税	应纳税额 = 含税售价/(1+3%)×2%	只能开普票，不得开专票
		可以放弃减税，按3%征收率开具发票	应纳税额 = 含税售价/(1+3%)×3%	可以开具专票
	销售旧货——进入二次流通的具有部分使用价值的货物(含旧汽车、旧摩托车和旧游艇)	依照3%征收率减按2%征收增值税	应纳税额 = 含税售价/(1+3%)×2%	只能开普票，不能开专票
	销售自己使用过的除固定资产、旧货外的其他物品	按适用税率征收增值税	销项税额 = 含税售价/(1 + 13% 或 9%) × 13% 或9%	可以开具专票
小规模纳税人	销售自己使用过的固定资产	减按2%的征收率征收增值税	应纳税额 = 含税售价/(1+3%)×2%	只能开普票，不得开具专票(包括不得由税务机关代开专票)
		可以放弃减税，按照3%征收率计税	应纳税额 = 含税售价/(1+3%)×3%	可以由税务机关代开专票
	销售旧货	依照3%征收率减按2%征收增值税	应纳税额 = 含税售价/(1+3%)×2%	只能开普票，不能开专票
其他个人	销售自己使用过的物品	免增值税	—	—

【知识点拨】

(1)纳税人发生固定资产视同销售行为，对已使用过的固定资产无法确定销售额的，以固定资产净值为销售额。

(2)所称旧货是指进入二次流通的具有部分使用价值的货物(含旧汽车、旧摩托车和旧游艇)，但不包括自己使用过的物品。

【例题 7·单选题】某企业(一般纳税人)2020 年 4 月 16 日销售一台旧机器设备，取得含增值税销售收入 64200 元，该设备为 2014 年 5 月购入，购入时抵扣了进项税额，则该项销售行为应纳增值税为(　)元。

A. 0　　　　　B. 1153.85

C. 7385.84　　D. 8855.17

解析　应纳增值税 = 64200÷(1+13%)×13% = 7385.84(元)。

答案　C

【例题 8·单选题】某电器修理部系小规模纳税人，2020 年 1 月取得修理收入 20600 元，当月出售一台使用过的旧设备，收取价税合计数 123600 元，未放弃减税优惠，当月应纳增值税(　)元。

A. 600　　　　B. 2953.85

C. 3000　　　　D. 4200

解析　应纳税额 = 20600÷1.03×3% +

$123600 \div 1.03 \times 2\% = 3000(元)$

答案 ▶ C

四、增值税税收优惠的审核与筹划

（一）小规模纳税人的税收优惠

（1）2019.1.1—2021.12.31，小规模纳税人发生增值税应税销售行为，合计月销售额未超过10万元(以1个季度为1个纳税期的，季度销售额未超过30万元，下同)的，免征增值税。

（2）小规模纳税人月销售额超过10万元，但扣除本期发生的销售不动产的销售额后未超过10万元的，其销售货物、劳务、服务、无形资产取得的销售额免征增值税。

（3）适用增值税差额征税政策的小规模纳税人，以差额后的销售额确定是否可以享受上述规定的免征增值税政策。

（4）其他个人，采取一次性收取租金形式出租不动产取得的租金收入，可在对应的租赁期内平均分摊，分摊后的月租金收入未超过10万元的，免征增值税。

（5）小规模纳税人月销售额未超过10万元的，当期因开具增值税专用发票已经缴纳的税款，在增值税专用发票全部联次追回或者按规定开具红字专用发票后，可以向主管税务机关申请退还。

（二）放弃免税权的有关规定

1. 较为重要的免税政策

（1）自2012年1月1日起，对从事蔬菜批发、零售的纳税人销售的蔬菜，免征蔬菜流通环节增值税。

（2）自2012年10月1日起，免征部分鲜活肉蛋产品流通环节增值税。

2. 纳税人放弃免税权(重要，可以作为纳税筹划点)

（1）纳税人销售货物、劳务等适用免税规定的，可以放弃免税。放弃免税后，36个月内不得再申请免税。

增值税纳税人放弃免税权的原因：销售

方放弃免税权，购买方可以抵扣进项税额。

（2）放弃免税权应以书面形式提交放弃免税权声明，报主管税务机关备案。

（3）放弃免税权的纳税人符合一般纳税人认定条件尚未认定为增值税一般纳税人的，应当按现行规定认定为增值税一般纳税人，其销售的货物或劳务可开具增值税专用发票。

（4）如放弃，需全部放弃，不得部分放弃。

（5）纳税人在免税期内购进用于免税项目的货物等所取得的增值税扣税凭证，一律不得抵扣。

【例题9·单选题】下列关于小规模纳税人免征增值税的规定，表述不正确的是（　　）。

A. 小规模纳税人发生增值税应税销售行为，合计月销售额超过10万元，但扣除本期发生的销售不动产的销售额后未超过10万元的，其销售货物、劳务、服务、无形资产取得的销售额免征增值税

B. 适用增值税差额征税政策的小规模纳税人，以差额前的销售额确定是否可以享受免征增值税政策

C. 其他个人，采取一次性收取租金形式出租不动产取得的租金收入，可在对应的租赁期内平均分摊，分摊后的月租金收入未超过10万元的，免征增值税

D. 按照现行规定应当预缴增值税税款的小规模纳税人，凡在预缴地实现的月销售额未超过10万元的，当期无需预缴税款

解析 ▶ 适用增值税差额征税政策的小规模纳税人，以差额后的销售额确定是否可以享受免征增值税政策。

答案 ▶ B

五、销项税额的审核 ★★★

一般纳税人采用一般计税方法时应纳税额的计算见图9-2。

图 9-2　一般计税方法下应纳税额的计算

可见，一般纳税人应纳增值税额的计算，围绕三个关键环节：一是销项税额如何计算；二是进项税额如何抵扣，三是加计抵减如何处理。

销项税额=销售额×税率

上图中的"五票"是指增值税专用发票、通行费电子发票、国内旅客运输发票、进口增值税专用缴款书和税收缴款完税凭证。"两项"是指农产品收购凭证、通行费发票。

销售过程中的账务处理为：

借：应收账款、应收票据、银行存款等

贷：主营业务收入、其他业务收入等
　　应交税费——应交增值税(销项税额)

发生的销售退回，作相反的会计分录，但注意用红字贷记销项税额。

在对销项税额进行审核时，关键销售额和税率的审核。前面我们已经介绍了增值税的税率和征收率，在本部分内容中我们重点介绍销售额的审核。

(一)审核销售收入的结算方式——纳税义务发生时间(见表9-18)

表 9-18　增值税纳税义务发生时间

销售方式	纳税义务发生时间	注意事项
一般规定	纳税人发生应税行为并收讫销售款项或者取得索取销售款项凭据的当天；先开具发票的，为开具发票的当天	只要纳税人先开出发票，无论款项是否收到，无论合同如何签订，增值税纳税义务均已发生
直接收款	不论货物是否发出，均为收到销售款或者取得索取销售款凭据的当天	纳税人生产经营活动中采取直接收款方式销售货物，已将货物移送对方并暂估销售收入入账，但既未取得销售款或取得索取销售款凭据也未开具销售发票的，其增值税纳税义务发生时间为取得销售款或取得索取销售款凭据的当天；先开具发票的，为开具发票的当天
托收承付和委托银行收款	为发出货物并办妥托收手续的当天	无论货款是否收到，纳税义务均已发生
赊销和分期收款	为书面合同约定的收款日期的当天，无书面合同的或者书面合同没有约定收款日期的，为货物发出的当天	在书面合同约定的收款日期当天，无论款项是否收到，纳税义务均已发生
预收货款	为货物发出的当天	生产销售生产工期超过12个月的大型机械设备、船舶、飞机等货物，为收到预收款或者书面合同约定的收款日期的当天

销售方式	纳税义务发生时间	注意事项
委托其他纳税人代销货物	收到代销单位的代销清单、收到全部或者部分货款的当天、发出代销货物满 180 天的当天三者中较早一方	——
其他视同销售行为	货物移送的当天	——
销售应税劳务	为提供劳务同时收讫销售款或者取得索取销售款的凭据的当天	——
进口货物	报关进口当天	
提供租赁服务采取预收款方式	收到预收款的当天	——
金融商品转让	金融商品所有权转移的当天	——
视同销售服务、无形资产或不动产情形	服务、无形资产转让完成的当天或不动产权属变更的当天	

【知识点拨 1】 先开具发票的，纳税义务发生时间为发票开具的当天。

【知识点拨 2】 截止到目前，收到预收款时增值税纳税义务发生的情形：

(1)生产销售生产工期超过 12 个月的大型机械设备、船舶、飞机等货物；

(2)提供租赁服务。

【知识点拨 3】 自 2017 年 7 月 1 日起，提供建筑服务，收到预收款时增值税纳税义务不再发生，只是需要预缴增值税——在收到预收款时，以取得的预收款扣除支付的分包款后的余额，按照规定的预征率预缴增值税。即适用一般计税方法计税的项目预征率为 2%，适用简易计税方法计税的项目预征率为 3%。

按照现行规定应在建筑服务发生地预缴增值税的项目，纳税人收到预收款时在建筑服务发生地预缴增值税。按照现行规定无需在建筑服务发生地预缴增值税的项目，纳税人收到预收款时在机构所在地预缴增值税。

纳税人提供建筑服务，被工程发包方从应支付的工程款中扣押的质押金、保证金，未开具发票的，以纳税人实际收到质押金、保证金的当天为纳税义务发生时间。

【知识点拨 4】 如果会计上收入确认时间

早于增值税纳税义务发生时间，应通过"应交税费——待转销项税额"核算增值税。

(二)价外费用是否并入应税销售额

一般销售方式下的销售额：全部价款和价外费用，不含销项税额(价外税)。价外费用，是指价外向购买方收取的手续费、补贴、基金、集资费、返还利润、奖励费、违约金、滞纳金、延期付款利息、赔偿金、代收款项、代垫款项、包装费、包装物租金、储备费、优质费、运输装卸费以及其他各种性质的价外收费。

价外费用不包括以下项目：

1. 代为收取并符合三项条件的政府性基金或者行政事业性收费。

(1)依法批准设立；

(2)收取时开具省级以上财政部门印制的财政票据；

(3)所收款项全额上缴财政。

2. 以委托方名义开具发票代委托方收取的款项。

【知识点拨 1】 价外费用不包括的内容——未形成纳税人的收入。

(1)受托加工应征消费税的消费品所代收代缴的消费税。

(2)同时符合三项条件代为收取的政府性

基金或者行政事业性收费：A. 由国务院或者财政部批准设立的政府性基金，由国务院或者省级人民政府及其财政、价格主管部门批准设立的行政事业性收费；B. 收取时开具省级以上财政部门印制的财政票据；C. 所收款项全额上缴财政。

（3）销售货物的同时代办保险等而向购买方收取的保险费，以及向购买方收取的代购买方缴纳的车辆购置税、车辆牌照费。

（4）以委托方名义开具发票代委托方收取的款项。

（5）航空运输服务的销售额不包括代收的机场建设费和代售其他航空运输企业客票而代收转付的价款。

其他价外费用，无论会计制度上如何核算，均应并入销售额计算应纳税额。

【知识点拨 2】 是否属于价外费用的判断。

（1）谁收取的——销售方或劳务、服务提供方收取的，可能包括在价外费用中；

（2）收取的原因——是否发生了流转税的应税行为，如果发生了流转税的应税行为，可能包括在价外费用中；

（3）是否属于价外费用的排除事项。

【知识点拨 3】 价格是否含税的理解。

对于价格是否含税需要在多做习题中体会总结，下面总结供您参考：

（1）增值税专用发票的价格是不含增值税的。

（2）普通发票的价格往往是含税的。

（3）一般纳税人的销售价格如果没有特别指明，则是不含税的。

（4）零售价格，如果没有特别指明，一般是含税的。

（5）价外费用的价格是含税的。

（6）隐瞒的收入是含增值税的。

【知识点拨 4】 考试注意事项：企业销售残次品（废品）、半残品、副产品和下脚料、边角料等取得的收入应并入应税销售额。考试中，尤其是综合题中经常涉及这部分内容。

【例题 10·多选题】 增值税的销售额包括价款和价外费用，下列向购买方收取的（ ）不属于价外费用的组成部分。

A. 赔偿金

B. 延期付款利息

C. 受托加工应征消费税的消费品所代收代缴的消费税

D. 纳税人销售货物的同时代办保险而向购买方收取的保险费

E. 从事汽车销售的纳税人向购买方收取的代购买方缴纳的车辆购置税

解析 ▶ 本题考核销售额的范围。

答案 ▶ CDE

（三）审核特殊销售方式下的销售额（见表 9-19）

表 9-19 特殊销售方式下销售额的确定

方式	具体类型	税务处理	提示
折扣折让	折扣销售（商业折扣）	如果销售额和折扣额在同一张发票金额栏上分别注明的，可按折扣后的余额作为销售额征收增值税；如果将折扣额仅在发票的"备注"栏注明，不得从销售额中减除折扣额	实物折扣：按视同销售中"无偿赠送"处理
	销售折扣（现金折扣）	不得从销售额中减除现金折扣额	现金折扣计入"财务费用"
	销售折让	可以从销售额中减除折让额	凭税务机关系统校验通过的《开具红字增值税专用发票信息表》开具红字专用发票

方式	具体类型	税务处理	提示
以旧换新	一般货物	按新货物同期销售价格确定销售额，不得扣减旧货物的收购价格	消费税的计算也按此原则理解
	金银首饰	可按销售方实际收取的不含增值税的全部价款征收增值税	
还本销售		不得扣减还本支出	还本支出应计入财务费用或销售费用
以物易物		双方均作购销处理，以各自发出的货物核算销售额并计算销项税额，以各自收到的货物按规定核算购货额并计算进项税额。 【知识点拨】在以物易物活动中，应分别开具合法的票据，如收到的货物不能取得相应的增值税专用发票或其他合法扣税凭证的，不能抵扣进项税额	会计准则：非货币性资产交换同时满足有商业实质和公允价值能够可靠计量的，作购销处理；不能满足规定条件的，按换出资产的价值减去可抵扣的增值税，加上支付的相关税费作为换入资产的实际成本
带包装销售货物		按照所包装货物适用税率征收增值税	随同产品出售但单独计价的包装物，按规定应缴纳的增值税，借记"应收账款"等科目，贷记"其他业务收入""应交税费——应交增值税(销项税额)"等科目
包装物押金	一般货物	(1)如单独记账核算，时间在1年以内，又未逾期的，不并入销售额征税； (2)因逾期未收回包装物不再退还的押金，应并入销售额征税	征税时注意： (1)逾期包装物押金为含税收入，需换算成不含税价再并入销售额； (2)税率为所包装货物适用税率
	除啤酒、黄酒外的其他酒类产品	无论是否返还以及会计上如何核算，均应并入当期销售额征税	
包装物租金		需要缴纳增值税	借：银行存款等 贷：其他业务收入 应交税费——应交增值税(销项税额) 或应交税费——简易计税

【例题11·单选题】某工艺品厂为增值税一般纳税人，2020年1月2日销售给甲企业200套工艺品，每套不含税价格600元。由于部分工艺品存在瑕疵，该工艺品厂给予甲企业15%的销售折让，已开具红字增值税专用发票。为了鼓励甲企业及时付款，该工艺品厂提出2/20，n/30的付款条件，甲企业于当月15日付款。该工艺品厂此项业务的销项税额为( )元。

A. 15600　　B. 12994.8
C. 16320　　D. 13260

解析 ▶ 销售折扣不得减少销售额，销售折让可以从销售额中间减除。销项税额=600×200×(1-15%)×13%=13260(元)。

答案 ▶ D

【例题12·多选题】税务师审核时，认

为下列增值税一般纳税人 2020 年 5 月销项税额计税依据处理正确的有( )。

A. 电器超市推出以 A 牌旧冰箱加 500 元可换取同品牌不含税价为 2000 元的新冰箱的业务，超市按每台 500 除以 1.13 计算此项业务的应税销售额

B. 企业销售设备一台，按协议约定，5 年后返还不含税售价 200 万元的 10% 款项给购买方，企业按 200 万元作为增值税销项税额的计税依据计算销项税额

C. 商场当月销售货物 500 万元，其中 300 万元开具增值税专用发票，150 万元开具普通发票，50 万元未开具发票，商场当月按 450 万元计算增值税销项税额

D. 对化妆品销售收取的包装物押金 500 元，企业在收取时未计算增值税销项税额

E. 金店销售金项链零售价 2000 元/条，同时收取旧项链一条作价 500 元/条，实际收取价款 1500 元，金店按照 2000 元计算缴纳增值税

解析 ▶ 普通货物以旧换新业务应当按新货物的不含税价计算增值税销项税额，金银首饰以旧换新业务应当以实际收取的不含增值税的价款计算销项税额。所以选项 AE 是错误的。纳税人的应税销售额无论是否开具发票均应当承担纳税义务，所以选项 C 是错误的。

答案 ▶ BD

（四）审核视同销售行为是否计算征收增值税

视同销售行为的整体账务处理为：
借：长期股权投资、应付职工薪酬——
　　非货币性福利、营业外支出等
　　贷：库存商品（主营业务收入、原材
　　　　料等）
　　　　应交税费——应交增值税（销项
　　　　税额）

1. 将货物交付其他单位或者个人代销
手续费式代销方式下委托方的账务处理：
（1）发出代销商品
借：发出商品（或委托代销商品）
　　贷：库存商品
（2）收到代销清单时：
借：应收账款
　　贷：主营业务收入
　　　　应交税费——应交增值税（销项
　　　　税额）
同时结转成本：
借：主营业务成本
　　贷：发出商品（或委托代销商品）
（3）收到手续费结算发票时：
借：销售费用
　　应交税费——应交增值税（进项税
　　额）
　　贷：应收账款
（4）收到代销货款：
借：银行存款
　　贷：应收账款

2. 销售代销货物——受托方
按实际售价计算销项税额；取得委托方增值税专用发票，可以抵扣进项税额；受托方收取的代销手续费，应按"现代服务"税目 6% 的税率征收增值税。
手续费式代销方式下受托方账务处理：
（1）售出代销商品时：
借：银行存款
　　贷：应付账款
　　　　应交税费——应交增值税（销项
　　　　税额）
（2）结转应收手续费收入：
借：应付账款
　　贷：其他业务收入（或主营业务收入）
　　　　应交税费——应交增值税（销项
　　　　税额）
（3）收到委托方的增值税专用发票并支付剩余货款：
借：应付账款
　　应交税费——应交增值税（进项税额）
　　贷：银行存款

3. 货物异地移送用于销售
设有两个以上机构并实行统一核算的纳

税人,将货物从一个机构移送其他机构用于销售,但相关机构设在同一县(市)的除外。

移送货物的一方:

借:其他应收款——内部应收款

贷:库存商品(或主营业务收入)等

应交税费——应交增值税(销项税额)

接受货物的一方:

借:库存商品

应交税费——应交增值税(进项税额)

贷:其他应付款——内部应付款

4. 将自产、委托加工的货物用于非应税项目(营改增后此项视同销售行为很少)

5. 将自产、委托加工的货物用于集体福利或者个人消费

(1)用于集体福利和交际应酬时:

借:应付职工薪酬、管理费用——业务招待费

贷:库存商品(按成本记账)

应交税费——应交增值税(销项税额)(按售价或按组价计算)

(2)发给职工个人做福利时:

借:应付职工薪酬——非货币性福利等

贷:主营业务收入(按售价记账)

应交增值税——应交增值税(销项税额)(按售价或按组价计算)

同时结转成本。

借:主营业务成本

贷:库存商品

6. 将自产、委托加工或者购进的货物作为投资、分配给股东或者投资者、无偿赠送时

借:长期股权投资、应付股利、销售费用(实物折扣)、营业外支出等

贷:库存商品(或原材料、主营业务收入等)

应交税费——应交增值税(销项

税额)(按售价或按组价)

【例题13·单选题】 某食品加工厂系增值税一般纳税人,生产生、熟肉制品。税务师受托对其进行纳税审查时,发现该厂2020年1月份第318号凭证,会计分录为:

借:应付职工薪酬——非货币性福利

16000(成本价)

贷:库存商品——腊肠

16000(成本价)

凭证下附有该厂全体职工签名册。经核实,为春节之前以福利形式向职工发放的腊肠食品。次月增值税纳税申报表中未含此项,则正确的说法是(   )。

A. 该厂的行为不属于偷税行为,属于正常的集体福利支出

B. 该厂的行为属于偷税行为,按税法规定属于视同销售货物行为,按同类产品售价计提销项税额

C. 该厂的行为属于偷税行为,应将"库存商品——腊肠"调整为"主营业务收入"16000元,并计提相应的销项税额

D. 该厂的行为不属于偷税行为,但应按本月腊肠实际生产成本计算扣减外购原料的进项税额,作进项税额转出的账务处理

解析 ▶ 该行为属于将自产货物用于职工福利,应该视同销售计算销项税额,在账务处理上应该按照同类产品售价而非成本计入主营业务收入。   **答案** ▶ B

(五)价格明显偏低或偏高时销售额的确定

价格明显偏低或偏高,或者视同发生应税销售行为而无销售额的,应税销售额的核算顺序(先售价,后组价)。

(1)按照纳税人最近时期发生同类应税销售行为的平均价格确定;

(2)按照其他纳税人最近时期发生同类应税销售行为的平均价格确定;

(3)按组成计税价格确定(见表9-20)。

表9-20　组成计税价格的确定

情形		组成计税价格	成本利润率
只征增值税的		成本×(1+成本利润率)	10%
既征增值税，又征消费税的	①从量定额征收消费税的	成本×(1+成本利润率)+消费税	消费税中规定的成本利润率
	②从价定率征收消费税的	成本×(1+成本利润率)÷(1-消费税比例税率)	
	③复合计税办法征收消费税的	[成本×(1+成本利润率)+视同销售数量×定额税率]÷(1-消费税比例税率)	

（六）审核混合销售行为的销售额——分清混合销售 VS 兼营

【例题14·简答题】企业销售高端设备，不含税价为1000000元，适用增值税税率为13%，同时收取培训费100000元，企业会计处理如下：

借：银行存款　　　　　　　1230000
　　贷：主营业务收入　　　　1000000
　　　　应交税费——应交增值税（销项税额）　　　　　　130000
　　　　其他业务收入　　　　100000

企业的账务处理是否正确？应如何调账？

答案

企业账务处理是错误的，收取的培训费应该并入销售额计算缴纳增值税。此行为属于混合销售行为，收取的培训费属于销售高端设备的价外费用，应该按照13%的税率计算纳税。

调账分录

借：其他业务收入　　　　　11504.42
　　贷：应交税费——应交增值税（销项税额）　　　　　　11504.42

（七）应税销售额扣除的审核——差额纳税（见表9-21）

表9-21　"营改增"业务差额计税的规定

具体业务	销售额的确定
金融商品转让	按照卖出价扣除买入价后的余额为销售额。 【知识点拨】转让金融商品出现的正负差，按盈亏相抵后的余额为销售额。若相抵后出现负差，可结转下一纳税期与下期转让金融商品销售额相抵，但年末时仍出现负差的，不得转入下一个会计年度
经纪代理服务	经纪代理服务以取得的全部价款和价外费用，扣除向委托方收取并代为支付的政府性基金或者行政事业性收费后的余额为销售额
融资租赁服务	融资租赁以取得的全部价款和价外费用，扣除支付的两息一税——借款利息（包括外汇借款和人民币借款利息）、发行债券利息和车辆购置税后的余额为销售额
融资性售后回租	以取得的全部价款和价外费用（不含本金），扣除对外支付的两息——借款利息（包括外汇借款和人民币借款利息）、发行债券利息后的余额作为销售额。 【知识点拨】试点纳税人根据2016年4月30日前签订的有形动产融资性售后回租合同，在合同到期前提供的有形动产融资性售后回租服务，可选择继续按照原有形动产融资性售后回租服务缴纳增值税
一般纳税人提供客运场站服务	以其取得的全部价款和价外费用，扣除支付给承运方运费后的余额为销售额
旅游服务	可以选择以取得的全部价款和价外费用，扣除向旅游服务购买方收取并支付给其他单位或者个人的住宿费、餐饮费、交通费、签证费、门票费和支付给其他接团旅游企业的旅游费用后的余额为销售额

具体业务	销售额的确定
提供建筑服务适用**简易计税方法的**	以取得的全部价款和价外费用扣除支付的分包款后的余额为销售额。 【知识点拨】适用简易计税方法计税的建筑服务包括： (1)一般纳税人以清包工方式提供的建筑服务； (2)一般纳税人为甲供工程提供的建筑服务； (3)一般纳税人为建筑工程老项目提供的建筑服务
房地产开发企业中的一般纳税人销售其开发的房地产项目	以取得的全部价款和价外费用，**扣除受让土地时向政府部门支付的土地价款**后的余额为销售额(选择简易计税方法的房地产老项目除外)。 【知识点拨】一般纳税人销售房地产老项目选择适用简易计税方法的，以及小规模纳税人销售房地产项目，在确定销售额时，均不得扣除支付给政府部门的土地价款
劳务派遣服务	(1)一般纳税人以取得的全部价款和价外费用为销售额，按照一般计税方法计算缴纳增值税(6%税率)。 一般纳税人可以选择差额纳税，以取得的全部价款和价外费用，扣除代用工单位支付给劳务派遣员工的工资、福利和为其办理社会保险及住房公积金后的余额为销售额，按照简易计税方法计算缴纳增值税(5%征收率)。 (2)小规模纳税人，以取得的全部价款和价外费用为销售额，按照简易计税方法计算缴纳增值税(3%征收率)。 小规模纳税人也可以选择差额纳税，以取得的全部价款和价外费用，扣除代用工单位支付给劳务派遣员工的工资、福利和为其办理社会保险及住房公积金后的余额为销售额，按照简易计税方法计算缴纳增值税(5%征收率)
物业公司收取自来水费	以扣除其对外支付的自来水水费后的余额为销售额，按照简易计税方法计算缴纳增值税(3%征收率)
航空运输销售代理企业提供境内、境外航段机票代理服务	自2018年1月1日起，以取得的全部价款和价外费用，扣除向客户收取并支付给其他单位或者个人的境外航段机票结算款和相关费用后的余额为销售额。其中，支付给境内单位或者个人的款项，以发票或行程单为合法有效凭证；支付给境外单位或者个人的款项，以签收单据为合法有效凭证，税务机关对签收单据有疑义的，可以要求其提供境外公证机构的确认证明航空运输销售代理企业提供境内机票代理服务，以取得的全部价款和价外费用，扣除向客户收取并支付给航空运输企业或其他航空运输销售代理企业的境内机票净结算款和相关费用后的余额为销售额

差额纳税可以扣除项目、开发票情况总结见表9-22。

表9-22　差额纳税可以扣除项目、开发票情况总结

类别	可扣除项目	发票开具
金融商品转让	买入价	不得开专票
经纪代理服务	向委托方收取并代为支付的政府性基金或者行政事业性收费	扣除部分不得开专票
融资租赁服务	**两息一税**：借款利息、发行债券利息和车辆购置税	全额开专票
融资性售后回租服务	**两息**：借款利息、发行债券利息	无必要开专票，因下游不得抵扣进项税额
客运场站服务	支付给承运方运费	无不得开专票规定

类别	可扣除项目	发票开具
旅游服务	向旅游服务购买方收取并支付给其他单位或者个人的住宿费、餐饮费、交通费、签证费、门票费和支付给其他接团旅游企业的旅游费用	扣除部分不得开专票
建筑服务适用简易计税方法的	支付的分包款	全额开专票
房地产开发企业中的一般纳税人销售其开发的房地产项目采用一般计税方法的	受让土地时向政府部门支付的土地价款	全额开专票
劳务派遣	代用工单位支付给劳务派遣员工的工资、福利和为其办理社会保险及住房公积金	差额开专票
提供物业管理服务的纳税人，向服务接受方收取的自来水水费	对外支付的自来水水费	全额开专票

【知识点拨1】 向消费者个人销售服务、无形资产或者不动产均不得开具增值税专用发票。

【知识点拨2】 试点纳税人按照上述规定从全部价款和价外费用中扣除的价款(不包括贷款服务、直接收费金融服务和金融商品转让)，应当取得符合法律、行政法规和国家税务总局规定的有效凭证。否则，不得扣除。

上述凭证是指：

①支付给境内单位或者个人的款项，以发票为合法有效凭证。

②支付给境外单位或者个人的款项，以该单位或者个人的签收单据为合法有效凭证，税务机关对签收单据有疑义的，可以要求其提供境外公证机构的确认证明。

③缴纳的税款，以完税凭证为合法有效凭证。

④扣除的政府性基金、行政事业性收费或者向政府支付的土地价款，以省级以上(含省级)财政部门监(印)制的财政票据为合法有效凭证。

⑤国家税务总局规定的其他凭证。

纳税人取得的上述凭证属于增值税扣税凭证的，其进项税额不得从销项税额中抵扣。

【知识点拨3】 差额计税的账务处理：

借：财务费用、主营业务成本等
　　应交税费——应交增值税(销项税额抵减)(一般纳税人一般计税)
　　应交税费——简易计税(一般纳税人简易计税)
　　应交税费——应交增值税(小规模纳税人)
　　贷：银行存款(或应付账款等)

【知识点拨4】 自2018年1月1日起，资管产品管理人运营资管产品提供的贷款服务以2018年1月1日起产生的利息及利息性质的收入为销售额计算缴纳增值税。

【例题15·单选题】 某劳务派遣公司为一般纳税人，选择差额缴纳增值税。2020年3月获得含增值税劳务派遣收入380万元，支付给派遣员工的工资、福利和为其办理社会保险及住房公积金350万元，支付给本单位员工工资、福利和为其办理社会保险及住房公积金18万元。该公司3月份应纳增值税( )万元。

A. 1.70　　　　　　B. 1.43
C. 0.87　　　　　　D. 0.57

解析 ▶ 应纳税额 = (380 - 350) ÷ (1 + 5%) × 5% = 1.43(万元)　　答案 ▶ B

【例题16·多选题】 下列关于销售额确

定的说法中，正确的有(　　)。

A. 金融商品转让，按照卖出价扣除买入价后的余额为销售额

B. 经纪代理服务，以取得的全部价款和价外费用，扣除向委托方收取并代为支付的政府性基金或者行政事业性收费后的余额为销售额

C. 经批准的纳税人，提供融资租赁服务，以取得的全部价款和价外费用，扣除支付的借款利息、发行债券利息、保险费、安装费和车辆购置税后的余额为销售额

D. 航空运输销售代理企业提供境外航段机票代理服务，以取得的全部价款和价外费用，扣除向客户收取并支付给其他单位或者个人的境外航段机票结算款和相关费用后的余额为销售额

E. 提供旅游服务，可以选择以取得的全部价款和价外费用，扣除向旅游服务购买方收取并支付给其他单位或者个人的住宿费、餐饮费、交通费、签证费、门票费和支付给其他接团旅游企业的旅游费用后的余额为销售额

解析 ▶ 选项 C，经人民银行、银保监会或者商务部批准从事融资租赁业务的试点纳税人，提供融资租赁服务，以取得的全部价款和价外费用，扣除支付的借款利息(包括外汇借款和人民币借款利息)、发行债券利息和车辆购置税后的余额为销售额。保险费、安装费不能作为扣除项目，发生上述支出，凭取得的增值税专用发票抵扣进项税额。

答案 ▶ ABDE

六、进项税额的审核 ★★★

扫我解疑难

关键之处在于区分哪些进项税额允许抵扣，哪些进项税额不得抵扣，以及如何进行账务处理。

(一)准予抵扣的进项税额

1. 准予抵扣进项税额的具体规定

(1)从销售方取得的增值税专用发票上注明的增值税额。

接受投资转入的货物，接受捐赠转入的货物，接受应税劳务时，其扣税凭证符合规定的，允许抵扣进项税额。

【例题 17 · 简答题】 2020 年 3 月，A 企业接受甲企业捐赠的注塑机一台，收到的增值税专用发票上注明设备价款 100000 元，配套模具价款 4000 元，增值税税额分别为 13000 元和 520 元。请问应如何进行账务处理？

答案 ▶

借：固定资产　　　　　　　　　100000
　　低值易耗品　　　　　　　　　4000
　　应交税费——应交增值税(进项税额)
　　　　　　　　　　　　　　　13520
贷：营业外收入　　　　　　　　117520

(2)从海关取得的海关进口增值税专用缴款书上注明的增值税额。

取得海关增值税专用缴款书后：

借：应交税费——待认证进项税额(辅导期纳税人通过"应交税费——待抵扣进项税额")
贷：银行存款(应付账款等)

稽核比对相符以及核查后允许抵扣的：

借：应交税费——应交增值税(进项税额)
贷：应交税费——待认证进项税额(辅导期纳税人通过"应交税费——待抵扣进项税额")

(3)从税务机关或者扣缴义务人取得的代扣代缴税款的完税凭证上注明的增值税额。

①适用情形：自境外单位或者个人购进劳务、服务、无形资产或者境内的不动产，所代扣代缴的增值税。

②按照现行增值税制度规定，境外单位或个人在境内发生应税行为，在境内未设有经营机构的，以购买方为增值税扣缴义务人。购买方在扣缴增值税时，应该**按照税率、而非征收率扣缴增值税**。

③不管一般纳税人还是小规模纳税人，

购进在境内未设经营机构的境外单位或个人在境内的应税行为，代扣代缴的增值税均通过"应交税费——代扣代交增值税"科目核算；购买方是一般纳税人的，允许抵扣的进项税额通过"应交税费——应交增值税（进项税额）"核算。

（4）农产品进项税额抵扣。

购进农产品的扣税凭证包括增值税专用发票、海关进口增值税专用缴款书、农产品收购发票或者销售发票。农产品进项税额抵扣分为核定扣除、计算扣除、凭票抵税三种类型。

①农产品进项税额的凭票抵扣和计算扣除（见表9-23）

表9-23 农产品进项税额的凭票抵扣和计算扣除（2019年4月1日起的最新政策）

抵扣类型	扣税凭证	用途	可以抵扣进项税额
凭票抵扣	海关进口增值税专用缴款书或一般纳税人开具的9%税率的增值税专用发票	生产、加工13%税率货物	扣税凭证上注明的增值税额+1%税额
		用于生产或提供9%、6%等税率货物、服务	扣税凭证上注明的增值税额
计算抵扣	农产品销售发票或收购发票或小规模纳税人处取得3%征收率的增值税专用发票	生产、加工13%税率货物	买价（或金额）×10%
		用于生产或提供9%、6%等税率货物、服务	买价（或金额）×9%
		购进烟叶可以抵扣的进项税额	买价包括价款和烟叶税 购进烟叶可抵扣进项税额＝收购价款×（1+10%）×（1+20%）×10%（或9%）
不得抵扣	从流通环节取得普票		不得抵扣进项税额

【知识点拨1】烟厂购进烟叶生产卷烟时：

购进烟叶可抵扣进项税额＝收购价款×（1+10%）×（1+20%）×扣除率

其中：10%是价外补贴；20%是烟叶税税率；购进烟叶用于生产卷烟的，扣除率为10%。

【知识点拨2】自2019年4月1日起，纳税人购进农产品，扣除率调整为9%。纳税人购进用于生产或者委托加工13%税率货物的农产品，按照10%的扣除率计算进项税额。

真题精练（客观题）

（2018年单选题，改）2020年4月20日某食品厂支付10300元，从某小规模纳税人收购一批农产品（用于生产13%税率的食品）并取得增值税专用发票，则该批农产品可抵扣的进项税额为（ ）元。

A. 360

B. 1000

C. 0

D. 1339

解析 ▶ 农产品进项税额的抵扣非常特殊，取得3%的专票，根据用途，也可以按照9%或10%抵扣进项税额。用于生产13%税率的食品可以按照10%抵扣进项税额，可以抵扣的进项税额＝10300÷（1+3%）×10%＝1000（元） **答案** ▶ B

②农产品核定扣除政策见表9-24。

自2012年7月1日起，以购进农产品为原料生产销售液体乳及乳制品、酒及酒精、植物油的增值税一般纳税人，对农产品进项税额实行核定扣除。其他纳税人仍旧采用凭票扣除和计算扣除。

表 9-24　农产品进项税额核定办法

范围	方法	注意事项
以购进农产品为原料生产货物	**投入产出法**：当期允许抵扣农产品增值税进项税额＝当期农产品耗用数量×农产品平均购买单价×**扣除率**/（1+扣除率）	a. 当期农产品耗用数量＝当期销售货物数量（不含采购除农产品以外的半成品生产的货物数量）×农产品单耗数量 b. 平均购买单价是指购买农产品期末平均买价，**不包括**买价之外单独支付的运费和入库前的整理费用。期末平均买价＝（期初库存农产品数量×期初平均买价+当期购进农产品数量×当期买价）/（期初库存农产品数量+当期购进农产品数量） c. 扣除率：**销售货物的适用税率**
	成本法：当期允许抵扣农产品增值税进项税额＝当期主营业务成本×**农产品耗用率**×扣除率/（1+扣除率）	a. 农产品耗用率由试点纳税人向主管税务机关申请核定； b. 扣除率：**销售货物的适用税率**
	参照法：新办的试点纳税人或者试点纳税人新增产品的，试点纳税人可参照所属行业或者生产结构相近的其他试点纳税人确定农产品单耗数量或者农产品耗用率。次年调整	
购进农产品**直接销售**的	当期允许抵扣农产品增值税进项税额＝当期销售农产品数量/（1-损耗率）×农产品平均购买单价×9%/（1+9%）	a. 损耗率＝损耗数量/购进数量； b. 扣除率按照农产品 9%的税率确定
购进农产品用于生产经营但不构成货物实体的	当期允许抵扣农产品增值税进项税额＝当期农产品耗用数量×农产品平均购买单价×**扣除率**/（1+扣除率）	

【知识点拨】如何抵扣农产品进项税额

（1）计算扣除时：

取得时先抵扣9%；

使用时按照用途确定是否"加计抵扣"1%；

（2）核定扣除时：

购进时全额计入采购成本，销售时按照核定的税额抵扣进项税额，减少相应的成本。

【例题 18·单选题】某白酒生产企业2019 年 8 月购进玉米一批用于生产白酒。当月销售 1000 吨白酒，主营业务成本为1800 万元，农产品耗用率为 80%，玉米平均购买单价为 5000 元/吨。按照成本法计算，当月允许抵扣的农产品进项税额为（　）万元。

A. 130.91　　　　B. 154.29

C. 165.66　　　　D. 165.66

解析 ▶ 当期允许抵扣农产品增值税进项税额＝当期主营业务成本×农产品耗用率×扣除率÷（1+扣除率），其中扣除率为销售货物的适用税率，本题中扣除率为白酒的适用税率 13%。

当月允许抵扣的农产品进项税额＝1800×80%×13%÷（1+13%）＝165.66（万元）。

答案 ▶ C

（5）不动产进项税额的抵扣。

①不动产≠固定资产，即两者的判断标准不同。

固定资产和流通资产是按照资产的价值和使用年限进行划分的。

不动产：不能移动或者移动后会引起性质、

形状改变的财产，包括建筑物、构筑物等。

a. 建筑物：包括住宅、商业营业用房、办公楼等可供居住、工作或者进行其他活动的建造物。

b. 构筑物：包括道路、桥梁、隧道、水坝等建造物。

②不动产进项税额抵扣分为两个阶段

a. 2016.5.1～2019.3.31：分期抵扣进项税额；

b. 2019.4.1之后：一次性抵扣进项税额。

【知识点拨】自2019年4月起，企业可以将以前按规定尚未抵扣完毕的待抵扣进项税额一次性进行账务处理：

借：应交税费——应交增值税（进项税额）

　　贷：应交税费——待抵扣进项税额

可在4月份所属期转入，也可在以后月份所属期转入，但需要一次性全部转入；

2019年4月1日以后一次性转入的待抵扣部分的不动产进项税额，可以按规定享受加计抵减和增量留抵退税。

③不动产在建工程发生非正常损失的，其所耗用的购进货物、设计服务和建筑服务已抵扣的进项税额应于当期全部转出，其待抵扣进项税额不得抵扣。

不得抵扣的进项税额 = 已抵扣进项税额 × 不动产净值率

不动产净值率 = 不动产净值 ÷ 不动产原值 × 100%

④按照规定不得抵扣进项税额的不动产，发生用途改变，用于允许抵扣进项税额项目的，在改变用途的次月计算可抵扣进项税额。

可抵扣进项税额 = 增值税扣税凭证注明或计算的进项税额 × 不动产净值率

（6）道路通行费进项税额的抵扣（见表9-25）。

表9-25　道路通行费进项税额的抵扣

情形		进项税额的处理
财政票据、通行费不征税发票		不得抵扣进项税额
高速公路通行费	通行费电子发票（征税发票）	通行费发票上注明的增值税额
一级公路、二级公路	通行费电子发票（征税发票）	通行费发票上注明的增值税额
桥、闸通行费	通行费发票	通行费发票上注明的金额 ÷ (1+5%) × 5%

（7）国内旅客运输费用进项税额的抵扣。

自2019年4月1日起，纳税人购进国内旅客运输服务，其进项税额允许从销项税额中抵扣。具体见表9-26。

表9-26　国内旅客运费进项税额抵扣的规定

情形		可抵的进项税额
支付的国际旅客运费		不得抵扣进项税额
支付的国内旅客运费	取得增值税专用发票	发票上注明的税额
	取得增值税电子普通发票	发票上注明的税额
	取得注明旅客身份信息的航空运输电子客票行程单	（票价+燃油附加费）÷ (1+9%) × 9%
	取得注明旅客身份信息的铁路车票	票面金额 ÷ (1+9%) × 9%
	取得注明旅客身份信息的公路、水路等其他客票	票面金额 ÷ (1+3%) × 3%

【知识点拨1】国内旅客运输服务进项税抵扣限于与本单位签订了劳动合同的员工，以及本单位作为用工单位接受的劳务派遣员工发生的国内旅客运输服务。

【知识点拨 2】除增值税专用发票、增值税电子普通发票外，其他旅客运输费用要想抵扣进项税额，必须在票面注明旅客身份信息，否则不得抵扣进项税额，例如纸质的出租车票、定额车票等，由于未注明旅客身份信息，因此不得抵扣进项税额。

【知识点拨 3】纳税人购进国内旅客运输服务，以取得的增值税电子普通发票上注明的税额为进项税额的，增值税电子普通发票上注明的购买方"名称""纳税人识别号"等信息，应当与实际抵扣税款的纳税人一致，否则不予抵扣。

【知识点拨 4】航空运输电子客票行程单抵扣进项税额时，只有"票价+燃油附加费"能够计算抵扣进项税额，机场建设费等不得计算抵扣进项税额。

【知识点拨 5】国内旅客运费抵扣进项税额时需要同时填写增值税纳税申报表附列资料(二)(本期进项税额明细)的第 1 栏"认证相符的增值税专用发票""8b"中的"其他"和第 10 栏的"本期用于抵扣的旅客运输服务扣税凭证"。其中第 1 栏和"8b"是用来抵扣进项税额的；第 10 栏是用于作信息统计之用的。

(8)保险服务进项税抵扣

①提供保险服务的纳税人以实物赔付方式承担机动车辆保险责任的，自行向车辆修理劳务提供方购进的车辆修理劳务，其进项税额可以按规定从保险公司销项税额中抵扣。

②提供保险服务的纳税人以现金赔付方式承担机动车辆保险责任的，将应付给被保险人的赔偿金直接支付给车辆修理劳务提供方，不属于保险公司购进车辆修理劳务，其进项税额不得从保险公司销项税额中抵扣。

③纳税人提供的其他财产保险服务，比照上述规定执行。

2. 准予抵扣进项税额的账务处理

按价税分别记账。

借：原材料(材料采购、固定资产等)
 应交税费——应交增值税(进项税额)
 应交税费——待抵扣进项税额*
 应交税费——待认证进项税额
 贷：银行存款[应付账款、应付票据、实收资本(接受投资)、营业外收入(接受捐赠)等]

不同的业务类型下，一般纳税人采购业务的账务处理见表 9-27。

表 9-27 增值税一般纳税人采购业务中的核算

业务类型	账务处理
材料虽然已经入库，但未取得扣税凭证的采购	月末按货物清单或相关合同协议上的价格暂估入账，不需要将增值税的进项税额暂估入账。下月初，用红字冲销原暂估入账金额，待取得扣税凭证后再进行相应账务处理。此时不需要通过"待认证进项税额"核算
取得扣税凭证，未认证或查询的采购	借：原材料、固定资产等 应交税费——待认证进项税额 贷：银行存款或应付账款
辅导期纳税人，取得扣税凭证，已认证或查询、尚未交叉稽核的采购	借：原材料、固定资产等 应交税费——待抵扣进项税额 贷：银行存款或应付账款
取得扣税凭证，已经认证或查询，一次性抵扣进项税额的采购	借：原材料、固定资产等 应交税费——应交增值税(进项税额) 贷：银行存款或应付账款

* 随着不动产进项税额一次性抵扣，该科目的使用减少。

228

（二）不得抵扣的进项税额

纳税人未按照规定取得并保存增值税扣税凭证的，进项税额不得抵扣。

【知识点拨】扣税凭证包括增值税专用发票、进口增值税专用缴款书、税收缴款完税凭证、农产品收购发票和销售发票、国内旅客运费发票等。

1. 不得抵扣进项税额的具体规定

（1）用于简易计税方法计税项目、免征增值税项目、集体福利或者个人消费（简称"简、免、福、消"）的购进货物、加工修理修配劳务、服务、无形资产和不动产。

【知识点拨1】纳税人的交际应酬消费属于个人消费。外购货物用于交际应酬，其进项税额不得抵扣。

【知识点拨2】涉及的固定资产、无形资产、不动产，仅指专用于上述项目的固定资产、无形资产（不包括其他权益性无形资产）、不动产。如果固定资产、无形资产、不动产既用于一般计税项目，又用于简易计税项目、免税项目、集体福利或个人消费，进项税额允许全额抵扣。具体处理见表9-28和9-29。

【知识点拨3】自2018年1月1日起，纳税人租入固定资产、不动产，既用于一般计税方法计税项目，又用于简易计税方法计税项目、免征增值税项目、集体福利或者个人消费的，其进项税额准予从销项税额中全额抵扣。

表9-28 准予抵扣、不得抵扣进项税额的划分

资产类别	用于一般计税项目	专用于简、免、福、消	既用于一般，又用于免简
购入或租入的固定资产、无形资产、不动产	可以抵扣税额	不得抵扣进项税额	全额抵扣进项税额
其他资产	可以抵扣税额	不得抵扣进项税额	按比例抵扣进项税额

表9-29 不得抵扣进项税额的计算

企业类型	不得抵扣的进项税额
一般企业	不得抵扣的进项税额=当期无法划分的全部进项税额×（当期简易计税方法计税项目销售额+免征增值税项目销售额）÷当期全部销售额
房地产开发企业	不得抵扣的进项税额=当期无法划分的全部进项税额×（简易计税、免税房地产项目建设规模÷房地产项目总建设规模）

真题精练（主观题）

（2017年简答题，改）某货运公司是增值税一般纳税人，主营业务为货物运输和仓储，其中仓储业务企业选择简易计税方法，2019年8月租入一幢房产作为公司行政办公楼，年租金为65.4万元。于当日支付一年的租金，取得增值税专用发票，金额60万元，税额5.4万元，为使该房产满足办公要求，采取自行采购材料，委托装修公司对该房产进行改建，改建所采购的材料于2019年9月结算，取得的增值税专用发票载明金额58.4万元，税额7.592万元；2019年10月支付装修公司建筑服务费，取得的增值税专票载明金额10万元，税额0.3万元。假定取得的增值税专用发票都按规定认证相符，公司货物运输业和仓储业务的销售额比例为8：2。

问题：

（1）2019年8月支付租金的进项税额应如何抵扣？金额为多少？

（2）2019年9月采购的用于改建材料的进项税额应如何抵扣？金额为多少？

（3）2019年10月支付建筑服务的进项税额应如何抵扣？金额为多少？

答案▶

（1）支付的租金取得增值税专用发票上注明的进项税额5.4万元可以全额抵扣。

(2)购进材料用于办公楼改建，取得的增值税专用发票可以抵扣进项税额。

改建购进材料可以抵扣的进项税额为7.592万元。

(3)取得建筑服务增值税专用发票，可以抵扣进项税额。

办公楼改建建筑服务可以抵扣的进项税额为0.3万元。

【思路点拨】根据财税〔2017〕90号文件的规定，自2018年1月1日起，纳税人租入固定资产、不动产，既用于一般计税方法计税项目，又用于简易计税方法计税项目、免征增值税项目、集体福利或者个人消费的，其进项税额准予从销项税额中全额抵扣。

(2)非正常损失的购进货物，以及相关的加工修理修配劳务和交通运输服务。

(3)非正常损失的在产品、产成品所耗用的购进货物(不包括固定资产)、加工修理修配劳务和交通运输服务。

(4)非正常损失的不动产，以及该不动产所耗用的购进货物、设计服务和建筑服务。

(5)非正常损失的不动产在建工程所耗用的购进货物、设计服务和建筑服务。

纳税人新建、改建、扩建、修缮、装饰不动产，均属于不动产在建工程。

【知识点拨1】非正常损失是指纳税人因管理不善造成货物被盗、丢失、霉烂变质等损失，以及被执法部门依法没收或者强令自行销毁的货物。

【知识点拨2】自然灾害造成的损失允许抵扣进项税额。

(6)购进的贷款服务、餐饮服务、居民日常服务和娱乐服务。

【知识点拨1】2019.4.1起，旅客运输服务可以抵扣进项税额。

【知识点拨2】纳税人接受贷款服务**向贷款方支付**的与该笔贷款**直接相关**的投融资顾问费、手续费、咨询费等费用，其进项税额不得从销项税额中抵扣。

【知识点拨3】住宿费的进项税额允许抵扣。

(7)财政部和国家税务总局规定的其他情形。

【知识点拨1】允许抵扣的进项税额、进项税额转出与视同销售行为的关系：纳税发生视同销售行为，计算销项税额，相应的进项税额允许抵扣；而将外购的货物用于集体福利或个人消费，无需视同销售，相应的进项税额不得抵扣。

【知识点拨2】纳税人已抵扣进项税额的固定资产用于不得从销项税额中抵扣进项税额项目的：

不得抵扣的进项税额＝固定资产净值×适用税率

【知识点拨3】已抵扣进项税额的不动产，发生非正常损失，或者改变用途，专用于简易计税方法计税项目、免征增值税项目、集体福利或者个人消费的，按照下列公式计算不得抵扣的进项税额：

不得抵扣的进项税额＝已抵扣进项税额×不动产净值率

不动产净值率＝(不动产净值÷不动产原值)×100%

2. 不得抵扣进项税额的账务处理

按价税合一记账。

借：原材料(材料采购、在途物资、周转材料等)

没有应交税费——应交增值税(进项税额)

贷：银行存款[应付账款、应付票据、实收资本(接受投资)、营业外收入(接受捐赠)]

【例题19·多选题】一般纳税人发生的下列经济业务，进项税额允许抵扣的有( )。

A. 用于交际应酬的外购礼品

B. 购买的办公用品

C. 购买制造车间中央空调系统的支出

D. 从小规模纳税人处购买的并取得增值税普通发票的低值易耗品

E. 利息支出

解析 ▶ 外购货物用于个人消费，进项税额不允许抵扣；取得普通发票进项税额不允许抵扣；贷款服务的利息支出不可以抵扣进项税额。 答案 ▶ BC

【例题 20·多选题】某企业财务主管前往税务师事务所咨询，下列业务的进项税额允许抵扣的有( )。

A. 用于生产免税产品的外购原材料

B. 改扩建生产车间所用的钢材

C. 因管理不善发生霉烂变质等损失的库存材料

D. 外购的应征消费税的摩托车

E. 纳税人接受贷款服务向贷款方支付的与该笔贷款直接相关的投融资顾问费

解析 ▶ 本题考核准予抵扣与不得抵扣进项税额的划分。 答案 ▶ BD

【例题 21·多选题】关于现行增值税一般纳税人进项税额抵扣的说法，正确的有( )。

A. 某公司进口货物，取得国外的运输发票计算的增值税进项税额准予抵扣

B. 某公司自制设备器具，财务上直接转入"固定资产"核算，用于增值税一般计税项目，自制固定资产的进项税额不做进项税额转出

C. 某汽车销售公司装修汽车销售展厅，所耗用的装饰材料均取得增值税专用发票，这些装饰材料进项税额准予抵扣

D. 某生产企业，办公室和车间共用一块电表，每月电费开具增值税专用发票结算，办公室用电的进项税额不准抵扣

E. 企业正常损耗的货物的进项税额需要做转出处理

解析 ▶ 选项 A，国外运费不得抵扣进项税额；选项 D，办公室和车间共用一块电表，每月电费开具增值税专用发票结算，进项税额允许全额抵扣；选项 E，正常损耗的货物不属于非正常损失，无需做进项税额转出处理。 答案 ▶ BC

真题精练(客观题)

(2017 年多选题，改)自 2019 年 4 月 1 日起，增值税一般纳税人，购进的下列服务中进项税额不能从销项税额中抵扣的有( )。

A. 娱乐服务

B. 餐饮服务

C. 住宿服务

D. 贷款服务

E. 货物运输服务

解析 ▶ 自 2019 年 4 月 1 日起，购进的贷款服务、餐饮服务、居民日常服务和娱乐服务的进项税额不得从销项税额中抵扣。

答案 ▶ ABD

(三)进项税额的抵扣时间——认证(查询)期、稽核比对期的规定

自 2020 年 3 月 1 日起，取消增值税扣税凭证认证确认期限。具体规定见表 9-30。

表 9-30 取消增值税扣税凭证认证确认期限的具体规定

票据情况	认证规定
增值税一般纳税人取得 2017 年 1 月 1 日及以后开具的增值税专用发票、海关进口增值税专用缴款书、机动车销售统一发票、收费公路通行费增值税电子普通发票	取消认证确认、稽核比对、申报抵扣的期限
增值税一般纳税人取得 2016 年 12 月 31 日及以前开具的增值税专用发票、海关进口增值税专用缴款书、机动车销售统一发票	执行原有认证期限规定。超过认证确认、稽核比对、申报抵扣期限，但符合规定条件的，仍可按规定，继续抵扣进项税额

(四)进项税额转出

1. 应转出进项税额的计算(见表 9-31)

表 9-31　应转出进项税额的计算

情形	应转出的进项税额
取得增值税专用发票、海关增值税专用缴款书的外购货物发生非正常损失	损失货物的账面价值×适用税率
取得农产品收购发票、销售发票、小规模纳税人 3% 增值税专用发票的外购货物发生非正常损失	损失货物的账面价值÷(1-9%)×9% 【知识点拨】用于生产 13% 货物的适用 10%
在产品、产成品的非正常损失	账面价值×(在产品、产成品所耗外购货物或劳务成本÷在产品、产成品总成本)×适用税率

【知识点拨】在计算应转出的进项税额时，应该以购进时抵扣进项税额的税率或扣除率为准计算，而非以发生非正常损失时的税率或扣除率为准。

【例题 22·单选题】某饼干加工厂为增值税一般纳税人，2020 年 5 月因发生自然灾害损失库存的一批包装物，成本 20000 元，已抵扣进项税额。外购的一批免税农产品因管理不善发生霉烂，账面成本 43000 元(其中运费成本为 2000 元，取得一般纳税人开具的运费增值税专用发票)，2020 年 4 月购进时已抵扣进项税额。该加工厂当期应转出进项税额(　　)元。

A. 4234.95　　　B. 4755.56

C. 8822.60　　　D. 9618.39

解析 ▶▶ 购进时先按 9% 抵扣，使用时再决定是否加计抵扣，因此应转出进项税额 = (43000-2000)÷(1-9%)×9%+2000×9% = 4234.95(元)。　　　答案 ▶▶ A

2. 进项税额转出的账务处理

借：应付职工薪酬——非货币性福利、待处理财产损溢、应交税费——待抵扣进项税额等

　　贷：原材料(库存商品)
　　　　应交税费——应交增值税(进项税额转出)

【例题 23·简答题】2020 年 1 月，甲服装生产企业原从纺织厂手中购进的布匹因管理人员粗心发生损失，损失布匹的账面成本为 80000 元。布匹的购进时间为 2019 年 2 月。计算应转出的进项税额并编写相关会计处理分录。

答案 ▶

布匹购入时间为 2019 年 2 月，抵扣进项税额的时间为 2019 年 2 月，发生损失的时间为 2020 年 1 月，在计算应转出的进项税额时应以抵扣进项税额时的税率或扣除率为准，而非以发生非正常损失的时间为准。纳税人购进布匹时布匹适用的税率为 16%。

非正常损失应转出的进项税额 = 80000×16% = 12800(元)

借：待处理财产损溢——待处理流动资产损溢　　　　　　　　　92800

　　贷：原材料　　　　　　　　　80000
　　　　应交税费——应交增值税(进项税额转出)　　　　　　　12800

(五)进项税额的扣减——红字借记"进项税额"

(1)因进货退出或折让而收回的增值税额，应从发生进货退出或折让当期的进项税额中扣减。

审核时，注意是否在取得红字增值税专用发票的当期从进项税额中扣减。

(2)对商业企业向供货方收取的与商品销售量、销售额挂钩的各种返还收入，应按平销返利行为的有关规定冲减当期增值税进项税额。

当期应冲减的进项税额 = 当期取得的返还资金÷(1+所购货物的适用税率)×所购货物的适用税率

七、加计抵减应纳税额

扫我解疑难

自 2019 年 4 月 1 日至 2021 年 12 月 31 日，允许生产、生活性服务业纳税人按照当期可抵扣进项税额加计**10%**，抵减应纳税额；自 2019 年 10 月 1 日至 2021 年 12 月 31 日，允许**生活性服务业**纳税人按照当期可抵扣进项税额加计**15%**，抵减应纳税额。

（一）加计抵减政策的适用范围

1. 允许加计抵减的行业——四项服务

四项服务指的是邮政服务、电信服务、现代服务、生活服务取得的销售额占全部销售额的比重超过 50% 的纳税人。

（1）2019 年 3 月 31 日前设立的纳税人，自 2018 年 4 月至 2019 年 3 月期间的销售额（经营期不满 12 个月的，按照实际经营期的销售额）符合上述规定条件的，自 2019 年 4 月 1 日起适用加计抵减政策。

（2）2019 年 4 月 1 日后设立的纳税人，自设立之日起 3 个月的销售额符合上述规定条件的，自登记为一般纳税人之日起适用加计抵减政策。

（3）纳税人确定适用加计抵减政策后，当年内不再调整，以后年度是否适用，根据上年度销售额计算确定。

（4）纳税人可计提但未计提的加计抵减额，可在确定适用加计抵减政策当期一并计提。

自 2019 年 10 月 1 日至 2021 年 12 月 31 日，允许生活性服务业纳税人按照当期可抵扣进项税额加计 15%，抵减应纳税额。生活性服务业纳税人，是指提供生活服务取得的销售额占全部销售额的比重超过 50% 的纳税人。2019 年 9 月 30 日前设立的纳税人，自 2018 年 10 月至 2019 年 9 月期间的销售额（经营期不满 12 个月的，按照实际经营期的销售额）符合上述规定条件的，自 2019 年 10 月 1 日起适用加计抵减 15% 政策；2019 年 10 月

1 日后设立的纳税人，自设立之日起 3 个月的销售额符合上述规定条件的，自登记为一般纳税人之日起适用加计抵减 15% 政策。纳税人确定适用加计抵减 15% 政策后，当年内不再调整，以后年度是否适用，根据上年度销售额计算确定。

2. 纳税人出口货物劳务、发生跨境应税行为不适用加计抵减政策，其对应的进项税额不得计提加计抵减额。

纳税人兼营出口货物劳务、发生跨境应税行为且无法划分不得计提加计抵减额的进项税额，按照以下公式计算：

不得计提加计抵减额的进项税额＝当期无法划分的全部进项税额×当期出口货物劳务和发生跨境应税行为的销售额÷当期全部销售额

真题精练（客观题）

（2019 年单选题）自 2019 年 4 月 1 日至 2021 年 12 月 31 日，对一般纳税人提供下列服务取得的销售额占全部销售额比重超过 50% 的，不适用增值税加计抵减政策的是（　　）。

A. 邮政服务　　　　B. 电信服务

C. 建筑服务　　　　D. 家政服务

解析 ▶ 提供邮政服务、电信服务、现代服务、生活服务取得的销售额占全部销售额的比重超过 50% 的纳税人适用增值税加计抵减政策。　　**答案** ▶ C

（二）办理程序

应在年度首次确认适用加计抵减政策时，通过电子税务局（或前往办税服务厅）提交《适用加计抵减政策的声明》。适用加计抵减政策的纳税人，同时兼营邮政服务、电信服务、现代服务、生活服务的，应按照四项服务中收入占比最高的业务在《适用加计抵减政策的声明》中勾选确定所属行业；

已经提交《适用加计抵减政策的声明》并享受加计抵减政策的纳税人，在 2020 年、2021 年，是否继续适用，应分别根据其 2019 年、2020 年销售额确定，如果符合规

定，需再次提交《适用加计抵减政策的声明》。

（三）当期可抵减加计抵减额的计算

（1）纳税人应按照当期可抵扣进项税额的10%（生活服务业15%）计提当期加计抵减额；

（2）按照现行规定不得从销项税额中抵扣的进项税额，不得计提加计抵减额；

（3）已计提加计抵减额的进项税额，按规定作进项税额转出的，应在进项税额转出当期，相应调减加计抵减额。计算公式如下：

当期计提加计抵减额＝当期可抵扣进项税额×10%（或15%）

（4）当期可抵减加计抵减额＝上期末加计抵减额余额+当期计提加计抵减额−当期调减加计抵减额

【知识点拨】只有已计提加计抵减额的进项税额按规定作进项税额转出的，才需要调减加计抵减额；如果转出的进项税额未计提过加计抵减额，发生转出时无需调减加计抵减额。

（四）实际抵减额的确定——抵减前的应纳税额 VS 可抵减加计抵减额，较小者

实际抵减额的确定见表9-32。

表9-32　实际抵减额的确定

情形	实际抵减额
抵减前的应纳税额＝0	实际抵减额＝0；当期可抵减加计抵减额全部结转下期抵减
抵减前的应纳税额>0，且>当期可抵减加计抵减额	实际抵减额＝当期可抵减加计抵减额
抵减前的应纳税额>0，且≤当期可抵减加计抵减额	以当期可抵减加计抵减额抵减应纳税额至零。未抵减完的当期可抵减加计抵减额，结转下期继续抵减。

（五）适用加计抵减政策后的应纳税额计算（见表9-33）

表9-33　加计抵减政策对应纳税额计算的影响

情形	应纳增值税额
不适用加计抵减政策纳税人	当期销项税额−当期进项税额
适用加计抵减政策纳税人	当期销项税额−当期进项税额−当期实际加计抵减额

骗取适用加计抵减政策或虚增加计抵减额的，按照《中华人民共和国税收征收管理法》等有关规定处理。

（六）适用加计抵减政策时纳税申报表的填写

纳税人适用加计抵减政策时，应填写增值税纳税申报表附列资料（四）（税额抵减情况表）的"二、加计抵减情况"，之后将"本期可抵减额"与主表的"抵减前的应纳税额"（即"第11栏−第18栏"）比较，按照较小一方进行抵减。

（七）加计抵减的账务处理*

生产、生活性服务业纳税人取得资产或接受劳务时，应当按照《增值税会计处理规定》的相关规定对增值税相关业务进行会计处理；实际缴纳增值税时，按应纳税额借记"应交税费——未交增值税"等科目，按实际纳税金额贷记"银行存款"科目，按加计抵减的金额贷记"其他收益"科目。

【例题24·简答题】A 税务师事务所主要从事税务咨询、鉴证等工作，无其他业务。2020年1月税务咨询、鉴证实现不含税销售额为300万元，当月购买货物取得增值税专用发票，不含税价为40万元，此外购进的办公用品等因管理不善丢失，账面价值20万元，其中15万元的办公用品为2019年2月购入，其余5万元为本月购入。请回答下列问题：

---

* 此项为第7章内容，为了便于理解，特调整至本章。

（1）该事务所是否可以享受加计抵减政策？如果要享受加计抵减政策需要办理什么手续？

（2）该事务所实际应该缴纳多少增值税？

（3）应如何进行账务处理？

答案▶

（1）A税务师事务所提供的税务咨询、鉴证服务属于现代服务，可以享受加计抵减政策。A税务师事务所提供的税务咨询、鉴证服务属于现代服务，其销售额比例占总销售额的比例为100%，超过50%，符合加计抵减条件。

即使A税务师事务所已经提交《适用加计抵减政策的声明》并享受加计抵减政策的纳税人，在2020年，是否继续适用，应根据其2019年销售额确定，如果符合规定，需再次提交《适用加计抵减政策的声明》。

（2）当期可抵减加计抵减额＝上期末加计抵减额余额＋当期计提加计抵减额－当期调减加计抵减额

$$= 0 + 400000 \times 13\% \times 10\% - 50000 \times 13\% \times 10\%$$

$$= 5200 - 650$$

$$= 4550（元）$$

【思路点拨】 损失的15万元办公用品为2019年2月购入，当时未加计抵减，因此无需计提加计抵减额。

加计抵减前的应纳税额＝300×6%－（40×13%－15×16%－5×13%）＝15.85（万元）

当期可抵减加计抵减额4550元小于加计抵减前的应纳税额15.85万元，因此按照4550元加计抵减。

应纳税额＝158500－4550＝153950（元）

（3）账务处理。

月末：

借：应交税费——应交增值税（转出未交增值税）　158500

　　贷：应交税费——未交增值税　158500

实际缴纳时：

借：应交税费——未交增值税

　　　　　　　158500

　　贷：银行存款　153950

　　　　其他收益　4550

（八）政策执行到期后的处理

加计抵减政策执行到期后，纳税人不再计提加计抵减额，结余的加计抵减额停止抵减。

八、预缴税款的规定及账务处理 ★★★

扫我解疑难

（一）需要预缴增值税的四种情形（见表9-34）

表9-34　需要预缴增值税的四种情形

情形	具体规定
提供建筑服务	跨地级市提供建筑服务或提供建筑服务收到预收款时预缴增值税
不动产经营租赁服务	不动产所在地与机构所在地不在同一县（市、区）的，向不动产所在地主管税务机关预缴增值税
销售不动产	纳税人转让其取得的不动产，向不动产所在地主管税务机关预缴增值税
房地产开发企业销售开发产品	收到预收款时预缴增值税

【知识点拨】 自2017年7月1日起，纳税人提供建筑服务取得预收款，应在收到预收款时，以取得的预收款扣除支付的分包款后的余额，按照规定的预征率预缴增值税。纳税人跨地级市提供建筑服务的，收到预收款时在建筑服务发生地预缴增值税；在本地级市范围内提供建筑服务的，收到预收款时在机构所在地预缴增值税。适用一般计税方法计税的项目预征率为2%，适用简易计税方法计税的项目预征率为3%。

（二）《增值税预缴税款表》填写注意事项

（1）在税务机关预缴增值税时填写。

（2）"销售额"和"扣除金额"都按照含税金额填写。

（三）预缴税款的账务处理（见表9-35）

表 9-35　预缴税款的账务处理

类型	账务处理
一般纳税人 一般计税方法	借：应交税费——预交增值税 贷：银行存款
一般纳税人 简易计税方法	借：应交税费——简易计税 贷：银行存款
小规模纳税人	借：应交税费——应交增值税 贷：银行存款

【知识点拨】 在"预交增值税"的结转中，注意房地产企业的特殊性。一般情况下，月末企业应将"预交增值税"明细科目余额转入"未交增值税"明细科目，借记"应交税费——未交增值税"科目，贷记"应交税费——预交增值税"科目。房地产开发企业等在预缴增值税后，应直至纳税义务发生时方可从"应交税费——预交增值税"科目结转至"应交税费——未交增值税"科目。

（四）预缴税款的抵减

（1）房地产开发企业预收款方式销售自行开发的房地产项目，应在收到预收款时按照规定预缴增值税，纳税人预缴的增值税，按规定在房地产开发项目**纳税义务发生时**计算的应纳增值税额中抵减。

（2）除房地产开发企业外，其他纳税人预缴的增值税，在机构所在纳税申报时，按规定抵减应纳增值税额。

九、应纳税额的审核、增值税纳税申报表的填写及留抵退税★★★

扫我解疑难

（一）应纳税额的审核

1. 应纳税额的核算（见表9-36）

表 9-36　应纳税额的核算

情形	账务处理
月份终了，对于当月发生的应缴未缴增值税额	借：应交税费——应交增值税（转出未交增值税） 贷：应交税费——未交增值税

续表

情形	账务处理
对于当月多缴的增值税额（真金白银多缴）	借：应交税费——未交增值税 贷：应交税费——应交增值税（转出多交增值税）
因当期销项税额小于当期进项税额不足抵扣时	其不足部分可以结转下期继续抵扣。月末无需进行账务处理

2. 增值税税控系统专用设备和技术维护费用抵减增值税额的财税处理

（1）企业初次购买增值税税控系统专用设备支付的费用及每年缴纳的技术维护费允许在增值税应纳税额中全额抵减。

（2）申报表填写：主表第23栏"应纳税额减征额"。

（3）账务处理。

① 购入时：

借：管理费用

　　贷：银行存款（应付账款）

② 按规定抵减的增值税应纳税额

借：应交税费——应交增值税（减免税款）（一般纳税人）

　　或应交税费——应交增值税（小规模纳税人）

　　贷：管理费用

真题精练（客观题）

（2016年单选题）税务师受托对某公司增值税纳税情况进行审批，发现该公司下列税务处理错误的是（　　）。

A. 将交付他人代销的货物销售额并入应税销售额

B. 销售时已开具增值税普通发票的货物发生退货，向购买方开具红字增值税普通发票，冲减了应税销售额

C. 进项税额抵扣中，抵扣了为生产免税项目购进货物发生运费对应的增值税

D. 企业凭技术维护服务单位开具的技术维护费发票，将缴纳的防伪税控技术维护费在增值税应纳税额中全额抵减

解析 ▶ 选项A，交付他人代销货物，属于

视同销售行为，所以代销货物的销售额应并入应税销售额；选项 B，纳税人发生销货退回时，按规定开具了红字发票后，冲减销售额，同时冲减销项税额；选项 C，购进货物、交通运输服务用于免税项目，进项税额不得抵扣；选项 D，增值税纳税人购买增值税税控系统专用设备(包括分开票机)支付的费用以及缴纳的技术维护费，可在增值税应纳税额中全额抵减。

答案 ▶ C

(二)一般纳税人纳税申报表的填写

增值税纳税期限分别为 1、3、5、10、15、1 个月或者 1 个季度。其中以 1 个季度为纳税期限的规定适用于小规模纳税人、银行、财务公司、信托投资公司、信用社，以及财政部和国家税务总局规定的其他纳税人；不能按固定期限纳税的，可以按次纳税。

增值税纳税申报表主表的整体架构见表 9-37。

表 9-37 增值税纳税申报表主表的整体架构

栏次	项目名称	对应的附表项目	填写说明
销售额：第 1~10 栏	按适用税率计税销售额	对应附表一第一部分：一般计税方法计税	(1)有差额计税项目的，销售额应填写扣除之前的不含税销售额；(2)"销售额"栏数据，包括视同销售货物和价外费用销售额；(3)享受增值税即征即退政策的货物、劳务和服务、不动产、无形资产，经纳税检查属于偷税的，不填入"即征即退项目"列，而应填入"一般项目"列；(4)第 7 栏"免、抵、退法出口销售额"：填写纳税人本期适用免、抵、退办法的出口货物、劳务和服务、无形资产的销售额；(8)第 8 栏"免征销售额"：不包括适用免、抵、退税办法的销售额
	按简易办法计税销售额	对应附表一第二部分：简易计税方法计税	
	免、抵、退办法出口销售额	对应附表一第三部分：免抵退税 免抵退税申报表	
	免税销售额	对应附表一第四部分：免税	
税款计算：第 11~24 栏	按适用税率计算的应纳税额 第 11~20 栏	第 11 栏"销项税额"：有差额计税项目的，应填写扣除之后的销项税额	
	简易征收办法计算的应纳税额 第 21~22 栏	第 21 栏"简易计税办法计算的应纳税额"：不包括按简易计税方法计算的纳税检查应补缴税额。营业税改征增值税的纳税人，服务、不动产和无形资产按规定汇总计算缴纳增值税的分支机构，应将预征增值税额填入本栏。预征增值税额=应预征增值税的销售额×预征率	
	应纳税额减征额 第 23 栏	填写纳税人本期按照税法规定减征的增值税应纳税额。例如，初次购买税控专用设备和每年缴纳的技术维护费全额抵减的增值税；销售使用过的固定资产适用 3%的征税率减按 2%征收，减征的 1%增值税等，填入本栏	
税款缴纳：第 25~38 栏	—	第 27 栏"本期已缴税额"不包括本期入库查补税额(反映在第 37 栏)	

(三)留抵退税

1. 留抵退税的基本规定

(1)自 2019 年 4 月 1 日起，试行增值税期末留抵税额退税制度。

①同时符合以下条件的纳税人，可以向主管税务机关申请退还增量留抵税额：

a. 自 2019 年 4 月税款所属期起，连续六个月（按季纳税的，连续两个季度）增量留抵税额均大于零，且第六个月增量留抵税额不低于 50 万元；

b. 纳税信用等级为 A 级或者 B 级；

c. 申请退税前 36 个月未发生骗取留抵退税、出口退税或虚开增值税专用发票情形的；

d. 申请退税前 36 个月未因偷税被税务机关处罚两次及以上的；

e. 自 2019 年 4 月 1 日起未享受即征即退、先征后返（退）政策的。

②增量留抵税额，是指与 2019 年 3 月底相比新增加的期末留抵税额。

③纳税人当期允许退还的增量留抵税额 ＝增量留抵税额×进项构成比例×60%

进项构成比例，为 2019 年 4 月至申请退税前一税款所属期内已抵扣的增值税专用发票（含税控机动车销售统一发票）、海关进口增值税专用缴款书、解缴税款完税凭证注明的增值税额占同期全部已抵扣进项税额的比重。

（2）部分先进制造业纳税人增量留抵退税。

①自 2019 年 6 月 1 日起，同时符合以下条件的部分先进制造业纳税人，可以自 2019 年 7 月及以后纳税申报期向主管税务机关申请退还增量留抵税额：

a. 增量留抵税额大于零；

b. 纳税信用等级为 A 级或者 B 级；

c. 申请退税前 36 个月未发生骗取留抵退税、出口退税或虚开增值税专用发票情形；

d. 申请退税前 36 个月未因偷税被税务机关处罚两次及以上；

e. 自 2019 年 4 月 1 日起未享受即征即退、先征后返（退）政策。

②部分先进制造业纳税人，是指按照《国民经济行业分类》，生产并销售非金属矿物制品、通用设备、专用设备及计算机、通信和其他电子设备销售额占全部销售额的比重超过 50% 的纳税人。

2. 留抵退税的账务处理*

取得退还的留抵税额时，借记"银行存款"科目，贷记"应交税费—应交增值税（进项税额转出）"科目。

3. 留抵退税对城建、教育费附加、地方教育附加计税（征）依据的影响**

对实行增值税期末留抵退税的纳税人，允许其从城市维护建设税、教育费附加和地方教育附加的计税（征）依据中扣除退还的增值税税额。

十、建筑服务纳税申报和纳税审核 ★★★

扫我解疑难

（一）一般纳税人可以选择简易计税的情形（见表 9-38）

表 9-38　建筑业一般纳税人可以选择简易计税的情形

情形	含义
老项目	《建筑工程施工许可证》或建筑工程承包合同注明的合同开工日期在 2016.4.30 之前
甲供工程	全部或部分设备、材料、动力由工程发包方自行采购的建筑工程
清包工	施工方不采购建筑工程所需的材料或只采购辅助材料，并收取人工费、管理费或者其他费用的建筑服务

【知识点拨 1】自 2017 年 7 月 1 日起，建筑工程总承包单位为房屋建筑的地基与基础、主体结构提供工程服务，建设单位自行采购全部或部分钢材、混凝土、砌体材料、预制构件的，适用简易计税方法计税。即此时只能适用简易计税方法计税，而不能选择一般

---

* 此项为第 7 章内容，为了便于理解，特调整至本章。

** 此项为第 7 章内容，为了便于理解，特调整至本章。

计税方法。

【知识点拨 2】出租建筑施工设备的税务处理。

(1)纳税人将建筑施工设备出租给他人使用并配备操作人员的,按照"建筑服务"缴纳增值税,税率9%;

(2)只出租设备,不配备操作人员的,按照"有形动产租赁服务"缴纳增值税,税率13%。

【知识点拨 3】提供建筑服务的一般纳税人按规定适用或选择适用简易计税方法计税的,不再实行备案制。证明材料无需向税务机关报送,改为自行留存备查。

(二)计税方法(见表9-39)

表 9-39　建筑业纳税人的计税方法

项目	一般计税方法	简易计税方法
计税销售额	全额计税	差额计税:(全部价款和价外费用-支付的分包款) 注意:只允许减分包款
税率或征收率	9%	3%
收到预收款时预缴	不含税差额×2%	不含税差额×3%
进项税额	可抵进项税额	不得抵扣项税额

【知识点拨 1】纳税人提供建筑服务,按照规定允许从其取得的全部价款和价外费用中扣除的分包款,是指支付给分包方的全部价款和价外费用。

【知识点拨 2】建筑服务简易计税时差额计税的账务处理:

(1)一般纳税人采用简易计税方法,应通过"应交税费——简易计税"核算;

(2)小规模纳税人采用简易计税方法,应通过"应交税费——应交增值税"核算。

(三)预缴税款的财税处理(见表9-40)

表 9-40　建筑业预缴税款的财税处理

要点			具体内容
预缴地点	跨地级市提供建筑服务		建筑服务发生地
	本地级市范围内提供建筑服务		机构所在地
预缴金额	一般计税		差额÷1.09×2%
	简易计税		差额÷1.03×3%
账务处理	一般纳税人	一般计税	借:应交税费——预交增值税 　　贷:银行存款
		简易计税	借:应交税费——简易计税 　　贷:银行存款
	小规模纳税人		借:应交税费——应交增值税 　　贷:银行存款

【知识点拨】《增值税预缴税款表》填写注意事项。

(1)纳税人(不含其他个人)跨地级市提供建筑服务、收到预收款需要填写《增值税预缴税款表》;

(2)"销售额"和"扣除金额"都按照含税金额填写。

(四)不同阶段的财税处理

1.收到预收款时的财税处理

(1)会计上、企业所得税上不确认收入;

（2）未发生增值税纳税义务，但是需要预缴增值税；

（3）开具 612 编码的发票：建筑服务预收款；

（4）账务处理（见表 9-41）。

表 9-41 建筑服务收到预收款时的账务处理

	收到预收款	预缴时
一般纳税人一般计税	借：银行存款 贷：预收账款	借：应交税费——预交增值税 贷：银行存款
一般纳税人简易计税	借：银行存款 贷：预收账款	借：应交税费——简易计税 贷：银行存款
小规模纳税人	借：银行存款 贷：预收账款	借：应交税费——应交增值税 贷：银行存款

2. 施工过程中的财税处理

（1）采购材料等。

借：库存材料、周转材料（工程施工、合同履约成本）等
应交税费——应交增值税（进项税额）（一般计税方法下）

贷：银行存款、应付账款等

（2）支付分包工程款、机械设备租赁款的账务处理（见表 9-42）。

表 9-42 支付分包工程款、机械设备租赁款的账务处理

情形	账务处理
一般纳税人一般计税	借：工程施工（合同履约成本）等 应交税费——应交增值税（进项税额） 贷：银行存款、应付账款等
一般纳税人简易计税	借：工程施工（合同履约成本）等 应交税费——简易计税（只针对分包，不包括其他部分） 贷：银行存款、应付账款等
小规模纳税人	借：工程施工（合同履约成本）等 应交税费——应交增值税（只针对分包，不包括其他部分） 贷：银行存款、应付账款等

（3）月末上报计量，业主给予批复（假设已到合同约定付款时间）的账务处理（见表 9-43）。

表 9-43 建筑服务月末上报计量、业主给予批复的账务处理

情形	账务处理
一般纳税人一般计税	借：应收账款、预收账款 贷：工程结算（合同结算、主营业务收入） 应交税费——应交增值税（销项税额）
一般纳税人简易计税	借：应收账款、预收账款 贷：工程结算（合同结算、主营业务收入） 应交税费——简易计税
小规模纳税人	借：应收账款、预收账款 贷：工程结算（合同结算、主营业务收入） 应交税费——应交增值税

3. 工程完工，预留一定比例质保金、保证金

（1）纳税人提供建筑服务，被工程发包方从应支付的工程款中扣押的质押金、保证金，未开具发票的，以纳税人实际收到质押金、保证金的当天为纳税义务发生时间——即质押金、保证金，如果既未开发票，又未收款，增值税纳税义务未发生，但是会计上、企业所得税上需要根据完成的工作量确定收入。

（2）账务处理。

一般纳税人采用一般计税方法时，被工程发包方从应支付的工程款中扣押的质押金、保证金(未开票、未收款)的账务处理为：

借：应收账款
　　贷：工程结算（合同结算、主营业务收入）
　　　　应交税费——待转销项税额

收到质押金、保证金时：

借：银行存款
　　贷：应收账款
借：应交税费——待转销项税额
　　贷：应交税费——应交增值税（销项税额）

（五）发票开具

（1）增值税：总机构和分支机构不在同一县(市)的，应当分别向各自所在地的主管税务机关申报纳税；经批准，可以汇总纳税。

总公司、分公司：均为增值税纳税人。

项目部：不是增值税纳税人，但跨地级市提供建筑服务，需要在项目所在地预缴增值税，发票应该由总公司或者分公司开具。

（2）企业在预收工程款时，应该开具"6.未发生销售行为的不征税项目"发票中的"建筑服务预收款"。

（3）建筑企业与发包方签订建筑合同后，以**内部授权或者三方协议**等方式，授权**集团内**其他纳税人(以下称"第三方")为发包方提供建筑服务，并由**第三方直接与发包方结算工程款**的，由第三方缴纳增值税并向发包方开具增值税发票，与发包方签订建筑合同的建筑企业不缴纳增值税。发包方可凭实际提供建筑服务的纳税人开具的增值税专用发票抵扣进项税额。

十一、房地产开发企业纳税申报和纳税审核★★★

扫我解疑难

（一）一般纳税人可以选择简易计税的情形

（1）一般纳税人销售自行开发的房地产老项目，可以选择适用简易计税方法按照5%的征收率计税。

房地产老项目：《建筑工程施工许可证》或建筑工程承包合同注明的开工日期在2016年4月30日前的建筑工程项目。

（2）房地产开发企业中的一般纳税人以围填海方式取得土地并开发的房地产项目，围填海工程《建筑工程施工许可证》或建筑工程承包合同注明的围填海开工日期在2016年4月30日前的，属于房地产老项目，可以选择适用简易计税方法按照5%的征收率计算缴纳增值税。

（二）计税方法（见表9-44）

表9-44　房地产开发企业的增值税计税方法

项目	一般计税方法	简易计税方法
计税销售额	差额计税：全部价款和价外费用-支付给政府部门的土地价款	全额计税
税率或征收率	9%	5%
进项税额	可以抵扣进项税额	不得抵扣进项税额

【知识点拨】

（1）允许扣除支付给政府部门的土地价款的政策仅限于房地产开发企业适用；

（2）仅限于一般计税项目；

（3）不是在支付土地价款时差额计税，而是在销售开发产品时才可以差额。

当期允许扣除的土地价款＝（当期销售房地产项目建筑面积÷房地产项目可供销售建筑面积）×支付的土地价款

当期销售房地产项目建筑面积：当期进行纳税申报的增值税销售额对应的建筑面积——不包括预售面积。

（4）差额部分：支付给政府部门的土地价款。

①包括土地受让人向政府部门支付的征地和拆迁补偿费用、土地前期开发费用和土地出让收益等——应当取得省级以上（含省级）财政部门监（印）制的财政票据；

②在取得土地时向其他单位或个人支付的拆迁补偿费用也允许在计算销售额时扣除。扣除拆迁补偿费用时，应提供拆迁协议、拆迁双方支付和取得拆迁补偿费用凭证等能够证明拆迁补偿费用真实性的材料；

③取得土地使用权支付的契税等不得差额。

【例题25·多选题】下列关于房地产开发企业在销售其开发产品时，差额缴纳增值税的表述正确的有（　　）。

A. 如果采用简易计税方式，可以差额纳税

B. 支付给政府部门的土地价款，允许在计算销售额时扣除

C. 在取得土地时向其他单位或个人支付的拆迁补偿费用允许在计算销售额时扣除

D. 房地产开发企业应该在销售开发产品时差额计税

E. 房地产开发企业应该在支付土地价款时差额计税

解析 ▶ 本题考核房地产开发企业差额纳税的有关规定。　　**答案** ▶ BCD

真题精练（客观题）

（2017年多选题）房地产开发企业中的增值税一般纳税人，销售其开发的房地产项目（选择简易计税的老项目除外），其销售额应以取得的全部价款和价外费用，扣除受让土地时支付的（　　）。

A. 向政府部门支付的征地费用

B. 向政府部门支付的拆迁补偿费用

C. 向建筑企业支付的土地前期开发费用

D. 向其他单位或个人支付的土地出让收益

E. 向其他单位或个人支付的拆迁补偿费用

解析 ▶ 本题考核房地产开发企业差额计税的规定。　　**答案** ▶ ABE

（三）预缴税款的财税处理

1. 预缴税款的计算

一般纳税人采取预收款方式销售自行开发的房地产项目，收到预收款时增值税纳税义务并未发生，按照3%的预征率预缴增值税。

房地产开发企业预缴税款计算见表9-45。

表9-45　房地产开发企业预缴税款计算

计税方法	预缴税款的计算
一般计税	应预缴税款＝预收款÷（1+9%）×3%
简易计税	应预缴税款＝预收款÷（1+5%）×3%

2. 一般纳税人预交税款的账务处理（见表9-46）

表9-46　一般纳税人预交税款的账务处理

计税方法	预缴税款的账务处理
一般计税	借：应交税费——预交增值税 　贷：银行存款
简易计税	借：应交税费——简易计税 　贷：银行存款

3.《增值税预缴税款表》填写注意事项

（1）纳税人预售开发产品时需要填写《增值税预缴税款表》；

（2）一般纳税人应在取得预收款的次月纳税申报期向主管税务机关预缴税款；

（3）"销售额"和"扣除金额"都按照含税金额填写。

4. 收到预收款时开具"6. 未发生销售行为的不征税项目"中的"602：销售自行开发的房地产项目预收款"。

5. 房地产开发企业预缴的增值税税款，应直至纳税义务发生才允许抵减。

（四）不同阶段的财税处理

1. 取得土地使用权的账务处理（见表9-47）

表9-47 房地产开发企业取得土地使用权的账务处理

计税方法	账务处理
一般计税	借：开发成本 　　贷：银行存款等 不体现差额纳税：销售开发产品时才差额纳税
简易计税	借：开发成本 　　贷：银行存款等

2. 预售时账务处理（见表9-48）

表9-48 房地产开发企业预售时账务处理

计税方法	收取预收款	预缴税款
一般计税	借：银行存款 　　贷：预收账款	借：应交税费——预交增值税 　　贷：银行存款 金额=预收账款÷1.09×3%
简易计税	借：银行存款 　　贷：预收账款	借：应交税费——简易计税 　　贷：银行存款 金额=预收账款÷1.05×3%

3. 将房屋交付业主的账务处理（见表9-49）

表9-49 房地产开发企业将房屋交付业主的账务处理

计税方法	账务处理
一般计税和简易计税	原则：交付业主，确认收入，结转成本
一般计税	借：银行存款、预收账款 　　贷：主营业务收入 　　　　应交税费——应交增值税（销项税额） **结转预缴税款** 借：应交税费——未交增值税 　　贷：应交税费——预交增值税 **处理销项税额抵减：** 金额=按销售面积比例计算的土地价款÷1.09×9% 借：应交税费——应交增值税（销项税额抵减） 　　贷：主营业务成本 因为随着产品销售，应抵减的销项税额已经随着开发成本转入开发产品，进而转入主营业务成本了
简易计税	借：银行存款、预收账款 　　贷：主营业务收入 　　　　应交税费——简易计税

十二、销售不动产的纳税申报和纳税审核★★★

扫我解疑难

不包括房地产开发企业销售自行开发的房地产项目。

（1）自然人销售不动产（见图9-3）。

图9-3　自然人销售不动产的税务处理

（2）除自然人销售不动产外，销售不动产的税务处理见表9-50。

表9-50　销售不动产的税务处理

	销售非自建不动产		销售自建不动产	
	简易计税方法	一般计税方法	简易计税方法	一般计税方法
计税依据	差额计税	全额计税	全额计税	全额计税
税率或征收率	5%	9%	5%	9%
预缴依据	差额/1.05×5%		全额/1.05×5%	
预缴地点	不动产所在地			
申报纳税	机构所在地			

【知识点拨1】对于表9-50，我们可以总结一句话：自建全额；非自建预缴差额，申报一般计税全额，简易计税差额。

具体解释是，如果纳税人销售自建不动产，无论采用何种计税方法，无论是预缴还是纳税申报，均是全额计税；纳税人销售非自建不动产，无论采用何种计税方法，预缴时差额计税，纳税申报时如果采用一般计税方法，则全额计税；如果采用简易计税方法，则差额计税。

【知识点拨2】纳税人销售不动产时，何时采用一般计税方法？何时采用简易计税方法？

（1）小规模纳税人销售不动产，采用简易计税方法；

（2）一般纳税人销售营改增之前（2016年4月30日之前）取得的不动产，可以选择简易计税方法计税；一般纳税人销售营改增之后取得的不动产，只能采用一般计税方法计税。

【例题26·多选题】A工业企业系增值税一般纳税人，2020年4月销售转让其2014年购买的一幢写字楼，取得含税转让收入1800万元。A企业2014年购买时的价格为700万元，保留有合法有效凭证。关于该项业务的税务处理，下列说法正确的有（　）。

A．A企业可以选择简易计税方法依5%的征收率计算缴纳增值税

B. A 企业应该在不动产所在地主管税务机关预缴增值税

C. A 企业应该向机构所在地主管税务机关进行纳税申报

D. 一旦选择简易征收，应纳增值税为 52.38 万元

E. 一旦选择简易征收，应纳增值税为 32.04 万元

解析 ▶ 一旦选择简易征收，应纳增值税 = (1800-700)÷1.05×5% = 52.38(万元)

答案 ▶ ABCD

十三、不动产经营租赁服务的纳税申报和纳税审核★★★

扫我解疑难

不动产经营租赁的税务处理见表 9-51。

表 9-51　不动产经营租赁的税务处理

	简易计税方法	一般计税方法
税率或征收率	5%	9%
预缴	租金/1.05×5%	金额 = 租金/1.09×3%
预缴地点	不动产所在地	
申报纳税	机构所在地	

特别规定：个人(含个体户和自然人)出租住房，减按 1.5% 计算缴纳增值税

【知识点拨 1】

(1)纳税人提供道路通行服务不适用不动产经营租赁的有关规定；

(2)上述政策是针对经营租赁而言的，对融资租赁不适用；

(3)不动产所在地与机构所在地不在同一县(市、区)的，才需要预缴；否则不需要预缴；

(4)其他个人出租不动产，向不动产所在地主管税务机关申报纳税，无需预缴；

(5)小规模纳税人月销售额未超过 10 万元的，当期无需预缴税款。

【知识点拨 2】　纳税人出租不动产时，何时采用一般计税方法？何时采用简易计税方法？

(1)小规模纳税人出租不动产，采用简易计税方法；

(2)一般纳税人出租营改增之前(2016 年 4 月 30 日之前)取得的不动产，可以选择简易计税方法计税；一般纳税人出租营改增之后取得的不动产，只能采用一般计税方法计税。

【知识点拨 3】　租赁服务，在收到预收款时增值税纳税义务发生。

真题精练(客观题)

(2017 年单选题)甲县某企业为增值税一般纳税人，2017 年 1 月在乙县购进一商铺并将其出租，其取得的商铺租金收入应在乙县按( )预征率预缴。

A. 2%　　　　　　　B. 5%

C. 1.5%　　　　　　D. 3%

解析 ▶ 一般纳税人出租其 2016 年 5 月 1 日后取得的不动产，适用一般计税方法计税。不动产所在地与机构所在地不在同一县(市、区)的，纳税人应按照 3% 的预征率预缴税款。　　**答案** ▶ D

十四、金融服务纳税申报和纳税审核★★

扫我解疑难

(一)金融服务的范围

包括贷款服务、直接收费金融服务、保险服务和金融商品转让。

1. 贷款服务

(1)包括融资性售后回租——差额纳税；

(2)以货币资金投资收取的固定利润或者保底利润，按照贷款服务缴纳增值税。

2. 金融商品转让

（1）范围：转让外汇、有价证券、非货物期货和其他金融商品所有权的业务活动。

其他金融商品转让包括基金、信托、理财产品等各类资产管理产品和各种金融衍生品的转让。

（2）金融商品转让的税务处理见表9-52。

表 9-52　金融商品转让的税务处理

时间	情形	账务处理
金融商品持有期间(含到期)取得的收益	保本收益	按**贷款服务**缴纳增值税
	非保本收益	**不征收增值税**
金融商品转让	企业转让金融商品取得的收益	按照买卖价差缴纳增值税
	个人转让金融商品取得的收益	**免征增值税**

（二）金融商品转让的计税依据

差额计税：按照卖出价扣除买入价后的余额为销售额。

（1）买入价：可以选择加权平均法或者移动加权平均法进行核算，选择后36个月内不得变更。

【知识点拨】单位将其持有的限售股在解禁流通后对外转让的，按照以下规定确定买入价：

①上市公司实施股权分置改革时，在股票复牌之前形成的原非流通股股份，以及股票复牌首日至解禁日期间由上述股份孳生的送、转股，以该上市公司完成股权分置改革后股票复牌首日的开盘价为买入价。

②公司首次公开发行股票并上市形成的限售股，以及上市首日至解禁日期间由上述股份孳生的送、转股，以该上市公司股票首次公开发行(IPO)的发行价为买入价。

③因上市公司实施重大资产重组形成的限售股，以及股票复牌首日至解禁日期间由上述股份孳生的送、转股，以该上市公司因重大资产重组股票停牌前一交易日的收盘价为买入价。

（2）正负差年内可以相抵，年末负差，不得转入下一年度。

（3）金融商品买卖不得开具增值税专用发票。

（三）金融商品转让的账务处理(见表9-53)

表 9-53　金融商品转让的账务处理

情形	账务处理
月末，产生转让收益	借：投资收益等科目 　贷：应交税费——转让金融商品应交增值税
产生转让损失(按结转下月抵扣税额)	借：应交税费——转让金融商品应交增值税 　贷：投资收益等
缴纳增值税时	借：应交税费——转让金融商品应交增值税 　贷：银行存款 注意："转让金融商品应交增值税"无需转入"未交增值税"中
年末，本科目如有借方余额	借：投资收益 　贷：应交税费——转让金融商品应交增值税

（四）其他需要注意的税收政策

（1）资管产品运营过程中发生的增值税应税行为，以资管产品管理人为增值税纳税人。自2018年1月1日起，资管产品管理人运营资管产品过程中发生的增值税应税行为，暂适用简易计税方法，按照3%的征收率缴纳增值税。

（2）证券公司、保险公司、金融租赁公司、证券基金管理公司、证券投资基金以及其他经人民银行、银保监会、证监会批准成立且经营金融保险业务的机构发放贷款后，自结息日起90天内发生的应收未收利息按现行规定缴纳增值税，自结息日起90天后发生的应收未收利息暂不缴纳增值税，待实际收到利息时按规定缴纳增值税。

（3）自2018年1月1日起，金融机构开展贴现、转贴现业务，以其实际持有票据期间取得的利息收入作为贷款服务销售额计算缴纳增值税。

十五、税收优惠★★

扫我解疑难

（1）《增值税暂行条例》规定的免税项目。

①农业生产者销售的自产农产品。

②避孕药品和用具。

③直接用于科学研究、科学试验和教学的进口仪器、设备。

④外国政府、国际组织无偿援助的进口物资和设备。

⑤由残疾人的组织直接进口供残疾人专用的物品。

⑥销售自己使用过的物品。指其他个人自己使用过的物品。

（2）农膜免征增值税；批发和零售种子、种苗、化肥、农药、农机免征增值税；对纳税人生产销售、批发、零售有机肥产品免征增值税。

（3）自2012年1月1日起，对从事蔬菜批发、零售的纳税人销售的蔬菜，免征蔬菜流通环节增值税。

（4）自2012年10月1日起，免征部分鲜活肉蛋产品流通环节增值税。

（5）《营业税改征增值税试点过渡政策》规定的免税项目。

①托儿所、幼儿园提供的保育和教育服务。

②养老机构提供的养老服务。

③残疾人福利机构提供的育养服务。

④婚姻介绍服务。

⑤殡葬服务。

⑥残疾人员本人为社会提供的服务。

⑦医疗机构提供的医疗服务。

⑧从事学历教育的学校提供的教育服务。

⑨学生勤工俭学提供的服务。

⑩农业机耕、排灌、病虫害防治、植物保护、农牧保险以及相关技术培训业务，家禽、牲畜、水生动物的配种和疾病防治。

⑪纪念馆、博物馆、文化馆、文物保护单位管理机构、美术馆、展览馆、书画院、图书馆在自己的场所提供文化体育服务取得的第一道门票收入。

⑫个人转让著作权。

⑬个人销售自建自用住房。

⑭纳税人提供的直接或者间接国际货物运输代理服务。

⑮以下利息收入。

a. 国家助学贷款。

b. 国债、地方政府债。

c. 人民银行对金融机构的贷款。

d. 住房公积金管理中心用住房公积金在指定的委托银行发放的个人住房贷款。

⑯保险公司开办的一年期以上人身保险产品取得的保费收入。

⑰个人从事金融商品转让业务。

⑱金融同业往来利息收入。

⑲纳税人提供技术转让、技术开发和与之相关的技术咨询、技术服务。

⑳满足条件的合同能源管理服务。

㉑自2018年1月1日起至2020年12月31日，科普单位的门票收入，以及县级及以上党政部门和科协开展科普活动的门票收入。

㉒家政服务企业由员工制家政服务员提供家政服务取得的收入。

㉓福利彩票、体育彩票的发行收入。

㉔军队空余房产租赁收入。

㉕为了配合国家住房制度改革，企业、行政事业单位按房改成本价、标准价出售住房取得的收入。

㉖将土地使用权转让给农业生产者用于农业生产。

㉗涉及家庭财产分割的个人无偿转让不动产、土地使用权。

㉘随军家属就业。

㉙军队转业干部就业。

㉚自 2017 年 1 月 1 日至 2019 年 12 月 31 日,对新疆国际大巴扎物业服务有限公司和新疆国际大巴扎文化旅游产业有限公司从事与新疆国际大巴扎项目有关的营改增应税行为取得的收入,免征增值税。

(6)其他减免税项目。

①为支持小微企业发展,在 2019 年 1 月 1 日至 2021 年 12 月 31 日,对月销售额不超过 10 万元(季度销售额不超过 30 万元)的增值税小规模纳税人,免征增值税。

②自 2017 年 12 月 1 日至 2019 年 12 月 31 日,对金融机构向农户、小型企业、微型企业及个体工商户发放小额贷款取得的利息收入,免征增值税。小额贷款,是指单户授信小于 100 万元(含本数)的农户、小型企业、微型企业或个体工商户贷款;没有授信额度的,是指单户贷款合同金额且贷款余额在 100 万元(含本数)以下的贷款。

③自 2016 年 5 月 1 日起,社会团体收取的会费,免征增值税。2017 年 12 月 25 日前已征的增值税,可抵减以后月份应缴纳的增值税,或办理退税。

④自 2019 年 2 月 1 日至 2020 年 12 月 31 日,对企业集团内单位(含企业集团)之间的资金无偿借贷行为,免征增值税。

⑤扶贫货物捐赠免征增值税。

自 2019 年 1 月 1 日至 2022 年 12 月 31 日,对单位或者个体工商户将自产、委托加工或购买的货物通过公益性社会组织、县级及以上人民政府及其组成部门和直属机构,或直接无偿捐赠给目标脱贫地区的单位和个人,免征增值税。在政策执行期限内,目标脱贫地区实现脱贫的,可继续适用上述政策。

"目标脱贫地区"包括 832 个国家扶贫开发工作重点县、集中连片特困地区县(新疆阿克苏地区 6 县 1 市享受片区政策)和建档立卡贫困村。

在 2015 年 1 月 1 日至 2018 年 12 月 31 日期间已发生的符合上述条件的扶贫货物捐赠,可追溯执行上述增值税政策。

十六、小规模纳税人应纳税额的计算、审核★★

扫我解疑难

(一)销售额的审核

1. 销售额为不含税销售额、含价外费用的销售额

销售额 = 含税销售额 ÷ (1 + 征收率)

2. 应税销售额扣除的审核

小规模纳税人可以差额纳税的情形及可以扣除的项目见表 9-54。

表 9-54　小规模纳税人可以差额纳税的情形及可以扣除的项目

情形	可以扣除的项目
金融商品转让	买入价
经纪代理服务	向委托方收取并代为支付的政府性基金或者行政事业性收费
旅游服务	向旅游服务购买方收取并支付给其他单位或者个人的住宿费、餐饮费、交通费、签证费、门票费和支付给其他接团旅游企业的旅游费用
销售不动产	不动产购置原价或者取得不动产时的作价
建筑服务	支付的分包款
劳务派遣	代用工单位支付给劳务派遣员工的工资、福利和为其办理的社会保险及住房公积金
自来水水费	提供物业管理服务的纳税人,向服务接受方收取的自来水水费:扣除对外支付的自来水水费
境外航段机票代理服务	以取得的全部价款和价外费用,扣除向客户收取并支付给其他单位或者个人的境外航段机票结算款和相关费用后的余额为销售额

（二）征收率的审核

小规模纳税人适用的征收率见表9-55。

表9-55 小规模纳税人适用的征收率

情形	征收率
一般情况	3%
销售不动产；租赁不动产等	5%
个人出租住房	减按1.5%
销售使用过的固定资产	可以减按2%

（五）账务处理

借：应收账款、应收票据、银行存款等

贷：主营业务收入、其他业务收入等

应交税费——应交增值税（没有专栏）

此外小规模纳税人可以根据需要设置"转让金融商品应交增值税""代扣代交增值税"

（三）全额抵减的规定

自2011年12月1日起，增值税纳税人初次购买增值税税控系统专用设备支付的费用以及缴纳的技术维护费可在增值税应纳税额中全额抵减。

（四）销售自己使用过的固定资产

小规模纳税人销售自己使用过的固定资产的税务处理见表9-56。

表9-56 小规模纳税人销售自己使用过的固定资产的税务处理

税务处理	应纳税额	发票开具
减按2%的征收率征收增值税	含税销售额÷(1+3%)×2%	不得由税务机关代开增值税专用发票
可以放弃减税	含税销售额÷(1+3%)×3%	可以代开专用发票

明细科目。

十七、消费税的征税范围与征税环节★★

扫我解疑难

（一）消费税的征税范围（见表9-57）

表9-57 消费税的征税范围

税目	子目	注释
一、烟	1. 卷烟 2. 雪茄烟 3. 烟丝	(1) 卷烟复合计税； (2) 卷烟批发环节加征消费税
二、酒	1. 白酒 2. 黄酒 3. 啤酒 4. 其他酒	(1) 果啤属于啤酒； (2) 调味料酒不征消费税； (3) 符合条件的配制酒按其他酒适用税率征收消费税； (4) 其他配制酒按白酒税率征收消费税
三、高档化妆品	包括成套化妆品	不包括舞台、戏剧、影视演员化妆用的上妆油、卸妆油、油彩
四、贵重首饰及珠宝玉石	—	金银首饰、铂金首饰、钻石及钻石饰品，在零售环节征收消费税
五、鞭炮、焰火	—	体育上用的发令纸、鞭炮引线，不按本税目征收
六、成品油	包括汽油、柴油等7个子目	航空煤油暂缓征收消费税
七、摩托车	气缸容量≥250毫升	气缸容量<250毫升不征消费税

税目	子目	注释
八、小汽车	—	(1)零售价格 130 万元(不含增值税)及以上的**超豪华小汽车**在零售环节加征消费税; (2)**电动汽车**不属于本税目征收范围; (3)货车或厢式货车改装生产的商务车、卫星通讯车等专用汽车不征消费税
九、高尔夫球及球具	—	—
十、高档手表	—	销售价格(不含增值税)每只**10000 元(含)以上**
十一、游艇	—	游艇中的**无动力艇和帆艇**不属于本税目的范围
十二、木制一次性筷子	—	—
十三、实木地板	—	—
十四、电池	—	—
十五、涂料	—	—

【知识点拨】

(1)2014 年 12 月 1 日起,酒精、汽车轮胎不再征收消费税。

(2)2015 年 2 月 1 日起,增加电池、涂料税目。

(3)2016 年 10 月 1 日起,"化妆品"改为"高档化妆品",税率由 30%调整为 15%。

"高档化妆品"征收范围包括高档美容、修饰类化妆品、高档护肤类化妆品和成套化妆品。高档美容、修饰类化妆品和高档护肤类化妆品是指生产(进口)环节销售(完税)价格(不含增值税)在 10 元/毫升(克)或 15 元/片(张)及以上的美容、修饰类化妆品和护肤类化妆品。

(4)2016 年 12 月 1 日起,对"超豪华小汽车"在零售环节加征 10%的消费税。

征收范围为每辆不含增值税零售价格 130 万元及以上的乘用车和中轻型商用客车,即乘用车和中轻型商用客车子税目中的超豪华小汽车。

(5)注意卷烟与雪茄烟、烟丝的不同,只有卷烟复合计税,并且在批发环节加征一道消费税,而雪茄烟、烟丝是比例税率,而且只在生产、委托加工、进口环节征税,在批发环节不加征消费税。

【例题 27·单选题】下列不征收消费税的产品是( )。

A. 配制酒   B. 调味料酒

C. 黄酒   D. 果啤

解析 ▶▶ 调味料酒不征消费税。 **答案** ▶▶ B

【例题 28·单选题】某筷子生产企业为增值税一般纳税人。2020 年 3 月取得不含税销售额如下:销售烫花木制筷子 15 万元;销售竹制筷子 18 万元;销售木制一次性筷子 12 万元。另外没收逾期未退还的木制一次性筷子包装物押金 0.23 万元,该押金于 2019 年 4 月收取。已知消费税税率为 5%,则该企业当月应纳消费税( )万元。

A. 0.6098   B. 0.6102

C. 2.2599   D. 2.2615

解析 ▶▶ 只有木制一次性筷子才属于消费税征税范围,对应的逾期包装物押金也要计算消费税。

应纳消费税 = $12 \times 5\% + 0.23 \div 1.13 \times 5\%$ = 0.6102(万元) **答案** ▶▶ B

真题精练(客观题)

(2017 年单选题)下列选项中应征消费税的是( )。

A. 涂料   B. 高档家用电器

C. 电动自行车   D. 实木家具

解析 ▶▶ 选项 BCD 不属于消费税的征税范围。

答案 ▶▶ A

(二)消费税的征税环节(见表9-58)

表9-58　消费税的征税环节

消费品	征税环节
金银首饰、铂金首饰、钻石及钻石饰品	零售环节纳税,其他环节不纳税
卷烟	生产、委托加工、进口+批发
超豪华小汽车	生产、委托加工、进口+零售(含进口自用,加征10%)
其他应税消费品	生产、委托加工、进口缴纳

真题精练(客观题)

(2018年单选题)下列不发生消费税的纳税义务的是( )。

A. 汽车销售公司销售超豪华小汽车

B. 首饰店销售金银首饰

C. 卷烟批发商销售卷烟给零售商

D. 礼品店销售高档手表

解析 ▶ 选项D,高档手表在生产销售环节缴纳消费税,零售环节无需缴纳消费税。

答案 ▶ D

(三)税率

消费税的具体税率无需记忆,考试中会给出,但需要注意消费税的税率形式(见表9-59)。

表9-59　消费税的税率形式

消费品	税率形式
啤酒、黄酒、成品油	从量定额
卷烟(含批发环节)、白酒(粮食白酒和薯类白酒)	复合征税
其他应税消费品	从价定率

注意:2015年5月10日起,将卷烟批发环节从价税税率由5%提高至11%,并按0.005元/支加征从量税。

【知识点拨】 从高适用税率的情况:

(1)纳税人兼营不同税率的应税消费品,应当分别核算不同税率应税消费品的销售额或销售数量,未分别核算的,按最高税率征税。

(2)纳税人将应税消费品与非应税消费品以及适用不同税率的应税消费品组成成套消费品销售的,应根据组合产制品的销售金额按应税消费品中适用最高税率的消费品税率征税——无论是否分开核算,都按最高税率。

【例题29·多选题】 实行从量定额和从价定率相结合计算应纳消费税的消费品有( )。

A. 啤酒　　　　　B. 黄酒

C. 粮食白酒　　　D. 卷烟

E. 果木酒

解析 ▶ 选项AB从量计征消费税,选项E从价计征消费税。

答案 ▶ CD

十八、消费税应纳税额的计算及账务处理★★

扫我解疑难

(一)消费税应纳税额的计算方法(见表9-60)

表9-60　消费税应纳税额的计算方法

计算方法	应纳税额
从量定额(成品油、啤酒、黄酒)	应纳税额=销售数量×单位税额 (1)销售:应税消费品的销售数量。纳税人通过自设非独立核算门市部销售自产消费品的,应按门市部对外销售数量征收消费税; (2)自产自用:应税消费品的移送使用数量; (3)委托加工:为纳税人收回的应税消费品数量; (4)进口:为海关核定的应税消费品进口征税数量
从价定率	销售额×适用税率
复合计税(卷烟、白酒)	销售额×适用税率+课税数量×单位税额

【知识点拨】

(1)代理消费税的纳税申报与审核可与增值税同步进行,尤其是采用从价定率征收办法的应税消费品,因其计税依据都是含消费税、不含增值税的销售额。

(2)考试可能将增值税和消费税的账务处理、纳税审核放在一起以综合题和简答题的形式考查。

(二)销售自产应税消费品

1. 视为应税消费品的生产行为

工业企业以外的单位和个人的下列行为视为应税消费品的生产行为,按规定征收消费税。

(1)将外购的消费税非应税产品以消费税应税产品对外销售的;

(2)将外购的消费税低税率应税产品以高税率应税产品对外销售的。

2. 销售额的确定

(1)一般规定:应税消费品的销售额包括销售应税消费品从购买方收取的全部价款和价外费用。

(2)"销售额"不包括向购买方收取的增值税税额。

对于从价定率征收消费税的应税消费品,计算消费税的销售额与计算增值税的销售额一般是一致的。

应税消费品的销售额 = 含增值税的销售额÷(1+增值税税率或征收率)

(3)白酒生产企业向商业销售单位收取的"品牌使用费"应并入白酒的销售额中缴纳消费税。

【例题30·多选题】 纳税人销售应税消费品收取的下列款项,应计入消费税计税依据的有( )。

A. 集资款

B. 增值税销项税额

C. 未逾期的啤酒包装物押金

D. 白酒品牌使用费

E. 装卸费

解析 ▶ 选项ADE,集资款、白酒品牌使用费和装卸费属于价外费用,要并入计税依据计算消费税;选项B,增值税销项税额不需要并入消费税的计税依据;选项C,啤酒从量计征消费税,包装物押金不计算消费税。

答案 ▶ ADE

真题精练(客观题)

1. (2016年单选题)税务师审核某消费税应税消费品生产企业纳税情况时,发现企业在

销售应税消费品时,除了收取价款外,还向购货方收取了其他费用,按照现行税法规定,下列费用中不应并入应税销售额中计税的是( )。

A. 将承运部门开具的运费发票转交给购买方而向购买方收取的代垫运费

B. 因采用新的包装材料而向购买方收取的包装费

C. 因物价上涨,购货方向买方收取的差价补贴

D. 购货方违约延期付款支付的利息

解析 ▶ 销售额包括向购买方收取的全部价款和价外费用。价外费用不包括同时符合两项条件的运费:(1)承运部门的运费发票开具给购货方的;(2)纳税人将该项发票转交给购货方的。选项A属于不包括在内的代垫运输费用,不应并入应税销售额中计税。

答案 ▶ A

2. (2015年多选题)税务师对某酒厂的消费税纳税情况进行审核,发现该酒厂销售应纳消费品除收取价款外,还收取了其他费用,按现行消费税规定,下列费用中应并入销售额计征消费税的有( )。

A. 承运部门将发票开具给购货方由酒厂收取的代垫运费

B. 因购买方延期付款收取的违约金

C. 向购买方收取的品牌使用费

D. 因采用新包装材料收取的包装费

E. 向购买方收取的增值税

解析 ▶ 本题和2016年考题均是考核消费税的计税依据。

答案 ▶ BCD

3. 销售自产应税消费品的账务处理

纳税人用应税消费品换取生产资料和消费资料、支付代购手续费等也视为销售行为。

(1)确认销售收入,并计提增值税销项税额。

(2)计提应纳消费税额:

借:税金及附加

　　贷:应交税费——应交消费税

4. 包装物缴纳消费税的规定及账务处理

（见表9-61）

表9-61　包装物缴纳消费税的规定及账务处理

	税法规定	具体情形	账务处理
销售包装物	应税消费品连同包装销售的，无论包装物是否单独计价，均应并入应税消费品的销售额中缴纳消费税	随同产品销售且**不单独计价**的包装物	收入记入"**主营业务收入**"，消费税记入"税金及附加"
		随同产品销售但**单独计价**的包装物	收入记入"**其他业务收入**"，消费税记入"税金及附加"
包装物押金	一般商品	收取时，不纳消费税和增值税 逾期时，缴纳消费税和增值税	(1)收取时： 借：银行存款 　　贷：其他应付款 (2)逾期时： 借：其他应付款 　　贷：其他业务收入 　　　　应交税费——应交增值税（销项税额） 应缴纳的消费税： 借：税金及附加 　　贷：应交税费——应交消费税
	啤酒、黄酒以外的其他酒类产品	在收取押金时计征消费税和增值税	(1)收取时： 借：银行存款 　　贷：其他应付款 借：其他应付款 　　贷：应交税费——应交增值税（销项税额） 　　　　应交税费——应交消费税 (2)逾期时： 借：其他应付款 　　税金及附加 　　贷：其他业务收入
	包装物已作价随同产品销售，但为促使购货人将包装物退回而另外收取的押金	在包装物逾期未收回，没收押金时	借：其他应付款 　　贷：应交税费——应交增值税（销项税额） 　　　　应交税费——应交消费税 　　　　营业外收入

【例题31·简答题】 某企业2020年2月销售白酒不含税价10000元，另收取包装物押金1000元，消费税税率20%，从量计征的消费税500元。企业本月应如何进行账务处理？

答案 ▶

(1)收取款项时

借：银行存款　　　　　　　12300

　　贷：主营业务收入　　　　10000

　　　　应交税费——应交增值税（销项税额）　　　　1300

　　　　其他应付款　　　　　1000

(2)押金增值税的账务处理

借：其他应付款

　　　　115.04（1000÷1.13×13%）

　　贷：应交税费——应交增值税（销项税额）　　115.04

(3)销售额及押金的消费税的账务处理

借：税金及附加

　　　　2500（10000×20%+500）

其他应付款
  176.99(1000÷1.13×20%)
  贷：应交税费——应交消费税
    2676.99

【例题 32·简答题】2020 年 6 月某生产企业(一般纳税人)向当地商城销售高尔夫球具 10 套，不含增值税销售单价为 1000 元/套，随同高尔夫球具销售出借的包装物的押金是 600 元。2020 年 6 月包装物押金逾期，押金不退。请对此业务做相应的会计分录。(消费税税率为 10%)

答案▶

出租、出借的包装物收取的押金，借记"银行存款"科目，贷记"其他应付款"科目；待包装物逾期收不回来而将押金没收时，借记"其他应付款"，贷记"其他业务收入"科目；这部分押金收入应缴纳的消费税计入"税金及附加"。

销售时：
借：银行存款   11300
  贷：主营业务收入 10000(10×1000)
    应交税费——应交增值税(销项税额) 1300
借：银行存款   600
  贷：其他应付款   600
借：税金及附加   1000
  贷：应交税费——应交消费税 1000

2020 年 6 月包装物逾期，没收押金时：
借：其他应付款   600
  贷：其他业务收入 530.97
    应交税费——应交增值税(销项税额)
      69.03[600÷(1+13%)×13%]
借：税金及附加
    53.10[600÷(1+13%)×10%]
  贷：应交税费——应交消费税 53.10

【例题 33·简答题】2019 年 5 月某生产企业(一般纳税人)向当地娱乐城及商业机构销售葡萄酒 10 吨，不含税单价为 1000 元/吨，随同葡萄酒销售的包装物不含税收入是 600 元，另收取了包装物的押金 113 元，双方约定 6 个月内归还包装物。到期后包装物未收回，押金不退。请对此业务做相应的会计分录(消费税税率为 10%)。

答案▶

包装物已作价随同产品销售，但为促使购货人将包装物退回而另外加收的押金，借记"银行存款"，贷记"其他应付款"科目；包装物逾期未收回，押金没收，没收的押金应缴纳的消费税应先在"其他应付款"科目中冲抵，即借记"其他应付款"科目，贷记"应交税费——应交消费税"科目，冲抵后"其他应付款"科目的余额转入"营业外收入"科目。

销售时：
借：银行存款   11978
  贷：主营业务收入 10000(10×1000)
    其他业务收入   600
    应交税费——应交增值税(销项税额)
      1378[(10000+600)×13%]
借：银行存款   113
  贷：其他应付款   113
借：其他应付款   13
  贷：应交税费——应交增值税(销项税额) 13
借：税金及附加
   1060(10000×10%+600×10%)
  其他应付款10(113÷1.13×10%)
  贷：应交税费——应交消费税 1070

押金逾期时：
借：其他应付款 90(113-13-10)
  贷：营业外收入   90

5. 应税消费品以物易物、以货抵债、投资入股的税务处理(非常重要，考试中经常涉及)

纳税人将应税消费品用于换取生产资料和消费资料、投资入股和抵偿债务(简称"换抵投")等方面，应按纳税人同类应税消费品的最高销售价格作为消费税的计税依据。用于上述四项用途的货物确认的消费税、增值税、企业所得税的计税依据见表 9-62。

表 9-62　四项用途下消费税、增值税、企业所得税的计税依据

税种	计税依据
消费税	最高销售价格
增值税	平均售价
企业所得税	平均售价

以物易物在不同情形下的账务处理见表 9-63。

表 9-63　以物易物的账务处理

情形	账务处理
具有商业实质，且换入资产与换出资产的公允价值能够可靠计量的：按换出资产的公允价值作为换入资产的成本	（1）确认收入： 借：长期股权投资、原材料、应付账款等 　　贷：主营业务收入 　　　　应交税费——应交增值税（销项税额）（按平均售价计算） （2）计提消费税： 借：税金及附加 　　贷：应交税费——应交消费税（按最高售价计算）
不符合上述条件：以换出资产的账面价值为基础确定换入资产的成本	借：长期股权投资、原材料、应付账款等 　　贷：库存商品（按成本核算） 　　　　应交税费——应交增值税（销项税额）（按平均售价计算销项） 　　　　应交税费——应交消费税（按最高售价计算）

【例题 34·单选题】 某化妆品生产企业为增值税一般纳税人，2020 年 1 月将自产的高档化妆品与某商场进行商品交换，用 5 箱高档化妆品折价 10 万元（不含税）换进劳保用品一批。已知该化妆品本月最高不含税售价是每箱 3 万元，平均不含税售价是每箱 2.5 万元。则该批高档化妆品交换商品应缴纳消费税（　）万元。（化妆品的消费税税率为 15%）

A. 0　　　　　　B. 2.25

C. 1.875　　　　D. 4.50

解析 ▶ 应纳消费税 = 3×5×15% = 2.25

（万元）

答案 ▶ B

6. 关联企业转让定价审核要点

价格明显偏低，无正当理由的，进行纳税调整。方法：

①按独立企业之间进行相同或类似业务活动的价格；

②按照销售给无关联关系的第三者的价格所应取得的收入和利润水平；

③按成本加合理的费用和利润；

④按照其他合理方法。

白酒消费税最低计税价格核定标准如下表 9-64。

表 9-64　白酒消费税最低计税价格的核定标准

情形	税务处理
①白酒生产企业销售给销售单位的白酒，生产企业消费税计税价格高于销售单位对外销售价格 70%（含 70%）以上的	税务机关暂不核定消费税最低计税价格
②白酒生产企业销售给销售单位的白酒，生产企业消费税计税价格低于销售单位对外销售价格 70% 以下的	消费税最低计税价格由税务机关根据生产规模、白酒品牌、利润水平等情况在销售单位对外销售价格 50% 至 70% 范围内自行核定

情形	税务处理
其中生产规模较大、利润水平较高的企业生产的需要核定消费税最低计税价格的白酒	税务机关核价幅度原则上应选择在销售单位对外销售价格60%至70%范围内
③已核定最低计税价格的白酒，生产企业实际销售价格高于消费税最低计税价格的	按实际销售价格申报纳税
实际销售价格低于消费税最低计税价格的	按最低计税价格申报纳税
④已核定最低计税价格的白酒，销售单位对外销售价格持续上涨或下降时间达到3个月以上、累计上涨或下降幅度在20%(含)以上的白酒	税务机关重新核定最低计税价格

【知识点拨1】销售单位的含义。

(1)销售单位：销售公司、购销公司以及委托境内其他单位或个人包销本企业生产白酒的商业机构；

(2)销售公司、购销公司：专门购进并销售白酒生产企业生产的白酒，并与该白酒生产企业存在关联性质；

(3)包销：销售单位依据协定价格从白酒生产企业购进白酒，同时承担大部分包装材料等成本费用，并负责销售白酒。

【知识点拨2】对于生产企业销售白酒，消费税有最低计税价格的规定；增值税无最低计税价格的规定。

(三)自产自用应税消费品

1. 纳税的规定

(1)用于连续生产应税消费品的：不纳税；

(2)用于其他方面的：应于移送使用时纳税。

2. 销售额的确定——顺序(先售价，后组价)

(1)同类产品售价；

(2)组成计税价格：

组成计税价格＝成本＋利润＋消费税税额

适用不同消费税征税方式的，自产应税消费品组成计税价格的确定具体见表9-65。

表9-65 自产应税消费品组成计税价格的确定

征税方式	消费税	增值税	成本利润率
从价定率	(成本＋利润)÷(1-消费税比例税率)		按消费税中成本利润率
从量定额(啤酒、黄酒、成品油)	按销售数量征消费税	成本＋利润＋消费税税额	10%
复合计税	(成本＋利润＋自产自用数量×消费税定额税率)÷(1-消费税比例税率)		按消费税中应税消费品的成本利润率

3. 账务处理

(1)会计上做收入的：消费税通过"税金及附加"核算。

(2)会计上未做收入的：消费税不能列入收入的备抵科目"税金及附加"，只能由有关科目来负担。

【例题35·单选题】某酒厂2020年3月份生产一种新的粮食白酒，企业用于招待客户使用0.2吨，已知该种白酒无同类产品出厂价，生产成本每吨35000元，成本利润率为10%，粮食白酒定额税率为每斤0.5元，比例税率为20%。当月应缴纳消费税(　)元。

A. 2175　　　　B. 2125

C. 2135　　　　D. 2210

解析 ▶ 从量税＝0.2×2000×0.5＝200(元)

从价税＝[0.2×35000×(1＋10%)＋200]÷(1-20%)×20%＝1975(元)

应纳消费税＝200+1975＝2175(元)

(四)委托加工应税消费品

1. 注意审查是否属于假委托加工

(1)委托加工：由委托方提供原料和主要材料，受托方只收取加工费和代垫部分辅助材料加工的应税消费品。

(2)不属于委托加工的情形。

①由受托方提供原材料生产的应税消费品；

②受托方先将原材料卖给委托方，然后再接受加工的应税消费品；

③由受托方以委托方名义购进原材料生产的应税消费品。

2. 委托加工如何纳税

委托加工应税消费品的税务处理见表9-66。

表9-66 委托加工应税消费品的税务处理

税种	委托方	受托方
增值税	增值税的负税人	增值税的纳税人(提供加工劳务)
消费税	消费税的纳税人	除个体经营者外，代收代缴消费税
消费税	如果受托方是个体经营者，委托方须在收回加工应税消费品后向所在地主管税务机关缴纳消费税。 如果受托方没有代收代缴消费税，委托方应补缴税款，补税的计税依据为： (1)已直接销售的：按销售额计税； (2)未销售或不能直接销售的：按组价计税	

【知识点拨】委托加工应税消费品，一般是由受托方办理代收代缴消费税的申报。委托个人加工的应税消费品，由委托方收回后缴纳消费税。

3. 委托加工的计税依据

(1)增值税——加工费用。

(2)消费税——四个字：顺序、组价。

委托加工消费税的计税依据见表9-67。

表9-67 委托加工消费税的计税依据

第一顺序	第二顺序	
受托方同类应税消费品的售价	从价定率	(材料成本+加工费)÷(1-消费税比例税率)
	复合计税	(材料成本+加工费+委托加工数量×消费税定额税率)÷(1-消费税比例税率)
	材料成本：不含增值税的材料成本； 加工费：包括代垫辅助材料的成本，但是不包括随加工费收取的增值税和代收代缴的消费税	

4. 委托方将收回的应税消费品销售的税务处理(见表9-68)

表9-68 委托方将收回的应税消费品销售的税务处理

类型	界定	税务处理
直接出售	以不高于受托方的计税价格出售的	不再缴纳消费税
非直接出售	委托方以高于受托方的计税价格出售的	按规定缴纳消费税，在计税时准予扣除受托方已代收代缴的消费税

5. 账务处理

委托方收回应税消费品的账务处理见表9-69和表9-70。

表9-69 委托方收回应税消费品的账务处理

用途	税收政策	对账务处理的影响
委托方将委托加工产品收回后用于销售的	直接出售：不再缴纳消费税	将受托方代收代缴的消费税计入委托加工的应税消费品成本 借：委托加工物资等 　　贷：应付账款、银行存款等
	以高于受托方的计税价格出售的：缴纳消费税；可扣除受托方已代收代缴的消费税	受托方代收代缴的消费税记入"应交税费——应交消费税"科目的借方，待最终应税消费品缴纳消费税时予以抵扣
委托加工产品收回后用于连续生产产品	已纳税款按规定准予抵扣的	将受托方代收代缴的消费税记入"应交税费——应交消费税"科目的借方，待最终应税消费品缴纳消费税时予以抵扣
	不予抵扣的	将受托方代收代缴的消费税计入委托加工的应税消费品成本

表9-70 委托方收回应税消费品账务处理的关键点

类别	具体情形	账务处理
上个环节已纳消费税可抵	非直接出售；用于连续生产应税消费品：可抵消费税的情形	"应交税费——应交消费税"借方
上个环节已纳消费税不可抵	直接出售；用于生产：不可抵消费税的情形	计入"委托加工物资"

委托加工物资成本的构成见表9-71。

表9-71 "委托加工物资"成本的构成

计入"委托加工物资"成本	不计入"委托加工物资"成本
发出的用于委托加工物资的材料	—
支付的委托加工费	—
随同加工费支付的、不得抵扣的增值税	随同加工费支付的、可以抵扣的增值税进项税额
不得抵扣的消费税	可以抵扣的消费税

【例题36·多选题】2019年12月，某市化妆品公司A由于生产能力饱和，委托该市另一家化妆品生产企业B（一般纳税人）加工一批高档化妆品，发出委托加工材料成本50000元，支付加工费6000元，增值税780元，取得增值税专用发票。受托方B无同类型化妆品销售。当月末，该批化妆品生产完毕，A化妆品公司收回，直接按100000元不含税的价格销售出去，货款已经收到。关于此项业务A化妆品公司的会计分录正确的有（　）（高档化妆品消费税税率为15%）。

A. 支付加工费、增值税

借：委托加工物资　　　　　6000
　　应交税费——应交增值税（进项税额）
　　　　　　　　　　　　　780
　　贷：银行存款　　　　　6780

B. 支付代收代缴的消费税

借：委托加工物资　　　9882.35
　　贷：银行存款　　　9882.35

C. 化妆品对外销售缴纳的消费税

借：税金及附加　　　　　15000
　　贷：应交税费——应交消费税　15000

D. 收回化妆品

借：库存商品　　　　　　56000
　　贷：委托加工物资　　　56000

E. 支付代收代缴的消费税

借：应交税费——应交消费税
9882.35

　　贷：银行存款　9882.35

解析 ▶ 应代收代缴消费税 =（50000 + 6000）÷（1−15%）×15% = 9882.35（元）。

委托加工收回后加价销售，A公司销售时应补缴消费税 = 100000×15% − 9882.35 = 5117.65（元）。

相关的会计处理：

（1）发出委托加工材料

借：委托加工物资　50000

　　贷：库存商品　50000

（2）支付加工费、增值税

借：委托加工物资　6000

　　应交税费——应交增值税（进项税额）
780

　　贷：银行存款　6780

（3）支付代收代缴的消费税

借：应交税费——应交消费税
9882.35

　　贷：银行存款　9882.35

（4）收回化妆品

借：库存商品　56000

　　贷：委托加工物资　56000

（5）化妆品对外销售

借：银行存款　113000

　　贷：主营业务收入　100000

　　　应交税费——应交增值税（销项税额）　13000

借：主营业务成本　56000

　　贷：库存商品　56000

借：税金及附加　15000

　　贷：应交税费——应交消费税　15000

答案 ▶ ACDE

真题精练（客观题）

（2017年多选题）某卷烟厂（增值税一般纳税人）委托其他企业加工烟丝，收回后用于生产卷烟，下列项目中应计入收回烟丝成本的有（　）。

A. 随同加工费支付的增值税专用发票注明的增值税

B. 加工企业代收代缴的消费税

C. 随同加工费支付的取得普通发票的增值税

D. 支付的委托加工费

E. 发出用于委托加工烟丝的材料成本

解析 ▶ 委托加工应税消费品的加工费和材料成本计入烟丝成本，取得普通发票不得抵扣增值税，可以计入成本。

答案 ▶ CDE

（五）用外购或委托加工收回的已税消费品连续生产应税消费品

纳税人用外购或委托加工收回的已税消费品连续生产应税消费品，允许按生产领用数量计算扣除外购或委托加工收回的应税消费品已纳的消费税税款。——原因：除卷烟、超豪华小汽车外，消费税为一次课征制。

（1）以外购或委托加工收回的已税烟丝为原料生产的卷烟。

（2）以外购或委托加工收回的已税高档化妆品为原料生产的高档化妆品。

（3）以外购或委托加工收回的已税珠宝玉石为原料生产的贵重首饰及珠宝玉石。

（4）以外购或委托加工收回的已税鞭炮、焰火为原料生产的鞭炮、焰火。

（5）以外购或委托加工收回的汽油、柴油、石脑油、燃料油、润滑油用于连续生产应税成品油。

（6）以外购或委托加工收回的已税杆头、杆身和握把为原料生产的高尔夫球杆。

（7）以外购或委托加工收回的已税木制一次性筷子为原料生产的木制一次性筷子。

（8）以外购或委托加工收回的已税实木地板为原料生产的实木地板。

自2015年5月1日起，从葡萄酒生产企业购进、进口葡萄酒连续生产应税葡萄酒的，准予从葡萄酒消费税应纳税额中扣除所耗用应税葡萄酒已纳消费税税款。如本期消费税应纳税额不足抵扣的，余额留待下期抵扣。

【知识点拨】

(1)酒(除外购、进口葡萄酒可抵外)、摩托车、小汽车、高档手表、游艇、电池、涂料不抵税;

(2)按生产领用数量抵扣已纳消费税 VS 增值税的购进扣税法,即只有生产领用,才能抵扣已纳消费税,而增值税在抵扣进项税额时,采用的是购进扣税法,只要购进,无论是否使用,均允许抵扣进项税额;

(3)同类消费品才能抵税,如果用于生产不同类的消费品,不得抵扣已纳消费税;

(4)继续生产抵税;委托加工收回后非直接销售抵税;其他情形不得抵税。

【例题 37·多选题】 以下企业外购已税消费品用于连续生产应税消费品的业务中,可以抵扣已纳消费税的有( )。

A. 某烟厂购买烟丝用于卷烟的生产

B. 某酒厂购买酒精用于白酒的生产

C. 某化妆品厂购买高档化妆品用于生产高档化妆品

D. 某木筷厂购买木制一次性筷子用于生产木制一次性筷子

E. 某焰火厂购买焰火用于生产焰火

解析 ▶ 选项 B 不能抵扣已纳消费税。

答案 ▶ ACDE

(六)批发应税消费品——卷烟批发环节的消费税

卷烟不仅在生产、委托加工、进口环节征收消费税,而且在批发环节加征一道消费税。

(1)只有卷烟在批发环节加征一道消费税,雪茄烟、烟丝在批发环节不征收消费税。

(2)卷烟批发环节的消费税税率为:比率税率 11%,并按 0.005 元/支加征从量税。

调整后的烟类消费税税目税率表见表9-72。

表 9-72　烟类消费税税目税率表

税目	税率	征收环节
1. 卷烟		
(1)甲类卷烟 [调拨价 70 元(不含增值税)/条以上(含 70 元)]	56%加 0.003 元/支	生产、委托加工、进口环节
(2)乙类卷烟 [调拨价 70 元(不含增值税)/条以下]	36%加 0.003 元/支	生产、委托加工、进口环节
商业批发	11%加 0.005 元/支	批发环节
2. 雪茄	36%	生产、委托加工、进口环节
3. 烟丝	30%	生产、委托加工、进口环节

(3)纳税人应将卷烟销售额与其他商品销售额分开核算,未分开核算的,一并征收消费税。

(4)纳税人销售给纳税人以外的单位和个人的卷烟于销售时纳税,纳税人之间销售的卷烟不缴纳消费税。

(5)卷烟批发企业的机构所在地,总机构与分支机构不在同一地区的,由总机构申报纳税。

(6)批发企业在计算纳税时不得扣除已含的生产环节的消费税税款。

(七)零售应税消费品

1. 金银首饰

金银首饰的税务处理见表9-73。

表 9-73　金银首饰的税务处理

情形	消费税计税依据
金银首饰与其他产品组成成套消费品销售	销售额全额

情形	消费税计税依据
金银首饰连同包装物销售	包装物应并入金银首饰的销售额
带料加工的金银首饰	按**受托方**销售**同类**金银首饰的**销售价格**确定计税依据征收消费税； 没有同类金银首饰销售价格的，按**组成计税价格**计算纳税
以旧换新（含翻新改制）销售金银首饰	**实际收取的**不含增值税的全部价款

2. 超豪华小汽车

自 2016 年 12 月 1 日起，超豪华小汽车在零售环节加征 10% 的消费税。

（1）超豪华小汽车。

每辆不含增值税零售价格 ≥130 万元的乘用车和中轻型商用客车。

纳税审核时，注意关注销售单价略低于 130 万的小汽车。

（2）国内汽车生产企业直接销售给消费者的超豪华小汽车，消费税税率按照生产环节税率和零售环节税率加总计算。消费税应纳税额计算公式：

应纳税额＝销售额×（生产环节税率＋零售环节税率）

（3）对我国驻外使领馆工作人员、外国驻华机构及人员、非居民常住人员、政府间协议规定等应税（消费税）进口自用，且完税价格 130 万元及以上的超豪华小汽车消费税，按照生产（进口）环节税率和零售环节税率（10%）加总计算，由海关代征。

进口自用超豪华小汽车：进口环节消费税+10%零售环节消费税。

（八）进口应税消费品

1. 计税依据

进口应税消费品的计税依据为组成计税价格，不同征税方式下进口应税消费品的组成计税价格见表 9-74。

表 9-74 进口应税消费品的组成计税价格

征税方式	消费税	增值税
从价定率	（关税完税价格+关税）÷（1-消费税比例税率）	
从量定额 （啤酒、黄酒、成品油）	按销售数量征消费税	关税完税价格+关税+消费税税额
复合计税 （卷烟、白酒）	（关税完税价格+关税+进口数量×消费税定额税率）÷（1-消费税比例税率）	

2. 适用的比例税率

进口卷烟消费税适用比例税率按以下办法确定：

（1）每标准条进口卷烟（200 支）确定消费税适用比例税率的价格＝（关税完税价格+关税+消费税定额税）÷（1-消费税税率）

其中：关税完税价格和关税为每标准条的关税完税价格及关税税额；消费税定额税率为每标准条（200 支）0.6 元；消费税税率固定为 36%。

（2）每标准条进口卷烟（200 支）确定消费税适用比例税率的价格≥70 元人民币的，适用比例税率为 56%；每标准条进口卷烟（200 支）确定的消费税适用比例税率的价格＜70 元人民币的，适用比例税率为 36%。

3. 组成计税价格和应纳消费税税额

根据上述（2）确定的适用消费税比例税率，计算进口卷烟消费税组成计税价格和应纳消费税税额。

进口卷烟消费税组成计税价格＝（关税完税价格+关税+消费税定额税）÷（1-进口卷烟消费税适用比例税率）

应纳消费税税额＝进口卷烟消费税组成计税价格×进口卷烟消费税适用比例税率+海

关核定的进口卷烟数量×消费税定额税率

【知识点拨】进口卷烟消费税定额税与国内相同，每标准箱（50000支）为150元。因为每标准箱有250条，每条有200支。所以（1）中说明的每标准条卷烟的定额税为0.60元，实际上与每标准箱单位税额为150元的意思是相同的，即150÷250＝0.60（元）。

【例题38·单选题】2019年12月某公司进口卷烟200标准箱，每箱关税完税价格6000元，关税税率25%，该公司应缴纳的消费税为（　　）元。

A. 100905　　　　B. 69405.03

C. 890625　　　　D. 109050.06

解析 ▶（1）进口卷烟的关税＝6000×200×25%＝300000（元）

（2）每标准条进口卷烟（200支）确定消费税适用比例税率的价格＝（6000+300000÷200+150）÷（1-36%）÷250＝47.81（元）

（3）每标准条进口卷烟（200支）确定消费税适用比例税率的价格<70元人民币，适用比例税率为36%。

（4）进口卷烟消费税组成计税价格＝（6000+300000÷200+150）÷（1-36%）×200＝2390625（元）

（5）进口消费税＝2390625×36%+200×150＝890625（元）　　　　**答案** ▶ C

4. 账务处理

（1）企业进口应税消费品，应当自海关填发税款缴款书之日起15日内缴纳税款，企业不缴税不得提货。进口应税消费品缴纳的消费税一般不通过"应交税费——应交消费税"科目核算，在将消费税计入进口应税消费品成本时，直接贷记"银行存款"科目；

（2）在特殊情况下，如出现先提货、后缴纳消费税的，或者用于连续生产其他应税消费品按规定允许扣税的，可以通过"应交税费——应交消费税"科目核算。

真题精练（主观题）*

1.（2019年综合题，改）

某物业公司为增值税一般纳税人，2020年3月向某税务师事务所咨询如下问题。

资料1：2020年3月，一次性预收业主物业费合计636万元（含税），并向业主开具增值税普通发票（物业费所属期间为2020年3月至2021年2月，物业公司与所有业主签订的物业服务合同约定，物业费按年收取）；收到部分业主自来水费22.66万元（含税），根据对应的水表数据向自来水公司付款21.63万元（含税）；为部分业主提供装修服务收取装修费635.47万元（含税）。

资料2：物业公司从2020年3月起向业主收取A楼盘车位管理费。已知该楼盘车位是业主在购房时一并购买的，并已获得车位产权证书。

资料3：2016年10月1日甲房地产公司将B楼盘的可出租地下车位经营权转让给物业公司。2020年3月起物业公司对外出租地下车位。

资料4：2020年1月1日物业公司与乙餐饮集团签订房屋出租合同，将其自有商铺出租给乙餐饮集团，月租金4万元（含税），租期3年，其中合同约定2020年1月1日至2020年3月31日免收租金。

问题：

（1）资料1中物业公司预收的物业费，增值税纳税义务何时发生？请简述政策规定。3月份物业费的增值税销项税额是多少？

（2）资料1中物业公司预收的物业费，在2020年第一季度预缴企业所得税时，应计入应纳所得税的金额是多少？若物业公司有符合规定的以前年度亏损，季度预缴时是否可以从应纳税所得额中扣除？

　　＊ 由于本章的简答题与具体的知识点联系紧密，因此已经在知识点中加以介绍了，所以本部分内容只介绍综合题。但是在主观题总结中既包括综合题的知识点总结，也包括简答题的知识点总结。

（3）资料1中物业公司收取的自来水费，如选择适用简易计税方法，增值税应纳税额是多少？请列出计算过程，金额单位为万元，保留小数点后两位。

（4）资料1中物业公司收取的装修费，增值税销项税额是多少？请列出计算过程，金额单位为万元，保留小数点后两位。

（5）资料2中物业公司收取的这部分车位管理费，应按哪个应税服务项目缴纳增值税？适用税率多少？

（6）资料3中物业公司出租该地下车位收取的租金，应按哪个应税服务项目缴纳增值税？能否适用简易计税方法缴纳增值税？请简述政策规定。

（7）资料4中商铺免租期内物业公司是否需要缴纳增值税？请简述政策规定。

（8）资料4中物业公司免租期内房产税应如何缴纳？

2.（2019年综合题）

（一）基本情况

某食品饮料有限公司，系增值税一般纳税人，主营果汁饮料生产销售。未实行农产品增值税进项税额核定扣除办法。

2019年6月"应交税费——应交增值税"各栏合计数为：销项税额122200元；进项税额33215元；进项税额转出3900元，转出未交增值税92885元。该公司销售产品和包装物的增值税税率：2018年5月1日—2019年3月31日为16%；2019年4月1日起为13%。

（二）审核获取的资料

税务师受托审核该公司2019年6月的增值税相关情况，发现如下一些业务：

（1）与某商场结算5月份代销的果汁饮料，开具增值税专用发票并收取货款。账务处理：

借：银行存款　　　　　　　　101700

　　贷：主营业务收入　　　　　　90000

　　　　应交税费——应交增值税（销项税额）　　　　　　　　　　　11700

后附原始凭证：

①商场代销果汁结算清单1份：代理果汁价税合计收入113000元，商场代销手续费11300元，实收101700元；

②增值税专用发票记账联1份：金额为90000元；税额为11700元；

③银行进账单1份：金额为101700元。

（2）购置临街商铺作为零售门市部，取得增值税专用发票。账务处理：

借：固定资产——商铺　　　　1030000

　　应交税费——应交增值税（进项税额）

　　　　　　　　　　　　　　　10000

　　贷：银行存款　　　　　　　1040000

后附原始凭证：

①增值税专用发票的发票联1份（抵扣联另存）：金额为1000000元，税率为＊＊＊，税额为10000元，备注栏注明"差额征税"；

②契税完税凭证1份：金额为30000元；

③银行付款凭证回执2份，金额分别为1010000元和30000元。

（3）向林场购进苹果，取得增值税普通发票。账务处理：

借：原材料——苹果　　　　　108000

　　应交税费——应交增值税（进项税额）

　　　　　　　　　　　　　　　12000

　　贷：银行存款　　　　　　　120000

后附原始凭证：

①增值税普通发票的发票联1份，数量为25吨，金额为120000元，税率为免税，税额为＊＊；

②银行付款凭证回执1份：金额为120000元；

③入库单1份：苹果入库25吨。

注：根据仓库记录，苹果的期初余额0吨；入库25吨；生产领用20吨。

（4）包装物被市场监督部门没收。账务处理：

借：营业外支出　　　　　　　33900

　　贷：周转材料——包装物　　　30000

　　　　应交税费——应交增值税（进项

税额转出)　　　　　　　3900

后附原始凭证：

①市场监督管理部门出具的处理决定书 1 份：饮料包装瓶塑化剂超标，予以没收；

②市场监督管理部门出具的收据 1 份：饮料包装瓶 1 批，金额 30000 元。

经核查，该批饮料包装瓶于 2019 年 2 月购入，取得增值税专用发票，金额为 30000 元，税额为 4800 元。进项税额已于 2019 年 2 月申报抵扣。

（5）销售人员报销差旅费，账务处理（汇总）：

借：销售费用　　　　　　　16645

　　应交税费——应交增值税（进项税额）

　　　　　　　　　　　　　　1335

　贷：现金　　　　　　　　　17980

后附原始凭证：

①住宿费增值税专用发票 10 份：合计金额 8000 元，税额 480 元；

②注明本公司销售人员信息的国内航空运输电子客票行程单 4 份：合计金额 7000 元；

③注明本公司销售人员信息的国内公路客票 12 份：合计金额 2500 元。

（6）除上述审核业务外，该企业还购进调味品等原材料，均取得增值税专用发票，合计金额 76000 元，税额 9880 元。

当月取得的增值税专用发票均已登录发票平台选择、确认。

问题：

（1）根据上述材料，对公司处理不符合现行增值税政策的，请逐项指出错误之处。

（2）分别计算确认该公司 2019 年 6 月的销项税额、进项税额、进项税额转出及应纳增值税额。请列出计算过程，金额单位为元，保留小数点后两位。

（3）填写该公司 2019 年 6 月的《增值税纳税申报表附列资料(二)》(摘要)中的税额。

《增值税纳税申报表附列资料(二)》(摘要)

单位：元

一、申报抵扣的进项税额		
项目	栏次	税额
(一)认证相符的增值税专用发票	1	
其中：本期认证相符且本期申报抵扣	2	
前期认证相符且本期申报抵扣	3	
(二)其他扣税凭证	4	
其中：海关进口增值税专用缴款书	5	
农产品收购发票或者销售发票	6	
代扣代缴税收缴款凭证	7	
加计扣除农产品进项税额	8a	
其他	8b	
(三)本期用于购建不动产的扣税凭证	9	
(四)本期用于抵扣的旅客运输服务扣税凭证	10	
(五)外贸企业进项税额抵扣证明	11	
当期申报抵扣进项税额合计	12	

二、进项税额转出额

栏目	栏次	税额
本期进项税额转出额	13	
其中：免税项目用	14	
集体福利、个人消费	15	
非正常损失	16	
简易计税方法征税项目用	17	
免抵退税办法不得抵扣的进项税额	18	
纳税检查调减进项税额	19	
红字专用发票信息表注明的进项税额	20	
上期留抵税额抵减欠税	21	
上期留抵税额退税	22	
其他应作进项税额转出的情形	23	

3. (2017年综合题，改)某化妆品生产企业是增值税一般纳税人，2020年3月发生如下业务：

(1)采取直接收款方式销售生产的A类面霜1500瓶，每瓶20克，每瓶不含税售价400元，款项678000元已收存银行。

(2)销售生产的B类护肤液50箱，每箱20瓶，每瓶60毫升，每瓶含税售价61.02元，货物已发，款项61020元，已收存银行。

(3)销售生产的C类面膜300盒，每盒5片，已开具增值税专用发票，注明价款27000元，增值税3510元，款项尚未收到。

(4)将A类面霜、B类护肤液各1瓶和C类面膜2片组成套装，以每套不含税价款490元，委托甲企业代销，已收到代销清单，当期代销100套，款项尚未收到。

(5)将本单位生产的C类面膜120盒作为"三八"节福利发放给本单位女职工。

(6)将2015年在本地自建的办公楼对外出租，一次性收取3年租金1050000元，该企业采用简易计税方法计算增值税。

(7)本月材料采购情况如下表：

	采购内容	数量(斤)	不含税单价(元)
1	香水精	50	1000
2	酒精	100	20
3	珍珠粉	500	50
4	面霜	500	600

(8)支付销售化妆品发生的运输费用21800元，取得的增值税专用发票载明金额20000元，税额1800元，当月已认证通过。已知高档化妆品消费税税率15%。采购时均取得增值税专用发票，当月除珍珠粉的专用发票未认证外，其他专用发票均已通过认证，以上材料均未领用。

问题：

(1)根据资料，逐笔计算当期应纳增值税(销项税额、进项税额或应纳增值税)和消费税。

(2)根据资料填写下列增值税纳税申报表(摘要)中所列字母金额。

项目		金额
销售额	(一)按适用税率计税销售额	A
	其中：应税货物销售额	B
	应税劳务销售额	
	销项税额	C
	进项税额	D
	实际抵扣进项税	E
	应纳税额	F
	(二)按简易办法计税销售额	G
	简易计税办法计算的应纳税额	H
	应纳税额合计	I

4. (2016年综合题，改)税务师受托为某建材商行编制2019年7月的增值税纳税申报表，建材商行系增值税一般纳税人，主营各类洁具的批发零售。已知建材商行当月增值税专用发票和机动车销售统一发票已通过增值税发票查询平台勾选确认或认证，2019年6月增值税纳税申报时，留抵税额为0元。无待抵扣进项税额、预缴税额和待抵扣销售额。假定除税务师审核发现的问题外无其他增值税涉税业务。

税务师审核2019年7月增值税相关的会计核算及资料发现：

(一)收入方面

资料1：销售洁具，开具增值税专用发票部分价税合计收款2260000元，开具普通发票部分合计收款452000元，未开具发票部分合计收款339000元。账务处理如下(汇总)：

借：银行存款　　　　　　　3051000
　　贷：主营业务收入　　　　2700000
　　　　应交税费——应交增值税(销项税额)　　　　　　　　351000

资料2：销售旧款和残次品洁具，未开具发票合计收款56500元。账务处理如下：

借：银行存款　　　　　　　　56500
　　贷：营业外收入　　　　　　56500

资料3：销售小轿车：开具普通发票共收

款120510元，未放弃减税优惠。账务处理如下：

借：银行存款　　　　　　　120510
　　贷：固定资产清理　　　　118170
　　　　应交税费——应交增值税(销项税额)　　　　　　　　　2340

经审核确认，该小轿车于2010年购进，购置原值为400000元，已提折旧360000元。

资料4：办公用房出售：开具普通发票共收款2100000元，账务处理如下：

借：银行存款　　　　　　　2100000
　　贷：固定资产清理　　　　2100000

经审核确认，该办公用房购置发票显示，于2008年3月购进，购进原值为2310000元，位置为外省某市，销售时已累计计提折旧900000元，由商行在出售时自行开具增值税普通发票，在外省某市未预缴增值税，选择简易计税方法缴纳增值税。

(二)购进货物或接受服务方面

资料5：购进洁具：购进各类洁具，均取得增值税专用发票载明合计价款2500000元，合计税额325000元，账务处理如下(汇总)：

借：库存商品　　　　　　　2500000
　　应交税费——应交增值税(进项税额)　　　　　　　　　325000

贷：银行存款　　　　　　2825000

资料6：洁具被盗损失：上月购入的一批洁具因管理不善被盗发生损失，账面成本为70000元。账务处理如下：

借：待处理财产损溢——待处理流动资产
　　损溢　　　　　　　　70000
　　贷：库存商品　　　　　70000

资料7：购进小轿车：购进一台小轿车取得机动车销售统一发票载明价款800000元，税额104000元，账务处理如下：

借：固定资产　　　　　　800000
　　应交税费——应交增值税（进项税额）
　　　　　　　　　　　　104000
　　贷：银行存款　　　　　904000

资料8：支付油费、房租费及过路费等：支付车辆加油费，取得增值税专用发票载明价款40000元，税额5200元；支付8—12月房租费，取得增值税专用发票载明价款100000元，税额5000元；支付运输车辆高速公路通行费，取得高速公路通行费发票载明合计金额10300元。账务处理如下（汇总）：

借：销售费用　　　　　　50300
　　待摊费用　　　　　　100000
　　应交税费——应交增值税（进项税额）
　　　　　　　　　　　　10200
　　贷：银行存款（或现金）160500

问题：

(1)按照资料1说明企业账务处理是否准确？当月增值税应如何处理？对企业错误处理，用综合账务调整法作出账务调整分录。

(2)按照资料2说明企业账务处理是否准确？当月增值税应如何处理？对企业错误处理，用综合账务调整法作出账务调整分录。

(3)按照资料3说明企业账务处理是否准确？当月增值税应如何处理？对企业错误处理，用综合账务调整法作出账务调整分录。

(4)按照资料4说明企业账务处理是否准确？当月增值税应如何处理？对企业错误处理，用综合账务调整法作出账务调整分录。

(5)按照资料5说明企业账务处理是否准确？当月增值税应如何处理？对企业错误处理，用综合账务调整作出账务调整分录。

(6)按照资料6说明企业账务处理是否准确？当月增值税应如何处理？对企业错误处理，用综合账务调整法作出账务调整分录。

(7)按照资料7说明企业账务处理是否准确？当月增值税应如何处理？对企业错误处理，用综合账务调整法作出账务调整分录。

(8)按照资料8说明企业账务处理是否准确？当月增值税应如何处理？对企业错误处理，用综合账务调整法作出账务调整分录。

(9)计算当月增值税销项税额、可抵扣的进项税额、进项税额转出和应缴纳（留抵）的增值税额。

(10)填写《增值税纳税申报表》（摘要）相关栏目中的金额。

	项目	栏次	一般货物及劳务
			本月数
销售额	（一）按适用税率计税销售额	1	
	其中：应税货物销售额	2	
	（二）按简易计税办法计税货物销售额	5	

项 目		栏次	一般货物及劳务
			本月数
税款计算	销项税额	11	
	进项税额	12	
	进项税额转出	14	
	应抵扣税额合计	17	
	实际抵扣税额	18	
	应纳税额	19	
	期末留抵税额	20	
	简易计税办法计算的应纳税额	21	
	应纳税额减征额	23	
	应纳税额合计	24	
	本期应补(退)税额	34	

真题精练(主观题)答案

1.【答案】

(1)物业费纳税义务发生时间是开具发票的当天。

纳税人发生应税销售行为,其增值税纳税义务发生时间为收讫销售款项或者取得索取销售款项凭据的当天;先开具发票的,为开具发票的当天。

3月物业费销项税额=636÷(1+6%)×6%=36(万元)

(2)2019年1季度预缴企业所得税,应计入应纳税所得额的金额=636÷(1+6%)÷12=50(万元)。

季度预缴时,可以弥补以前年度亏损。

(3)自来水费增值税应纳税额=(22.66-21.63)÷(1+3%)×3%=0.03(万元)

(4)装修费增值税销项税额=635.47÷(1+9%)×9%=52.47(万元)

(5)资料2中物业公司收取的这部分车位管理费按现代服务——商务辅助服务(物业管理服务)项目征税,税率为6%。

(6)资料3中物业公司出租该地下车位收取的租金应按不动产经营租赁服务缴纳增值税。

不适用简易计税政策。

物业公司的车位经营权是在2016年10月1日(营改增之后)取得,适用一般计税方法。

(7)免租期内不需要缴纳增值税。

纳税人出租不动产,租赁合同中约定免租期的,不属于规定的视同销售服务,无需缴纳增值税。

(8)免租期内的房产税应由产权所有人采用从价计征的方式缴纳。

对出租房产,租赁双方签订的租赁合同约定有免收租金期限的,免收租金期间由产权所有人按照房产原值缴纳房产税。

2.【答案】

(1)错误之处:

①代销手续费直接冲抵代销收入不符合规定,少确认销项税额。

②购入不动产取得增值税专用发票错误。

a. 差额开票存在问题,属于差额征税,全额开票;

b. 备注栏填写有误,未注明不动产的详细地址。

由于扣税凭证存在问题,不得抵扣进项税额,企业处理有误。

③购入苹果进项税额计算抵扣错误。购入时不得加计扣除,生产领用时可以加扣1%。

④没收包装物进项税额转出适用税率错误。

⑤差旅费进项税额抵扣错误。

（2）当期销项税额＝122200－11700＋113000÷（1+13%）×13%＝123500（元）

当期进项税额＝33215－12000－1335＋120000×9%＋120000÷25×20×1%＋480＋7000÷（1+9%）×9%＋2500÷（1+3%）×3%＝32770.80（元）

『提示』代销手续费未取得专用发票，不得抵扣进项税额。

进项税额转出＝10000＋4800＝14800（元）

应纳增值税＝123500－（32770.8－14800）＝105529.20（元）

（3）

《增值税纳税申报表附列资料（二）》（摘要）

单位：元

一、申报抵扣的进项税额

项目	栏次	税额
（一）认证相符的增值税专用发票	1	20360
其中：本期认证相符且本期申报抵扣	2	20360（10000+480+9880）
前期认证相符且本期申报抵扣	3	
（二）其他扣税凭证	4	12410.8
其中：海关进口增值税专用缴款书	5	
农产品收购发票或者销售发票	6	10800（120000×9%）
代扣代缴税收缴款凭证	7	
加计扣除农产品进项税额	8a	960
其他	8b	650.8
（三）本期用于购建不动产的扣税凭证	9	
（四）本期用于抵扣的旅客运输服务扣税凭证	10	650.8
（五）外贸企业进项税额抵扣证明	11	
当期申报抵扣进项税额合计	12	32770.8

二、进项税额转出额

栏目	栏次	税额
本期进项税额转出额	13	14800
其中：免税项目用	14	
集体福利、个人消费	15	
非正常损失	16	4800
简易计税方法征税项目用	17	
免抵退税办法不得抵扣的进项税额	18	
纳税检查调减进项税额	19	
红字专用发票信息表注明的进项税额	20	
上期留抵税额抵减欠税	21	
上期留抵税额退税	22	
其他应作进项税额转出的情形	23	10000

3.【答案】

(1)业务 1 增值税销项税额 = 400×1500×13% = 78000(元);消费税 = 400×1500×15% = 90000(元)。

业务 2 增值税销项税额 = 61020÷1.13×13% = 7020(元);消费税:0。

【思路点拨】 高档美容、修饰类化妆品和高档护肤类化妆品是指生产(进口)环节销售(完税)价格(不含增值税)在 10 元/毫升(克)或 15 元/片(张)及以上的美容、修饰类化妆品和护肤类化妆品。

业务 3 增值税销项税额 = 3510 元;消费税 = 27000×15% = 4050(元)。

业务 4 增值税销项税额 = 490×100×13% = 6370(元);消费税 = 490×100×15% = 7350(元)。

业务 5 增值税销项税额 = 120×27000÷300×13% = 1404(元);消费税 = 120×27000÷300×15% = 1620(元)。

业务 6 简易计税应纳增值税 = 1050000÷1.05×5% = 50000(元)。

业务 7 增值税进项税额 = (1000×50+20×100+600×500)×13% = 45760(元)。

业务 8 增值税进项税额:1800 元。

(2)

	项目	栏次	金额
销售额	(一)按适用税率计税销售额	A	740800
	其中:应税货物销售额	B	740800
	应税劳务销售额		
	销项税额	C	96304
	进项税额	D	47560
	实际抵扣进项税	E	47560
	应纳税额	F	48744
	(二)按简易办法计税销售额	G	1000000
	简易计税办法计算的应纳税额	H	50000
	应纳税额合计	I	98744

A 栏按适用税率计税销售额 = 600000 + 61020÷1.13 + 27000 + 49000 + 10800 = 740800(元)

B 栏应税货物销售额 = 740800(元)

C 栏销项税 = 740800×13% = 96304(元)

D 栏已认证的进项税额 = 45760 + 1800 = 47560(元)

E 栏可以实际抵扣进项税额 = 47560(元)

F 栏一般计税方法计算的应纳税额 = 96304−47560 = 48744(元)

G 栏按简易计税方法计税销售额 = 1050000÷1.05 = 1000000(元)

H 栏按简易计税方法应纳税额 = 1050000÷1.05×5% = 50000(元)

I 栏应纳税合计 = 48744 + 50000 = 98744(元)

4.【答案】

(1)资料 1 的账务处理没有问题。

(2)处理不正确,销售旧款和残次品洁具,虽然未开具发票,但也要确认增值税,并且按照销售货物计算增值税。

调账分录为:

借:营业外收入　　　　　56500

　　贷:主营业务收入　　　　　50000

　　　　应交税费——应交增值税(销项税额)　　　　　6500

(3)处理不正确,本题销售小轿车采用简易办法,不应该在销项税额中核算,应在简易计税中核算。

调账分录为：

借：应交税费——简易计税　　-2340

　　贷：应交税费——应交增值税（销项
　　　　税额）　　　　　　　　-2340

（4）处理正确，一般纳税人销售 2016 年 4 月 30 日之前购入的不动产，选择适用简易计税办法的，以取得的全部价款和价外费用扣除不动产购置原价或者取得不动产时的作价后的余额为销售额，按照 5% 的征收率计算应纳税额，并在不动产所在地预缴税款=（全部价款和价外费用-不动产购置原价或者取得不动产时的作价）÷（1+5%）× 5%，本办公用房销售价格为 2100000 元，购置原价为 2310000 元，销售价格扣除购置原价之后小于零，本办公用房不需要纳税，也不需要预缴，所以本业务处理没有问题。

（5）处理正确。

（6）处理错误，由于被盗发生的损失属于非正常损失，需要进项税额转出。

调账分录为：

借：待处理财产损溢——待处理流动资产损溢　　　　　　　　　　　9100

　　贷：应交税费——应交增值税（进项
　　　　税额转出）　　　　　　9100

（7）处理正确。

（8）处理不正确，一般纳税人支付的道路、桥、闸通行费，暂凭取得的通行费发票（不含财政票据，下同）上注明的收费金额按照下列公式计算可抵扣的进项税额：

高速公路通行费可抵扣进项税额=高速公路通行费发票上注明的金额÷（1+3%）×3%

调账分录为：

借：应交税费——应交增值税（进项税额）
　　　　　　　　　　　　　　　300

　　贷：销售费用　　　　　　　300

（9）销项税额=351000+6500=357500（元）

进项税额=325000+104000+10200+300=439500（元）

进项税额转出额=9100（元）

应纳增值税=357500-439500+9100=-72900（元）

留抵税额为 72900 元，当月简易计税办法应纳增值税=2340（元）。

（10）

《增值税纳税申报表》（摘要）

	项目	栏次	一般货物及劳务 本月数
销售额	（一）按适用税率计税销售额	1	2750000
	其中：应税货物销售额	2	2750000
	（二）按简易办法计税销售额	5	2117000
税款计算	销项税额	11	357500
	进项税额	12	439500
	进项税额转出	14	9100
	应抵扣税额合计	17	430400
	实际抵扣税额	18	357500
	应纳税额	19	0
	期末留抵税额	20	72900
	简易计税办法计算的应纳税额	21	3510
	应纳税额减征额	23	1170

项目		栏次	一般货物及劳务
			本月数
税款计算	应纳税额合计	24	2340
	本期应补（退）税额	34	2340

真题精练（主观题）总结

1. 在第 9 章的主观题中增值税主要考核了以下内容，如下表 9-75。

表 9-75　增值税的主观题考点

考点	具体内容
销项税额	(1)出租不动产一次性收取多年租金增值税的纳税义务发生时间。 相关内容：境外单位或个人出租境内不动产一次性收取多年租金，支付方扣缴增值税、城建税、教育费附加、地方教育附加、房产税和企业所得税的计算。 (2)一次收取数月物业费增值税的纳税义务发生时间。 相关内容：一次收取数月物业费企业所得税收入确认时间。 (3)物业公司收取的装修费应该按照建筑服务计算缴纳增值税。 (4)车位产权属于业主，收取的车位管理费按现代服务——商务辅助服务(物业管理服务)项目征税，税率为6%；出租地下车位收取的租金应按**不动产经营租赁**服务缴纳增值税。 (5)出租不动产免租期的增值税税务处理和房产税税务处理。 (6)代销手续费应该按照现代服务缴纳增值税，而不应该直接冲抵代销收入
进项税额	(1)购进不动产既用于一般计税项目，又用于简易计税项目，如何抵扣进项税额。 (2)向境外单位和个人支付款项进项税额的抵扣。 (3)进项税额抵扣中对扣税凭证的要求——备注栏、差额纳税发票开具。 (4)购进农产品先按9%抵扣进项税额，使用时再根据用途确定是否允许加扣1%。 (5)进项税额转出：按照抵扣时的税率或者扣除率做转出，而不是按照转出时的税率或扣除率做转出。 (6)差旅费进项税额抵扣——国内旅客运费、住宿费、餐费进项税额抵扣问题
简易计税与差额计税	(1)提供物业服务的纳税人收取自来水水费的差额纳税。 (2)出租不动产简易计税应纳税额的计算。 (3)销售使用过的不动产的应纳税额计算
纳税申报表填写	(1)申报表中销售额、销项税额、进项税额、进项税额转出、实际抵扣进项税额、应纳税额、简易计税应纳税额、应纳税额合计的填写。 (2)销售使用过的固定资产简易计税情况下申报表的填写。 (3)采购农产品进项税额抵扣申报表的填写。 (4)国内旅客运费可抵进项税额申报表的填写

2. 消费税的主观题考点——高档化妆品的界定及应纳消费税的计算。

一、单项选择题

1. 快递行业的收派件服务属于营改增中的( )应税服务。

   A. 交通运输服务

   B. 邮政普遍服务

   C. 物流辅助服务

   D. 其他邮政服务

2. 下列关于营改增应税服务的表述错误的是( )。

   A. 将建筑物、构筑物等不动产或者飞机、车辆等有形动产的广告位出租给其他单位或者个人用于发布广告，按照经营租赁服务缴纳增值税

   B. 纳税人为客户办理退票而向客户收取的退票费、手续费等收入，按照其他现代服务缴纳增值税

   C. 纳税人现场制作食品并直接销售给消费者，按照餐饮服务缴纳增值税

   D. 车辆停放服务，按物流辅助服务缴纳增值税

3. 下列各项中，应当计算缴纳增值税的是( )。

   A. 存款利息

   B. 农业生产者销售自产农产品

   C. 软件公司提供技术服务

   D. 社会团体收取的会费

4. 根据增值税规定，下列税务处理错误的是( )。

   A. 美容院销售美容产品的同时提供美容服务，应按照兼营行为缴纳增值税

   B. 商场销售货物并提供餐饮服务，应按照兼营行为缴纳增值税

   C. 建材商店销售木地板的同时提供铺装服务，应按照13%的税率缴纳增值税

   D. 装修公司包工包料提供装修服务，应按照9%的税率缴纳增值税

5. 下列各项业务所取得的收入中，应按6%的税率征收增值税的是( )。

   A. 搬家公司从事的搬家业务

   B. 无运输工具承运业务

   C. 建筑服务

   D. 出租建筑施工设备并配备操作人员

6. 某经商务部批准成立的融资租赁公司为增值税一般纳税人，为提供融资租赁服务向银行借款，支付借款利息100万。对于该笔利息，税务处理正确的是( )。

   A. 进项税额可以抵扣

   B. 可以差额纳税，抵减的税额通过"应交税费——应交增值税(销项税额抵减)"核算

   C. 可以差额纳税，抵减的税额通过"应交税费——简易计税"核算

   D. 相应的进项税额通过"应交税费——应交增值税(进项税额)"核算

7. 税务师在审核纳税人的增值税销售额时，下列表述正确的是( )。

   A. 经纪代理服务，以取得的全部价款和价外费用为销售额

   B. 贷款服务，以提供贷款服务取得的全部利息及利息性质的收入为销售额

   C. 金融商品转让，按照卖出价扣除买入价后的余额为销售额，转让金融商品出现的正负差，不得相抵

   D. 航空运输销售代理企业提供境外航段机票代理服务，以取得的全部价款和价外费用为销售额

8. 税务师在代理委托人的增值税纳税审核时，对于销售货物收入的结算方式的审核中，以下说法中正确的是( )。

   A. 税务师应该重点审核企业产品赊销业务是否属实，特别关注合同中规定的收款日期与实际收款日期，有无在合同规定的收款日期没有收到款项，不确认销售收入的问题

B. 税务师应该重点审核企业在按照预收货款结算方式确认销售收入时，是否在收到货款时，确认销售收入，有无在收到货款、没有发出存货的情况下，不确认收入的问题

C. 税务师应该重点审核企业采用托收承付结算方式时，有无货物已经发出不做销货处理的情况，重点审核企业的购销合同和年末发出商品备查簿

D. 税务师应该重点审核纳税人在采用分期收款的结算方式下，有无只在全部货款收齐时结转收入，而不是在每次收到货款时结转收入，有无在实际收款时确认收入的问题

9. 关于增值税纳税义务发生时间，下列说法错误的是（　　）。

　A. 采取预收款方式销售货物的，为货物发出的当天

　B. 先开具发票的，增值税纳税义务发生时间为开具发票的当天

　C. 进口货物为报关进口的当天

　D. 将货物交付给他人代销，为发出代销货物的当天

10. 将购买的货物用于下列项目，其进项税额不得抵扣的是（　　）。

　A. 用于赠送给其他单位

　B. 用于修建厂房

　C. 作为集体福利

　D. 用于餐饮业

11. 2020年5月某酒厂采用投入产出法核定农产品进项税额扣除，投入产出标准为1吨玉米生产0.6吨白酒。企业期初无农产品余额，本月购进100吨玉米，买价为300000元。本月销售43吨白酒，则允许扣除的进项税额为（　　）元。

　A. 24734.51　　　B. 24735.66

　C. 31240.77　　　D. 39000

12. 自2019年4月1日至2021年12月31日，允许生产、生活性服务业纳税人按照当期抵扣进项税额加计10%，其中下列不

属于生产、生活性服务业的是（　　）。

　A. 贷款服务

　B. 邮政普遍服务

　C. 文化创意服务

　D. 文化体育服务

13. 某医疗器械厂为增值税一般纳税人，其本期发生的经济业务中，需要做进项税额转出处理的购进货物是（　　）。

　A. 生产本企业应税产品耗用的上期购买原材料

　B. 捐赠给医院的医疗器械耗用上期购买的原材料

　C. 本企业医院使用的自产医疗器械耗用的外购原材料

　D. 管理人员监守自盗，被盗产品耗用的前期购买原材料

14. 某公司员工张某2020年5月出差，取得乘坐高铁的车票，上面注明了旅客身份信息，金额为625元，则该项业务可以抵扣的进项税额是（　　）元。

　A. 18.20　　　　B. 29.76

　C. 35.38　　　　D. 51.61

15. 某公司员工王某2020年5月出差，取得飞机票，上面注明了旅客身份信息，票价1820元，燃油费附加60元，机场建设费50元，该项业务可以抵扣的进项税额是（　　）元。

　A. 150.28　　　　B. 154.40

　C. 155.23　　　　D. 159.36

16. 某制药厂（增值税一般纳税人）2020年2月份销售抗生素药品取得含税收入113万元，销售免税药品50万元（不含税），当月购入生产用原材料一批，取得增值税专用发票上注明税款6.8万元，抗生素药品与免税药品无法划分耗料情况，则该制药厂当月应纳增值税为（　　）万元。

　A. 9.20　　　　B. 11.47

　C. 11.25　　　　D. 8.47

17. 某餐厅2019年12月允许抵扣的进项税额为30万元，由于管理不善霉烂变质的原

料转出的进项税额为 3 万元，其中本月购进的原料对应的进项税额为 1.2 万元，2019 年 3 月购进并查询抵扣的原料对应的进项税额为 1.8 万元，已知该餐厅符合加计抵减政策。该餐厅当期可抵减加计抵减额为( )万元。

A. 2.7　　　　　B. 2.82
C. 2.88　　　　D. 4.32

18. 鼎盛公司是一家专门从事挖掘机租赁的企业，作为试点营业税改征增值税的一般纳税人核算。2020 年 3 月公司购入 10 台挖掘机，收到增值税专用发票，支付价款 180 万元，增值税税额 23.4 万元。企业初次购买一套增值税税控系统专用设备，用银行存款支付，取得增值税专用发票，不含税价款 2000 元，增值税税额 260 元。当月鼎盛公司将其新购入的 10 台挖掘机对外出租，租赁期限 1 个月，取得不含税租金收入 15 万元，款项已经收到。公司当月应纳的增值税为( )元(上述取得的专用发票已经通过了认证)。

A. 0　　　　　　B. 21680
C. 24000　　　　D. 216760

19. 增值税一般纳税人，因购买货物从销售方取得的各种形式的返还资金，应当冲减当期的进项税额，计算公式为( )。

A. 当期应冲减的进项税额 = 当期取得的返还资金×所购货物适用的增值税税率

B. 当期应冲减的进项税额 = 当期取得的返还资金÷所购货物适用的增值税税率

C. 当期应冲减的进项税额 = 当期取得的返还资金÷(1+所购货物适用的增值税税率)×所购货物适用的增值税税率

D. 当期应冲减的进项税额 = 当期取得的返还资金×(1+所购货物适用的增值税税率)×所购货物适用的增值税税率

20. 某企业为增值税一般纳税人，2020 年 3 月对外转让一栋闲置厂房，取得收入 1800 万元。该厂房为企业 2014 年购入，购入成本为 1200 万元，该企业选择按简易计税方法计算纳税。则该企业应纳的增值税为( )万元。

A. 28.57　　　　B. 59.46
C. 85.71　　　　D. 163.64

21. 某旅行社为增值税一般纳税人，2020 年 3 月组织境内旅游取得收入 150 万元，替旅游者支付给其他单位的住宿、门票、餐费共计 80 万元，支付广告费 10 万元，均取得相应的增值税普通发票。企业选择差额计算缴纳增值税，则当月需要缴纳的增值税为( )万元(以上价格均为含税价格)。

A. 2.04　　　　　B. 3.96
C. 4.37　　　　　D. 8.49

22. 一般纳税人跨地级市提供建筑服务，适用一般计税方法计税的，纳税人应以取得的全部价款和价外费用扣除支付的分包款后的余额，按照( )的预征率在建筑服务发生地预缴税款。

A. 5%　　　　　B. 3%
C. 2%　　　　　D. 9%

23. 下列选项不可以免征增值税的是( )。

A. 个人销售自建自用住房
B. 保险公司开办的一年期以上人身保险产品取得的保费收入
C. 纳税人为个体工商户借款提供融资担保取得的担保费收入
D. 银行向企业贷款取得的利息收入

24. 某食品厂为增值税小规模纳税人，2020 年 3 月销售糕点一批，取得含税销售额 400000 元，经主管税务机关核准初次购进增值税税控专用设备一台，取得的增值税专用发票注明价税合计 1800 元。该食品厂当月应纳增值税( )元。

A. 9850.49　　　B. 11001.05
C. 11012.62　　　D. 11065.05

25. 某超市为增值税小规模纳税人。2020 年 3 月，该超市取得货物零售收入 120000 元；向困难群体捐赠部分外购商品，该部分商品市场零售价为 5000 元；

向职工发放部分外购商品作为节日福利，该部分商品市场售价为3700元；销售已使用2年的冰柜一台取得收入1400元。该超市当月应纳增值税( )元。

A. 3640.78　　　　B. 3667.96

C. 4815.38　　　　D. 3522.33

26. 某外贸企业2020年3月，外购商品一批，支付价款(价税合计)7000万元，其中50%内销，取得不含税收入4000万元，外销30%，取得收入300万美元。则税务机关核定的应退增值税税款是( )万元(增值税率13%，退税率10%，美元的外汇牌价1：6.2)。

A. 273　　　　　　B. 210

C. 185.84　　　　D. 233.33

27. 根据消费税的相关规定，下列纳税人涉及应税消费品业务中，需缴纳消费税的是( )。

A. 加油站用于本站车辆的汽油

B. 卷烟厂用于生产卷烟的自产烟丝

C. 将生产的小汽车用于企业管理部门自用

D. 某金店进口金银首饰

28. 下列有关消费税征税规定的表述，正确的是( )。

A. 商场零售高档化妆品时，其包装物不能分别核算的，计征消费税

B. 收取白酒包装物押金时间超过12个月不再退还的，该押金应按不含税价计征消费税

C. 收取的应税消费品包装物押金，具有保证金的性质，所以不征收消费税

D. 按现行税法规定，白酒的包装物押金无论如何核算均在收取当期计征消费税

29. 某日化厂为增值税一般纳税人，2019年10月香水生产成本2000元/瓶，每瓶50ml，不含税售价2500元/瓶；香粉生产成本1800元/瓶，每瓶50克，不含税售价2000元/瓶。该企业将自产的3000瓶香水和2000瓶香粉移送用于连续生产套

装化妆品；将香水和香粉各500瓶分给职工用作福利，则上述业务应纳消费税( )元(高档化妆品消费税税率15%)。

A. 0　　　　　　　B. 1080000

C. 173478　　　　D. 337500

30. 2020年3月份，某手表生产企业外购高档手表一批，取得增值税专用发票一张，发票上注明的价款是300万元，当月将其中的70%用于本企业继续生产A型高档手表，完工后当月销售A型高档手表150件，每件不含税价格为8.50万元，当月应纳的消费税税额是( )万元(高档手表的消费税税率20%)。

A. 175　　　　　　B. 255

C. 200　　　　　　D. 100

31. 下列关于消费税的纳税义务发生时间的规定，错误的是( )。

A. 采取赊销和分期收款结算方式的，为书面合同约定的收款日期的当天

B. 纳税人自产的应税消费品，用于连续生产应税消费品的，不纳税

C. 采取预收货款结算方式的，为收到预收款的当天

D. 纳税人进口应税消费品的，为报关进口的当天

32. 消费税纳税人出口按规定不予退税或免税的应税消费品，正确的涉税处理是( )。

A. 办理退(免)税

B. 视同出口应税消费品

C. 视同国内销售处理

D. 出口免税但不退税

二、多项选择题

1. 下列关于增值税征税范围的说法，正确的有( )。

A. 股权转让不征收增值税

B. 资产重组中涉及的货物，应征收增值税

C. 资产重组中涉及的不动产、土地使用权，不征收增值税

D. 各燃油电厂从政府财政专户取得的发

电补贴，不征收增值税

E. 由于电梯属于不动产，因此电梯厂销售电梯应该按照9%征收增值税

2. 根据增值税规定，下列行为应视同销售征收增值税的有（　　）。

A. 将自产的办公桌用于财务部门办公使用

B. 将外购的服装作为春节福利发给企业员工

C. 将委托加工收回的卷烟用于赠送客户

D. 将新研发的玩具交付某商场代为销售

E. 某企业将资金无偿借给关联企业使用

3. 税务师在对企业的增值税情况进行审核时，应该关注的视同销售行为有（　　）。

A. 啤酒厂将自产的啤酒用于职工福利

B. 机械厂将自产的机器设备用于对外投资

C. 面粉厂将外购的面粉用于本企业职工食堂

D. 食品厂将收购的原奶捐给了养老院

E. 体育场将外购的体育器材抵偿了银行借款

4. 下列增值税税务处理正确的有（　　）。

A. 纳税人销售自产的活动板房的同时提供安装服务，应按照混合销售行为计算缴纳增值税

B. 纳税人销售自产机器设备的同时提供安装服务，应分别核算货物和建筑服务的销售额，分别适用不同的税率或者征收率，其中安装服务可以按照甲供工程选择简易计税

C. 一般纳税人销售电梯的同时提供安装服务，其安装服务可以按照甲供工程选择适用简易计税方法计税

D. 纳税人对安装运行后的电梯提供的维护保养服务，按照"其他现代服务"缴纳增值税

E. 纳税人提供植物养护服务，按照"其他生活服务"缴纳增值税

5. 下列关于营改增应税行为纳税人与扣缴义务人的表述中，正确的有（　　）。

A. 境外单位或者个人在境内发生应税行为，在境内未设有经营机构的，以购买方为增值税扣缴义务人

B. 年应税销售额超过规定标准但不经常发生应税行为的单位和个体工商户可选择按照小规模纳税人纳税

C. 符合一般纳税人条件的纳税人应当向主管税务机关办理一般纳税人资格登记

D. 年应税销售额超过规定标准但不经常发生应税行为的单位和个体工商户必须按照一般纳税人纳税

E. 单位以承包、承租、挂靠方式经营的，承包人、承租人、挂靠人以发包人、出租人、被挂靠人名义对外经营并由发包人承担相关法律责任的，以该发包人、出租人、被挂靠人为纳税人

6. 下列应税行为中，应该按照6%的税率征收增值税的有（　　）。

A. 会议展览服务

B. 工程设计服务

C. 远洋运输的光租业务

D. 航空运输的湿租业务

E. 装卸搬运服务

7. 下列选项中，适用9%税率的有（　　）。

A. 交通运输服务

B. 邮政服务

C. 有形动产租赁

D. 不动产租赁

E. 销售不动产

8. 下列关于"营改增"应税行为的表述中，正确的有（　　）。

A. 以货币资金投资收取的固定利润或者保底利润，按照"贷款服务"缴纳增值税

B. 提供餐饮服务的纳税人销售的外卖食品，按照"餐饮服务"缴纳增值税

C. 纳税人已售票但客户逾期未消费取得的运输逾期票证收入，按照"交通运输服务"缴纳增值税

D. 度假村提供会议场地及配套服务的活动，按照"不动产经营租赁服务"缴纳增

值税

E. 纳税人在游览场所经营索道、游船等取得的收入，按照"有形动产租赁服务"缴纳增值税

9. 一般纳税人发生下列应税行为，可以选择适用简易计税方法计税的有( )。

A. 公共交通运输服务

B. 电影放映服务

C. 以纳入营改增试点之日前取得的有形动产为标的物提供的经营租赁服务

D. 公路经营企业中的一般纳税人收取试点前开工的高速公路的车辆通行费

E. 一般纳税人以包工包料方式提供的建筑服务

10. 下列各项业务所取得的收入中，如果选择简易计税，适用5%征收率的有( )。

A. 以清包工方式提供的建筑服务

B. 为甲供工程提供的建筑服务

C. 销售其2016年4月30日前取得的不动产

D. 收取试点前开工的一级公路、二级公路、桥、闸通行费

E. 收取试点前开工的高速公路的车辆通行费

11. 下列各项业务所取得的收入中，应按9%的税率征收增值税的有( )。

A. 园林绿化

B. 销售不动产

C. 邮政服务

D. 转让土地使用权

E. 有形动产租赁服务

12. 下列对销项税额处理错误的有( )。

A. 农业生产者销售农产品不确认销项税额

B. 进料加工企业有进料加工服装复出口收入500万元，未在规定期限内办理相关手续，按税法规定，应当视同内销计算销项税额65万元

C. 一般纳税人企业销售已使用的2008年购置的未抵扣过进项税的固定资产，应

当缴纳的增值税计入当期销项税额

D. 一般纳税人以货物抵债，按同类产品销售价格计算销项税额

E. 一般纳税人将自产的货物用于捐赠，应按同类产品销售价格计算销项税额

13. 下列项目中，不得将其进项税额从销项税额中抵扣的有( )。

A. 用于简易计税方法计税项目

B. 非正常损失的购进货物

C. 购进的国内旅客运输服务

D. 非正常损失的不动产在建工程所耗用的购进货物

E. 因自然灾害导致毁损的购进货物

14. 下列旅客运费发票可以计算抵扣进项税额的有( )。

A. 纸质出租车票

B. 定额车票

C. 国际机票

D. 注明旅客身份信息的高铁票

E. 注明旅客身份信息的轮船票

15. 下列关于销售使用过的固定资产的涉税处理，正确的有( )。

A. 会计网校将2008年购进的在固定资产核算的一台夏普打印机出售，放弃减税的，可以开具增值税专用发票

B. 化工厂将自用3年的奥迪车赠给客户，无法确定销售额，以该车账面净值作为销售额

C. 某小规模纳税人销售自己的一台旧货车，未放弃减税的，可以由税务机关代开专用发票

D. 小规模纳税人销售自己使用过的固定资产，可以减按2%的征收率征收

E. 一般纳税人销售自己使用过的固定资产，适用简易办法的，可以按3%的征收率减按2%征收

16. 下列项目可以差额计算缴纳增值税的有( )。

A. 金融商品转让

B. 融资租赁服务

C. 建筑服务适用简易计税方法的

D. 房地产开发企业中的一般纳税人销售其开发的房地产项目采用一般计税方法的

E. 房地产开发企业中的一般纳税人销售其开发的房地产项目采用简易计税方法的

17. 下列关于营改增应税行为销售额的表述中，正确的有（　）。

A. 金融商品转让，以卖出时取得的全部收入为销售额

B. 贷款服务，以提供贷款服务取得的全部利息及利息性质的收入为销售额

C. 经纪代理服务，以取得的全部价款和价外费用，扣除向委托方收取并代为支付的政府性基金或者行政事业性收费后的余额为销售额

D. 航空运输企业的销售额，不包括代收的机场建设费和代售其他航空运输企业客票而代收转付的价款

E. 一般纳税人提供客运场站服务，以其取得的全部价款和价外费用，扣除支付给承运方运费后的余额为销售额

18. 关于增值税销售额的说法，正确的有（　）。

A. 分期收款结算方式下，货物发出时确认销售额

B. 将销售代销货物的销售金额并入应税销售额

C. 以旧换新方式销售货物时，一律按实际收到货款确认应税销售额

D. 外汇结算销售额人民币折合率可选择当天或当月 1 日外汇牌价

E. 采取还本销售方式，可从应税销售额中减除还本支出

19. 税务师在审核某增值税一般纳税人申报缴纳增值税时，发现下列情况应作为纳税义务发生确认应税销售额的有（　）。

A. 发出的代销商品，货款尚未收到，在第 90 天收到代销清单时

B. 发出的代销商品，尚未收到代销清单，在第 15 天收到部分货款

C. 发出的代销商品，未收到货款和代销清单，于货物发出后满 150 天时

D. 发出的代销商品，未收到货款和代销清单，于货物发出后满 80 天时

E. 发出的代销商品，未收到货款和代销清单，于货物发出后满 180 天时

20. 某服装厂下列业务的进项税额允许抵扣的有（　）。

A. 生产车间为一线职工购买的劳保服装

B. 工会组织给职工过节外购的食用植物油

C. 财务科首次购置增值税防伪税控系统专用设备

D. 非独立核算的汽车队发生的汽车修理费用

E. 购入扩建车间所用的智能化楼宇设备

21. 下列关于进项税额的陈述，正确的有（　）。

A. 2019 年 5 月自农场购进农产品，按照农产品收购发票或者销售发票上注明的农产品买价和 10% 的扣除率计算进项税额

B. 纳税人购进货物，取得的增值税扣税凭证不符合有关规定的，其进项税额不得从销项税额中抵扣

C. 非正常损失的在产品、产成品所耗用的购进货物或者应税劳务的进项税额不得抵扣

D. 纳税人租入不动产，既用于一般计税方法计税项目，又用于免征增值税项目，其进项税额不得从销项税额中抵扣

E. 根据最新规定，纳税人外购的应征消费税的摩托车、汽车、游艇，其进项税额可以从销项税额中抵扣

22. 增值税一般纳税人发生的下列业务，属于可以抵扣进项税额的有（　）。

A. 购进职工食堂的专用设备

B. 购进生产空气净化器的生产设备

C. 购进用于发放职工福利的食品

D. 购进用于厂房建设的中央空调

E. 租入不动产既用于一般计税项目，又用于简易计税项目

23. 税务师对一般纳税人的"应交税费——应交增值税"明细账进行审核时，企业的以下处理中，正确的有（　　）。

A. 企业当期发生进货退回业务，应该减少当期进项税额，贷记"应交税费——应交增值税(进项税额转出)"科目

B. 企业职工餐厅领用了上月购进的面粉一批，贷记"应交税费——应交增值税(进项税额转出)"科目

C. 企业因地震造成自产面粉发生损失，贷记"应交税费——应交增值税(进项税额转出)"科目

D. 商业企业用外购汽车对外捐赠，贷记"应交税费——应交增值税(进项税额转出)"科目

E. 企业用上月外购的牛奶发放给职工，作为国庆节的福利，贷记"应交税费——应交增值税(进项税额转出)"科目

24. 自 2019 年 4 月 1 日至 2021 年 12 月 31 日，提供（　　）取得的销售额占全部销售额的比重超过 50% 的纳税人，按照当期可抵扣进项税额加计 10%，抵减应纳税额。

A. 邮政服务

B. 电信服务

C. 现代服务

D. 建筑服务

E. 金融服务

25. A 企业为一家建筑公司，系增值税一般纳税人，2019 年 8 月销售转让其 2013 年自建的一幢写字楼，取得含税转让收入 1800 万元。该写字楼的建造成本为 700 万元，保留有合法有效凭证。关于该项业务的税务处理，下列说法正确的有（　　）。

A. A 企业可以选择简易计税方法依 3% 的征收率计算缴纳增值税

B. A 企业应该在不动产所在地主管税务机关预缴增值税

C. A 企业应该在机构所在地主管税务机关进行纳税申报

D. 一旦选择简易征收，应纳增值税为 52.38 万元

E. 一旦选择简易征收，应纳增值税为 85.71 万元

26. 张欣 2019 年 8 月销售了自己位于北京市朝阳区的住房，含增值税销售价格为 900 万元，该住房系 2018 年 4 月购入，购入价 600 万元。关于该项业务的税务处理，下列说法正确的有（　　）。

A. 张欣应该向住房所在地主管税务机关申报缴纳增值税

B. 张欣应该向户籍所在地主管税务机关申报缴纳增值税

C. 该项业务无需申报缴纳增值税

D. 应纳增值税为 42.86 万元

E. 应纳增值税为 14.29 万元

27. 下列关于金融服务涉税处理的说法正确的有（　　）。

A. 融资性售后回租按照贷款服务缴纳增值税

B. 以货币资金投资收取的固定利润，无需缴纳增值税

C. 金融商品持有期间(含到期)取得的收益无需缴纳增值税

D. 个人转让金融商品取得的收益应按简易计税方法计算缴纳增值税

E. 金融商品买卖不得开具增值税专用发票

28. 2019 年 8 月 25 日，稽查局对某公司的增值税纳税情况进行检查，发现该公司 2019 年 6 月收取价外费用 200 万元，计入"其他应付款"科目中核算，企业已经按照税务机关的要求当月将应补的增值税额缴纳。则 9 月 5 日在填写《增值税纳税申报表》时，以下填表中正确的有（　　）。

A. 第1行"（一）按适用税率计税销售额"200万元

B. 第4行"纳税检查调整的销售额"176.99万元

C. 第11行"销项税额"23.01万元

D. 第16行"按适用税率计算的纳税检查应补缴税额"26万元

E. 第37行"本期入库查补税额"23.01万元

29. 根据增值税规定，下列行为需要填列在增值税纳税申报表"（一）按适用税率计税销售额"中的有（　　）。

A. 将自产的办公桌用于财务部门办公使用

B. 将外购的服装作为福利发给企业员工

C. 将委托加工收回的卷烟用于赠送客户

D. 将新研发的玩具交付某商场代为销售

E. 将外购的水泥用于本企业仓库的修建

30. 《增值税纳税申报表附列资料（二）》中"二、进项税额转出额"中填写的项目有（　　）。

A. 不动产在建工程因自然灾害发生损失

B. 免抵退税办法出口货物不得抵扣进项税额

C. 用于个人消费的进项税额

D. 用于按简易征收办法征税货物的进项税额

E. 红字专用发票信息表注明的进项税额

31. 下列各项不同用途的应税消费品，不需缴纳消费税的有（　　）。

A. 将自产应税消费品用于职工福利

B. 委托加工的应税消费品，委托方收回后用于连续生产应税消费品

C. 自产的应税消费品用于连续生产非应税消费品

D. 某金银首饰生产企业销售金饰给某商场

E. 某卷烟批发企业批发一批卷烟给零售企业

32. 税务师对某酒厂的消费税纳税情况进行

审核，发现该酒厂销售应纳消费品除收取价款外，还收取了其他费用，按现行消费税规定，下列费用中应并入销售额计征消费税的有（　　）。

A. 承运部门将发票开具给购货方的、由酒厂收取的代垫运费

B. 因购买方延期付款收取的违约金

C. 购买方收取的品牌使用费

D. 因采用新包装材料收取的包装费

E. 向购买方收取的增值税

33. 消费税纳税人应当按照最高销售价格确定消费税的计税依据的情况有（　　）。

A. 纳税人将自产的白酒换取果酒

B. 纳税人将自产的卷烟用于招待客户

C. 纳税人用自产的高档化妆品换取原材料

D. 纳税人用外购的高档化妆品用于职工福利

E. 纳税人用自产的高尔夫球投资某娱乐城

34. 关于消费税纳税人销售自产应税消费品，下列表述中错误的有（　　）。

A. 甲啤酒厂销售啤酒，同时租借酒桶给购货方使用，约定在12个月内归还，甲纳税人应当在收取酒桶押金时，确认包装物押金为消费税的计税依据

B. 乙商店销售珠宝玉石，应当将收取的全部货款，包括价外费用，作为计算消费税的依据

C. 丙商场从事金银业务，销售金银首饰确认消费税的纳税义务时间应当与计算增值税一致

D. 丁木制品厂，将废木料做成一次性筷子，对外出售，不用缴纳消费税，但是需要缴纳增值税

E. 戊高尔夫球杆制造公司，将自产的球杆以成本价销售给母公司，戊公司在缴纳消费税时应当按照最高销售价格

35. 纳税人用外购或委托加工收回的应税消费品连续生产应税消费品的，按照税法

规定，可以扣除已纳消费税的情况有( )。

A. 用外购或委托加工的酒生产其他酒

B. 用外购的鞭炮生产加工自己品牌的鞭炮

C. 用外购的烟叶生产烟丝

D. 用外购或委托加工的石脑油为原料生产的成品油

E. 用外购或委托加工的高尔夫杆头、杆身和握把为原料生产的高尔夫球杆

36. 对销售金银首饰的企业进行纳税审核时，以下说法正确的有( )。

A. 在以旧换新、翻新改制的业务中，审核企业是否均按照实际收取的不含增值税的全部价款作为计税依据计算消费税和增值税

B. 在带料加工业务中，审核企业是否按照组成计税价格计算消费税

C. 在销售金银首饰业务中，审核企业是否按照不含增值税的销售额计算消费税

D. 在销售金银首饰时，审核企业是否按照以下原则处理：同时销售包装物的，如果包装物单独计价的，不用计算消费税；如果包装物与销售额无法划分的，应该合并计征消费税

E. 在将金银首饰用于赞助的，审核企业是否按照同类金银首饰的销售价格为依据计算征收消费税、增值税

三、简答题

1. 位于某县城的甲公司，系增值税一般纳税人，2019 年 8 月将自建的老办公楼及配置的家具一起出售，有关情况如下：

(1)老办公楼及家具出售时固定资产原值 2260 万元，已提折旧 2071 万元，净值 189 万元。其中：

①老办公楼 1986 年自建并投入使用，固定资产原值 2100 万元，净值 105 万元。

②家具中，2008 年购置的一部分，固定资产原值 40 万元，净值 2 万元，2012 年购置的一部分，固定资产原值 120 万元，净值 82 万元。

(2)评估情况。甲公司出售前聘请当地具有资质的房地产评估事务所对老办公楼进行了评估，建造同样的房产需 4000 万元，该老办公楼为 4 成新。

(3)出售情况。经协商，甲公司按 2063.2 万元的市场价格，将该办公楼及家具出售给丙公司，产权转移书据中注明老办公楼折价 2000 万元，2008 年购置的家具折价 5.2 万元，2012 年购置的家具折价 58 万元，上述增值税业务的价格均为含增值税价格。

问题：

(1)甲公司处置资产涉及哪些税费(暂不考虑企业所得税，出售办公楼增值税选择简易计税)？分别列式计算。

(2)作出相应资产处置的账务处理。

2. 某生产企业系增值税一般纳税人。为调整产业结构和产品升级换代，2019 年 6 月，该企业对一批资产进行了处置。处置资产情况如下表：

资产名称	来源	日期	购置原值	增值税处理	已提折旧	处理方法
机床	购进	2006 年 3 月	价税合计 11700 元	未抵扣进项税额	8000 元	以价税合计 4000 元销售
刨床	自制	2009 年 4 月	成本结转 8000 元	未视同销售	1500 元	以价税合计 7500 元销售
注塑机	外购	2009 年 6 月	价税合计 23400 元	已抵扣进项税额 3400 元	4000 元	折价为价税合计 20000 元对外投资

资产名称	来源	日期	购置原值	增值税处理	已提折旧	处理方法
钻床	外购	2009 年 3 月	价税合计 4680 元	取得普通发票未抵扣	1000 元	以价税合计 3800 元销售
修理用备件	外购	2007 年 5 月	价税合计 5850 元	已抵扣进项税额 850 元		因管理不善毁损
办公用房	外购	2002 年 1 月	1000000 元		450000 元	以公允 1500000 元赠送给关联公司

请分别计算上述资产处置应缴纳的增值税。

3. 某代理记账公司业务人员 2020 年 1 月向税务师提出了下列增值税一般纳税人的涉税问题：

(1)某软件企业销售自行开发的软件产品如何缴纳增值税？

(2)某加油站管理公司经营用车辆所耗用汽油应作进项税额转出处理，还是按视同销售货物处理？

(3)某市最近遭遇了较强降雨，甲公司虽将货物全部存于仓库做好了相关措施。但仓库仍浸水，导致存货无法使用而损失，请问这种损失需要做进项税额转出吗？

(4)企业在不动产在建工程核算的办公楼内安装了视频会议系统，取得了增值税专用发票。该视频会议系统是否要作为建筑物的组成部分？其进项税额是否能够抵扣？

问题：请根据税法规定分别予以回答。

4. 甲公司为增值税一般纳税人，从事建材的批发和零售业务。2020 年 4 月公司购入一批建材，增值税专用发票注明购入价格为120 万元，增值税进项税额为 15.6 万元，当月该增值税专用发票已经认证抵扣。2020 年 5 月，公司扩建厂房，拟将该批建材的 60%用于此次扩建。同时，支付施工单位建筑服务费，取得增值税专用发票注明的价款 50 万元、增值税额 4.5 万元。假如您是受托为该公司提供增值税咨询的税务师，现有企业财务人员咨询下列问题，请分别予以回答：

(1)2019 年 4 月 1 日后，取得并在会计上按固定资产核算的不动产，其进项税额应如何核算？

(2)甲公司扩建厂房，其建材和建筑服务的进项税应如何核算？并协助企业做出增值税会计核算分录。（单位：元）

5. 位于北京朝阳区的甲公司，系增值税一般纳税人，主要经营大型连锁超市，并下设运输队，从事超市货物的运输，并为周边商场提供运输服务。2019 年 12 月发生如下业务：

(1)超市当月零售收入合计 500 万元，其中蔬菜 5 万元，鲜猪肉 8 万元，鸡蛋 2 万元；

(2)从北京周边郊区农场购入一批新鲜蔬菜，支付金额 30000 元，开具农产品收购发票；

(3)为周边商场运输一批家具给客户，本月共收取运费价税合计 5000 元，按规定开具一般纳税人增值税专用发票；

(4)将公司 2008 年购置的一台运输车辆出售，原值 40 万元，净值 2 万元，出售价格5.2 万元。

根据上述资料，请回答下列问题：

(1)不考虑其他业务，计算甲公司 12 月应纳的增值税。

(2)作出处置资产的账务处理(不考虑城建税及教育费附加)。

6. A 房地产开发公司位于北京，于 2016 年6 月开发建设 A 楼盘。为开发建设该楼盘，A 公司支付给政府部门的土地价款3 亿元，支付给个人的拆迁补偿款 5000 万元。2019 年 6 月房屋取得预售许可证，预售房屋，收取了 1.2 亿元的首付款。2020 年 2 月份将房屋交付业主，交付业主时房屋销售了 65%，已经收到 8.5 亿元的房屋预收款。对于该项业务 A 公司选择了一般计税方法，请回答下列问题（以万元为单位）。

(1)A 公司支付土地价款和拆迁补偿款时如何进行账务处理？

(2)A 公司收到业主的首付款是否需要预缴增值税？预缴多少？如何进行账务处理？

(3)将房屋交付业主时如何进行账务处理？

7. A 工业企业为增值税一般纳税人，机构所在地在 A 县，2020 年 3 月 10 日转让其 2014 年购买的一幢写字楼，取得含税转让收入 3600 万元。该写字楼位于 B 县，2014 年购买时的价格为 2500 万元，保留有合法有效凭证；该写字楼资产原值 2600 万元，已经计提折旧 150 万元。该工业企业对于该项业务选择了简易计税方法，请回答下列问题（以万元为单位）：

(1)A 企业需要向哪个税务机关预缴增值税？预缴多少？如何进行账务处理？

(2)A 企业需要向哪个税务机关申报缴纳增值税？计提增值税时应如何进行账务处理？

(3)如果 A 企业对该项业务选择了一般计税方法，计提增值税时应如何进行账务处理？

8. 甲企业是制造摩托车的内资企业，最近与乙企业合办了一家摩托车经营公司。双方协定，甲企业不投资现金，而以其制造的某品牌摩托车作为投资。假定该品牌摩托车当月的售价有高有低。请根据该业务回答下列问题。

问题：

(1)甲企业这笔投资业务的增值税和消费税的计税依据如何确定？

(2)甲企业这笔投资业务的企业所得税应如何处理？

四、综合分析题

1. 某建筑公司为增值税一般纳税人，承接了两个工程项目，这两个项目均为跨省项目。

(1)A 项目为包工包料提供建筑服务，采用一般计税方法计税。含增值税总包款为 3100 万元，含税分包款 1000 万元；2019 年 7 月 10 日 A 项目收到 500 万元预付工程款；2019 年 11 月 15 日 A 项目完工，收到 2500 万元工程款，并支付 1000 万元分包款，剩余的 100 万元为质保金。

(2)B 项目是为甲供工程提供的建筑服务，选择了简易计税，含税总包款为 1000 万元，含税分包款 100 万元。2019 年 8 月收到 300 万元预付款；2019 年 12 月工程完工，收到 700 万元的工程款，并支付了 100 万元分包工程款。

根据上述情况，请回答以下问题（以元为单位）。

(1)A 项目在收到 500 万元预付工程款时，应如何进行账务处理？

(2)A 项目后续收款 2500 万元，并支付分包款 1000 万元时应预缴多少增值税？后续收款预缴增值税时应如何进行账务处理？

(3)请为 A 项目填写后续收款并支付分包款时的《增值税预缴税款表》。

增值税预缴税款表

税款所属时间： 年 月 日至 年 月 日

纳税人识别号：□□□□□□□□□□□□□□□□□□□□ 是否适用一般计税方法 是□ 否□

纳税人名称：（公章）				金额单位：元(列至角分)	
项目编号			项目名称		
项目地址					
预征项目和栏次		销售额	扣除金额	预征率	预征税额
		1	2	3	4
建筑服务	1				
销售不动产	2				
出租不动产	3				
	4				
	5				
合计	6				

（4）A 项目在支付 1000 万元分包工程款时，取得税率 9% 的增值税专用发票，应如何进行账务处理？

（5）A 项目完工时，发包方扣留 100 万元质保金时，应如何进行账务处理？

（6）B 项目在收到 300 万元预付工程款时，应如何进行账务处理？

（7）B 项目后续收款 700 万元，并支付 100 万元的分包工程款，此时应预缴多少增值税？预交增值税应如何进行账务处理？

（8）请为 B 项目填写后续收款、支付分包款时的《增值税预缴税款表》。

增值税预缴税款表

税款所属时间： 年 月 日至 年 月 日

纳税人识别号：□□□□□□□□□□□□□□□□□□□□ 是否适用一般计税方法 是□ 否□

纳税人名称：（公章）				金额单位：元(列至角分)	
项目编号			项目名称		
项目地址					
预征项目和栏次		销售额	扣除金额	预征率	预征税额
		1	2	3	4
建筑服务	1				
销售不动产	2				
出租不动产	3				
	4				
	5				
合计	6				

(9)B 项目在支付 100 万元分包工程款时，应如何进行账务处理？

2. A 房地产开发公司位于北京，开发的甲楼盘位于河北廊坊，系 2015 年 10 月开工建设的项目，A 公司对其选择了简易计税方法。2019 年 6 月开始收取客户的诚意金，收到诚意金 2000 万元；2019 年 8 月房屋取得预售许可证，预售房屋，当月原有的诚意金 2000 万元转作业主购房的首付款，另外又收取了 12000 万元的首付款。房屋 2019 年 12 月份交付业主。对于该项业务 A 公司选择了简易计税方法，请回答下列

问题：

(1)A 公司收到诚意金时是否发生了增值税纳税义务？是否需要预缴增值税？

(2)A 公司收到业主的首付款时是否发生纳税义务？是否需要预缴增值税？

(3)A 公司是否需要填写《增值税预缴税款表》，为什么？

(4)请问 A 公司应该在什么时间预缴税款，为什么？

(5)请为 A 公司填写《增值税预缴税款表》。

增值税预缴税款表

税款所属时间： 年 月 日至 年 月 日

纳税人识别号：□□□□□□□□□□□□□□□□□□□□ 是否适用一般计税方法 是□ 否□

纳税人名称：(公章)		金额单位：元(列至角分)			
项目编号		项目名称			
项目地址					
预征项目和栏次		销售额	扣除金额	预征率	预征税额
		1	2	3	4
建筑服务	1				
销售不动产	2				
出租不动产	3				
	4				
	5				
合计	6				

3. 某市白酒生产公司为一般纳税人，2020 年 3 月发生以下业务：

(1)当月外购材料一批，取得增值税专用发票，注明材料价款 60.9 万元，增值税 7.917 万元。

(2)购入普通白酒 3000 斤，取得的增值税专用发票上注明的销售额是 10 万元，白酒公司将购入的白酒全部直接对外销售，取得的不含税销售额为 16 万元。

(3)将业务(1)中外购材料账面成本的 40% 及其他原材料 20 万元发出，委托某县白酒加工厂（一般纳税人）加工 A 牌白酒 5000 斤，白酒加工厂代垫的辅料为 5 万

元，另收取加工费 8 万元，取得加工厂开具的增值税专用发票注明加工费 13 万元，加工厂无同类白酒的售价，加工厂按规定代收代缴了相应的税金及附加。

(4)将加工收回的 A 牌白酒的 50% 用于抵偿 A 公司货款，经计算，企业该部分 A 牌白酒的平均不含税售价为 90 万元，最高不含税售价为 110 万元。

(5)将加工收回的 A 牌白酒的 10% 用于对外销售，当月全部售出。将自产的成本为 20 万元的 10000 斤 B 牌白酒发给下设非独立核算门市部对外销售（不含税售价为 38 万元的），当月实际售出 60%。

(6)将自产的高级白酒 5000 斤（成本为 40 万元，不含税售价为 80 万元）与其他饮品 500 斤（成本为 30 万元，不含税售价为 40 万元）组成套装出售，取得不含税销售额 110 万元。

(7)企业自有房产原值为 5000 万元，其中原值为 1000 万元的房产对外出租，每月收取租金 50 万元（含税），采用简易计税方法计算增值税。本月按规定计提了房产税（当地房产税的扣除率为 30%）。

(8)接受乙酒厂的委托代销白酒 1200 斤，代销白酒的成本 35 万元，委托方指定的不含税售价是 60 万元，本月已全部售出，委托方按代销清单开具增值税专用发票。按双方协议约定，企业将代销手续费 5 万元（含税）扣下之后将剩余款项支付给乙酒厂。

已知：白酒消费税税率为 20%，从量税每斤 0.5 元。

要求：根据上述资料，按下列序号计算有关纳税事项：

(1)计算业务(3)白酒加工厂代收代缴的消费税及相应的城建税和教育费附加。

(2)计算业务(4)中 A 牌白酒抵债应确认的销项税和消费税额。

(3)计算业务(5)中应确认的销项税额和消费税额。

(4)计算业务(6)中应确认的销项税额和消费税额。

(5)计算房产出租业务中当月应计的增值税和房产税（增值税选择简易计税方法）。

(6)计算代销业务应该缴纳的增值税。

(7)计算企业本月应缴纳的增值税。

(8)计算企业本月应缴纳的城建税及教育费附加。

4. 红发电子有限公司位于河北省石家庄市××区，系增值税一般纳税人，从事电子设备研发、生产、销售、技术服务。2020 年 4 月，诚信税务师事务所受红发电子有限公司的委托，对该公司 2019 年度的增值税

及 2020 年第一季度的纳税情况进行审核，获得下列资料：

(1)2019 年 12 月 31 日，"应交税费——未交增值税"贷方余额 125800 元；具体涉税问题如下：

①在审查有关账目时，发现每个月末"营业外收入"贷方都有一笔收入，经调查核实，该公司 2019 年 1 月和 A 客户签订合同（合同期为一年），每月保证向 A 客户供货 6 万件电子产品，由于该电子产品系 A 客户生产环节的关键资源，对按时保质保量供货有相当高的要求，每月双方根据合同对供货数量和质量进行核对，A 客户每月都会支付优质费 2 万元，经过核查，全年共 12 次，合计收取 24 万元，企业以收据入账。企业每月账务处理为：

借：银行存款　　　　　　　20000
　　贷：营业外收入　　　　　　20000

②11 月，为支持省政府组织的全省运动会，以公司自己生产制造的电子产品 180 万元（不含税销售价）对运动会进行赞助，获得比赛赞助冠名权。该公司财务部门将该批电子设备依其账面成本 113 万元全部结转到"销售费用"科目，企业账务处理为：

借：销售费用　　　　　　1130000
　　贷：库存商品　　　　　　1130000

③12 月 5 日 16 号凭证：购进原材料一批，已验收入库，取得增值税专用发票一张，注明价款 100000 元，税额 13000 元；取得运输部门开具的增值税专用发票一张，注明运费 6000 元，增值税 540 元；取得普通发票上注明的装卸费 3000 元，款项均未支付；取得的专用发票已认证，经现场检查，该原材料未被领用，企业账务处理为：

借：原材料　　　　　　108830.19
　　应交税费——应交增值税（进项税额）
　　　　　　　　　　　　13709.81
　　贷：应付账款　　　　　　122540

④12月30日201号凭证：年末盘库发生原材料盘亏，材料系2019年5月购入，企业账务处理为：

借：待处理财产损溢　　　　　20000
　　贷：原材料　　　　　　　　　20000

后附：存货盘点表一张，业务内容：盘亏原材料成本20000元。经核查，该损失于次年2月批准转入营业外支出，企业会计分录：

借：营业外支出　　　　　　　20000
　　贷：待处理财产损益　　　　　20000

(2)2020年第一季度相关材料：

①2月8日，企业将一台旧设备处置，取得收入50万元。该设备于2008年购进，原值80万元，已提折旧20万元，未放弃减税优惠。企业账务处理为：

借：固定资产清理　　　　　600000
　　累计折旧　　　　　　　200000
　　贷：固定资产　　　　　　　800000

借：银行存款　　　　　　　500000
　　贷：固定资产清理　　　　　500000

借：营业外支出　　　　　　100000
　　贷：固定资产清理　　　　　100000

附件：收款收据一份，表明价款50万元；固定资产处置审批单一份，审批手续完备。

②3月10日，从国内采购机器设备2台给生产基地使用，增值税专用发票上注明每台设备价款100万元，增值税税额13万元，购进固定资产所支付的运输费用价税合计1万元，取得一般纳税人增值税专用发票，均用银行存款支付。取得的专用发票当月尚未认证，企业账务处理为：

借：固定资产　　　　　　2010000
　　应交税费——应交增值税(进项税额)
　　　　　　　　　　　　　260000
　　贷：银行存款　　　　　　2270000

③3月15日，支付当年的税控系统专用设备技术维护费，取得服务单位开具的技术维护费发票，企业用银行存款支付

2000元。企业账务处理为：

借：管理费用——维护费　　2000
　　贷：银行存款　　　　　　　2000

问题：

(1)按照所给资料顺序，指出公司存在的纳税问题；

(2)按照所给资料顺序，计算并进行相应的涉税账务调整(计算结果以元为单位)。

5. 鑫鑫宾馆系增值税一般纳税人，设有客房部、餐饮部、营销部和商场等业务部门，分别从事住宿服务、餐饮服务、会展服务和货物销售等经营业务，各业务部门的收入和成本费用等分别进行明细核算。已于2020年5月向主管税务机关提交了《适用加计抵减政策的声明》。

该宾馆2020年5月发生与增值税相关的业务如下：

(1)住宿服务价税合计收入为3180000元，此外因住客损坏住宿设施而收取赔偿款合计21200元。

(2)餐饮服务价税合计收入为1060000元，均开具普通发票。

(3)会展服务价税合计为848000元。均开具增值税专用发票，金额合计800000元、税额合计48000元。

(4)商场销售货物价税合计为783000元，均采取现金或转账结算。其中出售农林特产取得价税合计收入为218000元。另外，因2020年3月销售的一批工艺品存在质量问题，经协商商场于当月退货，购买方无法退回原开具的增值税专用发票的发票联和抵扣联，凭购买方填开并上传、税务机关校验的《开具红字增值税专用发票信息表》，开具红字增值税专用发票金额80000元、税额10400元。

(5)客房重新装修更换新的设施，将客房中原有300台电视机以价税合计金额160000元出售，宾馆选择按3%征收率并减按2%征收。

(6)省外出租的办公用房按协议预收

2020年6-12月份房屋租赁费价税合计436000元，未开具发票。已向办公房所在地税务机关填报《增值税预缴税款表》并预缴12000元，取得办公房所在地税务机关出具的完税凭证。

（7）将营改增前以2000000元购置的省外一间商铺出售，取得价税合计收入2525000元，宾馆选择简易计税方法，并以"差额征税开具功能"开具增值税专用发票金额2500000元、税额25000元。当月在商铺所在地预缴增值税25000元，取得商铺所在地税务机关出具的完税凭证。

（8）销售单用途商业预付卡价税合计金额2000000元、接受单用途商业预付卡的持卡人充值价税合计金额300000元，均开具不征税的增值税普通发票。

（9）本月餐饮部从农场、渔场处购进蔬菜、海鲜等农产品，取得增值税普通发票（免税）金额合计300000元，从小规模纳税人处购进水果等农产品，取得对方由税务机关代开的增值税专用发票，上面注明金额70000元，增值税额2100元。

（10）本月商场部从林场购进大枣一批，取得林场开具的增值税普通发票（免税）金额合计100000元，商场已经将该批大枣发往加工厂委托加工粽子。

（11）宾馆管理人员和员工报销出差的旅客运输费用，航空运输电子客票行程单12份，其中10份为境内航空运输，票价和燃油附加费合计金额15000元；另两份为国际航空运输，票价和燃油附加费合计金额20000元。铁路车票18份，合计票面金额6800元。公路客票4份，合计票面金额721元。以上旅客运输发票均载明有宾馆相关工作人员的身份信息。

（12）除上述购进票据外，其他增值税专用发票上注明的增值税额为185000元。

（13）支付增值税税控系统技术维护费，取得增值税专用发票1份，金额1320.75元，税额79.25元，价税合计金额1400元。

（14）商场一批工艺品被盗，经确认该工艺品购进时取得增值税专用发票，金额50000元、税额6500元。该进项税额于2020年4月抵扣。

经核实，宾馆2020年4月增值税纳税申报后，无留抵税额；服务、不动产和无形资产扣除项无期末余额；加计抵减期末无余额；也无税额抵减的期末余额。当期开具的增值税发票都已按规定进行报税，取得的增值税专用发票以及有关扣税凭证都已登录增值税发票综合服务平台查询、选择用于申报抵扣、出口退税或者代办退税的增值税发票信息。

请计算该企业2020年5月份应纳增值税。

同步训练答案及解析

一、单项选择题

1. C　【解析】快递行业的收派服务属于现代服务中的物流辅助服务。

2. D　【解析】车辆停放服务，按不动产经营租赁服务缴纳增值税。

3. C　【解析】存款利息不征收增值税；农业生产者销售自产农产品、社会团体收取的会费，免征增值税。

4. A　【解析】本题目考核的是混合销售行为与兼营行为的税务处理。选项A，美容院销售美容产品的同时提供美容服务，属于一项销售行为既涉及货物又涉及服务，为混合销售行为，而非兼营行为。

5. A　【解析】选项A，搬家公司从事的搬家业务按照物流辅助服务计算缴纳增值税，适用税率6%；选项B，无运输工具承运业务按照交通运输服务计算缴纳增值税，适用税率9%；选项CD，按照建筑服务计算缴纳增值税，适用税率9%。

6. B　【解析】对于融资租赁企业而言，在销售额中可以扣减利息支出。扣减的利息支出通过"应交税费——应交增值税(销项税额抵减)"核算。

7. B 【解析】选项 A,经纪代理服务,以取得的全部价款和价外费用,扣除向委托方收取并代为支付的政府性基金或者行政事业性收费后的余额为销售额;选项 C,金融商品转让,按照卖出价扣除买入价后的余额为销售额,转让金融商品出现的正负差,按盈亏相抵后的余额为销售额;选项 D,航空运输销售代理企业提供境外航段机票代理服务,以取得的全部价款和价外费用,扣除向客户收取并支付给其他单位或者个人的境外航段机票结算款和相关费用后的余额为销售额。

8. A 【解析】选项 B,采用预收款结算方式的,应该是在货物发出时确认收入,不是收到货款时;选项 C,采用托收承付结算方式的,应该是在发出货物、办妥银行托收手续时确认收入,并不仅仅是发出货物时确认收入;选项 D,采用分期收款结算方式的,应该是按照合同约定的收款日期确认收入的,并不一定是实际收款的日期。

9. D 【解析】将货物交付他人代销,纳税义务发生时间为收到代销清单的当天,在收到代销清单前已收到全部或部分货款的,其纳税义务发生时间为收到全部或部分货款的当天;对于发出代销商品超过 180 天仍未收到代销清单及货款的,其纳税义务发生时间为发出代销商品满 180 天的当天。

10. C 【解析】选项 A 属于视同销售,进项税额可以抵扣;选项 BD 属于将外购货物用于增值税应税项目,进项税额可以抵扣。

11. B 【解析】当期农产品耗用数量 = 43÷0.6 = 71.67(吨)
农产品平均每吨购买单价 = 300000÷100 = 3000(元)
核定扣除的扣除率采用销售货物(白

酒)适用的增值税税率。
2020 年 5 月允许抵扣农产品增值税进项税额 = 71.67×3000×13%÷(1+13%) = 24735.66(元)

12. A 【解析】允许加计抵减进项税额的生产、生活性服务业纳税人,包括邮政服务、电信服务、现代服务、生活服务。选项 A 属于金融服务。

13. D 【解析】选项 D,因管理不善造成的非正常损失的产成品所耗购进货物,其进项税额不准予抵扣,已经抵扣的需作进项税额转出处理。

14. D 【解析】铁路旅客运输进项税额 = 票面金额÷(1+9%)×9% = 625÷(1+9%)×9% = 51.61(元)

15. C 【解析】航空旅客运输进项税额 = (票价+燃油附加费)÷(1+9%)×9% = (1820+60)÷1.09×9% = 155.23(元)

16. D 【解析】纳税人兼营免税项目或非应税项目无法准确划分不得抵扣的进项税额部分,按公式计算不得抵扣的进项税额 = 当月无法划分的全部进项税额×当月免税项目销售额÷当月全部销售额合计 = 6.8×50÷(113÷1.13+50) = 2.27(万元),应纳增值税 = 113÷(1+13%)×13% - (6.8-2.27) = 8.47(万元)。

17. D 【解析】纳税人应按照当期可抵扣进项税额的 15% 计提当期加计抵减额。按照现行规定不得从销项税额中抵扣的进项税额,不得计提加计抵减额;已计提加计抵减额的进项税额,按规定作进项税额转出的,应在进项税额转出当期,相应调减加计抵减额。2019 年 3 月购进并查询抵扣的原料对应的进项税额为 1.8 万元由于并未加计抵减,因此也无需调减加计抵减额。
当期可抵减加计抵减额 = 30×15% - 1.2×15% = 4.32(万元)

18. A 【解析】公司当月应纳的增值税 = 150000×13% - 234000 - 2260 = -216760

（元），因此本月应纳增值税为 0。

19. C 【解析】返还资金属于含税金额，所以要换算为不含税金额后，再计算应当冲减的进项税额。

20. A 【解析】一般纳税人转让其 2016 年 4 月 30 日前外购的不动产，可以选择适用简易计税方法计税，以取得的全部价款和价外费用减去该项不动产购置原价或者取得不动产时的作价后的余额为销售额，按照 5% 的征收率计算应纳税额。应纳增值税 =（1800-1200）÷（1+5%）×5% =28.57（万元）。

21. B 【解析】试点纳税人提供旅游服务，可以选择以取得的全部价款和价外费用，扣除向旅游服务购买方收取并支付给其他单位或者个人的住宿费、餐饮费、交通费、签证费、门票费和支付给其他接团旅游企业的旅游费用后的余额为销售额，但不得扣除广告费。应纳增值税 =（150-80）÷（1+6%）×6% = 3.96（万元）。

22. C 【解析】一般纳税人跨地级市提供建筑服务，适用一般计税方法计税的，应以取得的全部价款和价外费用为销售额计算应纳税额。纳税人应以取得的全部价款和价外费用扣除支付的分包款后的余额，按照 2% 的预征率在建筑服务发生地预缴税款后，向机构所在地主管税务机关进行纳税申报。

23. D 【解析】银行向企业贷款取得的利息收入，以提供贷款服务取得的全部利息及利息性质的收入为销售额计算缴纳增值税。

24. A 【解析】小规模纳税人初次购进税控专用设备，取得专用发票或普通发票均可以全额抵免税额。应纳增值税 = 400000÷（1+3%）×3% - 1800 = 9850.49（元）。

25. B 【解析】应纳增值税 = 120000÷（1+3%）×3%+5000÷（1+3%）×3%+1400÷（1+3%）×2% = 3667.96（元）

26. C 【解析】应退税额 = 7000÷（1+13%）×30%×10% = 185.84（万元）

27. C 【解析】选项 A，加油站属于商业零售性的企业，所以对其自用的汽油不缴纳消费税；选项 B，自产烟丝用于连续生产卷烟的，不缴纳消费税；选项 C，自产小汽车用于企业管理部门自用的，属于视同销售行为，应当缴纳消费税；选项 D，金银首饰应当在零售环节征税，所以进口时不征消费税。

28. D 【解析】选项 A，高档化妆品应在生产环节征税，零售环节不征税。选项 BC，对于包装物押金，除啤酒、黄酒以外的酒类产品的包装物押金，在收取时，就需要计入销售额中，计算增值税和消费税；普通包装物押金在逾期时或者超过 12 个月时应当并入销售额征税。

29. D 【解析】该企业将自产的香水、香粉移送用于连续生产套装化妆品属于将自产的应税消费品继续生产应税消费品，不缴纳消费税；将香水、香粉分给职工用作福利，属于将自产的应税消费品用于其他方面，要视同销售征收消费税。该企业上述业务应纳消费税 = 500 ×（2500+2000）×15% = 337500（元）。

30. B 【解析】外购的高档手表用于生产 A 型高档手表，不得扣除外购手表已经缴纳的消费税额，本月应缴纳的消费税额 = 8.50×150×20% = 255（万元）。

31. C 【解析】采取预收货款结算方式的，为发出应税消费品的当天。

32. C 【解析】消费税纳税人出口按规定不予退税或免税的应税消费品，应当视同国内销售征税。

二、多项选择题

1. ACD 【解析】资产重组中涉及的货物、不动产、土地使用权，均不征收增值税，所以选项 B 错误；电梯在安装前属于有形动产，电梯厂销售电梯应该按照 13% 的税率征收增值税，所以选项 E 错误。

2. CDE 【解析】将自产的办公桌用于办公，属于将自产货物用于经营活动，无需视同销售，因此选项 A 不属于视同销售；将自产、委托加工货物用于集体福利或个人消费需要视同销售，将外购货物用于集体福利或个人消费不视同销售，而是进项税额不得抵扣，因此选项 B 不视同销售。

3. ABD 【解析】选项 C 属于外购货物用于集体福利，应该是进项税额不得抵扣；选项 E 属于外购货物抵偿债务，应该属于特殊销售行为，并不是视同销售行为。

4. BCDE 【解析】纳税人销售活动板房、机器设备、钢结构件等自产货物的同时提供建筑、安装服务，不属于混合销售行为，应分别核算货物和建筑服务的销售额，分别适用不同的税率或者征收率计算缴纳增值税。所以选项 A 错误。

5. ABCE 【解析】年应税销售额超过规定标准但不经常发生应税行为的单位和个体工商户可选择按照小规模纳税人纳税。

6. ABE 【解析】选项 C，远洋运输的光租业务按照有形动产租赁服务计算缴纳增值税，适用税率13%。选项 D，航空运输的湿租按照交通运输服务计算缴纳增值税，适用税率9%。

7. ABDE 【解析】提供交通运输、邮政、基础电信、建筑、不动产租赁服务，销售不动产，转让土地使用权，税率为9%；选项 C，有形动产租赁服务适用13%的税率。

8. ABC 【解析】选项 D，宾馆、旅馆、旅社、度假村和其他经营性住宿场所提供会议场地及配套服务的活动，按照"会议展览服务"缴纳增值税；选项 E，纳税人在游览场所经营索道、摆渡车、电瓶车、游船等取得的收入，按照"文化体育服务"缴纳增值税。

9. ABCD 【解析】选项 E，一般纳税人以清包工方式提供的建筑服务可以选择简易计税办法，采用包工包料方式提供建筑劳务，要按一般计税办法纳税。

10. CD 【解析】以清包工方式提供的建筑服务、为甲供工程提供的建筑服务、收取试点前开工的高速公路的车辆通行费，如果选择简易计税，适用3%的税率。

11. ABCD 【解析】选项 E，有形动产租赁服务适用13%的税率。

12. BC 【解析】选项 B，进料加工复出口业务视同内销征税的，应当将外销收入视为含税收入，所以销项税额为 57.52 万元；选项 C，一般纳税人销售旧的未抵扣过进项税额的固定资产，应按简易办法征收增值税，税额计入"应交税费——简易计税"科目，不是销项税额，不能并入销项税额抵扣进项税额后再缴纳。

13. ABD 【解析】选项 C，从 2019 年 4 月 1 日起，国内旅客运输服务可以抵扣进项税额；选项 E，因自然灾害导致毁损的购进货物可以抵扣进项税额。

14. DE 【解析】由于纸质出租车票和定额车票未注明旅客身份信息，因此不得抵扣进项税额；国内旅客运费可以抵扣进项税额，国际旅客运费不得抵扣进项税额，因此国际机票不得抵扣进项税额。

15. ABDE 【解析】选项 C，纳税人销售自己使用过的固定资产，适用简易办法，一般情况下，不得开具增值税专用发票；纳税人可以放弃减税，按照简易办法依照3%征收率缴纳增值税，并可以开具增值税专用发票。

16. ABCD 【解析】房地产开发企业中的一般纳税人销售其开发的房地产项目采用简易计税方法的，只能全额计税。

17. BCDE 【解析】选项 A，金融商品转让，按照卖出价扣除买入价后的余额为销售额。

18. BD 【解析】选项 A，采取分期收款方式销售货物，确认增值税销售额的时间为书面合同约定的收款日期的当天，无书面合同的或者书面合同没有约定收款日期的，为货物发出的当天；选项 C，金银首饰以旧换新，按实际收取的差价款确认应税销售额；选项 E，采取还本销售方式，其销售额就是货物的销售价格，不得从销售额中减除还本支出。

19. ABE 【解析】委托其他纳税人代销货物，纳税义务发生时间为收到代销单位的代销清单或者收到全部或者部分货款的当天。未收到代销清单及货款的，为发出代销货物满 180 天的当天。

20. ADE 【解析】选项 B，用于集体福利的外购货物，进项税额不得抵扣；选项 C，纳税人首次购置增值税防伪税控系统专用设备允许全额抵减应纳税额，进项税额不得抵扣。

21. BCE 【解析】选项 A，自农场购进农产品，如果用于生产销售或委托受托加工 13% 税率货物的，允许按 10% 计算抵扣进项税额，否则按 9% 计算抵扣进项税额；选项 D，自 2018 年 1 月 1 日起，纳税人租入固定资产、不动产，既用于一般计税方法计税项目，又用于简易计税方法计税项目、免征增值税项目、集体福利或者个人消费的，其进项税额准予从销项税额中全额抵扣。

22. BDE 【解析】选项 AC，外购货物用于集体福利的进项税额不可以抵扣。选项 E，自 2018 年 1 月 1 日起，租入不动产既用于一般计税项目，又用于简易计税项目，进项税额允许抵扣。

23. BE 【解析】选项 A，应该是红字借记"应交税费——应交增值税（进项税额）"科目；选项 C，按现行规定只有因管理不善造成的非正常损失才作进项税额转出，地震等自然灾害造成的损失不做转出处理；选项 D，应该是视同销售业务，贷记"应交税费——应交增值税（销项税额）"科目。

24. ABC 【解析】自 2019 年 4 月 1 日至 2021 年 12 月 31 日，提供邮政服务、电信服务、现代服务、生活服务（以下称四

项服务）取得的销售额占全部销售额的比重超过 50% 的纳税人，按照当期可抵扣进项税额加计 10%（自 2019 年 10 月 1 日起，生活服务业调整为 15%），抵减应纳税额。

25. BCE 【解析】非房地产开发企业销售房产，向不动产所在地主管税务机关预缴税款，向机构所在地主管税务机关申报纳税。应纳增值税 = 1800÷1.05×5% = 85.71（万元）。

26. AD 【解析】其他个人销售购买不满两年的住房，全额计征增值税。
应纳增值税 = 900÷1.05×5% = 42.86（万元）

27. AE 【解析】选项 B，以货币资金投资收取的固定利润或保底利润，按照贷款服务缴纳增值税；选项 C，金融商品持有期间（含到期）取得的保本收益需要缴纳增值税，非保本收益无需缴纳增值税；选项 D，个人转让金融商品取得的收益免征增值税。

28. BCE 【解析】税务机关查补的增值税额，属于少计收入的项目，在《增值税纳税申报表》中的填写为：第 1 行"（一）按适用税率计税销售额" 176.99 万元；第 4 行"纳税检查调整的销售额" 176.99 万元；第 11 行"销项税额" 23.01 万元；第 16 行"按适用税率计算的纳税检查应补缴税额" 23.01 万元；第 37 行"本期入库查补税额" 23.01 万元。

29. CD 【解析】选项 CD 均属于增值税视同销售的范围。增值税纳税申报表第 1 项，"（一）按适用税率计税销售额"，填写纳税人本期按一般计税方法计算缴纳增值税的销售额，包括按税法规定应缴纳增值税的视同销售货物和价外费用销售额等。

30. BCDE 【解析】《增值税纳税申报表附列资料（表二）》中"二、进项税额转出"中反映的本期进项税额转出额中包括：免

税项目用；集体福利，个人消费；非正常损失；按简易计税方法征税项目用；免抵退税办法出口货物不得抵扣进项税额；纳税检查调减进项税额；红字专用发票信息表注明的进项税额；上期留抵税额抵减欠税；上期留抵税额退税；其他应作进项税额转出的情形。

31. BD 【解析】选项 A 是用于集体福利，属于视同销售行为，应该缴纳消费税；选项 C，将自产应税消费品用于非应税消费品的连续生产，应当缴纳消费税；选项 E，对卷烟批发环节应复合计征消费税。

32. BCD 【解析】选项 A，对于代垫运费，承运部门将发票开具给购货方或者纳税人将发票转给购买方的，是不计入销售额的。

33. ACE 【解析】纳税人将自产的应税消费品用于换取生产资料和消费资料、投资入股和抵偿债务等方面，应当以纳税人同类应税消费品的最高销售价格为计税依据计算消费税。

34. ABDE 【解析】选项 A，啤酒消费税是从量计征的，包装物押金不构成计税依据；选项 B，商店销售珠宝玉石，不属于消费税的征收环节，所以不用计算消费税；选项 D，木制一次性筷子属于应税消费品的征收范围，应当征收消费税；选项 E，关联企业间转让定价规定，消费税、增值税均应当按照以下的顺序确定计税依据：按照独立企业之间同类或类似业务活动的价格；按照销售给无关联关系的第三者的价格；按照成本加上合理的费用和利润；按照其他合理的方法。

35. BDE 【解析】选项 A，用外购或委托加工的酒生产其他酒，已纳的消费税不允许抵扣；选项 C，烟叶不属于消费税的征税范围。

36. ACE 【解析】选项 B，对于金银首饰的

带料加工业务，应该按照受托方销售同类金银首饰的销售价格确定计税依据征收消费税；没有同类金银首饰销售价格的，按照组成计税价格计算纳税；选项 D，金银首饰连同包装物销售的，无论包装物是否单独计价，也无论会计上如何核算，均应并入金银首饰的销售额中，计征消费税。

三、简答题

1.【答案】

(1)甲公司处置资产涉及增值税、城建税、教育费附加、地方教育附加、印花税及土地增值税。

①处置 2008 年购置的家具应纳增值税 = $5.2 \div (1 + 3\%) \times 2\% = 0.1$(万元)

②处置 2012 年购置的家具应纳增值税 = $58 \div (1 + 13\%) \times 13\% = 6.67$(万元)

③处置老办公楼应纳增值税 = $2000 \div 1.05 \times 5\% = 95.24$(万元)

应纳增值税合计 = $0.1 + 6.67 + 95.24 = 102.01$(万元)

④应纳城建税 = $102.01 \times 5\% = 5.10$(万元)

⑤应纳教育费附加和地方教育附加 = $102.01 \times 5\% = 5.10$(万元)

⑥应纳印花税 = $2000 \times 0.5‰ = 1$(万元)

⑦土地增值税：

不含增值税收入 = $2000 - 95.24 = 1904.76$(万元)

扣除项目 = $4000 \times 40\% + 95.24 \times (5\% + 5\%) + 2000 \times 0.5‰ = 1610.52$(万元)

增值额 = $1904.76 - 1610.52 = 294.24$(万元)

增值率 = $294.24 \div 1610.52 \times 100\% = 18.27\%$，由此判断适用税率为 30%。

应纳土地增值税 = $294.24 \times 30\% = 88.27$(万元)

(2)账务处理

①固定资产转入清理：

借：固定资产清理　　　　　1890000
　　累计折旧　　　　　　 20710000
　贷：固定资产　　　　　　　　22600000

②收到处置收入：

借：银行存款　　　　　　　20632000
　　贷：固定资产清理　　　　　19611900
　　　　应交税费——简易计税　 953400
　　　　应交税费——应交增值税（销项
　　　　税额）　　　　　　　　　 66700

③发生相关税费：

借：固定资产清理　　　　　　 994700
　　贷：应交税费——应交城建税　51000
　　　　　　——应交教育费附加
　　　　　　　　　　　　　　　 51000
　　　　　　——应交土地增值税
　　　　　　　　　　　　　　　882700
　　　　　　——应交印花税　　 10000

④结转处置资产净损益：

借：固定资产清理　　　　　 16727200
　　贷：资产处置损益　　　　16727200

2.【答案】

（1）销售机床应纳增值税 = 4000÷(1+3%)×2% = 77.67（元）

（2）销售刨床应计算增值税销项税额 = 7500÷(1+13%)×13% = 862.83（元）

（3）销售注塑机应计算增值税销项税额 = 20000÷(1+13%)×13% = 2300.88（元）

（4）销售钻床应计算增值税销项税额 = 3800÷(1+13%)×13% = 437.17（元）

（5）修理用备件发生非正常损失应转出进项税额 850 元。

（6）赠送办公用房应纳增值税 = (1500000 – 1000000)÷1.05×5% = 23809.52（元）

3.【答案】

（1）对增值税一般纳税人销售其自行开发生产的软件产品，按 13% 的法定税率征收增值税后，对其增值税实际税负超过 3% 的部分实行即征即退政策。

（2）经主管税务机关确定的加油站自有车辆自用油，允许在当月成品油销售数量中扣除。该行为不属于不得抵扣进项税额的范围，不需作进项税额转出，也不属于视同销售货物行为，不需计算销项税额。进

项税额可以正常抵扣。

（3）不需要做进项税额转出。因为较强降雨属于不可抗力的自然灾害，公司已经做好管理措施，所以发生的损失不是因管理不善造成的损失，是可以抵扣其进项税额的。

（4）购入的安装视频会议系统，进项税额可以抵扣。而且自 2019 年 4 月 1 日起，即使该视频会议系统是作为不动产的组成部分出现的，也允许一次性抵扣进项税额。

4.【答案】

（1）2019 年 4 月 1 日后取得并在会计制度上按固定资产核算的不动产，其进项税额无需分期抵扣，而是在当期一次性抵扣进项税额。

（2）纳税人 2019 年 4 月 1 日后购进货物和设计服务、建筑服务，用于改建、扩建、修缮、装饰不动产的，其进项税额允许一次性抵扣，无需分期抵扣。

所以，甲公司将购入建材的 60% 用于厂房扩建，并接受建筑服务时，无需分期抵扣进项税额，其建材已经抵扣的进项税无需进行进一步调整，接受建筑服务的进项税可以一次性抵扣。

借：在建工程　　　　　　　 1220000
　　应交税费——应交增值税（进项税额）
　　　　　　　　　　　　　　　 45000
　　贷：库存商品　　　　　　 720000
　　　　银行存款　　　　　　 545000

5.【答案】

（1）业务（1），增值税销项税 = (500 – 5 – 8 – 2)÷1.13×13%×10000 = 557964.6（元）。

业务（2），由于已经免征蔬菜流通环节的增值税，所以其进项税不得抵扣。

业务（3），提供运输劳务，应该缴纳增值税。销项税额 = 5000÷1.09×9% = 412.84（元）。

业务（4），处置 2008 年购置的运输车辆应纳的增值税 = 5.2÷(1+3%)×2%×10000 = 1009.71（元）。

应纳增值税合计 = 557964.6 + 412.84 + 1009.71 = 559387.15(元)

(2)固定资产转入清理:

借:固定资产清理　　　　　　20000
　　累计折旧　　　　　　　　380000
　　　贷:固定资产　　　　　　400000

收到处置收入:

借:银行存款　　　　　　　　52000
　　　贷:固定资产清理　　　　52000

发生相关税费:

借:固定资产清理　　　　　　1009.71
　　　贷:应交税费——简易计税　1009.71

结转处置资产净损益:

借:固定资产清理　　　　　　30990.29
　　　贷:资产处置损益　　　　30990.29

6.【答案】

(1)A公司支付土地价款和拆迁补偿款时的账务处理:

借:开发成本　　　　　　　　35000
　　　贷:银行存款　　　　　　35000

(2)A公司收到业主的首付款时需要预缴增值税。

预缴税款 = 12000÷1.09×3% = 330.28(万元)

账务处理:

借:银行存款　　　　　　　　12000
　　　贷:预收账款　　　　　　12000

借:应交税费——预交增值税　330.28
　　　贷:银行存款　　　　　　330.28

(3)将房屋交付业主时账务处理:

借:预收账款　　　　　　　　85000
　　　贷:主营业务收入　　　　77981.65
　　　　　应交税费——应交增值税(销项税额)　　　　　　　　　7018.35

同时结转成本,并做销项税额抵减(35000×65%÷1.09×9%)。

借:应交税费——应交增值税(销项税额抵减)　　　　　　　　1878.44
　　　贷:主营业务成本　　　　1878.44

7.【答案】

(1)A企业需要向B县税务机关预缴增值税。

预缴增值税 = (3600 - 2500)÷1.05×5% = 52.38(万元)

账务处理:

借:应交税费——简易计税　　52.38
　　　贷:银行存款　　　　　　52.38

(2)A企业应该向A县主管税务机关纳税申报。

计提增值税的账务处理为:

借:银行存款　　　　　　　　3600
　　　贷:固定资产清理　　　　3547.62
　　　　　应交税费——简易计税　52.38

(3)若选择一般计税方法,账务处理:

借:银行存款　　　　　　　　3600
　　　贷:固定资产清理　　　　3302.75
　　　　　应交税费—应交增值税(销项税额)　　　　　　　　　297.25

8.【答案】

(1)该投资业务增值税和消费税的计税依据的确定:

a. 应按当月该品牌摩托车的平均销售价格确定销售额,作为增值税的计税依据;

b. 应按当月该品牌摩托车的最高销售价格作为消费税的计税依据。

(2)该投资业务企业所得税的处理:

a. 企业以自产产品对外投资,应分解为按公允价格销售该品牌摩托车和投资两笔业务,应按当月该品牌摩托车的平均销售价格确认收入,并确认相应的销售成本,以收入减去成本及相关的税金及附加后确认资产转让所得;

b. 企业可在不超过5年期限内,分期均匀计入相应年度的应纳税所得额,按规定计算缴纳企业所得税。

四、综合分析题

1.【答案】

(1)跨省提供建筑服务,收到预收款时增值税纳税义务未发生,但需要向建筑服务发生地税务机关预缴增值税91743.12元

（5000000÷1.09×2%）。

账务处理：

借：银行存款　　　　　　　5000000

　　贷：预收账款　　　　　　5000000

借：应交税费——预交增值税

　　　　　　　　　　　　91743.12

　　贷：银行存款　　　　　91743.12

（2）跨省提供建筑服务，纳税义务发生时需

要向建筑服务发生地税务机关预缴增值税，

应预缴增值税 =（25000000−10000000）÷1.09×

2% = 275229.36(元)。

账务处理：

借：应交税费——预交增值税

　　　　　　　　　　　　275229.36

　　贷：银行存款　　　　275229.36

（3）填写《增值税预缴税款表》。

增值税预缴税款表

税款所属时间：2019 年 11 月 1 日至 2019 年 11 月 30 日

纳税人识别号：□□□□□□□□□□□□□□□□□□□□　　　是否适用一般计税方法　　是☑　否□

纳税人名称：（公章）				金额单位：元(列至角分)		
项目编号			项目名称			
项目地址						
预征项目和栏次		销售额	扣除金额	预征率		预征税额
		1	2	3		4
建筑服务	1	25000000	10000000	2%		275229.36
销售不动产	2					
出租不动产	3					
	4					
	5					
合计	6					

（4）

借：工程施工　　　　　　9174311.93

　　应交税费——应交增值税（进项税额）

　　825688.07（10000000÷1.09×9%）

　　贷：银行存款　　　　10000000

（5）

借：应收账款　　　　　　1000000

　　贷：工程结算（或主营业务收入）

　　　　　　　　　　　　917431.19

　　应交税费——待转销项税额

　　82568.81（1000000÷1.09%×9%）

（6）跨省提供建筑服务，收到预收款时增值税纳税义务未发生，但需要向建筑服务发生地税务机关预缴增值税 = 3000000÷

1.03×3% = 87378.64(元)。

账务处理：

借：银行存款　　　　　　3000000

　　贷：预收账款　　　　　3000000

借：应交税费——简易计税 87378.64

　　贷：银行存款　　　　　87378.64

（7）跨省提供建筑服务，纳税义务发生时需要向建筑服务发生地税务机关预缴增值税，预缴增值税 =（7000000−1000000）÷

1.03×3% = 174757.28(元)。

账务处理：

借：应交税费——简易计税 174757.28

　　贷：银行存款　　　　　174757.28

（8）填写《增值税预缴税款表》。

增值税预缴税款表

税款所属时间：2019 年 12 月 1 日至 2019 年 12 月 31 日

纳税人识别号：＊＊＊＊   是否适用一般计税方法：是×否√

纳税人名称：（公章）				金额单位：元（列至角分）	
项目编号			项目名称	B 项目	
预征项目和栏次		销售额	扣除金额	预征率	预征税额
		1	2	3	4
建筑服务	1	7000000	1000000	3%	174757.28
销售不动产	2				
出租不动产	3				

（9）

借：工程施工　　　　　　970873.79

　　应交税费——简易计税

　　　　29126.21（1000000÷1.03×3%）

　　贷：银行存款　　　　　　1000000

2.【答案】

（1）A 公司收到诚意金时，未发生增值税纳税义务，因为纳税人销售不动产，应该在收讫销售款项或取得索取销售款项凭证的当天发生纳税义务，而收讫销售款项是指纳税人销售不动产过程中或者完成后收到款项；

A 公司收到诚意金时，无需预缴增值税，因为一般纳税人采取预收款方式销售自行开发的房地产项目，应在收到预收款时按照3%的预征率预缴增值税。诚意金不属于预收款范畴。

（2）A 公司收到业主的首付款时，未发生增值税纳税义务；

A 公司收到业主的首付款属于 A 公司收到的预收款，需要预缴增值税。

（3）A 公司需要填写《增值税预缴税款表》。因为纳税人发生以下情形按规定在税务机关预缴增值税时需要填写《增值税预缴税款表》：

①纳税人（不含其他个人）跨地级市提供建筑服务或提供建筑服务收到预收款。

②房地产开发企业预售自行开发的房地产项目。

③纳税人（不含其他个人）出租与机构所在地不在同一县（市）的不动产。

（4）A 公司应该在 2019 年 9 月份预缴税款，因为一般纳税人应在取得预收款的次月纳税申报期向主管税务机关预缴税款。

预缴税款 =（20000000+120000000）÷1.05×3% = 4000000（元）

（5）填写《增值税预缴税款表》。

增值税预缴税款表

税款所属时间：2019 年 8 月 1 日至 2019 年 8 月 31 日

纳税人识别号：＊＊＊＊   是否适用一般计税方法：是×否√

纳税人名称：（公章）				金额单位：元（列至角分）	
项目编号			项目名称	甲楼盘项目	
预征项目和栏次		销售额	扣除金额	预征率	预征税额
		1	2	3	4
建筑服务	1				
销售不动产	2	140000000	0	3%	4000000
出租不动产	3				

3. 【答案】

(1) 发出的材料账面的成本 = 60.9×40% = 24.36(万元)

县加工厂应代收代缴消费税 = (24.36+20+13+5000×0.5÷10000)÷(1-20%)×20%+5000×0.5÷10000 = 14.65(万元)

县加工厂应代收代缴的城建税和教育费附加 = 14.65×(5%+3%) = 1.17(万元)

(2) 业务(4)中 A 牌白酒抵债应确认的销项税额 = 90×13% = 11.7(万元)

业务(4)中 A 牌白酒抵债不确认消费税。委托加工白酒收回时受托方已经代收代缴了消费税，抵债不再缴纳消费税。

(3) 业务(5)中下设门市部销售的 A 牌白酒应确认的销项税额 = (90÷50%×10%)×13% = 2.34(万元)

业务(5)中委托加工收回的 A 牌白酒应确认的消费税额 = (90÷50%×10%)×20%+5000×10%×0.5÷10000-14.65×10% = 2.16(万元)

B 牌白酒应确认的销项税额 = 38×60%×13% = 2.96(万元)

B 牌白酒应确认的消费税额 = 38×60%×20%+10000×60%×0.5÷10000 = 4.86(万元)

销项税额合计 = 2.34+2.96 = 5.30(万元)

消费税额合计 = 2.16+4.86 = 7.02(万元)

(4) 销项税额 = 110×13% = 14.3(万元)

将高级白酒与其他饮品组成套装出售的，应当将全部销售额按白酒计征消费税。

消费税 = 110×20%+(5000+500)×0.5÷10000 = 22.28(万元)

(5) 增值税 = 50÷(1+5%)×5% = 2.38(万元)

房产税 = 50÷(1+5%)×12% = 5.71(万元)

(6) 代销业务属于税法规定的视同销售，应当确认销项税额 = 60×13% = 7.8(万元)。取得的增值税专用发票可以抵扣，应当抵扣的进项税额 = 60×13% = 7.8(万元)。

代销业务应纳增值税 = 7.8-7.8 = 0(万元)

代销手续费应确认的增值税销项税 = 5÷(1+6%)×6% = 0.28(万元)

(7) 业务(1)取得的进项税额 7.917 万元

业务(2)中：应抵扣的进项税额 = 10×13% = 1.3(万元)

应确认的销项税额 = 16×13% = 2.08(万元)

业务(3)进项税额 = 13×13% = 1.69(万元)

本月进项税额 = 7.917+1.3+1.69+7.8 = 18.707(万元)

本月销项税额 = 11.7+5.30+14.3+7.8+2.08+0.28 = 41.46(万元)

本月应纳增值税 = 41.46-18.707+2.38 = 25.13(万元)

(8) 本月应纳消费税 = 7.02+22.28 = 29.30(万元)

本月应纳城建税及教育费附加 = (25.13+29.3)×(7%+3%) = 5.44(万元)

4. 【答案】

(1)2019 年存在的纳税问题：

①企业销售货物，因保质保量的履行合同而获得的优质费，属于企业销售货物的价外费用，应该计算增值税销项税额。企业没有考虑增值税是错误的。

②企业将自产的电子设备对外赞助宣传，属于增值税的视同销售，应该计算增值税的销项税额。企业没有考虑视同销售是错误的。

③装卸费取得普通发票，不能抵扣进项税。企业计算的增值税进项税抵扣金额是错误的。

④年末原材料盘亏，没有进行相应的进项税转出是错误的。

2020 年第 1 季度存在的纳税问题：

①企业销售旧设备，应该按简易办法计算缴纳增值税，企业没有考虑是错误的。

②企业购进固定资产发生的运输费用允许抵扣进项税额，企业没有考虑是错误的。同时，尚未认证抵扣的进项税额，应通过"应交税费——待认证进项税额"明细科目核算。

③企业支付的税控系统专用设备技术维护费可以在增值税应纳税额中全额抵减，企

业没有考虑是错误的。

（2）2019年：

①增值税销项税额=2×3÷（1+16%）×16%×10000+2×9÷（1+13%）×13%×10000=28983.83（元）

【思路点拨】 2019年1～3月适用16%的税率；2019年4月1日起适用13%的税率。

借：以前年度损益调整　　28983.83

　　贷：应交税费——应交增值税（销项税额）　　28983.83

②增值税销项税额=180×13%×10000=234000（元）

借：以前年度损益调整　　234000

　　贷：应交税费——应交增值税（销项税额）　　234000

③多抵扣进项税=3000÷（1+6%）×6%=169.81（元）

借：应交税费——应交增值税（进项税额）　　－169.81

　　贷：原材料　　－169.81

④盘亏材料对应的进项税额=20000×13%=2600（元）

借：营业外支出　　2600

　　贷：应交税费——应交增值税（进项税额转出）　　2600

2020年：

①应纳增值税=50÷（1+3%）×2%×10000=9708.74（元）

借：固定资产清理　　9708.74

　　贷：应交税费——简易计税　9708.74

借：营业外支出　　9708.74

　　贷：固定资产清理　　9708.74

②运费可抵扣进项税额=1÷（1+9%）×9%×10000=825.69（元）

借：应交税费——应交增值税（待认证进项税额）　　320825.69

　　应交税费——应交增值税（进项税额）　　－320000

　　贷：固定资产　　825.69

③技术维护费全额抵减应纳的增值税2000元

借：应交税费——应交增值税（减免税款）　　2000

　　贷：管理费用——维护费　　2000

5.**【答案】**

（1）销项税额

业务1销项税额=（3180000+21200）÷（1+6%）×6%=181200（元）

业务2的销项税额=1060000÷（1+6%）×6%=60000（元）

业务3的销项税额=48000（元）

业务4的销项税额=218000÷（1+9%）×9%+（783000－218000）÷（1+13%）×13%－10400=72600（元）

业务6销项税额=436000÷（1+9%）×9%=36000（元），预缴税额12000元。

业务8销项税额为0

销项税额合计=181200+60000+48000+72600+36000=397800（元）

（2）进项税额

业务9可以抵扣的进项税额=（300000+70000）×9%=33300（元）

业务10可以抵扣的进项税额=100000×10%=10000（元），因为该批大枣用于加工13%税率货物，因此扣除率为10%。

业务11可以抵扣的进项税额=（15000+6800）÷（1+9%）×9%+721÷（1+3%）×3%=1821（元）

业务12可以抵扣的进项税额185000元

可以抵扣的进项税额合计=33300+10000+1821+185000=230121（元）

业务14转出的进项税额为6500元

（3）按一般计税方法计算的应税业务，抵减前的应纳增值税额

应纳税额=397800－（230121－6500）=174179（元）

（4）当期加计抵减税额

当期计提加计抵减额=230121×15%=34518.15（元）

当期调减加计抵减额=6500×15%=975（元）

当期可抵减加计抵减额 = 34518.15 - 975 = 33543.15(元)

【思路点拨】 自2019年10月1日起，生活服务业纳税人可以加计抵减15%。

(5)实际加计抵减额

应纳税额174179元 > 可抵减加计抵减额33543.15元，实际加计抵减额33543.15元。

一般计税方法应纳税额 = 174179 - 33543.15 = 140635.85(元)

(6)简易计税应纳税额及预缴税额

业务5的应纳税额 = 160000÷(1+3%)×2% = 3106.80(元)

业务7应纳税额 = 25000元；预缴25000元。

(7)业务13全额抵减应纳税额为1400元

2020年5月应纳税额 = 140635.85 + 3106.80 + 25000 - 25000 - 1400 - 12000 = 130342.65(元)

本章知识串联

货物和劳务税纳税申报代理和纳税审核

增值税纳税申报代理和纳税审核 ★★★

征税范围
- 货物、劳务、服务、无形资产、不动产
- 同时具备：发生在境内、经营性、为他人提供、有偿
- 8+3项视同销售
- 混合销售VS兼营

税率与征收率
- 税率：13%、9%、6%
- 征收率：5%、3%，部分业务减按2%、1.5%

一般计税VS简易计税
（注意一般纳税人什么情况下可以选择简易计税）

销项税额的审核
（销项税额=销售额×税率）
- 一般情况、特殊情况下销售额
- 视同销售的财税处理
- 营改增差额计税
- 价格偏低或偏高的处理
- 纳税义务发生时间

进项税额的审核
（进项税额的确定及账务处理）
- 准予抵扣、不得抵扣进项税额；注意不动产、道路通行费、农产品、国内旅客运输费用等进项税额抵扣问题
- 认证或查询的规定
- 进项税额转出、扣减

- 加计抵减应纳税额
- 预缴税款的规定及账务处理
- 建筑服务纳税申报和纳税审核
- 房地产开发企业纳税申报和纳税审核
- 销售不动产的纳税申报和纳税审核
- 不动产经营租赁服务的纳税申报和纳税审核
- 金融服务纳税申报和纳税审核
- 税收优惠
- 应纳税额的审核及增值税纳税申报表的填写
- 小规模纳税人应纳税额的计算、审核

消费税纳税申报代理和纳税审核 ★★

- 征税范围与征税环节（15个税目；注意在批发、零售环节征税的消费品）
- 销售自产应税消费品（四项用途按最高售价计税）
- 自产自用应税消费品（售价、组价）
- 委托加工应税消费品（售价、组价）
- 批发应税消费品
- 零售应税消费品
- 进口应税消费品

财税融合，进行总结；多做练习，融会贯通。搭建考试与实践的桥梁，应试指南助您一臂之力。

吴卫华

2020 年度 全国税务师职业资格考试

涉税服务实务

应试指南 下册

■ 中华会计网校 编　■ 奚卫华 主编

感恩20年相伴　助你梦想成真

人民出版社

目 录 CONTENTS

下　册

第 3 部分　易错易混知识点辨析

第 4 部分　考前预测试题

附录：新型冠状病毒感染的肺炎疫情期间相关政策总结

第10章 所得税纳税申报和纳税审核

考情解密

历年考情概况

本章是涉税服务实务考试的重中之重，考试会以各种形式去考核，分值所占比重非常高，预计分值会在 30~50 分。

近年考点直击

考点	主要考查题型	考频指数	考查角度
企业所得税的基本税制构成要素	单选题、多选题、简答题	★★	(1)法人所得税制，个人独资企业和合伙企业无需缴纳企业所得税； (2)居民企业和非居民企业的划分； (3)所得来源地的确定； (4)征税对象； (5)税率的确定——尤其要注意小型微利企业、高新技术企业条件
收入总额的审核	单选题、多选题、简答题、综合题	★★★	(1)收入不入账； (2)视同销售； (3)推迟收入入账时间； (4)投资收益； (5)不征税收入与免税收入的范围； (6)政府补助的税会差异； (7)国债利息收入与转让价差的税务处理； (8)企业撤回或减少投资的税务处理
税前扣除项目的审核	单选题、多选题、简答题、综合题	★★★	(1)账务处理是否正确；是否符合税法规定(一定要注意哪些需要调账，哪些需要做纳税调整)； (2)允许扣除的项目：工资及三项费用(注意劳务派遣等的政策)，企业为职工缴纳的基本保险、补充保险和商业保险，借款费用，汇兑损失，业务招待费(必考)，佣金和手续费，广告费和业务宣传费，公益性捐赠，专项资金，保险费用、租赁费、资产损失等； (3)不得扣除的项目：未经核定的准备金，罚金、罚款以及被没收财物的损失等； (4)与企业所得税有关的税金

続表

考点	主要考查题型	考频指数	考查角度
企业所得税税收优惠	单选题、多选题、简答题、综合题	★★★	（1）加计扣除；（2）加速折旧；（3）税额抵免；（4）技术转让所得；（5）农业、环保、节能节水、公共基础设施免征、减征优惠。上述方面是考试中**经常涉及**到的优惠。在所得税的综合题中每年都要涉及到相应的税收优惠
企业所得税纳税申报、纳税审核	单选题、多选题、简答题、综合题	★★★	（1）考查企业所得税的计算方法；（2）考查企业所得税纳税申报表的填制；（3）考查企业所得税收入和扣除项目的审核
特别纳税调整	单选题、多选题、简答题	★	考查特别纳税调整的详细规定
个人所得税的基本规定	单选题、多选	★★	考查基本规定，应税项目划分、减免税等
个人所得税纳税申报与纳税审核	单选题、多选题、简答题、综合题	★★★	（1）综合所得的范围、综合所得的预扣预缴与汇算清缴；（2）全年一次性奖金、股票期权、离职补偿等重点项目应纳税额的计算等；（3）高收入人群的个税；（4）销售不动产、房屋租赁的税务处理；（5）将个人的多项所得结合起来，出简答题或综合题

本章2020年考试主要变化——结合税法（Ⅱ）的有关内容

1. 新增税前扣除凭证的内容——我们将其放在第五章体现；

2. 新增全部制造业固定资产加速折旧的新政策；

3. 亏损结转弥补年限的变化；

4. 企业所得税申报表填写说明——特别注意视同销售的纳税调整；

5. 新增专项用途财政性资金的内容——特别注意将财政补贴的增值税与企业所得税处理结合考核；

6. 研发费用加计扣除的规定调整为最新内容；

7. 保险企业佣金和手续费支出税前扣除的规定发生变化；

8. 增加永续债的内容；

9. 审核不允许扣除的项目中，增加"与取得收入不直接相关的支出"以及"不合理的支出"；

10. 扶贫捐赠全额扣除的规定；

11. 特别纳税调整的内容重新变化；

12. 个人所得税中"其他税目"的适用范围；

13. 个税中免予汇算清缴的规定及综合所得汇算清缴的新规定；

14. 新增公益性捐赠个税前扣除的有关规定。

304

考点详解及精选例题

一、企业所得税的基本规定 ★★

扫我解疑难

（一）纳税人

1. 法人所得税制

个人独资企业、合伙企业不适用企业所得税法。各类组织形式的所得税税务处理见表 10-1。

表 10-1　各类组织形式的所得税税务处理

组织形式	法人资格	税务处理
个体工商户、个人独资企业、合伙企业	不具有法人资格	(1)不纳企业所得税； (2)个人投资者按"经营所得"缴纳个人所得税
公司制企业	具有法人资格	(1)企业缴纳企业所得税； (2)个人投资者分得的股息、红利按照"利息、股息、红利所得"缴纳个人所得税

2. 居民企业与非居民企业的划分

企业所得税将纳税人分为"居民企业"和"非居民企业"。居民企业就来源于中国境内外的所得纳税。居民企业实行单一具备原则：登记注册地或实际管理机构在中国境内。具体规定见表 10-2。

表 10-2　居民企业与非居民企业的划分

纳税人	判定标准	纳税人范围
居民企业	(1)依照中国法律、法规在中国境内成立的企业； (2)依照外国(地区)法律成立但实际管理机构在中国境内的企业	不包括：个人独资企业和合伙企业
非居民企业	依照外国(地区)法律成立且实际管理机构不在中国境内，但在中国境内设立机构、场所的企业	在中国境内从事生产经营活动的机构、场所，包括： (1)管理机构、营业机构、办事机构； (2)工厂、农场、开采自然资源的场所； (3)提供劳务的场所； (4)从事建筑、安装、装配、修理、勘探等工程作业的场所； (5)其他从事生产经营活动的机构、场所
	在中国境内未设立机构、场所，但有来源于中国境内所得的企业	—

3. 所得来源地的确定（见表 10-3）（相对重要，容易出选择题）

表 10-3　所得来源地的确定

所得类型		所得来源地的确定
销售货物所得		按照交易活动发生地确定
提供劳务所得		按照劳务发生地确定
转让财产所得	不动产	按照不动产所在地确定
	动产	按照转让动产的企业或者机构、场所所在地确定
	权益性投资资产	按照被投资企业所在地确定
股息、红利等权益性投资所得		按照分配所得的企业所在地确定
利息、租金、特许权使用费所得		按照负担、支付所得的企业或者机构、场所所在地，个人的住所地确定
其他所得		由国务院财政、税务主管部门确定

【例题 1·单选题】下列各项中，不属于企业所得税纳税人的是(　　)。

A. 在中国境内未设立机构、场所，但有来源于中国境内所得的企业

B. 在中国境内成立的外商独资企业

C. 在中国境内成立的个人独资企业

D. 在中国境内设立的一人有限公司

解析 ▶ 个人独资企业征收个人所得税，不是企业所得税的纳税人。一人有限公司不同于个人独资企业，属于有限责任公司，是具有完全法人资格的经济实体。　答案 ▶ C

【例题 2·多选题】根据企业所得税法及其相关规定，下列所得属于来源于中国境内的所得有(　　)。

A. 美国某公司承建中国某水电站获得的所得

B. 中国某公司将其在美国分支机构的办公楼转让所获得的所得

C. 中国某中外合资企业的英国股东将其股权转让给日本某企业获得的所得

D. 中国某外商投资企业向日本股东支付股息

E. 中国某企业向印度某银行支付贷款利息

解析 ▶ 转让不动产的所得，按照不动产所在地确定所得来源地。由于选项 B 转让的是在美国的办公楼，因此属于来自美国的所得。

答案 ▶ ACDE

(二)征税对象(见表 10-4)

企业所得税的征税对象是企业的生产经营所得、其他所得和清算所得。

表 10-4　纳税人与征税对象

纳税人	判定标准	征税对象
居民企业	(1)依照中国法律、法规在中国境内成立的企业； (2)依照外国(地区)法律成立但实际管理机构在中国境内的企业	来源于中国境内、境外的所得
非居民企业	依照外国(地区)法律成立且实际管理机构不在中国境内，但在中国境内设立机构、场所的企业	来源于中国境内的所得，以及发生在中国境外但与其所设机构、场所有实际联系的所得
	在中国境内未设立机构、场所，但有来源于中国境内所得的企业	来源于中国境内的所得

（三）税率（见表10-5和表10-6）

表10-5　税率

种类	税率	适用范围
基本税率	25%	（1）居民企业； （2）在中国境内设有机构、场所且取得的所得与机构、场所有联系的非居民企业
优惠税率	20%	符合条件的小型微利企业
	15%	国家重点扶持的高新技术企业、技术先进型服务企业、从事污染防治的第三方企业
预提所得税税率	20% （实际：10%税率）	适用于在中国境内未设立机构、场所的，或者虽设立机构、场所但取得的所得与其所设机构、场所没有实际联系的非居民企业

表10-6　非居民企业适用的税率

情形		税率
机构、场所	所得情形	
在中国境内设有机构、场所	取得的所得与机构、场所有联系的	25%
	取得的所得与其所设机构、场所没有实际联系	20%（实际：10%）
在中国境内未设立机构、场所的	有来自中国境内的所得	

【知识点拨】企业所得税的计税依据是应纳税所得额。应纳税所得额=收入总额-不征税收入-免税收入-扣除额-允许弥补的以前年度亏损。

（1）按税法规定计算应纳税所得额

（2）应纳税所得额=利润总额+纳税调整增加额-纳税调整减少额

下面我们分别介绍收入、扣除、亏损弥补等有关规定。

二、年度收入总额的审核★★★

扫我解疑难

收入总额是指企业以货币形式和非货币形式从各种来源取得的收入。

（一）不征税收入和免税收入

【知识点拨】注意对二者进行区分，容易出选择题。

1. 不征税收入（见表10-7）

表10-7　不征税收入

情形	具体内容和税务处理		
财政拨款	各级政府对纳入预算管理的事业单位、社会团体等组织拨付的财政资金		
依法收取并纳入财政管理的行政事业性收费、政府性基金	①对企业依法收取并上缴财政的政府性基金和行政事业性收费，准予作为不征税收入，于上缴财政的当年在计算应纳税所得额时从收入总额中减除；未上缴财政的部分，不得从收入总额中减除； ②企业收取的各种基金、收费，应计入企业当年收入总额		
国务院规定的其他不征税收入	属于国家投资和资金使用后要求归还本金的	不计入企业当年收入总额	
	专项用途财政性资金	不征税收入	形成的成本费用等不允许扣除，更不允许加计扣除
	非专项用途财政性资金	征税收入	形成的成本费用允许扣除，符合加计扣除条件，允许加计扣除

【知识点拨】 符合条件的软件企业按规定取得的即征即退增值税款，由企业专项用于软件产品研发和扩大再生产并单独进行核算，可以作为不征税收入，在计算应纳税所得额时从收入总额中减除。

真题精练（主观题）

（2015年简答题，改）某高新技术企业当期从政府部门取得200万元研发专项拨款，当年全部用于新产品设计费支出，在"管理费用——研发费用"科目单独核算归集。企业财务人员欲咨询该项拨款相关问题，假如您是负责该业务的税务师，请回答财务人员提出的相关问题：

（1）该项拨款如果作为不征税收入处理，据现行规定应该同时符合哪些条件？

（2）将该款项作为应税收入处理，与作为不征税收入处理相比，哪种对企业有利，为什么？

答案 ▶

（1）凡同时符合以下条件的，可作为不征税收入，在计算应纳税所得额时从收入总额中减除：

①企业能够提供规定资金专项用途的资金拨付文件；②财政部门或其他拨付资金的政府部门对该资金有专门的资金管理办法或具体管理要求；③企业对该资金以及该资金发生的支出单独进行核算。

（2）作为应税收入有利。

如果作为不征税收入，那么它的成本费用不得税前扣除；如果作为征税收入，那么它的成本费用可以税前扣除，而且研发支出可以加计75%扣除，200×75%=150（万元），可以多扣除150万元。

【思路点拨】 此题将不征税收入的税务处理与纳税筹划结合起来进行考核。

2. 免税收入（经常出现在简答题或综合题中）

（1）国债利息收入。

①企业取得的国债利息收入，应以国债发行时约定应付利息的日期，确认利息收入的实现；

②国债转让收益（损失）依法缴纳企业所得税。

国债利息收入和转让收益的税务处理见表10-8。

表10-8 国债利息收入和转让收益的税务处理

情形	税务处理
企业从发行者处直接投资购买的国债持有至到期	从发行者取得的国债利息收入，全额免征企业所得税
企业到期前转让国债，或者从非发行者处投资购买的国债	国债利息收入=国债金额×（适用年利率÷365）×持有天数——免征企业所得税 国债金额：按照国债发行面值或发行价格确定 转让国债收益（损失）=企业转让或到期兑付国债取得的价款-购买国债成本-持有期间尚未兑付的国债利息收入-交易过程中相关税费——应计算缴纳企业所得税

（2）符合条件的居民企业之间的股息、红利等权益性投资收益——直接投资。

（3）在中国境内设立机构、场所的非居民企业从居民企业取得与该机构、场所有实际联系的股息、红利等权益性投资收益。

上述收益都不包括连续持有居民企业公开发行并上市流通的股票不足12个月取得的投资收益——即投资于上市公司不满12个月，取得的股利是应税的投资收益。

【知识点拨】 持有上市公司股票获得的股息、红利满12个月才能享受免税待遇，否则征税；持有非上市公司股权：不受12个月的限制。

（4）符合条件的非营利组织的收入。

（5）对企业取得的2009年及以后年度发行

的地方政府债券利息所得，免征企业所得税。

【例题 3·多选题】 某纳入预算管理的事业单位在进行企业所得税纳税申报时，下列项目中，准予从收入总额中扣除的不征税收入有（　　）。

A. 财政拨款

B. 依法收取并纳入财政管理的行政事业性收费

C. 附属单位缴款

D. 依法收取并纳入财政管理的政府性基金

E. 国债利息收入

解析 ▶ 选项 C 应该照章纳税；选项 E 属于免税收入，而非不征税收入。　**答案** ▶ ABD

3. 企业接收政府、股东划入资产的企业所得税处理（见表 10-9）

表 10-9　企业接收政府、股东划入资产的企业所得税处理

投资主体	情形	税务处理
企业接收**政府**划入资产的企业所得税处理	县级以上人民政府将国有资产明确以股权投资方式投入企业	企业应作为国家资本金（包括资本公积）处理，该项资产如为非货币性资产，应按政府确定的接收价值确定计税基础
	县级以上人民政府将国有资产无偿划入企业	符合专项用途财政性资金条件的，按不征税收入处理
	其他情形	应按政府确定的**接收价值**计入当期收入总额计算缴纳企业所得税； 政府没有确定接收价值的，按资产的公允价值计算确定应税收入
企业接收**股东**划入资产的企业所得税处理	凡合同、协议约定作为资本金（包括资本公积）且在会计上已做实际处理的	不计入企业的收入总额，企业应按**公允价值**确定该项资产的计税基础
	凡作为收入处理的	应按**公允价值**计入收入总额，计算缴纳企业所得税，同时按公允价值确定该项资产的计税基础

真题精练（客观题）

（2017 年多选题）企业取得的下列收入中，属于企业免税收入的有（　　）。

A. 转让股票取得的收入

B. 从境内非上市居民企业取得的投资分红

C. 接受县以上政府无偿划入的国有资产

D. 接受股东赠与资产收入

E. 国债利息收入

解析 ▶ 本题考核企业所得税的免税收入的范围。　**答案** ▶ BE

（二）视同销售收入（经常为综合题的业务内容）

1. 视同销售的规定

（1）企业所得税视同销售的判断标准：所有权是否转移。

企业所得税视同销售的判定见表 10-10。

表 10-10　企业所得税视同销售的判定

所有权是否转移	会计和所得税处理	情形
所有权转移	（1）会计：确认收入，按销售征企业所得税	销售产品
	（2）会计：未确认收入，按视同销售征企业所得税	将资产用于市场推广、用于交际应酬、对外捐赠等
所有权未转移，除将资产转移至境外以外	不视同销售，不征企业所得税	将本企业生产的钢材用于修建厂房等

（2）企业所得税的视同销售≠增值税的视同销售。

企业所得税视同销售的判断以所有权是否转移为准；增值税的视同销售以税法所列举的情形为准。两者不能混淆。

会计、增值税法及企业所得税法中视同销售收入的对比见表10-11。

表10-11　视同销售收入对比

项目		会计	增值税	所得税
将货物交付其他单位或者个人代销		√	√	√
销售代销货物	收取手续费	×	√	×
	视同买断	√	√	√
统一核算，异地移送		×	√	×
职工个人福利（给个人）	自产、委托加工	√	√	√
	外购	×	×	×
集体福利（食堂、浴室）	自产、委托加工	×	√	×
	外购	×	×	×
投资（自产、委托加工、外购）		√	√	√
分配（自产、委托加工、外购）		√	√	√
赠送（自产、委托加工、外购）		×	√	√
交际应酬	自产、委托加工	×	√	√
	外购	×	×	√
市场推广、广告样品耗用	自产、委托加工	×	√	√
	外购	×	√	√

注：（1）上述表格中"√"代表确认收入或征税；"×"代表不确认收入或不征税。

（2）上述规定中会计处理按照企业会计准则的一般方法给出。

【例题4·单选题】下列属于企业所得税的视同销售收入的是（　　）。

A. 房地产企业将开发房产转作办公使用

B. 钢材企业将自产的钢材用于国内本企业的在建工程

C. 工业企业将产品向国内分支机构的移送

D. 某食品厂将生产的食品对外捐赠给福利院

解析 ▶ 选项ABC属于内部处置资产，不做视同销售收入处理。 答案 ▶ D

2. 视同销售收入和视同销售成本的确定（见表10-12）

表10-12　视同销售收入和视同销售成本的确定

税种	具体情形	视同销售收入	视同销售成本
企业所得税	企业自制的资产	企业同类资产同期对外销售价格	生产成本
	外购的资产	除另有规定外，应按照被移送资产的公允价值确定销售收入	购入时的价格
增值税	确定销售额的顺序：先售价，后组价		

【知识点拨1】会计上已经确认销售收入，则企业所得税上无需再视同销售——税会无差异。

【知识点拨2】有视同销售收入，一定有视同销售成本。

【知识点拨3】对应支出的税会差异通过

"扣除类调整"的"其他"进行调整。

【知识点拨4】企业所得税视同销售的纳税调整步骤。

(1)发生视同销售，视同销售收入纳税调增，视同销售成本纳税调减，填写A105010的相应行次；

(2)视同销售导致的支出的税会差异进行调整，填写A105000的"扣除类调整"中的"其他"；

(3)填写相应支出项目的"账载金额"时，不是填写账簿记录的相应金额，而是填写计入本年损益的税收规定金额。

【例题5·简答题】A公司将自产货物作为样品赠送客户用于产品宣传，产品生产成本为80万，同类售价为100万，该企业当年主营业务收入和其他业务收入合计为1000万。请问如何进行账务处理？如何进行税会差异调整？

解析

(1)账务处理

借：销售费用——业务宣传费93万
　　　　贷：库存商品80万
　　　　　　应交税费——应交增值税(销项税额)13万

(2)税会差异的纳税调整

①视同销售的纳税调整

视同销售收入：100万

视同销售成本：80万

纳税调增：20万

②"扣除类调整"的"其他"纳税调整

扣除类项目的"其他"中，账载金额为93万，税收金额为113万(即100+13万)，纳税调减20万。

③业务宣传费的纳税调整

通过前面的纳税调整，业务宣传费的本年金额为113万(而非93万)，税前扣除限额=(1000+100*)×15=165(万)，由于未超过扣除限额，因此无需纳税调整。

通过前面的步骤，我们可以看到，先调增20万、再调减20万，是否可以置之不理、直接不调整？此处大家一定要注意，在考试答题和实务中都需要按照上述顺序进行调整。尤其要注意该项变化对2020年考试的可能影响。

真题精练(客观题)

(2017年单选题)企业处置资产的下列情形中，应视同销售确认企业所得税应税收入的是( )。

A. 将资产用于股息分配

B. 将资产用于生产另一产品

C. 将资产从总机构移送至分支机构

D. 将资产由自用转为经营性租赁

解析 选项BCD，资产所有权没有发生转移不属于视同销售范围。 **答案** A

(三)企业所得税中收入确认的条件与时间

在计算应纳税所得额时，除企业所得税法及实施条例另有规定外，企业销售收入的确认，应遵循权责发生制原则和实质重于形式原则。

【知识点拨】会计上收入确认时间≠企业所得税收入的确认时间≠增值税纳税义务发生时间。

1. 销售商品收入

(1)会计上收入确认的条件

新收入准则的适用时间见表10-13。

表10-13 新收入准则的适用时间

主体		时间
上市公司	在境内外同时上市的企业以及在境外上市并采用国际财务报告准则或企业会计准则编制财务报表的企业	2018年1月1日
	其他境内上市企业	2020年1月1日

---

* 视同销售收入属于"销售营业收入"的组成部分作为计算广告费、业务宣传费税前扣除限额的基数。

续表

主体	时间
执行企业会计准则的非上市企业	2021年1月1日
允许提前执行	

由于新收入准则的适用范围相对较小，因此我们下面以原有准则为准进行介绍。

原有准则对于销售商品，收入确认时需要同时满足下列条件：

①企业已将商品所有权上的主要风险和报酬转移给购货方；

②企业既没有保留通常与所有权相联系的继续管理权，也没有对已售出的商品实施有效控制；

③收入的金额能够可靠地计量；

④相关的经济利益很可能流入企业；

⑤相关的已发生或将发生的成本能够可靠地计量。

（2）企业所得税收入确认的条件——**不承认会计的谨慎性原则**

①商品销售合同已经签订，企业已将商品所有权相关的主要风险和报酬转移给购货方；

②企业对已售出的商品既没有保留通常与所有权相联系的继续管理权，也没有实施有效控制；

③收入的金额能够可靠地计量；

④已发生或将发生的销售方的成本能够可靠地核算。

销售商品收入企业所得税上确认时间见表10-14。

表10-14 销售商品收入企业所得税上确认时间

结算方式	企业所得税中收入的确认时间
分期收款	合同约定的收款日期
采取产品分成方式取得收入的	以企业分得产品的时间确认收入的实现，其收入额按照产品的公允价值确定
托收承付方式	在办妥托收手续时确认收入
预收款方式	在发出商品时确认收入
销售商品需要安装和检验的	在购买方接受商品以及安装和检验完毕时确认收入，如果安装程序比较简单，可在发出商品时确认收入
采用支付手续费方式委托代销的	在收到代销清单时确认收入

增值税的纳税义务发生时间我们在第9章已经介绍过，此处不再赘述。

【例题6·简答题】2019年5月6日A公司与B公司签订预收货款销售合同，销售商品一批，不含税销售价格为100万元。合同约定，B公司应当于5月6日支付预付款50万元，A公司必须于5月6日按全额开具增值税专用发票给B公司。5月6日A公司按合同规定开具了发票，并将预收款存入银行。该批商品的实际成本80万元。

要求：请问应如何进行账务处理和税务处理？

答案 ▶

先开具发票的，增值税纳税义务发生时间为开具发票的当天。因此，应当确认增值税销项税额13万元。但是会计上、企业所得税上既不确认收入，也不结转成本。

借：银行存款 500000
　　贷：预收账款 370000
　　　　应交税费——应交增值税（销项税额） 130000

2. 提供劳务收入

（1）会计上收入确认的条件（见表10-15）

表 10-15　提供劳务会计上确认收入的规定

情形		具体规定
提供劳务交易结果能够可靠估计的		按照完工百分比法确认收入
提供劳务交易结果不能可靠估计的	已经发生的劳务成本预计能够得到补偿的	应按已收或预计能够收回的金额确认提供劳务收入，并结转已经发生的劳务成本
	已经发生的劳务成本预计全部不能得到补偿的	应将已经发生的劳务成本计入当期损益，不确认提供劳务收入

（2）企业所得税收入确认的条件

①企业在各个纳税期末，提供劳务交易的结果能够可靠估计的，应采用完工进度（完工百分比）法确认提供劳务收入；

②企业受托加工制造大型机械、设备、船舶、飞机等，以及从事建筑、安装、装配工程业务或者提供劳务等，持续时间超过12个月的，应当按照纳税年度内完工进度或者完成的工作量确认收入的实现。

注意：宣传媒介的收费，应在相关的广告或商业行为出现于公众面前时确认收入。

增值税纳税义务发生时间第9章已经介绍过，此处不再赘述。

3. 企业所得税收入确认的其他规定（见表10-16）

表 10-16　企业所得税上收入确认的其他规定

情形	收入确认的规定
股息、红利等权益性投资收益	除另有规定外，应当以被投资企业股东会或股东大会做出利润分配或转股决定的时间确认收入的实现。 【知识点拨】永续债的税务处理——双方应采用相同的税务处理方式 ①可适用股息、红利企业所得税政策： a. 发行方和投资方均为居民企业的：永续债利息收入可按居民企业之间的股息、红利，免税； b. 发行方支付的永续债利息支出：不得在企业所得税税前扣除。 ②发行符合规定条件的永续债，也可按照债券利息适用企业所得税政策： a. 发行方支付的永续债利息支出：准予在其企业所得税税前扣除； b. 投资方取得的永续债利息收入应当依法纳税
股权转让收入	应于转让协议生效且完成股权变更手续时确认收入的实现
利息、租金、特许权使用费收入	按合同约定的应付日期确认收入 国税函[2010]79号：如果交易合同或协议中规定租赁期限跨年度，且租金提前一次性支付的，出租人可对上述已确认的收入，在租赁期内，分期均匀计入相关年度收入——注意增值税与企业所得税的不同
接受捐赠收入	按照实际收到捐赠资产的日期确认收入的实现

【例题7·多选题】关于企业所得税收入确认时间的说法，正确的有（　　）。

A. 股息、红利等权益性投资收益以被投资人作出利润分配决定的日期确认收入的实现

B. 特许权使用费收入按照合同约定的特许权使用人应付特许权使用费的日期确认收入的实现

C. 股权转让收入按实际收到转让款项时间确认收入的实现

D. 分期收款方式销售货物按合同约定的收款日期确认收入的实现

E. 采取产品分成方式取得收入，以企业分得产品的时间确认收入的实现

解析 ▶ 股权转让收入应于转让协议生效

且完成股权变更手续时确认收入的实现。

答案 ABDE

（四）收入确认的金额（见表 10-17）

表 10-17　企业所得税收入确认的金额

类型		收入确认的金额
1. 售后回购	一般情况	采用售后回购方式销售商品的，销售的商品按售价确认收入，回购的商品作为购进商品处理
	以销售商品方式进行融资	收到的款项应确认为负债，回购价格大于原售价的，差额应在回购期间确认为利息费用
2. 折扣、折让、销货退回	商业折扣	按扣除商业折扣后的金额确定销售商品收入金额
	现金折扣	按扣除现金折扣前的金额确定销售商品收入金额，现金折扣在实际发生时作为财务费用扣除
	销售折让和退回	企业已经确认销售收入的售出商品发生销售折让和销售退回，应在发生当期冲减当期销售商品收入
3. 企业以买一赠一等方式组合销售本企业商品的		不属于捐赠，应将总的销售金额按各项商品的公允价值的比例来分摊确认各项的销售收入
4. 无赔款优待		需计入应纳税所得额 (1)企业参加财产保险和运输保险，按规定交纳的保险费用，准予扣除(2)保险公司给予企业的无赔款优待，须计入应纳税所得额

（五）收入方面常考的内容

审核时，注意会计账务处理应符合会计制度的规定；纳税申报时根据税法的规定进行纳税调整。

1. 收入不入账

（1）表现形式：

①以物易物不计收入。

②将收入计入往来账项——注意其他应付款、其他应收款等科目。

③以收入冲减费用。

④价外费用未计入收入。

……

（2）收入不入账的处理。

收入不入账的应该可以总结为"3＋3"，即从 3 个方面影响利润，从 3 个方面影响应纳税所得额，具体见表 10-18。

表 10-18　收入不入账的处理

判断	处理	对会计利润的影响	对应纳税所得额的影响	涉及的税种
账务处理出现错误	调账时：注意当年错账以及跨年度错账调整方式的不同	①增加收入，随之调整相应成本费用； ②如果原来冲减的是费用，在调增收入同时，还要调增费用； ③应补消费税、城建税及教育费附加、印花税影响利润	①通过影响会计利润影响应纳税所得额； ②影响销售（营业）收入，进而影响业务招待费、广宣费的税前扣除； ③影响会计利润，进而影响公益性捐赠的税前扣除	增值税（及消费税）、城建税及教育费附加、印花税、企业所得税

【例题 8 · 简答题】税务师 2020 年 3 月对某 WHM 食用油公司 2019 年账册进行纳税审查时发现，食用油的销售数量和产品完工入库、库存数量不匹配。经税务师进一步核实，发现其相差的数量系企业按市场价格直接抵消 WHM 餐饮公司就餐招待费用 722000 元（有

WHM 餐饮公司提供的一百余张收据及双方协议为证，业务发生时间为 2019 年 7 月 1 日至 2019 年 12 月 31 日），公司相关账务处理为：借记"管理费用——其他" 722000 元，贷记"应付账款" 722000 元；借记"应付账款" 350088 元，贷记"库存商品" 350088 元，剩余属于正常损失数量。请问应如何进行处理？（注：不考虑城建税及教育费附加的影响）

答案 ▶

该项业务属于账务处理错误。

（1）企业用自产产品抵债，应该确认主营业务收入，同时计算增值税的销项税额。

增值税的销项税额 = 722000 ÷（1 + 9%）× 9% = 59614.68（元）

（2）应调增利润额和应纳税所得额 = 722000 ÷（1 + 9%）（收入）− 350088（成本）= 312297.32（元）

（3）企业列支的管理费用取得的是收据，应该取得发票才能在税前扣除。所以调减管理费用 722000 元，调增应纳税所得额 722000 元。

（4）应纳税所得额合计调增 = 312297.32 + 722000 = 1034297.32（元）

调账过程见表 10-19。

表 10-19 调账过程

错账		正确的账务处理	
借：管理费用—其他 贷：应付账款 借：应付账款 贷：库存商品	722000 722000 350088 350088	借：管理费用——其他 贷：应付账款 借：应付账款 贷：主营业务收入 应交税费——应交增值税（销项税额） 借：主营业务成本 贷：库存商品	722000 722000 722000 662385.32 59614.68 350088 350088
调账分录			
借：应付账款 贷：以前年度损益调整 应交税费——应交增值税（销项税额）			371912（722000−350088） 312297.32 59614.68

2. 推迟收入入账时间

（1）流转税纳税义务发生时间 ≠ 企业所得税收入确认时间 ≠ 会计上收入确认时间。

（2）掌握不同结算方式下，收入的确认时间；尤其注意是否属于真正的分期收款、预收账款等结算方式。

（3）利息、租金、特许权使用费收入：按合同约定的应付日期确认收入。在应付当天，无论是否收到，都要确认收入。

国税函〔2010〕79 号：如果交易合同或协议中规定租赁期限跨年度，且租金提前一次性支付的，出租人可对上述已确认的收入，在租赁期内，分期均匀计入相关年度收入。我们在"第 3 部分——易错易混知识点辨析"总结租赁行业的税会差异。

（4）向境外支付款项时，注意代扣代缴预提所得税，流转税等问题。

【例题 9·综合分析题】 2020 年 2 月审核 2019 年纳税事项。2019 年 12 月 5 日 23# 记账凭证企业账务处理为：

借：预收账款 288150
　　贷：主营业务收入 255000
　　　　应交税费——应交增值税（销项税额） 33150
借：主营业务成本 180000
　　贷：发出商品 180000
借：银行存款 14950
　　预收账款 11850
　　贷：管理费用——仓储保管费 26800

后附原始凭证四张：（1）产品出库单

（2019年12月5日填制）；（2）"增值税专用发票"记账联、取货单各1张，开具专用发票的日期、取货单的日期均为2019年10月6日；（3）该公司向客户收取产品仓储保管费收据1张。

税务师进一步审核，发现该企业并未与客户签订分期收款销售合同，企业在2019年10月6日收到款项时，企业账务处理为：

借：银行存款　　　　　　300000
　　贷：预收账款　　　　　　300000
借：发出商品　　　　　　180000
　　贷：库存商品　　　　　　180000

要求：指出企业税务处理存在哪些问题并作出调整分录。

答案 ▶

（1）企业并没有与客户签订分期收款销售合同，不得按分期收款销售货物确认纳税义务发生时间，应该在收取货款，并开出取货单的当天（即10月6日）确认收入、发生增值税纳税义务，企业是在12月5日货物实际发出时确认的收入，发生纳税义务，属于人为推迟纳税义务时间、推迟收入确认，属违法行为。

（2）企业在销售货物时收取的仓库保管费，应该属于价外费用的性质，所以应该计入销售额中计算增值税销项税额。

（3）调账分录

借：以前年度损益调整（管理费用）
　　　　　　　　　　　　26800
　　贷：以前年度损益调整（主营业务收
　　　　入）　　23716.81［26800÷1.13］
　　　　应交税费——应交增值税（销项
　　　　税额）
　　　　　3083.19［26800÷1.13×13%］
借：以前年度损益调整（税金及附加）
　　　369.98［3083.19×（7%+5%）］
　　贷：应交税费——应交城建税
　　　　　　215.82［3083.19×7%］
　　　　应交税费——教育费附加
　　　　　　92.50［3083.19×3%］
　　　　应交税费——地方教育附加
　　　　　　61.66［3083.19×2%］

3. 视同销售（见表10-10、表10-11、表10-12）

【例题10·简答题】 2019年8月某公司将自产产品捐赠给某老年福利院，经审核该批产品生产成本为20万元；同类产品不含税销售价格为30万元。

要求：简述如何进行增值税和企业所得税的税务处理。

答案 ▶

以自产产品对外捐赠应视同销售处理：

（1）增值税：应补计增值税销项税额3.9（即30×13%）万元；

（2）企业所得税：应按捐赠产品的公允价值作为计税收入，调增应纳税所得额10万元：视同销售收入30万元；视同销售成本20万元。

4. 试运行收入

我们以一道例题说明试运行收入的税会差异。

【例题11·简答题】 2019年6月某公司投入一条新生产线，在试运行阶段生产一种新的铝产品，发生成本18万元，销售后共收到货款22.6万元，账务处理为：

借：在建工程　　　　　　180000
　　贷：银行存款　　　　　　180000
借：银行存款　　　　　　226000
　　贷：在建工程　　　　　　226000

要求：分析该业务会计和税法处理的差异。

答案 ▶

（1）会计——遵循谨慎性原则

企业在建工程项目达到预定可使用状态前所取得的试运转过程中形成的能够对外销售的产品，发生的成本计入在建工程成本，销售或转为库存商品时，按实际销售收入或预计售价冲减工程成本。

（2）税法

①在建工程试运行过程中产生的销售商品收入，应计征增值税——补计增值税销项税额、相应的城建税及教育费附加；

②企业所得税——计入收入总额，并允许税前扣除成本

（3）调账会计分录：

借：在建工程 26000

贷：应交税费——应交增值税（销项税额） 26000

企业所得税：试运行收入应并入总收入计征企业所得税，不能直接冲减在建工程成本。

应调增应纳税所得额 = 226000 ÷（1 + 13%）- 180000 = 20000（元）

5. 销售折扣、折让（见表10-17）

【例题12·简答题】根据现行有关税收政策规定，简述折扣销售在增值税、企业所得税上分别应如何处理。

答案▶

（1）增值税

如果销售额和折扣额在同一张发票金额栏上分别注明的，可按折扣后的余额作为销售额计算增值税；

如果将折扣额另开发票，不论其在财务上如何处理，均不得从销售额中减除折扣额。

（2）企业所得税

销售货物涉及折扣销售的，应按扣除商业折扣后的金额确定销售货物收入金额。

6. 投资收益（考试重点，需要特别注意）

考试中主要涉及的是成本法和权益法下长期股权投资收益的税会差异问题（见表10-20）。

表10-20 成本法与权益法的税会差异

核算方法	确认投资收益时间	账务处理	税法规定	税会差异
成本法	被投资企业做出利润分配决策时	（1）决定分配利润时： 借：应收股利 　贷：投资收益 （2）收到股利时： 借：银行存款 　贷：应收股利	投资收益的确认：除另有规定外，应当以被投资方作出利润分配决策的时间确认收入的实现。 **免税收入：**符合条件的居民企业之间的股息、红利等权益性投资收益	免税投资收益：纳税调减
权益法	随被投资方所有者权益的变化	（1）所有者权益变化时： 借：长期股权投资——损益调整 　贷：投资收益 （2）决定分配股利时： 借：应收股利 　贷：长期股权投资——损益调整 （3）收到股利时： 借：银行存款 　贷：应收股利		（1）会计与税法确认投资收益的时间不一致：暂时性差异； （2）免税投资收益：纳税调减

真题精练（客观题）

（2016年单选题）税务师受托对某企业投资收益税务处理情况进行审核时，发现其处理错误的是（ ）。

A. 将对居民企业投资的分回利润作为免税收益申报

B. 将持有2年以上居民企业上市公司股票的股息作为免税收益申报

C. 将购买国库券的利息作为免税收益申报

D. 将购买S公司债券的利息作为免税收益申报

解析▶选项AB，属于符合条件的股息、红利所得，享受免税优惠；选项C，国债利息收入属于免税收入；选项D，公司债券利息收入没有免税优惠。 **答案**▶D

真题精练（主观题）

（2015年简答题）甲、乙、丙三公司均为境内居民企业。甲公司分别持有乙公司、丙公司20%和30%股份。按企业会计准则要求，甲公司"投资收益"账户确认损失100万元（500×20%）、确认收益300万元（1000×30%）。另外，丙公司实际宣告分配股利800万元，甲公司按照持股比例确认"应收股利"240万元。

假如您是受托进行企业所得税审核的税务师，请对该业务的会计核算提出纳税调整建议，并简要说明理由。

答案 ▶

根据题意可以判断出甲企业对长期股权投资采用的是权益法核算，根据企业所得税法对资产损失的相关规定，投资持有期间甲企业在税法上不确认投资损失，只有当投资损失实际发生的时候，才可以税前扣除。所以应调增所得额100万元。根据企业所得税法规定，股息红利等权益性投资收益，应以被投资企业做出利润分配或转股决定的日期确认收入的时间，所以税法上应确认投资收益240万元，调减所得额60万元。此外符合条件的居民企业之间的股息红利属于免税收入，需要纳税调减240万元。

7. 对外投资收回或转让收益

（1）股权转让所得。

①企业转让股权收入，应于转让协议生效、且完成股权变更手续时，确认收入的实现；

②转让股权收入扣除为取得该股权所发生的成本后，为股权转让所得；

③企业在计算股权转让所得时，不得扣除被投资企业未分配利润等股东留存收益中按该项股权所可能分配的金额。

（2）投资企业从被投资企业撤回或减少投资，其取得资产的税务处理见表10-21。

表10-21　撤资或减少投资的税务处理

类型	税务处理	
相当于初始出资的部分	投资收回	不征企业所得税
相当于被投资企业累计未分配利润和累计盈余公积按减少实收资本比例计算的部分	股息所得	符合条件的居民企业的股息、红利等权益性投资收益，免税
其余部分	投资资产转让所得	征企业所得税

【例题13·简答题】 2019年A企业在年度决算报表编制前，委托税务师事务所进行所得税汇算清缴的审核。税务师发现情况如下：

（1）当年4月收到从其投资的境内居民企业B公司分回的投资收益5万元，A企业认为该项属于免税项目。

（2）当年1月4日，购买了上市公司C企业的流通股股票，6月10日，收到C企业发放的现金股利2万元，A企业认为该项属于免税项目。

（3）将对D企业的一项长期股权投资对外出售，取得了处置收益30万元，并计入了"投资收益"科目，A企业认为该项也属于免税项目。

问题：请判断A企业上述做法是否正确，并说明理由。

答案 ▶

（1）做法正确。居民企业直接投资于其他居民企业取得的投资收益是免税收入。

（2）做法错误。因为居民企业连续持有居民企业公开发行并上市流通的股票不足12个月取得的投资收益是不能享受免税优惠的。本题中A企业持有C企业的股票还不足12个月，不能享受免税政策。

（3）做法错误。将长期股权投资对外出售，属于股权转让行为，其取得的所得没有免税规定，应该并入应纳税所得额计算缴纳企业所得税。

8. 无法支付的应付账款

【例题 14·简答题】企业于 2019 年底，经过清理往来账户，发现有一笔确实无法支付的应付账款，金额 8 万元，企业按会计准则规定，做如下账务处理：

借：应付账款——甲单位　　80000

贷：营业外收入　　　　　　80000

要求：判断该业务是否存在税会差异以及如何调整。

答案 ▶

无法支付的应付账款按税法规定应并入应纳税所得额，计征所得税，税会无差异，无需纳税调整。

三、准予扣除项目与不得扣除项目的审核 ★★★

扫我解疑难

审核时重点关注：（1）账务处理是否正确；（2）是否符合税法的规定。

【知识点拨 1】汇算清缴时未及时取得发票的处理：

国家税务总局 2011 年 34 号：企业当年度实际发生的相关成本、费用，由于各种原因未能及时取得该成本、费用的有效凭证，企业在预缴季度所得税时，可暂按账面发生金额进行核算；但在汇算清缴时，应补充提供该成本、费用的有效凭证。——如未取得，纳税调增。

【知识点拨 2】以前年度发生应扣未扣支出的税务处理。

对企业发现以前年度实际发生的、按照税收规定应在企业所得税前扣除而未扣除或者少扣除的支出，企业做出专项申报及说明后，准予追补至该项目发生年度计算扣除，但追补确认期限不得超过 5 年。

企业由于上述原因多缴的企业所得税款，可以在追补确认年度企业所得税应纳税款中抵扣，不足抵扣的，可以向以后年度递延抵扣或申请退税。

（一）准予扣除项目：成本、费用、税金、损失和其他支出（见表 10-22）

表 10-22　准予扣除项目

类别	具体内容	特别提示
成本	销货成本、销售成本、业务支出等	企业必须将经营活动中发生的成本合理划分为直接成本和间接成本
费用	销售费用、管理费用和财务费用	需要取得有效凭证才能扣除
税金	除企业所得税和增值税以外的各项税金及其附加 【知识点拨】企业为职工负担的个人所得税不得在税前扣除	（1）作为税金及附加扣除的：消费税、城建税、资源税、土地增值税、出口关税、教育费附加、房产税、车船税、土地使用税、印花税等； （2）计入资产成本的：契税、车辆购置税、耕地占用税等
损失	在生产经营活动中发生的固定资产和存货的盘亏、毁损、报废损失，转让财产损失，呆账损失，坏账损失，自然灾害等不可抗力因素造成的损失以及其他损失（净损失）	从 2017 年企业所得税汇算清缴开始，资产损失无论清单申报还是专项申报，都无需向税务机关提供资料，资料由企业留存备查即可

【知识点拨】企业因存货盘亏、毁损、报废等原因不得从销项税额中抵扣的进项税额，应视同企业财产损失，准予与存货损失一起在企业所得税税前按规定扣除。

企业以前年度发生的资产损失未能在当年税前扣除的，可以按上述规定，向税务机关说明并进行专项申报扣除。（追补确认期限一般不超过 5 年）

（二）具体扣除项目的标准

1. 工资、薪金支出

企业发生的合理的工资、薪金支出，准予据实扣除。

（1）合理性的判断。

①企业制订了较为规范的员工工资、薪金制度；

②企业所制订的工资、薪金制度符合行业及地区水平；

③企业在一定时期所发放的工资、薪金是相对固定的，工资、薪金的调整是有序进行的；

④企业对实际发放的工资、薪金，已依法履行了代扣代缴个人所得税义务；

⑤有关工资、薪金的安排，不以减少或逃避税款为目的。

（2）审核纳税人有无将应由管理费用列支的离退休职工工资及6个月以上病假人员工资计入生产成本；有无将在建工程，固定资产安装、清理等发生的工资计入生产成本。

（3）劳务派遣用工工资的税务处理。

①按照协议（合同）约定直接支付给劳务派遣公司的费用：作为劳务费支出；

②直接支付给员工个人的费用：应作为工资薪金支出和职工福利费支出。其中属于工资薪金支出的费用，准予计入企业工资薪金总额的基数，作为计算其他各项相关费用扣除的依据。

（4）国企工资、薪金总额不得超过政府有关部门给予的限定数额；超标部分不得计入工资、薪金总额，也不得在企业所得税前扣除。

（5）"应付职工薪酬"核算的范围与税前扣除的工资薪金范围不同

税前扣除的工资薪金：企业按规定实际发放的工资薪金总和，不包括职工福利费、工会经费、职工教育经费、社会保险费、住房公积金等。

实际发放指的是汇算清缴年度计提，汇算清缴结束前发放。

（6）税前不得扣除的工资薪金不得作为计算福利费、工会经费、职工教育经费、补充养老保险和补充医疗保险税前扣除标准的基数。

（7）居民企业实行股权激励计划有关企业所得税处理问题见表10-23。

表 10-23　股权激励的税务处理

情形	税务处理
对股权激励计划实行后立即可以行权的	可根据实际行权时该股票的公允价格与激励对象实际行权支付价格的差额和数量，计算确定作为当年企业工资薪金支出，依税法规定进行税前扣除
需待一定服务年限或者达到规定业绩条件方可行权的——确定性原则	等待期内会计上计算确认的相关成本费用，不得在对应年度计算缴纳企业所得税时扣除——纳税调增
	在股权激励计划可行权后，企业方可根据该股票实际行权时的公允价格与当年激励对象实际行权支付价格的差额及数量，计算确定作为当年企业工资薪金支出，依照税法规定进行税前扣除——纳税调减

2. 职工福利费、职工工会经费和职工教育经费

（1）职工福利费。

企业发生的职工福利费支出，不超过工资薪金总额14%的部分，准予扣除。

①企业职工福利费的范围。

a. 尚未实行分离办社会职能的企业，其内设福利部门所发生的设备、设施和人员费用，包括职工食堂、职工浴室、理发室、医务所、托儿所、疗养院等集体福利部门的设备、设施及维修保养费用和福利部门工作人员的工资、薪金、社会保险费、住房公积金、劳务费等；

b. 为职工卫生保健、生活、住房、交通等所发放的各项补贴和非货币性福利，包括企业向职工发放的因公外地就医费用、未实行医疗统筹企业职工医疗费用、职工供养直系亲属医疗补贴、供暖费补贴、职工防暑降

温费、职工困难补贴、救济费、职工食堂经费补贴、职工交通补贴等；

c. 按照其他规定发生的其他职工福利费，包括丧葬补助费、抚恤费、安家费、探亲假路费等。

②企业福利性补贴支出税前扣除问题见表10-24。

表10-24 企业福利性补贴支出税前扣除规定

情形	税务处理
列入企业员工工资薪金制度、固定与工资薪金一起发放的福利性补贴，符合国税函〔2009〕3号工资薪金规定的	可作为企业发生的**工资薪金**支出，按规定在税前扣除
不能同时符合上述条件的福利性补贴	应作为国税函〔2009〕3号文件规定的**职工福利费**，按规定计算限额税前扣除。

③须单设账册准确核算，没有单独设置账册准确核算的，税务机关应责令限期改正。逾期不改的，税务机关对其进行合理的核定。

（2）职工工会经费。

企业拨缴的职工工会经费支出，不超过工资薪金总额2%的部分，准予扣除。

需取得工会组织开具的《工会经费收入专用收据》。在委托税务机关代收工会经费的地区，企业拨缴的工会经费，也可凭合法、有效的工会经费代收凭据依法在税前扣除。

（3）职工教育经费（见表10-25）——暂时性差异。

自2018年1月1日起，企业实际发生的职工教育经费，不超过工资薪金总额8%的部分准予扣除，超过部分准予结转以后纳税年度扣除。

表10-25 职工教育经费的税务处理

情形	税务处理
一般规定	企业实际发生的职工教育经费，不超过工资薪金总额8%的部分准予扣除，超过部分准予结转以后纳税年度扣除
航空企业实际发生的飞行员养成费、飞行训练费、乘务训练费、空中保卫员训练费等空勤训练费用	作为航空企业运输成本税前扣除
核力发电企业为培养核电厂操纵员发生的培养费用	记入发电成本在税前扣除
集成电路设计企业、符合条件的软件生产企业的**职工培训费用**	据实扣除

【知识点拨】对于三项经费需要注意其记账凭证、账务处理，同时注意发生的才可以扣除，计提的不允许扣除。

【例题15·单选题】下列项目中，根据企业财务规定可以计入职工工资总额，不作为职工福利费的是（ ）。

A. 探亲假期补助

B. 供暖费补贴

C. 职工困难补贴

D. 职工交通补贴

解析 ▶ 根据国税函〔2009〕3号文件的精神，探亲假期间领取到的补助不同于探亲假路费，不属于职工福利费的开支范围。

答案 ▶ A

【例题16·单选题】下列关于职工教育经费的说法，正确的是（ ）。

A. 高新技术企业职工教育经费税前扣除限额为工资薪金的6%

B. 集成电路设计企业的职工教育经费可以据实扣除

C. 职工教育经费属于税法与会计的永久性差异

D. 核力发电企业为培养核电厂操纵员发生的培养费用，作为发电成本在税前扣除

解析 ▶ 选项 A，高新技术企业职工教育经费税前扣除限额为工资薪金的8%；选项 B，集成电路设计企业的职工培训费用可以据实扣除；选项 C，职工教育经费属于税法与会计的暂时性差异。 **答案** ▶ D

【例题17·简答题】某企业2019年"应付职工薪酬"账户各明细栏目反映，支付给职工的工资总额合计2000000元，全部为合理的工资、薪金支出；发生职工福利费合计400000元；发生职工教育经费80000元；拨缴工会经费24000元已取得相关工会拨缴款收据，同时又另行列支工会活动费40000元。简述如何进行所得税纳税调整。

答案 ▶

企业发生的工资总额2000000元全部为合理的工资薪金支出为，无需调整；

实际发生的职工福利费不超过工资薪金总额14%的部分准予扣除，扣除限额为280000元，实际发生400000元，纳税调增120000元；

实际发生的职工教育经费不超过工资薪金总额8%的部分准予扣除，扣除限额为160000元，实际发生80000元，未超过限额，无需调整；

企业拨缴的职工工会经费支出，不超过工资薪金总额2%的部分，准予扣除。扣除限额为40000，实际发生且取得合法收据的金额为24000元，未超过限额，无需调整。另行列支的工会活动费，因未取得工会凭证，不能税前抵扣，纳税调增40000元。

工资及三项费用合计纳税调增160000元。

3. 企业为职工缴纳的保险费

企业为职工缴纳的保险费的税务处理见表10-26。

表 10-26 企业为职工缴纳的保险费的税务处理

类型	企业所得税	个人所得税
基本保险	允许扣除	免个税
补充保险	限额扣除：分别在不超过职工工资总额5%标准内的部分	补充养老保险有免税优惠
商业保险	区别对待 (1)可以扣除：依规定为特殊工种职工支付的人身安全保险费、雇主责任险、公众责任险和国务院财税主管部门规定可扣的商业保险费； (2)不得扣除：其他商业保险费	(1)商业健康保险：有扣除； (2)试点地区商业养老保险：自2018年5月1日起有扣除； (3)其他商业保险：征收个人所得税

【知识点拨1】在计算扣除限额时所指的工资薪金以税前准予扣除的工资薪金为准；

【知识点拨2】企业参加财产保险按规定缴纳的保险费，准予扣除。

【例题18·简答题】公司于2019年12月份为全体30名职工家庭财产支付商业保险费，每人1000元，合计30000元，企业账务处理为：

借：管理费用——保险费 30000
　　贷：银行存款 30000

请问企业所得税和个人所得税应如何处理？

答案 ▶

企业为职工个人支付的家庭财产保险，税前不得扣除，所以应纳税调增30000元，并代扣代缴个人取得商业保险所得的个人所得税。

4. 借款费用

(1)借款费用税前扣除的基本规定。

企业在生产、经营活动中发生的利息费用，按下列规定扣除：

①非金融企业向金融企业借款的利息支

出、金融企业的各项存款利息支出和同业拆借利息支出、企业经批准发行债券的利息支出，准予据实扣除；

②非金融企业向非金融企业借款的利息支出，不超过按照金融企业同期同类贷款利率计算的数额部分扣除。

【知识点拨】如何确定金融企业同期同类贷款利率：企业在按照合同要求首次支付利息并进行税前扣除时，应提供"金融企业的同期同类贷款利率情况说明"，以证明其利息支出的合理性。

a."情况说明"中，应包括在签订该借款合同当时，本省任何一家金融企业提供同期同类贷款利率情况；

b. 金融企业：应为经政府有关部门批准成立的可以从事贷款业务的企业，包括银行、财务公司、信托公司等金融机构；

c. 同期同类贷款利率：在贷款期限、贷款金额、贷款担保以及企业信誉等条件基本相同情况下，金融企业提供贷款的利率。既可以是金融企业公布的同期同类平均利率，也可以是金融企业对某些企业提供的实际贷款利率。

（2）加息、罚息允许在企业所得税前扣除（注意与土地增值税的区别）。

（3）资本化和费用化问题。

利息资本化和费用化的范围见表10-27。

表10-27 资本化和费用化的范围

用途	时间	财税处理
为购置、建造和生产固定资产、无形资产和经过12个月以上的建造才能达到预定可销售状态的存货而发生的借款	在有关资产购建期间发生的借款费用	应作为资本性支出计入有关资产的成本
	有关资产交付使用后发生的借款利息	费用化：可在发生当期扣除
其他借款利息		费用化
特别注意：一旦资本化、费用化出错，对折旧的影响		

【例题19·简答题】企业2019年1月1日向银行贷款1000万元，年利率为12%，其中800万元用于A车间基建工程，该车间于2019年9月交付使用；200万元用于采购材料物资从事生产经营，企业在2019年度按权责发生制原则计提了贷款利息支出120万元，全部计入"财务费用"科目借方。

简述相应的所得税纳税调整。

答案

利息支出未按税法规定在资本性支出与收益性支出之间合理分配，虚增期间费用。

①应该资本化的利息支出＝800×12%×9÷12＝72（万元）

②计入财务费用的利息支出：48（万元）。

③财务费用中列支了120（万元），应调增利润额和应纳税所得额72万元，此外相应调整A车间折旧。

（4）资本的利息不能在税前扣除。

凡企业投资者在规定期限内未缴足其应缴资本额的，该企业对外借款所发生的利息，相当于投资者实缴资本额与在规定期限内应缴资本额的差额应计付的利息，其不属于企业合理的支出，应由企业投资者负担，不得在计算企业应纳税所得额时扣除。

【知识点拨】不得在计算企业应纳税所得额时扣除的借款利息的具体计算：以企业一个年度内每一账面实收资本与借款余额保持不变的期间作为一个计算期。

每一计算期不得扣除的借款利息＝该期间借款利息额×该期间未缴足注册资本额÷该期间借款额

一个年度内不得扣除的借款利息总额＝该年度内每一计算期不得扣除的借款利息额之和。

（5）企业将资金无偿让渡他人使用的涉税

问题见表10-28。

表10-28 企业将资金无偿让渡他人使用的涉税问题

类型	税务处理
企业将自有资金无偿让渡人或其他企业使用	应遵循独立交易原则，收取利息；否则：增值税视同销售【自2019年2月1日至2020年12月31日，对企业集团内单位(含企业集团)之间的资金无偿借贷行为，免征增值税】；企业所得税：税务机关有权核定其利息收入并缴纳企业所得税
企业将银行借款无偿让渡人或其他企业使用	该企业所支付的银行利息与取得收入无关，应调增应纳税所得额

(6)企业向个人借款利息支出税前扣除的条件。

①借贷是真实、合法、有效的——不违法。

②签订了借款合同。

③利息支出不超过按照金融企业同期同类贷款利率计算的数额。

④取得合法凭证。

a. 个人到税务机关代开发票。

b. 代开发票时，需要缴纳：增值税(3%)；城建税(7%、5%、1%)教育费附加、地方教育附加(3%、2%)；个人所得税(20%)；无印花税(民间借贷合同不属于印花税征税范围)。

⑤一般企业关联债资比例不超过2：1(向股东或其他与企业有关联关系的自然人借款)。

【例题20·简答题】某企业"财务费用"由三部分构成：以年利率6%向银行贷款2000万元(其中500万元作为注册资本注入)，利息支出120万元；汇兑损益损失20万元；支付开户银行结算手续费等10万元。请问在计算应纳税所得额时应如何处理？

答案▶

该企业不得在税前列支资本的利息，应当进行纳税调增，应对资本的利息全部调增

应纳税所得额=500×6%=30(万元)

【例题21·单选题】对公司银行贷款逾期的罚息，正确的财务或税务处理是( )。

A. 罚息属于企业所得税法规定的不可以扣除的罚款支出

B. 银行贷款发生的罚息应在企业"财务费用"科目贷方反映

C. 罚息不属于行政罚款，类似于经济合同的违约金，可以在企业所得税税前扣除

D. 因银行贷款发生罚息，属于与企业生产经营无关的支出，应在"营业外支出"中核算，不得在企业所得税税前扣除

解析▶ 罚息应该在"财务费用"科目借方反映；可以在所得税前扣除。 **答案**▶C

真题精练(主观题)

(2016年简答题)王先生以200万元在某市投资设立一家有限责任公司，由于公司业务扩大，需要大量流动资金，但公司无法从金融机构取得贷款。2016年7月1日王先生通过住房抵押以个人名义按年利率6.5%，向银行取得贷款500万元，期限半年，取得贷款后，王先生全部交给有限责任公司使用，银行同期同类贷款利率为6.5%。

(1)王先生支付给银行的利息支出，能否在有限责任公司计算企业所得税时扣除？简述理由。

(2)假定王先生按银行贷款利率向有限责任公司收取利息，应缴纳哪些税费？半年利息应缴税费金额分别是多少？

(3)假定有限责任公司向王先生按银行贷款利率支付利息，2016年允许企业所得税扣除金额为多少，应如何办理。

答案▶

(1)王先生向银行支付的利息不能在有限

责任公司计算企业所得税时扣除。

理由：因为王先生是以个人名义贷款，其利息支出不能作为有限责任公司的费用扣除。

（2）应缴纳增值税、城建税、教育费附加、地方教育附加、个人所得税。

应缴纳增值税 $=500×6.5\%÷12×6÷(1+3\%)×3\%=0.47$（万元）

应缴纳城建税、教育费附加及地方教育附加 $=0.47×(7\%+3\%+2\%)=0.06$（万元）

应缴纳个人所得税 $=[500×6.5\%÷12×6÷(1+3\%)]×20\%=3.16$（万元）

（3）如果公司成立时间为2016年1月1日，关联债资比例 $=(500×6)÷(200×12)=1.25$，未超标。支付的利息允许全额扣除。

如果公司成立时间为2016年7月1日，关联债资比例 $=(500×6)÷(200×6)=2.5$，超

标。税前可以扣除的利息支出 $=200×2×6.5\%÷12×6=13$（万元）。

王先生应自行缴纳税款并向税务局申请代开发票，企业凭发票可以税前扣除。

5. 汇兑损失

企业在货币交易中，以及纳税年度终了将人民币以外的货币性资产、负债按照期末即期人民币汇率中间价折算为人民币时产生的汇兑损失，除已经计入资产成本以及与向所有者进行利润分配相关的部分外，准予扣除。

6. 业务招待费（综合题必考内容）

（1）业务招待费是否真实、合理、合法；是否与企业生产经营有关——与企业生产经营无关的业务招待费支出税前不得扣除。

（2）按发生额的60%与当年销售（营业）收入的5‰中较小的一方扣除。

（3）销售（营业）收入的确定见表10-29。

表10-29 企业将资金无偿让渡他人使用的涉税问题

类型	税务处理
企业将自有资金无偿让渡他人或其他企业使用	应遵循独立交易原则，收取利息； 否则：增值税视同销售【自2019年2月1日至2020年12月31日，对企业集团内单位（含企业集团）之间的资金无偿借贷行为，免征增值税】；企业所得税：税务机关有权核定其利息收入并缴纳企业所得税
企业将银行借款无偿让渡他人或其他企业使用	该企业所支付的银行利息与取得收入无关，应调增应纳税所得额

（4）企业在筹建期间，发生的与筹办活动有关的业务招待费支出，可按实际发生额的60%计入企业筹办费，并按有关规定在税前扣除。

7. 广告费和业务宣传费（常考）——暂时性差异

（1）扣除限额和比例。

①一般企业：不超过当年销售（营业）收入15%的部分，准予扣除；超过部分，准予在以后纳税年度结转扣除。

②化妆品制造或销售、医药制造和饮料制造（不含酒类制造）：30%。

（2）烟草企业的烟草广告费和业务宣传费支出，一律不得在税前扣除。

（3）企业在筹建期间，发生的广告费和业务宣传费，可按实际发生额计入企业筹办费，并按有关规定在税前扣除。

（4）计算扣除的基数：销售（营业）收入。

（5）企业申报扣除的广告费支出应与赞助支出严格区分。

广告是通过工商部门批准的专门机构制作的；已实际支付费用，并已取得相应发票；通过一定的媒体传播。

（6）属于会计与税法的暂时性差异，可能出现纳税调增；也可能出现纳税调减。

8. 佣金和手续费

（1）企业发生与生产经营有关的手续费及佣金支出，按以下标准扣除：

①自 2019 年 1 月 1 日起，保险企业发生与其经营活动有关的手续费及佣金支出，不超过当年全部保费收入扣除退保金等后余额的18%（含本数）的部分，在计算应纳税所得额时准予扣除；超过部分，准予结转以后年度扣除；

②其他企业：签订服务协议或合同确认的收入金额的5%计算限额，限额以内的部分准予扣除，超过部分，部分不得扣除。

（2）支付方式。

①企业向具有合法经营资格中介服务机构支付的佣金和手续费，必须转账支付；

②向个人支付的，可以以现金方式，但需要有合法的凭证。

（3）企业为发行权益性证券支付给有关证券承销机构的手续费及佣金不得在税前扣除。

（4）企业不得将手续费及佣金支出计入回扣、业务提成、返利、进场费等费用。

（5）企业已计入固定资产、无形资产等相关资产的手续费及佣金支出，应通过折旧、摊销等方式分期扣除，不得在发生当期直接扣除。

（6）企业支付的手续费及佣金不得直接冲减服务协议或合同金额，并如实入账。

9. 公益性捐赠

（1）公益性捐赠的界定——企业通过公益性社会团体或者县级以上人民政府及其部门，用于《中华人民共和国公益事业捐赠法》规定的公益事业的捐赠。不符合规定的捐赠支出不能在税前扣除。

（2）纳税人向受赠人的直接捐赠不能在税前扣除。

（3）扶贫捐赠

自 2019 年 1 月 1 日至 2022 年 12 月 31 日，用于目标脱贫地区的扶贫捐赠支出，准予在计算企业所得税应纳税所得额时据实扣除。在政策执行期限内，目标脱贫地区实现脱贫的，可继续适用上述政策；

"目标脱贫地区"包括 832 个国家扶贫开发工作重点县、集中连片特困地区县（新疆阿克苏地区 6 县 1 市享受片区政策）和建档立卡贫困村。

（4）不超过年度利润总额 12%的部分，准予扣除；超过部分准予结转以后三年内在计算应纳税所得额时扣除。

【知识点拨 1】年度利润总额，是指企业依照国家统一会计制度的规定计算的年度会计利润。如果在题目中，会计利润有误，需要先调整出正确的会计利润，再计算捐赠限额。

【知识点拨 2】企业在对公益性捐赠支出计算扣除时，应先扣除以前年度结转的捐赠支出，再扣除当年发生的捐赠支出。

（5）自 2019 年 1 月 1 日至 2022 年 12 月 31 日，企业通过公益性社会组织或者县级（含县级）以上人民政府及其组成部门，用于目标脱贫地区的扶贫捐赠支出，准予在就按企业所得税应纳税所得额时据实扣除。

（6）企业将自产货物用于捐赠，应分解为按公允价值视同销售和捐赠两项业务进行所得税处理。

【例题 22·单选题】税务师接受委托对某县城的企业进行 2019 年度纳税审核，企业的营业外支出中列支的捐赠支出包括：通过非营利性的社会团体向农村义务教育捐款 120 万元。企业利润表中体现的会计利润为 620 万元，经过税务师审核发现，该企业将一部分厂房出租，含增值税租金收入 157.5 万元（符合简易征收条件），挂在"其他应付款"账上，假设房产税的缴纳不存在问题，此外，企业将自产货物作为礼品赠送给客户，账务处理为：

借：管理费用——业务招待费

565000

贷：库存商品 500000

应交税费——应交增值税（销项税额） 65000

经查，同类产品的售价为 60 万元。税务师确定的可以在 2019 年所得税税前扣除的捐赠支出为（　　）万元。

A. 28.59　　　B. 92.31

C. 93.51　　　D. 120

解析 ▶ 提示：视同销售只要账务处理正确不影响会计利润。

不含增值税租金 = 157.5 ÷ 1.05 = 150（万元）

应补增值税 = 150 × 5% = 7.5

该企业的会计利润 = 620 + 150 - 7.5 × (5% + 3% + 2%) = 769.25（万元）

公益性捐赠扣除限额 = 769.25 × 12% = 92.31（万元）

2019 年所得税前可以扣除的捐赠支出 = 92.31（万元）　　　　　　　**答案** ▶ B

【例题 23·简答题】 A 税务师事务所在审核 B 公司"营业外支出——公益救济性捐赠"科目中发现，B 公司 2019 年 7 月 30 日和 8 月 20 日，分两次向"某区某会议领导小组办公室"付款合计 100 万元。经过对该公司负责人询问得知，这是由于 2019 年在该区举办武术节，区委向辖区内的企业进行了捐赠摊派，该行把这两笔支出记入了公益救济性捐赠支出，并在税前进行了扣除。请问 B 公司的税务处理是否正确并说明理由。

答案 ▶

B 公司的税务处理错误。向"某区某会议领导小组办公室"捐赠付款，不属于公益性捐赠，不得在税前扣除，应调增应纳税所得额 100 万元。

10. 租赁费

(1) 以经营租赁方式租入固定资产发生的租赁费支出，按照租赁期限均匀扣除；

(2) 以融资租赁方式租入固定资产发生的租赁费支出，按照规定构成融资租入固定资产价值的部分应当提取折旧费用，分期扣除。

11. 有关资产的费用

(1) 企业转让各类固定资产发生的费用，允许扣除；

(2) 企业按规定计算的固定资产折旧费、无形资产和递延资产的摊销费，准予扣除。

12. 资产损失（经常考）

(1) 税前允许扣除的资产损失是净损失，即资产损失减除保险公司赔偿和责任人赔偿后的金额。

(2) 资产损失税前扣除的方法

企业当期发生的固定资产和流动资产盘亏、毁损**净损失**，准予扣除，资产损失资料由企业留存备查，**无需报送税务机关**。

(3) 增值税进项税额转出。

企业因非正常损失等原因不得从销项税额中抵扣的进项税额，应作为企业财产损失，准予与存货损失一起在所得税前按规定扣除。

考核中涉及进项税额转出问题，如果应转出未转出：

a. 补交增值税；

b. 补交城建、教育费附加等影响利润；

c. 补交的增值税影响"营业外支出"，影响利润。

(4) 坏账损失的税前扣除。

企业应收及预付款项坏账损失应依据以下相关证据材料确认：

①相关事项合同、协议或说明；

②属于债务人破产清算的，应有人民法院的破产、清算公告；

③属于诉讼案件的，应出具人民法院的判决书或裁决书或仲裁机构的仲裁书，或者被法院裁定终（中）止执行的法律文书；

④属于债务人停止营业的，应有工商部门注销、吊销营业执照证明；

⑤属于债务人死亡、失踪的，应有公安机关等有关部门对债务人个人的死亡、失踪证明；

⑥属于债务重组的，应有债务重组协议及其债务人重组收益纳税情况说明；

⑦属于自然灾害、战争等不可抗力而无法收回的，应有债务人受灾情况说明以及放弃债权申明。

企业逾期三年以上的应收款项在会计上已作为损失处理的，可以作为坏账损失，但应说明情况，并出具专项报告；

企业逾期一年以上，单笔数额不超过五

万元或者不超过企业年度收入总额万分之一的应收款项，会计上已经作为损失处理的，可以作为坏账损失，但应说明情况，并出具专项报告。

【例题24·简答题】某服装制造公司系增值税一般纳税人，2019年10月10日该企业仓库被盗，损失一批原材料，价款100万元，被盗事件发生后公司及时向公安机关报案，但案件尚未侦破。被盗事件发生后，仓库保管员赔偿5000元，保险公司赔偿80万元，该批货物系2019年5月购进并抵扣进项税额。简要分析该企业在税务处理方面应当注意的事项。

答案▶

（1）增值税方面

该项损失属于因管理不善造成的非正常损失，原材料的进项税额不得抵扣，需要转出进项税额13万元。

（2）企业所得税

该项资产损失应申报后在企业所得税前扣除。

资产损失金额，为其计税成本扣除保险理赔以及责任人赔偿后的余额，即32.5万元（113-0.5-80）。

13. 劳动保护支出

合理的劳动保护支出，准予扣除。

劳务保护支出的范围：

（1）必须是确因工作需要，如果企业发生的所谓的支出，并非出于工作的需要，那么其支出就不得予以扣除；

（2）为其雇员配备或提供，而不是给与其没有任何劳动关系的人配备或提供；

（3）限于工作服、手套、安全保护用品、防暑降温用品等，如高温冶炼企业职工、道路施工企业的防暑降温用品，采煤工人的手套、头盔等用品。

14. 员工服饰支出

企业根据其工作性质和特点，由企业统一制作并要求员工工作时统一着装所发生的工作服饰费用，可以作为企业合理的支出给

予税前扣除。

15. 专项资金

企业依照法律、行政法规有关规定提取的用于环境保护、生态恢复等方面的专项资金，准予扣除；上述专项资金提取后改变用途的，不得扣除。

16. 总机构分摊的费用

非居民企业在中国境内设立的机构、场所，就其中国境外总机构发生的与该机构、场所生产经营有关的费用，能够提供总机构出具的费用汇集范围、定额、分配依据和方法等证明文件，并合理分摊的，准予扣除。

【知识点拨】企业之间支付的管理费，母公司以管理费形式向子公司提取的费用，不得扣除。

母公司为其子公司提供各种服务而发生的费用，应按照独立企业之间公平交易原则确定服务的价格，准予扣除。

17. 其他项目

依照有关法律、行政法规和国家有关税法规定准予扣除的其他项目，如会员费、合理的会议费、差旅费、违约金、诉讼费用等，准予扣除。

【例题25·多选题】在企业所得税中，下列费用的支出如果超过当年费用扣除标准，可以结转在以后年度扣除的有（　　）。

A. 职工福利费

B. 职工教育经费

C. 职工工会经费

D. 广告费

E. 业务招待费

解析▶除国务院财政、税务主管部门另有规定外，企业发生的职工教育经费支出，不超过工资、薪金总额8%的部分准予扣除，超过部分准予结转以后纳税年度扣除；企业发生的符合条件的广告费和业务宣传费支出除国务院财政、税务主管部门另有规定外，不超过当年销售（营业）收入15%的部分，准予扣除，超过部分准予结转以后纳税年度扣除。

答案▶ BD

真题精练(客观题)

(2019年多选题)根据企业所得税相关规定,企业实际发生的超过当年税前扣除标准的金额,准予在以后纳税年度结转扣除的有( )。

A. 职工福利费支出

B. 业务招待费支出

C. 公益性捐赠支出

D. 工会经费支出

E. 广告费和业务宣传费支出

解析 ▶ 选项C,企业当年发生以及以前年度结转的公益性捐赠支出,不超过年度利润总额12%的部分,准予扣除。超过年度利润总额12%的部分,准予以后三年内在计算应纳税所得额时结转扣除;选项E,企业发生的符合条件的广告费和业务宣传费支出,除国务院财政、税务主管部门另有规定外,不超过当年销售(营业)收入15%的部分,准予扣除;超过部分,准予结转以后纳税年度扣除。 **答案** ▶ CE

(三)不得扣除项目

(1)向投资者支付的股息、红利等权益性投资收益款项。

(2)企业所得税税款。

(3)税收滞纳金。

(4)罚金、罚款和被没收财物的损失。

【知识点拨1】罚金、罚款和被没收财物的损失,是指纳税人违反国家有关法律、法规规定,被有关部门处以的罚款,以及被司法机关处以的罚金和被没收财物。

【知识点拨2】违约金、罚息、诉讼赔偿可以在税前扣除。

【例题26·简答题】某企业当期支付罚款、违约金10万元(经审核属环保部门处以罚款5万元;因未采取火灾防范措施,消防部门处罚款3万元;因产品质量原因,经协商支付购货方赔款2万元)。请问哪些允许在税前扣除,哪些不得在税前扣除?

答案 ▶

该企业被环保部门所处罚款5万元,消防部门所处罚款3万元,均属于行政性罚款,不得在税前扣除,应当调增应纳税所得额8万元;违约金支出2万元,可以在税前扣除,无须纳税调整。

(5)超标的捐赠支出(可以结转以后三年内在计算应纳税所得额时扣除)。

(6)赞助支出——与生产经营活动无关的各种非广告性质支出。

(7)未经核定的准备金支出——暂时性差异。

①除金融、保险、证券、中小企业信用担保外,其他企业的准备金支出不得在税前扣除,包括坏账准备金;

②坏账损失实际发生准予扣除。

(8)企业之间支付的管理费、企业内营业机构之间支付的租金和特许权使用费,以及非银行企业内营业机构之间支付的利息,不得扣除。

(9)与取得收入无关的其他支出。

【知识点拨1】与取得收入不直接相关的支出,比如非公益救济性捐赠、非广告性质的赞助支出、其他与取得收入无关的支出不得扣除。

【知识点拨2】不合理的支出,比如企业向非金融企业借款超过银行同期同类贷款利率标准的部分,税收滞纳金、罚金、罚款,违法经营罚款和被没收财物损失,税前不得扣除。

【知识点拨3】不得扣除项目的审核要点,主要是把握与准予扣除项目的区分。

【例题27·多选题】根据企业所得税法的规定,企业的下列各项支出,在计算应纳税所得额时,准予从收入总额中直接扣除的有( )。

A. 发生的合理的劳动保护支出

B. 转让固定资产发生的费用

C. 非居民企业向总机构支付的合理费用

D. 企业所得税税款

E. 企业内营业机构之间支付的租金

解析 ▶ 选项D,企业所得税税款不得扣

除；选项 E，企业内营业机构之间支付的租金不得扣除。 **答案▶ ABC**

真题精练（客观题）

（2018年单选题改）下列项目在企业所得税纳税调整项目明细表中可能出现纳税调减的是（ ）。

A. 税收滞纳金

B. 捐赠支出

C. 业务招待费支出

D. 非保险企业的佣金和手续费支出

解析▶ 符合条件的捐赠支出，超过年度利润总额12%的部分，准予以后三年内在计算应纳税所得额时结转扣除，可能会纳税调减。 **答案▶ B**

（四）与企业所得税审核有关的其他税费问题见表10-30。

表10-30 与企业所得税审核有关的其他税费问题

是否扣除	扣除方式	税金
允许扣除	税金及附加	消费税、城建税、资源税、土地增值税、出口关税、教育费附加、地方教育附加、房产税、车船税、土地使用税、印花税等
	资产成本	契税、车辆购置税、耕地占用税等
不得扣除		增值税（价外税）
		企业所得税、企业为职工负担的个人所得税

1. 增值税

在综合题中可能会涉及到：

（1）隐瞒收入应补缴增值税；

（2）非正常损失进项税额转出问题；

（3）进项税额的抵扣问题；

（4）减免的税款计入营业外收入或其他收益问题；

（5）视同销售行为应计提销项税额。

2. 城建税、教育费附加、地方教育附加、印花税

【例题28·综合题】（跨年度纳税审查）2019年10月1日，公司签订了一份营改增前原有房屋出租协议（贴印花税票5元），期限2年，不含增值税月租金为2万元，根据合同约定，10月1日收到本年度10～12月含税租金6.3万元（已按规定正确缴纳了房产税）。账务处理为：

借：银行存款 63000

　贷：其他应付款 63000

请问上述账务处理是否正确？如果不正确，应如何进行处理？

答案▶

（1）账务处理不正确。收到本年房屋租赁收入，应当计入其他业务收入、而非其他应付款中核算，并应补缴增值税、城建税及教育费附加、地方教育附加。

（2）财产租赁合同的印花税税率为1‰，企业应当补缴印花税 = 20000 × 24 × 1‰ - 5 = 475（元）。

（3）对于企业补缴的城建税及教育费附加、地方教育附加、印花税应调减利润额和应纳税所得额。

（4）调账分录

确认收入：

借：其他应付款 63000

　贷：以前年度损益调整 60000

　　应交税费——简易计税 3000

补城建税、教育费附加、印花税

借：以前年度损益调整 835

　贷：应交税费——应交城建税 210

　　应交税费——应交教育费附加（含地方教育附加） 150

　　银行存款 475

3. 个人所得税

在企业所得税的计算中，单位为职工代付个人所得税税款不得在税前扣除。

【例题29·综合题】审核"营业外支出"账户，其中记载有如下事项：代付个人所得税税款 3 万元。请问上述业务对企业所得税的影响。

答案 ▷

代付个人所得税税款 3 万元不得在税前扣除，应当调增应纳税所得额 3 万元。

四、资产税务处理及主要审核要点★★★

扫我解疑难

(一)固定资产的税务处理

1. 不得计算折旧扣除的固定资产

(1)房屋、建筑物以外未投入使用的固定资产；

(2)以经营租赁方式租入的固定资产；

(3)以融资租赁方式租出的固定资产；

(4)已足额提取折旧仍继续使用的固定资产；

(5)与经营活动无关的固定资产；

(6)单独估价作为固定资产入账的土地；

(7)其他不得计算折旧扣除的固定资产。

2. 固定资产折旧的计提方法(直线法)

(1)企业应当根据固定资产的性质和使用情况，合理确定固定资产的预计净残值。固定资产的预计净残值一经确定，不得变更；——税法未限制固定资产的净残值比例

(2)企业应当自固定资产投入使用月份的次月起计提折旧；停止使用的固定资产，应当自停止使用月份的次月起停止计提折旧；

(3)固定资产按照直线法计提的折旧，准予扣除。

3. 固定资产折旧的计提年限(见表 10-31)

表 10-31 最低折旧年限

资产类别	最低折旧年限
房屋、建筑物	20 年
飞机、火车、轮船、机器、机械和其他生产设备	10 年
与生产经营活动有关的器具、工具、家具等	5 年
飞机、火车、轮船以外的运输工具	4 年
电子设备	3 年

【知识点拨】税法只限定了最低折旧年限，只要不低于此年限即可。

4. 加速折旧(见表 10-32)

表 10-32 固定资产加速折旧的规定

类型	具体规定
一般规定	(1)可以加速折旧的固定资产： ①由于技术进步，产品更换换代较快的固定资产； ②常年处于强震动、高腐蚀状态的固定资产。 (2)加速折旧方法： ①缩短折旧年限：最低折旧年限不得低于规定折旧年限的 60%； ②加速折旧方法：双倍余额递减法或年数总和法
特殊行业加速折旧	(1)涵盖范围——六大行业、四大领域、全部制造业： ①六大行业：生物药品制造业，专用设备制造业，铁路、船舶、航空航天和其他运输设备制造业，计算机、通信和其他电子设备制造业，仪器仪表制造业，信息传输、软件和信息技术服务业等行业企业，2014 年 1 月 1 日后新购进的固定资产(包括自行建造)

类型	具体规定
特殊行业加速折旧	②四大领域：轻工、纺织、机械、汽车四个领域重点行业企业，2015 年 1 月 1 日后新购进的固定资产（包括自行建造）； ③全部制造业：2019 年 1 月 1 日后新购进的固定资产（包括自行建造）； （2）加速折旧方法： ①缩短折旧年限：最低折旧年限不得低于规定折旧年限的 60%； ②加速折旧方法：双倍余额递减法或年数总和法
研发活动方面 加速折旧的优惠	对所有行业企业在 2014 年 1 月 1 日后新购进并专门用于研发活动的仪器、设备，以及六大行业（2014 年）、四大领域（2015 年）、全部制造业（2019 年）小型微利企业新购进的研发和生产经营共用的仪器设备： ①单位价值≤100 万元的，可以一次性在计算应纳税所得额时扣除； ②单位价值>100 万元的，允许按不低于企业所得税法规定折旧年限的 60%缩短折旧年限，或选择采取双倍余额递减法或年数总和法进行加速折旧
设备、器具等固定资产一次性抵扣规定	（1）企业在 2018 年 1 月 1 日至 2020 年 12 月 31 日期间新购进的设备、器具，单位价值<500 万元的，允许一次性计入当期成本费用在计算应纳税所得额时扣除，不再分年度计算折旧。 （2）设备、器具：指的是除房屋、建筑物以外的固定资产
持有的固定资产一次性抵扣的规定	对所有行业企业持有的单位价值≤5000 元的固定资产，允许一次性计入当期成本费用在税前扣除

【知识点拨】加速折旧的方法。

（1）缩短折旧年限——最低折旧年限不得低于税法规定折旧年限的 60%。

（2）加速折旧的方法：

①双倍余额递减法。

年折旧率 = $2\div$预计使用年限$\times100\%$

年折旧额 = 固定资产账面净值$\times$年折旧率

月折旧额 = 年折旧额$\div12$

最后两年，将固定资产净值扣除预计净残值后的余额平均摊销。

②年数总和法。

年折旧率 = 尚可使用年限$\div$预计使用的年数总和$\times100\%$

年折旧额 =（固定资产原价－预计净残值）$\times$年折旧率

月折旧额 = 年折旧额$\div12$

在双倍余额递减法和年数总和法下，当折旧年度与会计年度不一致时，会计年度折旧额应分段计算。

【例题 30·单选题】某企业 2018 年 12 月 31 日购入设备一台，取得普通发票，支付价款 80000 元，支付运杂费及保险费 1400 元。该设备预计净残值率 3%，预计使用年限 4 年。在采用年数总和法下，则 2019 年应计提的折旧额为（　）元。

A. 27645　　　　　B. 23687.4

C. 23037.5　　　　D. 31583.2

解析 ▶ 设备实际成本 = 80000＋1400 = 81400（元）；2019 年折旧率 = $4\div(1+2+3+4)$ = 0.4；2019 年应计提的折旧额 = 81400$\times$（1－3%）$\times$0.4 = 31583.20（元）。 答案 ▶ D

5. 固定资产折旧税会差异的处理——暂时性差异（见表 10-33）

表 10-33　固定资产折旧税会差异的处理

情形	税务处理
（1）会计折旧年限<税法最低折旧年限，会计折旧数额>税收折旧数额	调增当期应纳税所得额
会计折旧年限已满且折旧已提足，但税收上尚未提足折旧	未足额扣除部分准予在剩余的税收折旧年限继续按规定扣除

续表

情形	税务处理
(2)会计折旧年限>税法规定最低折旧年限	除另有规定外,按会计折旧年限计算扣除
(3)会计上提取减值准备	不得税前扣除,折旧按税法确定的计税基础计算扣除
(4)税法加速折旧的	可全额在税前扣除

6. 固定资产的租赁费

(1)经营租赁:出租方计提折旧,承租方税前扣除租赁费。

(2)融资租赁:作为承租企业自有固定资产进行管理,不得扣除租赁费,允许计提折旧扣除。

(二)无形资产的税务处理

1. 不得摊销的无形资产

(1)自行开发的支出已在计算应纳税所得额时扣除的无形资产;

(2)自创商誉;

(3)与经营活动无关的无形资产;

(4)其他不得计算摊销费用扣除的无形资产。

2. 摊销方法和年限

(1)无形资产按照直线法计算的摊销费用,准予扣除;

(2)当月增加的无形资产,当月开始摊销;当月减少的无形资产,当月不再摊销;

(3)无形资产的摊销年限不得少于 10 年;作为投资或者受让的无形资产,在有关法律或协议、合同中规定使用年限的,可依其规定使用年限分期计算摊销;

(4)外购商誉的支出,在企业整体转让或清算时,准予扣除。

(三)长期待摊费用的税务处理

(1)已足额提取折旧的固定资产的改建支出,按照固定资产预计尚可使用年限分期摊销。

(2)租入固定资产的改建支出,按照合同约定的剩余租赁期限分期摊销。

固定资产改建支出是指企业改变房屋、建筑物结构、延长使用年限等发生的支出。

(3)固定资产的大修理支出,按照固定资产尚可使用年限分期摊销。

固定资产大修理支出是指同时符合下列条件的支出:

①修理支出达到取得固定资产时的计税基础 50%以上;

②修理后固定资产的使用年限延长 2 年以上。

【知识点拨】注意固定资产后续支出的税务处理(见表 10-34)。

表 10-34 固定资产后续支出的税务处理

类别			税务处理
房屋、建筑物支出	日常维修支出		列入当期费用
	改建支出	租入的、已提足折旧的	列入长期待摊费用
		自有未提足折旧——推倒重置	并入重置固定资产计税基础
		自有未提足折旧——提升功能、增加面积	增加固定资产计税基础
其他固定资产	日常修理费用		列入当期费用
	大修理支出		长期待摊费用

(4)其他应当作为长期待摊费用的支出。

①自支出发生月份的次月起,分期摊销,摊销年限不得低于 3 年。

②开办费:开办费可以在开始经营之日的当年一次性扣除,也可按长期待摊费用处理(不低于 3 年摊销)。

【知识点拨】开办费问题。

①不得在开办费中列支的内容。

投资各方在商谈筹办企业时发生的差旅费用；投资者以贷款形式投入的资本金所发生的利息支出；购进资产发生的相关费用，如买价、运输费、安装调试费等，专为购买固定资产贷款的利息，用外汇结算形式购进固定资产、无形资产的汇兑损益等。

②可作长期待摊费用，在不短于3年的时间内摊销；也可以在开始经营之日的当年一次性扣除，但一经选定，不得改变。

（四）存货的税务处理

可以采用先进先出法、加权平均法等方法核算存货成本，取消后进先出法。

（五）生物资产的税务处理

（1）生物资产分为消耗性生物资产、生产性生物资产和公益性生物资产。

（2）只有生产性生物资产按照直线法计算的折旧，准予扣除。企业应当自生产性生物资产投入使用月份的次月起计算折旧。

生产性生物资产，是指为产出农产品、提供劳务或出租等目的而持有的生物资产，包括经济林、薪炭林、产畜和役畜等。

（3）生产性生物资产计算折旧的最低年限如下：

①林木类生产性生物资产，为10年；

②畜类生产性生物资产，为3年。

【例题31·单选题】 下列关于资产的折旧或摊销处理中，错误的是（ ）。

A. 生产性生物资产的支出，准予按成本一次性扣除

B. 林木类生产性生物资产，最低折旧年限为10年

C. 自行开发无形资产的费用化支出，不得计算摊销费用

D. 已足额提取折旧的固定资产的改建支出，按固定资产预计尚可使用年限分期摊销

解析 ▶ 生产性生物资产的支出，准予摊销扣除，不得一次性扣除。　　**答案** ▶ A

（六）主要审核要点

（1）企业有无将资本性支出作收益性支出处理。

（2）有无将应计入固定资产、无形资产的成本计入当期费用的问题。

（3）折旧、摊销的计提是否正确；注意最短折旧年限的规定。

【例题32·综合题】 2019年年底修建仓库发生运杂费合计50000元，取得普通发票，企业账务处理为：

借：销售费用——运杂费　　50000

　　贷：银行存款　　　　　　　50000

经核查，仓库尚未完工。请问账务处理是否正确？对企业所得税会产生怎样的影响？

答案 ▶

账务处理错误。修建仓库发生的运杂费用50000元，属于资本性支出，应计入在建工程，不应在当期费用中列支，应将销售费用中包含的50000元，转入在建工程科目中，同时调增会计利润和应纳税所得额50000元。

五、税收优惠 ★★★

扫我解疑难

（一）加计扣除优惠——税基式优惠

1. 研究开发费用的加计扣除

（1）自2018年1月1日起，企业开展研发活动发生的研究开发费用，未形成无形资产计入当期损益的，在按规定据实扣除的基础上，按研究开发费用的75%加计扣除；形成无形资产的，按无形资产成本的175%进行摊销。

（2）可加计扣除的费用范围

a. 人员人工费用——含五险一金；

直接从事研发活动人员的工资薪金、基本养老保险费、基本医疗保险费、失业保险费、工伤保险费、生育保险费和住房公积金，以及外聘研发人员的劳务费用。

b. 直接投入费用；

第一，研发活动直接消耗的材料、燃料和动力费用；

第二，用于中间试验和产品试制的模具、工艺装备开发及制造费，不构成固定资产的

样品、样机及一般测试手段购置费，试制产品的检验费；

第三，用于研发活动的仪器、设备的运行维护、调整、检验、维修等费用，以及通过经营租赁方式租入的用于研发活动的仪器、设备租赁费。

c. 折旧费用；

用于研发活动的仪器、设备的折旧费。

d. 无形资产摊销；

用于研发活动的软件、专利权、非专利技术(包括许可证、专有技术、设计和计算方法等)的摊销费用。

e. 新产品设计费、新工艺规程制定费、新药研制的临床试验费、勘探开发技术的现场试验费；

f. 其他相关费用；

与研发活动直接相关的其他费用，如技术图书资料费、资料翻译费、专家咨询费、高新科技研发保险费，研发成果的检索、分析、评议、论证、鉴定、评审、评估、验收费用，知识产权的申请费、注册费、代理费，差旅费、会议费等。**此项费用总额不得超过可加计扣除研发费用总额的10%。**

g. 财政部和国家税务总局规定的其他费用。

(3)下列活动不适用税前加计扣除政策：

a. 企业产品(服务)的常规性升级；

b. 对某项科研成果的直接应用；

c. 企业在商品化后为顾客提供的技术支持活动；

d. 对现存产品、服务、技术、材料或工艺流程进行的重复或简单改变；

e. 市场调查研究、效率调查或管理研究；

f. 作为工业(服务)流程环节或常规的质量控制、测试分析、维修维护；

g. 社会科学、艺术或人文学方面的研究。

(4)下列行业不适用加计扣除：

①烟草制造业；

②住宿和餐饮业；

③批发和零售业；

④房地产业；

⑤租赁和商务服务业；

⑥娱乐业；

⑦财政部和国家税务总局规定的其他行业。

(5)特别事项的处理

①企业委托外部机构或个人进行研发活动所发生的费用，按照费用实际发生额的80%计入委托方研发费用并计算加计扣除，受托方不得再进行加计扣除。委托外部研究开发费用实际发生额应按照独立交易原则确定。

自2018年1月1日起，委托境外进行研发活动所发生的费用，按照费用实际发生额的80%计入委托方的委托境外研发费用。委托境外研发费用不超过境内符合条件的研发费用2/3的部分，可以按规定在企业所得税前加计扣除。上述所称委托境外进行研发活动不包括委托境外个人进行的研发活动。

②企业共同合作开发的项目，由合作各方就自身实际承担的研发费用分别计算加计扣除；

③企业集团根据生产经营和科技开发的实际情况，对技术要求高、投资数额大，需要集中研发的项目，其实际发生的研发费用，可以按照权利和义务相一致、费用支出和收益分享相配比的原则，合理确定研发费用的分摊方法，在受益成员企业间进行分摊，由相关成员企业分别计算加计扣除；

④企业为获得创新性、创意性、突破性的产品进行创意设计活动而发生的相关费用，可按照规定进行税前加计扣除；

⑤由财政和上级部门拨付的研发费用

a. 如果取得的财政补贴属于不征税收入，那么由财政补贴形成的研发费用不允许扣除，更不允许加计扣除；

b. 如果所取得的财政补贴属于应税收入，那么由财政补贴形成的研发费用允许扣除，也可以依法进行加计扣除。

⑥固定资产加速折旧对研发费用加计扣

除的影响

企业用于研发活动的仪器、设备，符合税法规定且选择加速折旧优惠政策的，在享受研发费用税前加计扣除政策时，就税前扣除的折旧部分计算加计扣除。

2. 特定人员工资加计扣除

企业安置残疾人员的，在按照支付给残疾职工工资据实扣除的基础上，按照支付给残疾职工工资的100%加计扣除。

真题精练（客观题）

（2017年单选题）下列适用企业所得税研究开发费用加计扣除政策的行业是（　　）。

A. 烟草制造业

B. 新能源汽车制造业

C. 房地产业

D. 娱乐业

解析▶ 下列行业不适用加计扣除：（1）烟草制造业；（2）住宿和餐饮业；（3）批发和零售业；（4）房地产业；（5）租赁和商务服务业；（6）娱乐业；（7）财政部和国家税务总局规定的其他行业。　**答案▶ B**

（二）税额抵免优惠——税额式优惠

企业**购置并实际使用**符合规定的环境保护、节能节水、安全生产等专用设备的，该专用设备投资额的**10%**可以从企业当年的**应纳税额**中抵免；当年不足抵免的，可以在以后**5个纳税年度结转抵免**。

【知识点拨】专用设备投资额不包括可以抵扣的增值税进项税额。

企业购置上述专用设备在5年内转让、出租的，应当停止享受企业所得税优惠，并补缴已经抵免的企业所得税税款。

【例题33·简答题】某企业于2019年购置并实际使用了《环境保护专用设备企业所得税优惠目录》内的环境保护专用设备，设备投资额为1000万元。2019年企业的应纳税所得额为600万元。应该如何进行抵免？

答案▶

2019年应纳税额＝600×25%＝150（万元）

设备投资额的10%为100万元，可以抵

免2019年所得税100万元，实际缴纳50万元所得税。

（三）免征、减征企业所得税——税基式优惠

1. 从事农、林、牧、渔业项目的所得

（1）免征企业所得税。

企业从事下列项目的所得，免征企业所得税：

①蔬菜、谷物、薯类、油料、豆类、棉花、麻类、糖料、水果、坚果的种植；

②林木的培育和种植；

③牲畜、家禽的饲养；

④林产品的采集；

⑤灌溉、农产品初加工、兽医、农技推广、农机作业和维修等农、林、牧、渔服务业项目；

⑥远洋捕捞；

⑦"公司＋农户"经营模式从事农、林、牧、渔业项目生产的企业。

（2）减半征收企业所得税。

企业从事下列项目的所得，减半征收企业所得税：

①花卉、茶以及其他饮料作物和香料作物的种植；

②海水养殖、内陆养殖。

企业从事国家限制和禁止发展的项目，不得享受企业所得税优惠。

2. 从事国家重点扶持的公共基础设施项目的投资经营所得

自项目取得第一笔生产经营收入所属纳税年度起，第一年至第三年免征企业所得税，第四年至第六年减半征收企业所得税——即实行"三免三减半"的税收优惠政策。

3. 从事符合条件的环境保护、节能节水项目的所得

自项目取得第一笔生产经营收入所属纳税年度起，第一年至第三年免征企业所得税，第四年至第六年减半征收企业所得税——即实行"三免三减半"的税收优惠政策。

企业投资经营的享受减免税优惠的项目，

在减免税期限内转让的，受让方自受让之日起，可以在剩余期限内享受规定的减免税优惠；减免税期限届满后转让的，受让方不得就该项目重复享受减免税优惠。

4. 符合条件的技术转让所得（非常重要）

在一个纳税年度内，居民企业技术转让所得不超过500万元的部分，免征企业所得税；超过500万元的部分，减半征收企业所得税。

【知识点拨】

(1)根据技术转让所得，而非收入，确定企业所得税的优惠政策。

技术转让所得=技术转让收入-技术转让成本-相关税费

技术转让收入是指当事人履行技术转让合同后获得的价款，包括转让方为使受让方掌握所转让的技术投入使用、实现产业化而提供必要的技术咨询、技术服务、技术培训所产生的收入。上述技术咨询、技术服务、技术培训所产生的收入要具有相关性，一并收取价款；技术转让收入不包括销售或转让设备、仪器、零部件、原材料等非技术性收入。

(2)技术转让的范围：居民企业转让专利技术、计算机软件著作权、集成电路布图设计权、植物新品种、生物医药新品种以及财政部、国家税务总局确定的其他技术。

(3)技术转让，是指居民企业转让其拥有的技术所有权或5年以上（含5年）全球独占许可使用权的行为。

(4)居民企业从直接或间接持有股权之和达到100%的关联方取得的技术转让所得，不享受技术转让减免企业所得税优惠政策。

(5)试点纳税人提供技术转让、技术开发和与之相关的技术咨询、技术服务，免征增值税。

5. 集成电路生产企业或项目所得

(1)2018年1月1日后投资新设的集成电路线宽小于130纳米，且经营期在10年以上的集成电路生产企业或项目，第一年至第二年免征企业所得税，第三年至第五年按照25%的法定税率减半征收企业所得税，并享受至期满为止。（两免三减半）

(2)2018年1月1日后投资新设的集成电路线宽小于65纳米或投资额超过150亿元，且经营期在15年以上的集成电路生产企业或项目，第一年至第五年免征企业所得税，第六年至第十年按照25%的法定税率减半征收企业所得税，并享受至期满为止。（五免五减半）

(3)对于按照集成电路生产企业享受上述税收优惠政策的，优惠期自企业获利年度起计算；对于按照集成电路生产项目享受上述优惠的，优惠期自项目取得第一笔生产经营收入所属纳税年度起计算。

(四)高新技术企业和技术先进型服务企业优惠

(1)国家需要重点扶持的高新技术企业，减按15%的税率征收企业所得税。

(2)对经认定的技术先进型服务企业，减按15%的税率征收企业所得税。

(五)小型微利企业的税收优惠

自2019年1月1日至2021年12月31日，对小型微利企业的认定标准及条件见表10-35。

表10-35 小型微利企业的税收优惠

项目	具体规定		
	指标	国家非限制和禁止行业	备注
小型微利企业条件	年度应纳税所得额	≤300万元	以企业所得税纳税申报主表23行为准；弥补亏损后的数字
	从业人数	≤300人	包括与企业签订劳动合同的人员和接受的劳务派遣人员
	资产总额	≤5000万元	按照季度平均值计算

项目	具体规定		
小型微利企业税收优惠	年应纳税所得额≤100万元	减按25%计入应纳税所得额，按20%的税率缴纳企业所得税	相当于适用5%的税率
	100万元<年应纳税所得额≤300万元	减按50%计入应纳税所得额，按20%的税率缴纳企业所得税	相当于适用10%的税率；应纳税额=应纳税所得额×10%−5

【知识点拨1】对于小型微利企业而言，不再区分工业企业和其他企业，按照统一的条件界定小型微利企业。

【知识点拨2】(1)年度应纳税所得额：以弥补亏损后的数字为准；

(2)符合条件的小型微利企业，无论采取查账征收方式还是核定征收方式均可享受小型微利企业所得税优惠政策；

(3)仅就来源于我国所得负有我国纳税义务的非居民企业，不适用小型微利企业的规定。

由于近年来我国税收政策的一个主旋律是减税降费，因此大家要在注意总结有关税收优惠政策。

真题精练(主观题)

1. (2019年简答题)某从事电子元器件生产的工业企业，2019年第一季度季初从业人数100人，季末从业人数120人；季初资产总额2900万元，季末资产总额3000万元；第一季度销售额3100万元，应纳税所得额190万元。请逐一回答下列问题：

(1)企业第一季度预缴企业所得税时，能否享受小型微利企业的企业所得税优惠政策？

(2)2019年1月1日起至2021年12月31日止，享受小型微利企业所得税优惠的条件是什么？可以享受怎样的企业所得税优惠？

(3)小型微利企业优惠条件中从业人数和资产总额是如何确定的？请列出计算公式。

答案 ▶

(1)该企业第一季度预缴企业所得税时，可以享受小型微利企业的税收优惠。

(2)①享受小型微利企业所得税优惠的条件：从事国家非限制和禁止行业，且同时符合年度应纳税所得额不超过300万元、从业人数不超过300人、资产总额不超过5000万元等条件。

②可以享受的企业所得税优惠政策：对小型微利企业年应纳税所得额不超过100万元的部分，减按25%计入应纳税所得额，按20%的税率缴纳企业所得税；对年应纳税所得额超过100万元但不超过300万元的部分，减按50%计入应纳税所得额，按20%的税率缴纳企业所得税。

(3)从业人数和资产总额指标，应按企业全年的季度平均值确定。

具体计算公式如下：

季度平均值=(季初值+季末值)÷2

全年季度平均值=全年各季度平均值之和÷4

2. (2015年简答题，改)2019年1月15日，中国居民李某准备投资一家小型公司。备选经营方向有二，一是商业贸易，二是小五金生产，李某想咨询我国对小型微利企业在企业所得税方面的优惠政策。作为税务师，请您回答李某咨询的下列问题：

(1)企业所得税法规定符合小型微利企业的条件是什么？

(2)小型微利企业可以享受哪些企业所得税方面的优惠政策？

(3)作为新办企业，能否在预缴时享受小型微利企业优惠政策？如果可以，在汇算清缴时超过规定标准，不符合小型微利企业条件时，如何处理？

(4)小型微利企业享受优惠政策应经税务机关审批还是报税务机关备案，如何履行手续？

答案

(1)符合条件的小型微利企业，是指从事国家非限制和禁止行业，且同时符合年度应纳税所得额不超过 300 万元、从业人数不超过 300 人、资产总额不超过 5000 万元等三个条件的企业。

(2)小型微利企业可以享受的企业所得税方面的优惠政策为：

自 2019 年 1 月 1 日至 2021 年 12 月 31 日，对小型微利企业年应纳税所得额不超过 100 万元的部分，减按 25%计入应纳税所得额，按 20%的税率缴纳企业所得税；对年应纳税所得额超过 100 万元但不超过 300 万元的部分，减按 50%计入应纳税所得额，按 20%的税率缴纳企业所得税。

(3)本年度新办的小型微利企业预缴企业所得税时，凡累计实际利润额或应纳税所得额不超过规定标准的，可以享受小型微利企业优惠政策；超过规定标准的，停止享受。企业预缴时享受了小型微利企业优惠政策，但年度汇算清缴超过规定标准的，应按规定补缴税款。

(4)符合规定条件的小型微利企业在预缴企业所得税时，可以自行享受小型微利企业所得税优惠政策，无须税务机关审核批准。小型微利企业在预缴和汇算清缴时通过填写企业所得税纳税申报表"从业人数、资产总额"等栏次履行备案手续，不再另行专门备案。

(六)创业投资企业的税收优惠

创业投资企业采取股权投资方式投资于未上市的中小高新技术企业2 年以上的，可以按照其投资额的 70%在股权持有满 2 年的当年抵扣该创业投资企业的应纳税所得额；当年不足抵扣的，可以在以后纳税年度结转抵扣。

(七)减计收入优惠

企业以《资源综合利用企业所得税优惠目录》规定的资源作为主要原材料，生产非国家限制和禁止并符合国家和行业相关标准的产品取得的收入，减按 90%计入收入总额。

(八)非居民企业优惠

非居民企业在中国境内未设立机构、场所的，或者虽设立机构、场所但取得的所得与其所设机构、场所没有实际联系的，减按 10%税率征收企业所得税。

下列所得可以免征企业所得税：

(1)外国政府向中国政府提供贷款取得的利息所得；

(2)国际金融组织向中国政府和居民企业提供优惠贷款取得的利息所得；

(3)经国务院批准的其他所得。

【例题 34·多选题】 企业下列的账务处理中，税务师在进行企业所得税汇算清缴时，应作纳税调整增加的有( )。

A. 接受的货币捐赠计入"资本公积"

B. 安置残疾人员按规定可加计扣除的工资费用，未作扣除

C. 因逾期归还流动资金贷款，银行加收的罚息计入"财务费用"

D. 超过税法规定税前扣除标准的业务招待费，计入"管理费用"

E. 购置办公用品因增值税专用发票未及时认证而不能抵扣的进项税额，计入"管理费用"

解析 选项 A，接受的货币捐赠应该计入收入总额计算纳税，因此应纳税调增；选项 B，加计扣除的残疾职工工资应纳税调减；选项 C，银行加收的罚息，税前允许扣除，无需纳税调整；选项 D，超过扣除限额的业务招待费需要纳税调增；选项 E，不能抵扣的进项税额税前允许扣除，无需纳税调整。

答案 AD

【例题 35·单选题】 下列关于税收优惠政策的描述，不正确的是( )。

A. 企业从事远洋捕捞项目的所得，免征企业所得税；企业从事海水养殖项目的所得，减半征收企业所得税

B. 企业购买的节能节水、安全生产等专

用设备，该专用设备的投资额的 10% 可以从企业当年的应纳税额中抵免，当年不足抵免的，不可以结转以后年度抵扣

C. 对于年度应纳税所得额为 20 万元，从业人数为 70 人，资产总额为 800 万元的商业企业，减按 20% 的税率征收企业所得税

D. 企业新购入一批单位价值为 4000 元的设备，无需计提折旧，可以一次性计入当期成本费用在计算应纳税所得额时扣除

解析 ▶ 选项 B，当年不足抵免的，可以在以后 5 个纳税年度结转抵免。　**答案** ▶ B

六、应纳税所得额的审核 ★★★

扫我解疑难

（一）弥补亏损的审核

（1）税法上的亏损。

（2）弥补年限：一般企业为 5 年；自 2018 年 1 月 1 日起，当年具备高新技术企业或科技型中小企业资格的企业，其具备资格年度之前 5 个年度发生的尚未弥补完的亏损，准予结转以后年度弥补，最长结转年限由 5 年延长至 10 年。

（3）企业筹办期间不计算为亏损年度，企业自开始生产经营的年度，为开始计算企业损益的年度。企业从事生产经营之前进行筹办活动期间发生筹办费用支出，不得计算为当期的亏损，企业可以在开始经营之日的当年一次性扣除，也可以按照税法有关长期待摊费用的处理规定处理，但一经选定，不得改变。

（4）对于房地产开发企业要特别注意是否按照税法规定进行相关亏损确认和抵补，一是房地产企业按规定对开发项目进行土地增值税清算后，当年企业所得税汇算清缴出现亏损且有其他后续开发项目的，该亏损应按照税法规定向以后年度结转，用以后年度所得弥补。二是房地产企业按规定对开发项目进行土地增值税清算后，当年企业所得税汇算清缴出现亏损，且没有后续开发项目的，

可以按照以下方法，计算出该项目由于土地增值税原因导致的项目开发各年度多缴企业所得税税款，并申请退税：

①该项目缴纳的土地增值税总额，应按照该项目开发各年度实现的项目销售收入占整个项目销售收入总额的比例，在项目开发各年度进行分摊，具体按以下公式计算：

各年度应分摊的土地增值税 = 土地增值税总额 ×（项目年度销售收入 ÷ 整个项目销售收入总额）

销售收入包括视同销售房地产的收入，但不包括企业销售的增值额未超过扣除项目金额 20% 的普通标准住宅的销售收入。

②该项目开发各年度应分摊的土地增值税减去该年度已经在企业所得税税前扣除的土地增值税后，余额属于当年应补充扣除的土地增值税；企业应调整当年度的应纳税所得额，并按规定计算当年度应退的企业所得税税款；当年度已缴纳的企业所得税税款不足退税的，应作为亏损向以后年度结转，并调整以后年度的应纳税所得额。

③按照上述方法进行土地增值税分摊调整后，导致相应年度应纳税所得额出现正数的，应按规定计算缴纳企业所得税。

④企业按上述方法计算的累计退税额，不得超过其在该项目开发各年度累计实际缴纳的企业所得税；超过部分作为项目清算年度产生的亏损，向以后年度结转。

（5）企业在汇总计算缴纳企业所得税时，其境外营业机构的亏损不得抵减境内营业机构的盈利。

（二）查增的应纳税所得额的税务处理

自 2010 年 12 月 1 日起，税务机关对企业以前年度纳税情况进行检查时调增的应纳税所得额，凡企业以前年度发生亏损、且该亏损属于企业所得税法规定允许弥补的，应允许调增的应纳税所得额弥补该亏损。弥补该亏损后仍有余额的，按照企业所得税法规定计算缴纳企业所得税。

对检查调增的应纳税所得额应根据其情

节，依有关规定进行处理或处罚。

（三）外国企业常驻代表机构应税所得的审核要点

（1）采取查账征税方法应税所得的核查。

（2）核定征税方法见表 10-36。代表机构的核定利润率不应低于 15%。

表 10-36　核定征税方法下如何计算应纳税额

情形	应纳税额
按收入总额核定应纳税所得额	应纳企业所得税额=收入总额×核定利润率×企业所得税率
按经费支出换算收入	换算的收入额=本期经费支出额÷（1-核定利润率） 应纳企业所得税额=换算的收入额×核定利润率×企业所得税率

经费支出的审核要点：

①总机构直接支付给常驻代表机构雇员的工资可不入账，但属于该纳税人的经费支出；

②购置固定资产所发生的支出，以及代表机构设立时或者搬迁等原因发生的装修费支出，应在发生时一次性作为经费支出额换算收入计税；

③利息收入不得冲减经费支出额，发生的实际酬费，以实际发生数额计入经费支出额；

④以货币形式用于我国境内公益、救济性质的捐赠，滞纳金和罚款，以及为其总机构垫付的不属于其自身业务活动的费用，不作为经费支出。

（四）外币业务审核要点

企业所得以人民币以外的货币计算的，预缴企业所得税时，应当按照月度或者季度最后一日的人民币汇率中间价，折合成人民币计算应纳税所得额。年终汇算清缴时，对已经按照月度或者季度预缴税款的，不再重新折合计算，只就该纳税年度内未缴纳企业所得税的部分，按照纳税年度最后一日的人民币汇率中间价，折合成人民币计算应纳税所得额。

（五）清算所得的审核要点

1. 被清算企业的税务处理（见表 10-37）

表 10-37　被清算企业的税务处理

程序	清算所得的计算
进入清算程序	清算所得=全部资产可变现价值或交易价格-资产的计税基础+债务清偿损益-清算费用、相关税费
计算清算所得	
缴纳企业所得税	
向所有者分配剩余资产	应将清算期作为一个独立的纳税年度计算清算所得

2. 清算企业向所有者分配剩余资产

（1）企业全部资产的可变现价值或交易价格减除清算费用、职工的工资、社会保险费用和法定补偿金，结清清算所得税、以前年度欠税等税款，清偿企业债务，按规定计算可以向所有者分配的剩余资产。

清算所得与剩余资产的区别见表 10-38。

表 10-38　清算所得与剩余资产的区别

清算所得	剩余资产
需要考虑资产、债务的原计税基础	无需考虑资产、债务的原计税基础
—	需要考虑清算所得税

被清算企业的股东从被清算企业分得的资产应按可变现价值或实际交易价格确定计税基础。

（2）股东取得剩余资产的税务处理见表 10-39。

表 10-39　股东取得剩余资产的税务处理

性质	法人股东	个人股东
投资成本的收回	不纳税	不纳税
股息所得	符合条件的股息所得免征企业所得税；纳税调减	缴纳个人所得税，适用税率20%
投资资产转让所得或损失	并入应纳税所得额征收企业所得税	

【例题36·单选题】 某企业进入清算阶段，该企业资产的账面价值5700万元，负债的账面价值3300万元，实收资本2000万元，盈余公积800万元，累计亏损400万元，其中未超过可以税前弥补期的亏损是100万元。该企业全部资产可变现价值6960万元，资产的计税基础5900万元，债务清理实际偿还3000万元。企业清算期内支付清算费用80万元，清算过程中发生的相关税费为20万元。该企业清算阶段应缴纳的企业所得税为（　　）万元。

A. 152.5　　　　B. 127.5

C. 290　　　　D. 215

解析 ▶ 清算所得＝6960－5900＋（3300－3000）－80－20＝1260（万元）

清算的应纳税所得额＝1260－100＝1160（万元）

应交企业所得税＝1160×25%＝290（万元）

答案 ▶ C

【例题37·单选题】 资料同上（例题35），清算企业能够向投资者分配的剩余资产为（　　）万元。

A. 3045

B. 6345

C. 6560

D. 3570

解析 ▶ 可以分配的剩余资产＝6960－80－20－290－3000＝3570（万元）　　**答案** ▶ D

七、长期股权投资的税务处理 ★★★

扫我解疑难

本知识点是历年考试的重点，经常作为简答题、综合题的考点出现。

（一）成本法下各阶段的账务处理与税会差异（见表10-40）

表10-40　成本法下各阶段的账务处理与税会差异

阶段	账务处理	税会差异
投资时	借：长期股权投资 　　贷：银行存款等	—
决定分配利润时	借：应收股利 　　贷：投资收益	免税收入，纳税调减——永久性差异，填写A107011的第6、7列
收到股利时	借：银行存款 　　贷：应收股利	—

（二）权益法下各阶段的账务处理与税会差异（见表10-41）

表10-41　权益法下各阶段的账务处理与税会差异

阶段	税会差异	纳税申报表
投资阶段	投资成本的确认可能有差异	A105000《纳税调整项目明细表》的第5行
持有阶段	投资收益的确认时间存在差异	A105030《投资收益纳税调整明细表》"持有收益"部分
持有阶段	免税收入	纳税调减——永久性差异，填写A107011的第6、7列
处置阶段	确认的投资收益金额存在差异	A105030《投资收益纳税调整明细表》"处置收益"部分

1. 第一阶段：投资阶段（见表10-42）

（1）按投资成本记录长期股权投资的账面价值。

借：长期股权投资

　　贷：银行存款等

（2）比较初始投资成本与投资时可享有被投资单位可辨认净资产公允价值的份额，对于初始投资成本小于应享有被投资单位可辨认净资产公允价值份额的，应调整长期股权投资账面价值，计入取得投资当期的损益。

借：长期股权投资
　　贷：银行存款
　　　　营业外收入

表 10-42　权益法下投资阶段的税会差异

情形	会计处理	税会差异
吃亏——初始投资成本大于取得投资时应享有被投资单位可辨认净资产公允价值份额	借：长期股权投资——投资成本 　　贷：银行存款	无差异
占便宜——初始投资成本小于取得投资时应享有被投资单位可辨认净资产公允价值份额	借：长期股权投资——投资成本 　　贷：银行存款 　　　　营业外收入	有差异，纳税调减，填写 A105000 第 5 行

2. 第二阶段：持有阶段（见表 10-43）

表 10-43　权益法下持有阶段的税会差异

情形	账务处理	税会差异	表格填写
被投资方所有者权益变化时	借：长期股权投资——损益调整 　　贷：投资收益	会计：确认投资收益 税收：不确认	纳税调减； A105030，再转入 A105000
决定分配股利时	借：应收股利 　　贷：长期股权投资——损益调整	会计：不再确认 税收：确认	纳税调增；A105030，再转入 A105000 免税调减：A107011
收到股利时	借：银行存款 　　贷：应收股利	无差异	—

3. 第三阶段：长期股权投资的处置阶段

结转与所售股权相对应的长期股权投资的账面价值，出售所得价款与处置长期股权投资账面价值之间的差额，记入处置损益。

借：银行存款
　　贷：长期股权投资
　　　　投资收益

在处置阶段，由于会计与税法的投资成本不一致，因此税会确认的投资收益不同，需要通过 A105030（税收上有收益时）或 A105090（税收上有损失时）进行纳税调整，从而使得长期股权投资的税会暂时性差异消失。

权益法下税会差异见图 10-1。

图 10-1　权益法下税会差异

真题精练（主观题）

（2017 年简答题）2016 年 8 月甲公司将持有的乙公司股票全部转让，取得转让收入 7500 万元，经审核发现，甲公司向乙公司投资时支付款项 6000 万元，并拥有乙公司 40%股权，采用权益法核算，在股权转让时，该项投资账面记为"长期股权投资——投资成本"借方余额 6000 万元和"长期股权投资——损益调整"借方 2000 万元。

（1）作出甲公司该项股权转让业务的会计分录。

（2）该项股权的应纳税所得额，并说明在 2016 年汇算清缴时如何进行纳税调整？

答案 ▶

（1）转让股权的会计处理：

借：银行存款　　　　　　　　75000000
　　投资收益　　　　　　　　 5000000
　　贷：长期股权投资——成本 60000000

长期股权投资——损益调整
　　　　　　　　　　　 20000000

（2）股权转让前长期股权投资在所得税上的计税基础为投资成本 6000 万元

股权转让应纳税所得额：7500 - 6000 = 1500（万元）

所得税汇算清缴时需要调增应纳税所得额 2000 万元。

扫我解疑难

八、企业重组的税务处理 ★★

本知识点是难点，非一级重点。

包括企业法律形式改变、债务重组、股权收购、资产收购、合并、分立等。

（一）企业重组的税务处理类型分为一般性税务处理和特殊性税务处理（见表 10-44）。

表 10-44　企业重组的税务处理类型

类型		具体规定
一般性税务处理		按公允价值确认资产的转让所得或损失，按公允价值确认资产或负债的计税基础
特殊性税务处理	非股权支付部分	按公允价值确认资产的转让所得或损失，按公允价值确认资产或负债的计税基础
	股权支付部分	暂不确认有关资产的转让所得或损失；按原计税基础确认新资产或负债的计税基础
	非股权支付对应的资产转让所得或损失 =（被转让资产的公允价值-被转让资产的计税基础）×（非股权支付金额÷被转让资产的公允价值）	

（二）适用特殊性税务重组的条件（见表 10-45）。

企业重组同时符合下列条件的，适用特殊性税务处理规定。

表 10-45　适用特殊性税务处理的条件

类别	具体条件
1 个合理商业目的	(1)具有合理的商业目的，且不以减少、免除或者推迟缴纳税款为主要目的
2 个比例	(2)被收购、合并或分立部分的资产或股权比例符合 50%以上的规定
	(3)重组交易对价中涉及股权支付金额符合 85%以上的规定
2 个 12 个月	(4)企业重组后的连续 12 个月内不改变重组资产原来的实质性经营活动
	(5)企业重组中取得股权支付的原主要股东，在重组后连续 12 个月内，不得转让所取得的股权

适用特殊性税务处理情形的一些比例规定见表 10-46。

表 10-46　适用特殊性税务处理情形的一些比例规定

情形	具体规定
债务重组	债务重组确认的应纳税所得额占该企业当年应纳税所得额 50% 以上，可以在 5 个纳税年度的期间内，均匀计入各年度的应纳税所得额
	债转股
股权收购	收购企业购买的股权不低于被收购企业全部股权的 50%，且收购企业在该股权收购发生时的股权支付金额不低于其交易支付总额的 85%
资产收购	受让企业收购的资产不低于转让企业全部资产的 50%，且受让企业在该资产收购发生时的股权支付金额不低于其交易支付总额的 85%
合并	企业股东在该企业合并发生时取得的股权支付金额不低于其交易支付总额的 85%，以及同一控制下且不需要支付对价的企业合并
分立	被分立企业所有股东按原持股比例取得分立企业的股权，分立企业和被分立企业均不改变原来的实质经营活动，且被分立企业股东在该企业分立发生时取得的股权支付金额不低于其交易支付总额的 85%

【例题 38·简答题】 甲公司与乙公司达成股权收购协议，甲公司以本公司公允价值为 8 元/股的 5400 万股和 4800 万元银行存款收购乙公司的全资子公司丙公司 80% 的股份，从而使丙公司成为甲公司的控股子公司。丙公司共有股权 10000 万股，假定收购日丙公司每股资产的计税基础为 5 元，每股资产的公允价值为 6 元，交易各方承诺股权收购完成后不改变原有经营活动。针对此项业务，三个公司如何进行税务处理？甲、乙公司如何确定各自取得的股权的价格？

答案 ▶

三方：收购方——甲公司；转让方——乙公司；被收购企业——丙公司。

（1）计算股权支付比例。

股权收购中涉及的丙公司股权数量 = 10000 万股×80% = 8000（万股）

被转让资产的公允价值 = 8000 万股×6 = 48000（万元）

被转让资产的原计税基础 = 8000 万股×5 = 40000（万元）

股权支付的金额 = 5400×8 = 43200（万元）

股权支付所占比例 = 股权支付金额÷被转让资产的公允价值 = 43200÷48000 = 90%

非股权支付所占比例为 10%。

具体双方支付关系见下表所示：

情形	转让方：乙公司	收购方：甲公司
股权支付部分	支出：8000×90% = 7200 万股丙公司股权 收到：5400 万股甲公司股权	收到：8000×90% = 7200 万股丙公司股权 支出：5400 万股甲公司股权
非股权支付部分	支出：8000×10% = 800 万股丙公司股权 收到：4800 万银行存款	收到：8000×10% = 800 万股丙公司股权 支出：4800 万银行存款

（2）税务处理方式。

由于该项股权收购中，收购企业购买的被收购企业的股权占被收购企业全部股权的 80%，超过了 50%；收购企业在该股权收购发生时的股权支付比例为 90%，超过了交易支付总额的 85%，且股权收购完成后不改变原有经营活动，因此该股权收购可以选择按照特殊性税务处理进行处理。

特殊性税务处理下，三方公司的各自税务处理方法见下表：

具体情形	转让方：乙公司	收购方：甲公司	被收购企业：丙公司
股权支付部分（90%）：暂不确认有关资产的转让所得或损失，按原计税基础确认新资产或负债的计税基础	（1）乙公司转让的丙公司 8000 万股股权的 90%，即 7200 万股股权暂不确认转让所得或损失。 （2）乙公司取得甲公司 5400 万股股权的计税基础，以其转让的丙公司股权的原有计税基础确定。 原有计税基础：5 元/股 对应股份数：7200 万股 因此乙公司取得的甲公司 5400 万股股权的计税基础为：36000 万元（7200 万股×5 元/股）	甲公司取得丙公司 7200 万股股权的计税基础，以被收购股权的原有计税基础确定： 原有计税基础：5 元/股 对应股份数：7200 万股 因此甲公司取得的丙公司 7200 万股股权的计税基础为：36000 万元（7200 万股×5 元/股）	
非股权支付部分（10%）：按公允价值确认资产的转让所得或损失；按公允价值确认资产或负债的计税基础	乙公司取得 4800 万元银行存款对应的资产转让所得＝（被转让资产的公允价值－被转让资产的计税基础）×（非股权支付金额÷被转让资产的公允价值）＝（48000－40000）×（4800÷48000）＝8000×10%＝800（万元）	非股权支付所对应的 800 万股丙公司股权的计税基础为 4800 万元 对应过程：800 万股股权原计税基础为 800×5＝4000 万元；加上乙公司相应的资产转让所得 800 万元，从而得到相应股份的公允价值。或者直接按支付的银行存款 4800 万元确认这 800 万股份的计税基础	丙公司的相关所得税事项保持不变，但股东要进行变更税务登记

甲公司取得丙公司 8000 万股股权的计税基础合计为：4.08 亿元。

股权支付部分 36000 万元＋非股权支付部分（4000 万元原计税基础＋800 万元资产转让所得）

如采用一般性税务处理，三方公司的各自税务处理方法见下表：

转让方：乙公司	收购方：甲公司	被收购企业：丙公司
（1）乙公司转让的丙公司 8000 万股股权应确认的转让所得为 8000 万元； （2）乙公司取得甲公司 5400 万股股权的计税基础，按公允价值确定 43200 万元	甲公司取得丙公司 8000 万股股权的计税基础，以公允价值确定：48000 万元	丙公司的相关所得税事项保持不变，但股东要进行变更税务登记

（三）企业合并、分立过程中亏损的处理（见表 10-47）

表 10-47　企业合并、分立过程中亏损的处理

类型		税务处理
企业合并	一般性	被合并企业的亏损不得在合并企业结转弥补
	特殊性	可由合并企业弥补的被合并企业亏损的限额＝被合并企业净资产公允价值×截至合并业务发生当年年末国家发行的最长期限的国债利率
企业分立	一般性	企业分立相关企业的亏损不得相互结转弥补
	特殊性	被分立企业未超过法定弥补期限的亏损额可按分立资产占全部资产的比例进行分配，由分立企业继续弥补

【例题 39·简答题】 2019 年某摩托车生产企业合并一家小型股份公司，股份公司全部资产公允价值为 5700 万元、全部负债为 3200 万元、未超过弥补年限的亏损额为 620 万元。合并时摩托车生产企业给股份公司的股权支付额为 2300 万元、银行存款 200 万元。2019 年国家发行的最长期限的国债利率为 6%。若该企业采用特殊性税务处理，分析可由该摩托车生产企业弥补的亏损。

答案 ▶

可以弥补的亏损限额

=被合并企业净资产公允价值×截至合并业务发生当年年末国家发行的最长期限的国债利率

=（5700-3200）×6%＝150（万元）

未超过弥补年限的亏损额为 620 万元，只能由该某摩托车公司弥补 150 万元亏损。

（四）非货币性资产投资企业所得税处理 ★★★

（1）企业以非货币性资产对外投资确认的非货币性资产转让所得，可在不超过 5 年期限内，分期均匀计入相应年度的应纳税所得额，按规定计算缴纳企业所得税。

（2）企业以非货币性资产对外投资而取得被投资企业的股权，应以非货币性资产的原计税成本为计税基础，加上每年确认的非货币性资产转让所得，逐年进行调整。

被投资企业取得非货币性资产的计税基础，应按非货币性资产的公允价值确定。

（3）企业在对外投资 5 年内转让上述股权或投资收回的，应停止执行递延纳税政策，并就递延期内尚未确认的非货币性资产转让所得，在转让股权或投资收回当年的企业所得税年度汇算清缴时，一次性计算缴纳企业所得税；企业在计算股权转让所得时，可按规定将股权的计税基础一次调整到位。

（4）企业或个人以技术成果投资入股到境内居民企业，被投资企业支付的对价全部为股票（权）的，企业或个人：

a. 可选择 5 年内递延纳税；

b. 也可选择投资入股当期可暂不纳税，允许递延至转让股权时，按股权转让收入减去技术成果原值和合理税费后的差额计算缴纳所得税。

真题精练（主观题）

（2018 年简答题，改）某设备制造厂系增值税一般纳税人，2019 年 6 月以自产设备投资一家生物制药公司，该设备的不含税公允价值为 2000000 元，账面成本为 1400000 元，当年该厂的年应纳税所得额为 5000000 元。

（1）请写出设备制造厂此项投资业务的会计分录。

（2）设备制造厂对此项投资业务确认的所得若选择递延缴纳企业所得税，应如何处理？此项投资股权的计税基础如何确定？

（3）若设备制造厂选择递延缴纳企业所得税，生物制药公司取得该设备的计税基础如何确定？

（4）若设备制造厂选择递延缴纳企业所得税后第二年又将该项投资转让。企业所得税应如何处理？

答案 ▶

（1）

借：长期股权投资　　　　　　2260000
　　贷：主营业务收入　　　　　　2000000
　　　　应交税费——应交增值税（销项税额）
　　　　　　　　　　　　　　　　260000
借：主营业务成本　　　　　　1400000
　　贷：库存商品　　　　　　　1400000

（2）居民企业（以下简称企业）以非货币性资产对外投资确认的非货币性资产转让所得，可在不超过 5 年期限内，分期均匀计入相应年度的应纳税所得额，按规定计算缴纳企业所得税。

2019 年投资时的计税基础应该为设备的原计税基础（账面成本）1400000 元。之后加上每年确认的非货币性资产转让所得（2000000-1400000）/5＝120000（元），逐年进行调整。

（3）生物制药企业应该以该设备的公允价

值2000000元作为计税基础。

（4）该设备制造厂选择递延缴纳企业所得税后，第二年又将该项投资转让，应该一次性确认所得 = 2000000 − （1400000 + 120000）= 480000（元）。

【思路点拨】企业在对外投资5年内转让上述股权或投资收回的，应停止执行递延纳税政策，并就递延期内尚未确认的非货币性资产转让所得，在转让股权或投资收回当年的企业所得税年度汇算清缴时，一次性计算缴纳企业所得税。

（五）股权、资产划转的税务处理

对100%直接控制的居民企业之间，以及受同一或相同多家居民企业100%直接控制的居民企业之间按账面净值划转股权或资产，凡具有合理商业目的、不以减少、免除或者推迟缴纳税款为主要目的，股权或资产划转后连续12个月内不改变被划转股权或资产原来实质性经营活动，且划出方企业和划入方企业均未在会计上确认损益的，可以选择按以下规定进行特殊性税务处理：

1. 划出方企业和划入方企业均不确认所得；

2. 划入方企业取得被划转股权或资产的计税基础，以被划转股权或资产的原账面净值确定；

3. 划入方企业取得的被划转资产，应按其原账面净值计算折旧扣除。

【知识点拨】企业重组常考的知识点：

（1）特殊性税务处理的条件；

（2）特殊性税务处理中非股权支付部分所得或损失的计算；

（3）合并过程中亏损的弥补；

（4）非货币性资产投资的税务处理。

九、应纳税额的计算

扫我解疑难

应纳税额 = 应纳税所得额×适用税率 − 减免税额 − 抵免税额

抵免税额分为投资抵免和境外所得税收抵免。

境外所得抵免税额问题——"多不退、少要补"；"分国不分项"或综合抵免。

（一）抵免税额的范围——直接抵免 + 间接抵免

企业取得的下列所得已在境外缴纳或负担的所得税税额，可以从其当期应纳税额中抵免：

1. 居民企业来源于中国境外的应税所得；

2. 非居民企业在中国境内设立机构、场所，取得发生在中国境外但与该机构、场所有实际联系的应税所得；

3. 居民企业从其直接或者间接控制的外国企业分得的来源于中国境外的股息、红利等权益性投资收益，外国企业在境外实际缴纳的所得税税额中属于该项所得负担的部分。

直接控制：居民企业直接持有外国企业20%以上股份

间接控制：居民企业以间接持股方式持有外国企业20%以上股份

（二）抵免限额

我国对居民企业来源于境外的所得在境外已经缴纳或负担的所得税税款实行限额抵免。

抵免限额：自2017.1.1起，分国（地区）不分项或不分国不分项（综合抵免），一经选择，5年内不得改变。

境外所得税税额的抵免限额

= 来自某国（地区）应纳税所得额（或境外应纳税所得总额）×我国税率

计算抵免限额时的税率：

（1）一般企业：25%。

（2）符合条件的高新技术企业：15%。

以境内、境外全部生产经营活动有关的研究开发费用总额、总收入、销售收入总额、高新技术产品（服务）收入等指标申请并经认定的高新技术企业，其来源于境外的所得可以享受高新技术企业所得税优惠政策，即对其来源于境外所得可以按照15%的优惠税率缴纳企业所得税。在计算境外抵免限额时，可按照15%的优惠税率计算境内外应纳税总额。

（三）实际抵免税额—已纳税额 VS 抵免限额，孰小原则

超过抵免限额的部分，可以在以后5个年度内，用每年度抵免限额抵免当年应抵税额后的余额进行抵补。

5个年度：从企业取得的来源于中国境外的所得，已经在中国境外缴纳的企业所得税性质的税额超过抵免限额的当年的次年起连续5个纳税年度。

境外所得纳税问题：多不退，少要补；分国不分项或综合抵免。

十、房地产开发经营业务企业所得税处理★★

扫我解疑难

（1）以不含增值税预售收入按预计毛利率计算的预计利润缴纳企业所得税，应纳税调增；

（2）按照预售收入缴纳的城建税、教育费附加、预缴的土地增值税在缴纳当年的企业所得税时允许在税前扣除，应纳税调减；

（3）预售收入作为计算广告费和业务宣传费、业务招待费的基数；

（4）在"预收账款"转入"主营业务收入"或"其他业务收入"时，与其相对应的已经缴纳过企业所得税的预计利润需要做纳税调减；相应的城建税、教育费附加、土地增值税需要做纳税调增；

（5）计入房地产开发成本的利息支出，仍旧在房地产开发成本中扣除；

（6）房地产开发企业逾期开发缴纳的土地闲置费在企业所得税前可以扣除；

（7）房地产开发企业的预提费用，除另有规定外，不得扣除：

①出包工程未最终办理结算而未取得全额发票的，在证明资料充分的前提下，其发票不足金额可以预提，但最高不得超过合同总金额的10%；

②公共配套设施尚未建造或尚未完工的，可按预算造价合理预提建造费用。此类公共配套设施必须符合已在售房合同、协议或广告、模型中明确承诺建造且不可撤销，或依法必须配套建造的条件；

③应向政府上交但尚未上交的报批报建费用、物业完善费用可以按规定预提。

十一、代理填制企业所得税纳税申报表的方法★★★

扫我解疑难

企业所得税的缴纳方法：在月份或季度终了后15日内预缴企业所得税，年度终了后5个月内汇算清缴，多退少补。

（一）税款所属期间的填写（见表10-48）

表10-48 税款所属期间

情形	税款所属期间
正常经营的纳税人	填报公历当年1月1日至12月31日
纳税人年度中间开业的	填报实际生产经营之日至当年12月31日
纳税人年度中间发生合并、分立、破产、停业等情况的	填报公历当年1月1日至实际停业或法院裁定并宣告破产之日
纳税人年度中间开业且年度中间又发生合并、分立、破产、停业等情况的	填报实际生产经营之日至实际停业或法院裁定并宣告破产之日

真题精练（客观题）

（2016年单选题）某企业2015年8月11日开业，填报2015年度企业所得税年度申报表封面"税款所属期间"时，应填写为（　）。

A. 2015年8月11日至2015年12月31日

B. 2015年9月1日至2015年12月31日

C. 2015年8月1日至2015年12月31日

D. 2015年1月1日至2015年12月31日

解析 ▶ 企业所得税的纳税年度，自公历1月1日起至12月31日止。企业在一个纳税年度的中间开业，或者由于合并、关

闭等原因终止经营活动，使该纳税年度的实际经营期不足 12 个月的，应当以其实际经营期为一个纳税年度。　**答案 ▶ A**

（二）所得税年度纳税申报表的填写（见表 10-49）

表 10-49　中华人民共和国企业所得税年度纳税申报表（A 类）

行次	类别	项目	金额	说明
1	利润总额计算	一、营业收入	主营业务收入和其他业务收入	按照会计制度填写
2		减：营业成本	主营业务成本和其他业务成本	
3		税金及附加		
4		销售费用		
5		管理费用		
6		财务费用		
7		资产减值损失		
8		加：公允价值变动收益		
9		投资收益		
10		二、营业利润（1-2-3-4-5-6-7+8+9）		
11		加：营业外收入		
12		减：营业外支出		
13		三、利润总额（10+11-12）		
14	应纳税所得额计算	减：境外所得		纳税调整过程
15		加：纳税调整增加额		
16		减：纳税调整减少额		
17		减：免税、减计收入及加计扣除	税基式优惠，新表合并为一栏，详细内容在《免税、减计收入及加计扣除优惠明细表》填报	
18		加：境外应税所得抵减境内亏损	特殊规定	
19		四、纳税调整后所得（13-14+15-16-17+18）	税法上的盈利额或亏损额；如为负数，则为可结转以后年度弥补的亏损	
20		减：所得减免	填报所得减免金额	
21		减：弥补以前年度亏损	弥补亏损的税额	
22		减：抵扣应纳税所得额	应抵扣的应纳税所得额	
23		五、应纳税所得额（19-20-21-22）		

行次	类别	项目	金额	说明
24	应纳税额计算	税率(25%)	填写25%	税额计算
25		六、应纳所得税额(23×24)		
26		减：减免所得税额	税额式优惠	
27		减：抵免所得税额		
28		七、应纳税额(25-26-27)		
29		加：境外所得应纳所得税额	境外所得补税；	
30		减：境外所得抵免所得税额	多不退少要补； 分国不分项	
31		八、实际应纳所得税额(28+29-30)	实际应纳税额	
32		减：本年累计实际已预缴的所得税额	预缴所得税	
33		九、本年应补(退)所得税额(31-32)		
34		其中：总机构分摊本年应补(退)所得税额	根据《跨地区经营汇总纳税企业年度分摊企业所得税明细表》填报(根据跨地区经营企业所得税新政策主表做了调整)	
35		财政集中分配本年应补(退)所得税额		
36		总机构主体生产经营部门分摊本年应补(退)所得税额		

十二、特别纳税调整★

扫我解疑难

（一）关联申报

1. 关联关系定义

关联关系是指企业与其他企业、组织或个人具有下列关系之一：

（1）一方直接或者间接持有另一方的股份总和达到25%以上；双方直接或者间接同为第三方所持有的股份达到25%以上。

【知识点拨1】 如果一方通过中间方对另一方间接持有股份，只要其对中间方持股比例达到25%以上，则其对另一方的持股比例按照中间方对另一方的持股比例计算。

【知识点拨2】 两个以上具有夫妻、直系血亲、兄弟姐妹以及其他抚养、赡养关系的自然人共同持股同一企业，在判定关联关系时持股比例合并计算。

（2）双方存在持股关系或同为第三方持股，虽持股比例未达到25%的比例，但双方之间借贷资金总额占任一方实收资本比例达到50%以上，或者一方全部借贷资金总额的10%以上由另一方担保(与独立金融机构之间的借贷或者担保除外)。

（3）双方存在持股关系或者同为第三方持股，虽持股比例未达到25%的比例，但一方的生产经营活动必须由另一方提供专利权、非专利技术、商标权、著作权等特许权才能正常进行。

（4）双方存在持股关系或同为第三方持股，虽持股比例未达到25%的比例，但一方的购买、销售、接受劳务、提供劳务等经营活动由另一方控制。

【知识点拨】 上述控制是指一方有权决定另一方的财务和经营政策，并能据以从另一方的经营活动中获取利益。

（5）一方半数以上董事或者半数以上高级管理人员(包括上市公司董事会秘书、经理、副经理、财务负责人和公司章程规定的其他人员)由另一方任命或者委派，或者同时担任另一方的董事或者高级管理人员；或者双方各自半数以上董事或者半数以上高级管理人员同为第三方任命或者委派。

（6）具有夫妻、直系血亲、兄弟姐妹以及其他抚养、赡养关系的两个自然人分别与双方具有上述第（1）至（5）项关系之一。

（7）双方在实质上具有其他共同利益。

【知识点拨】仅因国家持股或者由国有资产管理部门委派董事、高级管理人员而存在上述第（1）至（5）项关系的，不构成关联关系。

2. 关联交易内容

关联交易主要包括：

（1）有形资产使用权或者所有权的转让。

（2）金融资产的转让。

（3）无形资产使用权或者所有权的转让。

（4）资金融通。

（5）劳务交易。

查账征收企业所得税的居民企业和在中国境内设立机构、场所并据实申报缴纳企业所得税的非居民企业在报送年度企业所得税纳税申报表时，应附送《关联业务往来报告表》。

3. 国别报告

（1）国别报告主要披露最终控股企业所属跨国企业集团所有成员实体的全球所得、税收和业务活动的国别分布情况。

（2）存在下列情形之一的居民企业，应当在报送《年度关联业务往来报告表》时填报国别报告：

①该居民企业为跨国企业集团的最终控股企业，且其上一会计年度合并财务报表中的各类收入金额合计超过55亿元；

②该居民企业被跨国企业集团指定为国别报告的报送企业。

（二）同期资料管理

同期资料包括主体文档、本地文档和特殊事项文档。

1. 主体文档

主体文档主要披露最终控股企业所属企业集团的全球业务整体情况。

（1）符合下列条件之一的企业，应当准备主体文档

①年度发生跨境关联交易，且合并该企业财务报表的最终控股企业所属企业集团已准备主体文档；

②年度关联交易总额超过10亿元的企业。

（2）主体文档主要披露最终控股企业所属企业集团的全球业务整体情况，包括：

①组织架构；

②企业集团业务；

③无形资产；

④融资活动；

⑤财务与税务状况。

2. 本地文档

本地文档主要披露企业关联交易的详细信息。

年度关联交易金额符合下列条件之一的企业，应当就其全部关联交易准备本地文档：

（1）有形资产所有权转让金额（来料加工业务按照年度进出口报关价格计算）超过2亿元；

（2）金融资产转让金额超过1亿元；

（3）无形资产所有权转让金额超过1亿元；

（4）其他关联交易金额合计超过4000万元。

3. 特殊事项文档

特殊事项文档包括成本分摊协议特殊事项文档和资本弱化特殊事项文档。

（1）企业签订或者执行成本分摊协议的，应当准备成本分摊协议特殊事项文档；

（2）企业关联债资比例超过标准比例需要说明符合独立交易原则的，应当准备资本弱化特殊事项文档。

4. 同期资料准备的时间及要求

（1）主体文档应当在企业集团最终控股企业会计年度终了之日起12个月内准备完毕；本地文档和特殊事项文档应当在关联交易发生年度次年6月30日之前准备完毕。同期资料应当自税务机关要求之日起30日内提供。企业因不可抗力无法按期提供同期资料的，

应当在不可抗力消除后 30 日内提供同期资料；

（2）同期资料应当使用中文，并标明引用信息资料的出处来源；

（3）同期资料应当自税务机关要求的准备完毕之日起保存 10 年。企业合并、分立的，应当由合并、分立后的企业保存同期资料。

（三）转让定价方法（见表 10-50）

企业发生关联交易以及税务机关审核、评估关联交易均应遵循独立交易原则，选用合理的转让定价方法。

转让定价方法：可比非受控价格法、再销售价格法、成本加成法、交易净利润法、利润分割法和其他符合独立交易原则的方法。

选用合理的转让定价方法应进行可比性分析。可比性分析因素主要包括：（1）交易资产或劳务特性；（2）交易各方功能和风险；（3）合同条款；（4）经济环境；（5）经营策略。

表 10-50　转让定价方法

方法	含义	适用范围
可比非受控价格法	以非关联方之间进行的与关联交易相同或类似业务活动所收取价格作为关联交易公平成交价格	一般适用于所有类型的关联交易
再销售价格法	以关联方购进商品再销售给非关联方的价格减去可比非关联交易毛利后的金额作为关联方购进商品的公平成交价格。 公平成交价格＝再销售给非关联方的价格×（1-可比非关联交易毛利率） 可比非关联交易毛利率＝可比非关联交易毛利÷可比非关联交易收入净额×100%	一般适用于再销售者未对商品进行改变外形、性能、结构或更换商标等实质性增值加工的简单加工或单纯购销业务
成本加成法	以关联交易发生的合理成本加上可比非关联交易毛利后的金额作为关联交易的公平成交价格。其计算公式如下： 公平成交价格＝关联交易的合理成本×（1+可比非关联交易成本加成率） 可比非关联交易成本加成率＝可比非关联交易毛利÷可比非关联交易成本×100%	一般适用于有形资产使用权或者所有权的转让、资金融通、劳务交易等关联交易
交易净利润法	以可比非关联交易的利润率指标确定关联交易的净利润。 利润指标包括息税前利润率、完全成本加成率、资产收益率、贝里比率等。 （1）息税前利润率＝息税前利润/营业收入×100% （2）完全成本加成率＝息税前利润/完全成本×100% （3）资产收益率＝息税前利润/［（年初资产总额+年末资产总额）/2］×100% （4）贝里比率＝毛利/（营业费用+管理费用）×100%	通常适用于不拥有重大价值无形资产企业的有形资产使用权或者所有权的转让和受让、无形资产使用权受让以及劳务交易等关联交易
利润分割法	包括一般利润分割法和剩余利润分割法。 根据企业与其关联方对关联交易合并利润的贡献计算各自应该分配的利润额	通常适用于各参与方关联交易高度整合且难以单独评估各方交易结果的情况

方法	含义	适用范围
其他符合独立交易原则的方法	成本法：以替代或者重置原则为基础，通过在当前市场价格下创造一项相似资产所发生的支出确定评估标的价值的评估方法	适用于能够被替代的资产价值评估
	市场法：利用市场上相同或者相似资产的近期交易价格，经过直接比较或者类比分析以确定评估标的价值的评估方法	适用于在市场上能找到与评估标的相同或者相似的非关联可比交易信息时的资产价值评估
	收益法：通过评估标的未来预期收益现值来确定其价值的评估方法	适用于企业整体资产和可预期未来收益的单项资产评估
	其他能够反映利润与经济活动发生地和价值创造地相匹配原则的方法	

（四）转让定价调查及调整

1. 转让定价调查的重点企业（容易出题）

（1）关联交易数额较大或类型较多的企业；

（2）长期亏损、微利或跳跃性盈利的企业；

（3）低于同行业利润水平的企业；

（4）利润水平与其所承担的功能风险明显不相匹配的企业；

（5）与避税港关联方发生业务往来的企业；

（6）未按规定进行关联申报或准备同期资料的企业；

（7）其他明显违背独立交易原则的企业。

2. 税务机关进行现场调查的要求

注意：现场调查人员须2名以上。

3. 提供资料

税务机关在实施转让定价调查时，有权要求企业及其关联方，以及与关联业务调查有关的其他企业（以下简称可比企业）提供相关资料，并送达《税务事项通知书》；

企业应在《税务事项通知书》规定的期限内提供相关资料，因特殊情况不能按期提供的，应向税务机关提交书面延期申请，经批准，可以延期提供，但最长不得超过30日；税务机关应自收到企业延期申请之日起15日内函复，逾期未函复的，视同税务机关已同意企业的延期申请。

企业的关联方以及可比企业应在与税务机关约定的期限内提供相关资料，约定期限一般不应超过60日。

税务机关实施转让定价调查时，应当进行可比性分析，可比性分析一般包括以下五个方面。税务机关可以根据案件情况选择具体分析内容：

①交易资产或者劳务特性；②交易各方执行的功能、承担的风险和使用的资产；③合同条款；④经济环境；⑤经营策略。

4. 调查取证

转让定价调查涉及向关联方和可比企业调查取证的，税务机关向企业送达《税务检查通知书》，进行调查取证。

5. 分析、评估

税务机关应选用合理的转让定价方法分析、评估企业关联交易是否符合独立交易原则。

6. 得出调查结论

调查结论有两类：

（1）企业关联交易符合独立交易原则

税务机关应做出转让定价调查结论，并向企业送达《特别纳税调查结论通知书》

（2）企业关联交易不符合独立交易原则而减少其应纳税收入或者所得额

税务机关应按程序实施转让定价纳税调

整。税务机关向企业送达《特别纳税调查初步调整通知书》，企业对初步调整意见有异议的，应自收到通知书之日起7日内书面提出。

7. 跟踪管理

税务机关对企业实施转让定价纳税调整后，应自企业被调整的最后年度的下一年度起5年内实施跟踪管理；

在跟踪管理期内，企业应在跟踪年度的次年6月20日之前向税务机关提供跟踪年度的同期资料。

(五)预约定价安排管理

企业可以与税务机关就其未来年度关联交易的定价原则和计算方法，向税务机关提出申请，与税务机关按照独立交易原则协商、确认后达成的协议。按照参与的国家税务主管当局的数量，预约定价安排可以分为单边、双边和多边三种类型。预约定价安排的谈签与执行通常经过预备会谈、谈签意向、分析评估、正式申请、协商签署和监控执行6个阶段。

1. 预约定价安排的适用范围

(1)适用于主管税务机关向企业送达接收其谈签意向的《税务事项通知书》之日所属纳税年度起3至5个年度的关联交易；

(2)企业以前年度的关联交易与预约定价安排适用年度相同或类似的，经企业申请，税务机关可以将预约定价安排确定的定价原则和计算方法追溯适用于以前年度该关联交易的评估和调整。追溯期最长为10年。

(3)预约定价安排的谈签不影响税务机关对企业不适用预约定价安排的年度及关联交易的特别纳税调查调整和监控管理。预约定价安排一般适用于主管税务机关向企业送达接收其谈签意向的《税务事项通知书》之日所属纳税年度前3个年度每年度发生的关联交易金额4000万元人民币以上的企业。

2. 预约定价安排的优先受理

有下列情形之一的，税务机关可以优先受理企业提交的申请：

(1)企业关联申报和同期资料完备合理，

披露充分；

(2)企业纳税信用级别为A级；

(3)税务机关曾经对企业实施特别纳税调查调整，并已经结案；

(4)签署的预约定价安排执行期满，企业申请续签，且预约定价安排所述事实和经营环境没有发生实质性变化；

(5)企业提交的申请材料齐备，对价值链或者供应链的分析完整、清晰，充分考虑成本节约、市场溢价等地域特殊因素，拟采用的定价原则和计算方法合理；

(6)企业积极配合税务机关开展预约定价安排谈签工作；

(7)申请双边或者多边预约定价安排的，所涉及的税收协定缔约对方税务主管当局有较强的谈签意愿，对预约定价安排的重视程度较高；

(8)其他有利于预约定价安排谈签的因素。

3. 预约定价安排的预备会谈

(1)企业申请单边预约定价安排，应向主管税务机关书面提出预备会谈申请。主管税务机关组织与企业开展预备会谈。

(2)企业申请双边或多边预约定价安排的，应同时向国家税务总局和主管税务机关书面提出预备会谈申请。国家税务总局统一组织与企业开展预备会谈。

4. 预约定价安排的谈签意向

税务机关和企业在预备会谈期间达成一致意见的，主管税务机关向企业送达同意其提交谈签意向的《税务事项通知书》，企业在收到通知书后向税务机关提出谈签意向。

(1)向谁提交《预约定价安排谈签意向书》

①企业申请单边预约定价安排，应向主管税务机关提交，并附送单边预约定价安排申请草案。

②企业申请双边或多边预约定价安排的，应同时向国家税务总局和主管税务机关提交，并附送双边或多边预约定价安排申请草案。

（2）有下列情形之一的，税务机关可以拒绝企业提交谈签意向

①税务机关已经对企业实施特别纳税调整立案调查或其他涉税案件调查，且尚未结案的；

②未按照有关规定填报年度关联业务往来报告表；

③未按照有关规定准备、保存和提供同期资料；

④预备会谈阶段税务机关和企业无法达成一致意见。

5. 预约定价安排的分析评估

税务机关可以从功能和风险状况、可比交易信息、关联交易数据、定价原则和计算方法、价值链分析和贡献分析、交易价格或利润水平、假设条件等方面进行分析评估。

6. 预约定价安排的正式申请

经过分析评估，税务机关认为预约定价安排申请草案符合独立交易原则的，主管税务机关向企业送达同意其提交正式申请的《税务事项通知书》，企业收到通知后，可以向税务机关提交《预约定价安排正式申请书》，并附送预约定价安排正式申请报告。

有下列情形之一的，税务机关可以拒绝企业提交正式申请：

①预约定价安排申请草案拟采用的定价原则和计算方法不合理，且企业拒绝协商调整；

②企业拒不提供有关资料或提供的资料不符合税务机关要求，且不按时补正或者更正；

③企业拒不配合税务机关进行功能和风险实地访谈；

④其他不适合谈签预约定价安排的情况。

7. 预约定价安排的协商签署

税务机关应当在分析评估的基础上形成协商方案，并据此开展协商工作。

8. 预约定价安排的监控执行

（1）企业应当在纳税年度终了后6个月内，向主管税务机关报送执行预约定价安排

情况的纸质版和电子版年度报告；

（2）预约定价安排执行期间，企业发生影响预约定价安排的实质性变化，应当在发生变化之日起30日内书面报告主管税务机关。但由于非主观原因而无法按期报告的，可以延期报告，但延长期限不得超过30日；

（3）预约定价安排期满后自动失效。如企业需要续签的，应在预约定价安排执行期满之日前90日内向税务机关提出续签申请。

在预约定价安排签署前，税务机关和企业均可暂停、终止预约定价安排程序。

（六）成本分摊协议管理

1. 基本规定

企业与其关联方共同开发、受让无形资产，或者共同提供、接受劳务发生的成本，在计算应纳税所得额时应当按照独立交易原则进行分摊；参与方使用成本分摊协议所开发或受让的无形资产不需另支付特许权使用费；涉及劳务的成本分摊协议一般适用于集团采购和集团营销策划。

2. 对于符合独立交易原则的成本分摊协议的税务处理

（1）企业按协议分摊的成本，应在协议规定的各年度税前扣除；

（2）涉及补偿调整的，应在补偿调整的年度计入应纳税所得额；

（3）涉及无形资产的成本分摊协议，加入支付、退出补偿或终止协议时对协议成果分配的，应按资产购置或处置的有关规定处理。

3. 自行分摊的成本不得扣除的规定

企业与其关联方签署成本分摊协议，有下列情形之一的，其自行分摊的成本不得税前扣除(容易出多选题)：

（1）不具有合理商业目的和经济实质；

（2）不符合独立交易原则；

（3）没有遵循成本与收益配比原则；

（4）未按有关规定备案或准备、保存和提供有关成本分摊协议的同期资料；

（5）自签署成本分摊协议之日起经营期限少于20年。

（七）受控外国企业管理

1. 受控外国企业的界定

由居民企业，或者由居民企业和中国居民控制的设立在实际税负低于12.5%的国家（地区）的企业，并非由于合理的经营需要而对利润不做分配或者减少分配的，上述利润中应归属于该居民企业的部分，应当计入该居民企业的当期收入。

控制，是指在股份、资金、经营、购销等方面构成实质控制。其中，股份控制是指由中国居民股东在纳税年度任何一天单层直接或多层间接单一持有外国企业10%以上有表决权股份，且共同持有该外国企业50%以上股份；

中国居民股东多层间接持有股份按各层持股比例相乘计算，中间层持有股份超过50%的，按100%计算。

2. 计入中国居民企业股东当期的视同受控外国企业股息分配的所得

中国居民企业股东当期所得

=视同股息分配额×实际持股天数÷受控外国企业纳税年度天数×股东持股比例

3. 免于调整的情形

中国居民企业股东能够提供资料证明其控制的外国企业满足以下条件之一的，可免于将外国企业不做分配或减少分配的利润视同股息分配额，计入中国居民企业股东的当期所得：

（1）设立在国家税务总局指定的非低税率国家（地区）；

（2）主要取得积极经营活动所得；

（3）年度利润总额低于500万元人民币。

（八）资本弱化管理

企业从其关联方接受的债权性投资与权益性投资的比例超过规定标准而发生的利息支出，不得在计算应纳税所得额时扣除。

1. 相关交易活动符合独立交易原则的；或该企业的实际税负不高于境内关联方的，其实际支付给境内关联方的利息支出，在计算应纳税所得额时准予扣除。

2. 关联方债权性投资与其权益性投资比例为：

金融企业，为5∶1

其他企业，为2∶1

3. 不得在计算应纳税所得额时扣除的利息支出应按以下公式计算：

不得扣除利息支出=年度实际支付的全部关联方利息×(1−标准比例÷关联债资比例)

关联债资比例，是指根据《企业所得税法》及其实施条例的规定，企业从其全部关联方接受的债权性投资（以下简称关联债权投资）占企业接受的权益性投资（以下简称权益性投资）的比例，关联债权投资包括关联方以各种形式提供担保的债权性投资。

关联债资比例=年度各月平均关联债权投资之和÷年度各月平均权益投资之和

其中：

各月平均关联债权投资=（关联债权投资月初账面余额+月末账面余额）÷2

各月平均权益投资=（权益投资月初账面余额+月末账面余额）÷2

【知识点拨】权益投资为企业资产负债表所列示的所有者权益金额。如果所有者权益小于实收资本（股本）与资本公积之和，则权益投资为实收资本（股本）与资本公积之和；如果实收资本（股本）与资本公积之和小于实收资本（股本）金额，则权益投资为实收资本（股本）金额。

4. 同时，非金融企业向非金融企业借款的利息支出，不超过按照金融企业同期同类贷款利率计算的数额的部分可据实扣除，超过部分不许扣除。

5. 企业向股东或其他与企业有关联关系的自然人借款的利息支出，按上述规定计算企业所得税扣除额。

【例题40·单选题】某公司注册资本为200万元。2019年由于生产经营需要，该公司向其母公司借款400万元，母公司为其担保向其他企业借款300万元，使用期限均为3个月（2019年6月1日至8月31日），按照金融机构同期同类贷款利率6%，共支付利息10.5万元。假设该公司2019年全年各月的所有者权益：实收资本为200万元，资本公积为20万元，盈余公积为10万元，未分配利润为-20万元。本年度该公司无其他关联方借款，则税前允许扣除的利息为（　）万元。

A. 0　　　　　　B. 6.6

C. 8　　　　　　D. 10.5

解析 ▶ 不得税前扣除利息支出＝年度实际支付的全部关联方利息×(1-标准比例÷关联债资比例)

关联债资比例＝(700×3)÷(220×12)＝0.8

如果所有者权益小于实收资本（股本）与资本公积之和，则权益投资为实收资本（股本）与资本公积之和。

由于关联债资比小于标准比例，所以关联企业借款利息可以不受本金制约，只要利率不超过银行基准利率，可以全额扣除。

答案 ▶ D

（九）一般反避税管理

税务机关可依法对存在以下避税安排的企业，启动一般反避税调查：

1. 滥用税收优惠；

2. 滥用税收协定；

3. 滥用公司组织形式；

4. 利用避税港避税；

5. 其他不具有合理商业目的的安排。

税务机关启动一般反避税调查时，应依法向企业送达《税务检查通知书》。企业应自收到通知书之日起60日内提供资料证明其安排具有合理的商业目的。

（十）相应调整及国际磋商

关联交易一方被实施转让定价调查调整的，应允许另一方做相应调整，以消除双重征税。企业应自企业或其关联方收到转让定价调整通知书之日起3年内提出相应调整的申请，超过3年的，税务机关不予受理；

税务机关对企业实施转让定价调整，涉及企业向境外关联方支付利息、租金、特许

权使用费等已扣缴的税款，不再做相应调整。

（十一）法律责任

税务机关根据企业所得税法及其实施条例的规定，对企业做出特别纳税调整的，应对2008年1月1日以后发生交易补征的企业所得税税款，按日加收利息。

（1）计息期间自税款所属纳税年度的次年6月1日起至补缴（预缴）税款入库之日止。

（2）利息率按照税款所属纳税年度12月31日实行的与补税期间同期的中国人民银行人民币贷款基准利率（以下简称"基准利率"）加5个百分点计算，并按一年365天折算日利息率。

（3）企业按规定提供同期资料和其他相关资料的，或者企业符合规定免于准备同期资料但根据税务机关要求提供其他相关资料的，可以只按基准利率计算加收利息。

（4）按照规定加收的利息，不得在计算应纳税所得额时扣除。具体内容见表10-51。

表10-51　加收利息时利息率的确定

情形	利息率
一般情形	与补税期间同期的中国人民银行人民币贷款基准利率加5个百分点
按规定提供同期资料和其他相关资料的，或企业符合规定免于准备同期资料但根据税务机关要求提供其他相关资料的	按基准利率计算加收利息

十三、个人所得税的基本规定★★

扫我解疑难

（一）纳税人

1. 个人独资企业和合伙企业不缴纳企业所得税，其投资者为个人所得税的纳税人。

2. 居民纳税人和非居民纳税人的划分（见表10-52）——划分标准：住所和居住时间。

表 10-52　居民纳税人和非居民纳税人的划分

纳税人	判断标准	纳税义务
居民纳税人	只要具备以下条件之一即为居民纳税人： (1)在中国境内有住所的个人(住所是指因户籍、家庭、经济利益关系而在中国境内习惯性居住)； (2)无住所而一个纳税年度内在中国境内居住**累计满 183 天**的个人	负有无限纳税义务，就其来源于中国境内、境外所得，向中国境内缴纳个人所得税
非居民纳税人	只要具备以下条件之一即为非居民纳税人： (1)在中国境内无住所又不居住； (2)或者无住所而一个纳税年度内在中国境内居住**累计不满 183 天**的个人，为非居民个人	承担有限纳税义务，仅就其来源于中国境内所得，向中国境内缴纳个人所得税

(二)应税所得项目

在本部分内容的学习中，要做到：(1)分清哪些属于综合征收，哪些属于分类征收；(2)注意居民个人与非居民个人在纳税上的不同；(3)注意个人所得税适用的应税项目，尤其是工资薪金所得与劳务报酬所得的区别。

1. 应税所得项目的基本规定

由于 2019 年 1 月 1 日全面实施修改后的个人所得税法，因此这部分内容非常重要，需要大家引起重视。改革后，个人所得税的应税项目调整为 9 个，见表 10-53。

表 10-53　个税的应税所得项目

税目	非居民个人	居民个人
(1)工资、薪金所得	按月分项计算	按纳税年度合并计算个人所得税
(2)劳务报酬所得	按次分项计算	
(3)稿酬所得	按次分项计算	
(4)特许权使用费所得	按次分项计算	
(5)经营所得	按年分项计算	按年分项计算
(6)利息、股息、红利所得	按次分项计算	按次分项计算
(7)财产租赁所得	按次分项计算	按月分项计算
(8)财产转让所得	按次分项计算	按次分项计算
(9)偶然所得	按次分项计算	按次分项计算

【知识点拨 1】只有居民纳税人有综合征收，非居民纳税人无综合所得的概念，不需要综合征收。

【知识点拨 2】对于居民纳税人而言，综合所得只包括工资薪金所得、劳务报酬所得、稿酬所得和特许权使用费所得，不包括其他税目。

【知识点拨 3】综合征收的含义是：在每次或每月支付所得时，支付方需要预扣预缴个人所得税，年度终了，取得综合所得的纳税人属于税法规定情形的，需要汇算清缴，多退少补。

【例题 41·多选题】下列各项中，属于"综合所得"项目按年计算征税的有(　　)。

A. 工资薪金所得　B. 劳务报酬所得

C. 经营所得　　　D. 稿酬所得

E. 特许权使用费所得

解析 ▶ 对于居民纳税人而言，综合所得只包括工资薪金所得、劳务报酬所得、稿酬所得和特许权使用费所得，不包括其他税目。

答案 ▶ ABDE

2. 应税所得项目的具体规定

考试中注意个人所得税适用的应税项目，尤其是工资薪金所得与劳务报酬所得的区别，各个税目的重点注意事项见表10-54。

表 10-54　个税税目的具体规定

税目	具体规定
(1) 工资、薪金所得	个人因**任职或者受雇**而取得的工资、薪金、奖金、年终加薪、**劳动分红**、津贴、补贴以及与任职或者受雇有关的其他所得。 【知识点拨1】工资薪金所得为**非独立**个人劳动所得，劳务报酬所得为**独立**个人劳动所得。 【知识点拨2】**不予征税项目**： ①独生子女补贴； ②执行公务员工资制度**未纳入基本工资总额**的补贴、津贴差额和家属成员的副食品补贴； ③托儿补助费； ④差旅费津贴、误餐补助。 误餐补助：个人**因公**在城区、郊区工作，**不能在工作单位或返回**就餐，根据实际误餐顿数，**按规定标准**领取的误餐补助费。单位以**误餐补助名义**发给职工的补助、津贴不能包括在内。 【知识点拨3】个人取得公务用车、通讯补贴收入，扣除一定标准的公务费用后，按工资薪金所得计征个人所得税。 【知识点拨4】公司职工取得的用于购买企业国有股权的**劳动分红**，按"**工资、薪金所得**"项目计征个人所得税。 【知识点拨5】出租汽车经营单位对出租车驾驶员采取**单车承包或承租方式**运营，出租车驾驶员从事客货营运取得的收入，按**工资、薪金所得**项目征税。 【知识点拨6】**退休人员再任职**取得的收入，在减除按个人所得税法规定的费用扣除标准后，按"**工资、薪金所得**"项目缴纳个人所得税。 【知识点拨7】**个人兼职**取得的收入，应按照"**劳务报酬所得**"应税项目缴纳个人所得税
(2) 劳务报酬所得	个人独立从事各种**非雇用劳务**取得的所得。 【知识点拨1】工资薪金所得为**非独立**个人劳动所得，劳务报酬所得为**独立**个人劳动所得。 【知识点拨2】通过免收差旅费、旅游费对个人实行的营销业绩奖励，如何纳税，取决于该个人是雇员还是非雇员。 ①雇员：按照工资薪金所得缴纳个人所得税； ②非雇员：按照劳务报酬所得缴纳个人所得税。 【知识点拨3】个人兼职取得的收入应按照"**劳务报酬所得**"应税项目缴纳个人所得税
(3) 稿酬所得	个人因其作品以图书、报刊形式出版、发表而取得的所得。 【知识点拨】对不以图书、报刊出版、发表的翻译、审稿、书画所得归为劳务报酬所得
(4) 特许权使用费所得	个人(**包括权利继承人**)提供专利权、商标权、著作权、非专利技术以及其他特许权的使用权取得的所得。 【知识点拨1】提供著作权的使用权取得的所得，不包括稿酬所得。 【知识点拨2】对于作者将自己的文字作品手稿原件或复印件公开拍卖(竞价)取得的所得，属于提供著作权的使用权取得的所得，故应按"**特许权使用费所得**"项目征收个人所得税
(5) 经营所得	①个体工商户从事生产、经营活动取得的所得，个人独资企业投资人、合伙企业的个人合伙人来源于境内注册的个人独资企业、合伙企业生产、经营的所得； ②个人依法从事办学、医疗、咨询以及其他有偿服务活动取得的所得； ③个人对企业、事业单位承包经营、承租经营以及转包、转租取得的所得； a. 对经营成果拥有所有权：按经营所得缴纳个人所得税 b. 对经营成果不拥有所有权：按照工资薪金所得缴纳个人所得税

税目	具体规定
(5)经营所得	④个人从事其他生产、经营活动取得的所得。 【知识点拨】(1)个人因从事**彩票代销业务**而取得的所得，按"**经营所得**"缴纳个人所得税； (2)从事**个体出租车**运营的出租车驾驶员取得的收入，按"**经营所得**"缴纳个人所得税； 出租车司机所得——**关键：车辆所有权** ①出租车属于个人所有：按照"**经营所得**"缴纳个人所得税； ②出租车属于出租汽车经营单位所有：工资薪金所得； (3)个体工商户和从事生产、经营的个人，取得与生产、经营活动**无关**的其他各项应税所得，应**分别**按照其他应税项目的有关规定，计征个人所得税。如对**外投资**取得的股息所得，应按"利息、股息、红利"税目的规定单独计征个人所得税
(6)利息、股息、红利所得	个人拥有债权、股权而取得的利息、股息、红利所得。 【知识点拨1】个人取得的**国债利息收入**、**地方政府债券利息**和国家发行的**金融债券利息收入**，免征个人所得税。 【知识点拨2】自2008年10月9日起，对居民储蓄存款利息暂免征收个人所得税。 【知识点拨3】个人独资企业、合伙企业的个人投资者以企业资金为本人、家庭成员以及其他人员支付与企业生产无关的消费性支出及购买住房等其他财产的，按"**经营所得**"征税；除个人独资企业、合伙企业以外其他企业的投资者及家庭成员取得上述所得按"利息、股息、红利"所得征税
(7)财产租赁所得	个人出租不动产、机器设备、车船以及其他财产取得的所得
(8)财产转让所得	个人转让有价证券、股权、合伙企业中的财产份额、不动产、机器设备、车船以及其他财产取得的所得。 职工个人以股份形式取得的仅作为分红依据，不拥有所有权的企业量化资产，不征收个人所得税；职工以股份形式取得的拥有所有权的企业量化资产，暂缓征收个人所得税，参与企业分配而获得的股息、红利，按"利息、股息、红利所得"项目征收个人所得税，待个人将股份转让时，按"财产转让所得"项目征收个人所得税。 【知识点拨1】股权转让按照财产转让所得征收个人所得税： (1)对**股票转让**所得暂免征收个人所得税；对**限售股**转让所得征收个人所得税； (2)股权转让行为结束后，当事人双方签订并执行解除原股权转让合同、退回股权的协议，**是另一次股权转让行为**，对前次转让行为征收的个人所得税款不予退回。 【知识点拨2】个人终止投资经营收回款项征收个人所得税规定： (1)税目：财产转让所得； (2)应纳税所得额=个人取得的股权转让收入、**违约金、补偿金、赔偿金及以其他名目收回款项合计数**-原实际出资额(投入额)及相关税费 【知识点拨3】个人通过招标、竞拍或其他方式购置债权以后，通过相关司法或行政程序主张债权而取得的所得，应按照"财产转让所得"项目缴纳个人所得税
(9)偶然所得	个人得奖、中奖、中彩以及其他偶然性质的所得。 【知识点拨1】企业向个人支付不竞争款项征收个人所得税：按"偶然所得"征税。 不竞争款项规定针对资产购买方企业与资产出售方企业自然人股东之间在资产购买交易中支付给资产出售方企业自然人股东的款项。 支付给离职员工的**竞业禁止补偿金**，不适用上述规定，应按照因解除劳动合同取得一次性补偿收入的相关规定征收个人所得税。 【知识点拨2】个人取得单张有奖发票奖金所得不超过800元(含800元)的，暂免征收个人所得税；超过800元的，按全额征税

税目	具体规定
(9)偶然所得	【知识点拨3】个人为单位或他人提供担保获得收入，按照"偶然所得"项目计算缴纳个人所得税。 【知识点拨4】企业在业务宣传、广告等活动中，随机向本单位以外的个人赠送礼品(包括网络红包，下同)，以及企业在年会、座谈会、庆典以及其他活动中向本单位以外的个人赠送礼品，个人取得的礼品收入，按照"偶然所得"项目计算缴纳个人所得税，但企业赠送的具有价格折扣或折让性质的消费券、代金券、抵用券、优惠券等礼品除外

3. 其他规定

(1)符合以下情形的房屋或其他财产，不论所有权人是否将财产无偿或有偿交付企业使用，其实质均为企业对个人进行了实物性质的分配，应依法计征个人所得税。

①企业出资购买房屋及其他财产，将所有权登记为投资者个人、投资者家庭成员或企业其他人员的；

②企业投资者个人、投资者家庭成员或企业其他人员向企业借款用于购买房屋及其他财产，将所有权登记为投资者、投资者家庭成员或企业其他人员，且借款年度终了后未归还借款的。

上述两项所得征税个人所得税适用的税目见表10-55。

表10-55 两项所得征收个税适用的税目

情形	税务处理
非法人企业的个人投资者或其家庭成员	经营所得
法人企业的个人投资者或其家庭成员	利息、股息、红利所得
企业其他人员	工资、薪金所得

(2)企业为个人支付消费性支出。

以企业资金为投资者本人、家庭成员等支付与企业生产经营无关的消费性支出：

①非法人企业的个人投资者或其家庭成员：经营所得。

②法人企业的个人投资者或其家庭成员：利息、股息、红利所得。

(3)作品征税适用的税目见表10-56。

表10-56 作品征税适用的税目

情形		税目
任职、受雇于报纸、杂志等单位的人员，因在本单位的报纸、杂志上发表作品取得的所得	记者、编辑等专业人员	工资、薪金所得
	其他人员	稿酬所得
出版社的专业作者撰写、编写或翻译的作品，由本社以图书形式出版而取得的稿费收入		稿酬所得
对于剧本作者从电影、电视剧的制作单位取得的剧本使用费	不再区分剧本的使用方是否为其任职单位	特许权使用费所得

(4)个人取得拍卖收入征收个人所得税的规定见表10-57。

表10-57 个人取得拍卖收入征收个税的规定

情形	适用税目	应纳税额的计算
作者将自己的文字作品手稿原件或复印件拍卖取得的所得	特许权使用费所得	预扣预缴：(转让收入额-800元或20%)×20% 年度终了，并入综合所得汇算清缴
个人拍卖除文字作品原稿及复印件外的其他财产	财产转让所得	(转让收入额-财产原值-合理费用)×20%

情形	适用税目	应纳税额的计算
纳税人如不能提供合法、完整、准确的财产原值凭证，不能正确计算财产原值的		转让收入额×3%征收率
		拍卖品为经文物部门认定是海外回流文物的：转让收入额×2%

真题精练（客观题）

1. （2017 年单选题，改）企业应按"工资薪金所得"预扣预缴个人所得税的是（　）。

A. 个体工商户支付给业主的工资

B. 在校学生因勤工俭学活动取得的报酬

C. 不变更企业形式，承包人对企业的销售成果不拥有所有权，仅据合同规定取得的承包费

D. 支付给不在公司任职的独立董事的董事费

解析▶ 选项 A，应按"经营所得"纳税；选项 BD，均应按"劳务报酬所得"纳税。

答案▶ C

2. （2016 年单选题）税务师审核某公司2015 年度纳税情况时发现，该公司年末有800 万元"其他应收款"余额，经进一步审核确认，其中 600 万元系 2015 年 2 月起借给公司股东王某投资于另一家企业，另200 万元系 2015 年 8 月该公司股东王某因个人购买房产而向公司的借款。对这些"其他应收款"税务师下列处理符合现行个人所得税政策规定的是（　）。

A. 200 万元部分应按"工资薪金所得"缴纳个人所得税；600 万元部分不涉及个人所得税

B. 800 万元均应按"股息、利息、红利所得"缴纳个人所得税

C. 不涉及个人所得税

D. 200 万元部分应按"股息、利息、红利所得"缴纳个人所得税；600 万元部分不涉及个人所得税

解析▶ 纳税年度内个人投资者从其投资企业（个人独资企业、合伙企业除外）借款，在该纳税年度终了后既不归还，又未用于企业生产经营的，其未归还的借款可视为企业对个人投资者的红利分配，依照"利息、股息、红利所得"项目计征个人所得税；除个人独资企业、合伙企业以外的其他企业的个人投资者，以企业资金为本人、家庭成员及其相关人员支付与企业生产经营无关的消费性支出及购买汽车、住房等财产性支出，视为企业对个人投资者的红利分配，依照"利息、股息、红利所得"项目计征个人所得税。

答案▶ B

3. （2016 年单选题）下列项目不予列入工资薪金所得征收个人所得税的是（　）。

A. 年终加薪

B. 劳动分红

C. 托儿补助费

D. 全勤奖金

解析▶ 不属于工资、薪金性质的补贴、津贴，不征收个人所得税，包括：（1）独生子女补贴；（2）托儿补助费；（3）差旅费津贴、误餐补助；（4）执行公务员工资制度未纳入基本工资总额的补贴、津贴差额和家属成员的副食品补贴。

答案▶ C

（三）个人所得税预扣率与税率

2019 年个人所得税改革后，由于居民个人的综合所得涉及到预扣预缴问题，在预扣时使用预扣率；在汇算清缴和代扣代缴时使用税率。个人所得税按照不同的项目，分别规定了超额累进税率和比例税率两种形式，具体规定见表 10-58。

表 10-58　个人所得税的预扣率与税率

应税项目	预扣率	税率	注意事项
1. 工资、薪金所得	7 级超额累进预扣率	综合所得，年度汇算清缴时，适用 7 级超额累进税率	(1)对于居民个人，综合所得按年度纳税；年度终了，汇算清缴时，适用 7 级超额累进税率； (2)对于非居民个人，没有综合所得的概念，没有预扣预缴的概念，直接代扣代缴个人所得税，我们后面加以介绍
2. 劳务报酬所得(掌握)	3 级超额累进预扣率		
3. 稿酬所得	20%比例预扣率		
4. 特许权使用费所得	20%比例预扣率		
5. 经营所得		5 级超额累进税率	(1)按全年应纳税所得额确定适用税率； (2)对企事业单位承包经营、承租经营所得： ①对经营成果拥有所有权：5 级超额累进税率； ②对经营成果不拥有所有权：按"工资薪金所得"征税
6. 利息、股息、红利所得 7. 财产转让所得 8. 财产租赁所得 9. 偶然所得		20%比例税率	

(四)税收优惠

1. 免纳个人所得税(需要关注的)

(1)福利费、抚恤金、救济金。

下列收入不属于免税的福利费范围：

①从超出国家规定的比例或基数计提的福利费、工会经费中支付给个人的各种补贴、补助；

②从福利费和工会经费中支付给单位职工的人人有份的补贴、补助；

③单位为个人购买汽车、住房、电子计算机等不属于临时性生活困难补助性质的支出。

【知识点拨】免税的福利费 VS 救济金

a. 福利费：根据国家有关规定，从企业、事业单位、国家机关、社会组织提留的福利费或者工会经费中支付给个人的生活补助费；

b. 救济金：各级人民政府民政部门支付给个人的生活困难补助费。

(2)国债和国家发行的金融债券利息。

(3)保险赔款。

(4)军人的转业费、复员费、退役金。

(5)按照国家统一规定发给干部、职工的安家费、退职费、退休工资、离休工资、离休生活补助费。

(6)企业和个人按照省级以上人民政府规定的比例提取并缴付的住房公积金、医疗保险金、基本养老保险金、失业保险金，不计入个人当期的工资、薪金收入，免予征收个人所得税。超过规定的比例缴付的部分计征个人所得税。

个人领取原提存的住房公积金、医疗保险金、基本养老保险金时，免予征收个人所得税。

(7)个人办理代扣代缴税款手续，按规定取得的扣缴手续费。

(8)外籍个人从外商投资企业取得的股息、红利所得。

(9)对被拆迁人按照国家有关城镇房屋拆迁管理办法规定的标准取得的拆迁补偿款。

(10)个人转让境内上市公司的股票。但

限售股转让所得需要缴纳20%个人所得税。

（11）对被拆迁人按照国家有关城镇房屋拆迁管理办法规定的标准取得的拆迁补偿款，免征个人所得税。

2. 暂免征收个人所得税

（1）个人转让自用达5年以上并且是唯一的家庭居住用房取得的所得；

（2）对个人购买福利彩票、赈灾彩票、体育彩票，一次中奖收入在1万元以下的（含1万元），暂免征收个人所得税，超过1万元的，全额征收个人所得税；

（3）自2008年10月9日起，对储蓄存款利息所得暂免征收个人所得税。

（4）个人取得单张有奖发票奖金所得不超过800元（含800元）的，暂免征收个人所得税；个人取得单张有奖发票奖金所得超过800元的，应全额按照个人所得税法规定的"偶然所得"项目征收个人所得税。

【例题42·单选题】 下列收入，免征个人所得税是（　）。

A. 职工个人参加单位集资取得的利息所得

B. 外籍个人从外商投资企业取得的股息

C. 中国公民从企业取得的红利

D. 职工个人出资交纳的风险抵押金存款取得的利息收入

解析 ▶▶ 选项ACD不免个人所得税。

答案 ▶ B

真题精练（客观题）

（2015年单选题）某学校退休教师某月取得的收入中，不需要缴纳个人所得税的是（　）。

A. 从出版社取得稿酬2000元

B. 从原单位取得的退休金4000元

C. 咨询费收入1000元

D. 家教收入3000元

解析 ▶▶ 离退休人员按规定领取离退休工资或养老金不需要缴纳个人所得税。

答案 ▶ B

十四、综合所得的预扣预缴、汇算清缴★★★

对于居民个人而言，工资薪金所得、劳务报酬所得、稿酬所得、特许权使用费所得属于综合所得。居民个人取得综合所得，按年计算个人所得税；有扣缴义务人的，由扣缴义务人按月或者按次预扣预缴税款；需要办理汇算清缴的，应当在取得所得的次年3月1日至6月30日内办理汇算清缴。

对于非居民个人而言，没有综合所得的概念，扣缴义务人向非居民个人支付工资薪金所得、劳务报酬所得、稿酬所得、特许权使用费所得时，代扣代缴个人所得税，非居民个人无需汇算清缴。

（一）居民个人综合所得的应纳税所得额

居民个人综合所得的应纳税所得额＝每一纳税年度的收入额－基本费用扣除60000元－专项扣除－专项附加扣除－依法确定的其他扣除

1. 收入额

在确定居民个人综合所得的年收入额时，按照下列标准确定：

劳务报酬所得、稿酬所得、特许权使用费所得以收入减除20%的费用后的余额为收入额。稿酬所得的收入额减按70%计算。也就是说，在确定收入额时：

（1）劳务报酬所得、特许权使用费所得按照收入的80%确定收入额；

（2）稿酬所得按照收入的56%确定收入额。

2. 扣除项目

综合所得的扣除项目见表10-59。

表 10-59　综合所得的扣除项目

扣除项目		具体规定
基本费用扣除		每年 60000 元
专项扣除		居民个人按照国家规定的范围和标准缴纳的基本养老保险、基本医疗保险、失业保险等社会保险费和住房公积金等
专项附加扣除	子女教育	①纳税人的子女接受全日制学历教育的相关支出，按照每个子女每月 1000 元的标准定额扣除。 ②学历教育包括义务教育(小学、初中教育)、高中阶段教育(普通高中、中等职业、技工教育)、高等教育(大学专科、大学本科、硕士研究生、博士研究生教育)。 ③年满 3 岁至小学入学前处于学前教育阶段的子女，按照子女教育支出扣除。 ④父母可以选择由其中一方按扣除标准的 100%扣除，也可以选择由双方分别按扣除标准的 50%扣除，具体扣除方式在一个纳税年度内不能变更。 ⑤纳税人子女在中国境外接受教育的，纳税人应当留存境外学校录取通知书、留学签证等相关教育的证明资料备查
	继续教育	①纳税人在中国境内接受学历(学位)继续教育的支出，在学历(学位)教育期间按照每月 400 元定额扣除。同一学历(学位)继续教育的扣除期限不能超过 48 个月。纳税人接受技能人员职业资格继续教育、专业技术人员职业资格继续教育的支出，在取得相关证书的当年，按照3600 元定额扣除。 ②个人接受本科及以下学历(学位)继续教育，符合本办法规定扣除条件的，可以选择由其父母扣除，也可以选择由本人扣除。 ③纳税人接受技能人员职业资格继续教育、专业技术人员职业资格继续教育的，应当留存相关证书等资料备查
	大病医疗	①在一个纳税年度内，纳税人发生的与基本医保相关的医药费用支出，扣除医保报销后个人负担(指医保目录范围内的自付部分)累计超过 15000 元的部分，由纳税人在办理年度汇算清缴时，在80000 元限额内据实扣除。 ②纳税人发生的医药费用支出可以选择由本人或者其配偶扣除；未成年子女发生的医药费用支出可以选择由其父母一方扣除。 ③纳税人及其配偶、未成年子女发生的医药费用支出，按第①项规定分别计算扣除额。 ④纳税人应当留存医药服务收费及医保报销相关票据原件(或者复印件)等资料备查。医疗保障部门应当向患者提供在医疗保障信息系统记录的本人年度医药费用信息查询服务。 【知识点拨 1】 该项扣除属于限额扣除，按照医保目录范围内的自付部分扣除 15000 元的余额与80000 元比较，按照较小一方扣除。 【知识点拨 2】 如果纳税人及其配偶、未成年子女均发生医药费支出，应分别计算扣除
	住房贷款利息	①纳税人本人或者配偶单独或者共同使用商业银行或者住房公积金个人住房贷款为本人或者其配偶购买中国境内住房，发生的首套住房贷款利息支出，在实际发生贷款利息的年度，按照每月 1000 元的标准定额扣除，扣除期限最长不超过 240 个月。纳税人只能享受一次首套住房贷款的利息扣除。 首套住房贷款是指购买住房享受首套住房贷款利率的住房贷款。 ②经夫妻双方约定，可以选择由其中一方扣除，具体扣除方式在一个纳税年度内不能变更。 ③夫妻双方婚前分别购买住房发生的首套住房贷款，其贷款利息支出，婚后可以选择其中一套购买的住房，由购买方按扣除标准的 100%扣除，也可以由夫妻双方对各自购买的住房分别按扣除标准的 50%扣除，具体扣除方式在一个纳税年度内不能变更。 ④纳税人应当留存住房贷款合同、贷款还款支出凭证备查

扣除项目		具体规定
专项附加扣除	住房租金	①纳税人在主要工作城市没有自有住房而发生的住房租金支出，可以按照以下标准定额扣除： a. 直辖市、省会(首府)城市、计划单列市以及国务院确定的其他城市，扣除标准为每月1500元； b. 除第一项所列城市以外，市辖区户籍人口超过100万的城市，扣除标准为每月1100元；市辖区户籍人口不超过100万的城市，扣除标准为每月800元。 ②纳税人的配偶在纳税人的主要工作城市有自有住房的，视同纳税人在主要工作城市有自有住房。 【知识点拨】主要工作城市是指纳税人任职受雇的直辖市、计划单列市、副省级城市、地级市(地区、州、盟)全部行政区域范围；纳税人无任职受雇单位的，为受理其综合所得汇算清缴的税务机关所在城市。 ③夫妻双方主要工作城市相同的，只能由一方扣除住房租金支出。 ④住房租金支出由签订租赁住房合同的承租人扣除。 ⑤纳税人及其配偶在一个纳税年度内不能同时分别享受住房贷款利息和住房租金专项附加扣除。 ⑥纳税人应当留存住房租赁合同、协议等有关资料备查
	赡养老人	纳税人赡养一位及以上被赡养人的赡养支出，统一按照以下标准定额扣除： ①纳税人为独生子女的，按照每月2000元的标准定额扣除； ②纳税人为非独生子女的，由其与兄弟姐妹分摊每月2000元的扣除额度，每人分摊的额度不能超过每月1000元。可以由赡养人均摊或者约定分摊，也可以由被赡养人指定分摊。约定或者指定分摊的须签订书面分摊协议，指定分摊优先于约定分摊。具体分摊方式和额度在一个纳税年度内不能变更。 【知识点拨】被赡养人是指年满60岁的父母，以及子女均已去世的年满60岁的祖父母、外祖父母
依法确定的其他扣除	企业年金、职业年金	①单位按有关规定缴费部分：免征个人所得税； ②个人缴费不超过本人缴费工资计税基数4%标准内部分：暂从应纳税所得额中扣除
	商业健康保险	对个人购买符合规定的商业健康保险产品的支出，允许在当年(月)计算应纳税所得额时予以税前扣除，扣除限额为2400元/年(200元/月)
	商业养老保险	税收递延型商业养老保险的支出
	其他项目	国务院规定可以扣除的其他项目

【知识点拨1】上述6项专项附加扣除中只有大病医疗属于限额扣除(按照医保目录范围内的自付部分扣除15000元的余额与80000元比较，按照较小一方扣除)；其他5项专项附加扣除均属于标准定额扣除，即使纳税人的该项支出未达到标准，也按照标准扣除。

【知识点拨2】上述6项专项附加扣除中只有大病医疗只能在汇算清缴时扣除，其他的专项附加扣除项目可以选择在预扣预缴时扣除，也可以选择在汇算清缴时扣除。

【知识点拨3】如果纳税人及其配偶、未成年子女均发生医药费支出，应分别计算扣除。

【知识点拨4】专项附加扣除需要留存证明资料的：

①子女在境外接受教育；

②职业资格继续教育；

③首套住房贷款利息支出；

④住房租金；

⑤大病医疗。

【知识点拨5】一般来讲有以下情形之一的，纳税人可以选择在次年3月1日至6月30日内，自行向汇缴地主管税务机关办理汇算清缴申报时进行专项附加扣除，税款多退少补；个人所得税专项附加扣除信息随纳税申报表一并报送：

（1）不愿意通过单位办理扣除，未将相关专项附加扣除信息报送给任职受雇单位的；

（2）没有工资、薪金所得，但有劳务报酬所得、稿酬所得、特许权使用费所得的；

（3）有大病医疗支出项目的；

（4）纳税年度内未享受或未足额享受专项附加扣除等情形。

如果同时有两个以上发工资的单位，那么对同一个专项附加扣除项目，在一个纳税年度内，税务师要提示纳税人只能选择从其中的一个单位办理扣除。

【知识点拨6】个人所得税专项附加扣除操作办法

纳税人可以通过填写纸质表格、电子表格、登录远程报税端等方式，填写并提交《个人所得税专项附加扣除信息表》，以享受专项附加扣除。除大病医疗支出由纳税人进行汇算清缴时扣除外，其他的扣除项目可以选择由单位在预扣预缴税款时扣除，也可以选择由纳税人汇算清缴时扣除。

【例题43·多选题】下列关于个人所得税专项附加扣除的说法，正确的有（　　）。

A. 子女教育支出按照子女数量扣除

B. 赡养老人支出按照被赡养人老人数量扣除

C. 大病医疗支出实行限额扣除

D. 大病医疗支出只能在汇算清缴时扣除

E. 纳税人及其配偶在一个纳税年度内不能同时分别享受住房贷款利息和住房租金专项附加扣除

解析　选项B，确定税前可以扣除的赡养老人支出时不考虑被赡养人的数量。

答案　ACDE

真题精练（客观题）

（2019年单选题）下列个人所得税专项附加扣除，纳税人只能在年度汇算清缴时扣除的是（　　）。

A. 继续教育　　　B. 住房贷款利息

C. 赡养老人　　　D. 大病医疗

解析　6项专项附加扣除中只有大病医疗支出只能在汇算清缴时扣除，其他专项附加扣除可以在预扣预缴个税时扣除，也可以在汇算清缴时扣除。　答案　D

（二）居民个人综合所得的预扣预缴

扣缴义务人在向居民个人支付综合所得时，需要预扣预缴个人所得税。

1. 工资薪金所得的预扣预缴

扣缴义务人向居民个人支付工资、薪金所得时，应当按照累计预扣法计算预扣税款，并按月办理扣缴申报。

具体计算公式如下：

本期应预扣预缴税额=（累计预扣预缴应纳税所得额×预扣率-速算扣除数）-累计减免税额-累计已预扣预缴税额

累计预扣预缴应纳税所得额=累计收入-累计免税收入-累计减除费用-累计专项扣除-累计专项附加扣除-累计依法确定的其他扣除

其中：累计减除费用，按照5000元/月乘以纳税人当年截至本月在本单位的任职受雇月份数计算。

工资薪金所得的预扣率与综合所得的税率表相同，只是将"应纳税所得额"替换为"累计预扣预缴应纳税所得额"，将"税率"替换为"预扣率"，具体见表10-60。

表10-60　居民个人工资薪金所得的预扣率表

级数	累计预扣预缴应纳税所得额	预扣率（%）	速算扣除数
1	不超过36000元的部分	3	0
2	超过36000元至144000元的部分	10	2520
3	超过144000元至300000元的部分	20	16920

级数	累计预扣预缴应纳税所得额	预扣率(%)	速算扣除数
4	超过300000元至420000元的部分	25	31920
5	超过420000元至660000元的部分	30	52920
6	超过660000元至960000元的部分	35	85920
7	超过960000元的部分	45	181920

【例题44·简答题】王猛在A公司工作，1~6月每月工资40000元，7~12月每月工资45000元。假设无其他收入，各月各项扣除合计均为10900元。请计算单位应如何预扣预缴个人所得税。

答案 ▶

单位在支付所得时，应按下表计算应预扣预缴的个人所得税(见表10-61)。

表10-61 工资薪金所得预扣预缴的计算

月份	当月工资	当月扣除金额	累计应纳税所得额	预扣率	扣除数	累计预扣税额	当月预扣税额
1	40000	10900	29100	3%	0	873	873
2	40000	10900	58200	10%	2520	3300	2427
3	40000	10900	87300	10%	2520	6210	2910
4	40000	10900	116400	10%	2520	9120	2910
5	40000	10900	145500	20%	16920	12180	3060
6	40000	10900	174600	20%	16920	18000	5820
7	45000	10900	208700	20%	16920	24820	6820
8	45000	10900	242800	20%	16920	31640	6820
9	45000	10900	276900	20%	16920	38460	6820
10	45000	10900	311000	25%	31920	45830	7370
11	45000	10900	345100	25%	31920	54355	8525
12	45000	10900	379200	25%	31920	62880	8525

【知识点拨】通过上述计算，我们可以看到：

(1)最初预扣税额相对较少，以后随着累计应纳税所得额适用预扣率的提高，预扣税额可能会逐渐增加；

(2)在预扣率维持不变的区间，预扣税额=当月新增应纳税所得额×相应的预扣率；

(3)如果纳税人只在一家单位有工资薪金，无其他综合所得，在扣除信息齐全，年底的各月未出现当月应纳税所得额为负数的情况下，扣缴义务人全年的预扣预缴税额和应纳税额是相同的。

2.劳务报酬所得、稿酬所得、特许权使用费所得的预扣预缴(见表10-62)

表10-62 劳务报酬所得、稿酬所得、特许权使用费所得的预扣预缴

税目	预扣预缴的应纳税所得额(收入额)		预扣率	预扣预缴税额
劳务报酬所得	每次收入≤4000元	收入-800	3级超额累进预扣率(见表10-63)	预扣预缴应纳税所得额×预扣率-速算扣除数
	每次收入>4000元	收入×(1-20%)		
特许权使用费所得	每次收入≤4000元	收入-800	20%比例预扣率	预扣预缴应纳税所得额×20%
	每次收入>4000元	收入×(1-20%)		

续表

税目	预扣预缴的应纳税所得额（收入额）		预扣率	预扣预缴税额
稿酬所得	每次收入≤4000元	（收入-800）×70%	20%比例预扣率	预扣预缴应纳税所得额×20%
	每次收入>4000元	收入×（1-20%）×70%		

居民个人劳务报酬所得的预扣率表见表10-63。

表10-63　居民个人劳务报酬所得的预扣率表

级数	预扣预缴应纳税所得额	预扣率（%）	速算扣除数
1	不超过20000元的	20	0
2	超过20000元至50000元的部分	30	2000
3	超过50000元的部分	40	7000

【知识点拨】劳务报酬、稿酬、特许权使用费按次或按月预扣预缴。

（1）"按次"的具体规定：属于一次性收入的，以取得该项收入为一次；属于同一项目连续性收入的，以一个月内取得的收入为一次。

（2）企业向个人支付劳务报酬，一般是到税务机关代开发票——增值税。

需要缴纳的税收：增值税、城建等、个人所得税（支付方预扣）

【例题45·简答题】2019年1月甲公司聘请王猛到单位进行技术指导，支付劳务报酬3000元，请计算甲公司应预扣预缴的个人所得税？

答案 ▶

预扣预缴应纳税所得额＝3000-800=2200（元）

预扣率：20%

劳务报酬所得应预扣预缴税额＝2200×20%=440（元）

【例题46·简答题】2019年3月乙公司聘请王猛到单位进行技术指导，支付劳务报酬30000元，请计算甲公司应预扣预缴的个人所得税？

答案 ▶

预扣预缴应纳税所得额＝30000×（1-20%）=24000（元）

预扣率：30%；速算扣除数：2000

劳务报酬所得应预扣预缴税额＝24000×30%-2000=5200（元）

关于工资薪金所得、劳务报酬所得、稿酬所得、特许权使用费所得的预扣预缴总结见表10-64。

表10-64　工资薪金所得、劳务报酬所得、稿酬所得、特许权使用费所得的预扣预缴总结

	工资薪金所得	劳务报酬所得	特许权使用费所得	稿酬所得
预扣预缴方法	累计预扣法	按次或按月预扣	按次或按月预扣	按次或按月预扣
应纳税所得额	允许减除基本费用、专项扣除、专项附加扣除、依法确定的其他扣除	收入≤4000元：收入-800	收入≤4000元：（收入-800）	收入≤4000元：（收入-800）×70%
		收入>4000元：收入×（1-20%）	收入>4000元：收入×（1-20%）	收入>4000元：收入×（1-20%）×70%
预扣率	7级超额累进预扣率	3级超额累进预扣率	20%比例预扣率	20%比例预扣率

真题精练（客观题）

（2019年单选题）居民个人实施预扣预缴个人所得税时，可以扣除"专项附加扣除费用"的所得是（　　）。

A. 劳务报酬　　　　B. 工资、薪金

C. 特许权使用费　　D. 稿酬所得

解析 ▶ 对居民个人，按照其在本单位截至当前月份工资、薪金所得的累计收入，减除累计免税收入、累计减除费用、累计专项扣除、累计专项附加扣除和累计依法确定的其他扣除计算预扣预缴应纳税所得额。

答案 ▶ B

(三)居民个人综合所得的汇算清缴

1. 取得综合所得需要办理汇算清缴的情形

(1)从两处以上取得综合所得，且综合所得年收入额减除专项扣除的余额超过6万元；

(2)取得劳务报酬所得、稿酬所得、特许权使用费所得中一项或者多项所得，且综合所得年收入额减除专项扣除的余额超过6万元；

(3)纳税年度内预缴税额低于应纳税额；

(4)纳税人申请退税。

居民个人需要办理汇算清缴的，应当在取得所得的次年3月1日至6月30日内办理汇算清缴。纳税人可以自行汇算清缴，也可以委托扣缴义务人或者其他单位和个人办理汇算清缴。

【知识点拨】纳税人在2019年度已依法预缴个人所得税且符合下列情形之一的，无需办理年度汇算：

(1)纳税人年度汇算需补税但年度综合所得收入不超过12万元的；

(2)纳税人年度汇算需补税金额不超过400元的；

(3)纳税人已预缴税额与年度应纳税额一致或者不申请年度汇算退税的。

2. 汇算清缴时的应纳税所得额

取得综合所得的纳税人，年度终了需要办理汇算清缴。可以按照图10-2的思路计算汇算清缴时的应纳税所得额，进行汇算清缴。

图 10-2　居民个人综合所得汇算清缴的应纳税所得额

3. 综合所得适用的税率表

居民个人的综合所得在计算纳税时适用7级超额累进税率表，见表10-65。

表 10-65　综合所得的税率表

级数	全年应纳税所得额	税率(%)	速算扣除数
1	不超过 36000 元的	3	0
2	超过 36000 元至 144000 元的部分	10	2520
3	超过 144000 元至 300000 元的部分	20	16920
4	超过 300000 元至 420000 元的部分	25	31920
5	超过 420000 元至 660000 元的部分	30	52920

级数	全年应纳税所得额	税率（%）	速算扣除数
6	超过660000元至960000元的部分	35	85920
7	超过960000元的部分	45	181920

4. 汇算清缴应补应退税额的计算

（1）综合所得汇算清缴的应纳税所得额

综合所得的应纳税所得额＝每一纳税年度的收入额－60000（基本费用扣除）－专项扣除－专项附加扣除－依法确定的其他扣除

【知识点拨】在确定年收入额，要注意：

①工资薪金所得：按100%计入收入额；

②劳务报酬所得、特许权使用费所得：按80%计入收入额；

③稿酬所得：按56%计入收入额。

（2）综合所得汇算清缴适用7级超额累计税率，见表10-66。

（3）综合所得年度应纳税额＝综合所得的应纳税所得额×税率－速算扣除数

综合所得应补应退税额＝综合所得年度应纳税额－预扣预缴税额

【知识点拨1】劳务报酬所得、稿酬所得、特许权使用费所得的预扣预缴与2018年12月31日之前这三项所得的代扣代缴方法相同。

【知识点拨2】劳务报酬所得、稿酬所得、特许权使用费所得预扣预缴时的收入额（应纳税所得额）不同于汇算清缴时的收入额。在预扣预缴时需要区分每次收入在4000元以上还是4000元以下确定收入额，而在汇算清缴时无论这三项收入是多少，均是按照劳务报酬所得、特许权使用费所得按照收入的80%、稿酬所得按照收入的56%计入收入额。

【知识点拨3】劳务报酬所得、稿酬所得、特许权使用费所得预扣率不同于综合所得汇算清缴时的税率。在预扣预缴时，劳务报酬所得适用3级超额累进预扣率，稿酬所得、特许权使用费所得均适用20%的比例预扣率；而综合所得在汇算清缴时均适用7级超额累进税率。

5. 办理汇算清缴的时间

居民个人需要办理汇算清缴的，应当在取得所得的次年3月1日至6月30日内办理汇算清缴。纳税人可以自行汇算清缴，也可以委托扣缴义务人或者其他单位和个人办理汇算清缴。

6. 税法所称汇缴地主管税务机关是指：有任职受雇单位的，为任职受雇单位所在地主管税务机关；有两个以上任职受雇单位的，选择其中一处为主管税务机关；没有任职受雇单位的，为户籍所在地或者经常居住地主管税务机关。

【例题47·简答题】结合例题44、45、46，请回答下列问题：

（1）2019年年度终了，王猛是否需要汇算清缴？为什么？

（2）如果王猛需要汇算清缴，应该在什么时候汇算清缴？应该由谁进行汇算清缴？

（3）如果王猛需要汇算清缴，应补应退税额是多少？

答案

（1）王猛需要汇算清缴，因为王猛在2019年度从两处以上取得综合所得，且综合所得年收入额减除专项扣除的余额超过6万元。而且综合所得的年收入额超过了12万，不符合免于汇算清缴的情形。

（2）王猛应该在2020年3月1日至6月30日之间进行汇算清缴。王猛可以自行汇算清缴，也可以委托扣缴义务人或者其他单位和个人办理汇算清缴。

（3）王猛2019年综合所得的应纳税所得额＝40000×6+45000×6+（3000+30000）×80%－10900×12=405600（元）

适用税率为25%，速算扣除数为31920元。

王猛2019年综合所得应纳个人所得税＝405600×25%－31920=69480（元）

王猛应补个人所得税＝69480－62880－440－5200=960（元）

真题精练（主观题）

（2019年简答题）某设计师为非雇佣单位提供设计服务，取得劳务报酬60000元（不考虑增值税和其他税费），支付单位预扣个人所得税12000元。

请逐一回答下列问题：

（1）请列式计算支付单位预扣的个人所得税应为多少？

（2）实行综合与分类相结合的个人所得税制后，这笔劳务报酬在汇算清缴时应与哪几项所得合并？

（3）劳务报酬所得预扣税款和年度汇算清缴时，在所得额计算、可扣除项目及适用税率（或预扣率）等方面有什么区别？

附：个人所得税预扣率表二

级数	预扣预缴应纳税所得额	预扣率（%）	速算扣除数
1	不超过20000元的部分	20%	0
2	超过20000元至50000元部分	30%	2000
3	超过50000元的部分	40%	7000

答案

（1）支付单位应预扣预缴的个人所得税 = 60000×（1-20%）×30%-2000 = 12400（元）

（2）该笔劳务报酬汇算清缴时应与工资薪金所得、其他的劳务报酬所得、稿酬所得和特许权使用费所得合并为综合所得计税。

（3）劳务报酬所得预扣税款和年度汇算清缴时的区别：

①所得额计算方面，预扣预缴按次或按月计算，汇算清缴时是并入综合所得按年汇总计算。

②可扣除项目确定方面，预扣预缴时，区分每次收入不超过4000元的，减除费用800元；4000元以上的，减除20%的费用。汇算清缴时，统一减除20%的费用后并入收入总额，还可以和综合所得一并减除6万元的费用扣除和专项扣除、专项附加扣除和依法确定的其他扣除项目。

③税率（或预扣率）方面，预扣预缴时采用20%~40%的超额累进预扣率；汇算清缴时采用7级综合所得税率。

（四）居民个人工资薪金所得、劳务报酬所得应纳税额计算的其他规定

1. 关于全年一次性奖金、中央企业负责人年度绩效薪金延期兑现收入和任期奖励的政策

（1）居民个人取得全年一次性奖金，在2021年12月31日前，不并入当年综合所得，以全年一次性奖金收入除以12个月得到的数额，按照综合所得的月度税率表（见表10-66），确定适用税率和速算扣除数，单独计算纳税。

计算公式为：

应纳税额 = 全年一次性奖金收入×适用税率-速算扣除数

居民个人取得全年一次性奖金，也可以选择并入当年综合所得计算纳税。

自2022年1月1日起，居民个人取得全年一次性奖金，应并入当年综合所得计算缴纳个人所得税。

表10-66 按月换算后的综合所得税率表

级数	全月应纳税所得额	税率（%）	速算扣除数
1	不超过3000元的	3	0
2	超过3000元至12000元的部分	10	210
3	超过12000元至25000元的部分	20	1410
4	超过25000元至35000元的部分	25	2660

续表

级数	全月应纳税所得额	税率(%)	速算扣除数
5	超过 35000 元至 55000 元的部分	30	4410
6	超过 55000 元至 80000 元的部分	35	7160
7	超过 80000 元的部分	45	15160

（2）中央企业负责人取得年度绩效薪金延期兑现收入和任期奖励，符合相关规定的，在 2021 年 12 月 31 日前，参照第（1）项执行；2022 年 1 月 1 日之后的政策另行明确。

【例题 48·单选题】张欣 2019 年 3 月取得全年一次性奖金 39000 元，当月张欣的工资收入为 8000 元，各项扣除合计为 9000 元。张欣对全年一次性奖金选择单独计算纳税，该项全年一次性奖金应缴纳个人所得税（　　）元。

A. 1140　　　B. 3590

C. 1380　　　D. 3690

解析 ▶ 自 2019 年 1 月 1 日起全年一次性奖金单独计算纳税时不考虑发放奖金当月工资薪金情况，商数 = 39000/12 = 3250（元），适用税率为 10%，速算扣除数为 210 元。应纳税额 = 39000×10%－210 = 3690（元）。

答案 ▶ D

2. 关于上市公司股权激励的政策

（1）居民个人取得股票期权、股票增值权、限制性股票、股权奖励等股权激励（以下简称股权激励），在 2021 年 12 月 31 日前，不并入当年综合所得，全额单独适用综合所得税率表，计算纳税。计算公式为：

应纳税额 = 股权激励收入×适用税率－速算扣除数

其中股权激励收入按表 10-67 确定。

表 10-67　股权激励收入的确定

类型		收入确定时间	股权激励收入的金额
股票认购权		个人行使股票认购权时	个人行使股票认购权时的实际购买价（行权价）低于购买日（行权日）公平市场价之间的数额
股票期权	上市公司不可公开交易的股票期权	员工实际行权时	从企业取得股票的实际购买价（施权价）低于购买日公平市场价（指该股票当日的收盘价）的差额
	上市公司可公开交易的股票期权	员工取得可公开交易的股票期权时	a. 一般情况下，按照授权日股票期权的市场价格确定；b. 如果员工以折价购入方式取得股票期权的，可以授权日股票期权的市场价格扣除折价购入股票期权时实际支付的价款后的余额，确定股权激励收入
	非上市公司的股票期权	员工实际行权时	除存在实际或约定的交易价格，或存在与该非上市股票具有可比性的相同或类似股票的实际交易价格情形外，购买日股票价值可暂按非上市公司上一年度经中介机构审计的会计报告中每股净资产数额来确定

（2）居民个人一个纳税年度内取得两次以上（含两次）股权激励的，应合并按第（1）项规定计算纳税。

（3）2022 年 1 月 1 日之后的股权激励政策另行明确。

【知识点拨】上市公司不可公开交易股票期权的个人所得税政策（见表 10-68）

表 10-68　上市公司不可公开交易股票期权的个人所得税政策

阶段	税务处理
授权时	员工接受实施股票期权计划企业授予的股票期权时，除另有规定外，一般不作为应税所得征税

阶段	税务处理
行权时	从企业取得股票的实际购买价(施权价)低于购买日公平市场价(指该股票当日的收盘价)的差额以及行权前转让获得的所得,在2021年12月31日之前不并入综合所得,**全额单独适用综合所得税率表,计算纳税**
拥有股权参与税后利润分配	拥有股权参与税后利润分配而取得的股息、红利所得,按照利息、股息、红利所得征免个人所得税。个人从上市公司取得的股息红利,个人持有全国中小企业股份转让系统挂牌公司股票分得的股息红利:
	持股期限≤1个月
	1个月<持股期限≤1年
	持股期限>1年
将行权后的股票再转让	员工将行权后的股票再转让时获得的高于购买日公平市场价的差额,应按照"财产转让所得"适用的征免规定计算缴纳个人所得税。 【知识点拨】个人将行权后的境内上市公司股票再行转让而取得的所得,暂不征收个人所得税;个人转让境外上市公司的股票而取得的所得,应按税法的规定计算应纳税所得额和应纳税额,依法缴纳税款

持股期限栏对应税务处理:

持股期限	税务处理
持股期限≤1个月	股息红利所得**全额**计入应纳税所得额
1个月<持股期限≤1年	暂减按50%计入应纳税所得额
持股期限>1年	暂免征个人所得税

3. 关于保险营销员、证券经纪人佣金收入的政策

(1)保险营销员、证券经纪人取得的佣金收入,属于劳务报酬所得。

(2)计入当年综合所得的金额=不含增值税的收入×(1-20%)×(1-25%)-城建税及附加

其中:20%为费用扣除额;25%为展业成本,展业成本按照收入额的25%计算。

(3)扣缴义务人向保险营销员、证券经纪人支付佣金收入时,应该按照工资薪金的累计预扣法计算预扣税款。

【知识点拨1】保险营销员、证券经纪人取得的佣金收入,虽然属于劳务报酬所得,但是在预扣预缴个人所得税时,不是按次预扣预缴,而是按照工资薪金的累计预扣法预扣预缴。

【知识点拨2】保险营销员、证券经纪人取得的佣金收入,在计入综合所得时,不仅需要减除20%的费用,还要扣除收入额25%的展业成本以及相应的城建税及附加。

4. 企业年金、职业年金的政策(见表10-69)

表10-69 企业年金、职业年金的个人所得税处理

阶段	情形	税务处理
缴费时	单位按有关规定缴费部分	在计入个人账户时,个人暂不缴纳个人所得税
	个人缴费不超过本人缴费工资计税基数4%标准内部分	暂从应纳税所得额中扣除
	超标年金单位缴费和个人缴费部分	征收个人所得税
	年金基金投资运营收益分配计入个人账户时	个人暂不缴纳个人所得税

【知识点拨】个人缴费工资计税基数
①企业年金:本人上一年度月平均工资 VS 职工工作地所在设区城市上一年度职工月平均工资300%,较小一方;
②职业年金:职工岗位工资和薪级工资之和 VS 职工工作地所在设区城市上一年度职工月平均工资300%,较小一方

阶段	情形	税务处理
领取时	个人达到退休年龄，领取年金时	2019年1月1日政策发生变化：不并入综合所得，全额单独计算应纳税款。 (1)按月领取：适用综合所得的月度税率表计税； (2)按季领取：平均分摊计入各月，按每月领取额适用综合所得的月度税率表计税； (3)按年领取：适用综合所得的税率表计税
	对单位和个人在2014年1月1日之前开始付年金缴费，个人在2014年1月1日后领取年金的	允许从领取的年金中减除2014年1月1日前缴付的年金单位缴费和个人缴费已经缴纳个人所得税部分。 分期领取时，可按2014年1月1日前缴付的年金缴费金额占全部缴费金额的百分比减计当期的应纳税所得额

【知识点拨】个人因出境定居而一次性领取的年金个人账户资金，或个人死亡后，其指定的受益人或法定继承人一次性领取的年金个人账户余额，适用综合所得税率表计算纳税。对个人除上述特殊原因外一次性领取年金个人账户资金或余额的，适用月度税率表计算纳税

5. 商业健康保险

对个人购买符合规定的商业健康保险产品的支出，允许在当年(月)计算应纳税所得额时予以税前扣除，扣除限额为2400元/年(200元/月)

适用范围：取得工资薪金所得或连续性劳务报酬所得、经营所得。

我们一起总结一下保险费(金)的个人所得税政策，具体内容见表10-70。

表10-70 保险费(金)的个人所得税政策

类型	税务处理	
	企业缴费	个人缴费
基本保险	免税收入	专项扣除
企业年金和职业年金	按规定缴费：免税收入	依法确定的其他扣除
商业健康保险	——	限额扣除：2400元/年
其他商业保险	征收个税	

6. 个人因解除劳动合同取得经济补偿金

个人与用人单位解除劳动关系取得一次性补偿收入(包括用人单位发放的经济补偿金、生活补助费和其他补助费)，在当地上年职工平均工资3倍数额以内的部分，免征个人所得税；超过3倍数额的部分，不并入当年综合所得，单独适用综合所得税率表，计算纳税。

【例题49·单选题】某企业雇员张某2020年2月28日与企业解除劳动合同关系，张某在本企业工作年限8年，领取经济补偿金650000元。假定当地上年度职工平均工资为50000元，对于该笔经济补偿金，张某应缴纳的个人所得税为( )元。

A. 29840 B. 97080

C. 142080 D. 195000

解析 超过上年平均工资三倍以上的部分 = 650000 − 50000 × 3 = 500000(元)；找到适用税率为30%，速算扣除数为52920元。应纳个人所得税 = 500000 × 30% − 52920 = 97080(元)。 答案 B

7. 内部退养收入——按"工资、薪金所得"项目计征，半平均计算个税：找税率时平均

实行内部退养的个人在其办理内部退养手续后至法定离退休年龄之间从原任职单位取得的工资、薪金，不属于离退休工资，应

按"工资、薪金所得"项目计征个人所得税。计算过程如下：

（1）内部退养收入/办理内部退养手续后至法定离退休年龄之间的所属月份=商数

（2）商数+当月的"工资、薪金"-费用扣除标准=应纳税所得额，确定适用税率和速算扣除数

（3）应纳税额=（内部退养收入+当月工资、薪金-费用扣除标准）×税率-速算扣除数

（4）内部退养期间（在办理内部退养手续后至法定退休年龄之间）重新就业取得的"工资、薪金"所得，应与其从原任职单位取得的同一月份的"工资、薪金"所得合并缴纳个人所得税。

8. 提前退休取得补贴收入

个人办理提前退休手续而取得的一次性补贴收入，应按照办理提前退休手续至法定离退休年龄之间实际**年度数**平均分摊，确定适用税率和速算扣除数，单独适用综合所得税率表，计算纳税。计算公式：

应纳税额=｛〔（一次性补贴收入÷办理提前退休手续至法定退休年龄的实际年度数）-费用扣除标准〕×适用税率-速算扣除数｝×办理提前退休手续至法定退休年龄的实际**年度数**

【例题 50 · 单选题】2020 年 1 月李某办理了提前退休手续，距法定退休年龄还有 4 年，取得一次性补贴收入 96000 元，李某月度费用扣除标准为 9000 元，年度费用扣除标准为 108000 元。李某就一次性补贴收入应缴纳的个人所得税是（　）元。

A. 0　　　　　　　B. 2880

C. 6180　　　　　D. 7080

解析 ▶ （1）按提前退休年度数平均：96000÷4=24000（元）；（2）由于商数未超过年度费用扣除标准，因此无需缴纳个人所得税。

答案 ▶ A

9. 关于单位低价向职工售房的政策

单位按低于购置或建造成本价格出售住房给职工，职工因此而少支出的差价部分，符合规定的，不并入当年综合所得，以差价收入除以 12 个月得到的数额，按照月度税率表确定适用税率和速算扣除数，单独计算纳税。计算公式为：

应纳税额=职工实际支付的购房价款低于该房屋的购置或建造成本价格的差额×适用税率-速算扣除数

十五、非居民个人应纳税额的计算

扫我解疑难

在本部分内容中介绍非居民个人工资薪金、劳务、稿酬、特许权使用费应纳税额的计算。由于非居民个人无综合所得，因此无预扣预缴，只有代扣代缴。其他应税项目我们在"十六、中介绍。

扣缴义务人向非居民个人支付工资、薪金所得，劳务报酬所得，稿酬所得和特许权使用费所得时，应当按照以下方法按月或者按次代扣代缴税款：

1. 非居民个人工资、薪金所得，劳务报酬所得，稿酬所得和特许权使用费所得的应纳税所得额（见表 10-71）

表 10-71　非居民个人工资、薪金所得，劳务报酬所得，稿酬所得和特许权使用费所得的应纳税所得额

税目	应纳税所得额
工资、薪金所得	每月收入额-5000
劳务报酬所得	每次收入额×80%
稿酬所得	每次收入额×56%
特许权使用费所得	每次收入额×80%

【知识点拨 1】**外籍个人**可以享受免税的外籍个人津贴：

（1）外籍个人以**非现金形式或实报实销形式**取得的住房补贴、伙食补贴、搬迁费、洗衣费；

（2）外籍个人按合理标准取得的境内、外出差补贴；

（3）外籍个人取得的探亲费、语言训练

费、子女教育费等，**经当地税务机关审核批准为合理的部分。**

【知识点拨2】2019年1月1日至2021年12月31日期间，外籍个人符合**居民个人**条件的，**可以选择**享受个人所得税专项附加扣除，也可选择按照规定，享受**住房补贴、语言训练费、子女教育费等津补贴免税优惠政策，**但不得同时享受。外籍个人一经选择，在一个纳税年度内不得变更。

【知识点拨3】自2022年1月1日起，外籍个人不再享受住房补贴、语言训练费、子女教育费津补贴免税优惠政策，应按规定享受专项附加扣除。

2. 适用的税率（见表10-72）

表10-72 非居民个人工资、薪金所得，劳务报酬所得，稿酬所得，特许权使用费所得适用的税率表

级数	应纳税所得额	税率(%)	速算扣除数
1	不超过3000元的	3	0
2	超过3000元至12000元的部分	10	210
3	超过12000元至25000元的部分	20	1410
4	超过25000元至35000元的部分	25	2660
5	超过35000元至55000元的部分	30	4410
6	超过55000元至80000元的部分	35	7160
7	超过80000元的部分	45	15160

3. 非居民个人在一个纳税年度内税款扣缴方法保持不变，达到居民个人条件时，应当告知扣缴义务人基础信息变化情况，年度终了后按照居民个人有关规定办理汇算清缴。

【知识点拨1】非居民纳税人无综合所得的概念，因此向非居民纳税人支付工资薪金所得、劳务报酬所得、稿酬所得、特许权使用费所得时，扣缴义务人应该代扣代缴税款，而不是预扣预缴税款。

【知识点拨2】非居民纳税人无需办理汇算清缴。

【知识点拨3】非居民纳税人在计算工资薪金所得的应纳税所得额时，只允许每月扣除5000元的费用，无其他费用扣除的规定。

【例题51·简答题】2020年3月甲公司聘请美国人大卫（非居民个人）到单位进行技术指导，支付劳务报酬30000元，请计算甲公司应代扣代缴的个人所得税？

答案 ▶

应纳税所得额 = 30000×（1 - 20%）= 24000（元）

税率：20%；速算扣除数：1410

应**代扣代缴**税额 = 24000×20% - 1410 = 3390（元）

十六、其他项目个人所得税的计算与审核★★

扫我解疑难

（一）经营所得个人所得税的计算与审核

1. 审核取得经营所得的主体是否符合规定

"经营所得"税目的适用范围为：

（1）个体工商户从事生产、经营活动取得的所得，个人独资企业投资人、合伙企业的个人合伙人来源于境内注册的个人独资企业、合伙企业生产、经营的所得；

（2）个人依法从事办学、医疗、咨询以及其他有偿服务活动取得的所得；

（3）个人对企业、事业单位承包经营、承租经营以及转包、转租取得的所得；

（4）个人从事其他生产、经营活动取得的所得。

2. 审核经营所得的计算是否符合税法规定

（1）查账征收

应纳税所得额＝每一纳税年度的收入总额－成本－费用－损失

税前扣除项目的规定

①支付给生产经营从业人员的工资可以在计算应纳税所得额时扣除，但业主的工资不得从应纳税所得额中扣除。取得经营所得的个人，没有综合所得的，计算其每一纳税年度的应纳税所得额时，应当减除费用6万元、专项扣除、专项附加扣除以及依法确定的其他扣除，专项附加扣除在办理汇算清缴时减除。

②个体工商户生产经营活动中，应当分别核算生产经营费用和个人、家庭费用。对于生产经营与个人、家庭生活混用难以分清的费用，其40%视为与生产经营有关费用，准予扣除；

③个体工商户按照国务院有关主管部门或者省级人民政府规定的范围和标准为其业主和从业人员缴纳的基本养老保险费、基本医疗保险费、失业保险费、生育保险费、工伤保险费和住房公积金，准予扣除。

个体工商户为从业人员缴纳的补充养老保险费、补充医疗保险费，分别在不超过从业人员工资总额5%标准内的部分据实扣除；超过部分，不得扣除。

个体工商户业主本人缴纳的补充养老保险费、补充医疗保险费，以当地（地级市）上年度社会平均工资的3倍为计算基数，分别在不超过该计算基数5%标准内的部分据实扣除；超过部分，不得扣除。

④个体工商户研究开发新产品、新技术、新工艺所发生的开发费用，以及研究开发新产品、新技术而购置单台价值在10万元以下的测试仪器和试验性装置的购置费准予直接扣除；单台价值在10万元以上（含10万元）的测试仪器和试验性装置，按固定资产管理，不得在当期直接扣除；

⑤个体工商户通过公益性社会团体或者县级以上人民政府及其部门，用于《中华人民共和国公益事业捐赠法》规定的公益事业的捐赠，捐赠额不超过其应纳税所得额30%的部分可以据实扣除。

⑥实际发生的职工教育经费在工资、薪金总额2.5%的标准内据实扣除。

其他扣除项目比照企业所得税税前扣除规定。

⑦下列税前不允许扣除的各项支出，要从成本费用中剔除：

a. 个人所得税税款；

b. 税收滞纳金；

c. 罚金、罚款和被没收财物的损失；

d. 不符合规定的捐赠支出

e. 赞助支出；

f. 用于个人和家庭的支出；

g. 国家税务总局规定不准扣除的其他支出。

【例题52·多选题】 下列关于2019年个人独资企业和合伙企业投资者个人所得税的计税规定的表述中，正确的说法有（　　）。

A. 企业实际发生的工会经费、职工福利费、职工教育经费分别在工资总额的2%、14%、1.5%的标准内据实扣除

B. 企业生产经营和投资者及其家庭生活共用的固定资产，难以划分的，全部视为投资者及其家庭的资产，所提折旧费，不允许在税前扣除

C. 企业每一纳税年度发生的广告和业务宣传费不超过当年销售（营业）收入的15%的部分，可据实扣除；超过部分可无限期向以后纳税年度结转

D. 企业计提的各种准备金不得扣除

E. 企业发生的与生产经营业务有关的业务招待费支出，按发生额的60%扣除，但最高不得超过当年销售（营业）收入的5‰

解析 ▶ 选项A应该是在工资总额的2%、14%、2.5%的标准内据实扣除；选项B应该是由税务机关根据企业的生产经营类型、规模等具体的情况，核定准予在税前扣除的折旧费用的数额或比例。 **答案** ▶ CDE

真题精练(客观题)

1. (2018 年单选题)个体工商户为业主缴纳的补充养老保险、补充医疗保险,计算应纳税所得额可以( )。

A. 不允许税前扣除

B. 按实际缴纳数额扣除

C. 按当地上年度社会平均工资的 3 倍为计算基础,分别在 5% 标准内的部分据实扣除

D. 按省级人民政府规定的计算基数,分别在 5% 标准内的部分据实扣除

解析 ▶ 个体工商户业主本人缴纳的补充养老保险、补充医疗保险以当地(地级市)上年度社会平均工资的 3 倍为计算基数,分别在不超过该计算基数 5% 标准内的部分据实扣除;超过部分,不得扣除。

答案 ▶ C

2. (2016 年单选题,改)实行查账征收的个人独资企业发生的下列支出,在计算应纳税所得额时不允许扣除的是( )。

A. 为从业人员缴纳的"五险一金"

B. 为从业人员按工资总额 4% 标准缴纳补充医疗保险

C. 支付行业协会的会费

D. 支付给业主的工资薪金

解析 ▶ 个人独资企业支付给业主的工资薪金,不得税前扣除。

答案 ▶ D

3. (2015 年单选题)个体工商户在计算其个人所得税时,不可以在税前扣除的是( )。

A. 支付给生产经营从业人员的工资

B. 业主家庭支出

C. 固定资产盘亏净损失

D. 实际消耗的外购半成品

解析 ▶ 业主的家庭支出在个体工商户计算个人所得税时是不得扣除的。

答案 ▶ B

(2)核定征税

有下列情形之一的,采取核定征收方式征收个人所得税:

①企业依照国家有关规定应当设置但未设置账簿的;

②企业虽设置账簿,但账目混乱或者成本资料、收入凭证、费用凭证残缺不全,难以查账的;

③纳税人发生纳税义务,未按照规定期限办理纳税申报,经税务机关责令限期申报,逾期仍不申报的。

应纳所得税额的计算公式:

应纳税所得额=收入总额×应税所得率

或=成本费用支出额÷(1-应税所得率)×应税所得率

应纳所得税额=应纳税所得额×适用税率-速算扣除数

(二)利息、股息、红利应纳税额的计算与审核要点

1. 利息、股息、红利所得适用 20% 的比例税率。

2. 从上市公司获得的股息红利、持有全国中小企业股份转让系统挂牌公司的股票获得的股息红利,采用股息红利差别化纳税政策(见表 10-73)。

表 10-73 股息红利差别化纳税政策

持股期限	税务处理
持股期限≤1 个月	**全额**计入应纳税所得额
1 个月<持股期限≤1 年	**暂减按 50%** 计入应纳税所得额
持股期限>1 年	**暂免**个税

3. 关于沪港通、深港通试点个人所得税的规定见表 10-74。

表 10-74 "沪港通""深港通"股息红利相关的税务处理

情形	税务处理
内地个人投资者通过沪港通、深港通投资香港联交所上市 H 股取得的股息红利	缴纳 20% 个人所得税
香港市场投资者投资上交所、深交所上市 A 股取得的股息红利	10% 个人所得税(或按税收协定税率)

4. 企业以未分配利润、盈余公积、资本公积向个人股东转增股本时,应按照"利息、

股息、红利所得"项目，适用20%税率征收个人所得税。

自2016年1月1日起，全国范围内的中小高新技术企业以未分配利润、盈余公积、资本公积向个人股东转增股本时，个人股东一次缴纳个税确有困难的，可根据实际情况自行制定分期缴税计划，在不超过5个公历年度内(含)分期缴纳，并报主管税务机关备案；股东转让股权并取得现金收入的，该现金收入应优先用于缴纳尚未缴清的税款。

(三)财产转让所得应纳税额的计算与审核要点

1. 个人转让股票所得(见表10-75)

表10-75　个人转让股票所得的税务处理

情形	税务处理
转让上市公司限售股、转让全国中小企业股份转让系统挂牌公司原始股取得的所得	转按照"财产转让所得"，适用20%的比例税率征收个人所得税 限售股应纳税额的计算： 应纳税所得额=限售股转让收入-(限售股原值+合理税费) 应纳税额=应纳税所得额×20%
转让上市公司流通股、转让全国中小企业股份转让系统挂牌公司非原始股取得的所得	**免征**个人所得税

2. 关于沪港通试点个人所得税的规定(见表10-76)

表10-76　沪港通试点个人所得税的规定

情形	税务处理
内地个人投资者通过沪港通投资香港联交所上市股票取得的转让差价所得	暂免征收个人所得税
香港市场投资者投资上交所上市A股取得的转让差价所得	暂免个税

3. 个人转让股权应纳税额的计算——适用税目：财产转让所得。

(1)个人转让股权的税务处理。

①不征收增值税；

②按"产权转移书据"缴纳印花税；

③按"财产转让所得"缴纳个人所得税。

(2)个人所得税计税依据的确定。

应纳税所得额=股权转让收入-股权原值-合理费用

(3)主管税务机关可以核定股权转让收入的情形：

①申报的股权转让收入明显偏低且无正当理由的；

②未按照规定期限办理纳税申报，经税务机关责令限期申报，逾期仍不申报的；

③转让方无法提供或拒不提供股权转让收入的有关资料；

④其他应核定股权转让收入的情形。

(4)符合下列情形之一，视为股权转让收入明显偏低：

①申报的股权转让收入低于股权对应的净资产份额的；

②申报的股权转让收入低于初始投资成本或低于取得该股权所支付的价款及相关税费的；

③申报的股权转让收入低于相同或类似条件下同一企业同一股东或其他股东股权转让收入的；

④申报的股权转让收入低于相同或类似条件下同类行业的企业股权转让收入的；

⑤不具合理性的无偿让渡股权或股份；

⑥主管税务机关认定的其他情形。

(5)股权转让收入虽明显偏低，但视为有正当理由的情形：

①能出具有效文件，证明被投资企业因国家政策调整，生产经营受到重大影响，导致低价转让股权；

②继承或将股权转让给其能提供具有法律效力身份关系证明的配偶、父母、子女、祖父母、外祖父母、孙子女、外孙子女、兄弟姐妹以及对转让人承担直接抚养或者赡养义务的抚养人或者赡养人；

③相关法律、政府文件或企业章程规定，

并有相关资料充分证明转让价格合理且真实的本企业员工持有的不能对外转让股权的内部转让；

④股权转让双方能够提供有效证据证明其合理性的其他合理情形。

4. 个人以非货币性资产投资的个人所得税规定

个人以非货币性资产投资，属于个人转让非货币性资产和投资同时发生。对个人转让非货币性资产的所得，应按照"财产转让所得"项目，依法计算缴纳个人所得税。具体税务处理见表10-77。

表10-77　个人以非货币资产投资的税务处理

情形		税务处理
个人转让非货币性资产	税目	财产转让所得
	应纳税所得额	转让收入(评估后的公允价值确定转让收入)-资产原值及合理税费
	收入实现时间	非货币性资产转让、取得被投资企业股权时
	缴纳时间	个人应在发生上述应税行为的次月15日内向主管税务机关申报纳税。纳税人一次性缴税有困难的，可合理确定分期缴纳计划并报主管税务机关备案后，自发生上述应税行为之日起不超过5个公历年度内(含)分期缴纳个人所得税。 【知识点拨】如果个人以技术成果投资入股到境内居民企业，被投资企业支付的对价全部为股票(权)的，企业可选择：①在不超过5年期限内，分期计入相应年度的应纳税所得额，按规定计算缴纳企业所得税；②经向主管税务机关备案，投资入股当期可暂不纳税，允许递延至转让股权时，按财产转让所得税。 个人以非货币性资产投资交易过程中取得现金补价的，现金部分应优先用于缴税；现金不足以缴纳的部分，可分期缴纳
投资入股：按评估后的公允价值投资入股，确定投资成本		

【知识点拨】个人以技术成果投资入股到境内居民企业，被投资企业支付的对价全部为股票(权)的，个人可以：

a. 可选择5年内递延纳税；

b. 也可选择投资入股当期可暂不纳税，允许递延至转让股权时，按股权转让收入减去技术成果原值和合理税费后的差额计算缴纳所得税。

5. 无偿受赠房屋产权的税务处理

(1)对以下情形的房屋产权无偿赠与，对当事双方不征收个人所得税：

①房屋产权所有人将房屋产权无偿赠与配偶、父母、子女、祖父母、外祖父母、孙子女、兄弟姐妹；

②房屋产权所有人将房屋产权无偿赠与对其承担直接抚养或者赡养义务的抚养人或赡养人；

③房屋产权所有人死亡，依法取得房屋产权的法定继承人、遗嘱继承人或受遗赠人。

除此之外其他情形，应该按照"偶然所得"计算缴纳个人所得税。

(2)受赠人转让受赠房屋，按照"财产转让所得"计算缴纳个人所得税

应纳税所得额=转让受赠房屋的收入-原捐赠人取得该房屋的实际购置成本-赠与和转让过程中受赠人支付的相关税费

(四)财产租赁所得应纳税额的计算与审核要点

1. 应纳税所得额(见表10-78)

表10-78　财产租赁所得的应纳税所得额

收入标准	应纳税所得额
每次收入≤4000元	应纳税所得额=每次(月)收入额-准予扣除项目-修缮费用(800元为限)-800元
每次收入>4000元	应纳税所得额=[每次(月)收入额-准予扣除项目-修缮费用(800元为限)]×(1-20%)

2. 个人出租住房的相关税费(见表10-79)

表10-79 个人出租住房的相关税费

税种	相关规定
增值税	个人出租住房,按照5%的征收率减按1.5%
房产税	不含增值税的价格、4%的税率
城镇土地使用税	免征城镇土地使用税
个人所得税	减按10%的税率
印花税	对个人出租、承租住房签订的租赁合同,免征印花税

(五)偶然所得应纳税额的计算与审核要点

应纳个人所得税额=每次收入额×20%

(六)捐赠税前扣除政策(见表10-80)

表10-80 捐赠税前扣除政策

扣除政策	具体规定
限额扣除	扣除限额:纳税人申报的应纳税所得额30%的部分 个人捐赠住房作为公共租赁住房,符合税法规定的,对其公益性捐赠支出未超过其申报的应纳税所得额30%的部分,准予扣除
全额扣除	个人通过非营利性的社会团体和国家机关向红十字事业,福利性、非营利性老年服务机构、公益性青少年活动场所、农村义务教育、教育事业、地震灾区的捐赠等

【知识点拨】居民个人发生的公益捐赠支出可以在分类所得、综合所得或者经营所得中扣除。在当期一个所得项目扣除不完的公益捐赠支出,可以按规定在其他所得项目中继续扣除。

居民个人发生的公益捐赠支出,在综合所得、经营所得中扣除的,扣除限额分别为当年综合所得、当年经营所得应纳税所得额的30%;在分类所得中扣除的,扣除限额为当月分类所得应纳税所得额的30%。

居民个人根据各项所得的收入、公益捐赠支出、适用税率等情况,自行决定在综合所得、分类所得、经营所得中扣除的公益捐赠支出的顺序。

(七)境外所得已纳税款的扣除

纳税人从中国境外取得的所得,准予其在应纳税额中扣除已在境外缴纳的个人所得税税额。但扣除额不得超过该纳税义务人境外所得依我国税法规定计算的应纳税额(见表10-81)。

表10-81 境外所得已纳税款的扣除

项目	内容
扣除方法	限额扣除
限额计算方法	分国不分项,但是分两步实现 (1)先分国分项计算:纳税人从中国境外取得的所得,区别不同国家或地区和不同应税项目,依我国税法规定扣除标准和税率计算应纳税额; (2)将同一国家(地区)不同应税项目抵免限额加总计算该国(地区)抵免限额。抵免限额的最终结果:分国(地区)不分项
限额抵扣方法	纳税人在境外某国家或地区实际已纳个人所得税低于扣除限额,应在中国补缴差额部分的税款;超过扣除限额,其超过部分不得在该纳税年度的应纳税额中扣除,但可在以后纳税年度该国家或地区扣除限额的余额中补扣,补扣期最长不得超过5年

十七、个人所得税自行申报纳税★★

扫我解疑难

个人所得税实行代扣代缴(预扣预缴)和自行申报相结合的纳税申报制度。自行申报纳税的有关规定见表10-82。

表 10-82　自行申报纳税的有关规定

自行申报的情形	自行申报的时限
(1)取得综合所得需要办理汇算清缴	应当在取得所得的次年3月1日至6月30日内办理汇算清缴
(2)取得应税所得没有扣缴义务人	在取得所得的次月15日内向税务机关报送纳税申报表,并缴纳税款
(3)取得应税所得,扣缴义务人未扣缴税款	纳税人应当在取得所得的次年6月30日前,缴纳税款;税务机关通知限期缴纳的,纳税人应当按照期限缴纳税款
(4)取得境外所得	应当在取得所得的次年3月1日至6月30日内申报纳税
(5)因移居境外注销中国户籍	应当在注销中国户籍前办理税款清算
(6)非居民个人在中国境内从两处以上取得工资、薪金所得	应当在取得所得的次月15日内申报纳税
(7)国务院规定的其他情形	

【例题53·多选题】个人取得下列各项所得,需要自行纳税申报的有(　　)。

A. 个体工商户取得的生产经营所得

B. 非居民个人在中国境内从两处以上取得工资、薪金所得

C. 从中国境外取得的所得

D. 从一处取得综合所得,且综合所得年收入额减除专项扣除的余额为15万元

E. 因移居境外注销中国户籍

解析 从两处以上取得综合所得,且综合所得年收入额减除专项扣除的余额超过6万元等需要自行纳税申报,一处取得综合所得无需纳税申报。　**答案** ABCE

十八、税务师需要掌握个人所得税新增的扣缴权利与义务★

扫我解疑难

1. 居民个人向扣缴义务人提供专项附加扣除信息的,扣缴义务人按月预扣预缴税款时应当按照规定予以扣除,不得拒绝。

2. 扣缴义务人对纳税人提供的专项附加扣除和其他扣除资料,应当按照规定妥善保存备查。扣缴义务人应当依法对纳税人报送的相关涉税信息和资料保密。

3. 扣缴义务人应当按照纳税人提供的信息计算办理扣缴申报,不得擅自更改纳税人提供的信息。纳税人对所提交义务人发现纳税人提供的信息与实际情况不符的,可以要求纳税人修改,纳税人拒绝修改的,扣缴义务人应当报告税务机关。

4. 纳税人取得工资薪金所得,除纳税人另有要求外,扣缴义务人应当于年度终了后两个月内,向纳税人提供其个人所得和已扣缴税款等信息。

5. 纳税人取得除工资薪金所得以外的其他所得,扣缴义务人应当在代扣税款后,及时向纳税人提供其个人所得和已扣缴税款等信息。

6. 扣缴义务人依法履行代扣代缴义务,纳税人不得拒绝。纳税人拒绝的,扣缴义务人应当及时报告税务机关。

7. 扣缴义务人有未按照规定向税务机关

报送资料和信息、未按照纳税人提供信息虚报虚扣专项附加扣除、应扣未扣税款、不缴或少缴已扣税款、借用或冒用他人身份等行为的，依照《税收征管法》等相关法律、行政法规规定处理。

真题精练（主观题） *

一、简答题

1. （2018年）某有限责任公司分别由企业和自然人投资设立，2018年4月召开股东大会形成决议，将2017年度实现的税后利润中的2000万元分配给股东，3000万元转增股本，并于2018年4月办理款项支付和转增手续。

   （1）向企业股东和自然人股东分红及转增股本时，有限责任公司分别应如何履行扣缴义务？

   （2）在向股东分红和转增股本时，有限责任公司分别应如何履行纳税义务？

2. （2016年改）税务师在对某公司2019年企业所得税汇算清缴时发现2019年12月31日有一笔账务处理如下：

   借：销售费用　　　　　　　159000
   　　贷：应付职工薪酬　　　　159000

   后附《销售人员年终奖计算表》

   单位：元

姓名	年终奖金额
李帅	86000
王平	53000
张成	20000
合计	159000

   经询问公司财务人员获悉，该公司销售人员年终奖考核规定，销售人员年终奖依业绩计提，需经公司办公会议结合客户反馈情况确定（每年只发一次奖金），同时，财务人员告知，2020年公司办公会议已对销售人员年终奖最终确定，因张成被客户投

诉，扣年终奖1800元，其余人员全额发放，经审核年终奖已于2020年3月发放。已知三位各月工资分别为（已扣五险一金）18000、20000、3000元。

   （1）这部分销售人员年终奖，在2019年企业所得税汇算清缴时，应如何处理？说明理由。

   （2）假设这三位选择将全年奖不并入综合所得，分别计算公司在发放全年奖时应扣缴的个人所得税？

3. （2015年）诚信税务师事务所在2015年4月全国税法宣传月期间，负责为广大纳税人提供税务咨询服务，现有企业财务人员咨询下列问题，请分别予以回答：

   （1）为了促进企业发展，财政部和国家税务总局公布了固定资产加速折旧的政策，对于符合政策规定的企业，是否都应该选择加速折旧？哪些企业不宜采用加速折旧政策，试举例说明。

   （2）企业采用股权激励的方式留住人才，对于被授予股票期权的员工，应在哪个环节计算缴纳个人所得税？应按哪种类型的所得计算缴纳个人所得税。

   （3）企业（非保险企业）在向中介机构或个人支付手续费或佣金时，在税前扣除的限额如何确定？支付方式和凭证资料有哪些具体要求？

二、综合分析题

1. （2018年改）某企业位于市区，系增值税一般纳税人，2019年3月31日之前购进和销售货物的增值税适用税率均为16%，2019年4月1日之后为13%。年末增值税无留抵税额和待抵扣进项税额。2019年度按会计核算的利润总额为依据预缴企业所得税，享受的税收优惠政策及资产损失能提供留存备查的相关资料。

   2019年度利润表（摘要）如下：

---

* 对于各个知识点联系紧密的简答题，我们在知识点后面加以介绍了，此部分内容介绍涉及内容较为广泛的简答题和综合题。

利润表	
2019 年 12 月　　　　单位：元	
一、营业收入	8000000.00
减：营业成本	5300000.00
税金及附加	40000.00
管理费用	700000.00
财务费用	360000.00
加：投资收益	50000.00
其中：对联营企业和合营企业投资收益	50000.00
二、营业利润	1650000.00
加：营业外收入	60000.00
减：营业外支出	160000.00
三、利润总额	1550000
减：所得税费用	387500.00
四、净利润	1162500.00

税务师对该企业 2019 年度纳税情况进行审核，发现如下纳税相关问题：

(1)2019 年度管理费用中累计列支了业务招待费 60000 元；

(2)5 月 18 日，该企业投资的 A 企业注销，从 A 公司分得剩余财产 250000 元，已知 A 公司注销时的《剩余财产计算和分配明细表》载明剩余财产 2500000 元，其中累计未分配利润和盈余公积合计 400000 元，企业投资额 200000 元，投资比例为 10%，分配的资产金额 250000 元，其中确认的股息金额 40000 元，账务处理如下：

借：银行存款　　　　　250000
　　贷：长期股权投资　　　　200000
　　　　投资收益　　　　　　 50000

(3)7 月 18 日收回 2018 年度已经作坏账损失核销并在企业所得税前扣除的应收账款 60000 元，账务处理如下：

借：银行存款　　　　　　60000
　　贷：营业外收入　　　　　60000

(4)8 月 16 日收到购货方支付的拖欠货款 2000000 元，以及货款利息 30000 元，账务处理：

借：银行存款　　　　　2030000
　　贷：应收账款　　　　　2000000
　　　　财务费用　　　　　　30000

(5)8 月 24 日与销售方协商，原订购的货物不再购进，预付的 70000 元货款作为违约金支付给销售方，收到销售方开具的收款凭证。账务处理：

借：营业外支出　　　　　70000
　　贷：预付账款　　　　　　70000

(6)10 月 24 日，将一批被盗电脑进行核销。根据企业资产损失核销审批表显示，这批电脑分别于 2017－2018 年期间购进，购进时适用的增值税税率为 17%，购置时均取得增值税专用发票，合计金额 200000 元，税额 34000 元，进项税额均按规定抵扣，截止被盗时会计上已累计计提折旧额 80000 元，从保险公司取得理赔 30000 元，账务处理：

①借：固定资产清理　　　120000
　　　累计折旧　　　　　 80000
　　贷：固定资产　　　　　　200000

②借：银行存款　　　　　　30000
　　　营业外支出　　　　　90000
　　贷：固定资产清理　　　120000

本题不考虑地方教育附加，假定除上述问题外，企业的其他处理与纳税无涉。

(1)请逐一简述上述问题应如何进行税务处理？

(2)请计算 2019 年度应补缴的增值税，城市维护建设税及教育费附加。

(3)请填写所附 2019 年度 A105000《纳税调整项目明细表》(摘要)(无纳税调整的项目不填写)。

行次	项 目	账载金额	税收金额	调增金额	调减金额
		1	2	3	4
1	一、收入类调整项目(2+3+…8+10+11)	*	*		
2	(一)视同销售收入(填写A105010)	*			*
4	(三)投资收益(填写A105030)				
10	(八)销售折扣、折让和退回				
11	(九)其他				
12	二、扣除类调整项目(13+14+…24+26+27+28+29+30)	*	*		
13	(一)视同销售成本(填写A105010)	*		*	
15	(三)业务招待费支出				*
18	(六)利息支出				
19	(七)罚金、罚款和被没收财物的损失		*		*
30	(十七)其他				
31	三、资产类调整项目(32+33+34+35)	*	*		
32	(一)资产折旧、摊销(填写A105080)				
34	(三)资产损失(填写A105090)				
35	(四)其他				
44	六、其他	*	*		
45	合计(1+12+31+36+43+44)	*	*		

(4)请计算 2019 年度的应纳企业所得税税额及应补(或退)的企业所得税额。

2.(2018 年综合题,改)A 公司是一家生产软件的非上市公司,系增值税一般纳税人,2018 年实现的会计利润总额为 780 万元,取得的高新技术企业资格于 2018 年底到期,2019 年 8 月更新认定通过,2020 年 9 月某税务师事务所受托对 A 公司纳税情况进行审核。

(一)审核 2018 年度纳税情况,记录如下信息:

(1)2018 年实际发生的工资支出 550 万元,职工福利费支出 86 万元,职工教育经费支出 20 万元(其中包括职工培训费支出 4 万元),拨缴的工会经费 9 万元,取得合法有效凭证。

(2)2018 年 8 月,将一项自行开发的专利技术所有权转让给 B 公司,转让合同经省级科技部门认定登记并免征增值税,该项技术转让取得收入 60 万元,成本 18 万元,相关费用 2 万元。

(3)2018 年 11 月采购一批固定资产,账务处理如下:

借:固定资产 39000
    应交税费——应交增值税(进项税额) 6240
    贷:银行存款 45240

附领用清单一份,见下表

资产领用单

2018 年 11 月 9 日   单位:元

项目	数量	单价	小计	领用部门
电脑	5	3000.00	15000.00	人事部

续表

项目	数量	单价	小计	领用部门
电脑	5	3000.00	15000.00	办公室
复印机	1	9000.00	9000.00	办公室
合计			39000.00	

A公司对2018年度新购进的符合加速折旧政策条件的固定资产，选择适用加速折旧，会计上对上述固定资产当年计提折旧1000元。

（4）2018年10月，通过当地市政府进行公益性捐赠100万元，取得公益性捐赠票据。

（5）2018年资产负债表的所有者权益部分如下表：

单位：元

项目	2017年	2018年
实收资本（或股本）	10000000.00	11000000.00
资本公积	1000000.00	0
盈余公积	400000.00	400000.00
未分配利润	2180000.00	2960000.00
所有者权益（或股东权益）合计	13580000.00	14360000.00

经进一步审核，发现3月份有以下一笔账务处理：

借：资本公积——其他资本公积

1000000

贷：实收资本　　　　　1000000

公司章程中标明，A公司由甲公司和张先生投资设立，张先生持股30%。

（二）审核2019年度纳税情况，记录如下信息：

（1）2019年第一季度按25%预缴企业所得税。

（2）2019年4月，公司的股权激励方案满足有关条件，相关人员行权。其中，技术人员小李按股权激励方案取得20000股股权奖励，并约定根据在2020年10月31日前不能转让，该股权奖励行权时的公平市场价格为每股8元。

（3）张先生于2019年5月将所持股份全部转让给配偶赵女士，约定转让收入为350万元，A公司的实收资本没有发生变化。

问题：

（1）根据审核，2018年度纳税情况记录的信息，请逐一分析对2018年度企业所得税应纳税所得额的影响，并计算2018年度应缴纳的企业所得税。

（2）请计算2018年A公司以资本公积转增实收资本时股东张先生应缴纳的个人所得税。

（3）请分析2019年第一季度预缴企业所得税是否准确，并简要说明理由。

（4）请说明技术人员小李取得的股权奖励可选择的缴纳个人所得税方法及使用的应税所得项目。

（5）2019年股东张先生将股权转让给配偶，税务机关是否需要重新核定转让收入并说明理由？并计算应缴纳的个人所得税。

真题精练（主观题）答案

一、简答题

1.【答案】

（1）向企业股东分红及转增股本，有限责任公司无须履行扣缴义务；向自然人股东分红及转增股本，有限责任公司应按"利息、股息、红利所得"计算并履行代扣代缴个人所得税义务。

(2)用税后利润向股东分红和转增股本时，有限责任公司都无须纳税。

2.【答案】

(1)年终奖在所得税汇算清缴前发放，可以按实际发放数在税前扣除。

理由：企业在年度汇算清缴结束前向员工实际支付的已预提汇缴年度工资薪金，准予在汇缴年度按规定扣除。

(2)年终奖实际发放的时候扣缴个人所得税。

年终奖应扣缴个人所得税：

李帅：$86000÷12=7166.67$（元），选择税率10%，速算扣除数210，应扣缴个人所得税 $=86000×10\%-210=8390$（元）；

王平：$53000÷12=4416.67$（元），选择税率10%，速算扣除数210，应扣缴个人所得税 $=53000×10\%-210=5090$（元）；

张成：$18200÷12=1516.67$（元），选择税率3%，速算扣除数为0，应扣缴个人所得税 $=18200×3\%=546$（元）。

3.【答案】

(1)对于符合加速折旧政策的企业不一定都应该加速折旧。例如亏损企业，享受税收优惠期的企业，均不应当选择加速折旧政策。

(2)如果是不可公开交易的股票期权，授权时不计征；行权前转让，按转让净收入作为工资薪金所得征税。若未转让，在行权时按工资薪金所得计税；持有期间取得收益，按股息、红利所得计税；行权后转让股票，按财产转让所得计税。

如果是可公开交易的股票期权，在授权时按工资薪金所得计税。行权前转让，按财产转让所得计税；行权时不计税；持有期间取得收益，按股息、红利所得计税；行权后转让，按财产转让所得计税。

(3)按与具有合法经营资格中介服务机构或个人所签订服务协议或合同确认的收入金额的5%计算限额。

佣金一般应以转账方式支付。除委托个人代理外，企业以现金等非转账方式支付的手续费及佣金不得在税前扣除。

企业应当如实向当地主管税务机关提供当年手续费及佣金计算分配表和其他相关资料，并依法取得合法真实凭证。

二、综合分析题

1.【答案】

(1)①业务招待费发生额60000元。发生额的60%为36000元，业务招待费扣除限额 $=(8000000+30000÷1.13)×0.5\%=40132.74$（元），税前允许扣除金额为36000元，调增应纳税所得额 $=60000-36000=24000$（元）。

②初始投资额200000元，分配金额250000元，投资收益50000元，其中股息金额40000元，由于居民企业的股息免税，该部分投资收益免税；股权转让收益为 $250000-200000-40000=10000$（元），应依法纳税。调减应纳税所得额40000元。

【思路点拨】该项差异属于税收优惠带来的差异，应该填写A107011表格，之后转入A107010，然后直接转入主表，而不通过A105000表格调整。

③税会无差异，无需进行纳税调整。收回坏账60000元应计入应纳税所得额，依法纳税。

④延期付款利息，应作为价外费用，计算缴纳增值税、城建税及教育费附加。同时，作为价外费用核算，应确认为主营业务收入，并作为业务招待费计算的基数。

应计入营业收入的金额 $=30000÷1.13=26548.67$（元）

应纳增值税 $=30000÷1.13×13\%=3451.33$（元）

应纳城建税及教育费附加 $=3451.33×(7\%+3\%)=345.13$（元）

调减会计利润 $=3451.33+345.13=3796.46$（元）

【思路点拨】该项业务属于账务处理错误，而非税会差异，应该调账，通过调账，影响会计利润，进而影响应纳税所得额，而非纳税调整。

⑤无需调整。

⑥未考虑固定资产对应的进项税额转出，并影响城建税及教育费附加的计算。

进项税额转出=120000×17%=20400(元)。

增加营业外支出20400元。

应纳城建税及教育费附加=20400×(7%+3%)=2040(元)

调减会计利润=20400+2040=22440(元)

【思路点拨】该项业务属于账务处理错误，而非税会差异，应该调账，通过调账，影响会计利润，进而影响应纳税所得额，而非纳税调整。

(2)补交增值税=3451.33+20400=23851.33(元)

补交城建税及教育费附加=345.13+2040=2385.13(元)

(3)

行次	项　目	账载金额	税收金额	调增金额	调减金额
		1	2	3	4
1	一、收入类调整项目(2+3+…8+10+11)				
2	(一)视同销售收入(填写A105010)				
4	(三)投资收益(填写A105030)				
10	(八)销售折扣、折让和退回				
11	(九)其他				
12	二、扣除类调整项目(13+14+…24+26+27+28+29+30)			24000	
13	(一)视同销售成本(填写A105010)				
15	(三)业务招待费支出	60000	36000	24000	
18	(六)利息支出				
19	(七)罚金、罚款和被没收财物的损失				
30	(十七)其他				
31	三、资产类调整项目(32+33+34+35)				
32	(一)资产折旧、摊销(填写A105080)				
34	(三)资产损失(填写A105090)				
35	(四)其他				
44	六、其他				
45	合计(1+12+31+36+43+44)	*	*	24000	

(4)2019年会计利润=1550000-3796.46-22440=1523763.54(元)

2019年应纳税所得额=1523763.54-40000+24000=1507763.54(元)

2019年应纳企业所得税=1507763.54×25%=376940.89(元)

应退企业所得税=387500-376940.89=10559.11(元)

注：该项税收也可以不申请退税，抵2020年应纳所得税。

2.【答案】

(1)业务①职工福利费税前扣除的限额=550×14%=77(万元)，实际发生的支出金额为86万元，职工福利费应纳税调增=86-77=9(万元)；职工教育经费税前扣除的限额=550×8%=44(万元)。软件生产企业发生的职工教育经费中的职工培训费用4万元，可以全额在企业所得税前扣除。剩余的职工教育经费金额=(20-4)=16(万元)，未超过扣除限额，所以职工教育经费无需调整；工会经费税前扣除的限额 = 550×2% = 11（万元），实际发生额为 9 万元，所以实际发生的工会经费无需纳税调整。

所以三项经费合计应纳税调增 9（万元）。

业务②专利技术转让所得 = 60 - 18 - 2 = 40（万元），不超过 500 万元的部分，免征企业所得税。所以技术转让所得应纳税调减 40 万元。

业务③单位价值不超过 500 万元的仪器、设备，允许一次性计入当期成本费用在应纳税所得额扣除，不再分年度计算折旧。该企业购入的电脑每台 3000 元，复印机每台 9000 元，可以享受上述优惠政策。

所以该批固定资产均可以一次性计入费用扣除。应纳税调减 3.8 万元。

业务④公益性捐赠支出的扣除限额 = 780×12% = 93.6（万元），实际发生支出金额为 100 万元，所以捐赠支出应纳税调增 100 - 93.6 = 6.4（万元）。超过的 6.4 万元准予结转以后三年内在计算应纳税所得额时扣除。

业务⑤该企业用资本公积（除股本溢价之外）转增股本，个人股东张先生获得转增的股本，应按照"利息、股息、红利所得"项目，适用 20% 税率征收个人所得税。甲企业从该企业取得的转增股本的部分视为股息红利所得，免征企业所得税。

2018 年度应纳税所得额 = 780 + 9 - 40 - 3.8 + 6.4 = 751.6（万元）

应纳企业所得税 = 751.6×15% = 112.74（万元）。

（2）张先生股息红利所得应缴纳的个税 1000000×30%×20% = 60000（元）。

（3）2019 年第一季度预缴企业所得税按照 25% 预缴是正确的。由于 2019 年 8 月份资格更新认定通过，则认定资格之后的企业所得税按照 15% 预缴，重新认定之前的企业所得税按照 25% 预缴。

（4）小李在取得股权激励时可暂不纳税，递延至转让该股权时纳税；股权转让时，按照股权转让收入减除股权取得成本及合理税费后的差额，适用"财产转让所得"项目，按照 20% 的税率计算缴纳个人所得税。

（5）张先生低价将股权转让给配偶，属于转让计税价格明显偏低但有正当理由的，税务机关可以不重新核定。

股票转让所得 = 3500000 - 1100000×30% = 200000（元）。

股票转让所得应纳个税 = 200000×20% = 40000（元）。

真题精练（主观题）考点总结

1. 企业所得税主观题的主要考点

近几年企业所得税主观题的主要考点如下表

类别	具体内容
收入方面	（1）延期付款利息应作为价外费用，计算缴纳增值税——对城建及附加、会计利润、应纳税所得额的影响； （2）不征税收入的税务处理及纳税筹划； （3）视同销售的税务处理
扣除方面	（1）业务招待费的税前扣除； （2）三项经费的税前扣除； （3）捐赠支出的税前扣除； （4）股权激励支出的企业所得税前扣除； （5）佣金手续费的税前扣除； （6）违约金所得税前可以扣除

续表

类别	具体内容
税收优惠	(1)小型微利企业的条件、预缴、税款计算等； (2)加速折旧政策及税收筹划； (3)股息红利免税的规定； (4)技术转让的税收优惠； (5)高新技术企业资格认定及对预缴、汇算清缴的影响
长期股权投资	基本每年都会考核一道简答题，涉及到投资阶段、持有阶段、收回投资阶段的财税处理； 关联内容：向个人股东和公司制股东分红和转股的税务处理——投资方、被投资方的税务处理；资本公积转增资本的税务处理
其他方面	(1)收回核销坏账的税务处理； (2)发生非正常损失进项税额转出对城建及附加、会计利润、应纳税所得额的影响

2. 个人所得税方面

(1)工资薪金所得、劳务报酬所得、稿酬所得、特许权使用费所得的预扣预缴；

(2)综合所得的汇算清缴；

(3)其他各项所得的代扣代缴；

(4)分得的股息红利的税务处理，税款代扣代缴；

(5)资本公积转增资本的个税处理；

(6)股权激励的个税；

(7)低价转让股权的税务处理；

(8)重要的税收优惠。

3. 企业所得税和个人所得税结合考核

(1)企业为职工发放的全年奖如何在企业所得税前扣除；如何计算缴纳个人所得税；

(2)股权激励的企业所得税和个人所得税处理；

(3)企业向个人借款支付的利息：收取利息方如何计算缴纳各项税收(含个税)，支付利息方如何取得税前扣除凭证、利息税前扣除的条件。

同步训练 限时350分钟

一、单项选择题

1. 下列有关企业所得税法内容的表述，错误的是( )。

A. 依照中国法律规定设立的个人独资企业不适用企业所得税法

B. 应纳税所得额为企业每一纳税年度的收入总额，减除不征税收入、免税收入、各项扣除以及允许弥补的以前年度亏损后的余额

C. 纳税人的职工教育经费可按合理的工资总额的2%计算扣除

D. 国家重点扶持的高新技术企业，可按15%的税率征收企业所得税

2. 某企业以100万元的价格购入面值为100万元的国债，年利率4.25%，持有183天后以104万元的价格转让。在计算缴纳企业所得税时应该纳税调减( )万元。

A. 0   B. 1.87

C. 2.13   D. 4

3. 下列( )属于企业的不征税收入。

A. 国家拨付企业使用后要求归还本金的资金

B. 企业取得的专项用途财政性资金

C. 国债利息收入

D. 符合条件的居民企业之间的股息、红利等权益性投资收益

4. 根据企业所得税法的规定，下列不属于企业免税收入的是( )。

A. 国债利息收入

B. 符合条件的居民企业之间的股息、红利等权益性投资收益

C. 在中国境内设立机构、场所的非居民企业从居民企业取得与该机构、场所有实际联系的股息、红利等权益性投资收益

D. 所有的非营利组织的收入

5. 下列支出，属于企业所得税中职工福利费范围的是( )。

A. 过节费

B. 防暑降温费

C. 职工出差期间的伙食补助

D. 职工劳动保护费

6. 2018 年初，A 居民企业通过投资，拥有 B 上市公司 15% 股权。2019 年 3 月，B 公司增发普通股 1000 万股，每股面值 1 元，发行价格 2.5 元，股款已全部收到并存入银行。2019 年 6 月 B 公司将此次增发的股本溢价形成的资本公积全部转增股本，下列关于 A 居民企业相关投资业务的说明，正确的是( )。

A. A 居民企业应确认股息收入 225 万元

B. A 居民企业应确认红利收入 225 万元

C. A 居民企业应增加该项投资的计税基础 225 万元

D. A 居民企业转让股权时不得扣除转增股本增加的 225 万元

7. 2019 年某居民企业实现商品销售收入 2000 万元，发生现金折扣 100 万元，接受捐赠收入 100 万元，转让无形资产所有权收入 20 万元。该企业当年实际发生业务招待费 30 万元，广告费 240 万元，业务宣传费 80 万元。税务师认为，2019 年度该企业可税前扣除的业务招待费、广告费、业务宣传费合计( )万元。

A. 294.5　　　　B. 310

C. 325.5　　　　D. 330

8. 税务师受托对某企业 2019 年度企业所得税纳税情况进行审核，发现"财务费用"账户中列支有两次利息费用：一次是向银行流动资金借款的利息支出 5 万元，借款金额

200 万元，借款期限 6 个月；另一次是经过批准向本企业职工集资借款的利息支出 5 万元，集资金额 50 万元，借款期限 12 个月。企业计算 2019 年度应纳税所得额时，允许扣除的利息为( )万元。

A. 7.5　　　　B. 8.25

C. 6.25　　　　D. 10

9. 税务师根据企业所得税法对企业的固定资产折旧费进行审核时，下列可以提取折旧在税前扣除的是( )。

A. 以经营租赁方式租出的固定资产

B. 以融资租赁方式租出的固定资产

C. 未使用的固定资产(机器设备)

D. 单独估价作为固定资产入账的土地

10. 企业下列支出中，在计算企业所得税应纳税所得额时准予扣除的是( )。

A. 工商机关所处的罚款

B. 银行对逾期贷款加收的罚息

C. 税务机关加收的滞纳金

D. 司法机关没收的财物

11. 某工业企业 2019 年 8 月在改制重组过程中将自建的办公楼以不含增值税价 9500 万元投资于另一工业企业，该自建办公楼的净值为 4000 万元。对于该项投资，正确的税务处理是( )。

A. 不需要缴纳增值税、土地增值税和企业所得税

B. 以 9500 万元确认为销售收入，分别按规定计算缴纳增值税、土地增值税和企业所得税

C. 不需要缴纳增值税，以 9500 万元确认为销售收入计算缴纳土地增值税和企业所得税

D. 以 9500 万元确认为销售收入计算缴纳增值税，不需要缴纳土地增值税，非货币性资产转让所得可在不超过 5 年期限内，分期均匀计入相应年度的应纳税所得额，按规定计算缴纳企业所得税

12. 某电器公司 2019 年度境内经营应纳税所得额为 33000 万元，该公司在日本、美国

设有分支机构。日本分支机构当年应纳税所得额 1600 万元，其中电器销售所得 1000 万元（日本规定税率为 20%），转让商标权所得 600 万元（日本规定的税率为 30%）；美国分支机构当年应纳税所得额 400 万元，其中电器经营所得 300 万元（美国规定的税率为 30%），房产租金所得 100 万元（美国规定的税率为 20%）。已知该公司采用"分国不分项"方式计算境外所得税税额和抵免限额，则当年度境内外所得汇总缴纳的企业所得税为（　　）万元。

    A. 7726   B. 7779

    C. 8715   D. 8270

13. 企业所得税年度申报表 A105000《纳税调整项目明细表》中所列业务招待费支出属于（　　）调整项目。

    A. 收入类   B. 资产类

    C. 扣除类   D. 与取得收入无关的

14. 某外国企业常驻代表机构从事服务业，在 2019 年发生如下支出：购置固定资产发生支出 100 万元，发生交际应酬费 40 万元，以货币形式对外公益性捐赠 20 万元，缴纳滞纳金 30 万元。同时，该代表机构自行核算本年获得收入 150 万元，其中利息收入 50 万元，经税务机关核实该代表机构收入及成本费用不能准确核算。该代表机构按核定方式应纳企业所得税（　　）万元。（核定利润率为 15%）

    A. 5.63   B. 6.18

    C. 8.91   D. 7.5

15. 某商业企业（增值税一般纳税人）2019 年批发货物取得不含税收入 7900 万元，对消费者零售取得价款 2260 万元；对某客户提供商业咨询顾问取得不含税收入 100 万元；以成本价为 550 万元，对外不含税销售价为 800 万元的外购货物对灾区捐赠；将外购价值 100 万元的商品用于交际应酬，同类售价为 140 万元。则企业填

列《企业所得税年度纳税申报表（A 类）》第 1 行"营业收入"为（　　）万元。（企业经营货物适用增值税税率为 13%）

    A. 8954   B. 8690

    C. 10000   D. 10720

16. 企业所得税税收优惠"符合条件的技术转让所得"项目中，不超过（　　）万元的部分免征企业所得税。

    A. 200   B. 300

    C. 500   D. 600

17. 《企业所得税年度纳税申报表（A 类）》第 27 行"抵免所得税额"，不得填报（　　）的投资额。

    A. 纳税人购置用于节能节水专用设备

    B. 纳税人购置用于环境保护专用设备

    C. 纳税人购置用于安全生产专用设备

    D. 创业投资企业投资于未上市中小高新技术企业的股权投资额

18. 某商业企业 2013 年亏损 40 万元，2014 年盈利 6 万元，2015 年亏损 6 万元，2016、2017、2018 年各盈利 7 万元，2019 年盈利 10 万元，企业 2019 年申报缴纳的企业所得税是 2.5 万元，税务机关审核后认为，应（　　）。

    A. 补缴企业所得税款 0.6 万元

    B. 补缴企业所得税款 1.1 万元

    C. 退还企业所得税款 1.5 万元

    D. 退还企业所得税款 2.5 万元

19. 某建筑企业 2018 年亏损 20 万元，2019 年纳税调整后所得 310 万元，该企业 2019 年从业人数 290 人，资产总额 4800 万，该企业 2019 年应该缴纳企业所得税（　　）万元。

    A. 14.5   B. 24

    C. 29   D. 77.5

20. 下列关于关联关系的判断，错误的是（　　）。

    A. A 公司直接持有 B 公司 30% 的股份，A 公司和 B 公司属于关联企业

    B. A 公司持有 B 公司 50% 的股份，B 公

司持有 C 公司 40% 的股份，则 A 公司和 C 公司不具有关联关系

C. A 公司实收资本为 300 万元，A 公司从 B 公司（非金融机构）借入 200 万元款项从事生产经营，A 公司和 B 公司属于关联企业

D. A 公司对 B 公司的生产经营、交易具有实质控制，A 公司和 B 公司属于关联企业

21. 某外商投资公司自行申报以 30 万元从境外关联公司购入一批产品，又将这批产品以 28 万元转售给另一无关联公司。假定该公司的销售毛利率为 20%，企业所得税税率为 25%，按再销售价格法计算，该次销售业务应缴纳的企业所得税为（　　）元。

A. 6720　　　　　B. 8400

C. 9000　　　　　D. 14000

22. 下列关于预约定价安排管理，表述不正确的是（　　）。

A. 预约定价安排的谈签与执行经过预备会谈、谈签意向、分析评估、正式申请、协商签署和监控执行 6 个阶段

B. 预约定价安排包括单边、双边两种类型

C. 预约定价安排适用于主管税务机关向企业送达接收其谈签意向的《税务事项通知书》之日所属纳税年度起 3 至 5 个年度的关联交易

D. 预约定价安排的谈签不影响税务机关对企业不适用预约定价安排的年度及关联交易的特别纳税调查调整和监控管理

23. 某外商投资企业 2017 年向非关联企业销售产品 1000 件，取得不含税销售额 2000000 元，向一关联企业销售相同产品 1500 件，取得不含税销售额 1500000 元。2019 年 6 月 15 日，经主管税务机关审查发现，该企业在进行 2017 年度纳税申报时，未进行相应的纳税调整，税务机关采用可比非受控价格法进行调整，对当天补征所得税款同时应加收的利息为

（　　）元。（假定 2017 年 12 月 31 日中国人民银行公布的同期的人民币 1~2 年期贷款基准利率为 7.47%，1 年按 365 天计算。2019 年同期的人民币 1~2 年期贷款基准利率为 8.47%）

A. 29163.70　　　B. 56735.26

C. 48684.25　　　D. 52588.36

24. 关于企业所得税中境外所得抵免的说法，错误的是（　　）。

A. 居民企业境外盈利在境外已纳的所得税额，超过抵免限额的部分，可以在以后 5 个纳税年度内进行结转抵免

B. 以境内相关指标被认定的高新技术企业，对其来源于境外的所得要按照 15% 的税率计算境外抵免限额

C. 居民企业 2019 年在境外甲国亏损 300 万元，在境外乙国盈利 600 万元，在计算抵免限额时不能用乙国的盈利弥补甲国的亏损

D. 居民企业 2019 年境内所得为亏损，境外所得为盈利，可以用境外盈利弥补境内亏损

25. 某公司财务主管向税务师咨询，下列股息利息收入中，应缴纳个人所得税的是（　　）。

A. 职工个人以股份形式取得的企业量化资产参与企业分配获得的股息

B. 国家发行的金融债券利息收入

C. 国债利息收入

D. 个人按规定缴付住房公积金而存入银行账户取得的利息

26. 对于综合所得，其专项扣除指的是（　　）。

A. 居民个人按照国家规定的范围和标准缴纳的基本养老保险、基本医疗保险、失业保险等社会保险费和住房公积金等

B. 单位按照国家规定的范围和标准为职工缴纳的基本养老保险、基本医疗保险、失业保险等社会保险费和住房公积金等

C. 子女教育支出

D. 大病医疗支出

27. 关于综合所得专项附加扣除中的子女教育支出，下列说法错误的是( )。

    A. 在税前扣除子女教育支出时，必须留存学校录取通知书等相关教育的证明资料备查

    B. 纳税人的子女接受全日制学历教育的相关支出，按照每个子女每月 1000 元的标准定额扣除

    C. 年满 3 周岁至小学入学前处于学前教育阶段的子女，按照子女教育支出扣除

    D. 父母可以选择由其中一方按扣除标准的 100%扣除，也可以选择由双方分别按扣除标准的 50%扣除

28. 下列关于预扣率和税率的说法，错误的是( )。

    A. 综合所得适用 7 级超额累进税率

    B. 工资薪金预扣预缴时适用 7 级超额累进预扣率

    C. 劳务报酬所得预扣预缴时适用 3 级超额累进预扣率

    D. 特许权使用费所得预扣预缴时适用 7 级超额累进预扣率

29. 王蒙 2019 年 12 月份取得 150000 元全年奖，当月工资 28000 元，当月各项扣除合计为 9000 元。对于全年奖，王蒙选择单独计算纳税，全年奖应纳个人所得税( )元。

    A. 13080   B. 15000

    C. 28590   D. 30000

30. 纳税人在 2019 年度已依法预缴个人所得税，下列( )必须办理年度汇算。

    A. 纳税人年度综合所得收入 10 万元，一旦汇算需要补税 450 元

    B. 纳税人年度综合所得收入 15 万元，一旦汇算需要补税 398 元

    C. 纳税人已预缴税额与年度应纳税额一致

    D. 纳税人年度综合所得收入 15 万元，一旦汇算需要补税 450 元

31. 下列关于不可公开交易的股票期权的表述，错误的是( )。

    A. 除另有规定外，员工取得不可公开交易的股票期权时不缴纳个人所得税

    B. 行权时，从企业取得股票的实际购买价(施权价)低于购买日公平市场价的差额，在 2021 年 12 月 31 日之前不并入综合所得，全额单独适用综合所得税率表，计算纳税

    C. 员工因拥有股权而参与企业税后利润分配取得的所得，按"利息、股息、红利所得"缴纳个人所得税

    D. 员工将行权后的股票再转让时获得的高于购买日公平市场价的差额，应按照"工资薪金所得"适用的征免规定计算缴纳个人所得税

32. 下列关于个人独资企业计算个人所得税时有关扣除项目的表述，正确的是( )。

    A. 企业发生的职工教育经费、职工福利费扣除比例分别是 2%、14%

    B. 投资者及职工工资不得在税前扣除

    C. 个人独资企业生产经营和投资者及其家庭生活共用的固定资产，难以划分的，全部视为投资者及其家庭的资产，不得税前扣除折旧

    D. 企业计提的各种准备金不得在税前扣除

33. 在代理个人所得税纳税申报时下列各项所得，需要按"经营所得"税目缴纳个人所得税的是( )。

    A. 个人独资企业的投资者以独资企业资本金进行个人消费

    B. 股份制企业以盈余公积转增股本，个人股东获利部分

    C. 股份制企业的个人投资者以该企业的资本金进行个人消费

    D. 股份制企业的个人投资者从该企业借款，超过 12 个月仍未归还的借款

34. 关于个人所得税的说法，错误的是( )。

    A. 自然人股东从注销的被投资企业取得的剩余资产价值，超过原投资成本部分，

需要缴纳个人所得税

B. 演职人员参加非任职单位组织的演出取得的报酬，应按照"劳务报酬所得"项目计征个税

C. 个人转让限售股，以每次限售股转让收入，减除股票原值和合理税费后的余额，为应纳税所得额

D. 员工为公司内部培训，取得讲课费，应按"劳务报酬所得"计算缴纳个人所得税

35. 王某聘请税务师对其股票项目的个税进行咨询，具体资料如下：2019 年 3 月购入某上市公司的股票 10000 股，此后，上市公司公布 2017 年度的利润分配方案为每 10 股送 3 股，并于 2019 年 6 月份实施，该股票的面值为每股 1 元。王某 2019 年 8 月转让了该股票，税务师认为，上市公司应扣缴王某的个人所得税为（　　）元。

A. 300　　　　　　B. 600

C. 1500　　　　　 D. 3000

36. 下列关于个人以非货币性资产投资的个人所得税说法中，错误的是（　　）。

A. 个人转让非货币性资产的所得，应按照"财产转让所得"项目，依法计算缴纳个人所得税

B. 个人以非货币性资产投资，应按评估后的公允价值确认非货币性资产转让收入

C. 个人以非货币性资产投资，应于个人股东身份记载于股东名册时，确认非货币性资产转让收入的实现

D. 纳税人一次性缴税有困难的，可合理确定分期缴纳计划并报主管税务机关备案后，自发生上述应税行为之日起不超过 5 个公历年度内（含）分期缴纳个人所得税

37. 下列关于实行查账征收办法的个人独资企业计算缴纳个人所得税，允许税前扣除的说法中，错误的是（　　）。

A. 企业从业人员的合理工资，税前扣除标准为 5000 元/月

B. 投资者及其家庭发生的生活费用不允许在税前扣除

C. 实际发生的职工教育经费在工资、薪金总额 2.5%的标准内据实扣除

D. 实际发生的广告和宣传费不超过当年营业收入 15%的部分据实扣除，超过部分，在以后年度结转扣除

二、多项选择题

1. 下列有关来源于中国境内、境外所得的确定原则的表述中，正确的有（　　）。

A. 销售货物所得按照交易活动发生地确定

B. 提供劳务所得按照劳务报酬支付地确定

C. 权益性投资资产转让所得按照被投资企业所在地确定

D. 股息所得按负担、支付所得的企业所在地确定

E. 不动产转让所得按照转让不动产的企业或者机构、场所所在地确定

2. 企业所得税纳税审核中发现下列所得，可以减按 10%的税率征收企业所得税的有（　　）。

A. 符合条件的小型微利企业取得的所得

B. 经认证的新办软件企业第三个获利年度取得的所得

C. 当年未享受税收优惠的国家规划布局内的重点软件生产企业取得的所得

D. 在中国境内未设立机构、场所的非居民企业，取得的来源于中国境内的所得

E. 在中国境内设立机构、场所的非居民企业，取得与该机构、场所有实际联系的所得

3. 企业所得税收入确认时间的说法，正确的有（　　）。

A. 股息、红利等权益性投资收益以被投资人作出利润分配决定的日期确认收入的实现

B. 特许权使用费收入按照合同约定的特许

权使用人应付特许权使用费的日期确认收入的实现

C. 股权转让收入按实际收到转让款项时间确认收入的实现

D. 分期收款方式销售货物按合同约定的收款日期确认收入的实现

E. 采取产品分成方式取得收入，以企业分得产品的时间确认收入的实现

4. 下列经济事项中，既属于增值税视同销售，又属于企业所得税视同销售确认收入的项目有(   )。

   A. 将生产的产品用于样品展示

   B. 将生产的产品用于投资

   C. 将生产的产品用于职工个人福利

   D. 将生产的产品用于本企业在建工程

   E. 将资产在总机构及外省分支机构之间转移

5. 关于企业所得税的工资薪金扣除，下列说法正确的有(   )。

   A. 企业支付给在本企业任职或与其有雇佣关系的员工的合理的现金或者非现金形式的劳动报酬支出准予据实扣除

   B. 国有性质的企业，其工资薪金在不超过政府有关部门给予的限额内的部分可以扣除

   C. 企业在年度汇算清缴结束前向员工实际支付的已预提汇缴年度工资薪金，准予在汇缴年度按规定扣除

   D. 上市公司制定股权激励计划，所支付给员工的股票期权，需要等到实际行权时，才能按行权时股票的公允价值与激励对象实际行权时支付的价格差额，确认为公司的工资薪金支出，予以在企业所得税前扣除

   E. 上市公司实行股权激励计划，等待期内会计计算确认的相关成本费用，可以作为合理工资薪金在企业所得税前扣除

6. 下列支出，属于企业所得税中职工福利费范围的有(   )。

   A. 职工交通补贴

   B. 职工差旅费津贴

   C. 因公外地就医费用

   D. 组织员工旅游费用

   E. 防暑降温费

7. 下列说法中，符合企业所得税相关规定的有(   )。

   A. 企业发生的职工教育经费超过扣除限额的，允许无限期结转到以后纳税年度扣除

   B. 企业发生的符合确认条件的实际资产损失，在当年因某种原因未能扣除的，准予结转到以后年度扣除

   C. 企业筹建期间发生的广告费、业务宣传费，可以按实际发生额计入企业筹办费，并按规定在税前扣除

   D. 饮料制造企业发生的广告费和业务宣传费支出，超过标准的部分，允许结转到以后纳税年度扣除

   E. 上市公司实施股权激励计划，凡实施后立即可以行权的，可以根据实际行权时该股票的公允价格和数量，计算确定作为当年上市公司工资薪金支出，依照税法规定进行税前扣除

8. 纳税人取得的下列应税收入，可以作为计算业务招待费、广告费和业务宣传费扣除限额基数的有(   )。

   A. 出售固定资产收入

   B. 销售材料收入

   C. 政策搬迁从政府部门取得搬迁补偿收入

   D. 自产货物用于捐赠而确认的视同销售收入

   E. 包装物出租收入

9. 企业所得税的税前扣除项目中，可以按照实际发生额从应税收入中扣除的有(   )。

   A. 存货跌价准备   B. 银行罚息

   C. 融资租赁费用   D. 财产保险费

   E. 支付给商贸企业的利息支出

10. 下列关于企业手续费及佣金支出税前扣除的规定，表述正确的有(   )。

   A. 保险企业按当年全部保费收入扣除退

保金等后余额的 18% 计算扣除限额

B. 除委托个人代理外，企业以现金等非转账方式支付的手续费及佣金不得在税前扣除

C. 其他非保险企业，按与具有合法经营资格中介服务机构或个人(不含交易双方及其雇员、代理人和代表人等)所签订服务协议或合同确认的收入金额的 5% 计算扣除限额

D. 企业为发行权益性证券支付给有关证券承销机构的手续费及佣金不得在税前扣除

E. 企业可以将手续费及佣金计入进场费等费用扣除

11. 下列关于企业所得税税前扣除的表述，正确的有(   )。

A. 符合条件的广告费和业务宣传费支出，不超过当年销售(营业)收入 15% 的部分，准予扣除

B. 烟草企业的烟草广告费用和业务宣传费用支出，一律不得税前扣除

C. 一般企业发生的职工教育经费在工资总额 8%(不含)以内的，准予扣除

D. 纳税人用于公益救济性捐赠，在年度利润总额 12% 以内的部分，准予扣除

E. 向投资者支付的股息、红利等权益性投资收益款项不允许税前扣除

12. 企业 2019 年度下列事项的涉税处理符合企业所得税相关法规的有(   )。

A. 摊派支出可以税前扣除

B. 企业所得以人民币以外的货币计算的，预缴企业所得税时，按照月份或者季度第一日的人民币汇率中间价，折合成人民币计算应纳税所得额

C. 小型微利企业的标准是年度应纳税所得额不超过 20 万元

D. 资产损失在申报税前扣除时分为清单申报和专项申报

E. 某大型企业当期发生的符合规定的研究开发支出，费用化的，可以加计扣除

75%；形成无形资产的，按照无形资产成本的 175% 摊销

13. 关于企业所得税税前扣除的说法，符合现行税法规定的有(   )。

A. 酒类企业的广告费一律不得在企业所得税前扣除

B. 商业企业计提的存货跌价准备金允许在企业所得税前扣除

C. 酒店因客人住店刷信用卡向银行支付手续费 5 万元，可以在企业所得税前扣除

D. 企业以转账方式支付的手续费及佣金不得在企业所得税前扣除

E. 企业接受政府科技部门的资助(不征税收入)进行技术开发，发生的技术开发费不能享受在企业所得税前加计扣除的优惠

14. 下列关于研发费用的税收政策表述，正确的有(   )。

A. 企业开发新技术、新产品、新工艺发生的研究开发费用允许加计扣除

B. 新产品设计费、新工艺规程制定费属于研发费用支出

C. 企业没有独立的研发部门，发生的研发费用不得享受加计扣除

D. 研发费用形成无形资产的，摊销年限均不得低于 10 年

E. 受托开发项目，受托方可以加计扣除

15. 企业发生的下列折旧，根据规定不得在税前扣除的有(   )。

A. 尚未投入使用的生产设备折旧

B. 经营租出的机械设备折旧

C. 企业总经理私家车折旧

D. 暂时不用的办公楼的折旧

E. 融资租入大型设备的折旧

16. 某税务师事务所在进行 2019 年企业所得税纳税审核过程中，发现下列涉税事项，企业的税务处理正确的有(   )。

A. 甲高新技术企业，由境内母公司(所得税率25%)投资200万元设立，该企业2019年从母公司借款500万元，按照金

融企业同期同类贷款利率6%，向母公司支付利息30万元，企业在计算企业所得税应税所得时将30万元全额扣除

B. 乙企业为经认定的技术先进型服务企业，企业在计算所得税时，适用20%的所得税税率

C. 丙汽车制造企业，2019年购进价值98万的设备同时用于研发和生产经营活动，企业一次性将98万元在计算应纳税所得额时扣除

D. 丁生物制造企业，2019年1月合并了A企业，形成商誉300万元，在计算2019年应纳税所得额时没有对该商誉进行摊销扣除

E. 戊企业为科技型中小企业，2019年开展研发活动中实际发生的研发费用150万，未形成无形资产计入当期损益，企业在计算应纳税所得额时加计扣除了75万元

17. 某生产企业填列2019年度《企业所得税年度纳税申报表（A类）》时，第1行"营业收入"应当包括以下（ ）内容。

A. 销售产品取得的收入

B. 对外投资的自产产品的公允价值

C. 出租房产取得的租赁收入

D. 转让旧设备取得的净收益

E. 专利权使用费收入

18. 某工业企业2019年：销售产品一批，取得收入800万元，成本500万元；以成本为500万元的产品与其他企业对外投资设立公司；将成本为20万元的产品发放给职工；将成本为50万元的产品用于与其他单位交换原材料；对外转让旧设备一台，转让收入150万元，设备净值为150万元，另依法缴纳相关税费10万元。产品适用增值税税率13%。则企业在填列企业所得税年度纳税申报表A102010《一般企业成本支出明细表》，下面处理正确的有（ ）。

A. 第1行"营业成本"填列1070万元

B. 第1行"营业成本"填列1420万元

C. 第16行"营业外支出"填列10万元

D. 第16行"营业外支出"填列5万元

E. 第17行"非流动资产处置损失"填列10万元

19. 企业所得税年度纳税申报表（主表）中的第3行"税金及附加"科目中反映的税金包括（ ）。

A. 甲企业销售自产货物缴纳的消费税

B. 乙商业企业出租土地使用权应缴纳的城建税和教育费附加

C. 丙银行购买土地支付的契税

D. 丁工业企业转让不动产应当缴纳的增值税

E. 戊公司签订销售合同缴纳的印花税

20. 某企业2019年会计账簿记录如下：为支付当期广告费从银行借入资金200万元，支付利息12万元；销售商品发生不含税运杂费20万元；购入材料发生不含税运费及装卸费35万元；企业管理部门办公费6万元；中介机构服务费30万元；董事会费40万元。企业填列《企业所得税年度纳税申报表（A类）》时处理正确的有（ ）。

A. "销售费用"应当填列200万元

B. "销售费用"应当填列220万元

C. "管理费用"应当填列46万元

D. "管理费用"应当填列76万元

E. 三项期间费用共计308万元

21. 下列关于特别纳税调整的说法，正确的有（ ）。

A. 外资股份低于50%且仅与境内关联方发生关联交易的，可免于准备同期资料

B. 预约定价安排应由县级以上的税务机关受理

C. 预约定价安排适用于主管税务机关向企业送达接收其谈签意向的《税务事项通知书》之日所属纳税年度起3至5个年度的关联交易

D. 预约定价安排的谈签将影响税务机关对企业提交预约定价安排正式书面申请

当年或以前年度关联交易的转让定价调查调整

E. 参与方使用成本分摊协议所开发或受让的无形资产可以在税前扣除另行支付的特许权使用费

22. 下列各项中，应当自行申报纳税的有( )。

A. 取得综合所得需要办理汇算清缴

B. 取得应税所得没有扣缴义务人

C. 取得境外所得

D. 因移居境外注销中国户籍

E. 年所得 15 万元的纳税人

23. 在确定综合所得的年收入额时，下列说法正确的有( )。

A. 劳务报酬所得，每次收入不超过 4000 元的，允许减除 800 元的费用

B. 劳务报酬所得以收入减除 20% 的费用后的余额为收入额

C. 稿酬所得以收入减除 20% 的费用后的余额为收入额，稿酬所得的收入额减按 70% 计算

D. 特许权使用费所得以收入减除 20% 的费用后的余额为收入额

E. 特许权使用费所得以收入全额为收入额

24. 在计算综合所得的应纳税所得额时，专项附加扣除包括( )。

A. 子女教育支出

B. 大病医疗支出

C. 住房贷款利息支出

D. 赡养老人支出

E. 职工个人缴纳的三险一金

25. 关于综合所得汇算清缴的说法，正确的有( )。

A. 从两处以上取得综合所得，且综合所得年收入额减除专项扣除的余额超过 6 万元的，需要办理汇算清缴

B. 纳税年度内预缴税额低于应纳税额的，需要办理汇算清缴

C. 纳税人申请退税的，需要办理汇算清缴

D. 居民个人需要办理汇算清缴的，应当在取得所得的次年 1 月 1 日至 3 月 31 日内办理汇算清缴

E. 纳税人可以委托单位代为办理汇算清缴

26. 下列关于全年奖计算缴纳个人所得税的规定，正确的有( )。

A. 居民个人取得全年一次性奖金，在 2021 年 12 月 31 日前，不并入当年综合所得，以全年一次性奖金收入除以 12 个月得到的数额，按照综合所得的月度税率表，确定适用税率和速算扣除数，单独计算纳税

B. 居民个人取得全年一次性奖金，在 2021 年 12 月 31 日前，不并入当年综合所得，按照综合所得的年度税率表，确定适用税率和速算扣除数，单独计算纳税

C. 在 2021 年 12 月 31 日前，居民个人取得全年一次性奖金，也可以选择并入当年综合所得计算纳税

D. 自 2022 年 1 月 1 日起，居民个人取得全年一次性奖金，应并入当年综合所得计算缴纳个人所得税

E. 全年一次性奖金是否并入综合所得计算缴纳个人所得税由扣缴义务人决定

27. 关于企业年金个人所得税的征收管理规定，下列表述正确的有( )。

A. 个人取得单位支付的企业年金计入个人账户的部分作为工资薪金所得单独计算缴纳个人所得税

B. 个人按规定缴费的部分，在不超过本人缴费工资计税基数的 4% 标准内的部分，暂从个人当期的应纳税所得额中扣除

C. 单位按规定缴费部分，在计入个人账户时，个人暂不缴纳个人所得税

D. 年金基金投资运营收益分配计入个人账户时，个人暂不缴纳个人所得税

E. 个人领取年金时，应该并入综合所得

计算缴纳个人所得税

28. 关于实行查账征收办法的个人独资企业计算缴纳个人所得税，允许税前扣除的说法中，正确的有( )

    A. 企业从业人员的合理工资，税前扣除标准自2019年1月1日起调整为5000元/月

    B. 用于个人和家庭的支出不允许在税前扣除

    C. 实际发生的职工教育经费在工资、薪金总额2.5%的标准内据实扣除

    D. 实际发生的与生产经营活动直接相关的业务招待费，可以按实际发生额的40%扣除

    E. 实际发生的广告和宣传费不超过当年营业收入15%的部分据实扣除，超过部分，在以后年度结转扣除

29. 按现行个人所得税政策规定，下列表述正确的有( )。

    A. 合伙性质的律师事务所，比照"经营所得"应税项目征收个人所得税

    B. 律师事务所支付给非出资律师本人外的其他雇员律师的所得，按"工资、薪金所得"应税项目计征个人所得税

    C. 兼职律师从律师事务所取得的工资、薪金性质的所得，不再减除个人所得税法规定的费用扣除标准，以收入全额按"工资、薪金所得"应税项目计征个人所得税

    D. 律师以个人名义聘请其他人员为其工作而支付的报酬，应由该律师按"劳务报酬所得"应纳税项目负责代扣代缴个人所得税

    E. 律师从接受法律事务服务的当事人处取得的法律顾问费，按"特许权使用费所得"应税项目征收个人所得税

30. 2018年2月宋某被授予本公司(上市公司)股票期权，约定一年后可以行权，施权价1元/股，股票3万股。2019年3月份行权，股票当日收盘价7元/股。2019年11月，分配当年的红利，每股0.02元。2019年12月，宋某将行权后的股票出售。针对上述业务，下列说法正确的有( )。

    A. 接受该股票期权时，宋某无需缴纳个税

    B. 2019年3月份，行权时，宋某取得的所得应该并入综合所得缴纳个人所得税

    C. 2019年11月，取得分配的红利可以免税

    D. 2019年11月，取得分配的红利可以减按50%计入应纳税所得额

    E. 2019年12月，转让股票可以免个人所得税

31. 下列业务中，依据个人所得税法的规定，应当缴纳个人所得税的有( )。

    A. 国债持有期间取得的利息

    B. 国债转让所得

    C. 个人借款给企业取得的利息收入

    D. 行权前转让股票期权取得的收入

    E. 中国居民持有境内非上市公司股票取得的股息收入

32. 国内某作家将其小说委托国内一位翻译译成英文后送交国外出版商出版发行。作家与翻译就翻译费达成协议如下：小说出版后作者署名，译者不署名；作家分两次向该翻译支付翻译费，一次是译稿完成后支付10000元人民币，另一次是小说在国外出版后将收入的10%支付给译者。已知该作家从国外取得的收入是150000元。不考虑其他税费，则下列说法符合规定的有( )。

    A. 该作家的所得应当按照稿酬所得缴纳个人所得税

    B. 翻译人员的所得应当按照劳务报酬所得缴纳个人所得税

    C. 翻译人员的所得应当按照稿酬所得缴纳个人所得税

    D. 作家的所得属于境外的所得，不用缴纳个人所得税

    E. 应预扣预缴翻译人员个人所得税4000元

三、简答题

1. 某国有企业从政府部门取得下列财政拨款：

(1)300万元研发专项拨款，当年全部用于新产品设计费支出，在"管理费用—研发费用"科目单独核算归集；(2)5000万元环保资金拨款，不符合专项用途条件，企业按会计准则规定计入"递延收益"核算。根据上述事项，请回答下列问题：

(1)研发专项拨款如果作为不征税收入处理，根据现行规定应该同时符合哪些条件？

(2)将研发专项拨款作为应税收入处理，与作为不征税收入处理相比，哪种对企业有利，为什么？

(3)对于5000万元环保拨款而言，企业所得税法与会计在处理上存在什么差异？应如何调整？

2. 甲、乙公司均为境内居民企业，甲公司对乙公司投资700万元，持有乙公司35%的股份，并派人参与乙公司的经营决策。甲公司对此部分投资采用权益法核算。2019年6月30日乙公司董事会决定向全体投资者分配现金股利140万元，2019年度乙公司实现净利润200万元。

问题：

(1)作出甲公司上述事项的会计分录。

(2)假设没有其他长期股权投资项目，填写甲公司企业所得税年度纳税申报表A105030和A105000时，表中字母对应的金额分别为多少？

A105030

投资收益纳税调整明细表

行次	项 目	持有收益			处置收益							纳税调整金额
		账载金额	税收金额	纳税调整金额	会计确认的处置收入	税收计算的处置收入	处置投资的账面价值	处置投资的计税基础	会计确认的处置所得或损失	税收计算的处置所得	纳税调整金额	
		1	2	3 (2-1)	4	5	6	7	8 (4-6)	9 (5-7)	10 (9-8)	11 (3+10)
1	一、交易性金融资产											
2	二、可供出售金融资产											
3	三、持有至到期投资											
4	四、衍生工具											
5	五、交易性金融负债											
6	六、长期股权投资	A	B	C								
	……											

A105000

纳税调整项目明细表

行次	项 目	账载金额	税收金额	调增金额	调减金额
		1	2	3	4
1	一、收入类调整项目(2+3+…8+10+11)	*	*		
2	(一)视同销售收入(填写A105010)	*			*

续表

行次	项　　目	账载金额	税收金额	调增金额	调减金额
		1	2	3	4
3	（二）未按权责发生制原则确认的收入（填写 A105020）				
4	（三）投资收益（填写 A105030）	D	E	F	G
5	（四）按权益法核算长期股权投资对初始投资成本调整确认收益	*	*	*	
……	……				

3. 某居民企业 2019 年度"投资收益"账户借方发生额 300 万元，贷方发生额为 500 万元。税务师审核该企业的投资收益各明细核算及相关资料时发现：

(1)借方发生额由如下两部分组成：

①以 500 万元转让原持有 A 商场 5%的股份，这部分股权的投资成本为 550 万元；

②投资的 B 工厂 2018 年度发生经营亏损，按权益法核算应分担的份额为 250 万元，这部分投资的投资成本为 600 万元。

(2)贷方发生额由如下四部分组成：

①以 800 万元转让所持有 C 公司 10%的股权，这部分股权的投资成本为 600 万元；

②投资的 D 贸易公司清算注销，收回货币剩余资产 500 万元。对 D 贸易公司投资的原始计税基础为 400 万元，占有 30%股权；清算注销后，D 贸易公司累计未分配利润和累计盈余公积为 200 万元，其中 150 万为清算前形成，50 万为本次清算形成；

③对 E 外贸公司投资采取权益法核算，

2019 年度分享的份额为 160 万元，这部分投资的投资成本为 500 万元；

④2019 年 2 月以 8 元/股在二级市场购进 F 上市公司的流通股 200 万股（每股面值 1 元）。2019 年 6 月 F 上市公司股东大会决议，以股票溢价所形成的资本公积每 10 股转增股本 5 股；以未分配利润每 10 股现金分红 2 元，企业获现金分红 40 万元，计入"投资收益"。

问题：分别说明上述各项投资收益在 2019 年度企业所得税计算缴纳时应如何处理。

4. 拓展投资有限公司于 2009 年 8 月以 2000 万元货币资金投资成立了全资子公司凯旋特种器材贸易公司。后因拓展投资有限公司经营策略调整，拟于 2019 年 3 月终止对凯旋特种器材贸易公司的投资。经对有关情况的深入调查，税务师了解到：

(1)终止投资时，凯旋特种器材贸易公司资产负债表显示如下：

资产	期末数	负债及所有者权益	期末数
流动资产	6000	流动负债	1000
其中：货币资金	6000	其中：短期借款	1000
长期投资	0	长期负债	0
固定资产	0	所有者权益	5000
其他资产	0	其中：实收资本	2000
		盈余公积	500
		未分配利润	2500
资产总计	6000	负债及所有者权益总计	6000

(2)拓展投资有限公司终止投资有三种初步方案，具体情况为：

①注销方案：注销凯旋特种器材贸易公司，支付从业人员经济补偿金及清算费用合计 100 万元，偿还短期价款 1000 万元后，收回货币资金 4900 万元；

②股权转让方案：以 5000 万元价格转让凯旋特种器材贸易公司的股权；

③先分配后转让股权方案：先将未分配利润 2500 万元收回，然后以 2500 万元价格转让凯旋特种器材贸易公司的股权。

假定上述三种方案都可行，其他情况都一致，拓展投资有限公司没有可税前弥补的亏损。

要求：

(1)拓展投资有限公司三种终止投资方案企业所得税应如何处理？

(2)分别计算拓展投资有限公司三种终止投资方案实施后的税后净利润，判断企业应选择的方案。

5. A 公司 2019 年已经计入成本费用的实发工资总额为 420 万元，职工工会经费 6 万元、支出职工福利费 64 万元、职工教育经费 14 万元，上交的工会经费未取得工会经费缴款收据。

除上述已经计入成本费用的工资外，公司 2016 年 3 月制定股权激励方案，授予管理人员股票期权，行权期限为 3 年，约定到期可以按 1 元/股的价格购买公司的股票。2019 年 3 月，公司股票价格上涨到 10 元/股，副总经理李某行权 5 万股。

根据上述资料，请回答下列问题：

(1)计算该企业工资薪金及三项经费需要调整的金额。

(2)副总经理李某行权时，需要缴纳多少个人所得税？

6. 某环境污染治理企业转让污染治理专利技术，取得不含增值税收入 2000 万元，同时出售污染治理设备，取得不含增值税收入 500 万元。转让专利技术的成本为 600 万元，相应的进项税额为 80 万元，污染治理设备的成本为 400 万元。

请回答下列问题：

(1)该企业可以享受哪些税收优惠？

(2)可以享受到多少优惠金额？

7. 张欣 2019 年 2 月准备创业，开设一家小型咨询公司，为了解税收政策，前往聚成税务师事务所咨询，国家对于小型企业在税收政策方面有哪些优惠？

8. 2019 年，A 公司为了扩大规模，贯通产业链条，计划收购下游 B 公司的全资子公司 C 公司 80%股权，A 公司股东大会决议向 B 公司定向增发股票 3000 万股，每股增发价格为 3 元，同时 A 公司向 B 公司支付现金 1000 万元。A 公司和 B 公司为非同一控制下的独立交易方。C 公司共有股权 2500 万股，假定收购日 C 公司每股资产的计税基础为 4 元，每股资产的公允价值为 5 元。交易各方承诺股权收购完成后 12 个月内不改变原有经营活动。如果符合特殊性税务处理的条件，则选择适用特殊性税务处理。

要求：

(1)计算 A 公司、B 公司取得股份的计税基础。

(2)简要分析 B 公司、C 公司的税务处理。

9. 绿都商贸股份有限公司(以下简称绿都商贸)是一家集室内空气加湿、净化、新风换气为一体的人工环境工程公司。随着人们对室内环境指数的要求提高，传统环境工程的发展相对缓慢，为了提高环境工程技术，绿都商贸决定研发净化、加湿、换气为一体的高端设备，该研发项目需要投入大量的资金，为了筹措研发资金，2019 年 1 月 1 日，向其股东新能公司借款 5000 万元，借款年利率为 8%，期限 1 年；向无关联关系的自然人张某借款 200 万元，年利率 10%，期限 1 年。上述借款均签订借款合同，利息按年支付。

绿都商贸 2019 年平均所有者权益金额为

1000万元，其中实收资本为1000万元，资本公积为100万元，盈余公积为50万元，未分配利润为-150万元。已知绿都商贸、新能公司均为非金融企业，银行同期同类贷款年利率为6%。

要求：

（1）针对上述企业关联方借款，判断2019年12月31日绿都商贸支付新能公司的债务利息是否可以税前扣除。若能扣除，计算其可以税前扣除的利息支出金额。

（2）针对上述向自然人的借款，判断2019年12月31日绿都商贸支付给张某的债务利息是否可以税前扣除。若能扣除，计算其可以税前扣除的利息支出金额。

10. 某上市公司高级工程师王先生，2019年度取得个人收入项目如下：

（1）每月应发工资35000元，单位为其缴纳"五险一金"5000元，单位从其工资中代扣代缴"三险一金"3000元，12月取得年终奖180000元。

（2）从1月1日起出租两居室住房用于居住，扣除相关税费后的每月租金所得为6000元，全年共计72000元。

（3）2月8日对2016年1月公司授予的股票期权30000股行权，每股施权价8元，行权当日该股票的收盘价为15元。

（4）10月26日通过拍卖市场拍卖祖传字画一幅，拍卖收入56000元，不能提供字画原值凭据。

（5）11月因实名举报某企业的污染行为获得当地环保部门奖励20000元，同时因其参与的一项技术发明获得国家科技进步二等奖，分得奖金50000元。

其他相关资料：（1）上述所得是王先生2019年的全部所得，王先生无其他所得。（2）王先生的家庭情况为：王先生有1个儿子正在上初中，王先生是家中的独生子，其父母现在均是80岁高龄；（3）王先生与爱人于2015年购买了首套住房，

每月还贷利息支出800元。（4）由于王先生收入较高，夫妻双方约定，由王先生扣除子女教育、住房贷款利息支出等项目。

要求：根据以上材料，按照下列序号计算回答问题，如有计算需计算出合计数。

（1）如果全年奖不并入综合所得计算纳税，计算单位在支付全年工资所得和年终奖应预扣预缴的个人所得税。

（2）不考虑其他税费，计算出租两居室住房取得的租金收入应缴纳的个人所得税。

（3）计算股票期权所得应缴纳的个人所得税。

（4）计算拍卖字画收入应缴纳的个人所得税。

（5）回答王先生11月获得的奖金应如何缴纳个人所得税并简要说明理由。

（6）2019年度终了，王先生是否需要汇算清缴？为什么？如果需要汇算清缴，王先生需要补退多少个人所得税？

11. 某拟上市公司为了稳定队伍，2019年度综合考虑相关人员的工作年限、职称、职务及能力等因素后，出台了如下三项激励措施：

（1）给在公司五年以上的员工办理补充养老保险、补充医疗保险；

（2）根据出资多少，给原出资的股东各购置面积不等的住宅一套，并将产权办到其本人名下；给非股东的副总经理以上员工，各购置一辆小轿车，并将产权办到其个人名下；

（3）对在公司工作十年以上的员工给予一定份额的股票期权，承诺在公司股票上市流通日，由公司以每股高出当日开盘价2元的价格回购。

上述各项激励措施涉及的企业所得税和个人所得税应如何处理？

12. 某个人独资企业2019年发生下列费用：

（1）企业部门经理、销售人员的工资；

（2）投资人居住房与办公房共用的电费、

通讯费等难以划分的支出；

（3）该企业发生的广告和业务宣传费用；

（4）投资者的个人工资。

请判断上述费用是否可以在缴纳个人所得税时税前扣除？若能扣除，其标准是如何规定的？

四、综合分析题

1. 甲公司以境内、境外全部生产经营活动有关的研究开发费用总额、销售收入总额、高新技术产品收入等指标申请并经认定为高新技术企业，属于增值税一般纳税人（假设该企业的增值税税率均为13%）。2019年度相关生产经营资料如下：

（1）甲公司坐落在某市区，全年实际占用土地面积共计500000平方米，其中：公司办的幼儿园占地3000平方米，厂区内道路及绿化占地4000平方米，经营门市部占地5000平方米，生产经营场所占地488000平方米。

（2）甲公司当年固定资产原值共计12000万元，其中：房产原值8000万元，机器设备及其他固定资产原值4000万元。7月1日将房产原值800万元的办公楼出租给某企业作经营用房，出租期限3年，不含增值税租金共计720万元，每个季度不含税租金60万元，在租用期的当季收取当季的租金（办公楼已经购入多年，出租选择简易办法缴纳增值税）。

（3）公司拥有乘用车20辆，整备质量为4吨的货车50辆。乘用车年基准税额为500元，货车整备质量每吨年单位税额为80元。

（4）当年实现不含税销售额共计8000万元，取得含税的送货运费收入56.5万元（和货物销售额统一定价，未分别核算）；购进原材料，取得防伪税控增值税专用发票上注明购货金额5176.5万元，进项税额672.95万元；另支付销售货物的不含税运费20万元，取得一般纳税人运输企业开具的增值税专用发票。国庆节前，将自产产品作为福利发放给本公司每位员工，每人

一套，市场含税零售价每套113元，成本正常结转。全年扣除的产品销售成本3000万元。2019年底，支付税控系统的技术维护服务费用价税合计300元。

（5）"投资收益"账户记载：购买国债到期兑付取得利息收入48万元，国家重点建设债券到期兑付取得利息收入14万元。境外分回的投资收益900万元，境外当地的所得税税率为10%。

（6）发生财务费用220万元；其中包含与某商业银行借款1200万元（借期一年），支付的银行贷款利息60万元；当年1月1日向乙企业借款2000万元（借期一年），支付的年利息140万元，（乙为甲的关联企业，权益性投资800万，甲无法提供资料证明其借款活动符合独立交易原则）以及因逾期归还贷款支付的银行罚息20万元。

（7）发生管理费用400万元，其中包括业务招待费60万元和新产品开发费用120万元。

（8）发生不含税广告费740万元，取得增值税专用发票，业务宣传费用60万元，代销手续费5万元。

（9）公司本年度在册员工500人，全年计入成本、费用中的实发工资总额800万元（其中包括支付本企业残疾职工工资60万元），拨缴职工工会经费18.40万元，实际列支职工福利费122.80万元和职工教育经费69.50万元，能提供工会经费拨缴款专用收据。

（10）营业外支出实际发生额60万元，其中包括非广告性赞助25万元和直接向某少年宫的捐款10万元。

（11）欠乙公司货款35万元。由于甲公司资金周转出现暂时的困难，短期内不能支付已于2019年3月1日到期的货款。2019年5月1日，经双方协商，乙公司同意甲公司以其生产的产品偿还债务并豁免剩余债务。该批产品的公允价值为20万元

(不含增值税)，实际生产成本为 12 万元，企业做了如下的会计处理：

借：应付账款　　　　　　　120000

　　贷：库存商品　　　　　　　120000

(12)甲企业于 6 月初购置《节能节水专用设备企业所得税优惠目录》所列的节能节水专用设备一台，取得的防伪税控增值税专用发票上注明价款 300 万元，增值税款 39 万元。当月投入使用，进项税额已按规定申报抵扣，并已按规定计提折旧费用。

(13) 2016 年度甲企业发生了实际损失 500 万元，但因某种原因未能在当年所得税前扣除，2019 年经税务机关批准允许税前扣除。甲企业 2016 年至 2018 年应纳税所得额分别为 100 万元、150 万元和 300 万元。

其他相关资料：城镇土地使用税每平方米单位税额 2 元；房产税计算余值时的扣除比例 20%；企业未核算房产税、土地使用税和车船税；相关票据在规定期限内均通过主管税务机关认证；假定 2019 年度账务尚未最终结账，企业损益科目年结转；外购设备未选择加速折旧政策。

要求：根据以上资料，按照下列序号计算回答问题，每问需计算合计数。

(1)计算甲公司全年应缴纳的城镇土地使用税、房产税和车船税。

(2)计算甲公司全年应缴纳的增值税。

(3)计算甲公司全年应缴纳的城市维护建设税、教育费附加和地方教育附加。

(4)分析甲公司用自产产品偿债的处理是否正确，如果不正确，如何进行会计调整。

(5)计算甲公司 2019 年的会计利润。

(6)计算甲公司财务费用应调整的应纳税所得额。

(7)计算甲公司管理费用应调整的应纳税所得额(包括对计划开发费用的加计扣除)。

(8)计算甲公司销售费用应调整的应纳税

所得额。

(9)计算甲公司工资薪金及附加"三费"应调整的应纳税所得额。

(10)计算甲公司营业外支出应调整的应纳税所得额。

(11)计算甲公司 2019 年度应纳的企业所得税。

(12)计算甲公司 2019 年度应补(退)的企业所得税。

2. 位于市区的某软件生产企业，经批准实行增值税即征即退政策(企业将退还的税款用于扩大再生产)，企业执行企业会计准则，主要开发和销售动漫软件，拥有固定资产原值 6500 万元，其中房产原值 4000 万元，2019 年发生以下业务：

(1)销售软件产品给某销售公司，开具增值税专用发票，按销售合同约定全年取得不含税销售额 7000 万元；为生产软件产品购进原材料，合同全年不含税金额 3500 万元，取得增值税专用发票，发票上注明货款金额 3500 万元、增值税额 455 万元。全年各月购销业务均衡发生，购销合同均于每月月末签订。

(2)投资收益共 30 万元，全部为国债利息收入。

(3)企业全年销售软件产品应扣除的销售成本 4000 万元。

(4)全年发生销售费用 1500 万元，其中广告费用 1200 万元，按销售收入 10%计提并支付给某中介机构的佣金 300 万元。

(5)全年发生管理费用 700 万元(其中业务招待费用 60 万元，符合条件的新技术研究开发费用 90 万元)。

(6)已计入成本、费用中的实际发生的合理工资费用 400 万元，实际拨缴的工会经费 7 万元，实际发生的职工福利费用 60 万元，实际发生的职工教育经费 15 万元。为员工支付的补充养老保险金额为 29.4 万元。

(7)受外部环境因素的影响，企业持有的

原账面价值 300 万元的交易性金融资产，到 12 月底公允价值下降为 210 万元（企业以公允价值核算）。

（说明：当地政府确定计算房产余值的扣除比例为 20%，上年经税务机关核定未弥补亏损金额 102.9 万元，考虑地方教育附加，假设该企业的增值税税率均为 13%。）

次年初，企业聘请税务师审核 2019 年度纳税事项，发现以下问题：

（1）审核 8 月的 35 号凭证分录如下：

借：原材料　　　　　　　　600000

应交税费——应交增值税（进项税额）

　　　　　　　　　　　　　　78000

贷：资本公积　　　　　　　678000

经查为接受捐赠原材料，受赠原材料不用于软件生产，用于其他生产经营活动，计入资本公积核算。企业取得捐赠方开具的增值税专用发票，注明货款金额 60 万元、增值税额 7.8 万元，企业已认证抵扣。

（2）企业尚未核算各项税收。

要求：作为税务师帮助企业计算各项税款，并填列企业所得税申报表。

中华人民共和国企业所得税年度纳税申报表（A 类）

行次	类别	项目	金额
1	利润总额计算	一、营业收入（填写 A101010\101020\103000）	
2		减：营业成本（填写 A102010\102020\103000）	
3		税金及附加	
4		销售费用（填写 A104000）	
5		管理费用（填写 A104000）	
6		财务费用（填写 A104000）	
7		资产减值损失	
8		加：公允价值变动收益	
9		投资收益	
10		二、营业利润（1-2-3-4-5-6-7+8+9）	
11		加：营业外收入（填写 A101010\101020\103000）	
12		减：营业外支出（填写 A102010\102020\103000）	
13		三、利润总额（10+11-12）	
14	应纳税所得额计算	减：境外所得（填写 A108010）	
15		加：纳税调整增加额（填写 A105000）	
16		减：纳税调整减少额（填写 A105000）	
17		减：免税、减计收入及加计扣除（填写 A107010）	
18		加：境外应税所得抵减境内亏损（填写 A108000）	
19		四、纳税调整后所得（13-14+15-16-17+18）	
20		减：所得减免（填写 A107020）	
21		减：弥补以前年度亏损（填写 A106000）	
22		减：抵扣应纳税所得额（填写 A107030）	
23		五、应纳税所得额（19-20-21-22）	

续表

行次	类别	项目	金额
24		税率(25%)	
25		六、应纳所得税额(23×24)	
26		减：减免所得税额(填写 A107040)	
27		减：抵免所得税额(填写 A107050)	
28		七、应纳税额(25-26-27)	
29	应纳税额计算	加：境外所得应纳所得税额(填写 A108000)	
30		减：境外所得抵免所得税额(填写 A108000)	
31		八、实际应纳所得税额(28+29-30)	
32		减：本年累计实际已预缴的所得税额	
33		九、本年应补(退)所得税额(31-32)	
34		其中：总机构分摊本年应补(退)所得税额(填写 A109000)	
35		财政集中分配本年应补(退)所得税额(填写 A109000)	
36		总机构主体生产经营部门分摊本年应补(退)所得税额(填写 A109000)	

3. 某市 A 房地产开发有限公司，开发建设"美丽园"居住小区项目，开发的商品房可销售面积为 10 万平方米。

2018 年 5 月取得房屋预售许可证，当年取得含税预售款 4200 万元(不含增值税预售收入 4000 万元)，按预售收入缴纳增值税 120 万元(简易计税方法)、税金及附加 14.4 万元(城建税税率 7%，教育费附加及地方教育附加 5%)，按预售收入预缴土地增值税 80 万元(预征率 2%)。当年发生管理费用 100 万元，其中业务招待费 36 万元，当年发生销售费用 670 万元，其中广告费 620 万元，因扬尘被城管部门罚款 30 万元，当地主管税务机关规定开发产品商品房企业所得税预计计税毛利率为 15%，房地产开发企业预售款可以作为业务招待费和广告宣传费的基数。

2019 年 11 月项目完工但尚未交付业主，当年取得含税预售款 6300 万元(不含增值税预收款 6000 万，年末转营业收入)，共计预缴增值税 180 万元，城建及教育费附加 21.6 万元，预缴土地增值税 120 万元。当年

12 月将房屋交付业主，发生增值税纳税义务，缴纳增值税 200 万元，城建及教育费附加 24 万元，结转实现销售的商品房 5.2 万平方米，并将上年预收款结转营业收入 4000 万元，预收账款期末余额 0 万元。

企业根据有关合同和预算等资料，采取预提方法计入开发成本，至 2019 年底该项目开发成本账面金额合计为 7800 万元，并结转到完工产品成本，其中，出包合同总金额为 4600 万元，出包工程均已完工，已取得发票的 4120 万元，其余尚未取得发票。发生出包合同以外的开发成本 3200 万元，当年发生管理费用 120 万元，其中业务招待费 60 万元。当年发生销售费用 100 万元，其中广告费 24 万元。

根据上述资料，回答下列问题：

(1)计算 2018 年应纳所得税额。

(2)计算 2019 年可以扣除的计税成本。

(3)填报 2019 年度报表：A105010(视同销售和房地产开发企业特定业务纳税调整明细表)、A105060(广告费和业务宣传费跨年度纳税调整明细表)、A105000(纳税调

整项目明细表)、A100000(主表)。

A105010

视同销售和房地产开发企业特定业务纳税调整明细表(简表)

行次	项　　目	税收金额	纳税调整金额
21	三、房地产开发企业特定业务计算的纳税调整额(22-26)		
22	(一)房地产企业销售未完工开发产品特定业务计算的纳税调整额		
26	(二)房地产企业销售的未完工产品转完工产品特定业务计算的纳税调整额(28-29)		
27	1. 销售未完工产品转完工产品确认的销售收入		
28	2. 转回的销售未完工产品预计毛利额		
29	3. 转回实际发生的税金及附加、土地增值税		

A105060

广告费和业务宣传费跨年度纳税调整明细表(简表)

行次	项目	金额
1	一、本年广告费和业务宣传费支出	
2	减:不允许扣除的广告费和业务宣传费支出	
3	二、本年符合条件的广告费和业务宣传费支出(1-2)	
4	三、本年计算广告费和业务宣传费扣除限额的销售(营业)收入	
5	税收规定扣除率	
6	四、本企业计算的广告费和业务宣传费扣除限额(4×5)	
7	五、本年结转以后年度扣除额(3>6,本行=3-6;3≤6,本行=0)	
8	加:以前年度累计结转扣除额	
9	减:本年扣除的以前年度结转额[3>6,本行=0;3≤6,本行=8或(6-3)孰小值]	
12	七、本年广告费和业务宣传费支出纳税调整金额(3>6,本行=2+3-6+10-11;3≤6,本行=2+10-11-9)	
13	八、累计结转以后年度扣除额(7+8-9)	

A105000

纳税调整项目明细表(简表)

行次	项　　目	账载金额	税收金额	调增金额	调减金额
		1	2	3	4
1	一、收入类调整项目	*	*		
12	二、扣除类调整项目	*	*		
15	(三)业务招待费支出				*
16	(四)广告费和业务宣传费支出(A105060)	*	*		
29	(十六)其他				
30	三、资产类调整项目	*	*		

续表

行次	项　目	账载金额	税收金额	调增金额	调减金额
		1	2	3	4
35	四、特殊事项调整项目	*	*		
39	（四）房地产开发企业特定业务计算的纳税调整额（填写 A105010）	*			
43	合计	*	*		

A100000

中华人民共和国企业所得税年度纳税申报表（A 类）（简表）

行次	类别	项　目	金额
1	利润总额计算	一、营业收入	
2		减：营业成本	
3		税金及附加	
4		销售费用	
5		管理费用	
6		财务费用	
10		二、营业利润	
13		三、利润总额	
15	应纳税所得额计算	加：纳税调整增加额	
16		减：纳税调整减少额	
19		四、纳税调整后所得	
21		减：弥补以前年度亏损	
22		减：抵扣应纳税所得额（填写 A107030）	
23		五、应纳税所得额	
24	应纳税额计算	税率（25%）	
25		六、应纳所得税额（23×24）	

同步训练答案及解析

一、单项选择题

1. C 【解析】自 2018 年 1 月 1 日起，除另有规定外，企业发生的职工教育经费支出，不超过工资薪金总额 8% 的部分，准予扣除；超过部分，准予在以后纳税年度结转扣除。

2. C 【解析】国债利息收入 = 国债金额×（适用年利率÷365）×持有天数 = 100×（4.25%÷365）×183 = 2.13（万元）。

3. B 【解析】企业的不征税收入包括：（1）财政拨款；（2）依法收取并纳入财政管理的行政事业性收费、政府性基金；（3）国务院规定的其他不征税收入。选项 A，拨付时属于企业的负债，到期企业需偿还，不属于收入；选项 C、D 属于免税收入。

4. D 【解析】符合条件的非营利组织的收入作为免税收入，并不是所有的非营利组织的收入都可以作为免税收入处理。

5. B 【解析】退休职工的费用；被辞退职工的补偿金；职工劳动保护费；职工的病假、生育假、探亲假期间领取到的补助；职工的学习费；职工的伙食补助费（包括职工在企业的午餐补助和出差期间的伙食补助）以及企业发给员工的年货、过节费、节假日物资及组织员工旅游支出等都不属于职工福利费的开支范围。

6. D 【解析】根据税法的规定被投资企业将股权（票）溢价所形成的资本公积转为股本的，不作为投资方企业的股息、红利收入，投资方企业也不得增加该项长期投资的计税基础，所以选项D正确。

7. B 【解析】销售商品涉及现金折扣的，应当按扣除现金折扣前的金额确定销售商品收入金额。业务招待费扣除限额：$2000×0.5\%=10$（万元），$30×60\%=18$（万元），按10万元扣除。广告费和业务宣传费扣除限额：$2000×15\%=300$（万元），按300万元扣除。合计$=10+300=310$（万元）。

8. A 【解析】纳税人在生产、经营期间，向金融机构借款提取利息支出，按照实际发生数扣除；向非金融机构借款的利息支出，不高于按照金融机构同类、同期贷款利率计算的数额以内的部分，准予扣除。允许扣除的利息支出$=5+50×（5÷200）×12÷6=7.5$（万元）。

9. A 【解析】按企业所得税法的规定下列固定资产不得计算折旧扣除：房屋、建筑物以外未投入使用的固定资产；以经营租赁方式租入的固定资产；以融资租赁方式租出的固定资产；已足额提取折旧仍继续使用的固定资产；与经营活动无关的固定资产；单独估价作为固定资产入账的土地；其他不得计算折旧扣除的固定资产。

10. B 【解析】罚款、滞纳金、被没收财物的损失，在企业所得税前不得扣除。

11. D 【解析】以非货币性资产投资入股，应按公允价值计算缴纳增值税；非房地产开发企业在改制重组中以房地产投资入股，暂不缴纳土地增值税；非货币性资产转让所得可在不超过5年期限内，分期均匀计入相应年度的应纳税所得额，按规定计算缴纳企业所得税。

12. D 【解析】该企业当年境内外应纳税所得额$=33000+1600+400=35000$（万元）

日本分支机构在境外实际缴纳的税额$=1000×20\%+600×30\%=380$（万元）

日本扣除限额$=1600×25\%=400$（万元），实际可以扣除380万元。

美国分支机构在境外实际缴纳的税额$=300×30\%+100×20\%=110$（万元）

美国扣除限额$=400×25\%=100$（万元），实际可以扣除100万元。

全年应纳税额$=35000×25\%-380-100=8270$（万元）。

13. C 【解析】在企业所得税纳税申报表《纳税调整项目明细表》中，业务招待费支出属于扣除类调整项目。

14. B 【解析】该外国常驻代表机构收入不能准确核算，应按照经费支出核定应纳税所得额缴纳企业所得税。

其经费支出额$=100+40=140$（万元）；收入额$=140÷（1-15\%）=164.71$（万元）；应纳企业所得税税额$=164.71×15\%×25\%=6.18$（万元）。

15. C 【解析】第1行"营业收入"：填报纳税人主要经营业务和其他经营业务取得的收入总额。本行根据"主营业务收入"和"其他业务收入"科目的数额计算填报，即以会计口径为准。外购的货物用于捐赠和用于交际应酬，会计上不确认收入，应作为视同销售收入，不计入"营业收入"栏目。第1行"营业收入"$=7900+2260÷（1+13\%）+100=10000$（万元）。

16. C 【解析】企业所得税税收优惠"符合条件的技术转让所得"项目中，不超过

500万元的部分免征企业所得税，超过500万元的部分减半征收。

17. D 【解析】第27行"抵免所得税额"：填报纳税人购置用于环境保护、节能节水、安全生产等专用设备的投资额，其设备投资额的10%可以从企业当年的应纳所得税额中抵免；当年不足抵免的，可以在以后5个纳税年度结转抵免。

18. C 【解析】2013年亏损应在2014~2018年进行弥补，2015年的亏损应在2016~2020年进行弥补，2018年弥补了2013年的亏损后，尚余40-6-7-7-7=13（万元）的亏损税前不得弥补，应该用税后利润弥补，2019年的应纳企业所得税=（10-6）×25%=1（万元），企业应申请退还企业所得税2.5-1=1.5（万元）。

19. B 【解析】该企业弥补亏损后应纳税所得额为290万元，未超过300万元；资产总额未超过5000万元，从业人数未超过300人，符合小型微利企业的条件，应纳税额=100×25%×20%+（290-100）×50%×20%=24（万元）。

20. B 【解析】若一方通过中间方对另一方间接持有股份，只要一方对中间方持股比例达到25%以上，则一方对另一方的持股比例按照中间方对另一方的持股比例计算。A公司持有B公司50%的股份，B公司持有C公司40%的股份，则相当于A公司持有C公司40%股份，则两者具有关联关系。

21. D 【解析】应纳税额=[280000-280000×（1-20%）]×25%=14000（元）

22. B 【解析】预约定价安排包括单边、双边和多边三种类型。

23. C 【解析】销售给非关联企业的单价=2000000÷1000=2000（元），销售给关联企业的单价=1500000÷1500=1000（元），根据可比非受控价格法，税务机关可以比照2000元/件的价格调整其销售给关联企业的销售价格，向关联企业销售额=

1500×2000=3000000（元），企业少申报3000000-1500000=1500000（元），应补征所得税=1500000×25%=375000（元），应加收利息=375000×（7.47%+5%）÷365×380=48684.25（元）。

【思路点拨】税务机关依照规定进行纳税调整后，需要补征税款的，应当补征税款，并按照国务院规定加收利息。应当对补征的税款，自税款所属纳税年度的次年6月1日起至补缴税款之日止的期间，按日加收利息。加收的利息，不得在计算应纳税所得额时扣除。利率，应当按照税款所属纳税年度中国人民银行公布的与补税期间同期的人民币贷款基准利率加5个百分点计算。

24. C 【解析】选项C，自2017年1月1日起，企业可以选择按国（地区）别分别计算[即"分国（地区）不分项"]，或者不按国（地区）别汇总计算[即"不分国（地区）不分项"]其来源于境外的应纳税所得额，如果企业选择后者，则可以相互弥补亏损。

25. A 【解析】对职工个人以股份形式取得的企业量化资产参与企业分配而获得的股息、红利以及参加企业集资而取得的利息收入，征收个人所得税。

26. A 【解析】选项B，属于免税收入；选项C、D，属于专项附加扣除。

27. A 【解析】只有纳税人子女在中国境外接受教育的，纳税人才需要留存境外学校录取通知书、留学签证等相关教育的证明资料备查；如果在境内接受教育，无需留存资料备查。

28. D 【解析】特许权使用费所得预扣预缴时适用20%的比例预扣率。

29. C 【解析】商数=150000/12=12500（元），适用税率20%，速算扣除数1410元，应纳税额=150000×20%-1410=28590（元）。

30. D 【解析】纳税人在2019年度已依法预

缴个人所得税且符合下列情形之一的，无需办理年度汇算：

(1)纳税人年度汇算需补税但年度综合所得收入不超过12万元的；

(2)纳税人年度汇算需补税金额不超过400元的；

(3)纳税人已预缴税额与年度应纳税额一致或者不申请年度汇算退税的。

31. D 【解析】员工将行权后的股票再转让时获得的高于购买日公平市场价的差额，应按照"财产转让所得"，而非工资薪金所得适用的征免规定计算缴纳个人所得税。

32. D 【解析】选项A，企业发生的职工教育经费、职工福利费扣除比例分别是2.5%、14%；选项B，投资者工资不得在税前扣除，职工工资可以在税前扣除；选项C，个人独资企业生产经营和投资者及其家庭生活共用的固定资产，难以划分的，由主管税务机关根据企业的生产经营类型、规模等具体情况，核定准予在税前扣除的折旧费用的数额或比例。

33. A 【解析】选项BCD按股息红利所得缴纳个人所得税。

34. D 【解析】员工为公司内部培训，取得讲课费，应按"工资薪金所得"计算缴纳个人所得税。

35. A 【解析】对个人投资者从上市公司取得的股息、红利所得，持股期限在1个月以上至1年的，暂减按50%计入个人应纳税所得额，依照现行税法规定计征个人所得税。个人所得税 = 10000÷10×3×1×50%×20% = 300(元)。

36. C 【解析】个人以非货币性资产投资，应于非货币性资产转让、取得被投资企业股权时，确认非货币性资产转让收入的实现。

37. A 【解析】选项A，个人独资企业向其从业人员实际支付的合理的工资、薪金支出，允许在税前据实扣除，并不存在

5000元的固定扣除标准。

二、多项选择题

1. AC 【解析】提供劳务所得按照劳务发生地确定所得来源地；股息所得按分配所得的企业所在地确定所得来源地；不动产转让所得按照不动产的所在地确定所得来源地。

2. CD 【解析】选项A，符合条件的小型微利企业取得所得，适用的税率为20%；选项B，经认证的新办软件企业的第三个获利年度取得的所得按照25%的法定税率减半征收企业所得税；选项E，适用的税率为25%。

3. ABDE 【解析】股权转让收入应于转让协议生效且完成股权变更手续时确认收入的实现。

4. BC 【解析】选项AD，企业所得税和增值税均无需视同销售；选项E，增值税需要视同销售，企业所得税无需视同销售。

5. ABCD 【解析】选项E，上市公司实行股权激励计划，等待期内会计计算确认的相关成本费用，不得在对应年度计算缴纳企业所得税时扣除。

6. ACE 【解析】差旅费津贴是企业员工为了企业的经营活动出差而发生的支出的补偿，不能算一种"福利"；组织员工旅游不属于职工福利费的范围。详情参考国税函〔2009〕3号文件。

7. ACD 【解析】选项B，企业发生的符合条件的实际资产损失，在当年因某种原因未能扣除的，准予追补至该项损失发生年度扣除；选项E，上市公司实施股权激励计划，凡实施后立即可以行权的，可以根据实际行权时该股票的公允价格与激励对象实际行权支付价格的差额和数量，计算确定作为当年上市公司工资薪金支出，依照税法规定进行税前扣除。

8. BDE 【解析】计算业务招待费、广告费和业务宣传费扣除限额的基数是主营业务收入、其他业务收入和视同销售收入之

和。出售固定资产收入和政策搬迁从政府部门取得搬迁补偿收入不在此列。

9. BD 【解析】选项 A 不得在税前扣除；选项 C，应该分期计提折旧在税前扣除，而不是一次性扣除；选项 E，非金融企业向非金融企业借款的利息支出，不超过按照金融企业同期同类贷款利率计算的数额的部分可据实扣除，超过部分不许扣除。

10. ABCD 【解析】企业不得将手续费及佣金支出计入回扣、业务提成、返利、进场费等费用。

11. ABDE 【解析】企业发生的职工教育经费不超过工资总额 8%（含）的，准予扣除，这里含 8%，选项 C 的表述不符合规定。

12. DE 【解析】摊派支出不得在税前扣除，因此选项 A 错误；预缴所得税时，应该按照月份或季度最后一日的人民币汇率中间价折算成人民币，因此选项 B 错误；2019 年 1 月 1 日至 2021 年 12 月 31 日之间，小型微利企业的标准是年度应纳税所得额不超过 300 万元，因此选项 C 错误。

13. CE 【解析】酒类产品的广告费支出不超过销售（营业）收入 15% 的允许在税前扣除，因此选项 A 错误；除金融、保险、证券、中小企业信用担保等行业外，准备金不得在税前扣除，因此选项 B 错误；企业以转账方式支付给中介机构的手续费及佣金可以在企业所得税前扣除，如果是支付给中介个人的手续费及佣金，可以以现金方式支付，因此选项 D 错误。

14. AB 【解析】选项 C，企业没有独立的研发部门，应对研发费用和生产经营费用进行分开核算，准确合理的计算各项研发费用支出，划分不清的，不得加计扣除；选项 D，研发费用形成无形资产的，摊销年限一般不得低于 10 年，法律另有规定的除外；选项 E，委托开发发生的研发费用，由委托方按规定加计扣除，受

托方不得再进行加计扣除。

15. AC 【解析】选项 A，房屋、建筑物以外未投入使用的固定资产折旧不得在税前扣除；选项 C，企业总经理私家车不属于企业的固定资产，不得计提折旧在税前扣除。

16. ACD 【解析】选项 A，虽然超过了关联债资比，但是由于甲企业的实际税负不高于境内母公司，其实际支付给境内母公司的利息支出，准予扣除；选项 B，经认定的技术先进型服务企业，减按 15% 的税率征收企业所得税；选项 C，企业在 2018 年 1 月 1 日至 2020 年 12 月 31 日期间新购进的设备、器具，单位价值不超过 500 万元的，允许一次性计入当期成本费用在计算应纳税所得额时扣除，不再分年度计算折旧；选项 D，外购商誉的支出，在企业整体转让或者清算时，才准予扣除；选项 E，企业开展研发活动中实际发生的研发费用，未形成无形资产计入当期损益的，在按规定据实扣除的基础上，按照实际发生额的 75% 在税前加计扣除。

17. ABCE 【解析】第 1 行"营业收入"：填报纳税人主要经营业务和其他经营业务取得的收入总额。本行根据"主营业务收入"和"其他业务收入"科目的发生额分析填列。选项 D 应当填入第 11 行"营业外收入"中。

18. ACE 【解析】第 1 行"营业成本" = 500+500+20+50 = 1070（万元）；第 16 行"营业外支出" = 10（万元）；第 17 行"非流动资产处置损失" = （150 + 10）- 150 = 10（万元）。

19. ABE 【解析】主表中的第 3 栏"税金及附加"根据会计上该科目的发生额分析填列。选项 C，应计入土地的成本；选项 D，企业销售不动产，应缴纳的增值税计入固定资产清理科目。

20. BDE 【解析】购入材料发生运费及装卸

费应当计入购入材料的成本。"销售费用"=200+20=220(万元)。"管理费用"=6+30+40=76(万元)。"财务费用"=12(万元)。三项期间费用合计=220+76+12=308(万元)。

21. AC 【解析】选项B,预约定价安排应由设区的市、自治州以上的税务机关受理;选项D,预约定价安排的谈签不影响税务机关对企业提交预约定价安排正式书面申请当年或以前年度关联交易的转让定价调查调整;选项E,参与方使用成本分摊协议所开发或受让的无形资产不需另支付特许权使用费,另行支付不得扣除。

22. ABCD 【解析】需要自行申报纳税的有:(1)取得综合所得需要办理汇算清缴;(2)取得应税所得没有扣缴义务人;(3)取得应税所得,扣缴义务人未扣缴税款;(4)取得境外所得;(5)因移居境外注销中国户籍;(6)非居民个人在中国境内从两处以上取得工资、薪金所得;(7)国务院规定的其他情形。

23. BCD 【解析】在计算综合所得的年收入额时,无论每次收入是否超过4000元,均按照下列规定计算:劳务报酬所得、稿酬所得、特许权使用费所得以收入减除20%的费用后的余额为收入额。稿酬所得的收入额减按70%计算。

24. ABCD 【解析】综合所得的专项附加扣除包括子女教育支出、继续教育支出、大病医疗支出、住房贷款利息支出、住房租金支出、赡养老人支出。选项E,职工个人缴纳的三险一金属于专项扣除。

25. ABCE 【解析】居民个人需要办理汇算清缴的,应当在取得所得的次年3月1日至6月30日内办理汇算清缴。

26. ACD 【解析】居民个人取得全年一次性奖金,在2021年12月31日前,不并入当年综合所得,以全年一次性奖金收入除以12个月得到的数额,按照综合所得的月度税率表,确定适用税率和速算扣除数,单独计算纳税,而不是按照年度税率表计算纳税。选项E,全年一次性奖金是否并入综合所得计算缴纳个人所得税由纳税人决定,而非由扣缴义务人决定。

27. BCD 【解析】企业年金的个人所得税计算中,就个人缴费的部分,在不超过本人缴费工资计税基数的4%标准内的部分,暂从个人当期的应纳税所得额中扣除;就单位缴费部分,在计入个人账户时,个人暂不缴纳个人所得税。选项E,个人领取年金时,不并入综合所得,全额单独计算应纳税款。

28. BCE 【解析】实际发放给从业人员的合理工资,允许据实扣除,因此选项A错误;实际发生的与生产经营活动直接相关的业务招待费,可以按实际发生额的60%扣除,但最高不能超过销售(营业)收入的15%,所以选项D错误。

29. ABCD 【解析】律师事务所从业人员的个税处理比较特殊,需要单独掌握。选项E,律师从接受法律事务服务的当事人处取得法律顾问费或其他酬金等收入,应并入其从律师事务所取得的其他收入,按照规定计算缴纳个人所得税。

30. ADE 【解析】选项B,居民个人取得股票期权、股票增值权、限制性股票、股权奖励等股权激励(以下简称股权激励),在2021年12月31日前,不并入当年综合所得,全额单独适用综合所得税率表,计算纳税。选项C,个人从公开发行和转让市场取得的上市公司股票,持股期限超过1年的,股息红利所得暂免征收个人所得税。持股期限在1个月以内(含1个月)的,其股息红利所得全额计入应纳税所得额;持股期限在1个月以上至1年(含1年)的,暂减按50%计入应纳税所得额;上述所得统一适用20%的税率计征个人所得税。

31. BCDE 【解析】个人取得的国债利息收

入免征个人所得税，国债转让所得没有免税规定。

32. ABE 【解析】小说出版后作者署名，译者不署名说明作者的所得属于稿酬所得，而翻译人员的所得属于劳务报酬所得，应预扣预缴翻译人员个人所得税 = （10000+150000×10%）×（1-20%）×20% = 4000（元）。

三、简答题

1. 【答案】

（1）从县级以上各级人民政府财政部门及其他部门取得的财政性资金，凡符合以下条件的，可以作为不征税收入，在计算应纳税所得额时从收入总额中减除：

①企业能够提供规定资金专项用途的资金拨付文件；

②财政部门或其他拨付资金的政府部门对该资金有专门的资金管理办法或具体管理要求；

③企业对该资金以及该资金发生的支出单独进行核算。

（2）作为应税收入有利。

如果作为不征税收入，则其成本费用不得税前扣除，而且不得加计扣除；

如果作为征税收入，不仅成本费用可以税前扣除，而且研发支出可以加计75%扣除，可以多扣除225万元，因此作为应税收入处理对企业更为有利。

（3）对于不符合专项用途的财政资金而言，税会差异主要体现在收入确认时间不同。

会计上对于与资产有关或与以后期间收益有关的政府补助，计入"递延收益"，之后逐期转入"营业外收入"；而税法则要求在收到拨款时一次性计入收入。因此在收到财政拨款时，应做纳税调增处理，等到会计上逐期转入"营业外收入"，再做纳税调减处理。

2. 【答案】

（1）

借：长期股权投资——成本　7000000

　　贷：银行存款　　　　　　7000000

借：应收股利　　　　　　490000

　　贷：长期股权投资——损益调整

　　　　　　　　　　　　　490000

借：长期股权投资——损益调整

　　　　　　　　　　　　　700000

　　贷：投资收益　　　　　700000

（2）

A、D：700000

B、E：490000

C：-210000

F：0

G：210000

3. 【答案】

（1）借方发生额。

①本业务中的50万元属于股权转让损失，申报后可以在企业所得税税前扣除。

②权益法核算的分担B工厂的250万元亏损不允许在投资方企业所得税前扣除，应纳税调增；被投资企业可以用以后5个纳税年度实现的盈利弥补自己的亏损。

（2）贷方发生额。

①本业务中的200万元股权转让所得属于企业的所得，应该缴纳企业所得税。

②从D公司收回的剩余资产500万元，应分解为三部分：

a. 投资成本的收回：400万元

b. 股息所得：200×30% = 60（万元），由于持股比例30%，应采用权益法核算，本期应该调增应纳税所得额150×30% = 45万元——为权益法核算形成的暂时性差异的纳税调增；之后因居民企业之间的投资收益免征企业所得税，再纳税调减60万元。

c. 资产转让所得：500-60-400 = 40（万元），并入应纳税所得额缴纳企业所得税。

③企业按权益法确认的160万元投资收益由于被投资方E公司尚未宣布分配，因此在税法上不确认为收入，在汇算清缴时需要纳税调减。

④转增股本和现金分红。

a. 被投资企业将股权(票)溢价所形成的资本公积转为股本的，不作为投资方企业的股息、红利收入，投资方企业也不得增加该项长期投资的计税基础；

b. 现金分红 40 万元。居民企业连续持有其他居民企业公开发行并上市流通的股票不足 12 个月取得的投资收益不属于免税收入，因此 40 万元分红收入应并入应纳税所得额征收企业所得税，无需纳税调整。

4. 【答案】

(1)拓展投资有限公司三种终止投资方案企业所得税分别做如下处理：

第一种方案：企业注销其子公司，其子公司需要办理企业所得税的清算。

①计算清算所得

清算所得=全部资产可变现价值或交易价格-资产的计税基础-清算费用、相关税费+债务清偿损益=6000(全部资产可变现价值)-6000(资产计税基础)-100(清算费用)=-100<0

无清算所得，凯旋特种器材贸易公司无需缴纳企业所得税。

②向股东分配剩余资产

可供分配的剩余资产=6000-100-1000=4900(万元)

会计新增留存收益=-100(万元)

【思路点拨】 新增留存收益等于净利润减去股利，净利润等于利润总额减去所得税费用，本题不涉及股利分配，应纳所得税为 0，企业清算递延所得税无法转回，所以也不考虑递延所得税，最后结果新增留存收益即利润总额，也就是清算费用-100。

a. 股息性所得=500+2500-100=2900(万元)，免税收入，不用缴纳企业所得税。

b. 投资资产转让所得或损失=(4900-2900)-2000=0(万元)

投资资产转让所得为 0，无需缴纳企业所得税。

第二种方案：企业转让股权

应纳企业所得税=(5000-2000)×25%=750(万元)

第三种方案：先分配后转让股权

境内子公司分回的股息红利所得属于免税收入，不用缴纳企业所得税。

企业转让股权，企业需要计算转让股权需缴纳的企业所得税。应纳企业所得税=(2500-2000)×25%=125(万元)。

(2)分别计算拓展投资有限公司三种终止投资方案实施后的税后净利润。

第一种方案：

税后净利润=4900-2000=2900(万元)

第二种方案：

税后净利润=5000-2000-750=2250(万元)

第三种方案：

税后净利润=2500+2500-2000-125=2875(万元)

所以，企业应选择第一种方案。

5. 【答案】

(1)计算该企业工资薪金及三项经费需要调整的金额。

①工资薪金调减应纳税所得额=(10-1)×50000=450000(元)=45(万元)

【思路点拨】 股权激励计划实施后，需要等待一定服务年限方可行权，等待期内会计上确认的成本费用不得扣除。按实际行权时的公允价格与行权支付价格的差额乘以数量，计算为行权当年公司薪金支出。

②工会经费未取得工会经费缴款收据，不得扣除，纳税调增 6 万元。

③职工福利费扣除限额=(420+45)×14%=65.1(万元)，实际发生 64 万元，准予据实扣除。

④职工教育经费扣除限额=(420+45)×8%=37.2(万元)，实际发生 14 万元，未超过扣除限额，无需纳税调整。

工资及三项经费合计纳税调整=-45+6=-39(万元)，即纳税调减 39 万元。

(2)股票期权的应纳税所得额=(10-1)×

50000＝450000(元)

适用税率30%，速算扣除数52920元。

应纳税额 = 450000 × 30% - 52920 = 82080(元)

6. 【答案】

(1)该企业可以享受的税收优惠包括：

①该企业可以享受企业所得税减税优惠：一个纳税年度内，居民企业转让技术所有权所得不超过500万元的部分，免征企业所得税；超过500万元的部分，减半征收企业所得税；

②技术转让免征增值税：试点纳税人提供技术转让、技术开发和与之相关的技术咨询、技术服务，免征增值税。

(2)可以享受到的优惠金额

①技术转让实际缴纳企业所得税 = [(2000-600)-500]×50%×25% = 112.5(万元)

技术转让可以享受企业所得税优惠金额 = (2000-600)×25%-112.5 = 237.5(万元)

②享受增值税优惠金额 = 2000×6% - 80 = 40(万元)

7. 【答案】

(1)增值税方面的优惠：对月销售额10万元以下(含本数)的增值税小规模纳税人，免征增值税。

(2)对小型微利企业年应纳税所得额不超过100万元的部分，减按25%计入应纳税所得额，按20%的税率缴纳企业所得税；对年应纳税所得额超过100万元但不超过300万元的部分，减按50%计入应纳税所得额，按20%的税率缴纳企业所得税。

小型微利企业的条件：从事国家非限制和禁止行业，且同时符合年度应纳税所得额不超过300万元、从业人数不超过300人、资产总额不超过5000万元等三个条件的企业。

(3)其他税种的优惠：由省、自治区、直辖市人民政府根据本地区实际情况，以及宏观调控需要确定，对增值税小规模纳税人可以在50%的税额幅度内减征资源税、城市维护建设税、房产税、城镇土地使用税、印花税(不含证券交易印花税)、耕地占用税和教育费附加、地方教育附加。

8. 【答案】

收购公司A公司购买的股权占被收购公司C公司全部股权的比例＝80%＞50%

收购公司在该股权收购发生时的股权支付金额占其交易支付总额比例 = 9000÷10000×100% = 90%＞85%；另外，此次收购具有合理的商业目的，交易各方承诺股权收购完成后12个月内不改变原有经营活动。所以A公司交易中的股权支付部分适用公司重组的特殊性税务处理。

(1)资产计税基础

①B公司(被收购公司的股东)就非股权支付(1000万元现金部分)确认所得 = (2500×80%×5 - 2500×80%×4)×1000÷10000 = 200(万元)

B公司取得收购公司股权的计税基础 = 2500×80%×4×9000÷10000 = 7200(万元)

②A公司(收购公司股东)取得被收购公司股权的计税基础 = 2500×80%×4×9000÷10000+1000 = 8200(万元)

(2)被收购公司B公司取得非股权支付的资产转让所得，应纳企业所得税 = 200×25% = 50(万元)。

C公司的相关所得税事项保持不变，但控股股东要进行变更税务登记。

9. 【答案】

(1)企业向其关联方的借款，同时受到借款本金的制约和利率的制约。支付给关联方的利息在不超过金融企业同期同类贷款利率和规定的关联方借款税前扣除的比例之内的部分可以扣除。

本金制约：不得税前扣除利息支出 = 年度实际支付的全部关联方利息×(1-标准比例÷关联债资比例)

关联债资比例 = (5000×12)÷(1100×12) = 4.55；不得扣除的利息支出 = 5000×6%×

$(1-2\div4.55)=168.13$（万元）；利率制约：不得扣除的利息支出$=5000\times(8\%-6\%)=100$（万元）。

合计不可税前扣除的利息支出$=168.13+100=268.13$（万元）

可以扣除的支付给新能公司的债务利息为131.87万元$(5000\times8\%-268.13)$。

（2）企业与无关联关系自然人之间有效的借款，其利息支出在不超过按照金融企业同期同类贷款利率计算的数额的部分，准予扣除。向张某的借款，税前可以扣除的债务利息为12万元$(200\times6\%)$，实际支付的利息为20万元$(200\times10\%)$，超过的8万元不允许税前扣除。

10.【答案】

（1）王先生全年综合所得的扣除金额$=(5000+3000+1000+1000+2000)\times12=144000$（元）

王先生综合所得的应纳税所得额$=35000\times12-144000=276000$（元）

由于单位正在支付工资时采用累计预扣法，因此单位在支付其工资时共计预扣预缴个人所得税$=276000\times20\%-16920=38280$（元）

全年奖：

商数$=180000/12=15000$（元）

找到适用税率20%，速算扣除数1410（元）。

全年奖预扣个人所得税$=180000\times20\%-1410=34590$（元）

合计预扣预缴个人所得税$=38280+34590=72870$（元）

（2）应缴纳的个人所得税$=6000\times(1-20\%)\times10\%\times12=5760$（元）

（3）股票期权的应纳税所得额$=(15-8)\times30000=210000$（元）

适用税率20%，速算扣除数16920元。

应纳个人所得税$=210000\times20\%-16920=25080$（元）

（4）应纳个人所得税$=56000\times3\%=1680$（元）

（5）王先生11月获得的两项奖金免征个人所得税。因为省级人民政府、国务院部委以上单位颁发的科学、教育、技术等奖金免征个人所得税，个人举报、协查各种违法、犯罪行为而获得的奖金免征个人所得税。

（6）王先生不需要汇算清缴，因为王先生只在一处取得工资薪金，未取得其他综合所得，而且预扣预缴税额和应纳税额相等，所以无需汇算清缴。

11.【答案】

第（1）项业务。

①企业所得税：补充养老、补充医疗保险分别在不超过工资总额5%标准内的部分，准予扣除。

②个人所得税。

补充养老保险：单位按有关规定缴费部分免个税；个人缴费不超过本人缴费工资计税基数4%标准内部分，暂从应纳税所得额中扣除；超标年金单位缴费和个人缴费部分，征收个税。

补充医疗保险：并入相关人员当月的"工资薪金所得"，按规定预扣预缴其个人所得税。

第（2）项业务。

为股东购置住宅，企业所得税应视为企业对个人投资者的股息红利分配，不允许在企业所得税前扣除；个人所得税按"利息、股息、红利所得"项目计征个人所得税。

为副总以上员工购置轿车，企业所得税应并入工资在企业所得税前扣除；个人所得税按"工资、薪金所得"计算个税。

第（3）项业务。

①企业所得税：授予股票期权时，不得在税前扣除。当企业实际发生支出时，允许在企业所得税前扣除。

②个人所得税：员工接受实施股票期权计划企业授予股票期权时，除另有规定

外, 一般不作为应税所得征税。员工行权时, 从企业取得股票的实际购买价(施权价)低于购买日公平市场价(指该股票当日的收盘价)的差额以及行权前转让获得的所得, 在2021年12月31日之前不并入综合所得, 全额单独适用综合所得税率表, 计算纳税。

12.【答案】

(1)支付给从业人员的、合理的工资、薪金可以在税前据实扣除。

(2)个人独资企业的投资者及其家庭发生的生活费用与企业生产经营费用混合在一起, 并且难以划分的, 全部视为投资者个人及其家庭发生的生活费用, 不允许在税前扣除。

(3)发生的广告和业务宣传费用不超过当年销售(营业)收入的15%的部分据实扣除, 超出部分可无限期在以后年度结转扣除。

(4)不得在税前直接扣除, 但取得经营所得的个人, 没有综合所得的, 计算其每一纳税年度的应纳税所得额时, 应当减除费用6万元、专项扣除、专项附加扣除以及依法确定的其他扣除。

四、综合分析题

1.【答案】

(1)应缴纳城镇土地使用税 = (500000 − 3000) × 2 = 994000(元) = 99.4(万元)

应缴纳房产税 = (8000 − 800) × (1 − 20%) × 1.2% + 800 × (1 − 20%) × 1.2% ÷ 12 × 6 + 60 × 2 × 12% = 87.36(万元)

应缴纳车船税 = (20 × 500 + 50 × 4 × 80) ÷ 10000 = 2.6(万元)

(2)甲公司全年应纳增值税的计算:

销项税额 = 8000 × 13% + 56.5 ÷ (1 + 13%) × 13% + 500 × 0.0113 ÷ (1 + 13%) × 13% + 20 × 13%(债务重组视同销售销项税) = 1049.75(万元); 可抵扣的进项税额 = 672.95 + 20 × 9% + 300 × 13% + 740 × 6% = 758.15(万元); 出租办公楼应纳增值税 =

60 × 2 × 5% = 6(万元)。应纳增值税 = 1049.75 − 758.15 − 0.03(技术服务费) + 6 = 297.57(万元)。

(3)应缴纳城市维护建设税和教育费附加、地方教育附加 = 297.57 × (7% + 3% + 2%) = 35.71(万元)

(4)甲公司的会计处理是错误的。

调整分录:

借: 库存商品　　　　　　　　120000
　　贷: 应付账款　　　　　　　　120000
借: 应付账款　　　　　　　　350000
　　贷: 主营业务收入　　　　　　200000
　　　　应交税费——应交增值税(销项税额)　　　　　　　　26000
　　　　营业外收入　　　　　　124000
借: 主营业务成本　　　　　　120000
　　贷: 库存商品　　　　　　　　120000

或者

借: 应付账款　　　　　　　　230000
　　主营业务成本　　　　　　120000
　　贷: 主营业务收入　　　　　　200000
　　　　应交税费——应交增值税(销项税额)　　　　　　　　26000
　　　　营业外收入　　　　　　124000

用自产的产品偿还债务, 首先要确认产品销售收入, 结转产品销售成本; 同时要确认豁免债务的收益。

(5)会计利润 = 8000 + 56.5 ÷ (1 + 13%) + 500 × 0.0113 ÷ (1 + 13%) + 60 × 2 + 48 + 14 + 900 − 3000 − 220 − 400 − [740 + 60 + 5 + 20(资料4中的送货运费)] − 60 + (20 − 12 + 12.4) − 35.71 − (99.4 + 87.36 + 2.6) = 4427.33(万元)

(6)同期银行贷款利率 = 60 ÷ 1200 × 100% = 5%; 实际支付的借款利率 = 140 ÷ 2000 × 100% = 7%。

甲与乙为关联企业, 其借款甲无法提供资料证明其借款活动符合独立交易原则, 甲实际支付给乙的利息支出, 不超过规定的债资比例和税法及其实施条例有关规定计算的部分，准予扣除，超过的部分不得在发生当期和以后年度扣除。甲接受乙的债权性投资和权益性投资分别为 2000 万元和 800 万元，其比例为 2.5：1，高于规定的 2：1，且其约定利率 7% 高于金融机构同期贷款利率 5%，故甲借款利息不能全额在税前扣除。其可税前扣除的借款额为 800×2＝1600（万元），利息额为 1600×5%＝80（万元）。实际支付乙利息 140 万元，可税前扣除 80 万元，其余 60 万元应作纳税调整，且在以后年度也不可扣除。

财务费用应调增的应纳税所得额＝140－80＝60（万元）

（7）销售（营业）收入＝8000＋56.5÷（1＋13%）＋500×0.0113÷（1＋13%）＋60×2＋20＝8195（万元）

业务招待费扣除限额＝60×60%＝36（万元），而 8195×5‰＝40.98（万元），故税前只能扣除 36 万元，应调增应纳税所得额＝60－36＝24（万元）。

另外，技术开发费可加计 75% 扣除。纳税调减＝120×75%＝90（万元）。

合计纳税调减＝90－24＝66（万元）

（8）广告费和业务宣传费扣除限额＝8195×15%＝1229.25（万元），实际发生额＝740＋60＝800（万元），未超过扣除限额，可以在所得税前全部扣除，无须进行纳税调整。

（9）①安置残疾人员，在按照支付给残疾职工工资据实扣除的基础上，按照支付给残疾职工工资 60 万元的 100% 加计扣除，所以，应调减应纳税所得额 60 万元。

②税前准予扣除的职工福利费标准＝800×14%＝112（万元）；实际发生职工福利费支出 122.8 万元，超过规定标准的 10.8 万元税前不得扣除，调增应纳税所得额。

③税前准予扣除的职工工会经费标准＝800×2%＝16（万元）；实际拨缴职工工会经费支出 18.4 万元，超过规定标准的 2.40 万元税前不得扣除，调增应纳税所

得额。

④税前准予扣除的职工教育经费标准＝800×8%＝64（万元）；实际发生职工教育经费支出 69.50 万元，超过规定标准的 5.5 万元在当年税前不得扣除，但准予在以后纳税年度结转扣除。

工资薪金应调减的应纳税所得额 60 万元，工资薪金附加"三费"应调增应纳税所得额 18.7（10.8＋2.4＋5.5）万元，因此工资薪金及附加"三费"应调减的应纳税所得额 41.3 万元。

（10）直接捐赠不得扣除，应调增应纳税所得额＝25＋10＝35（万元）

（11）境内所得应纳税所得额＝4427.33＋60－66－41.3＋35－48－900＝3467.03（万元）

应纳企业所得税＝3467.03×15%＋900÷（1－10%）×（15%－10%）－300×10%＝540.05（万元）

（12）2016 年度发生了实际损失 500 万元，应追补在 2016 年扣除，由此导致 2016 年实际发生亏损 400 万元，2016 年多缴所得税＝100×15%＝15（万元）；在 2017 年弥补 2016 年的亏损 150 万元，2017 年多缴所得税＝150×15%＝22.5（万元）；在 2018 年弥补 2016 年的亏损 250 万元，2018 年多缴所得税＝250×15%＝37.5（万元）；多缴所得税合计＝15＋22.5＋37.5＝75（万元）；2019 年应缴所得税＝540.05－75＝465.05（万元）。

2. 【答案】

（1）应纳增值税＝7000×13%－（455＋7.8）＝447.2（万元）

即征即退增值税＝（7000×13%－455）－7000×3%＝245（万元）

（2）应纳城建税、教育费附加和地方教育附加＝447.2×（7%＋3%＋2%）＝53.66（万元）

（3）应纳印花税＝（7000＋3500）×0.03%＝3.15（万元）

（4）应纳房产税＝4000×（1－20%）×1.2%＝

38.4(万元)

(5)营业收入=7000(万元);营业成本=4000(万元);税金及附加=53.66+3.15+38.4=95.21(万元);销售费用=1500(万元);管理费用=700(万元)。

公允价值变动损益=210-300=-90(万元);投资收益=30(万元);营业外收入=(60+7.8)+245=312.8(万元)。

会计利润=7000+30+312.8-4000-95.21-1500-700-90=957.59(万元)

(6)即征即退增值税调整的应纳税所得额=-245(万元);国债利息收入调整的应纳税所得额=-30(万元)。

业务招待费:7000×0.5%=35(万元);60×60%=36(万元)

业务招待费应调整的应纳税所得额=60-35=25(万元)

广告费应调整的应纳税所得额=1200-7000×15%=150(万元)

佣金支出应调整的应纳税所得额=300÷10%×(10%-5%)=150(万元)

交易性金融资产减值损失应调整的应纳税

所得额=90(万元)

新技术研发费应加计扣除75%应纳税所得额=90×75%=67.5(万元)

工会经费扣除限额=400×2%=8(万元),实际支付7万元,没有超标,无需调整;职工教育经费税前扣除限额=400×8%=32(万元),实际发生额为15万元,未超过扣除限额,无需调整;职工福利费应该纳税调增=60-400×14%=4(万元)。

工资及"三项经费"应调整的应纳税所得额=4(万元)

补充养老保险调整所得额=29.4-400×5%=9.4(万元)

纳税调整增加额=25+150+150+90+4+9.4=428.4(万元)

纳税调整减少额=245(万元)

免税、减计收入及加计扣除=30+67.5=97.5(万元)

应纳税所得额=957.59+428.4-245-97.5-102.9=940.59(万元)

(7)应缴纳的企业所得税=940.59×25%=235.15(万元)

中华人民共和国企业所得税年度纳税申报表(A类)

行次	类别	项目	金额
1		一、营业收入(填写A101010\\101020\\103000)	7000
2		减:营业成本(填写A102010\\102020\\103000)	4000
3		税金及附加	95.21
4		销售费用(填写A104000)	1500
5		管理费用(填写A104000)	700
6	利润总额计算	财务费用(填写A104000)	0
7		资产减值损失	0
8		加:公允价值变动收益	-90
9		投资收益	30
10		二、营业利润(1-2-3-4-5-6-7+8+9)	644.79
11		加:营业外收入(填写A101010\\101020\\103000)	312.8
12		减:营业外支出(填写A102010\\102020\\103000)	0
13		三、利润总额(10+11-12)	957.59

行次	类别	项目	金额
14	应纳税所得额计算	减：境外所得(填写 A108010)	0
15		加：纳税调整增加额(填写 A105000)	428.4
16		减：纳税调整减少额(填写 A105000)	245
17		减：免税、减计收入及加计扣除(填写 A107010)	97.5
18		加：境外应税所得抵减境内亏损(填写 A108000)	0
19		四、纳税调整后所得(13-14+15-16-17+18)	1043.49
20		减：所得减免(填写 A107020)	0
21		减：抵扣应纳税所得额(填写 A107030)	0
22		减：弥补以前年度亏损(填写 A106000)	102.9
23		五、应纳税所得额(19-20-21-22)	940.59
24	应纳税额计算	税率(25%)	25%
25		六、应纳所得税额(23×24)	235.15
26		减：减免所得税额(填写 A107040)	0
27		减：抵免所得税额(填写 A107050)	0
28		七、应纳税额(25-26-27)	235.15
29		加：境外所得应纳所得税额(填写 A108000)	0
30		减：境外所得抵免所得税额(填写 A108000)	0
31		八、实际应纳所得税额(28+29-30)	235.15
32		减：本年累计实际已预缴的所得税额	
33		九、本年应补(退)所得税额(31-32)	235.15
34		其中：总机构分摊本年应补(退)所得税额(填写 A109000)	0
35		财政集中分配本年应补(退)所得税额(填写 A109000)	0
36		总机构主体生产经营部门分摊本年应补(退)所得税额(填写 A109000)	0

3.【答案】

(1)2018 年纳税调整信息

①纳税调增

a. 计税毛利额=4000×15%=600(万元)

b. 业务招待费——实际发生额 36 万元

实际发生额的 60%=36×60%=21.6(万元)

销售营业收入的 5‰=4000×5‰=20(万元)

税前扣除 20 万，纳税调增 16 万元。

c. 广告费和业务宣传费——620 万元

销售营业收入的 15%=4000×15%=600(万元)

税前扣除 600 万，纳税调增 20 万元——可结转以后年度。

d. 罚款：税前不得扣除，纳税调增 30 万元。

②纳税调减

a. 缴纳的城建及教育费附加等：14.4 万元

b. 预缴的土地增值税：80 万元

2018 年应纳所得税额

1. 纳税调增	
(1)计税毛利额	+600

续表

(2)业务招待费	+16
(3)广宣费	+20
(4)罚款	+30
合计	666
2. 纳税调减	
(1)税金及附加	-14.4
(2)土地增值税	-80
合计	-94.4
应纳税所得额	-670(销售费用)-100(管理费用)-30(罚款)+666(纳税调增)-94.4(纳税调减)=-228.4
应纳所得税额	0

(2)2019年可以扣除的计税成本

出包工程最多预提10%，即4600×10%=460(万元)

已实现销售的商品房面积占总面积的比例=5.2÷10=52%

税前可以扣除的计税成本=(4120+460+3200)×52%=4045.6(万元)

纳税调增=7800×52%-4045.6=10.4(万元)

(3)填报2019年度报表

①A105010(视同销售和房地产开发企业特定业务纳税调整明细表)

a. 2018年预计毛利额纳税调减：600万元

b. 2018年税前扣除的城建及教育费附加等纳税调增：14.4万元

c. 2018年税前扣除的土地增值税纳税调增：80万元

A105010

视同销售和房地产开发企业特定业务纳税调整明细表(简表)

行次	项目	税收金额	纳税调整金额
21	三、房地产开发企业特定业务计算的纳税调整额(22-26)	-505.6	-505.6
22	(一)房地产企业销售未完工开发产品特定业务计算的纳税调整额		0
26	(二)房地产企业销售的未完工产品转完工产品特定业务计算的纳税调整额(28-29)	505.6	505.6
27	1. 销售未完工产品转完工产品确认的销售收入	4000	*
28	2. 转回的销售未完工产品预计毛利额	600	600
29	3. 转回实际发生的税金及附加、土地增值税	94.4	94.4

②A105060(广告费和业务宣传费跨年度纳税调整明细表)

2019年广告费和业务宣传费发生额24万元

销售营业收入的15%=6000×15%=900(万元)

2018年尚有20万尚未扣除的广告费纳税调减：20万元

A105060

广告费和业务宣传费跨年度纳税调整明细表(简表)

行次	项目	金额
1	一、本年广告费和业务宣传费支出	24
2	减：不允许扣除的广告费和业务宣传费支出	0
3	二、本年符合条件的广告费和业务宣传费支出(1-2)	24

行次	项　　目	金额
4	三、本年计算广告费和业务宣传费扣除限额的销售(营业)收入	6000
5	税收规定扣除率	15%
6	四、本企业计算的广告费和业务宣传费扣除限额(4×5)	900
7	五、本年结转以后年度扣除额(3>6，本行=3-6；3≤6，本行=0)	0
8	加：以前年度累计结转扣除额	20
9	减：本年扣除的以前年度结转额[3>6，本行=0；3≤6，本行=8或(6-3)孰小值]	20
12	七、本年广告费和业务宣传费支出纳税调整金额(3>6，本行=2+3-6+10-11；3≤6，本行=2+10-11-9)	-20
13	八、累计结转以后年度扣除额(7+8-9)	0

除上述调整外，还有下列调整：

a. 业务招待费——实际发生额60万元

实际发生额的60% = 60×60% = 36(万元)

销售(营业)收入的5‰ = 6000×5‰ = 30(万元)

税前扣除30万，纳税调增30万元。

b. 计税成本

税前可以扣除的计税成本 = (4120 + 460 + 3200)×52% = 4045.6(万元)

纳税调增 = 7800×52% - 4045.6 = 10.4(万元)

A105000

纳税调整项目明细表(简表)

行次	项　　目	账载金额	税收金额	调增金额	调减金额
		1	2	3	4
1	一、收入类调整项目	*	*	0	0
12	二、扣除类调整项目	*	*	40.40	20
15	(三)业务招待费支出	60	30	30	*
16	(四)广告费和业务宣传费支出(A105060)	*	*	0	20
29	(十六)其他	4056	4045.60	10.40	
30	三、资产类调整项目	*	*	0	0
35	四、特殊事项调整项目	*	*	0	505.60
39	(四)房地产开发企业特定业务计算的纳税调整额(填写A105010)	*	-505.6	0	-505.60
43	合计	*	*	40.40	525.60

④**A100000**

中华人民共和国企业所得税年度纳税申报表（A 类）（简表）

行次	类别	项 目	金额
1	利润总额计算	一、营业收入	10000
2		减：营业成本	4056
3		税金及附加	260
4		销售费用	100
5		管理费用	120
6		财务费用	0
10		二、营业利润	5464
13		三、利润总额	5464
15	应纳税所得额计算	加：纳税调整增加额	40.40
16		减：纳税调整减少额	525.60
19		四、纳税调整后所得	4978.80
21		减：弥补以前年度亏损	228.40
22		减：抵扣应纳税所得额（填写 A107030）	
23		五、应纳税所得额	4750.4
24	应纳税额计算	税率（25%）	
25		六、应纳所得税额（23×24）	1187.6

本章知识串联

所得税纳税申报和纳税审核

企业所得税纳税申报和纳税审核 ★★★

- 纳税人、征税对象、税率的审核
- 年度收入总额的审核
- 税前准予扣除和不得扣除项目的审核
- 资产的税务处理
- 税收优惠
- 应纳税所得额的审核
- 长期股权投资的税务处理
- 企业重组的税务处理
- 房地产开发企业的税会差异及纳税调整
- 纳税申报表的填写

特别纳税调整 ★★

- 关联申报
- 同期资料管理
- 转让定价方法
- 转让定价调查及调整
- 预约定价安排管理
- 成本分摊协议管理
- 受控外国企业管理
- 资本弱化管理
- 一般反避税管理
- 相应调整及国际磋商
- 法律责任

个人所得税纳税申报和纳税审核 ★★★

- 纳税人、税目、税率的审核
- 综合所得预扣预缴与汇算清缴的审核
- 非居民个人应纳税额的计算
- 经营所得应纳税额的计算与审核
- 财产转让所得应纳税额的计算与审核
- 财产租赁所得应纳税额的计算与审核
- 利息、股息、红利所得应纳税额的计算与审核
- 偶然所得应纳税额的计算与审核
- 捐赠税前扣除政策
- 自行申报的有关规定

第11章　其他税种纳税申报和纳税审核

考情解密

历年考情概况

本章是相对重要的章节，历年考题多以单选题、多选题为主，土地增值税、印花税存在着较大的出简答题的可能性。预计分值在 15~20 分左右。

近年考点直击

考点	主要考查题型	考频指数	考查角度
印花税的纳税申报与纳税审核	单选题、多选题、简答题	★★★	印花税是比较重要的税种，存在出简答题的可能性。 (1)印花税的征税范围——列举征税； (2)印花税的计税依据； (3)印花税的税收优惠； (4)印花税应纳税额计算及纳税方法
土地增值税的纳税申报与纳税审核	单选题、多选题、简答题	★★★	土地增值税是比较重要的税种，存在出简答题的可能性。 (1)土地增值税的征税范围； (2)土地增值税应税收入和扣除项目的确定，应纳税额计算——在应纳税额计算中注意销售新房、销售旧房有评估价格、销售旧房无评估价格但有发票等几种情况； (3)土地增值税的税收优惠
房产税的纳税申报与纳税审核	单选题、多选题、简答题	★★	房产税的征税范围、计税依据、应纳税额计算、税收优惠、账务处理
城镇土地使用税纳税申报与纳税审核	单选题、多选题	★★	城镇土地使用税的征税范围、计税依据、应纳税额计算、税收优惠、账务处理
资源税纳税申报和纳税审核	单选题、多选题	★	资源税的征税范围、计税依据、应纳税额计算、税收优惠、账务处理
环境保护税纳税申报和纳税审核	单选题、多选题、简答题	★★	环境保护税的征税范围、计税依据、应纳税额计算、税收优惠、账务处理

本章2020年考试主要变化

资源税法根据 2020 年 9 月 1 日即将实施的最新规定进行改写。

由于教材部分内容是新资源税法的规定，部分内容是原有规定，而且还有的内容冲突，因此在编写本辅导书的过程中，我们均采用了资源税法的最新规定，对于原有内容，如果与新税法无冲突，则予以保留，特此说明。

考点详解及精选例题

一、土地增值税的纳税申报和纳税审核 ★★★

扫我解疑难

土地增值税是对有偿转让国有土地使用权、地上建筑物及其附着物并取得收入的单位和个人，就其转让房地产所取得的增值额征收的一种税。

【知识点拨1】土地使用权、地上建筑物的产权必须发生转让；房地产的出租、抵押，不缴纳土地增值税。

【知识点拨2】转让房地产过程中双方纳税情况（见表11-1）。

表11-1 转让房地产过程中双方纳税情况

交易方	缴纳的税种
转让方	增值税、城建税、教育费附加（含地方教育附加）、印花税、土地增值税、所得税
承受方	契税、印花税

从2008年11月1日起：

对个人销售或购买住房暂免征收印花税；

对个人销售住房暂免征收土地增值税

【例题1·多选题】2020年1月，公民张某在市中心购置一套住房，共计200万元，2020年7月将这套住房以240万元的价格转让给公民万某，在房地产（出售环节）交易过程中张某应缴纳（　　）。

A. 印花税　　　　B. 契税
C. 增值税　　　　D. 个人所得税
E. 土地增值税

解析 ▶ 从2008年11月1日起，对个人销售或购买住房暂免征收印花税；对个人销售住房暂免征收土地增值税。　　答案 ▶ CD

（一）土地增值税的征税范围（见表11-2）

表11-2 土地增值税的征税范围

项目	征收土地增值税	不征或免征土地增值税
1. 出售	(1)出售土地使用权； (2)取得土地使用权后进行房屋开发后出售； (3)存量房地产买卖	出让国有土地使用权的行为；国家收回国有土地使用权、征用地上建筑物及附着物
2. 继承、赠与	非公益性赠与	(1)房地产的继承； (2)将房屋产权、土地使用权赠与直系亲属或承担直接赡养义务人的行为； (3)公益性赠与
3. 房地产开发企业将开发的部分房地产转为企业自用或用于出租等商业用途	产权发生转移	产权未发生转移
4. 房地产抵押	以房地产抵债而发生房地产权属转让	抵押期间不征

项目	征收土地增值税	不征或免征土地增值税
5. 房地产交换	单位之间进行房地产交换	个人之间互换自有居住用房地产，免征
6. 改制重组	房地产开发企业发生改制重组	非公司制企业整体改建为有限责任公司或者股份有限公司，有限责任公司(股份有限公司)整体改建为股份有限公司(有限责任公司)。对改建前的企业将国有土地、房屋权属转移、变更到改建后的企业，暂不征土地增值税
		两个或两个以上企业合并为一个企业，且原企业投资主体存续的，对原企业将国有土地、房屋权属转移、变更到合并后的企业，暂不征土地增值税
		企业分设为两个或两个以上与原企业投资主体相同的企业，对原企业将国有土地、房屋权属转移、变更到分立后的企业，暂不征土地增值税
		单位、个人在改制重组时以国有土地、房屋进行投资，对其将国有土地、房屋权属转移、变更到被投资的企业，暂不征土地增值税
7. 合作建房	建成后转让	建成后按比例分房自用，暂免征税
8. 其他	土地使用者处置土地使用权；土地使用者转让、抵押或置换土地，只要土地使用者享有占有、使用、收益或处分该土地的权利，且有合同等证据表明其实质转让、抵押或置换了土地并取得了相应的经济利益，土地使用者及其对方当事人就应当依法缴纳相关税收	代建房；房地产重新评估，房地产出租

【例题2·多选题】 税务师在进行土地增值税的纳税审核时，下列行为应征收土地增值税的有( )。

A. 某房地产企业将开发产品作为抵押，向银行借款

B. 某房地产企业将开发产品对外投资

C. 某房地产企业将生地开发为熟地后转让

D. 某外贸企业出地，与某房地产企业出钱合作建造写字楼，约定按三七比例分成自用

E. 房地产重新评估增值

解析 选项A，抵押期间不征收土地增值税；选项D，合作建房自用的，暂免征收土地增值税；选项E，重新评估增值没有发生房地产产权转移，不征收土地增值税。

答案 BC

(二)土地增值税的税率——四级超率累进税率(见表11-3)

表11-3 土地增值税四级超率累进税率表

级数	增值额与扣除项目金额的比率	税率(%)	速算扣除系数(%)
1	不超过50%的部分	30	0
2	超过50%~100%的部分	40	5

级数	增值额与扣除项目金额的比率	税率(%)	速算扣除系数(%)
3	超过100%~200%的部分	50	15
4	超过200%的部分	60	35

真题精练（客观题）

（2017年单选题）根据土地增值税的规定，下列说法错误的是（　）。

A. 土地增值税实行四级超率累进税率

B. 将房产无偿转移给法定继承人不征税

C. 取得的收入为外国货币的，应当以取得收入当天或当月1日的国家公布的市场汇价折合成人民币确认

D. 房地产评估增值应征收土地增值税

解析 ▶ 房地产评估增值，没有发生房地产权属的转让，不属于征收土地增值税的范围。　　　　　　　　**答案** ▶ D

（三）土地增值税的纳税申报和纳税审核

土地增值税的计税依据：转让房地产所取得的增值额。

增值额 = 收入额 - 规定的扣除项目金额

1. 转让房地产收入审核要点

（1）土地增值税的应税收入包括转让房地产的全部价款及有关的经济收益。从收入的形式来看，包括货币收入、实物收入和其他收入。

（2）审核时注意：有无分解收入、隐瞒收入、收入不及时入账以及成交价格明显偏低的问题。

（3）营改增后，纳税人转让房地产的土地增值税应税收入不含增值税。

土地增值税应税收入的计算见表11-4。

表11-4　土地增值税的应税收入

计税方法	应税收入
增值税简易计税	应税收入=含增值税收入-增值税应纳税额 而非应税收入=含增值税收入÷(1+5%)
增值税一般计税	应税收入=含增值税收入-销项税额(抵减后的销项税额)

（4）视同销售。

房地产开发企业将开发产品用于职工福利、奖励、对外投资、分配给股东或投资者、抵偿债务、换取其他单位和个人的非货币性资产等，发生所有权转移时应视同销售房地产，其收入按下列方法和顺序确认：

①按本企业在同一地区、同一年度销售的同类房地产的平均价格确定；

②由主管税务机关参照当地当年、同类房地产的市场价格或评估价值确定。

（5）县级及县级以上人民政府要求房地产开发企业代收费用的税务处理见表11-5。

表11-5　县级及县级以上人民政府要求房地产开发企业代收费用的税务处理

情形	收入	扣除
计入房价一并向购买方收取的	计入转让房地产所取得的收入计税	可以扣除，但不允许作为加计20%扣除的基数
未计入房价，在房价之外单独收取的	可以不作为转让房地产的收入	在计算增值额时不允许扣除代收费用

2. 扣除项目金额审核要点

土地增值税扣除项目（新5旧3——销售新房允许扣除五项，销售旧房及建筑物允许扣除3项）见表11-6。

表 11-6 土地增值税扣除项目

销售新房及建筑物 （主要针对从事房地产开发的纳税人）	销售旧房及建筑物 （非从事房地产开发的纳税人）
取得土地使用权所支付的金额	取得土地使用权所支付的地价款和按国家统一规定缴纳的有关费用
房地产开发成本	旧房及建筑物的评估价格
房地产开发费用	—
与转让房地产有关的税金	在转让环节缴纳的税金
财政部确定的其他扣除项目	—

（1）房地产开发企业销售其开发产品。

①取得土地使用权所支付的金额包括地价款，有关费用和税金（如契税）。

纳税人分期、分批开发、分块转让的：

a. 其取得土地使用权时所支付的金额需要在已开发转让、未开发转让的项目中进行分配，仅就对外转让部分计入扣除。

b. 扣除项目金额＝扣除项目的总金额×（转让土地使用权的面积或建筑面积÷受让土地使用权的总面积或总建筑面积）

【知识点拨1】取得土地使用权所支付的金额含契税，不含印花税。

【知识点拨2】扣除时注意比例，包括开发比例、销售比例。

【知识点拨3】房地产开发企业逾期开发缴纳的土地闲置费在土地增值税前不得扣除，但在企业所得税前允许扣除。

②房地产开发成本。

包括土地的征用及拆迁补偿费、前期工程费、建筑安装工程费、基础设施费、公共配套设施费、开发间接费用等。拆迁安置费的扣除见表11-7。

表 11-7 拆迁安置费的扣除

安置方式			拆迁补偿费
货币安置			凭合法有效凭据计入拆迁补偿费
房产安置	本项目		安置用房视同销售处理，同时将此确认为房地产开发项目的拆迁补偿费。 【知识点拨】涉及差价款的话，计入或者抵减拆迁补偿费
	异地安置	自行开发项目	
		购入项目	实际支付的购房支出计入拆迁补偿费

【知识点拨1】房地产开发成本不包括利息支出，含装修费用。

【知识点拨2】房地产开发成本不包括可以抵扣的增值税进项税额。

【知识点拨3】房地产开发成本的扣除比例要与销售比例匹配。

【知识点拨4】注意发票的要求：在备注栏注明建筑服务发生地县（市、区）名称及项目名称，否则在计算土地增值税时不得扣除。

【知识点拨5】清算时，建筑服务的质保金看发票。房地产开发企业在工程竣工验收后，根据合同约定，扣留建筑安装施工企业一定比例的工程款，作为开发项目的质量保证金，在计算土地增值税时，建筑安装施工企业就质量保证金对房地产开发企业开具发票的，按发票所载金额予以扣除；未开具发票的，扣留的质保金不得计算扣除。

【知识点拨6】实行《企业产品成本核算制度（试行）》后，开发间接费用只列举四个核算内容：工程监理费、造价审核费、结算审核费、工程保险费，将为企业直接组织和管理开发项目而成立工程部门所发生的费用一律予以剔除，不再作为开发间接费用列支，企业类似部门的职工薪酬、办公费等支出应该列入"管理费用"，不能再列入"开发间接费用"科目。

③房地产开发费用。

不是按照实际发生额进行扣除，而是按税法规定扣除，即税法≠会计。

房地产开发费用的两种扣除方式见表11-8。

表11-8　房地产开发费用的两种扣除方式

情形	允许扣除的房地产开发费用	纳税申报表的填写	注意事项
利息支出能够按转让房地产项目计算分摊并提供金融机构证明的	利息+(取得土地使用权所支付的金额+房地产开发成本)×5%以内	a. 第15行"利息支出"据实填写； b. 第16行"其他房地产开发费用"填写：(取得土地使用权所支付的金额+房地产开发成本)×5%以内	①利息的上浮幅度按国家的有关规定执行，超过利息上浮幅度的部分不允许扣除； ②对于超过贷款期限的利息部分和加罚的利息不允许扣除； ③对于超过贷款期限的利息部分和加罚的利息在企业所得税前可以扣除，但在土地增值税不得扣除——注意差别
利息支出不能按转让房地产项目计算分摊或不能提供金融机构证明的	(取得土地使用权所支付的金额+房地产开发成本)×10%以内	a. 第15行"利息支出"填写：0； b. 第16行"其他房地产开发费用"填写：(取得土地使用权所支付的金额+房地产开发成本)×10%以内	—

【知识点拨1】房地产开发费用分为两种扣除方式。

【知识点拨2】据实扣除的利息支出与销售比例匹配。

【知识点拨3】无论账务如何处理，利息支出在房地产开发费用中扣除，而不在房地产开发成本中扣除。

④与转让房地产有关的税金。

a. 从事房地产开发的纳税人：城建税、教育费附加和地方教育附加，不包括印花税；注意营改增前包括营业税，营改增后不包括增值税。

b. 允许扣除的城建税、教育费附加的处理见表11-9。

表11-9　允许扣除的城建、教育费附加的处理

项目	税务处理
能够按清算项目准确计算的	据实扣除
不能按清算项目准确计算的	按该清算项目预缴增值税时实际缴纳的城建、教育费附加扣除

⑤财政部确定的其他扣除项目——仅对从事房地产开发的纳税人适用。

加计扣除=(取得土地使用权所支付的金额+房地产开发成本)×20%

销售新房扣除项目总结见表11-10。

表11-10　销售新房扣除项目总结

扣除项目简称	解释
地	(1)含契税，不含印花税； (2)比例——与开发比例、销售比例匹配
房	(1)不含利息支出，含装修费用； (2)不含可抵进项税额； (3)比例——与销售收入比例匹配； (4)注意发票
费	(1)两种扣除方式；利息不能超上浮幅度，超期利息、罚息不扣； (2)比例，包括单独扣除的利息也需要按比例计算扣除； (3)利息支出在开发费用中扣除
税	房地产开发企业：不含印花税；不含增值税；两种情形

续表

扣除项目简称	解释
利	房地产开发企业适用；比例20%；不要漏掉

【例题3·多选题】 税务师在进行土地增值税的纳税审核时，对于可以作为房地产开发费用扣除的借款利息的处理，以下说法中正确的有（ ）。

A. 利息的上浮幅度超过国家的有关规定的部分，只要有金融机构的合规票据，也是可以作为扣除项目扣除的

B. 利息的上浮幅度超过国家的有关规定的，不论是否有金融机构的合规票据，全部利息支出不得作为扣除项目扣除

C. 利息的上浮幅度超过国家的有关规定的部分，不论是否有金融机构的合规票据，超过上浮幅度的部分不允许作为扣除项目扣除

D. 对于超过贷款期限的利息部分和加罚的利息，只要有金融机构的合规票据，也是可以作为扣除项目扣除的

E. 对于超过贷款期限的利息部分和加罚的利息，不论是否有金融机构的合规票据，均不得作为扣除项目扣除

解析 ▶ 审核企业借款情况时，看其借款利息支出能否按转让房地产项目计算分摊；利息的上浮幅度要按国家的有关规定执行，超过上浮幅度的部分不允许扣除；对于超过贷款期限的利息部分和加罚的利息不允许扣除。 **答案** ▶ CE

【例题4·单选题】 土地增值税纳税申报表（一）中，"与转让房地产有关的税金"中不包括（ ）。

A. 增值税

B. 地方教育附加

C. 城市维护建设税

D. 教育费附加

解析 ▶ 增值税是价外税，不允许在计算土地增值税的增值额时扣除。 **答案** ▶ A

【例题5·多选题】 房地产开发企业在土地增值税清算时，下列项目可作为计算加计扣款凭据的有（ ）。

A. 取得土地使用权缴纳的契税

B. 支付的直接进行房地产开发管理人员的工资

C. 逾期开发缴纳的土地闲置费

D. 销售开发产品支付销售公司的手续费

E. 精装房的装修费

解析 ▶ 可以作为计算加计扣款的项目包括取得土地使用权所支付的金额和房地产开发成本。选项C，逾期开发缴纳的土地闲置费不得扣除；选项D，销售开发产品支付销售公司的手续费作为开发费用项目扣除。 **答案** ▶ ABE

真题精练（客观题）

1.（2018年单选题）在土地增值税清算时，房地产开发企业发生利息支出不能提供金融机构贷款证明的，其允许扣除的房地产开发费用是（ ）。

A. 房地产开发成本×5%以内

B. 取得土地使用权所支付的金额×10%以内

C.（取得土地使用权支付的金额+房地产开发成本）×10%以内

D.（取得土地使用权支付的金额+房地产开发成本）×5%以内

解析 ▶ 本题考核开发费用的两种扣除方式。 **答案** ▶ C

2.（2015年多选题，改）从事房地产开发的纳税人销售房地产，计算土地增值税的增值额时，准予扣除的与转让房地产有关的税金包括（ ）。

A. 教育费附加　　B. 城建税

C. 增值税　　　　D. 房产税

E. 印花税

解析 ▶ 从事房地产开发的纳税人销售房地产，计算土地增值税的增值额时，准予扣除的与转让房地产有关的税金包括城市维护建设税、教育费附加和地方教育附加。 **答案** ▶ AB

（2）销售旧房及建筑物的扣除项目。

①取得土地使用权所支付的地价款和按国家统一规定缴纳的有关费用；

②旧房及建筑物的评估价格＝重置成本价×成新度折扣率；

【知识点拨】重置成本价的含义是：对旧房及建筑物，按转让时的建材价格及人工费用计算，建筑同样面积、同样层次、同样结构、同样建设标准的新房及建筑物所需花费的成本费用。

③在转让环节缴纳的税金：城建税、教育费附加、地方教育附加、印花税；营改增前包括营业税，营改增后不包括增值税。

（3）销售旧房不能取得评估价格，但能提供购房发票的，经当地税务部门确认，可按发票所载金额并从购买年度起至转让年度止每年加计5%计算扣除。

①发票所载金额的规定（见表11-11）。

表11-11 发票所载金额的规定

发票类型	发票所载金额的含义
营业税发票	发票所载金额不扣减营业税
增值税普通发票	按价税合计金额
增值税专用发票	按发票所载不含增值税金额＋不允许抵扣的增值税进项税额

②"每年"：按购房发票所载日期起至售房发票开具之日止，每满12个月计一年；超过一年，未满12个月但超过6个月的，可以视同为一年；

③对纳税人购房时缴纳的契税，凡能提供契税完税凭证的，准予作为"与转让房地产有关的税金"予以扣除，但不作为加计5%的基数。

销售旧房及建筑物可以扣除的转让环节的税金见表11-12。

表11-12 销售旧房及建筑物可以扣除的转让环节的税金

按评估价格扣除时	按发票金额扣除时
城建税、教育费附加、印花税，不包括增值税	城建税、教育费附加、印花税、购入时的契税；不包括增值税

按评估价格扣除时	按发票金额扣除时

注意增值税计税方法的规定：全额计税 VS 差额计税；一般计税方法 VS 简易计税方法。

纳税人销售旧房及建筑物，既没有评估价格，又不能提供购房发票的，地方税务机关可以核定征收。

3．应纳税额的审核

（1）确定收入总额：不含增值税。

（2）确定扣除项目——重点，新5旧3；不含增值税。

（3）计算增值额。

（4）计算增值率＝增值额÷扣除项目金额。

（5）按照增值率确定适用税率和速算扣除系数。

建造普通标准住宅出售，其增值额未超过扣除项目金额之和20%的，免税。

（6）计算应纳税额。

应纳税额＝增值额×适用税率－扣除项目金额×速算扣除系数

【例题6·单选题】2019年11月10日，位于市区的某公司销售一座办公楼，签订合同并开具了发票，取得含税收入500万元。企业不能取得该办公楼的评估价格，但能提供购买办公楼的发票，发票上所载的购房金额是300万元，已经过税务机关确认。购房发票上所载日期是2016年1月1日。该公司应缴纳土地增值税（　）万元（选择简易计税办法计算增值税）。

A. 43.13　　　　B. 38.73

C. 51.13　　　　D. 60.65

解析 计算扣除项目时，"每年"按购房发票所载日期起至售房发票开具之日止，每满12个月计一年，每年加计5%计算扣除；超过1年，未满12个月但超过6个月的，可以视同一年。因此，按持有4年计算。

应纳增值税＝（500－300）÷1.05×5%＝9.52（万元）

扣除项目＝300×（1+5%×4）+9.52×（7%+3%+2%）+500×0.05%＝361.39（万元）

增值额＝（500－9.52）－361.39＝129.09（万元）

增值率＝129.09÷361.39×100%＝35.72%

应缴纳土地增值税＝129.09×30%＝38.73（万元）

答案▷ B

（四）土地增值税的纳税申报

（1）销售房地产时，按预征率预缴土地增值税。

（2）达到清算条件，进行土地增值税清算。

土地增值税清算的相关规定见表11-13。

表11-13 土地增值税清算的有关规定

应当进行清算	主管税务机关可要求纳税人进行清算
（1）房地产开发项目全部竣工、完成销售的 （2）整体转让未竣工决算房地产开发项目的 （3）直接转让土地使用权的	（1）已竣工验收的房地产开发项目，已转让的房地产建筑面积占整个项目可售建筑面积的比例在85%以上，或该比例虽未超过85%，但剩余的可售建筑面积已经出租或自用的 （2）取得销售（预售）许可证满三年仍未销售完毕的 （3）纳税人申请注销税务登记但未办理土地增值税清算手续的——应在办理注销登记前进行土地增值税清算 （4）省（自治区、直辖市、计划单列市）税务机关规定的其他情况

【知识点拨】土地增值税清算后剩余部分销售的处理。

根据《国家税务总局关于房地产开发企业土地增值税清算管理有关问题的通知》（国税发〔2006〕187号）规定，在土地增值税清算时未转让的房地产，清算后销售或有偿转让的，纳税人应按规定进行土地增值税的纳税申报，扣除项目金额按清算时的单位建筑面积成本费用乘以销售或转让面积计算。

单位建筑面积成本费用＝清算时的扣除项目总金额÷清算的总建筑面积

（3）对同时转让两个或两个以上计税单位的房地产开发企业，应按每一基本计税单位填报一份申报表的原则操作。如果房地产开发企业同时兼有免税和征税项目单位，也应分别填报。

【例题7·简答题】某房地产开发公司专门从事高档住宅商品房开发。2020年6月2日，该公司出售高档住宅一幢，总面积9100平方米，不含增值税的销售价格为20000元/平方米。该房屋支付土地出让金2000万元，房地产开发成本8800万元，另外支付利息支出1000万元，其中40万元为银行罚息（利息均不能按收入项目准确分摊）。假设城建税税率为5%，印花税税率为0.05%、教育费附加征收率为3%，地方教育附加征收率2%。当地省级人民政府规定允许扣除的房地产开发费用的扣除比例为10%。假设该项目缴纳增值税910万元，不考虑地方教育附加。请计算该项目应该计算缴纳的土地增值税。

解析▷

（1）销售收入＝9100×20000÷10000＝18200（万元）

（2）计算扣除项目：

①取得土地使用权所支付的金额：2000万元

②房地产开发成本：8800万元

③房地产开发费用＝（2000+8800）×10%＝1080（万元）

④税金：

城建税及教育费附加＝910×（5%+3%+2%）＝91（万元）

土地增值税中可以扣除的税金＝91（万元）

⑤加计扣除＝（2000+8800）×20%＝2160（万元）

扣除项目金额合计＝2000+8800+1080+91+2160＝14131（万元）

（3）增值额＝18200-14131＝4069（万元）

第11章 申报和纳税 其他税种纳税审核

（4）增值率＝4069÷14131＝28.79%<50%

（5）适用税率30%

（6）土地增值税税额＝4069×30%＝1220.7（万元）

（五）税收优惠

（1）纳税人建造普通标准住宅出售，增值额未超过扣除项目金额20%的，免征土地增值税。超过20%的，应就其全部增值额按规定计税。

（2）因城市实施规划、国家建设的需要而搬迁，由纳税人自行转让原房地产的，免征土地增值税。

（3）2008年11月1日起，对居民个人转让住房一律免征土地增值税。

（4）企事业单位、社会团体以及其他组织转让旧房作为公共租赁住房房源且增值额未超过扣除项目金额20%的，免征土地增值税。

（六）土地增值税的会计核算（见表11-14）

表11-14　土地增值税的会计核算

情形	会计科目	账务处理
销售作为固定资产管理的房地产	通过"固定资产清理"科目核算	借：固定资产清理 　　贷：应交税费——应交土地增值税
房地产开发企业销售开发产品	应当计入"税金及附加"	借：税金及附加 　　贷：应交税费——应交土地增值税

二、印花税的纳税申报和纳税审核★★★

扫我解疑难

印花税是对经济活动和经济交往中书立、使用、领受的具有法律效力的凭证所征收的一种税。

（一）印花税的税目、税率和纳税人（见表11-15）

表11-15　印花税的税目、税率和纳税人

应税凭证类别	税目	计税基数及税率	纳税人
合同或具有合同性质的凭证	购销合同	按购销金额0.3‰	立合同人
	加工承揽合同	按加工或承揽收入0.5‰	
	建设工程勘察设计合同	按收取费用0.5‰	
	建筑安装工程承包合同	按承包金额0.3‰	
	财产租赁合同	按租赁金额1‰	
	货物运输合同	按收取的运输费用0.5‰	
	仓储保管合同	按仓储收取的保管费用1‰	
	借款合同	按借款金额0.05‰	
	财产保险合同	按收取的保险费收入1‰	
	技术合同	按所载金额0.3‰	
书据	产权转移书据	按所载金额0.5‰	立据人

续表

应税凭证类别	税目	计税基数及税率	纳税人
账簿	营业账簿	记载资金的账簿，按实收资本和资本公积的合计0.5‰	立账簿人
		其他账簿按件贴花5元	
证照	权利、许可证照	按件贴花5元	领受人

1. 印花税的征税范围

印花税为列举征税，纳入征税范围的，征收印花税；未纳入征税范围的，不征收印花税。

注意以下内容：

(1)购销合同。

发电厂与电网之间、电网与电网之间签订的购售电合同，按购销合同征收印花税；电网与用户之间签订的供用电合同不征收印花税。

(2)建筑安装工程承包合同，包括总承包合同、分包合同等。

(3)借款合同：银行及其他金融组织与借款人所签订的合同。

包括银行及其他金融组织的融资租赁合同；不包括银行同业拆借合同、民间借款合同。

(4)财产保险合同。

财产保险合同征收印花税，人寿保险合同不征收印花税。

(5)技术合同。

包括技术开发、转让、咨询、服务等合同。

①转让合同：包括专利申请权转让、专利实施许可和非专利技术转让；

②技术咨询合同：一般的法律、会计、审计等方面的咨询不属于技术咨询，所立合同不贴印花。

(6)产权转移书据。

包括：财产所有权、版权、商标专用权、专利权、专有技术使用权等转移书据和土地使用权出让合同、土地使用权转让合同、商品房销售合同等权力转移合同；

"财产所有权"转移书据征税范围是指经政府管理机关登记注册的动产和不动产所有权转移所立的书据，以及企业股权转让所立的书据、个人无偿赠送不动产所签订的"个人无偿赠与不动产登记表"。

(7)营业账簿。

分为记载资金的账簿和其他账簿(包括日记账簿和各明细分类账簿)。自2018年5月1日起，将对纳税人设立的资金账簿按实收资本和资本公积合计金额征收的印花税减半，对按件征收的其他账簿免征印花税。

(8)权利、许可证照。

房屋产权证、工商营业执照、商标注册证、专利证、土地使用证，不包括卫生许可证、营运许可证等。

【例题8·单选题】 税务师审查产权转移书据、权利许可证照的计税情况，应重点对(　　)是否按规定贴花进行检查。

A. 房屋产权证、工商营业执照、卫生许可证、营运许可证

B. 土地使用证、专利证、特殊行业经营许可证、房屋产权证

C. 商标注册证、税务登记证、土地使用证、营运许可证

D. 房屋产权证、工商营业执照、商标注册证、专利证、土地使用证

解析 ▶ 权利、许可证照包括房屋产权证、工商营业执照、商标注册证、专利证、土地使用证。除此之外的其他权利、许可证照不征收印花税。**答案** ▶ D

真题精练(客观题)

(2017年单选题)下列选项所涉及的证照全部应缴纳印花税的是(　　)。

440

A. 商标注册证、卫生许可证、土地使用证、营运许可证

B. 房屋产权证、工商营业执照、税务登记证、营运许可证

C. 房屋产权证、工商营业执照、商标注册证、专利证、土地使用证

D. 土地使用证、专利证、特殊行业经营许可证、房屋产权证

解析 ▶ 政府部门发给的房屋产权证、工商营业执照、商标注册证、专利证、土地使用证，属于印花税征税范围，应征收印花税。 **答案** ▶ C

2. 印花税的纳税人

(1) 在中国境内书立、领受、使用税法所列举凭证的单位和个人。主要包括：立合同人、立账簿人、立据人、领受人和使用人等；

(2) 签订合同的各方当事人都是印花税的纳税人，但不包括合同的担保人、证人和鉴定人；

(3) 从 2008 年 11 月 1 日起，对个人销售或购买住房暂免征收印花税。

【例题 9·多选题】 2018 年 1 月，公民李某在市中心购置一套住房，共计 200 万元，2019 年 7 月将这套住房以 240 万元的价格转让给公民万某，在房地产(出售环节)交易过程中李某应缴纳( )税款。

A. 印花税　　　　B. 契税

C. 增值税　　　　D. 个人所得税

E. 土地增值税

解析 ▶ 从 2008 年 11 月 1 日起，对个人销售或购买住房暂免征收印花税；对个人销售住房暂免征收土地增值税。 **答案** ▶ CD

(二) 印花税纳税申报和纳税审核

1. 适用税率的审核

税率适用见表 11-15。

注意：

(1) 2008 年 4 月 24 日起，证券交易印花税税率下调为 1‰；2008 年 9 月 19 日起，证券交易印花税实行单边收取，对买卖、继承、

赠与所书立 A 股、B 股股权转让书据的出让方按 1‰税率征收证券(股票)交易印花税，对受让方不再征税。

(2) 定额税率的税额标准是 5 元/件。

自 2018 年 5 月 1 日起，对营业账簿中按件征收印花税的其他账簿免征印花税；

(3) 应纳税额不足一角的不征税。应纳税额在一角以上，其尾数按四舍五入方法计算贴花。

(4) 适用税率的审核。

①纳税人有无将按比例税率和定额税率计征的凭证相互混淆；

②有无错用税率问题，比如建筑工程勘察设计合同的适用税率为 0.5‰，审核是否误用建筑安装工程承包合同的适用税率 0.3‰；

③技术合同、租赁合同等，在签订时因无法确定计税金额而暂时按每件 5 元计税贴花的，是否在结算实际金额时按其实际适用的比例税率计算并补贴了印花。

【例题 10·综合题节选】 10 月 1 日，公司签订了一份房屋出租协议(已贴印花税票 5 元)，期限 2 年，月租金为 2 万元。计算应补缴的印花税。

答案 ▶

财产租赁合同适用税率为 1‰，计税依据为合同载明的租赁金额。企业应当补缴印花税 $20000 \times 24 \times 1‰ - 5 = 475$(元)

2. 应税合同的审核要点

对于应税合同的审核，主要是审核征税范围和计税依据。前面我们已经介绍了征税范围的审核。此处介绍应税合同计税依据的审核。

(1) 购销合同以合同记载的购销金额为计税依据。如果是以物易物方式签订的购销合同，计税金额为合同所载的购、销金额合计数。

(2) 加工承揽合同的计税依据(见表 11-16)。

表 11-16　加工承揽合同的计税依据

情形		计税规定
由受托方提供原材料	在合同中**分别记载**加工费金额与原材料金额的	加工费金额按"**加工承揽合同**"0.5‰计税，原材料金额按"**购销合同**"0.3‰计税
	合同中**未分别记载**	全部金额依照"**加工承揽合同**"计税贴花，税率0.5‰
由委托方提供原材料	无论加工费和辅助材料金额是否分别记载，均以**辅助材料与加工费**的合计数，依照**加工承揽合同**计税贴花，税率0.5‰；对委托方提供的主要材料或原料金额不计税贴花	

（3）货物运输合同，计税金额中不包括所运输货物的金额、装卸费、保险费等。

货物运输合同的计税依据见表 11-17。

表 11-17　货物运输合同的计税依据

情形		计税依据
国内各种形式的货物联运	在起运地统一结算全程运费的	以**全程运费**为计税依据，由起运地运费结算双方缴纳印花税
	分程结算运费的	以**分程运费**作为计税依据，分别由办理运费结算的各方缴纳印花税
国际货运	由**我国运输企业**运输的	**运输企业**所持的运费结算凭证，以**本程运费**为计税依据计算应纳税额
		托运方所持的运费结算凭证，以**全程运费**为计税依据计算应纳税额
	由**外国运输企业**运输进出口货物的	**运输企业**所持的运费结算凭证**免纳**印花税
		托运方所持的运费结算凭证，以**运费金额**为计税依据计算应纳税额

（4）借款合同的计税依据为借款本金。

借款合同的计税依据见表 11-18。

表 11-18　借款合同的计税依据

情形	税务处理
凡是一项信贷业务既签订借款合同，又一次或分次填开借据的	只以借款合同所载金额为计税依据计税贴花
凡只填开借据并作为合同使用的	应以借据所载金额为计税依据计税贴花
借贷双方签订的流动周转性借款合同	只以其规定的**最高限额为计税依据**，在签订时贴花一次，在**限额内随借随还不签订新合同**的，**不再贴花**
对借款方以**财产作抵押**，从贷款方取得一定数量抵押贷款的合同	应按"借款合同"贴花

续表

情形	税务处理
在借款方因无力偿还借款而将抵押**财产转移**给贷款方时	应再就双方书立的产权书据，按"**产权转移书据**"的有关规定计税贴花
对银行及其他金融组织的融资租赁业务签订的**融资租赁合同**	应按合同所载**租金总额**，暂按"**借款合同**"计税

（5）合同所载金额有多项内容的，应按规定计算纳税。

①各类技术合同，一般应按合同所载价款、报酬、使用费的合计金额依率计税；

②对技术开发合同只就合同所载的报酬金额计税，研究开发经费不作为计税依据。

（6）已税合同修订后减少金额的，已纳税款不予退还；但增加金额的，应按增加金额计算补贴印花税。

（7）合同未列明金额的，应按合同所载

购、销数量，依照国家牌价或市场价格计算应纳税额；对于签订时无法确定金额的应税凭证，在签订时先按定额5元贴花，在最终结算实际金额后，应按规定补贴印花。

（8）企业应税凭证所记载的金额为外币的，应按凭证书立、领受当日国家外汇管理局公布的外汇牌价折合为人民币，计算应纳税额。

（9）特别注意：印花税为行为税，只要合同签订，无论是否执行，印花税的纳税义务就发生，其计税依据为合同、账簿、凭证所记载金额，而非实际执行金额。

【例题11·单选题】印花税法规定，为了鼓励技术研究开发，对技术开发合同只就合同所载的（　　）计税。

A. 价款金额　　　B. 报酬金额
C. 使用费金额　　D. 研究开发费金额

解析 ▶ 对技术开发合同只就合同所载的报酬金额计税，研究开发经费不作为计税依据。　　　　　　　　　答案 ▶ B

真题精练（客观题）

1.（2018年多选题）下列合同应按规定缴纳印花税的有（　　）。

A. 电网与电厂间签订的购售电合同
B. 对原购销合同签订补充合同，补充合同购销金额大于原购销合同
C. 企业间借款签订的借款合同
D. 网上购物签订的电子合同
E. 人寿保险合同

解析 ▶ 选项C，银行及其他金融组织与借款人（不包括银行同业拆借）所签订的合同，属于印花税的征税范围，企业之间签订的借款合同不属于印花税的征税范围；选项E，财产保险合同属于印花税的征税范围，人寿保险合同不属于印花税的征税范围。　　　　　　答案 ▶ ABD

2.（2016年多选题）下列关于税务师对印花税计税依据的审核，错误的有（　　）。

A. 合同签订时无法确定金额的，先按定额税率计税，待金额确定后再补贴印花税
B. 按金额比例计税的应税凭证，只载明数量

未注明金额，按凭证所载数量及国家牌价或市场价格计算金额适用税率贴足印花

C. 已税合同修改后增加金额的，按增加部分计算补税，减少金额的，按减少部分退税
D. 以外币计价的应税合同，按合同书立当日国家外汇管理局公布的外汇牌价折合人民币计税
E. 技术开发合同，按合同所载价款报酬、使用费的合计金额计税

解析 ▶ 选项C，已税合同修改后减少金额的，不能退还印花税；选项E，技术开发合同，只就合同所载的报酬金额计税，研究开发经费不作为计税依据。　答案 ▶ CE

3. 其他凭证的审核要点

（1）审核营业账簿计税情况。

①审核资金账簿计税情况是否正确，企业"实收资本"和"资本公积"两项合计金额大于已贴印花资金的，应按规定就增加部分补贴印花税票。

②除记载资金的营业账簿外，其他营业账簿2018年5月1日起免税。

（2）审核产权转移书据、权利许可证照的计税情况。

【例题12·单选题】税务师代理印花税纳税审核，审核应税合同的计税依据时，理解正确的是（　　）。

A. 对技术开发合同，就合同所载的全部金额计税
B. 已税合同修订后增加金额的，不再重新计贴印花
C. 以外币计价的应税合同，是否按规定将计税金额折合成人民币后计算贴花
D. 在签订时无法确定金额的应税凭证，按预计的最可能金额贴花

解析 ▶ 选项A，对技术开发合同，只就合同所载的报酬金额计税，研究开发经费不作为计税依据。选项B，已税合同修订后减少金额的，已纳税款不予退还；但增加金额的，应按增加金额计算补贴印花税票。选项D，在签订时无法确定金额的应税凭证，

在签订时按定额5元贴花，在最终结算实际金额后，应按规定补贴印花。 **答案 ▶ C**

4. 税收优惠的审核

（1）已缴纳印花税的凭证的副本或抄本免税（但副本或者抄本作为正本使用的应另行贴花）。

（2）财产所有人将财产赠给政府、社会福利单位、学校所立的书据免税。

（3）国家指定的收购部门与村民委员会、农民个人书立的农业产品收购合同免税。

（4）无息、贴息贷款合同免税。

（5）外国政府或国际金融组织向我国政府及国家金融机构提供优惠贷款所书立的合同免税。

（6）房地产管理部门与个人订立的住房租赁合同，凡房屋属于用于生活居住的，暂免贴花。

（7）军事物资运输、抢险救灾物资运输，以及新建铁路临管线运输等的特殊货运凭证免税。

（8）2020年12月31日之前，对金融机构与小型、微型企业签订的借款合同免征印花税。

（9）自2018年5月1日起，将对纳税人设立的资金账簿按实收资本和资本公积合计金额征收的印花税减半，对按件征收的其他账簿免征印花税。

（10）自2019年1月1日至2021年12月31日，由省、自治区、直辖市人民政府根据本地区实际情况，以及宏观调控需要确定，对增值税小规模纳税人可以在50%的税额幅度内减征资源税、城市维护建设税、房产税、城镇土地使用税、印花税（不含证券交易印花税）、耕地占用税和教育费附加、地方教育附加。

【知识点拨】其他税种的该项优惠一并在此介绍，在相关税种中不再赘述。

【例题13·多选题】下列合同中，应缴纳印花税的有（ ）。

A. 企业购进原料签订的合同

B. 企业接受技术开发业务签订的合同

C. 无息贷款签订的合同

D. 公租房租赁合同

E. 纳税人从事受托加工业务签订的合同

解析 ▶ 无息贷款合同免征印花税；公租房租赁合同免征印花税。 **答案 ▶ ABE**

真题精练（客观题）

（2019年多选题）关于实施小微企业普惠性税收减免政策，自2019年1月1日至2021年12月31日，对增值税小规模纳税人征收的下列税种，属于可以由省级人民政府决定在50%的税额幅度减征的有（ ）。

A. 车船税　　　　B. 房产税

C. 契税　　　　　D. 城镇土地使用税

E. 城市维护建设税

解析 ▶ 由省、自治区、直辖市人民政府根据本地区实际情况，以及宏观调控需要确定，对增值税小规模纳税人可以在50%的税额幅度内减征资源税、城市维护建设税、房产税、城镇土地使用税、印花税（不含证券交易印花税）、耕地占用税和教育费附加、地方教育附加。 **答案 ▶ BDE**

5. 印花税征收管理

（1）印花税的纳税方法（见表11-19）。

表11-19　印花税的纳税方法

方法	适用范围	具体规定
自行贴花	应税凭证较少或贴花次数较少的纳税人	自行计算应纳税额，自行购买印花税票，自行一次贴足印花税票并加以注销或划销。对于已贴花的凭证，修改后所载金额增加的，其增加部分应当补贴印花税票，但多贴印花税票者，不得申请退税或者抵用
汇贴或汇缴	应纳税额较大或者贴花次数频繁的纳税人	汇贴：当一份凭证应纳税额超过500元时，应向税务机关申请填写缴款书或者完税凭证
		汇缴：同一种类应税凭证需要频繁贴花的，纳税人可向当地税务机关申请按期汇总缴纳印花税。汇总缴纳的期限，由当地税务机关确定，但最长不得超过1个月

方法	适用范围	具体规定
委托代征法	税务机关委托由发放或者办理应纳税凭证的单位代为征收印花税	

（2）纳税环节。

印花税应当在书立或领受时贴花。

如果合同是在国外签订，并且不便在国外贴花的，应在将合同带入境时办理贴花纳税手续。

（3）纳税地点。

就地纳税。对于全国性商品物资订货会（包括展销会、交易会等）上所签订合同应纳的印花税，由纳税人回其所在地后及时办理贴花完税手续；对地方主办、不涉及省际关系的订货会、展销会上所签合同的印花税，其纳税地点由各省、自治区、直辖市人民政府自行确定。

【例题 14·多选题】 下面有关印花税申报的判断，正确的有（   ）。

A. 税务登记证和贴息贷款合同无需缴纳印花税

B. 对于加工承揽合同在计算印花税时可作一定金额的扣除，但应审查有无合法的凭证

C. 税务咨询合同无需缴纳印花税

D. 企业预计需要缴纳的印花税时，在实际缴纳时会计处理为借记"应交税费"科目，贷记"银行存款"科目

E. 税法规定，企业一次缴纳印花税额若超过 100 元，可用税收缴款书缴纳税款

解析 ▶ 税法规定，企业一次缴纳印花税额若超过 500 元，可用税收缴款书缴纳税款，所以选项 E 错误。   **答案** ▶ ABCD

（三）印花税应纳税额的计算及账务处理

1. 应纳税额计算

应纳税额＝计税金额×税率

或者，应纳税额＝应税凭证件数×单位税额

2. 印花税的账务处理

印花税应通过"税金及附加"核算。

企业预计缴纳的印花税通过"应交税费"核算；不需预计的印花税无需通过"应交税费"科目核算，购买印花税票时，贷记"银行存款"科目。

印花税的账务处理：

借：税金及附加

　　贷：银行存款或应交税费

三、房产税的纳税申报和纳税审核★★

扫我解疑难

（一）纳税人及征税范围

房产税在**城市、县城、建制镇和工矿区**征收，以在征税范围内的房屋产权所有人或经营管理人为纳税人。

（1）产权归国家的，由经营管理单位纳税；归集体和个人所有的，由集体单位和个人纳税。

（2）产权出典的，由承典人纳税。

（3）产权所有人、承典人不在房屋所在地的，由房产代管人或者使用人纳税。

（4）产权未确定及租典纠纷未解决的，亦由房产代管人或者使用人纳税。

（5）无租使用其他房产，由使用人代为缴纳房产税。

【知识点拨 1】 房产税的征税对象是房屋。独立于房屋之外的建筑物，如围墙、烟囱、水塔、菜窖、室外游泳池等不属于房产税的征税对象。

【知识点拨 2】 房产税实行按年征收，分期缴纳。

【例题 15·多选题】 按房产税的规定，下列房产或其他建筑物属于房产税征税对象的有（   ）。

A. 工厂围墙

B. 宾馆的室外游泳池

C. 水塔

D. 企业职工宿舍

E. 房地产公司出租的写字楼

解析 ▶ 房产税的征税对象是房屋。所谓房屋，是指有屋面和围护结构(有墙或两边有柱)，能够遮风避雨，可供人们在其中生产、学习、工作、娱乐、居住或贮藏物资的场所。围墙、室外游泳池、水塔不属于房产税的征税对象。

答案 ▶ DE

(二)房产税的纳税申报和纳税审核

房产税应纳税额的计算见表11-20。

表11-20　房产税应纳税额的计算

房屋类型	计税方法	适用范围	计税依据	税率	应纳税额
地上建筑物	从价计征	经营自用房产	房产计税余值	1.2%	应税房产原值×(1-扣除比例)×1.2%
	从租计征	出租房产	房屋租金	12% 个人出租住房：4%	租金收入×12%(个人为4%)
独立地下建筑物	从价计征	工业用途房产	以房屋原价的50%~60%作为应税房产原值，具体比例由各省、自治区、直辖市和计划单列市财税部门在幅度内自行确定	1.2%	应税房产原值×(1-扣除比例)×1.2%
		商业和其他用途房产	以房屋原价的70%~80%作为应税房产原值		
	从租计征		同地上建筑物		

1. 自用房产审核要点

从价计征：应纳税额=房产计税余值×税率(1.2%)

(1)房产计税余值：依照房产原值一次减除10%至30%的损耗价值以后的余额。

①房产原值以不含增值税的价格确定。

②房产原值：纳税人按照会计制度规定，在账簿"固定资产"账户中记载的房屋造价(或购价)，房产原值应包括与房屋不可分割的各种附属设备或一般不单独计算价值的配套设施。

凡以房屋为载体，不可随意移动的附属设备和配套设施，如给排水、采暖、消防、中央空调、电气及智能化楼宇设备等，无论在会计核算中是否单独记账与核算，都应计入房产原值，计征房产税。

③对按照房产原值计税的房产，无论会计上如何核算，房产原值均应包含地价，包括为取得土地使用权支付的价款、开发土地发生的成本费用等。宗地容积率低于0.5的，按房产建筑面积的2倍计算土地面积并据此确定计入房产原值的地价。

④对出租房产，租赁双方签订的租赁合同约定有免收租金期限的，免收租金期间由产权所有人按照房产原值缴纳房产税。

真题精练(客观题)

1. (2018年单选题)某城市广场经营公司为吸引租户，选取新租户免征房租政策。出租房产在免收租金期间的房产税应该( )。

A. 不需要缴纳

B. 由城市广场经营公司以同类房租为依据按规定计算缴纳

C. 由城市广场经营公司以房产原值为依据按规定计算缴纳

D. 由租户以房产原值为依据按规定计算缴纳

解析 ▶ 对出租房产，租赁双方签订的租赁合同约定有免收租金期限的，免收租金期间由产权所有人按照房产原值缴纳房产税。

答案 ▶ C

2. (2016年多选题)下列房屋附属设备与配套设施无论会计上是否单独核算，都应计入房屋原值缴纳房产税的有( )。

A. 给排水设施

B. 分体式空调

C. 消防设备

D. 地下停车场

E. 智能化楼宇设备

解析 ▶ 凡以房屋为载体，不可随意移动的附属设备和配套设施，如给排水、采暖、消防、中央空调、电气及智能化楼宇设备等，无论在会计核算中是否单独记账与核算，都应计入房产原值，计征房产税。

答案 ▶ ACDE

(2)审核时，注意房产的原值是否真实，有无少报、瞒报的现象，有无分解记账的情况；纳税人对原有房屋进行改建、扩建的，是否按规定增加其房屋原值，有无将其改建、扩建支出列入大修理范围处理的情况。

2. 出租房产审核要点

从租计征：应纳税额=房产租金收入×税率(12%)

【知识点拨】房产出租的，计征房产税的租金收入不含增值税。

(1)审核"其他业务收入"等账户和房屋租赁合同及租赁费用结算凭证，核实房产租金收入，审核有无出租房屋不申报纳税的问题。

(2)审核有无签订经营合同隐瞒租金收入，或以物抵租少报租金收入，或将房租收入计入营业收入未缴房产税的问题。

(3)审核有无出租使用房屋，或租用免税单位和个人私有房产的问题。

【知识点拨】投资联营的房产。

(1)共担风险的，被投资方按房产的计税余值从价计征房产税；

(2)不共担风险的，投资方按租金收入从租计征房产税。

3. 审核房产税的税收优惠

下列房产免征房产税：

(1)国家机关、人民团体、军队自用的房产；

(2)由国家财政部门拨付事业经费的单位自用的房产；

(3)宗教寺庙、公园、名胜古迹自用的房产；

(4)个人所有非营业用房产；

(5)经财政部批准免税的其他房产：

①企业办的各类学校、医院、托儿所、幼儿园自用的房产，免征房产税；

②经有关部门鉴定，对毁损不堪居住的房屋和危险房屋，在停止使用后，可免征房产税；

③对军队空余房产租赁收入暂免征收房产税；

④凡在基建工地为基建服务的各种工棚、材料棚、休息棚和办公室、食堂、茶炉房等临时房屋，不论是施工企业自行建造或基建单位投资建造，在施工期间，免征房产税。但是在基建工程结束后，施工单位将这种临时性房屋交还或估价转让给基建单位的，应当从基建单位接收的次月起，依照规定征收房产税；

⑤因房屋大修导致连续停用在半年以上的，在大修期间免征房产税，免征税额由纳税人在申报缴纳房产税时自行计算扣除，并在申报附表或备注栏中作相应说明；

⑥纳税单位与免税单位共同使用的房屋，按各自使用的部分划分，分别征收或免征房产税；

⑦对房地产开发企业建造的商品房，在出售前不征收房产税。但对出售前房地产开发企业已使用或出租、出借的商品房应按规定征收房产税。

4. 审核房产税计算纳税的期限

将原有房产用于生产经营的，从生产经营之月起，计征房产税；委托施工企业建设的房屋，在办理验收手续前已使用或出租、出借的，应从使用或出租、出借的当月起计税。其他情况，从次月起计征房产税。

审查时，注意对于新建、改造、翻建的房屋，已办理验收手续或未办理验收手续已经使用的，是否按规定期限申报纳税，有无拖延纳税期限而少计税额的问题。

【知识点拨】根据历年考题的表述习惯，在文字表述题中，纳税人出租房产，从交付出租房产的次月起缴纳房产税；在计算题中，如果纳税人从7月1日开始对外出租房产，由于纳税人从7月就开始获得收入，纳税人就应该从7月开始从租计税，如果纳税人从7月的月末才开始出租房产，纳税人就应该从8月开始从租计税。

【例题16·单选题】下列关于房产税代理申报的表述，正确的是（　　）。

A. 房屋的各种附属设施不应计入房屋价值缴纳房产税，如中央空调

B. 委托施工企业建设的房屋，已交付使用但未办理验收手续暂不申报纳税

C. 房产税的计税依据是房产原值

D. 对出售前房地产开发企业已使用或出租、出借的商品房应按规定征收房产税

解析 选项A，为了维持房屋的使用功能或使房屋满足设计要求，凡以房屋为载体，不可随意移动的附属设备和配套设施，如给排水、采暖、消防、中央空调、电气及智能化楼宇设备等，无论在会计核算中是否单独记账与核算，都应计入房产原值，计征房产税；选项B，委托施工企业建设的房屋，对于在办理验收手续前已使用的，应从使用的当月起按规定计征房产税；选项C，房产税的计税依据是房产余值或租金收入。

答案 D

【例题17·多选题】按现行政策，以下房产中可以享受房产税免税优惠政策的有（　　）。

A. 企业办的技工学校用房

B. 军队出租的空余房产

C. 按政府规定的价格出租的廉租房

D. 房地产开发企业建造的出售前用于出租的商品房

E. 公园自用的房产

解析 选项D，如果是出售前未使用或未出租、出借的，在出售前不征收房产税，已使用或出租、出借的应按规定征收房产税。

答案 ABCE

真题精练（客观题）

（2016年单选题）下列房产中，应缴纳房产税的是（　　）。

A. 房地产开发企业建造的尚未出售的商品房

B. 某社区医疗服务中心自用房

C. 某公园的办公用房

D. 某大学出租的房屋

解析 选项ABC都是免征房产税的。

答案 D

（三）房产税的会计核算

企业缴纳的房产税应在"税金及附加"中列支。

借：税金及附加

　　贷：应交税费——应交房产税

【例题18·单选题】房产税实行按年征收、分期缴纳，企业缴纳的房产税应在（　　）中列支。

A. "预提费用"

B. "待摊费用"

C. "其他应收款"

D. "税金及附加"

解析 "税金及附加"科目核算企业经营活动发生的消费税、城市维护建设税、资源税、教育费附加及房产税、土地使用税、车船使用税、印花税等相关税费。　答案 D

四、城镇土地使用税的纳税申报和纳税审核★★

扫我解疑难

城镇土地使用税的征税范围为城市、县城、建制镇和工矿区。

应纳税额=单位税额×实际占用土地面积

（一）城镇土地使用税的计税依据

城镇土地使用税的计税依据是纳税人实际占用的土地面积。不同情形下城镇土地使用税的计税依据见表11-21。

表 11-21　城镇土地使用税的计税依据

类型	计税依据
由省、自治区、直辖市人民政府确定的单位组织测定土地面积的纳税人	测定面积
尚未组织测量土地面积，但持有政府部门核发的土地使用证书的纳税人	以证书确认的土地面积
尚未核发土地使用证书的纳税人	申报的土地面积，待核发土地使用证以后再作调整
对在城镇土地使用税征税范围内单独建造的地下建筑用地，按规定征收城镇土地使用税	(1)已取得地下土地使用权证的，按土地使用权证确认的土地面积计算应征税款 (2)未取得地下土地使用权证或地下土地使用权证上未标明土地面积的，按地下建筑垂直投影面积计算应征税款 对上述地下建筑用地暂按应征税款的50%征收城镇土地使用税

【例题 19·单选题】 城镇土地使用税的纳税人以( )的土地面积作为计税依据。

A. 实际占用

B. 自用

C. 经税务机关核定

D. 拥有

解析 城镇土地使用税的纳税人以实际占用的土地面积作为计税依据。　　**答案** A

(二)减免税土地面积审核要点

(1)国家机关、人民团体、军队自用的土地免税。

(2)由国家财政部门拨付事业经费的单位自用的土地免税。

(3)宗教寺庙、公园、名胜古迹自用的土地免税。

(4)市政街道、广场、绿化地带等公共用地免税。

①对企业厂区(包括生产、办公及生活区)以内的绿化用地，应照章征收城镇土地使用税。

②厂区以外的公共绿化用地和向社会开放的公园用地，暂免征收城镇土地使用税。

(5)直接用于农、林、牧、渔业的生产用地免税。

(6)经批准开山填海整治的土地和改造的废弃土地，从使用的月份起免缴城镇土地使用税 5 年至 10 年。

(7)个人所有的居住房屋及院落用地，免征城镇土地使用税。

(8)企业办的学校、医院、托儿所、幼儿园，其用地能与企业其他用地明确区分的，免征城镇土地使用税。

(9)免税单位无偿使用纳税单位的土地，免征城镇土地使用税。纳税单位无偿使用免税单位的土地，纳税单位应照章缴纳城镇土地使用税。纳税单位与免税单位共同使用共有使用权土地上的多层建筑，对纳税单位可按其占用的建筑面积占建筑总面积的比例计征城镇土地使用税。

(10)免税单位职工家属的宿舍用地免征城镇土地使用税。

【例题 20·多选题】 下列用地中，应缴纳城镇土地使用税的有( )。

A. 名胜古迹内管理单位的办公用地

B. 寺庙开办的商店的用地

C. 街道绿化的用地

D. 军队训练场地的用地

E. 中央直属企业的用地

解析 选项 B，寺庙自用土地，免征土地使用税，寺庙开办的商店的用地照章征收土地使用税；中央直属企业的用地照章征收土地使用税。　　**答案** BE

真题精练(客观题)

(2017 年单选题)某企业 2016 年占地 5 万平方米，其中 2 万平方米是该企业开办的技术学校用地，该地区城镇土地使用税年税额为 5 元/平方米，该企业 2016 年应缴纳的城镇土地使用税是( )万元。

A. 20 　　　　B. 25

C. 12.5 　　　D. 15

解析 ▶ 税法规定，企业办的学校，其用地能与企业其他用地明确区分的，可以比照由国家财政部门拨付事业经费的单位自用的土地免征城镇土地使用税。该企业应缴纳城镇土地使用税＝（50000−20000）×5÷10000＝15（万元）。　　答案 ▶ D

（三）纳税义务发生时间

（1）纳税人购置新建商品房，自房屋交付使用之次月起计征城镇土地使用税（同房产税）。

（2）购置存量房，自办理房屋权属转移、变更登记手续，房地产权属登记机关签发房屋权属证书之次月起计征城镇土地使用税（同房产税）。

（3）出租、出借房产，自交付出租、出借房产之次月起计征城镇土地使用税（同房产税）。

（4）纳税人新征用的耕地，自批准征用之日起满1年时开始缴纳城镇土地使用税。

（5）纳税人新征用的非耕地，自批准征用之次月起缴纳城镇土地使用税。

（四）城镇土地使用税的会计核算

计提时：

借：税金及附加

　　贷：应交税费——应交城镇土地使用税

五、资源税的纳税申报和纳税审核★

扫我解疑难

（一）资源税的纳税人与扣缴义务人

资源税的纳税义务人是指在中华人民共和国领域及管辖的其他海域开采应税资源的单位和个人。

对资源税纳税义务人的理解，应注意以下几点：

1. 资源税适用"进口不征，出口不退"的规则——资源税仅对在我国领域及管辖海域开采应税资源的单位或个人征收，而对进口应税资源的单位或个人不征资源税。对出口应税资源也不退（免）已纳的资源税。

2. 一次性课征——对开采应税资源进行销售或自用的单位和个人，在出厂销售或自用时一次性征收，而对已税资源批发、零售的单位和个人不再征收资源税。

3. 单位和个人以应税资源投资、分配、抵债、赠与、以物易物等视同销售，应按规定计算缴纳资源税。

4. 收购未税矿产品的独立矿山、联合企业和其他单位（包括个体户）为资源税的扣缴义务人。

【例题21·多选题】 下列选项中应缴纳资源税的有（　　）。

A. 外商投资企业开采销售铁矿石

B. 煤炭进出口公司进口煤炭

C. 海盐盐场生产销售海盐

D. 私营企业购进铁矿石直接对外出售

E. 个体工商户开采原煤销售

解析 ▶ 选项B，煤炭进出口公司进口煤炭，不征收资源税；选项D，资源税仅对于开采销售的第一个环节征收，对于以后的环节不再征收，所以私营企业购进铁矿石后再销售的，不征资源税。　　答案 ▶ ACE

真题精练（客观题）

1. （2019年单选题）关于收购未税矿产品的资源税，下列说法错误的是（　　）。

A. 收购未税矿产品的，由被收购方自行补缴资源税

B. 收购未税矿产品的建筑企业，按主管税务机关核定的应税产品税额或税率标准计算资源税

C. 收购未税矿产品的独立矿山，按收购方应税产品的税额或税率标准计算资源税

D. 收购未税矿产品的独立矿山，由收购方代扣代缴资源税

解析 ▶ 收购未税矿产品的独立矿山、联合企业和其他单位为资源税扣缴义务人。独立矿山、联合企业收购未税矿产品的，按

照本单位应税产品税额、税率标准，依据收购的数量(金额)代扣代缴资源税；其他收购单位收购未税矿产品的，按照税务机关核定的应税产品税额、税率标准，依据收购的数量(金额)代扣代缴资源税。

答案 ▶ A

2. (2017年单选题)下列油类产品中，应征收资源税的是(　　)。

A. 机油　　　　　B. 汽油
C. 人造石油　　　D. 天然原油

解析 ▶ 天然原油属于资源税征税范围，应征收资源税。机油、汽油、人造石油均不征收资源税。　　　　　　**答案** ▶ D

(二)资源税的计税依据

资源税的计税依据为应税产品的销售额或销售量。

1. 销售额

(1)销售额的基本规定。

销售额为纳税人销售应税产品向购买方收取的全部价款和价外费用，但不包括收取的增值税销项税额和运杂费用。

价外费用，包括价外向购买方收取的手续费、补贴、基金、集资费、返还利润、奖励费、违约金、滞纳金、延期付款利息、赔偿金、代收款项、代垫款项、包装费、储备费、优质费、运输装卸费以及其他各种性质的价外收费。但下列项目不包括在内：

①增值税销项税额。

②运杂费用。应税产品从坑口或洗选(加工)地到车站、码头或购买方指定地点的运输费用、建设基金以及随运销产生的装卸、仓储、港杂费用。

【知识点拨】 运杂费用应与销售额分别核算，凡未取得相应凭据或不能与销售额分别核算的，应当一并计征资源税。

③同时符合两项条件的代垫运费：

a. 承运部门的运费发票开具给购买方的；

b. 纳税人将该发票转交给购买方的。

④同时符合三项条件的代为收取的政府性基金、行政事业性收费。

a. 由国务院或者财政部批准设立的政府性基金，由国务院或者省级人民政府及其财政、价格主管部门批准设立的行政事业性收费；

b. 收取时开具省级以上财政部门印制的财政票据；

c. 所收款项全额上缴财政。

(2)纳税人开采应税产品由其关联单位对外销售的，按其关联单位的销售额征收资源税。

(3)纳税人既对外销售应税产品，又将应税产品自用于除连续生产应税产品以外的其他方面的，则自用的这部分应税产品按纳税人对外销售应税产品的平均价格计算销售额征收资源税。

(4)纳税人将其开采的应税产品直接出口的，按其不含增值税的离岸价格计算销售额征收资源税。

(5)对同一种应税产品，征税对象为精矿的，纳税人销售原矿时，应将原矿销售额换算为精矿销售额缴纳资源税；征税对象为原矿的，纳税人销售自采原矿加工的精矿，应将精矿销售额折算为原矿销售额缴纳资源税。换算比或折算率原则上应通过原矿售价、精矿售价和选矿比计算，也可通过原矿销售额、加工环节平均成本和利润计算。

金矿以标准金锭为征税对象，纳税人销售金原矿、金精矿的，应比照上述规定将其销售额换算为金锭销售额缴纳资源税。

纳税人开采原煤直接对外销售的，以原煤销售额作为应税煤炭销售额计算缴纳资源税；纳税人将其开采的原煤加工为洗选煤销售的，以洗选煤销售额乘以折算率作为应税煤炭销售额计算缴纳资源税。

(6)纳税人申报的应税产品销售额明显偏低并且无正当理由的、有视同销售应税产品行为而无销售额的，除财政部、国家税务总局另有规定外，按下列顺序确定销售额：

①按纳税人最近时期同类产品的平均销售价格确定；

②按其他纳税人最近时期同类产品的平均销售价格确定；

③按组成计税价格确定。组成计税价格为：

组成计税价格＝成本×（1+成本利润率）÷（1-资源税税率）

2. 销售数量

（1）按照新的资源税法，只有地热、石灰岩、其他粘土、砂石、矿泉水、天然卤水六个子税目规定了从价定率和从量定额两种税率。

（2）销售数量包括纳税人开采或者生产应税产品的实际销售数量和视同销售的自用数量。

（3）纳税人不能准确提供应税产品销售数量的，以应税产品的产量或主管税务机关确定的折算比换算成的数量为计征资源税的销售数量。

（三）资源税的税率

资源税税率从价定率为主，从量定额为辅。按照新的资源税法，只有地热、石灰岩、其他粘土、砂石、矿泉水、天然卤水六个子税目规定了从价定率和从量定额两种税率。

地热、石灰岩、其他粘土、砂石、矿泉水、天然卤水六个子税目可以选择实行从价计征或者从量计征的，具体计征方式由省、自治区、直辖市人民政府提出，报同级人民代表大会常务委员会决定，并报全国人民代表大会常务委员会和国务院备案。

（四）税收优惠

1. 免征资源税

有下列情形之一的，免征资源税：

（1）开采原油以及在油田范围内运输原油过程中用于加热的原油、天然气；

（2）煤炭开采企业因安全生产需要抽采的煤成（层）气。

2. 减征资源税

有下列情形之一的，减征资源税：

（1）从低丰度油气田开采的原油、天然气，减征20%资源税；

（2）高含硫天然气、三次采油和从深水油气田开采的原油、天然气，减征30%资源税；

高含硫天然气：硫化氢含量在每立方米三十克以上的天然气。

（3）稠油、高凝油减征40%资源税；

（4）从衰竭期矿山开采的矿产品，减征30%资源税。

衰竭期矿山是指设计开采年限超过15年，且剩余可采储量下降到原设计可采储量的20%以下或者剩余开采限不超过5年的矿山，衰竭期矿山以开采企业下属的单个矿山为单位确定。

3. 可由省、自治区、直辖市人民政府决定的减税或者免税

有下列情形之一的，省、自治区、直辖市可以决定免征或者减征资源税：

（1）纳税人开采或者生产应税产品过程中，因意外事故或者自然灾害等原因遭受重大损失；

（2）纳税人开采共伴生矿、低品位矿、尾矿。

4. 其他减税、免税

为促进页岩气开发利用，有效增加天然气供给，经国务院同意，自2018年4月1日至2021年3月31日，对页岩气资源税（按6%的规定税率）减征30%。

纳税人的减税、免税项目，应当单独核算销售额或者销售数量；未单独核算或者不能准确提供销售额或者销售数量的，不予减税或者免税。

（五）关于资源税纳税环节和纳税地点

1. 纳税环节

资源税在应税产品的销售或自用环节计算缴纳。以自采原矿加工精矿产品的，在原矿移送使用时不缴纳资源税，在精矿销售或自用时缴纳资源税。

纳税人以自采原矿加工金锭的，在金锭销售或自用时缴纳资源税。纳税人销售自采原矿或者自采原矿加工的金精矿、粗金，在原矿或者金精矿、粗金销售时缴纳资源税，

在移送使用时不缴纳资源税。

以应税产品投资、分配、抵债、赠与、以物易物等，视同销售，计算缴纳资源税。

【知识点拨】纳税人用已纳资源税的应税产品进一步加工应税产品销售的，不再缴纳资源税。纳税人以未税产品和已税产品混合销售或者混合加工为应税产品销售的，应当准确核算已税产品的购进金额，在计算加工后的应税产品销售额时，准予扣减已税产品的购进金额；未分别核算的，一并计算缴纳资源税。

2. 纳税地点

纳税人应当向应税产品的**开采地或生产地**主管税务机关缴纳资源税。

扣缴义务人扣缴的资源税，应向收购地主管税务机关缴纳。

(六)纳税义务发生时间

(1)分期收款结算方式，销售合同规定的收款日期的当天。

(2)预收货款结算方式，发出应税产品的当天。

(3)其他结算方式的，为收讫销售款或者取得索取销售款凭据的当天。

(4)自产自用，为移送使用应税产品的当天(纳税人自用于连续生产应税产品除外)。

(5)代扣代缴，为支付首笔货款或者首次开具应支付货款凭据的当天。

(七)资源税的会计核算(见表11-22)

表11-22　资源税的会计核算

具体情形	资源税的会计核算
销售应税产品	借：税金及附加 　贷：应交税费——应交资源税
自产自用应税产品视同销售时	借：生产成本(管理费用等) 　贷：应交税费——应交资源税
收购未税矿产品应代扣代缴的资源税，计入采购成本中	借：材料采购或原材料 　　应交税费——应交增值税(进项税额) 　贷：银行存款 　　应交税费——应交资源税

(八)水资源税改革试点实施办法

目前在全国10个省(自治区、直辖市)实施水资源税改革试点。自2016年7月1日起在河北省开始水资源改革试点。自2017年12月1日起在北京、天津、山西、内蒙古、山东、河南、四川、陕西、宁夏等9个省(自治区、直辖市)扩大水资源税改革试点。

1. 水资源税的纳税义务人

除规定情形外，水资源税的纳税人为直接取用地表水、地下水的单位和个人，包括直接从江、河、湖泊(含水库)和地下取用水资源的单位和个人。

下列情形，不缴纳水资源税：

(1)农村集体经济组织及其成员从本集体经济组织的水塘、水库中取用水的。

(2)家庭生活和零星散养、圈养畜禽饮用

等少量取用水的。

(3)水利工程管理单位为配置或者调度水资源取水的。

(4)为保障矿井等地下工程施工安全和生产安全必须进行临时应急取用(排)水的。

(5)为消除对公共安全或者公共利益的危害临时应急取水的。

(6)为农业抗旱和维护生态与环境必须临时应急取水的。

【例题22·单选题】在试点地区，无需缴纳水资源税的是(　　)。

A. 直接从湖泊取用水资源

B. 某农场为饲养的牛羊从地下取用水资源

C. 家庭生活少量取用水

D. 农户从其他村镇的水塘取用水

解析 ▶ 家庭生活和零星散养、圈养畜禽饮用等少量取用水的，不缴纳水资源税。

答案 ▶ C

2. 税率

除中央直属和跨省（区、市）水力发电取用水外，由试点省份省级人民政府统筹考虑本地区水资源状况、经济社会发展水平和水资源节约保护要求，在《试点实施办法》所附《试点省份水资源税最低平均税额表》规定的最低平均税额基础上，分类确定具体适用税额。

为发挥水资源税调控作用，按不同取用水性质实行差别税额：

（1）地下水税额要高于地表水，超采区地下水税额要高于非超采区，严重超采地区的地下水税额要大幅高于非超采地区。

（2）对超计划或超定额用水加征 1~3 倍，对特种行业从高征税，对超过规定限额的农业生产取用水、农村生活集中式饮水工程取用水从低征税。

（3）具体适用税额，授权省级人民政府统筹考虑本地区水资源状况、经济社会发展水平和水资源节约保护的要求确定。

3. 计税依据和应纳税额的计算

水资源税实行从量计征。对一般取用水按照实际取用水量征税，对采矿和工程建设疏干排水按照排水量征税；对水力发电和火力发电贯流式（不含循环式）冷却取用水按照实际发电量征税。具体计算见表 11-23。

表 11-23　水资源税的计算

情形	计税依据	应纳税额
一般取用水	实际取用水量	实际取用水量×适用税额
采矿和工程建设疏干排水	排水量	实际取用水量×适用税额
水力发电和火力发电贯流式(不含循环式)冷却取用水	实际发电量	实际发电量×适用税额

4. 税收减免

下列情形，予以免征或者减征水资源税：

（1）规定限额内的农业生产取用水免征水资源税。

（2）取用污水处理再生水，免征水资源税。

（3）除接入城镇公共供水管网以外，军队、武警部队通过其他方式取用水的，免征水资源税。

（4）抽水蓄能发电取用水，免征水资源税。

（5）采油排水经分离净化后在封闭管道回注的，免征水资源税。

（6）财政部、税务总局规定的其他免征或者减征水资源税情形。

5. 征收管理（见表 11-24）

表 11-24　水资源税的征收管理

项目	具体规定	
1. 征管模式	税务征管、水利核量、自主申报、信息共享	
2. 纳税义务发生时间	纳税人取用水资源的当日	
3. 纳税期限	(1)除农业生产取用水外	按季或者按月征收
	(2)对超过规定限额的农业生产取用水	水资源税可按年征收
	(3)不能按固定期限计算纳税的	可以按次申报纳税
4. 申报期限	自纳税期满或者纳税义务发生之日起15日内申报纳税	

项目	具体规定
5. 纳税地点	由生产经营所在地的主管税务机关征收管理，跨省(区、市)调度的水资源，由**调入区域所在地**的税务机关征收水资源税。在试点省份内取用水，其纳税地点需要调整的，由省级财政、税务部门决定

【例题 23·多选题】下列关于水资源税的说法错误的有( )。

A. 农业生产取用水免征水资源税

B. 取用污水处理再生水，免征水资源税

C. 水资源税一律按照实际取用水量征收

D. 家庭生活和零星散养、圈养畜禽饮用等少量取用水的不缴纳水资源税

E. 除农业生产取用水外，水资源税按季或者按月征收，不能按固定期限计算纳税的，可以按次申报纳税

解析 ▶ 选项 A，规定限额内的农业生产取用水免征水资源税；选项 C，对水力发电和火力发电贯流式(不含循环式)冷却取用水按照实际发电量征收。家庭生活和零星散养、圈养畜禽饮用等少量取用水的，不缴纳水资源税。

答案 ▶ AC

六、环境保护税的纳税申报和纳税审核★★

扫我解疑难

《环境保护税法》自 2018 年 1 月 1 日起实施，同时停征排污费。

环境保护税是对在我国领域以及管辖的其他海域**直接**向环境排放应税污染物的**企事业单位和其他生产经营者**征收的一种税。

(一)环境保护税纳税义务人及税目、税率的审核

1. 环境保护税纳税义务人的审核

环境保护税的纳税义务人是在中华人民共和国领域和中华人民共和国管辖的其他海域，**直接**向环境排放应税污染物的**企业事业单位和其他生产经营者**。

【知识点拨】环保税的纳税人不包括家庭和个人。

应税污染物，包括《环境保护税法》规定的大气污染物、水污染物、固体废物和**噪声(工业噪声)**。

有下列情形之一的，不属于直接向环境排放污染物，不缴纳相应污染物的环境保护税：

①企业事业单位和其他生产经营者向依法设立的污水集中处理、生活垃圾集中处理场所排放应税污染物的。

②企业事业单位和其他生产经营者在符合国家和地方环境保护标准的设施、场所贮存或者处置固体废物的。

③达到省级人民政府确定的规模标准并且有污染物排放口的畜禽养殖场，应当依法缴纳环境保护税，但依法对畜禽养殖废弃物进行综合利用和无害化处理的。

【例题 24·多选题】下列情形中，需要缴纳环境保护税的有( )。

A. 家庭直接向环境排放固体废物

B. 某化工厂向依法设立的污水集中处理中心排放污水

C. 医院直接向环境排放污水

D. 某建筑工地昼夜施工产生噪音

E. 达到省级人民政府确定的规模标准并且有污染物排放口的畜禽养殖场，依法对畜禽养殖废弃物进行综合利用和无害化处理

解析 ▶ 选项 A，环境保护税的纳税人是在中华人民共和国领域和中华人民共和国管辖的其他海域，直接向环境排放应税污染物的企业事业单位和其他生产经营者，不包括自然人及家庭；选项 B，企业事业单位和其他生产经营者向依法设立的污水集中处理、生活垃圾集中处理场所排放应税污染物的，不缴纳环境保护税；选项 E，达到省级人民政府确定的规模标准并且有污染物排放口的畜禽养殖场，应当依法缴纳环境保护税，但

依法对畜禽养殖废弃物进行综合利用和无害化处理的，不缴纳环境保护税。　**答案** ▶CD

(2018年单选题)以下属于应征收环境保护税的项目是(　　)。

A. 商业噪声

B. 工业噪声

C. 服务业噪声

D. 生活噪声

解析 ▶应税噪声污染目前只包括工业噪声。　**答案** ▶B

2. 环境保护税税目、税率的审核

具体的税目和税额如表11-25所示。

表11-25　环境保护税税目税额表

税目		计税单位	税额	备注
大气污染物		每污染当量	1.2元至12元	
水污染物		每污染当量	1.4元至14元	
固体废物	煤矸石	每吨	5元	
	尾矿	每吨	15元	
	危险废物	每吨	1000元	
	冶炼渣、粉煤灰、炉渣、其他固定废物(含半固态、液态废物)	每吨	25元	
噪声	工业噪声	超标1-3分贝	每月350元	1. 一个单位边界上有多处噪声超标，根据最高一处超标声级计算应纳税额；当沿边界长度超过100米有两处以上噪声超标，按照两个单位计算应纳税额。
		超标4-6分贝	每月700元	2. 一个单位有不同地点作业场所的，应当分别计算应纳税额，合并计征。
		超标7-9分贝	每月1400元	3. 昼、夜均超标的环境噪声，昼、夜分别计算应纳税额，累计计征。
		超标10-12分贝	每月2800元	4. 声源一个月内超标不足15天的，减半计算应纳税额。
		超标13-15分贝	每月5600元	5. 夜间频繁突发和夜间偶然突发厂界超标噪声，按等效声级和峰值噪声两种指标中超标分贝值高的一项计算应纳税额
		超标16分贝以上	每月11200元	

【知识点拨1】 税目包括大气污染物、水污染物、固体废物和噪声。

【知识点拨2】 税率为定额税率。其中：(1)应税大气污染物和水污染物，为幅度定额税率。省级人民政府在规定的税额幅度内提出，报同级人民代表大会常务委员会决定，并报全国人民代表大会常务委员会和国务院备案。(2)固体废物、噪声为统一的定额税率。

【例题25·单选题】 下列关于环境保护税纳税人及税目、税率的说法，错误的是(　　)。

A. 在中华人民共和国领域，直接向环境排放应税污染物的企业事业单位和其他生产经营者为环境保护税的纳税人

B. 环境保护税税目包括大气污染物、水污染物、固体废物和噪声4大类

C. 企业在符合国家和地方环境保护标准的设施、场所贮存或者处置固体废物的，应当缴纳环境保护税

D. 环境保护税采用定额税率

解析 ▶ 企业事业单位和其他生产经营者在符合国家和地方环境保护标准的设施、场所贮存或者处置固体废物的，不属于直接向环境排放污染物，不缴纳相应污染物的环境保护税。

答案 ▶ C

(二)环境保护税计税依据的审核

1. 计税依据确定的基本方法(见表11-26)

表11-26 计税依据确定的基本方法

税目	计税依据	如何确定计税依据			注意事项
应税大气污染物、水污染物	污染当量数	污染当量数＝该污染物的排放量÷该污染物的污染当量值			纳税人有下列情形之一的，以其当期应税大气污染物、水污染物的产生量作为污染物的排放量： (1)未依法安装使用污染物自动监测设备或者未将污染物自动监测设备与环境保护主管部门的监控设备联网。 (2)损毁或者擅自移动、改变污染物自动监测设备。 (3)篡改、伪造污染物监测数据。 (4)通过暗管、渗井、渗坑、灌注或者稀释排放以及不正常运行防治污染设施等方式违法排放应税污染物。 (5)进行虚假纳税申报
		每一排放口或者没有排放口的**应税大气污染物**	按照污染当量数从大到小排序，对**前三项**污染物征收		
		每一排放口的**应税水污染物**	按照污染当量数从大到小排序		
			第一类水污染物	按**前五项**征收	
			其他类水污染物	按**前三项**征收	
应税固体废物	排放量	当期固体废物的**产生量**－当期固体废物的**综合利用量**－当期固体废物的**贮存量**－当期固体废物的**处置量**			纳税人有下列情形之一的，以其当期应税固体废物的产生量作为固体废物的排放量： (1)非法倾倒应税固体废物。 (2)进行虚假纳税申报
应税噪声	按**超**过国家规定标准的分贝数确定	实际产生的工业噪声与国家规定的工业噪声排放标准限值之间的**差值**			

【知识点拨】 应税大气污染物、水污染物、固体废物的排放量和噪声的分贝数，按照下列方法和顺序计算：

(1)纳税人安装使用符合国家规定和监测规范的污染物自动监测设备的，按照污染物自动监测数据计算。

(2)纳税人未安装使用污染物自动监测设备的，按照监测机构出具的符合国家有关规定和监测规范的监测数据计算。

(3)因排放污染物种类多等原因不具备监测条件的，按照国务院环境保护主管部门规定的排污系数、物料衡算方法计算。

(4)不能按照上述第一项至第三项规定的方法计算的，按照省、自治区、直辖市人民政府环境保护主管部门规定的抽样测算的方法核定计算。

【例题26·单选题】 下列选项，属于环境保护税计税依据的是(　　)。

A. 大气污染物的污染当量数

B. 水污染物的产生量

C. 固体废物的贮存量

D. 噪声分贝数

解析 ▶ 大气污染物、水污染物以污染当量数作为计税依据；固体废物以排放量作为计税依据；噪声按超过国家规定标准的分贝数确定适用税额。

答案 ▶ A

（三）环境保护税应纳税额的审核（见表11-27）

表11-27　环境保护税应纳税额的计算

类别			应纳税额计算
（一）应税大气污染物			污染当量数×适用税额 【知识点拨】应纳税额计算顺序： ①计算各污染物的污染当量数＝该污染物的排放量÷该污染物的污染当量值； ②按污染当量数排序； ③计算应纳税额
（二）应税水污染物	1. 一般水污染物		污染当量数×适用税额 注意：第一类水污染物按前五项征收；第二类水污染物按前三项征收
	2. PH值、大肠菌群数、余氯量、色度	（1）PH值、大肠菌群数、余氯量	污水排放量（吨）÷该污染物的污染当量值（吨）×适用税额
		（2）色度	色度的污染当量数×适用税额 其中：色度污染当量数＝污水排放量（吨）×色度超标倍数÷色度的污染当量值（吨·倍）
	3. 适用环境保护税法所附《禽畜养殖业、小型企业和第三产业水污染物当量值》表的纳税人	（1）禽畜养殖业的水污染物	污染当量数×适用税额 其中：污染当量数＝禽畜养殖数量÷污染当量值
		（2）小型企业和第三产业排放的水污染物	污水排放量（吨）÷污染当量值（吨）×适用税额
		（3）医院排放的水污染物	①应纳税额＝医院床位数÷污染当量值×适用税额 ②应纳税额＝污水排放量÷污染当量值×适用税额
（三）应税固体废物			（当期固体废物的产生量－当期固体废物的综合利用量－当期固体废物的贮存量－当期固体废物的处置量）×适用税额
（四）应税噪声			超过国家规定标准的分贝数对应的具体适用税额

【例题27·单选题】某企业2020年4月排放汞及其化合物500千克，汞及其化合物的污染当量值（单位：千克）为0.0001，适用税额为8元每污染物当量。该企业当月应缴纳环境保护税（　）万元。

A. 8000　　　　　　B. 400

C. 4000　　　　　　D. 2000

解析 ▶ 污染当量数＝该污染物的排放量÷该污染物的污染当量值＝500÷0.0001＝5000000

应纳税额＝污染当量数×适用税额＝5000000×8÷10000＝4000（万元）

答案 ▶ C

（四）环境保护税税收优惠的审核

1. 暂免征税项目

下列情形，暂予免征环境保护税：

（1）农业生产（不包括规模化养殖）排放应税污染物的；

（2）机动车、铁路机车、非道路移动机械、船舶和航空器等流动污染源排放应税污染物的；

（3）依法设立的城乡污水集中处理、生活垃圾集中处理场所排放相应应税污染物，不超过国家和地方规定的排放标准的；

（4）纳税人综合利用的固体废物，符合国

家和地方环境保护标准的；

（5）国务院批准免税的其他情形。

【例题28·多选题】下列选项，免于征收环境保护税的有（　　）。

A．规模化养殖排放应税污染物的

B．船舶和航空器等流动污染源排放应税污染物

C．学校直接向环境排放污水

D．纳税人综合利用的固体废物，符合国家和地方环境保护标准

E．矿山直接向环境排放废气

解析 ▶ 本题目考核环境保护税的税收优惠。　　　　**答案** ▶ BD

2．减征税额项目

（1）纳税人排放应税大气污染物或者水污染物的浓度值低于国家和地方规定的污染物排放标准30%的，减按75%征收环境保护税。

（2）纳税人排放应税大气污染物或者水污染物的浓度值低于国家和地方规定的污染物排放标准50%的，减按50%征收环境保护税。

【知识点拨】 减征环境保护税的，应当对每一排放口排放的不同应税污染物分别计算。

（五）环境保护税的征收管理

1．征管方式

环境保护税采用"企业申报、税务征收、环保协同、信息共享"的征管方式。

2．纳税时间

环境保护税纳税义务发生时间为纳税人排放应税污染物的当日。环境保护税按月计算，按季申报缴纳。不能按固定期限计算缴纳的，可以按次申报缴纳。

纳税人按季申报缴纳的，应当自季度终了之日起15日内，向税务机关办理纳税申报并缴纳税款。纳税人按次申报缴纳的，应当自纳税义务发生之日起15日内，向税务机关办理纳税申报并缴纳税款。

3．纳税地点

纳税人应当向应税污染物排放地的税务机关申报缴纳环境保护税。应税污染物排放地是指：

（1）应税大气污染物、水污染物排放口所在地；

（2）应税固体废物产生地；

（3）应税噪声产生地。

【例题29·多选题】下列关于环境保护税征收管理的表述，正确的有（　　）。

A．环境保护税纳税义务发生时间为纳税人排放应税污染物的当日

B．纳税人按季申报缴纳的，应当自季度终了之日起15日内，向税务机关办理纳税申报并缴纳税款

C．环境保护税按月计算，按季申报缴纳

D．纳税人按次申报缴纳的，应当自纳税义务发生之日起10日内，向税务机关办理纳税申报并缴纳税款

E．不能按固定期限计算缴纳的，可以按次申报缴纳

解析 ▶ 选项D，纳税人按次申报缴纳的，应当自纳税义务发生之日起15日内，向税务机关办理纳税申报并缴纳税款。

答案 ▶ ABCE

真题精练（主观题）

（2018年简答题，改）某房地产开发公司系增值税一般纳税人，2018年3月25日与政府部门签订了紫金花园项目的土地使用权出让合同，土地出让金3亿元，合同约定土地出让金于3月30日前支付，但未约定具体交付土地日期，实际交付日期4月25日。

（1）该业务的城镇土地使用税何时开始缴纳？简述政策规定。

（2）该业务的契税纳税义务发生时间在何时？简述政策规定。

（3）支付的土地出让金应取得何种合规的票据？

（4）该项目2019年开始预售，2021年交付业主，请写出销售开发产品采用一般计税方法计算增值税时，当期允许扣除的土地价款及当期销项税额的计算公式。

第11章 其他税种纳税申报和纳税审核

真题精练(主观题)答案

(1)该业务城镇土地使用税从4月份开始缴纳。

相关政策规定:以出让或转让方式有偿取得土地使用权的,应由受让方从合同约定交付土地时间的次月起缴纳城镇土地使用税;合同未约定交付时间的,由受让方从合同签订的次月起缴纳城镇土地使用税。

(2)该业务的契税纳税义务时间为签订土地使用权出让合同的当天,即2018年3月25日。

相关政策规定:契税的纳税义务发生时间是纳税人签订土地、房屋权属转移合同的当天,或者纳税人取得其他具有土地、房屋权属转移合同性质凭证的当天。

(3)向政府、土地管理部门或受政府委托收取土地价款的单位直接支付的土地价款应取得省级以上(含省级)财政部门监(印)制的财政票据。

(4)当期允许扣除的土地价款=(当期销售房地产项目建筑面积÷房地产项目可供销售建筑面积)×支付的土地价款;销项税额=(全部价款和价外费用−当期允许扣除的土地价款)÷(1+9%)×9%

真题精练(主观题)总结

对于其他税种,在历年主观题的考核中,常见的出题点是土地增值税的计算和清算,印花税的征税范围、计税依据、应纳税额计算和纳税方法,小税种联合出题(比如将与房、地有关的土地使用税、契税、印花税、增值税差额计税结合起来出题,或者将与车辆有关的车辆购置税、车船税、增值税、消费税等联合出题等),为此大家要注意各个税种之间的联系,做好总结。

同步训练 限时250分钟

一、单项选择题

1. 某房地产开发企业2020年2月将自行开发的商品房,按不含增值税500万元作价对外投资(开发成本为300万元)。对该项投资,正确的税务处理是( )。

A. 不需缴纳增值税、土地增值税和企业所得税

B. 以500万元确认为销售收入,分别按规定计算缴纳增值税、土地增值税和企业所得税

C. 不需要缴纳增值税,以500万元确认为销售收入计算缴纳土地增值税和企业所得税

D. 不需要缴纳增值税和土地增值税,以500万元确认为销售收入计算缴纳企业所得税

2. 在对2019年土地增值税的纳税审核中,下列各项,应计算缴纳土地增值税的是( )。

A. 非公司制企业整体改建为有限责任公司,将改制前公司的房屋权属转移到改建后的企业

B. 个人之间互换自有居住用房地产

C. 某工业企业将自有房屋产权用于抵债的

D. 房地产开发企业以建造商品房用于商业招租,不发生产权转移的

3. 房地产开发公司2016年开发一幢普通标准住宅,当年6月竣工验收取得销售许可证。由于房价飞涨,至2017年12月销售了可售建筑面积的30%,剩余70%待售。至2018年12月,累计销售了可售建筑面积的60%,剩余40%待售。至2019年8月,累计销售了可售建筑面积的80%,剩余的20%仍然待售。下列说法中正确的是( )。

A. 税务机关可以要求该企业在2017年6月进行土地增值税的清算

B. 税务机关可以要求该企业在2018年12月进行土地增值税的清算

C. 税务机关可以要求该企业在2019年

6月进行土地增值税的清算

D. 税务机关可以要求该企业在 2019 年 8 月进行土地增值税的清算

4. 下列关于土地增值税中房地产继承的说法中，正确的是（　　）。

A. 应按照评估价格计算缴纳土地增值税

B. 属于土地增值税的征税范围，但是可以免税

C. 不属于土地增值税的征税范围

D. 由税务机关核定征收土地增值税

5. 对房地产开发公司进行土地增值税清算时，可作为清算单位的是（　　）。

A. 规划申报项目

B. 审批备案项目

C. 商业推广项目

D. 设计建筑项目

6. 土地增值税法中规定，房地产开发企业在进行纳税申报时，如果同时兼有免税和征税项目单位，正确的申报方法是（　　）。

A. 由主管税务机关核定填报

B. 分别填报

C. 只填报征税项目

D. 合并填报

7. 某省规定土地增值税清算时利息支出以外的其他房地产开发费用扣除比例为 5%。某房地产开发企业利息支出能够按清算对象分摊并能够提供金融机构证明，能够单独计算扣除，在进行土地增值税清算时，作为清算对象扣除项目中的"房地产开发费用"金额应是（　　）。

A. 利息+销售费用+管理费用

B. 利息+[取得土地使用权所支付的金额+房地产开发成本（不含利息支出）]×5%以内

C. 利息+[取得土地使用权所支付的金额+房地产开发成本（含利息支出）]×5%以内

D. 利息+[取得土地使用权所支付的金额+房地产开发成本（含利息支出）]×（5%以内+20%）

8. 下列合同中，属于印花税征税范围的是（　　）。

A. 供用电合同

B. 融资租赁合同

C. 人寿保险合同

D. 法律咨询合同

9. 下列凭证中，需要缴纳印花税的是（　　）。

A. 国际金融组织向我国国家金融机构提供普通贷款所签订的借款合同

B. 企业单位内的职工食堂设置的经费收支账簿

C. 抢险救灾物资运输的特殊货运凭证

D. 财产所有人将财产捐赠给学校所书立的各类书据

10. 关于印花税的说法，正确的是（　　）。

A. 某汽车租赁公司与客户签订一份汽车租赁合同，商定每月租金 20000 元，租赁期 3 年，则该公司在合同签订当日应缴纳的印花税为 20000×1‰＝20 元

B. 房地产企业签订的土地出让合同，不属于印花税列举征税的凭证，不缴纳印花税

C. 某公司在互联网上进行网络销售时，多数情况下是通过电子邮件与客商签订销售合同，由于未打印成纸质合同，故无须缴纳印花税

D. 某运输企业签订的货物运输合同，在计算应缴纳印花税时，可仅以不含装卸费和保险费的运输费金额作为计税依据

11. 某汽车厂与某大型设备经销公司签订购买价值 3000 万元的生产设备合同，为此与工商银行签订了 2000 万元的借款合同。后因资金紧张购销合同作废，改签融资租赁合同，租赁费 2800 万元。根据上述情况，汽车厂一共应缴纳印花税（　　）元。

A. 1200　　　　　B. 7000

C. 10200　　　　 D. 11400

12. 代理填写印花税纳税申报表时，对于"计税金额"栏填写正确的是（　　）。

A. 货物运输合同记载金额 5000 元，其中装卸费 500 元，本栏填写 5000 元

B. 一年期借款合同记载借款本金为1000万元，年利率为5%，本栏填写50万元

C. 产权转移书据记载房产转让收入分两期支付，第一期55万元，第二期45万元，本栏填写100万元

D. 以货换货方式签订销售换货合同，记载销售金额40万元，换入货物金额50万元，企业支付10万元差价，本栏填写100万元

13. 下列关于印花税的代理申报表述错误的是( )。

A. 印花税应纳税额不足一角的不征税

B. 营业账簿和权利许可证照实行按件贴花每件5元

C. 具有合同性质的凭证应视为合同征印花税

D. 企业一次缴纳印花税超过500元的，可用税收缴款书缴纳税款

14. 某公司2019年10月开业，领受工商营业执照、专利权证书、商标注册证书及土地使用权证书各一份；公司实收资本600万元，资本公积200万元，除资金账簿外，启用了10本营业账簿；开业后与一家公司签订了一份易货合同，合同约定，以价值420万元的产品换取380万元的原材料；当年该公司转让的非专利技术合同上注明金额100万元。2019年该公司应纳印花税( )元。

A. 4720   B. 6770

C. 6970   D. 6980

15. 下列经济行为中，不符合印花税政策规定的是( )。

A. 2017年成立的某公司在2019年启用新资金账簿时因"实收资本"和"资本公积"未变化，未缴纳印花税

B. 购销合同实际履行金额大于合同所载金额，因未重新签订合同或未签订补充合同，未补缴印花税

C. 企业与电网签订的供用电合同，因未

记载金额，先以5元/件缴纳，年末以实际电费金额按"购销合同"结算印花税

D. 与税务师事务所签订的税务咨询合同，未缴纳印花税

16. 某企业拥有三处房产，分别为：办公楼一栋，原值1200万元，2019年5月31日将其中的50%出租给当地税务机关用于办公，当年收取含税租金收入140万元；厂房一栋，原值580万元，预计可以使用20年，已经使用15年；仓库一座，原值500万元，企业申报缴纳的2019年第三季度的房产税是21.888万元。税务师在审核后，认为( )(已知当地税务机关规定的房产原值扣除率为20%，不动产出租采用简易计税方法计算增值税)。

A. 企业计算的房产税是正确的

B. 企业计算的房产税有误，应补缴房产税17.472万元

C. 企业计算的房产税有误，应申请退还房产税10.999万元

D. 企业计算的房产税有误，应补缴房产税15.457万元

17. 某企业财务人员向税务师刘某咨询关于房产税的相关政策，下列说法正确的是( )。

A. 更换房屋附属设施和配套设施的，其更新价值计入房产原值，但不扣减原来相应旧设备和设施的价值

B. 完全建在地面以下的建筑不计征房产税

C. 对于与地上房屋相连的地下建筑，应将地下部分与地上房屋分别按照地上与地下建筑物的规定计算征收房产税

D. 出租的地下建筑，按照出租地上房屋建筑的有关规定计算征收房产税

18. 下列房产税处理中，不符合房产税政策规定的是( )。

A. 将单独作为"固定资产"核算的中央空调计入房产原值，计征房产税

B. 未将完全建在地面以下的地下人防设

施计入房产原值，计征房产税

C. 将与地上房屋相连的地下停车场计入房产原值，计征房产税

D. 将出租的房屋按租金收入计征房产税后，不再按房产原值计征房产税

19. 2019 年某企业支付 8000 万元取得 10 万平方米的土地使用权，新建厂房建筑面积 3 万平方米，工程成本 2000 万元，2019 年底竣工验收，对该企业征收房产税的房产原值是（ ）万元。

A. 2000　　　　B. 6400

C. 6800　　　　D. 10000

20. A 公司实际占地面积共计 10000 平方米，其中 2000 平方米为厂区以外的绿化区，企业内学校和医院共占地 1500 平方米，另外该企业出租面积 200 平方米的土地使用权，还免费借给军队 600 平方米作训练场地。该企业所处地段适用城镇土地使用税年税额为 2 元/平方米。该企业应缴纳的城镇土地使用税为（ ）元。

A. 11800　　　B. 16000

C. 13000　　　D. 18800

21. 下列关于城镇土地使用税征税规定的说法中，错误的是（ ）。

A. 经济落后地区，城镇土地使用税的适用税额标准可适当降低，但降低额不得超过规定最低税额的 30%

B. 城镇土地使用税采用有幅度的差别税额，每个幅度税额的差距为 20 倍

C. 房地产开发公司开发建造商品房的用地，除经批准开发建设经济适用房的用地外，对各类房地产开发用地一律不得减免城镇土地使用税

D. 纳税人新征用的耕地，自批准征用次月起缴纳城镇土地使用税

22. 某油田 2019 年 12 月份生产原油 12000 吨，其中已销售 9000 吨，每吨不含税价为 5000 元，自用 2000 吨（不是用于加热、修井），另有 1000 吨待销售。该油田当月应纳资源税（ ）万元（该油田适用资源

税税率为 6%）。

A. 262.5　　　B. 300

C. 330　　　　D. 225

23. 下列各项中，不属于环境保护税征税范围，不缴纳环境保护税的是（ ）。

A. 噪声

B. 大气污染物

C. 企业向依法设立的生活垃圾集中处理场所排放应税污染物

D. 固体废物

24. 甲钢铁企业 2020 年 3 月冶炼钢铁过程中，产生冶炼渣 500 吨，其中按照国家和地方环境保护标准综合利用 300 吨。已知冶炼渣的税额为每吨 25 元，则该钢铁企业 2020 年 3 月应税固体废物的环境保护税为（ ）元。

A. 5000　　　B. 6250

C. 7500　　　D. 12500

二、多项选择题

1. 税务师在进行房地产开发企业土地增值税清算时，对房地产开发企业将自行开发的房地产用于（ ）的，应确认相应的收入，计算缴纳土地增值税。

A. 企业办公用房，并办理相应产权转移手续

B. 对外投资

C. 通过老年基金会捐赠给老年活动中心

D. 向投资者分配利润

E. 出租，但未办理相应产权转移手续

2. 在计算房地产企业的土地增值税时，关于房地产开发费用予以扣除表述正确的有（ ）。

A. 利息的上浮幅度要按国家有关规定执行，超过上浮幅度的不允许扣除

B. 超过贷款期限的利息部分和加罚的利息允许扣除

C. 借款利息必须按房地产项目计算分摊

D. 超过贷款期限的利息和加罚的利息不允许扣除

E. 利息支出可按取得土地使用权支付的金

额和房地产开发成本金额之和在15%以内计算扣除(具体比例,由省、自治区、直辖市人民政府规定)

3. 下列情形中,纳税人应进行土地增值税清算的有(　　)。

A. 房地产开发项目全部竣工、完成销售的

B. 整体转让未竣工决算房地产开发项目的

C. 直接转让土地使用权的

D. 取得销售(预售)许可证满三年仍未销售完毕的

E. 纳税人申请注销税务登记但未办理土地增值税清算手续的

4. 下列有关土地增值税的处理,符合税法规定的有(　　)。

A. 房地产开发企业兼营普通标准住宅和非普通标准住宅开发,没有分别核算增值额或不能准确核算增值额的,应就其全部增值额按税法规定计征土地增值税

B. 房地产公司将一块土地,分为三部分开发,并分别办理规划等相关手续,在土地增值税清算时,应分三期进行清算,不能合并一次进行清算

C. 某生产企业2019年8月销售一栋8年前建造的办公楼,取得不含增值税销售收入1800万元。该办公楼原值1000万元,已计提折旧600万元。经房地产评估机构评估,该办公楼的重置成本为2100万元,成新度折扣率为5成,销售时缴纳城建税、印花税及教育费附加等共计45万元。该生产企业销售办公楼无须缴纳土地增值税

D. 某单位于2012年接受抵债房产一处,接受价2450万元,2019年拍卖后取得不含增值税款项1950万元,则无须缴纳土地增值税

E. 纳税人按规定预缴土地增值税后,清算补缴的土地增值税,在主管税务机关规定的期限内补缴的,不加收滞纳金

5. 对于土地增值税纳税申报表的理解,下列说法不正确的有(　　)。

A. 表中各主要项目内容应根据土地增值

税的基本计税单位计算填报

B. 同时转让两个或两个以上计税单位的,可以在一份申报表中填报

C. 房地产企业兼有免税和征税项目单位的,应当分别填报

D. 房地产开发费用,利息单独扣除的,按取得土地使用权所支付的价款和房地产开发成本合计数的10%以内计算扣除

E. 房地产企业销售商品房缴纳的印花税不填报在"与转让房地产有关的税金"中

6. 下列合同或凭证中,应缴纳印花税的有(　　)。

A. 营业执照

B. 贴息贷款合同

C. 企业出租门店合同

D. 公司签订的审计咨询合同

E. 货物运输合同

7. 企业发生的以下业务中,应当按照规定缴纳印花税的有(　　)。

A. 甲企业与某公司签订合同,将使用过的办公楼转让给对方

B. 乙企业与某公司签订了合同,用自己的产品换取对方的机器设备

C. 丙企业与某公司签订的货物运输合同中,收取的货物装卸费

D. 丁企业与某公司签订技术开发合同中发生的研究开发经费

E. 戊企业为了保证库存商品数量的准确性,由仓库人员独立记录了一本库存数量进出流水账

8. 下列情形中,纳税人应按照"购销合同"适用税率计算缴纳印花税的有(　　)。

A. 房地产开发企业与购房者签订商品房销售合同

B. 发电厂与电网的购售电合同

C. 书店与出版社的购书协议

D. 由受托方提供材料的加工合同中分别记载的原材料金额部分

E. 财产抵押后将抵押的车辆转移给贷款银行而签订的车辆抵债协议

9. 税务师对企业的印花税进行纳税审核时，发现企业的下列事项处理正确的有（　　）。

A. 领取的工商营业执照及副本，缴纳印花税5元

B. 与银行签订的无息借款合同，按照借款金额×0.05‰缴纳印花税

C. 2019年4月设立某公司，设立会计账簿20本，其中实收资本与资本公积账簿合计1本，现金、银行存款账簿各1本，共计缴纳印花税85元

D. 签订技术转让合同，按照转让后3年受让企业的销售收入的10%收取转让费，合同签订时按定额5元贴花，3年后再按实际转让金额补贴印花

E. 签订销售合同一份，销售金额为100万元，已经缴纳了300元的印花税，由于产品质量不好，对方要求折让，双方修订了合同，按照80万元结算货款，冲减了当期应纳印花税额60元

10. 税务师审核某工业企业2019年1月书立、领受的应税凭证时，有关印花税的税务处理正确的有（　　）。

A. 以产品换材料合同，以产品同类销售价格计算的金额按适用税率缴纳印花税

B. 总账账簿记载的实收资本和资本公积金额没有变化，不需缴纳印花税

C. 与国外科研机构订立技术转让合同，按预期产品销售收入1%付款，尚无销售暂不缴纳印花税

D. 与银行签订贷款期限延长合同，贷款金额不变，不需缴纳印花税

E. 因经营情况变化，减少采购数量和金额，已缴纳印花税的原采购合同做修改，不需缴纳印花税

11. 下列凭证中，无需缴纳印花税的有（　　）。

A. 外国政府向我国企业提供优惠贷款所签订的借款合同

B. 银行同业拆借所签订的借款合同

C. 无息、贴息贷款合同

D. 应纳税额不足一角的应税凭证

E. 财产所有人将财产捐赠给学校所书立的各类书据

12. 下列房屋附属设备、配套设施或装置于房屋的设备中，即使在会计核算中未计入房产价值，在计征房产税时也应计入房产原价的有（　　）。

A. 分体式空调

B. 电梯

C. 智能化楼宇设备

D. 消防设备

E. 地下停车场

13. 下列各项中，应依照房产余值缴纳房产税的有（　　）。

A. 融资租赁的房产

B. 产权出典的房产

C. 无租使用其他单位的房产

D. 用于自营的居民住宅区内业主共有的经营性房产

E. 将房产投资到联营企业，收取固定利润

14. 以下房产中可以享受免征房产税优惠政策的有（　　）。

A. 中国人民银行总行自用的房产

B. 军队空余的出租房产

C. 农村的房产

D. 某企业出租给公安局的房屋，按年计付租金

E. 公园照相馆经营用房产

15. 税务师接受企业委托对城镇土地使用税进行纳税审核，则对于城镇土地使用税计税依据的确定，以下说法中正确的有（　　）。

A. 凡已由省、自治区、直辖市人民政府指定的单位组织测定土地面积的，以实际测定的土地面积为应税土地面积

B. 凡已由省、自治区、直辖市人民政府指定的单位组织测定土地面积的，以政府部门核发的土地使用证确认的土地面积为应税土地面积

C. 凡未经省、自治区、直辖市人民政府

指定的单位组织测定的，以政府部门核发的土地使用证书确认的土地面积为应税土地面积

D. 凡未经省、自治区、直辖市人民政府指定的单位组织测定的，以纳税人申报的土地面积为应税土地面积

E. 对尚未核发土地使用证书的，暂以纳税人据实申报的土地面积为应税土地面积

16. 下列土地，可以依法免缴城镇土地使用税的有( )。

A. 公园中附设的照相馆使用的土地

B. 农副产品加工场地和生活、办公用地

C. 人民团体的办公楼用地

D. 个人拥有的营业用地

E. 厂区以外的绿化用地

17. 下列关于城镇土地使用税的陈述中，错误的有( )。

A. 核查拥有土地使用权的实际情况，能够确认土地适用的单位税额

B. 城镇土地使用税采用按年计算、分期缴纳的方式

C. 城镇土地使用税的纳税地点是企业的机构所在地

D. 土地使用权未确定或权属纠纷未解决的，由实际使用人纳税

E. 对于农村的土地不用计算征收城镇土地使用税

18. 下列说法不符合城镇土地使用税的相关规定的有( )。

A. 征用非耕地，从批准征用的次月起征收城镇土地使用税

B. 企业厂区外向社会开放的公园用地的土地面积，需要并入计税面积中，缴纳城镇土地使用税

C. 对廉租住房、经济适用住房建设用地免征城镇土地使用税

D. 厂房的防火、防爆、防毒等安全防范用地可由各省、自治区、直辖市确定，暂免征收城镇土地使用税

E. 纳税人尚未取得土地使用证的，先不缴纳城镇土地使用税，待实际收到后再补缴城镇土地使用税

19. 按照现行资源税的规定，下列说法错误的有( )。

A. 纳税人开采或者生产应税产品自用于连续生产应税产品的，不缴纳资源税

B. 纳税人销售自采原矿加工的金选矿，在原矿移送使用时缴纳资源税

C. 以应税产品投资、分配、抵债、赠与、以物易物等，视同销售，计算缴纳资源税

D. 纳税人开采销售共伴生矿，共伴生矿与主矿产品销售额分开核算的，对共伴生矿暂不计征资源税

E. 按现行资源税政策，全部的资源税应税产品均采用从价定率的征税方法

20. 下列关于水资源税的说法错误的是( )。

A. 疏干排水应纳税额=实际取用水量×适用税额

B. 对超过规定限额的农业生产取用水，水资源税可按季征收

C. 水资源税的纳税义务发生时间为纳税人取用水资源的当日

D. 对超计划或超定额用水加征1~3倍，对特种行业从高征税，对超过规定限额的农业生产取用水、农村生活集中式饮水工程取用水从低征税

E. 水力发电和火力发电贯流式(不含循环式)冷却取用水应纳税额=实际取用水量×适用税额

21. 下列关于环境保护税税收优惠的表述，正确的有( )。

A. 农业生产(不包括规模化养殖)排放应税污染物的，暂予免征环境保护税

B. 纳税人综合利用的固体废物，符合国家和地方环境保护标准的，暂予免征环境保护税

C. 机动车、铁路机车等流动污染源排放应税污染物的，暂予免征环境保护税

D. 纳税人排放应税大气污染物或者水污染物的浓度值低于国家和地方规定的污染物排放标准30%的，减按50%征收环境保护税

E. 纳税人排放应税大气污染物或者水污染物的浓度值低于国家和地方规定的污染物排放标准50%的，减按75%征收环境保护税

三、简答题

1. 2020年3月，A房地产开发企业（以下简称A公司）转让在本地开发的办公楼项目，共取得含增值税收入31500万元。由于该项目的开工日期在2016年4月30日之前，A公司对于该项目企业选择了简易征收办法计算缴纳增值税。A公司按照国家税法的规定缴纳了增值税、城建税、教育费附加和印花税。

已知A公司为取得该项目土地使用权支付给政府部门的地价款和按照国家规定缴纳的有关税费为5000万元；该项目房地产开发成本为7000万元，其中利息支出为2000万元（含加罚利息100万元），该部分利息支出能够提供金融机构证明，同时能够按照房地产项目进行计算分摊；该项目发生房地产开发费用1000万元。A公司所在地政府规定的其他房地产开发费用的扣除比例为5%，城建税税率为7%，教育费附加的征收率为3%，地方教育附加征收率2%，印花税税率为0.05%。在计算土地增值税时，A公司的办税人员认为：

看法1：A公司应该以31500万作为收入，计算土地增值税。

看法2：该项目应纳的增值税为917.48万元，增值税可以作为与转让房地产有关的税金扣除。

看法3：A公司为取得土地使用权支付的地价款和按照国家规定缴纳的有关税费5000万元可以在计算增值税时从销售额中扣除。

看法4：A公司为取得土地使用权支付的

地价款和按照国家规定缴纳的有关费用5000万元以及房地产开发成本7000万元均可以在土地增值税税前全额扣除。

看法5：由于利息支出能够提供金融机构证明，同时能够按照房地产项目进行计算分摊，因此A公司可以扣除的开发费用为（5000+7000）×5%＝600万元。

看法6：A公司可以将城建税和教育费附加计入税金及附加在土地增值税税前全额扣除，但印花税不允许作为税金及附加扣除。

看法7：A公司可以加计扣除（5000+7000）×20%＝2400万元。

问题：

（1）逐项指出办税人员的看法是否正确。如不正确，说明理由。

（2）计算该项目应纳的土地增值税。

2. A房地产开发公司为在甲市市区开发写字楼专门成立了分公司。2017年6月取得土地使用权时支付给政府部门的土地价款为10464万元，缴纳契税及相关费用320万元。

对于该项目A公司选择了一般计税方法计算缴纳增值税，房地产开发成本8800万元，其中含800万元借款利息，无法取得金融机构证明。全部进项税额为798万元。2019年10月份开始预售房屋，2020年2月销售完毕，取得含增值税销售收入30520万元，2020年3月将房屋交付业主。当地省级人民政府规定房地产开发费用的扣除比例为10%。请回答下列问题：

（1）请计算该项目应纳增值税。

（2）请计算该项目应纳城建税、教育费附加和地方教育附加。

（3）请计算土地增值税清算时的应税收入。

（4）请计算土地增值税清算时的允许扣除项目金额。

（5）请计算应纳的土地增值税。

3. 某市乐家房地产开发公司2016年3月购买一块土地使用权开发写字楼，有关经营情

况如下：

（1）签订土地使用权购买合同，支付与该项目相关的土地使用权价款1400万元，相关税费60万元。

（2）发生前期工程费350万元，建筑安装工程费2200万元，开发间接费用90万元。

（3）为开发写字楼共发生资本化利息支出500万元，其中有300万元为银行借款利息支出，能够按房地产项目计算分摊利息，并提供金融机构开具的合法凭证。

（4）2018年5月，该写字楼完工开始销售。该项目合计发生销售费用400万元，管理费用70万元。当地政府规定的其他开发费用扣除比例为4%。

（5）截至2018年年底，该写字楼销售85%，取得含税销售收入8032.5万元，并签订了销售合同。该企业按规定进行了土地增值税的清算。已知企业选择简易计税办法计算增值税，并按规定缴纳了城建税、教育费附加和地方教育附加。

要求：根据上述资料，帮助企业填写土地增值税纳税申报表。土地增值税纳税申报表（从事房地产开发的纳税人清算适用）

土地增值税纳税申报表
（从事房地产开发的纳税人清算适用）

项　　　目	行次	金额
一、转让房地产收入总额　1＝2＋3＋4	1	
其中　货币收入	2	
实物收入及其他收入	3	
视同销售收入	4	
二、扣除项目金额合计　5＝6＋7＋14＋17＋21＋22	5	
1. 取得土地使用权所支付的金额	6	
2. 房地产开发成本　7＝8＋9＋10＋11＋12＋13	7	
其中　土地征用及拆迁补偿费	8	
前期工程费	9	
建筑安装工程费	10	
基础设施费	11	
公共配套设施费	12	
开发间接费用	13	
3. 房地产开发费用　14＝15＋16	14	
其中　利息支出	15	
其他房地产开发费用	16	
4. 与转让房地产有关的税金等　17＝18＋19＋20	17	
5. 财政部规定的其他扣除项目	21	
6. 代收费用	22	
三、增值额　23＝1－5	23	
四、增值额与扣除项目金额之比（%）24＝23÷5	24	
五、适用税率（%）	25	

项　目	行次	金额
六、速算扣除系数(%)	26	
七、应缴土地增值税税额　27＝23×25－5×26	27	
八、减免税额　28＝30+32+34	28	
九、已缴土地增值税税额	35	—
十、应补(退)土地增值税税额　36＝27－28－35	36	

4. 武汉市某建筑公司于2019年8月16日将拥有的办公楼以含增值税价格9900万元出售，该建筑公司在销售办公楼时选择了简易计税，房屋销售合同中的合同金额为不含增值税金额。经审核：该办公楼为企业2010年自建，办公楼的原值为5500万元。截止到出售时，按税法规定已累计计提折旧600万元。办公楼的重置成本价为6000万元，成新度折扣率为80%。

请回答下列问题：

(1)计算出售办公楼时应缴纳的相关税费。

(2)计算办公楼出售后应计入企业所得税应纳税所得额的金额。

5. 某加工企业2019年7月与外商客户订立加工合同一份，加工费金额20万美元，该加工企业提供原材料，金额100万美元，签订合同日外汇牌价为1:8.27；8月与甲公司签订转让技术合同，转让收入由甲公司按2019年~2021年实现的利润的30%支付；8月与银行签订一年期借款合同，借款200万元，年利率5%；8月与客户乙公司签订订货单，货款40万元。

要求：

(1)计算7月应纳的印花税，说明最适宜的缴纳方法。

(2)计算8月应纳的印花税，说明最适宜的缴纳方法。

6. 某企业2019年签订如下合同：

(1)与会计师事务所签订年报审计合同，审计费为12万元。

(2)与国外某公司签订一份受让期五年的专利技术合同，技术转让费按此项技术生产的产品实现销售收入的2%收取，每年分别在6月和12月结算。

(3)与国内加工企业甲公司签订委托定制产品合同，约定产品生产的原材料由甲公司提供，合同只约定定制产品总金额40万元，未分别载明提供的材料款和加工费。

(4)与供电部门签订一份供电合同，合同约定按实际供电数量和金额按月结算电费。

(5)与某材料供应商签订一份材料采购合同，合同金额为60万元；次月因生产计划变化，经与供应商协商减少采购数量，签订一份补充合同，合同金额修改为50万元。

(6)与银行签订一份流动资金周转借款合同，最高贷款限额为5000万元，每次在限额内借款时，按实际借款金额另行签订借款合同。

(7)以500万元取得一宗土地用于建造厂房，与土地管理部门签订一份土地使用权出让合同。

问题：请分别说明该企业签订的上述合同是否缴纳印花税；若缴纳，则简述计算缴纳印花税时的计税依据和适用税目。

7. (2014年简答题，改)2018年12月某税务师事务所收到如下有关印花税的提问：

(1)甲公司筹建一座办公楼，包工包料承包给某建筑公司，建筑公司按甲公司要求采购相应设备，对于采购设备价款，双方按建筑安装工程承包合同交了印花税，建筑公司再签订固定资产采购合同是否应缴纳印花税？

(2)独立法人企业之间、母子公司之间、总分公司之间的借款合同是否应缴纳印花税？

(3)乙公司与机票代售点签订的机票订购合同，是否应缴纳印花税？

(4)债权人与债务人达成债务重组协议，将债权转化成股权，债务人应如何缴纳印花税？

(5)公司董事会拟用资本公积或盈余公积转增股本，两种方案的印花税应如何缴纳？

问题：根据现行税法规定分别予以解答并简述相关政策规定。

8. 某公司为增值税一般纳税人，为改善办公条件，报经有关部门批准于2019年2月10日开始，将原四层的办公楼推倒重建，新办公楼于2019年10月18日建成并投入使用，楼内配有中央空调和电梯。

经审核企业账面记录，原办公楼的账面原值为500万元，已计提折旧16年，累计折旧为400万元。新建办公楼及附属设施的购建成本为5000万元，办公楼装修费用为1000万元；中央空调购置成本为200万元，电梯购置成本为300万元，均取得增值税普通发票。根据该公司财务制度规定，中央空调和电梯单独作固定资产核算。

假定该公司所在地规定房产税的计税余值是按房产原值一次减除20%的损耗价值以后的余额，该公司已在房产推倒重建前向主管税务机关报送相关的证明资料。（计算房产原值时不考虑土地价格）

问题：

(1)说明该办公楼2019年度房产税应税和免税的起止时间。

(2)分别说明办公楼重建前后的房产税计税依据，并计算该办公楼2019年度应纳房产税。

(3)说明办公楼重建后企业所得税的最低折旧年限。

9. 大华公司为位于大同市郊区的一家国有企业，2019年土地使用的相关资料如下：

(1)大华公司提供的政府部门核发的土地使用证书显示：大华公司实际占用的土地面积中，企业内托儿所和厂区医院共占地1000平方米；厂区以外的公共绿化用地2000平方米。

(2)本年1月1日将一块350平方米的土地无偿借给国家机关作公务使用。

(3)本年1月1日从某公园无偿借到一块50平方米的土地作为办公场地。

(4)企业与当地海关共同拥有使用同一办公楼，该办公楼占用土地3000平方米，建筑总面积5000平方米，其中大华公司实际使用2000平方米，其余归当地海关部门使用。

(5)除上述土地外，其余土地20000平方米，均为大华公司生产经营用地。假设当地的城镇土地使用税每年征收一次，每平方米土地年税额3元。

要求：作为税务师，请根据上述资料，逐项分析计算大华公司当年应纳的城镇土地使用税。

10. 某油气田开采企业为增值税一般纳税人，2019年12月税务师审核企业发生以下业务：

(1)开采原油40万吨，当月销售28万吨，取得不含税收入180万元。

(2)加热使用1.6万吨，将2万吨原油赠送给协作单位。

(3)开采天然气50万立方米，当月销售42万立方米，开具增值税专用发票上注明销售额150万元，另收取储备费7万元。

(4)购进开采设备，取得增值税专用发票注明价税合计270万元。

（已知该油气田企业开采的原油和天然气适用的资源税税率为6%）

要求：

(1)计算该企业当月应纳的资源税，并作

出计提资源税的会计处理。

(2)计算该企业当月应纳的增值税。

11. 某化工厂未安装环保减排设备，只有一个排放口，直接向外排放大气污染物，经监测 2019 年 4 月排放量 3200m³/h，其中二氧化硫浓度 120mg/m³，氮氧化物浓度 160mg/m³，一氧化碳浓度 198mg/m³，硫化氢浓度 50mg/m³。(已知二氧化硫、氮氧化物、一氧化碳和硫化氢的污染当量值分别为 0.95、0.95、16.7 和 0.29。当地应税大气污染物的单位税额为每污染当量 2.5 元。)该厂废气排放时间每天 12 小时。

要求：

(1)计算每种大气污染物的排放量。

(2)分别计算每种大气污染物的污染当量数。

(3)简要说明哪些污染物是需要缴纳环境保护税的。

(4)计算 4 月份工厂应缴纳的环境保护税。

同步训练答案及解析

一、单项选择题

1. B 【解析】房地产开发企业以房地产对外投资需要缴纳土地增值税，按照销售缴纳增值税和企业所得税。

2. C 【解析】选项 A，非公司制企业整体改建为有限责任公司或者股份有限公司，有限责任公司整体改建为股份有限公司，对改建前的企业将国有土地、房屋权属转移、变更到改建后的企业，暂不征土地增值税；选项 B，个人之间互换房产不缴纳土地增值税；选项 D，产权没有发生转移，不属于土地增值税的征税范围，不缴纳土地增值税。

3. C 【解析】取得销售许可证满 3 年仍未销售完毕的，主管税务机关可要求纳税人进行土地增值税清算。

4. C 【解析】房地产的继承行为虽然发生了房地产的权属变更，但作为房产产权、土地使用权的原所有人(即被继承人)并没有因为权属变更而取得任何收入，因此，不属于土地增值税的征税范围。

5. B 【解析】土地增值税以国家有关部门审批的房地产开发项目为单位进行清算，对于分期开发的项目，以分期项目为单位清算。

6. B 【解析】房地产开发企业同时兼有免税和征税项目单位，应分别填报。

7. B 【解析】如果利息支出能够按清算对象分摊并能够提供金融机构证明，可以单独扣除，另外，可以按取得土地使用权所支付的金额和不含利息支出的房地产开发成本之和的 5% 以内扣除销售费用和管理费用。

8. B 【解析】电网与用户之间签订的供用电合同、人寿保险合同、法律咨询合同不属于印花税列举征税的凭证，不征收印花税。

9. A 【解析】选项 A，对外国政府或者国际金融组织向我国政府及国家金融机构提供优惠贷款所书立的合同免税；选项 B，企业单位内的职工食堂、工会组织以及自办的学校、托儿所、幼儿园设置的经费收支账簿，不反映生产经营活动，不属于"营业账簿"税目的适用范围，不征收印花税；选项 C、D，免征印花税。

10. D 【解析】选项 A，应纳印花税 = $20000 \times 36 \times 1‰ = 720$(元)；选项 B，房地产企业签订的土地出让合同应该按照"产权转移书据"计算缴纳印花税；选项 C，通过电子邮件签订的合同也需要缴纳印花税。

11. D 【解析】融资租赁合同属于借款合同，

按照借款合同贴花。签订的合同虽然没有实际履行，但在签订时就产生了纳税义务，所以购销合同作废也要贴花。该汽车厂一共应纳印花税 = (3000×0.3‰ + 2000×0.05‰ + 2800×0.05‰) × 10000 = 11400(元)。

12. C 【解析】选项 A，货物运输合同的计税依据不包括装卸费收入；选项 B，借款合同的计税依据是借款金额；选项 D，以货易货合同相当于既购货又销货，应该按照购货金额 50 万元和销货金额 40 万元的合计金额 90 万元作为计税依据缴纳印花税。

13. B 【解析】营业账簿中记载资金的账簿按照"实收资本"和"资本公积"金额的 0.5‰计税贴花，2018 年 5 月 1 日起减半征收，因此选项 B 错误。

14. A 【解析】应纳印花税 = 5×4 + (600 + 200) × 0.05%×50%×10000 + (420 + 380) × 0.03% × 10000 + 100 × 0.03% × 10000 = 4720(元)。对于该题而言，关键点是自 2018 年 5 月 1 日起，资金账簿减半征收印花税，除资金账簿外的其他账簿免征印花税。

15. C 【解析】电网与用户之间签订的供用电合同不征印花税。

16. C 【解析】该企业 2019 年第三季度，应纳的房产税 = 1200 × 50% × (1 - 20%) × 1.2%÷4 + 140÷7÷(1+5%)×3×12% + 580 × (1 - 20%) × 1.2% ÷ 4 + 500 × (1 - 20%) × 1.2%÷4 = 10.889(万元)。所以，该企业应申请退还房产税 = 21.888 - 10.889 = 10.999(万元)。

17. D 【解析】选项 A，更换房屋附属设施和配套设施的，在将其价值计入房产原值时，可扣减原来相应设备和设施的价值；选项 B，与地上房屋相连的地下建筑以及完全建在地面以下的建筑、地下人防设施等，均应当依据有关规定征收房产税；选项 C，对于与地上房屋相连的地下建筑，如房屋的地下室、地下停车场、商场的地下部分等，应将地下部分与地上房屋视为一个整体按照地上房屋建筑的有关规定计算征收房产税。

18. B 【解析】凡在房产税征收范围内的具备房屋功能的地下建筑，包括与地上房屋相连的地下建筑以及完全建在地面以下的建筑、地下人防设施等，均应当依照有关规定征收房产税。

19. C 【解析】房产原值包括地价款和开发土地发生的成本费用，宗地容积率低于 0.5 的，按房产建筑面积的 2 倍计算土地面积并据此确定计入房产原值的地价。该企业征收房产税的房产原值 = 8000 × (3×2÷10) + 2000 = 6800(万元)。

20. A 【解析】免税单位无偿使用纳税单位的土地，免征城镇土地使用税。该企业应缴纳的城镇土地使用税 = (10000 - 2000 - 1500 - 600)×2 = 11800(元)。

21. D 【解析】纳税人新征用的耕地，自批准征用之日起满 1 年时开始缴纳城镇土地使用税。

22. C 【解析】自用原油(非用于加热、修井)要缴纳资源税。该油田当月应纳资源税 = (9000 + 2000) × 5000 × 6% ÷ 10000 = 330(万元)。

23. C 【解析】环境保护税的征税范围包括大气污染物、水污染物、固体废物和噪声。企业事业单位和其他生产经营者向依法设立的污水集中处理、生活垃圾集中处理场所排放应税污染物的，不属于直接向环境排放污染物，不缴纳相应污染物的环境保护税。

24. A 【解析】固体废物的排放量为当期应税固体废物的产生量减去当期应税固体废物的贮存量、处置量、综合利用量的余额。应纳的环境保护税 = (500 - 300) × 25 = 5000(元)。

二、多项选择题

1. ABD 【解析】选项 C，房产所有人、土地使用权所有人通过中国境内非营利的社会团体、国家机关将房屋产权、土地使用权赠与教育、民政和其他社会福利、公益事业的行为，无需缴纳土地增值税；选项E，出租，由于未办理产权转移手续，不属于土地增值税的征税范围。

2. AD 【解析】本题考核房地产开发费用的有关规定。

3. ABC 【解析】符合下列情形之一的，纳税人应进行土地增值税的清算：(1)房地产开发项目全部竣工、完成销售的；(2)整体转让未竣工决算房地产开发项目的；(3)直接转让土地使用权的。选项D、E，属于主管税务机关可要求纳税人进行土地增值税清算的情形。

4. ABE 【解析】选项CD转让房地产如果有增值额时，应该计算缴纳土地增值税。

5. BD 【解析】选项B，同时转让两个或两个以上计税单位的，应按每一个基本计税单位填报一份申报表的原则操作。选项D，房地产开发费用，利息单独计算扣除的，按取得土地使用权所支付的价款和房地产开发成本合计数的5%以内计算扣除；利息不允许单独计算扣除的，在合计数10%以内计算扣除。

6. ACE 【解析】选项D不属于印花税的征税范围，不缴纳印花税；选项B，免征印花税。

7. AB 【解析】选项C，货物运输合同中的装卸费不缴纳印花税；选项D，技术开发合同的研发经费，不缴纳印花税；选项E，仓库设立的记录进出货物数量的流水账，不属于印花税的征税范围。

8. BCD 【解析】选项AE，按照"产权转移书据"征收印花税；选项B，注意发电厂与电网之间、电网与电网之间签订的购售电合同，按"购销合同"征收印花税；电网与用户之间签订的供用电合同不征印花税。

9. AD 【解析】选项B，贴息、无息贷款合同免征印花税；选项C，印花税中的资金账簿是指实收资本和资本公积账簿，对于新设年度的资金账簿按照新增金额缴纳印花税，对于其他营业账簿自2018年5月1日起免印花税；选项E，已税合同修订后增加金额的，应补贴印花，减少金额的，已纳税款不予退还，也不得抵减当期应纳税额。

10. BDE 【解析】选项A，以物易物合同，应该按照购销合同金额计算缴纳印花税；选项C，对于签订时无法确定金额的应税凭证，在签订时先按定额5元贴花，在最终结算实际金额后，应按规定补贴印花。

11. BCDE 【解析】选项A，外国政府或国际金融组织向我国政府及国家金融机构提供优惠贷款所书立的合同免印花税，但外国政府向我国企业提供优惠贷款所签订的借款合同应照章计算缴纳印花税。

12. BCDE 【解析】房产原值应包括与房屋不可分割的各种附属设备或一般不单独计算价值的配套设施。凡以房屋为载体，不可随意移动的附属设备和配套设施，如给排水、采暖、消防、中央空调、电气及智能化楼宇设备等，无论在会计核算中是否单独记账与核算，都应计入房产原值，计征房产税。分体空调不属于与房屋不可分割的附属设备，其价值不计入房产价值。

13. ABCD 【解析】选项E，将房产投资到联营企业，收取固定利润，应该从租计征房产税。

14. AB 【解析】选项C不属于房产税的征税范围；选项D如果是免费使用房屋的，可以免征房产税，对于收费使用的房产，不得享受税收优惠政策；选项E，公园自用的房产免征房产税，对于公园中附设的营业单位和出租的房产，不得享受免征房产税的优惠。

15. ACE 【解析】应税土地面积是实际占用的土地面积，主要分三种不同的情况，进行确定：

(1)凡已由省、自治区、直辖市人民政府

指定的单位组织测定土地面积的，以实际测定的土地面积为应税土地面积；

（2）凡未经省、自治区、直辖市人民政府指定的单位组织测定的，以政府部门核发土地使用证书确认的土地面积为应税土地面积；

（3）对尚未核发土地使用证书的，暂以纳税人据实申报的土地面积为应税土地面积。

16. CE 【解析】选项A，公园自用土地可以免税，但用于经营的土地是不能免税的；选项B，农副产品加工厂占地、生活、办公用地不能免税；选项D，个人居住房屋及院落用地可以免税，但对于用于经营活动的，则不能免税。

17. AC 【解析】选项A，核查拥有土地使用权的实际情况，可以确认纳税义务人；选项C，城镇土地使用税的纳税地点是土地所在地。

18. BE 【解析】选项B，厂区外的公共绿化用地和向社会开放的公园用地，暂免征收城镇土地使用税；选项E，尚未核发土地使用证书的，应由纳税人据实申报土地面积，据以纳税，待核发土地使用证后再作调整。

19. BE 【解析】选项B，纳税人销售自采原矿或者自采原矿加工的金选矿、粗金，在原矿或者金选矿、粗金销售时缴纳资源税，在移送使用时不缴纳资源税；选项E，粘土、砂石，按照便利征管原则，仍实行从量定额计征。

20. BE 【解析】选项A正确，疏干排水应纳税额＝实际取用水量×适用税额，疏干排水的实际取用水量按照排水量确定；选项B错误，对超过规定限额的农业生产取用水水资源税可按年征收；选项E错误，水力发电和火力发电贯流式（不含循环式）冷却取用水应纳税额＝实际发电量×适用税额。

21. ABC 【解析】选项D，纳税人排放应税

大气污染物或者水污染物的浓度值低于国家和地方规定的污染物排放标准30%的，减按75%征收环境保护税；选项E，纳税人排放应税大气污染物或者水污染物的浓度值低于国家和地方规定的污染物排放标准50%的，减按50%征收环境保护税。

三、简答题

1.【答案】

（1）看法1：办税人员对收入确认的理解有误。营改增后，应该以不含税价格30000万[31500÷（1＋5%）]确定收入，计算缴纳土地增值税。

看法2：办税人员对增值税的计算和税前扣除的理解有错误。

应纳增值税＝31500÷（1＋5%）×5%＝1500（万元）

增值税不计入土地增值税的应税收入，也不得作为与转让房地产有关的税金扣除。

看法3：办税人员的看法是错误的。

只有房地产开发企业销售开发产品采用一般计税方法时，才允许以取得的全部价款和价外费用，扣除受让土地时向政府部门支付的土地价款后的余额为销售额计算缴纳增值税。由于A公司对于老项目采用了简易计税方法，因此不得差额计算增值税。

看法4：办税人员的看法不正确。

A公司为取得土地使用权支付给政府部门的地价款和按照国家规定缴纳的有关费用5000万元可以在土地增值税税前全额扣除；

可以扣除的房地产开发成本为（7000－2000）万元；利息支出应该作为房地产开发费用在土地增值税税前扣除，但其中100万元的加罚利息不能在土地增值税税前扣除。

看法5：办税人员对开发费用扣除的理解有误，发生的利息支出未单独扣除。

A公司可以扣除的开发费用＝（2000－100）＋

$(5000+7000-2000)×5\%=2400(万元)$

看法 6：办税人员对土地增值税税前税金扣除的看法正确。

看法 7：办税人员对土地增值税税前加计扣除的看法错误。

A 公司可以加计扣除 $=（5000+7000-2000）×20\%=2000（万元）$

（2）计算该项目应纳的土地增值税。

扣除项目金额 $=5000+（7000-2000）+2400+1500×（7\%+3\%+2\%）+2000=14580（万元）$

增值额 $=30000-14580=15420（万元）$

增值率 $=15420÷14580×100\%=105.76\%$

应纳土地增值税 $=15420×50\%-14580×15\%=5523（万元）$

2. 【答案】

（1）应纳增值税 $=（30520-10464）÷（1+9\%）×9\%-798=858（万元）$

（2）应纳城建税、教育费附加和地方教育附加 $=858×（7\%+3\%+2\%）=102.96（万元）$

（3）应税收入 $=30520-（30520-10464）÷1.09×9\%=28864（万元）$

（4）取得土地使用权的金额 $=10464+320=10784（万元）$

房地产开发成本 $=8800-800=8000（万元）$

房地产开发费用 $=（10784+8000）×10\%=1878.4（万元）$

与转让房地产有关的税金 $=102.96（万元）$

加计扣除 $=（10784+8000）×20\%=3756.8（万元）$

扣除项目金额合计 $=10784+8000+1878.4+102.96+3756.8=24522.16（万元）$

（5）收入：28864（万元）

扣除项目金额合计：24522.16（万元）

增值额 $=28864-24522.16=4341.84（万元）$

增值率 $=4341.84÷24522.16=17.71\%$

适用税率30\%

应纳土地增值税 $=4341.84×30\%=1302.55（万元）$

3. 【答案】

土地增值税纳税申报表（从事房地产开发的纳税人清算适用）

土地增值税纳税申报表

（从事房地产开发的纳税人清算适用）

项　　　目	行次	金额
一、转让房地产收入总额　1＝2+3+4	1	7650
其中　货币收入	2	7650
实物收入及其他收入	3	
视同销售收入	4	
二、扣除项目金额合计　5＝6+7+14+17+21+22	5	4622.30
1. 取得土地使用权所支付的金额	6	1241
2. 房地产开发成本　7＝8+9+10+11+12+13	7	2244
其中　土地征用及拆迁补偿费	8	
前期工程费	9	297.50
建筑安装工程费	10	1870
基础设施费	11	
公共配套设施费	12	
开发间接费用	13	76.50
3. 房地产开发费用　14＝15+16	14	394.40

	项 目	行次	金额
其中	利息支出	15	255
	其他房地产开发费用	16	139.40
4. 与转让房地产有关的税金等 17＝18＋19＋20		17	45.90
5. 财政部规定的其他扣除项目		21	697
6. 代收费用		22	
三、增值额 23＝1－5		23	3027.70
四、增值额与扣除项目金额之比(%)24＝23÷5		24	65.50%
五、适用税率(%)		25	40%
六、速算扣除系数(%)		26	5%
七、应缴土地增值税税额 27＝23×25－5×26		27	979.97
八、减免税额 28＝30＋32＋34		28	
九、已缴土地增值税税额		35	
十、应补(退)土地增值税税额 36＝27－28－35		36	979.97

【解析】

(1)准予扣除的取得土地使用权支付的金额＝(1400＋60)×85%＝1241(万元)

(2)准予扣除的房地产开发成本＝(350＋2200＋90)×85%＝2244(万元)

(3)准予扣除的房地产开发费用＝300×85%＋(1241＋2244)×4%＝394.4(万元)

(4)准予扣除的税金＝8032.5÷(1＋5%)×5%×(7%＋3%＋2%)＝45.9(万元)

(5)准予扣除的"其他扣除项目"金额＝(1241＋2244)×20%＝697(万元)

(6)准予扣除项目合计金额＝1241＋2244＋394.4＋45.9＋697＝4622.3(万元)

(7)增值额＝8032.5÷(1＋5%)－4622.3＝3027.7(万元)

增值率＝3027.7÷4622.3×100%＝65.5%，适用税率40%，速算扣除系数5%。

(8)应纳土地增值税＝3027.7×40%－4622.3×5%＝979.97(万元)

4.【答案】

(1)出售时应缴纳的相关税费。

①增值税＝9900÷1.05×5%＝471.43(万元)

②城建税、教育费附加和地方教育附加＝471.43×(7%＋3%＋2%)＝56.57(万元)

③印花税＝9900÷1.05×0.05%＝4.71(万元)

④土地增值税：

应税收入＝9900－471.43＝9428.57(万元)

扣除项目＝6000×80%＋(56.57＋4.71)＝4861.28(万元)

增值额＝9428.57－4861.28＝4567.29(万元)

增值率＝4567.29÷4861.28×100%＝93.95%

税率为40%，速算扣除系数为5%。

土地增值税＝4567.29×40%－4861.28×5%＝1583.85(万元)

(2)应纳税所得额＝9428.57－(5500－600)－56.57－4.71－1583.85＝2883.44(万元)

5.【答案】

(1)该企业7月份应纳印花税＝200000×8.27×0.5‰＋1000000×8.27×0.3‰＝827＋2481＝3308(元)

该企业7月份一份合同应纳税额超过500元，可以采用汇贴方式纳税，即向税务机关填写《税收缴款书》或者完税凭证缴纳税款。

（2）该企业 8 月份应纳印花税 = 5 + 2000000×0.05‰ + 400000×0.3‰ = 5 + 100 + 120 = 225（元）

该企业 8 月份各应税凭证印花税额汇总计算为 225 元，税额较小，应自行购买印花税票，自行贴花，并在每枚税票的骑缝处画销。

6.【答案】

（1）不缴纳印花税。

（2）要缴纳印花税，计税依据是合同所载的金额，但是本题中合同无法确定计税金额，暂按 5 元贴花，结算时再按实际金额计税，补贴印花；适用"产权转移书据"税目。

（3）要缴纳印花税，计税依据为 40 万元，对于由受托方提供原材料的加工定做合同，若合同未分别记载加工费金额和原材料金额的，则就全部金额依照加工承揽合同计税贴花；适用"加工承揽合同"税目。

（4）不缴纳印花税。

（5）要缴纳印花税，计税依据为 60 万元，因为合同金额减少，多贴印花的，不得申请退税或抵扣；适用"购销合同"税目。

（6）要缴纳印花税，在签订流动资金周转借款合同时，应按合同规定的最高借款限额 5000 万元计税贴花；在限额内随借随还，签订新合同的按照新合同记载的实际借款金额计税贴花；适用"借款合同"税目。

（7）要缴纳印花税，计税依据为 500 万元；适用"产权转移书据"税目。

7.【答案】

（1）应缴纳印花税。固定资产采购合同属于建筑公司另行和设备销售方所签订的购销合同，应依法纳税。

（2）均无需缴纳印花税。借款合同是银行及其他金融组织与借款人所签订的合同，合同的签订一方必须是银行及其他金融组织，非金融组织之间签订的借款合同，不属于印花税的征税范围。

（3）无需缴纳印花税。印花税属于有名合同，机票订购合同不属于印花税征税范围。

（4）应缴纳印花税。债转股后，对债务人来说，记载资金的账簿，"实收资本"和"资本公积"之和金额增加，应计税贴花。

（5）资本公积转增股本，无需缴纳印花税；盈余公积转增股本，应缴纳印花税。资本公积转增股本后，记载资金的账簿，"实收资本"和"资本公积"之和金额不变，无需缴纳印花税；盈余公积转增股本后，记载资金的账簿，"实收资本"和"资本公积"之和金额增加，应计税贴花。

8.【答案】

（1）该办公楼 2019 年房产税应税的时间为 1、2，以及 11、12 月。免税期间为 3~10 月。

（2）重置前房产税计税依据 = 500×（1 - 20%）= 400（万元）

重置后房产税计税依据 = ［5000 + （500 - 400）+ 1000 + 200 + 300］×（1 - 20%）= 5280（万元）

2019 年应纳房产税 = 400×1.2%×2÷12 + 5280×1.2%×2÷12 = 11.36（万元）

（3）推倒重置的房屋按照税法规定的折旧年限计提折旧，所以最低折旧年限为 20 年。

9.【答案】

（1）企业办的学校、医院、托儿所、幼儿园自用的土地，比照由国家财政部门拨付事业经费的单位自用的土地，免征土地使用税。对企业厂区（包括生产、办公及生活区）以内的绿化用地，应按规定缴纳土地使用税，厂区以外的公共绿化用地和向社会开放的公园用地，暂免征收土地使用税。

（2）对免税单位无偿使用纳税单位的土地，免征土地使用税。

（3）对纳税单位无偿使用免税单位的土地，纳税单位照章缴纳土地使用税。

应纳土地使用税 = 50×3 = 150（元）

（4）纳税单位与免税单位共同使用共有使用权土地上的多层建筑，对纳税单位可按其占用的建筑面积占建筑总面积的比例计征。A 企业应纳土地使用税的比例 = 2000÷5000×100% = 40%。应纳税额 = 3000×3×40% = 3600（元）。

（5）其余土地应纳税额 = 20000×3 = 60000（元）

大华公司本年应纳土地使用税 = 150 + 3600+60000 = 63750（元）

10. 【答案】

（1）加热使用的原油免征资源税。

该企业当月应纳资源税 = （180+180÷28×2）×6%+（150+7÷1.09）×6% = 20.96（万元）

营业外支出 = 180÷28×2×6% = 0.77（万元）

借：税金及附加　　　　　　201900
　　营业外支出　　　　　　　 7700
　　贷：应交税费——应交资源税209600

（2）销项税额 = （180+180÷28×2）×13%+（150+7÷1.09）×9% = 39.15（万元）

进项税额 = 270÷1.13×13% = 31.06（万元）
应纳增值税 = 39.15−31.06 = 8.09（万元）

11. 【答案】

（1）二氧化硫排放量 = 3200×120×30×12÷1000000 = 138.24（kg）

氮氧化物排放量 = 3200×160×30×12÷1000000 = 184.32（kg）

一氧化碳排放量 = 3200×198×30×12÷1000000 = 228.10（kg）

硫化氢排放量 = 3200×50×30×12÷1000000 = 57.6（kg）

（2）二氧化硫的污染当量数 = 138.24÷0.95 = 145.52

氮氧化物的污染当量数 = 184.32÷0.95 = 194.02

一氧化碳的污染当量数 228.10÷16.7 = 13.66

硫化氢的污染当量数 57.6÷0.29 = 198.62

（3）按照污染当量数排序：

硫化氢（198.62）>氮氧化物（194.02）>二氧化硫（145.52）>一氧化碳（13.66）

每一排放口的应税大气污染物，按照污染当量数从大到小排序，对前三项污染物硫化氢、氮氧化物和二氧化硫征收环境保护税。

（4）应缴纳的环境保护税 = （198.62+194.02+145.52）×2.5 = 1345.4（元）

印花税的纳税 申报和纳税审核 ★★★
- 税目、税率、纳税人
- 计税依据
- 应纳税额计算及账务处理
- 税收优惠
- 征收管理
  - 自行贴花
  - 汇贴或汇缴
  - 委托代征

土地增值税的纳 税申报和纳税审核 ★★★
- 征税范围
- 税率（四级超率累进税率）
- 纳税申报及审核
  - 转让房地产收入审核要点
  - 扣除项目金额审核要点（新5旧3）
  - 应纳税额的审核
- 纳税申报
- 税收优惠
- 会计核算

其他税种纳税申报和纳税审核

房产税的纳税 申报和纳税审核 ★★
- 纳税人及征税范围
- 纳税申报和纳税审核
  - 自用房产审核要点
  - 出租房产审核要点
- 税收优惠
- 纳税期限
- 会计核算

城镇土地使用税的 纳税申报和纳税审核 ★★
- 计税依据
- 减免税
- 纳税义务发生时间

资源税的纳税 申报和纳税审核 ★
- 纳税人和扣缴义务人
- 计税依据
- 税率
- 税收优惠
- 纳税环节、纳税地点
- 纳税义务发生时间
- 会计核算

环境保护税的纳 税申报和纳税审核 ★★
- 纳税人和征税范围
- 计税依据
- 应纳税额计算
- 税收优惠
- 征收管理

第12章 社会保险费申报代理与审核

考情解密

历年考情概况

本章为 2019 年新增章节。

近年考点直击

（由于本章内容只进行过 1 年的考核，因此本表内容为预计，供各位学员参考）

考点	主要考查题型	考频指数	考查角度
基本养老保险	单选题、多选题	★★	(1) 缴费的基本规定； (2)《降低社会保险费率综合方案》的主要内容
基本医疗保险	单选题、多选题	★★	(1) 缴费的基本规定； (2) 统筹单位的规定
生育保险	单选题、多选题	★★	缴费的基本规定
工伤保险	单选题、多选题	★★	(1) 缴费的基本规定； (2) 行业工伤风险类别划分； (3) 费率下调的规定
失业保险	单选题、多选题	★★	(1) 缴费的基本规定； (2) 失业保险总费率阶段性调整规定

本章2020年考试主要变化

1. 将城乡居民医保人均缴费标准与各级财政人均补助由 220 元调整至 250 元。
2. 新增疫情防控期间社会保险费减征或缓缴的政策。

考点详解及精选例题

一、社会保险费的整体概况 ★

扫我解疑难

从 20 世纪 90 年代中期开始，我国部分地区税务部门开始承担社会保险费的征收工作。1999 年国务院发布的《社会保险费征缴暂行条例》明确省、自治区、直辖市人民政府可以选择税务机关征收。2018 年年初，中共中央在《深化党和国家机构改革方案》中明确，"将基本养老保险费、基本医疗保险费、失业保险费等各项社会保险费交由税务部门统一征收。"按照要求，2019 年 1 月 1 日起由税务部门统一征收各项社会保险费。2019 年 4 月，国务院办公厅印发《降低社会保险费率综合方案》，要求企业职工基本养老保险和企业职工其他险种缴费，原则上暂按现行征收体制继续征收，稳定缴费方式，"成熟一省、移交一

480

省"；机关事业单位社保费和城乡居民社保费征管职责如期划转。在社会保险费征收体制改革过程中，要妥善处理好企业历史欠费问题，不得自行对企业历史欠费进行集中清缴，不得采取任何增加小微企业实际缴费负担的做法，以免造成企业生产经营困难。

扫我解疑难

二、基本养老保险申报代理与审核 ★★

(一)基本养老保险的基本规定

基本养老保险从缴费主体上可分为企业、机关事业单位、灵活就业人员及城乡居民四类。基本规定见表12-1。

表12-1　基本养老保险的基本规定

情形	缴费主体	缴费比例	缴费基数
城镇职工、机关事业单位职工	由单位和个人共同缴纳	单位：本单位工资总额的20%	本单位上一年度职工月平均工资总额
		个人：本人缴费工资的8%，由单位代扣	职工本人上一年度月平均工资； 下限：当地上年度在岗职工平均工资60% 上限：当地上年度在岗职工平均工资300%
灵活就业人员、无雇工的个体工商户、未在用人单位参加基本养老保险的非全日制从业人员	可以参加基本养老保险，由个人缴纳	当地上年在岗职工平均工资，缴费比例为20%	多数省规定灵活就业人员基本养老保险的缴费基数由参保人员在给定区间内(比如当地上年在岗职工平均工资的60%到300%之间)自选基数，缴费比例也有低于或高于20%的情况。有些地方是以所在地市上年度城镇非私营或私营企业在岗职工平均工资作为缴费基数
城乡居民	缴费标准：每年100元、200元、300元、400元、500元、600元、700元、800元、900元、1000元、1500元、2000元12个档次，省人民政府可以根据实际情况增设缴费档次，最高缴费档次标准原则上不超过当地灵活就业人员参加职工基本养老保险的年缴费额，并报人力资源社会保障部备案		

(二)《降低社会保险费率综合方案》的主要内容

2019年4月国务院办公厅发布的《降低社会保险费率综合方案》，明确要求调整社保费基数政策。主要内容见表12-2。

表12-2　《降低社会保险费率综合方案》的主要内容。

方案	主要内容
调整社保基数	**调整就业人员平均工资计算口径**：各省(含新疆生产建设兵团)应以**本省城镇非私营单位就业人员平均工资和城镇私营单位就业人员平均工资加权计算的全口径** **完善个体工商户和灵活就业人员缴费基数政策**：个体工商户和灵活就业人员参加企业职工基本养老保险，可以在本省全口径城镇单位就业人员平均工资的60%至300%之间选择适当的缴费基数
调整缴费比例	自2019年5月1日起，降低城镇职工基本养老保险(包括企业和机关事业单位基本养老保险)单位缴费比例。单位缴费比例高于16%的，可降至16%；目前低于16%的，要研究提出过渡办法

『提示』 为做好新冠肺炎疫情防控工作，自 2020 年 2 月起，各省、自治区、直辖市（除湖北省外）及新疆生产建设兵团（以下统称省）可根据受疫情影响情况和基金承受能力，免征中小微企业基本养老保险、失业保险、工伤保险（以下简称三项社会保险）单位缴费部分，免征期限不超过 5 个月；对大型企业等其他参保单位（不含机关事业单位）三项社会保险单位缴费部分可减半征收，减征期限不超过 3 个月。自 2020 年 2 月起，湖北省可免征各类参保单位（不含机关事业单位）三项社会保险单位缴费部分，免征期限不超过 5 个月。受疫情影响生产经营出现严重困难的企业，可申请缓缴社会保险费，缓缴期限原则上不超过 6 个月，缓缴期间免收滞纳金。各省根据工业和信息化部、统计局、发展改革委、财政部《关于印发中小企业划型标准规定的通知》（工信部联企业〔2011〕300 号）等有关规定，结合本省实际确定减免企业对象。

（三）基本养老保险的申报代理与缴费审核要点

对于基本养老保险及其他社会保险的申报代理与缴费审核要点，主要集中在缴费人数、缴费基数、缴费比例三个方面。

1. 缴费人数

应关注当年新增参保人员和退休人员的人数变化情况，可结合企业人力资源部门、机关事业单位人事管理部门相关统计资料和明细资料进行核对。

2. 缴费基数

应依据本地区具体政策口径，结合企业、机关事业单位的人力资源或人事管理部门、财务部门的与职工薪酬相关的工资核算资料及工资发放的相关会计凭证、账簿、报表等资料，准确计算缴费人作为缴费基数的工资总额。必要时可结合缴费人个人所得税工资薪金所得扣缴记录，以及企业所得税税前扣除的工资薪金项目金额进行对比分析，确保缴费基数准确无误。另外还应关注本地区统计部门公布的上年度在岗职工平均工资数额。

3. 缴费比例（包括代扣个人缴费的比例）

应该在国家统一规定的基础上，对照本地区的统一标准执行。

【例题 1·多选题】 在参加基本养老保险时，可以由个人缴纳保险费、单位无需缴纳保险费的有（　）。

A. 城镇职工

B. 机关事业单位职工

C. 无雇工的个体工商户

D. 灵活就业人员

E. 未在用人单位参加基本养老保险的非全日制从业人员

解析 ▶ 城镇职工、机关事业单位职工参加基本养老保险，由单位和职工共同缴费；灵活就业人员、无雇工的个体工商户、未在用人单位参加基本养老保险的非全日制从业人员可以参加基本养老保险，由个人缴费。

答案 ▶ CDE

真题精练（客观题）

（2019 年单选题）根据个人基本养老保险扣缴的现行政策，个人基本养老保险扣缴基数按照上年当地在岗职工平均工资（　）为依据。

A. 下限 50%，上限 400%

B. 下限 60%，上限 400%

C. 下限 60%，上限 300%

D. 下限 50%，上限 300%

解析 ▶ 基本养老保险关于个人缴费基数的上下限，现在是以当地统计部门公布的上年职工平均工资后作为依据计算的，即下限为当地上年度在岗职工平均工资 60%，上限为 300%。 答案 ▶ C

三、基本医疗保险申报代理与审核★★

扫我解疑难

基本医疗保险的基本规定见表12-3。

表 12-3　基本医疗保险的基本规定

情形	缴费主体	缴费比例	缴费基数
城镇职工	由单位和个人共同缴纳	用人单位缴费率：应控制在职工工资总额的6%左右	基本医疗保险的缴费基数与基本养老保险的缴费基数基本一致，并且也有本地区上年度职工平均工资60%的下限和300%上限的规定。但具体缴费比例，不同地区各不相同。2019年4月以后，上下限的核定，应以本省城镇非私营单位就业人员平均工资和城镇私营单位就业人员平均工资加权计算的全口径城镇单位就业人员平均工资为基数
		职工缴费率一般为本人工资收入的2%	
城乡居民	个人缴费和财政补助	2019年城乡居民医保人均个人缴费标准与各级财政人均补助同步新增30元，人均个人缴费达到每人每年250元	

基本医疗保险原则上以地级以上行政区（包括地、市、州、盟）为统筹单位，也可以县（市）为统筹单位，直辖市原则上在全市范围内实行统筹。同一统筹地区的基本医疗保险执行统一政策，铁路、电力、远洋运输等跨地区、生产流动性较大的企业及其职工，可以相对集中的方式异地参加统筹地区的基本医疗保险。

【例题2·单选题】基本医疗保险原则上以（　）为统筹单位。

A. 县（市）

B. 地级以上行政区（包括地、市、州、盟）

C. 省

D. 全国

解析　基本医疗保险原则上以地级以上行政区（包括地、市、州、盟）为统筹单位，也可以县（市）为统筹单位，直辖市原则上在全市范围内实行统筹。　**答案**　B

『提示』为做好新冠肺炎疫情防控工作，自2020年2月起，各省、自治区、直辖市及新疆生产建设兵团可指导统筹地区根据基金运行情况和实际工作需要，在确保基金收支中长期平衡的前提下，对职工医保单位缴费部分实行减半征收，减征期限不超过5个月。

原则上，统筹基金累计结存可支付月数大于6个月的统筹地区，可实施减征；可支付月数小于6个月但确有必要减征的统筹地区，由各省指导统筹考虑安排。缓缴政策可继续执行，缓缴期限原则上不超过6个月，缓缴期间免收滞纳金。

四、生育保险申报代理与审核

扫我解疑难

生育保险的缴纳主体是用人单位，职工个人不缴纳生育保险费。生育保险费的提取比例最高不得超过工资总额的1%。

2019年3月，国务院办公厅发布《关于全面推进生育保险和职工基本医疗保险合并实施的意见》，要求参加职工基本医疗保险的在职职工同步参加生育保险，生育保险基金并入职工基本医疗保险基金，统一征缴，统筹层次一致。按照用人单位参加生育保险和职工基本医疗保险的缴费比例之和确定新的用人单位职工基本医疗保险费率，个人不缴纳生育保险费。

五、工伤保险申报代理与审核★★

扫我解疑难

职工应当参加工伤保险，由用人单位缴纳工伤保险费，职工不缴纳工伤保险费。

根据不同行业的工伤风险程度，由低到高，依次将行业工伤风险类别划分为一类至八类；各行业工伤风险类别对应的全国工伤保险行业基准费率，一类至八类分别控制在该行业用人单位职工工资总额的0.2%、0.4%、0.7%、0.9%、1.1%、1.3%、1.6%、1.9%左右。通过费率浮动的办法确定每个行业内的费率档次。一类行业分为三个档次，即在基准费率的基础上，可向上浮动至120%、150%；二类至八类行业分为五个档次，即在基准费率的基础上，可分别向上浮动至120%、150%或向下浮动至80%、50%。各省（区、市）确定本地区工伤保险行业基准费率具体标准和费率浮动具体办法。另外对难以按照工资总额缴纳工伤保险费的行业，其缴纳具体方式可以由国务院社会保险行政部门规定，比如，建筑施工企业可以按照项目工程总造价的一定比例缴纳工伤保险。

自2018年5月1日起，在保持八类费率总体稳定的基础上，工伤保险基金累计结余可支付月数在18（含）至23个月的统筹地区，可以现行费率为基础下调20%；累计结余可支付月数在24个月（含）以上的统筹地区，可以现行费率为基础下调50%。降低费率的期限暂执行至2019年4月30日。下调费率期间，统筹地区工伤保险基金累计结余达到合理支付月数范围的，停止下调。

根据《降低社会保险费率综合方案》，自

2019年5月1日起，延长阶段性降低工伤保险费率的期限至2020年4月30日，工伤保险基金累计结余可支付月数在18-23个月的统筹地区可以现行费率为基础下调20%，累计结余可支付月数在24个月以上的统筹地区可以现行费率为基础下调50%。

六、失业保险申报代理与审核★★

扫我解疑难

失业保险由用人单位和职工共同缴纳，有些省份规定本地区农民合同制工人本人不缴纳失业保险费、用人单位负担部分仍需缴纳。基本规定是：用人单位按照本单位工资总额的2%缴纳失业保险费，职工按照本人工资的1%缴纳失业保险费。从2015年3月1日起，失业保险费率暂由3%降至2%；从2016年5月1日起，失业保险总费率可以阶段性降至1%~1.5%，其中个人费率不超过0.5%；自2019年5月1日起，实施失业保险总费率1%的省、自治区、直辖市及新疆生产建设兵团，延长阶段性降低失业保险费率的期限至2020年4月30日。

为充分发挥失业保险支持企业稳定就业岗位的作用，自2019年1月1日至12月31日，对面临暂时性生产经营困难且恢复有望、坚持不裁员少裁员的参保企业，可返还其上年度实际缴纳失业保险费的50%，返还标准可按6个月的当地月人均失业保险金和参保职工人数确定，或按6个月的企业及其职工应缴纳社会保险费50%的标准确定。

在结束本章内容学习时，我们一起来总结一下五险的相关规定，见表12-4。

表12-4 五险的相关规定

类别	缴费主体	单位	个人	备注
城镇职工基本养老保险	单位和个人	不超20%；阶段性降至16%	8%	上下限：当地上年度在岗职工平均工资60%~300%
基本医疗保险	单位和个人	6%	2%	
生育保险	单位	最高不超过工资总额1%	——	

类别	缴费主体	单位	个人	备注
工伤保险	单位	行业工伤风险类别划分	——	下调规定
失业保险	单位和个人	2%	1%	总费率阶段性下调至1%

同步训练 限时10分钟

一、单项选择题

1. 根据 2019 年 4 月国务院办公厅发布的《降低社会保险费率综合方案》的要求，调整就业人员平均工资计算口径，其计算口径应该为（ ）。
   A. 本市城镇非私营单位就业人员平均工资加权计算
   B. 本市城镇非私营单位就业人员平均工资和城镇私营单位就业人员平均工资加权计算
   C. 本省城镇非私营单位就业人员平均工资加权计算
   D. 本省城镇非私营单位就业人员平均工资和城镇私营单位就业人员平均工资加权计算

2. 工伤保险基金累计结余可支付月数在 18 至 23 个月的统筹地区可以现行费率为基础下调（ ）。
   A. 10%   B. 20%
   C. 30%   D. 50%

二、多项选择题

1. 下列社会保险中，个人无需缴费的有（ ）。
   A. 基本养老保险   B. 基本医疗保险
   C. 生育保险   D. 失业保险
   E. 工伤保险

2. 截止到 2019 年 5 月 31 日，社会保险费征收体制改革中，征管职责已经如期划转给税务机关的有（ ）。
   A. 机关事业单位社保费
   B. 国有企业社保费
   C. 私营企业社保费
   D. 外资企业社保费
   E. 城乡居民社保费

第 12 章 社会保险费 申报代理与审核

同步训练答案及解析

一、单项选择题

1. D 【解析】就业人员平均工资计算口径应以本省城镇非私营单位就业人员平均工资和城镇私营单位就业人员平均工资加权计算的全口径。

2. B 【解析】工伤保险基金累计结余可支付月数在 18 至 23 个月的统筹地区可以现行费率为基础下调20%，累计结余可支付月数在 24 个月以上的统筹地区可以现行费率为基础下调50%。

二、多项选择题

1. CE 【解析】基本养老保险、基本医疗保险、失业保险由单位和个人共同缴费；生育保险和工伤保险由单位缴费，个人无需缴费。

2. AE 【解析】2019 年 4 月，国务院办公厅印发《降低社会保险费率综合方案》，要求企业职工基本养老保险和企业职工其他险种缴费，原则上暂按现行征收体制继续征收，稳定缴费方式，"成熟一省、移交一省"；机关事业单位社保费和城乡居民社保费征管职责如期划转。

税务行政复议代理

考情解密

历年考情概况

　　本章是涉税服务实务科目中相对重要的一章，历年考题多以单选题、多选题的形式考核，存在较大的出简答题的可能性，2012年、2013年、2015年、2019年出了税务行政复议的简答题。简答题可能涉及第二章税务管理的相关内容、税收实体法及税收相关法律中的有关知识点。预计分值在5~10分。

近年考点直击

考点	主要考查题型	考频指数	考查角度
税务行政复议的受理范围	单选题、多选题	★★★	分清哪些属于必经复议，哪些属于选择复议；注意税务机关作出的征税行为的具体范围，税务行政处罚的种类
税务行政复议的参加人	单选题、多选题	★★★	税务行政复议的申请人、被申请人的有关规定相对重要
税务行政复议的管辖原则	单选题、多选题	★★★	主要是如何确定复议机关
税务行政复议申请	单选题、多选题	★★★	(1)税务行政复议的申请期限； (2)先缴纳税款、滞纳金或提供担保的规定； (3)对加处罚款决定不服申请复议的有关规定
税务行政复议的受理、停止执行、中止与终止	单选题、多选题、简答题	★★★	(1)税务行政复议受理的条件； (2)停止执行的有关规定； (3)中止与终止的区分； (4)税务行政复议过程中有关时间的规定
税务行政复议证据	单选题、多选题	★	税务行政复议证据的范围、收集证据及举证责任的有关规定
税务行政复议的审查和决定	单选题、多选题	★★	(1)注意时间点的有关规定； (2)税务行政复议执行的规定
税务行政复议的和解与调解	单选题、多选题	★★	注意何时可以调解与和解；调解与和解应遵循的原则
代理税务行政复议的基本前提与操作规范	单选题、多选题、简答题	★	(1)考查代理税务行政复议的基本前提； (2)考查代理税务行政复议的操作规范

本章2020年考试主要变化

　　本章无实质性变化。

税务行政复议是纳税人或其他行政相对人认为税务机关的某一具体行政行为侵害了自己的合法权益,向作出具体行政行为的税务机关的**上一级**税务机关提出申诉,由上级税务机关依法裁决税务争议的过程。

一、税务行政复议的受理范围(见表13-1)★★★

扫我解疑难

在税务行政复议受理范围的学习中,要特别注意总结哪些属于必经复议,哪些属于选择复议,这是历年考试的重点内容。

表 13-1　税务行政复议的受理范围

类型	具体内容
必经复议(复议前置)	税务机关作出的**征税行为**(注意具体范围): 包括确认纳税主体、征税对象、征税范围、减税、免税、退税、抵扣税款、适用税率、计税依据、纳税环节、纳税期限、纳税地点和税款征收方式等具体行政行为,以及征收税款、加收滞纳金,扣缴义务人、受税务机关委托的单位和个人作出的代扣代缴、代收代缴、代征行为等
选择复议	1. 行政许可、行政审批行为(改革中) 2. 发票管理行为,包括发售、收缴、代开发票等 3. **税收保全措施、强制执行措施** 4. 行政处罚行为: (1)罚款; (2)没收财物和违法所得; (3)停止出口退税权。 5. 不依法履行下列职责的行为: (1)颁发税务登记证; (2)开具、出具完税凭证、外出经营活动税收管理证明(过时); (3)行政赔偿; (4)行政奖励; (5)其他不依法履行职责的行为。 6. 资格认定行为 7. 不依法确认纳税担保行为 8. 政府信息公开工作中的具体行政行为 9. 纳税信用等级评定行为 10. 通知出入境管理机关阻止出境行为 11. 其他具体行政行为

【知识点拨】纳税人认为税务机关的具体行政行为所依据的规定不合法,对具体行政行为申请行政复议时,可以一并向行政复议机关提出对有关规定的审查申请(不包括规章)。

【例题1·单选题】下列涉税相关处罚措施中不属于税务机关作出的税务行政处罚行为的是( )。

A. 罚款　　　　B. 阻止出境

C. 没收违法所得　D. 停止出口退税权

解析 ➤ 行政处罚行为的主要种类包括:①罚款;②没收财物和违法所得;③停止出口退税权。　　　答案 ➤ B

【例题2·多选题】对于税务机关作出的如下( )行为,纳税人及扣缴义务人可以直接向人民法院提起诉讼。

A. 罚款　　　B. 加收滞纳金

C. 行政许可　　D. 税收保全行为

E. 代开发票

解析 ▶ 选项 B 属于税务机关作出的征税行为，应当先进行税务行政复议。

答案 ▶ ACDE

二、税务行政复议的参加人

扫我解疑难

税务行政复议的参加人包括申请人、被申请人、第三人、代理人。

（一）税务行政复议的申请人（见表 13-2）★★★

表 13-2　税务行政复议的申请人

复议情形	申请人
有权申请行政复议的公民死亡的	其近亲属可以申请行政复议
有权申请行政复议的公民是无行为能力人或限制行为能力人的	其法定代理人可以代理申请行政复议
有权申请行政复议的法人或其他组织发生合并、分立或终止的	承受其权利义务的法人或其他组织可以申请行政复议
合伙企业申请行政复议的	应当以核准登记的企业为申请人，由执行合伙事务的合伙人代表该企业参加行政复议
其他合伙组织申请行政复议的	由合伙人共同申请行政复议
其他不具备法人资格的其他组织申请行政复议的	由该组织的主要负责人代表该组织参加行政复议；没有主要负责人的，由共同推选的其他成员代表该组织参加行政复议
股份制企业的股东大会、股东代表大会、董事会认为税务具体行政行为侵犯企业合法权益的	可以以企业的名义申请行政复议
非具体行政行为的行政管理相对人，但其权利直接被该具体行政行为所剥夺、限制或者被赋予义务的公民、法人或其他组织，在行政管理相对人没有申请行政复议时	可以单独申请行政复议

【知识点拨】同一行政复议案件申请人超过 5 人的，应当推选 1 至 5 名代表参加行政复议。

（二）税务行政复议的被申请人★★★

税务行政复议的被申请人是指作出该具体行政行为的税务机关。具体规定见表 13-3。

表 13-3　税务行政复议的被申请人

具体情形	被申请人
申请人对扣缴义务人的扣缴税款行为不服的	主管该扣缴义务人的税务机关
对税务机关委托的单位和个人的代征行为不服的	委托税务机关
税务机关与法律、法规授权的组织以共同的名义作出具体行政行为的	税务机关和法律、法规授权的组织
税务机关与其他组织以共同名义作出具体行政行为的	税务机关
税务机关依照法律、法规和规章规定，经上级税务机关批准作出具体行政行为的	批准机关
申请人对经重大税务案件审理程序作出的决定不服的	审理委员会所在税务机关

具体情形	被申请人
税务机关设立的**派出机构、内设机构或者其他组织**，未经法律、法规授权，**以自己名义**对外作出具体行政行为的	税务机关

【例题3·单选题】税务行政复议的被申请人是指（ ）。

A. 作出引起争议的具体行政行为的税务机关所在地的人民政府

B. 作出引起争议的具体行政行为的税务机关

C. 作出引起争议的具体行政行为的税务机关的负责人

D. 作出引起争议的具体行政行为的税务机关的上一级税务机关

解析 ▶ 税务行政复议的被申请人，是指作出引起争议的具体行政行为的税务机关。

答案 ▶ B

（三）税务行政复议的第三人★

税务行政复议的第三人，是指申请人以外的与申请复议的具体行政行为有利害关系的个人或者组织。一般指经济上的债权债务关系、股权控股关系等。第三人不参加行政复议，不影响行政复议案件的审理。

（四）税务行政复议的代理人★★

税务行政复议的代理人是指接受当事人的委托，以被代理人的名义，在法律规定或当事人授予的权限范围内，为代理复议行为而参加复议的个人。

申请人、第三人可以委托1至2名代理

人参加行政复议。

被申请人不得委托本机关以外人员参加行政复议。

真题精练（客观题）

（2017年单选题）关于行政复议参加人的说法，正确的是（ ）。

A. 被申请人可以委托本机关以外人员参加行政复议

B. 第三人不参加行政复议，不影响行政复议案件的审理

C. 对税务机关委托的单位和个人的代征行为不服的，受托的单位和个人为被申请人

D. 申请人、第三人可以委托1-5名代理人参加行政复议

解析 ▶ 选项A，被申请人不得委托本机关以外人员参加行政复议；选项C，对税务机关委托的单位和个人的代征行为不服的，委托税务机关为被申请人；选项D，申请人、第三人可以委托1-2名代理人参加行政复议。

答案 ▶ B

三、税务行政复议的管辖原则（见表13-4）★★★

扫我解疑难

表13-4 税务行政复议管辖

申请人	复议机关
对各级税务局的具体行政行为不服的	其上一级税务局
对**计划单列市**税务局的具体行政行为不服的	**国家税务总局**
对**税务所（分局）、各级税务局的稽查局**的具体行政行为不服的	其所属税务局
对**国家税务总局**的具体行政行为不服的	**国家税务总局。**对行政复议决定不服，申请人可以向人民法院提起行政诉讼，也可以向**国务院**申请裁决。**国务院的裁决为最终裁决**
对两个以上税务机关以共同的名义作出的具体行政行为不服的	共同上一级税务机关

申请人	复议机关
对税务机关与其他行政机关以共同的名义作出的具体行政为不服的	共同上一级行政机关
对被撤销的税务机关在撤销以前所作出的具体行政为不服的	继续行使其职权的税务机关的上一级税务机关
对税务机关作出逾期不缴纳罚款加处罚款的决定不服的	做出行政处罚决定的税务机关
对已处罚款和加处罚款的决定都不服的	做出行政处罚决定的税务机关的上一级税务机关
申请人向具体行政为发生地的县级地方人民政府提交行政复议申请的，由接受申请的县级地方人民政府依照规定予以转送	

【知识点拨】税务机关对当事人作出罚款行政处罚决定的，当事人应当在收到行政处罚决定书之日起 **15** 日内缴纳罚款，到期不缴纳的，税务机关可以对当事人每日按罚款数额的 **3%** 加处罚款。

【例题 4·单选题】下列关于税务行政复议管辖范围的说法中，错误的是(   )。

A. 对计划单列市税务局的具体行政为不服的，向省税务局申请行政复议

B. 对两个以上税务机关共同作出的具体行政为不服的，向共同上一级税务机关申请行政复议

C. 对国家税务总局做出的具体行政为不服的，应向国家税务总局申请行政复议

D. 对税务所(分局)、各级税务局的稽查局的具体行政为不服的，向其所属税务局申请行政复议

解析 ▶ 选项 A，对计划单列市的具体行政为不服的，向国家税务总局申请行政复议。 **答案 ▶ A**

真题精练(客观题)

(2015 年单选题)甲税务机关委托乙保险公司代征税款，纳税人对代征税款不服提出复议，复议机关为(   )。

A. 甲税务机关上级税务机关

B. 甲税务机关

C. 乙保险公司

D. 乙保险公司上级机构

解析 ▶ 对税务机关委托的单位和个人的代征行为不服的，委托税务机关为被申请人。对应的复议机关应该为其上级的税务机关。 **答案 ▶ A**

四、税务行政复议申请★★★

扫我解疑难

(一)税务行政复议的申请期限

1. 申请人可以在知道税务机关作出具体行政为之日起 **60** 日内提出行政复议申请。因不可抗力或者被申请人设置障碍等原因耽误法定申请期限的，申请期限的计算应当扣除被耽误时间。

行政复议申请期限的计算见表 13-5。

表 13-5　行政复议申请期限的计算

情形	行政复议申请期限的计算
当场作出具体行政为的	自具体行政为作出之日起计算
载明具体行政为的法律文书直接送达的	自受送达人签收之日起计算
载明具体行政为的法律文书邮寄送达的	自受送达人在邮件签收单上签收之日起计算；没有邮件签收单的，自受送达人在送达回执上签名之日起计算
具体行政为依法通过公告形式告知受送达人的	自公告规定的期限届满之日起计算

情形	行政复议申请期限的计算
税务机关作出具体行政行为时未告知申请人，事后补充告知的	自该申请人收到税务机关补充告知的通知之日起计算
被申请人能够证明申请人知道具体行政行为的	自证据材料证明其知道具体行政行为之日起计算
税务机关作出具体行政行为，依法应当向申请人送达法律文书而未送达的	视为该申请人不知道该具体行政行为
申请人依法申请税务机关履行法定职责，税务机关未履行的	有履行期限规定的，自履行期限届满之日起计算
	没有履行期限规定的，自税务机关收到申请满 60 日起计算

税务机关作出的具体行政行为对申请人的权利、义务可能产生不利影响的，应当告知其申请行政复议的权利、行政复议机关和行政复议申请期限。

(二)税务行政复议申请的提交

1. 提交的方式

申请人可以书面申请税务行政复议，也可以口头申请税务行政复议。

2. 提供证明材料的规定

有下列情形之一的，申请人应当提供证明材料：

(1)认为被申请人不履行法定职责的，提供要求被申请人履行法定职责而被申请人未履行的证明材料；

(2)申请行政复议时一并提出行政赔偿请求的，提供受具体行政行为侵害而造成损害的证明材料；

(3)法律、法规规定需要申请人提供证据材料的其他情形。

(三)税务行政复议申请的其他规定

1. 对税务机关作出的征税行为提出行政复议，申请人必须先行缴纳或者解缴税款及滞纳金或者提供相应的担保，方可在缴清税款和滞纳金后或者所提供的担保得到作出具体行政行为的税务机关确认之日起 60 日内提出行政复议申请。申请人提供担保的方式包括保证、抵押及质押。

2. 申请人对税务机关作出逾期不缴纳罚款加处罚款的决定不服的，应当先缴纳罚款和加处罚款，再申请行政复议。加处罚款的有关规定见表 13-6。

表 13-6 加处罚款的有关规定

情形	条件	复议机关
对税务机关作出逾期不缴纳罚款加处罚款的决定不服的	先缴罚款和加处罚款，再申请行政复议	向做出行政处罚决定的税务机关申请行政复议
对已处罚款和加处罚款都不服的	无需缴纳罚款和加处罚款	一并向作出行政处罚决定的税务机关的上一级税务机关申请行政复议

加处罚款：税务机关对当事人作出罚款行政处罚决定的，当事人应当在收到行政处罚决定书之日起 15 日内缴纳罚款，到期不缴纳的，税务机关可以对当事人每日按罚款数额的 3%加处罚款

3. 申请人提出行政复议申请时错列被申请人的，行政复议机关应当告知申请人变更被申请人。申请人不变更被申请人的，行政复议机关不予受理，或者驳回行政复议申请；

4. 申请人向行政复议机关申请行政复议，复议机关已经受理的，在法定行政复议期限内申请人不得再向人民法院提起行政诉讼；申请人向人民法院提起行政诉讼，人民法院已经依法受理的，不得申请行政复议。

(2015年单选题)税务复议申请人提出行政复议期限为知道税务机关作出具体行为之日起( )日内。

A. 15   B. 30
C. 60   D. 90

解析 ▶ 申请人可以在知道税务机关作出具体行政行为之日起60日内提出行政复议申请。   **答案** ▶ C

五、税务行政复议的受理、停止执行、中止与终止（见表13-7）★★★

扫我解疑难

表13-7 税务行政复议的受理、停止执行、中止与终止

情形	条件
应当受理 （简答题 的常见考点）	(1)属于规定的行政复议范围； (2)在法定申请期限内提出； (3)有明确的申请人和符合规定的被申请人； (4)申请人与具体行政行为有利害关系； (5)有具体的行政复议请求和理由； (6)已经按规定缴纳税款、滞纳金或提供相应担保；或已经按规定缴纳罚款和加处罚款； (7)属于收到行政复议申请的行政复议机关的职责范围； (8)其他行政复议机关尚未受理同一行政复议申请，人民法院尚未受理同一主体就同一事实提起的行政诉讼
停止执行	(1)被申请人认为需要停止执行的； (2)行政复议机关认为需要停止执行的； (3)申请人申请停止执行，行政复议机关认为其要求合理，决定停止执行的； (4)法律规定停止执行的
行政复议中止	(1)作为申请人的公民死亡，其近亲属尚未确定是否参加行政复议的； (2)作为申请人的公民丧失参加行政复议的能力，尚未确定法定代理人参加行政复议的； (3)作为申请人的法人或者其他组织终止，尚未确定权利义务承受人的； (4)作为申请人的公民下落不明或者被宣告失踪的； (5)申请人、被申请人因不可抗力，不能参加行政复议的； (6)行政复议机关因不可抗力原因暂时不能履行工作职责的； (7)案件涉及法律适用问题，需要有权机关作出解释或者确认的； (8)案件审理需要以其他案件的审理结果为依据，而其他案件尚未审结的； (9)其他需要中止行政复议的情形
行政复议终止	(1)申请人要求撤回行政复议申请，行政复议机构准予撤回的； (2)作为申请人的公民死亡，没有近亲属，或者其近亲属放弃行政复议权利的； (3)作为申请人的法人或者其他组织终止，其权利义务的承受人放弃行政复议权利的； (4)申请人与被申请人依照《税务行政复议规则》第八十七条的规定，经行政复议机构准许达成和解的； (5)行政复议申请受理以后，发现其他行政复议机关已经先于本机关受理，或者人民法院已经受理的； (6)中止行政复议前三项，满60日行政复议中止的原因未消除的，行政复议终止

【知识点拨1】 行政复议机关收到行政复议申请后，应当在5日内进行审查，决定是否受理。

行政复议申请材料不齐全、表述不清楚的，行政复议机构可以自收到该行政复议申请之日起5日内书面通知申请人补正。补正申请材料所用时间不计入行政复议审理期限。

行政复议机关决定不予受理或者受理后超过行政复议期限不做答复的，以及纳税人及其他当事人对行政复议决定不服的，可以

自收到不予受理决定书之日起、行政复议期满之日或收到复议决定之日起15日内，依法向人民法院提起行政诉讼。

【知识点拨2】 中止和终止的具体情形属于常见考点，需要加以区分。

【例题5·单选题】 2019年1月15日某纳税人经税务部门实施纳税检查后认定其具有偷税行为，处以补缴税款5000元及一倍罚款、滞纳金300元的处理，当日纳税人不服，在缴完税款但未上交罚款、滞纳金的情况下，委托某税务师事务所代理复议，填写并向税务行政复议机关提交了《复议申请书》，税务行政复议机关答复为( )。

A. 决定受理

B. 要求申请人限期补正

C. 不予受理

D. 移送其他税务机关

解析 ▶ 对税务机关作出的征税行为提出行政复议，申请人必须先依法缴纳或者解缴税款及滞纳金或者提供相应的担保，方可在实际缴清税款和滞纳金后或者所提供的担保得到作出具体行政行为的税务机关确认之日起60日内提出行政复议申请。纳税人未缴纳滞纳金，不符合要求，税务行政复议机关不予受理。 **答案** ▶ C

【例题6·多选题】 下列情形的税务行政复议，复议机关不予受理的有( )。

A. 没有明确的被申请人

B. 已向人民法院提出行政诉讼，未被受理

C. 已向其他法定复议机关提出申请，且受理

D. 纳税人就半年前已知的具体行政行为提出复议

E. 申请人死亡

解析 ▶ 选项B，向人民法院提出行政诉讼，法院未受理，可以提出行政复议；选项E，申请人死亡，其近亲属可以申请行政复议，复议机关应当受理。 **答案** ▶ ACD

【例题7·单选题】 对应当先向复议机关

申请行政复议，对行政复议决定不服再向人民法院提起行政诉讼的具体行政行为，复议机关决定不予受理或者受理后超过复议期限不做答复的，纳税人及其当事人可以自收到不予受理决定书之日起或者行政复议期满之日起( )日内依法向人民法院提起行政诉讼。

A. 10   B. 15

C. 20   D. 30

解析 ▶ 纳税人及其当事人可以自收到不予受理决定书之日起或者行政复议期满之日起15日内依法向人民法院提起行政诉讼。 **答案** ▶ B

真题精练(客观题)

1. (2018年单选题)税务行政复议期间，下列情形引起行政复议终止的是( )。

A. 作为申请人公民被宣告失踪的

B. 行政复议机关因不可抗力不能参加行政复议的

C. 经行政复议机构准许达成和解的

D. 行政复议机关认为具体行政行为需要停止执行的

解析 ▶ 本题考核行政复议终止和中止的区别。 **答案** ▶ C

2. (2015年多选题)行政复议期间，导致行政复议终止的情形有( )。

A. 案件涉及法律适用问题，需要有权机关作出解释或确认的

B. 申请人、被申请人，因不可抗力不能参加行政复议

C. 申请人要求撤回行政复议申请，行政复议机构准予撤回的

D. 申请人与被申请人依规定经行政复议机构准许达成和解的

E. 申请人张云死亡，没有近亲属或者近亲属放弃行政复议权利的

解析 ▶ 本题考核行政复议终止和中止的区别。 **答案** ▶ CDE

六、税务行政复议证据★

扫我解疑难

（1）行政复议证据包括书证；物证；视听资料；电子数据；证人证言；当事人的陈述；鉴定结论；勘验笔录、现场笔录。

（2）在行政复议中，被申请人对其作出的具体行政行为负有举证责任。

（3）在行政复议过程中，被申请人不得自行向申请人和其他有关组织或者个人搜集证据。

（4）行政复议机构认为必要时，可以调查取证。调查取证时，行政复议工作人员不得少于2人。

（5）申请人和第三人可以查阅被申请人提出的书面答复、作出具体行政行为的证据、依据和其他有关材料，除涉及国家秘密、商业秘密或者个人隐私外，行政复议机关不得拒绝。

真题精练（客观题）

（2019年多选题）下列不得作为税务行政复议定案依据的有（ ）。

A. 无正当事由超出举证期限提供的证据材料

B. 不能正确表达意志的证人提供的证言

C. 虚开的增值税专用发票原件

D. 涉及个人隐私的证据材料

E. 无法辨明真伪的证据材料

解析 ▶ 本题考核证据的有关规定，属于常识性内容，即使没有学习过，也可以通过判断进行正确选择。下列证据材料不得作为定案依据：（1）违反法定程序收集的证据材料；（2）以偷拍、偷录和窃听等手段获取侵害他人合法权益的证据材料；（3）以利诱、欺诈、胁迫和暴力等不正当手段获取的证据材料；（4）无正当事由超出举证期限提供的证据材料；（5）无正当理由拒不提供原件、原物，又无其他证据印证，且对方不予认可的证据的复制件、

复制品；（6）无法辨明真伪的证据材料；（7）不能正确表达意志的证人提供的证言；（8）不具备合法性、真实性的其他证据材料。

答案 ▶ ABE

七、税务行政复议审查和决定★★

扫我解疑难

1. 行政复议原则上采取书面审查的办法。

2. 行政复议机关应当自受理行政复议之日起7日内，将行政复议申请书副本或者行政复议申请笔录复印件发送被申请人；

被申请人应当自收到申请书副本或者申请笔录复印件之日起10日内，提出书面答复，并提交当初作出具体行政行为的证据、依据和其他有关材料。

3. 行政复议机构审理行政复议案件，应当由2名以上行政复议工作人员参加。

4. 对重大、复杂的案件，申请人提出要求或者行政复议机构认为必要时，可以采取听证的方式审理。

5. 听证应当公开举行，但涉及国家秘密、商业秘密或者个人隐私的除外。行政复议听证人员不得少于2人。

6. 申请人在行政复议决定作出以前撤回行政复议申请的，经行政复议机构同意，可以撤回。

申请人撤回行政复议申请的，不得再以同一事实和理由提出行政复议申请。但是，申请人能够证明撤回行政复议申请违背其真实意思表示的除外。

7. 申请人在申请行政复议时，依据相应规定一并提出对有关规定的审查申请的，复议机关对该规定有权处理的，应当在30日内依法处理；无权处理的，应当在7日内按照法定程序转送有权处理的行政机关依法处理，有权处理的行政机关应当在60日内依法处理。处理期间，中止对具体行政行为的审查。

8. 行政复议机关在对被申请人作出的具

体行政行为进行审查时，认为其依据不合法，本机关有权处理的，应当在30日内依法处理；无权处理的，应当在7日内按照法定程序转送有权处理的国家机关依法处理。处理期间，中止对具体行政行为的审查。

9. 行政复议决定的类型

（1）维持该具体行政行为；

（2）被申请人不履行法定职责的，决定其在一定期限内履行；

（3）撤销、变更或者确认该具体行政行为违法；决定撤销或确认该具体行政行为违法的，可以责令被申请人在一定期限内重新作出具体行政行为；

（4）撤销该具体行政行为。

10. 行政复议机关责令被申请人重新作出具体行政行为的，被申请人不得以同一事实和理由作出与原具体行政行为相同或者基本相同的具体行政行为；但是行政复议机关以原具体行政行为违反法定程序决定撤销的，被申请人重新作出具体行政行为的除外；

行政复议机关责令被申请人重新作出具体行政行为的，被申请人不得作出对申请人更为不利的决定；但是行政复议机关以原具体行政行为主要事实不清、证据不足或适用依据错误决定撤销的，被申请人重新作出具体行政行为的除外。

11. 有下列情形之一的，行政复议机关应当决定驳回行政复议申请：

（1）申请人认为税务机关不履行法定职责申请行政复议，行政复议机关受理以后发现该税务机关没有相应法定职责或者在受理以前已经履行法定职责的；

（2）受理行政复议申请后，发现该行政复议申请不符合受理条件的。

12. 行政复议机关责令被申请人重新作出具体行政行为的，被申请人应当在60日内重新作出具体行政行为；情况复杂，不能在规定期限内重新作出具体行政行为的，经行政复议机关批准，可以适当延期，但是延期不得超过30日。

13. 行政复议机关应当自受理申请之日起60日内作出行政复议决定。情况复杂，经批准可适当延期，并告知申请人和被申请人，但延长期限最多不超过30日。

行政复议决定书一经送达，即发生法律效力。

14. 被申请人应当履行行政复议决定。申请人、第三人逾期不起诉又不履行行政复议决定的，或者不履行最终裁决的行政复议决定的，按照下列规定分别处理（见表13-8）。

表13-8 行政复议决定的执行

类型	行政复议决定的执行
维持具体行政行为的行政复议决定	由作出具体行政行为的行政机关依法强制执行，或者申请人民法院强制执行。
变更具体行政行为的行政复议决定	由复议机关依法强制执行，或者申请人民法院强制执行。

【例题8·单选题】 税务行政复议机关受理复议申请后，应在受理之日起（　　）内将《复议申请书》副本发送被申请人，被申请人应当在收到《复议申请书》副本之日起（　　）内，向复议税务机关提交做出具体行政行为的有关资料或证据，并提交《答辩书》。

A. 10日、30日　　B. 7日、10日

C. 15日、30日　　D. 10日、15日

解析 ▶ 本题考核税务行政复议有关时间的规定。　　**答案** ▶ B

【例题9·单选题】 复议机关应当自受理复议申请之日起（　　）日内作出行政复议决定。情况复杂，不能在规定期限内作出行政复议决定的，经复议机关负责人批准，可以适当延期，并告知申请人和被申请人。

A. 15　　　　　　B. 30

C. 60　　　　　　D. 90

解析 ▶ 本题考核税务行政复议有关时间的规定。　　**答案** ▶ C

【例题10·单选题】 申请人逾期不起诉又不履行行政复议决定的，或者不履行最终裁决的行政复议决定的，其处理方法错误的

是( )。

A. 维持具体行政行为的行政复议决定，由复议机关依法强制执行

B. 维持具体行政行为的行政复议决定，由作出具体行政行为的行政机关申请人民法院强制执行

C. 变更具体行政行为的行政复议决定，由复议机关依法强制执行

D. 维持具体行政行为的行政复议决定，由作出具体行政行为的行政机关依法强制执行

解析 维持具体行政行为的行政复议决定，由作出具体行政行为的行政机关依法强制执行，或者申请人民法院强制执行。

答案 A

真题精练（客观题）

（2018年多选题）下列情况中，行政复议机关可以决定驳回行政复议申请的有( )。

A. 主要事实不清，证据不足适用依据错误的

B. 认定事实清楚，证据确凿，程序合法，但是明显不当或适用依据错误

C. 认定事实不清，证据不足，但经行政复议机关审理查明事实清楚，证据确凿的

D. 申请人认为税务机关不履行法定职责申请行政复议，行政复议机关受理以后发现该税务机关没有相关法定职责的

E. 受理行政复议申请后发现行政复议申请不符合《行政复议法》及其实施条例规定的受理条件的

解析 有下列情形之一的，行政复议机关应当决定驳回行政复议申请：（1）申请人认为税务机关不履行法定职责申请行政复议，行政复议机关受理以后发现该税务机关没有相应法定职责或者在受理以前已经履行法定职责的。（2）受理行政复议申请后，发现该行政复议申请不符合《行政复议法》及其实施条例等规定的受理条件的。

答案 DE

八、税务行政复议和解与调解 ★★

扫我解疑难

1. 可以和解与调解的情形

对下列行政复议事项，按照自愿、合法的原则，申请人和被申请人在行政复议机关作出行政复议决定以前可以达成和解，行政复议机关也可以调解：

（1）行使自由裁量权作出的具体行政行为，如行政处罚、核定税额、确定应税所得率等。

（2）行政赔偿。

（3）行政奖励。

（4）存在其他合理性问题的具体行政行为。

2. 经行政复议机构准许和解终止行政复议的，申请人不得以同一事实和理由再次申请行政复议。

3. 行政复议调解书经双方当事人签字，即具有法律效力。

4. 申请人不履行行政复议调解书的，由被申请人依法强制执行，或者申请人民法院强制执行。

真题精练（客观题）

1. （2018年单选题）税务机关做出的下列行政行为，在税务行政复议过程中不适用和解和调解的是( )。

A. 核定税额

B. 处以少缴税款1倍罚款的处罚决定

C. 补缴税款和滞纳金的处理决定

D. 不予行政赔偿的决定

解析 申请人和被申请人在行政复议机关作出行政复议决定以前可以达成和解，行政复议机关也可以调解：（1）行使自由裁量权作出的具体行政行为，如行政处罚、核定税额、确定应税所得率等。（2）行政赔偿。（3）行政奖励。（4）存在其他合理性问题的具体行政行为。 **答案** C

2. （2016年单选题）在税务行政复议中，不可

达成和解与调解情形的是(　　)。

A. 行政处罚　　　B. 行政审批

C. 行政赔偿　　　D. 行政奖励

解析 ▶ 申请人和被申请人在行政复议机关作出行政复议决定以前可以达成和解，行政复议机关也可以调解的行政复议事项有：(1)行使自由裁量权作出的具体行政行为，如行政处罚、核定税额、确定应税所得率等；(2)行政赔偿；(3)行政奖励；(4)存在其他合理性问题的具体行政行为。

答案 ▶ B

九、代理税务行政复议的基本前提与操作规范★

扫我解疑难

1. 代理税务行政复议的基本前提

对于税款滞补罚争议，在主管税务机关下达《税务行政处罚事项告知书》送达后**3 日**内，由纳税人、扣缴义务人或者委托税务师向税务机关书面提出听证，由作出具体行政行为的税务机关自行审查解决纳税争议。

2. 代理税务行政复议的操作规范

复议机关通知不予受理，如果申请人对此裁决不服可以自收到不予受理裁决书之日起 15 日内，就复议机关不予受理的裁决向人民法院起诉。

【知识点拨】 关于行政复议期间有关"5 日""7 日"的规定是指工作日，不包括法定节假日。

真题精练(主观题)

1. (2019 年简答题) 某公司于 2017 年 5月 22 日完成上年度企业所得税汇算清缴，办理了纳税申报并缴纳税款入库。2019 年 4 月发现 2016 年度企业所得税汇算清缴时因计算错误多缴了 50 万元，在 2019 年 4 月 18 日向主管税务机关提出退还多缴税款申请。主管税务机关认为这部分税款属于 2016 年度的书款，已超过法律规定的退还期限，决定不予退还，于 2019 年 4 月 25 日制作相关文书，并在 2019 年 4 月

26 日送达该公司签收。

问题：

(1)该公司多数税款是否可以退换？请简述政策规定。

(2)对税务机关不予退税决定，该公司是否可以直接向人民法院提起行政诉讼？为什么？

(3)若申请税务行政复议，必须从哪一天开始多少天内提出申请？

(4)该公司应向哪个机关申请税务行政复议？

(5)复议机关受理后，应在多长时间内做出复议决定？最长可以延期多少天？

2. (2018 年简答题)2018 年 4 月 10 日，A 县税务局制作对甲公司补缴税款和滞纳金的税务处理决定书和处以少缴纳税款 1 倍的行政处罚决定书，上述文书于 4 月 13 日送达甲公司并由甲公司签收，甲公司对 A 县税务局的处理决定和处罚决定有异议，拟提起税务行政复议，请逐一回答如下问题：

(1)拟提供纳税担保后对应补缴的税款和滞纳金提请复议，纳税担保人资格应由谁确认？提请复议的 60 天时限应该从哪一天开始计算？

(2)对于处罚决定提请复议是否需要提供纳税担保？可否不经过复议直接提起行政诉讼？

(3)如果复议申请被税务机关受理，复议机关应在多少日作出复议决定？什么情况下可以延期？最长可延多少天？

(4)如果甲公司对复议决定不服但未在规定时限内起诉，同时又拒绝履行复议决定，可能的后果是什么？

3. (2015 年简答题)某企业因涉税问题与主管税务机关发生争议，拟提请税务行政复议，现向税务师事务所咨询，作为税务师，请告知该企业负责人如果书面申请税务行政复议，应在复议申请书中载明哪些事项。

1. 【答案】

(1)多缴税款可以退还。

纳税人超过应纳税额缴纳的税款，纳税人自结算缴纳税款之日起三年内发现的，可以向税务机关要求退还多缴的税款并加算银行同期存款利息，税务机关及时查实后应当立即退还。本题时限未超过3年，因此，可以申请退还多缴税款。

(2)不能直接提起行政诉讼。

此项行为属于征税行为，申请人对征税行为不服的，应当先向行政复议机关申请行政复议；对行政复议决定不服的，可以向人民法院提起行政诉讼。

(3)自2019年4月26日起60日内提出申请。

(4)应向主管税务机关的上级税务机关申请行政复议。

(5)复议机关应自受理之日60日内作出复议决定。情况复杂需要延长的，最多不超过30日。

2. 【答案】

(1)纳税担保人资格应由作出具体行政行为的税务机关确认。对不具有法律规定资格或者没有能力保证的，有权拒绝。

提请复议的60天时限，应从所提供的担保得到作出具体行政行为的税务机关确认之日开始计算。因不可抗力或者被申请人设置障碍等原因耽误法定申请期限的，申请期限的计算应当扣除被耽误时间，自障碍消除之日起继续计算。载明具体行政行为的法律文书直接送达的，自受送达人签收之日起计算，本案应该从4月13日开始计算。

(2)对于处罚决定提请复议不需要提供纳税担保，可以不经过复议直接提起行政诉讼。

(3)行政复议机关应当自受理申请之日起60日内作出行政复议决定。

情况复杂，不能在规定期限内作出行政复

议决定的，经行政复议机关负责人批准，可以适当延期，并告知申请人和被申请人；但是延期不得超过30日。

(4)如果甲公司对复议决定不服但未在规定时限内起诉，同时又拒绝履行复议决定，属于申请人逾期不起诉又不履行行政复议决定的情形，按照下列规定分别处理：

①维持具体行政行为的行政复议决定，由作出具体行政行为的税务机关依法强制执行，或者申请人民法院强制执行。

②变更具体行政行为的行政复议决定，由行政复议机关依法强制执行，或者申请人民法院强制执行。

3. 【答案】

申请人书面申请行政复议的，应当在行政复议申请书中载明下列事项：

(1)申请人的基本情况，包括：公民的姓名、性别、年龄、身份证号码、工作单位、住所、邮政编码；法人或者其他组织的名称、住所、邮政编码和法定代表人或者主要负责人的姓名、职务。

(2)被申请人的名称。

(3)行政复议请求、申请行政复议的主要事实和理由。

(4)申请人的签名或者盖章。

(5)申请行政复议的日期。

近几年税务行政复议的简答题主要涉及以下考点：

1. 必经复议与选择复议的范围；

2. 税务行政复议申请的时间；

3. 税务行政复议申请的条件；

4. 税务行政复议书面申请的内容；

5. 税务行政复议申请的管辖(复议机关)；

6. 税务行政复议期限；

7. 税务行政复议决定的执行；

8. 多缴税款的退还。

一、单项选择题

1. 纳税人对税务机关的具体行政行为有异议，必须首先向作出具体行政行为的税务机关的上一级税务机关申请复议的是（　　）。

   A. 税务机关因纳税人非法印制发票而处以罚款

   B. 税务机关因纳税人欠缴税款而通知其开户银行暂停支付相当于应纳税额的存款

   C. 税务机关因纳税人欠缴税款而扣押其相当于应纳税额的商品

   D. 因纳税人过期申报纳税，税务机关征收税收滞纳金的行为

2. 有权提出税务行政复议申请的法人或者其他组织发生合并、分立或终止的，（　　）可以提出复议申请。

   A. 法人和其他组织的主管单位

   B. 承受其财产的法人或其他组织

   C. 有权处理其债务关系、控股关系的法人或其他组织

   D. 承受其权利义务的法人或其他组织

3. 下列关于税务行政复议申请人的说法错误的是（　　）。

   A. 有权申请行政复议的公民是无行为能力人的，其法定代理人可以代理申请行政复议

   B. 同一行政复议案件申请人超过4人的，应当推选1至2名代表参加行政复议

   C. 有权申请行政复议的公民死亡，其近亲属可以申请行政复议

   D. 有权申请行政复议的法人或者其他组织发生合并、分立或终止的，承受其权利义务的法人或其他组织可以申请行政复议

4. 税务行政复议中的被申请人是指（　　）。

   A. 被税务机关委托的代征人

   B. 与申请人存在控股关系的上级单位

   C. 以共同名义与税务机关共同作出处罚决定的其他组织

   D. 作出具体行政行为的税务机关

5. 下列各项中，不符合《行政复议法》和《税务行政复议规则》规定的是（　　）。

   A. 对税务机关做出逾期不缴纳罚款加处罚款的决定不服的，向做出行政处罚决定的税务机关申请行政复议

   B. 对国家税务总局作出的具体行政行为不服的，向国家税务总局申请行政复议

   C. 对国家税务总局作出的具体行政行为不服的，向国家税务总局申请行政复议，对行政复议决定不服的，可以向国务院申请裁决

   D. 对计划单列市税务局的具体行政行为不服的，向省级税务局申请行政复议

6. 甲市乙县税务机关丙镇税务所在执法时给予本镇纳税人田某以吊销税务行政许可证件的行政处罚，田某不服，向税务行政复议机关申请行政复议，则被申请人是（　　）。

   A. 甲市税务机关　　B. 乙县税务机关

   C. 乙县人民政府　　D. 丙镇税务所

7. 纳税人对税务机关作出的征税行为不服的，必须按规定先行缴纳或者解缴税款和滞纳金，或者提供相应的担保，才可以在缴清税款和滞纳金以后或者所提供的担保得到作出具体行政行为的税务机关确认之日起（　　）日内提出行政复议申请。

   A. 7　　　　　　　　B. 15

   C. 30　　　　　　　D. 60

8. 申请人对税务机关作出逾期不缴纳罚款加处罚款决定不服的，应当（　　）。

   A. 先向复议机关申请行政复议，对复议决定不服的，可以向人民法院起诉

   B. 先缴纳罚款和加处罚款，才能申请行政复议

第13章 税务行政复议代理

C. 先缴纳罚款，再申请行政复议，根据行政复议的结果判断是否需要缴纳加处罚款

D. 无需缴纳罚款和加处罚款，可以直接提出行政复议申请

9. 复议机关收到行政复议申请后，应当在（ ）日内进行审查，决定是否受理。对于复议机关不予受理的，纳税人可以在收到不予受理决定书（ ）日内，依法向人民法院提起行政诉讼。

A. 5，15
B. 7，15
C. 5，30
D. 7，30

10. 下列行政复议情形中，需终止行政复议的是（ ）。

A. 行政复议申请受理后，发现其他复议机关已经先于本机关受理的

B. 因不可抗力，致使复议机关暂时无法调查了解情况的

C. 申请人申请停止执行，复议机关认为其要求合理的

D. 作为申请人的公民死亡，其近亲属尚未确定权利义务承受人的

11. 复议机关应当自受理申请之日起（ ）日内作出行政复议决定，情况复杂，不能在规定期限内作出行政复议决定的，经复议机关负责人批准，可以适当延期，但延长期限最长不得超过（ ）日。

A. 30，30
B. 30，60
C. 60，30
D. 60，60

12. 申请人和被申请人在行政复议机关作出行政复议决定以前可以达成和解，行政复议机关也可以调解，下列选项中不可以和解与调解的是（ ）。

A. 行使自由裁量权作出的具体行政行为

B. 行政赔偿

C. 行政奖励

D. 确定税种

二、多项选择题

1. 纳税人或扣缴义务人对税务机关作出的具体行政行为不服，可以申请行政复议，也可以直接向人民法院提起行政诉讼，这些

行政行为有（ ）。

A. 按9%税率缴纳增值税的货物，税务机关认为应适用13%税率，要求补缴增值税并加收滞纳金

B. 未按规定代扣个人所得税，税务机关对扣缴义务人处以应代扣税款50%的罚款

C. 对善意取得虚开增值税专用发票，税务机关作出已抵扣的进项税额应在当期转出的决定

D. 税务机关通知出入境管理机关阻止欠税企业的法定代表人出境

E. 举报偷税行为，税务机关未按规定给予奖励

2. 纳税人、扣缴义务人及纳税担保人对税务机关作出的具体行政行为不服的，应当先向复议机关申请行政复议，对行政复议不服的，可以再向人民法院提起行政诉讼，这些行政行为有（ ）。

A. 确认抵扣税款
B. 不予代开发票
C. 加收滞纳金
D. 委托代征代缴税款
E. 税收保全措施

3. 申请人对税务机关作出的具体行政行为不服的，可以申请行政复议，也可以直接向人民法院提起行政诉讼，这些行政行为有（ ）。

A. 确认税款征收方式
B. 确认征税范围
C. 税收保全措施
D. 不依法确认纳税担保行为
E. 不予代开发票

4. 纳税人及其他当事人认为税务机关的具体行政行为所依据的（ ）不合法，对具体行政行为申请行政复议时，可一并向复议机关提出对该规定的审查申请。

A. 国务院各部委的部门规章
B. 其他各级税务机关的规定
C. 国家税务总局的规定
D. 地方各级人民政府的规定

5. A 税务机关对 W 公司进行纳税检查时，发现 W 公司虚报出口退税，违法取得退税款 200000 元，税务机关对其作出补缴税款及滞纳金，并处以罚款的具体行政行为。W 公司不服，提出行政复议，则该项税务行政复议的参加人可以有( )。

   A. A 税务机关

   B. W 公司

   C. W 公司的税务代理人

   D. W 公司的控股母公司

   E. W 公司所在地政府部门

6. 税务行政复议的第三人是指与申请复议的具体行政行为有利害关系的个人或组织。这里所说的"利害关系"是指经济上的( )等。

   A. 债权关系　　　B. 债务关系

   C. 供销关系　　　D. 采购关系

   E. 股权控股关系

7. 下列有关税务行政复议的表述，正确的有( )。

   A. 税务机关设立的派出机构、内设机构或者其他组织，未经法律、法规授权，以自己名义对外作出具体行政行为的，该派出机构、内设机构或其他组织为被申请人

   B. 税务行政复议代理人是指接受当事人的委托，以被代理人的名义，在法律规定或当事人授予的权限范围内，为代理复议行为而参加复议的法人及自然人

   C. 被申请人可以委托税务师事务所的税务师代本单位参加税务行政复议

   D. 税务机关依照法律、法规和规章规定，经上级税务机关批准作出具体行政行为的，批准机关为被申请人

   E. 对扣缴义务人的扣缴税款行为不服的，主管该扣缴义务人的税务机关为被申请人

8. 下列关于税务行政复议的说法，错误的有( )。

   A. 有权申请行政复议的公民死亡的，近亲属可以申请行政复议

   B. 合伙企业可以推举一名合伙人作为申请人

   C. 申请人须在知道税务机关作出具体行政行为之日起 60 日内提出行政复议申请

   D. 申请人可以委托 3 名代理人参加行政复议

   E. 税务行政复议的第三人可申请参加行政复议

9. 下列的税务行政复议，复议机关不予受理的有( )。

   A. 不服税务机关对工作人员的奖惩提出的复议申请

   B. 已向人民法院提出行政诉讼，且人民法院已经受理

   C. 已向其他复议机关提出申请，但未被受理

   D. 纳税人就 3 个月前的行政行为提出复议

   E. 申请人死亡

10. 行政复议期间具体行政行为不停止执行，但是有( )情形的，可以停止执行。

    A. 被申请人认为需要停止执行的

    B. 被申请人申请停止执行，复议机关认为其要求合理，决定停止执行的

    C. 申请人认为需要停止执行的

    D. 复议机关认为需要停止执行的

    E. 申请人申请停止执行，复议机关认为其要求合理，决定停止执行的

11. 行政复议期间，下列情形中，行政复议中止的有( )。

    A. 作为申请人的公民死亡，其近亲属尚未确定是否参加行政复议的

    B. 作为申请人的公民丧失参加行政复议的能力，尚未确定法定代理人参加行政复议的

    C. 申请人、被申请人因不可抗力，不能参加行政复议的

    D. 申请人要求撤回行政复议申请，行政复议机构准予撤回的

    E. 案件审理需要以其他案件的审理结果为依据，而其他案件尚未审结的

12. 行政复议期间，有下列（　　）情形的，行政复议终止。

A. 行政复议申请受理后，发现人民法院已经受理

B. 申请人被宣告失踪

C. 申请人死亡，没有近亲属

D. 申请人与被申请人按规定达成和解

E. 案件的审理需以另一案件的审理结果为依据，而另一案件尚未审结的

13. 按照《税务行政复议规则》规定，不得作为定案依据的证据材料有（　　）。

A. 不能到复议机关作证的证人证言

B. 不能正确表达意志的证人提供的证言

C. 违反法定程序收集的证据材料

D. 无法辨明真伪的证据材料

E. 当事人的陈述

14. 税务行政复议机关经过审理，可以撤销、变更或者确认该具体行政行为违法，并责令被申请人在一定期限内重新作出具体行政行为，该情形包括（　　）。

A. 主要事实不清、证据不足

B. 适用依据错误

C. 被申请人不履行法定职责

D. 申请人有特殊困难

E. 违反法定程序

15. 申请人逾期不起诉又不履行行政复议决定的，或者不履行最终裁决的行政复议决定的，按照下列（　　）规定分别处理。

A. 维持具体行政行为的行政复议决定，必须由作出具体行政行为的税务机关依法强制执行

B. 维持具体行政行为的行政复议决定，由作出具体行政行为的税务机关依法强制执行，或者申请人民法院强制执行

C. 变更具体行政行为的行政复议决定，由复议机关依法强制执行，或者申请人民法院强制执行

D. 变更具体行政行为的行政复议决定，必须申请人民法院强制执行

E. 变更具体行政行为的行政复议决定，

可以由复议机关依法强制执行

16. 下列事项中，可以进行行政复议调解的有（　　）。

A. 核定税额　　　B. 行政处罚

C. 税收保全措施　D. 确定应税所得率

E. 行政奖励

17. 某直辖市税务局委托某部门代征税款，某纳税人对该部门代征行为不服，纳税人委托某税务师代理税务行政复议。但因遭遇不可抗力，耽误法定复议申请期限，受托税务师认为正确的有（　　）。

A. 由于超过了法定复议申请期限，税务机关不会受理纳税人的行政复议申请

B. 由于税务行政复议的被申请人是某直辖市税务局，因此应向国家税务总局提出复议申请

C. 对代征部门作出的代征税款行为不服的，代征部门是税务行政复议的被申请人

D. 税务行政复议机关应自接到《复议申请书》之日起 15 日内对申请人的复议申请作出审查和决定

E. 纳税人在提出复议申请前，应先按税务机关的规定缴纳税款

三、简答题

1. 李某的个体餐馆 2019 年 2 月开业，因一直未申报纳税，县税务局几次通知其申报，其拒不申报。2019 年 10 月 14 日县税务局稽查核定该餐馆欠缴税款 5 万元，于 2019 年 10 月 17 日作出补缴税款和加收滞纳金，并处以罚款 10 万元的决定，并送达税务行政处罚决定书。李某认为罚款过重，于 2019 年 10 月 27 日仅向税务机关缴纳了税款和滞纳金，并于同年 11 月 14 日以自己的名义，邮寄了行政复议申请书。行政复议机关以李某未缴纳罚款为由作出了不予受理决定，并书面通知了李某。

问题：

(1) 县税务局的处理是否正确？说明理由。

(2) 李某能否作为申请人申请行政复议？

李某申请行政复议，行政复议被申请人、行政复议机关分别是谁？

(3)李某应于多长时间内提出行政复议申请。

(4)行政复议机关不予受理决定是否符合规定？并说明理由。

2. 2020年3月20日，A县税务局查实永安建筑公司(增值税一般纳税人)2019年第4季度隐瞒收入200万元(一般计税方式)，依法定程序分别下达了《税务处理决定书》和《税务行政处罚告知书》，要求永安建筑公司补缴增值税18万元，按规定加收滞纳金，并处80万元的罚款；并于3日后下达税务行政处罚决定书。永安建筑公司不服，在缴纳18万元税款后于3月25日向市税务局申请行政复议，市税务局于收到复议申请书后的第8天以"未缴纳罚款为由"决定不予受理。

根据上述资料，回答下列问题：

(1)A县税务局的处理决定是否正确？

(2)永安建筑公司的行政复议申请是否符合规定？为什么？

(3)市税务局在案件处理过程中有哪些做法是不符合规定的？

3. 某市税务局稽查局于2020年4月11日到甲加工企业稽查，发现甲加工企业在2020年1月至3月期间，少缴增值税280000元。稽查局就甲加工企业的行为作出税务处理决定，要求其自接到税务处理决定书之日起15日内补缴增值税280000元。稽查局于2020年4月20日将税务处理决定书送达甲加工企业；甲加工企业于5月20日将税款及滞纳金缴纳入库，但由于对税务局决定存在异议，于5月21日向市税务局申请行政复议。市税务局对甲加工企业的行政复议申请进行了审查，作出了不予受理的决定。

问题：

(1)市税务局是否应该受理甲加工企业的行政复议申请，并说明理由。

(2)甲加工企业是否可就不予受理行为向法院提起诉讼，并说明理由。

4. 某企业2019年企业所得税年度纳税申报的应纳税所得额为-120万元(假定以前年度均盈利并缴纳企业所得税)。2020年3月税务机关对该企业的2019年度纳税情况进行税务稽查发现如下问题：

(1)2019年度6月企业以上年工资总额的10%标准为全体职工支付补充养老保险，合计30万元，计入"管理费用"，12月进行账务调整，将超过2019年职工工资总额的5%部分计金额12万元调整计入"应付职工薪酬——应付职工福利费"。因当年实际发生的职工福利费用未超过规定标准，2019年企业所得税年度纳税申报时，未做纳税调整；企业为职工支付的这部分补充养老保险超标部分未扣缴个人所得税(经计算为0.3万元)。

(2)2017年已作为"坏账损失"税前扣除的应收账款30万元，于2019年8月重新收回，企业将收到款项计入"其他应付款"，2019年企业所得税年度纳税申报时未缴纳企业所得税。

(3)2019年7月，因违约拒收供货方提供的预定货物，向供货方支付违约金4万元，企业计入"营业外支出"，2019年企业所得税年度纳税申报时未作纳税调整增加。

针对上述问题，税务稽查部门作出如下决定，并于2020年4月制作税务行政处罚告知书通知该企业：

(1)调增该企业2019年度企业所得税应纳税所得额46万元，分别为：超过当年职工工资标准的5%补充养老保险部分计12万元不允许在企业所得税税前扣除、以前年度已作资产损失当年收回的30万元应计入所得额、支付供货方违约金4万元不允许税前扣除。同时作出补税、罚款和加收滞纳金的决定：对调增的所得额按适用税率应补缴企业所得税11.5万元，自2020年1月1日起按日加收万分之五的滞纳金和按应补税额处以 0.5 倍的罚款。

（2）对企业为职工支付的补充养老保险未代扣的个人所得税，责令该企业协助向纳税人追缴税款，并对该企业处以未代扣税款 0.5 倍罚款和自未代扣税款申报期满之日起按日加收万分之五的滞纳金。

问题：

（1）税务机关对该企业 2019 年企业所得税和未按规定代扣个人所得税作出的补税（或追缴）、罚款和加收滞纳金的处理有哪些方面不当？并说明理由。

（2）企业若对税务机关作出的上述处罚规定不服，可采取什么措施？期限是如何规定的？

同步训练答案及解析

一、单项选择题

1. D 【解析】税务机关作出的征税行为属于必经复议的范围，包括确认纳税主体、征税对象、征税范围、减税、免税、退税、抵扣税款、适用税率、计税依据、纳税环节、纳税期限、纳税地点和税款征收方式等具体行政行为，以及征收税款、加收滞纳金，扣缴义务人、受税务机关委托的单位和个人作出的代扣代缴、代收代缴、代征行为等。

2. D 【解析】有权申请行政复议的法人或其他组织发生合并、分立或终止的，承受其权利义务的法人或其他组织可以申请行政复议。

3. B 【解析】同一行政复议案件申请人超过 5 人的，应当推选 1 至 5 名代表参加行政复议。

4. D 【解析】税务行政复议中的被申请人是指作出引起争议的具体行政行为的税务机关。

5. D 【解析】选项 D，对计划单列市税务局的具体行政行为不服的，向国家税务总局申请行政复议。

6. B 【解析】税务所是税务局的派出机构。各级税务机关的内设机构、派出机构不具处罚主体资格，不能以自己的名义实施税务行政处罚；但税务所可以实施罚款额在 2000 元以下的税务行政处罚。在作出罚款处罚时，税务所具有行政主体的资格。但税务所做出的吊销税务行政许可证件的行政处罚，是无授权的情况。税务机关设立的派出机构、内设机构或者其他组织，未经法律、法规授权，以自己名义对外作出具体行政行为的，税务机关是被申请人。

7. D 【解析】纳税人对税务机关作出的征税行为不服的，必须按规定先行缴纳或者解缴税款和滞纳金，或者提供相应的担保，才可以在缴清税款和滞纳金以后或者所提供的担保得到作出具体行政行为的税务机关确认之日起 60 日内提出行政复议申请。

8. B 【解析】申请人对税务机关作出逾期不缴纳罚款加处罚款决定不服的，应当先缴纳罚款和加处罚款，再申请行政复议。

9. A 【解析】复议机关收到行政复议申请后，应当在 5 日内进行审查，决定是否受理。对于复议机关不予受理的，纳税人可以在收到不予受理决定书 15 日内，依法向人民法院提起行政诉讼。

10. A 【解析】行政复议期间，有下列情形之一的，行政复议终止：（1）申请人要求撤回行政复议申请，行政复议机构准予撤回的；（2）作为申请人的公民死亡，没有近亲属，或者其近亲属放弃行政复议权利的；（3）作为申请人的法人或者其他组织终止，其权利义务的承受人放弃行政复议权利的；（4）申请人与被申请人依照规定，经行政复议机构准许达成和解的；（5）行政复议申请受理以后，发现其他行政复议机关已经先于本机关受理，或者人民法院已经受理的。

11. C 【解析】复议机关应当自受理申请之日起60日内作出行政复议决定，情况复杂，不能在规定期限内作出行政复议决定的，经复议机关负责人批准，可以适当延期，但延长期限最长不得超过30日。

12. D 【解析】对下列行政复议事项，按照自愿、合法的原则，申请人和被申请人在行政复议机关作出行政复议决定以前可以达成和解，行政复议机关也可以调解：（1）行使自由裁量权作出的具体行政行为，如行政处罚、核定税额、确定应税所得率等；（2）行政赔偿；（3）行政奖励；（4）存在其他合理性问题的具体行政行为。

二、多项选择题

1. BDE 【解析】选项AC属于征税行为，必须要先申请行政复议。

2. ACD 【解析】纳税人、扣缴义务人及纳税担保人对税务机关作出的征税行为不服的，应当先向复议机关申请行政复议，对行政复议决定不服的，可以再向人民法院提起行政诉讼。选项ACD属于征税行为。

3. CDE 【解析】对税务机关作出的征税行为不服的，必须先向税务机关提出复议，如果对复议结果不服的，可以再向人民法院提出行政诉讼。因此，选项AB不符合题意。

4. BCDE 【解析】可以一并向行政复议机关提出审查申请的规定有：（1）国家税务总局和国务院其他部门的规定；（2）其他各级税务机关的规定；（3）地方各级人民政府的规定；（4）地方人民政府工作部门的规定。前款规定中不含规章。

5. ABCD 【解析】税务行政复议的参加人有：税务行政复议的申请人，税务行政复议的被申请人，税务行政复议的第三人，税务行政复议的代理人。

6. ABE 【解析】税务行政复议的第三人是指与申请复议的具体行政行为有利害关系的个人或组织。所谓"利害关系"，一般是指经济上的债权债务关系、股权控股关系等。

7. DE 【解析】选项A，税务机关设立的派出机构、内设机构或者其他组织，未经法律、法规授权，以自己名义对外作出具体行政行为的，该税务机关为被申请人；选项B，税务行政复议代理人是指接受当事人的委托，以被代理人的名义，在法律规定或当事人授予的权限范围内，为代理复议行为而参加复议的个人，不包括法人；选项C，被申请人不得委托本机关以外人员参加行政复议。

8. BD 【解析】选项B，合伙企业申请行政复议的，应当以核准登记的企业为申请人，由执行合伙事务的合伙人代表该企业参加行政复议；选项D，申请人可以委托1-2名代理人参加行政复议。

9. ABD 【解析】选项A不属于税务行政复议受案范围；选项B，由于人民法院已经受理同一主体就同一事实提起的行政诉讼，因此不予受理税务行政复议申请；选项D已经超越法定申请期限，因此不予受理税务行政复议申请。

10. ADE 【解析】行政复议期间具体行政行为不停止执行，但是有下列情形之一的，可以停止执行：被申请人认为需要停止执行的；申请人申请停止执行，复议机关认为其要求合理，决定停止执行的；复议机关认为需要停止执行的；法律规定停止执行的。

11. ABCE 【解析】选项D属于行政复议终止的情形。

12. ACD 【解析】选项BE属于行政复议中止的情形。

13. BCD 【解析】下列证据材料不得作为定案依据：（1）违反法定程序收集的证据材料；（2）以偷拍、偷录、窃听等手段获取侵害他人合法权益的证据材料；（3）以利诱、欺诈、胁迫、暴力等不正当手段获取的证据材料；（4）当事人无正当事由超出举证期限提供的证据材料；（5）当事人无正当理由拒不提供原件、原物，又无其他证据印证，且对方当事人不予认可的证据的复制件或者复制品；（6）无法辨明真伪的证据材料；（7）不能正确表达意志的证人提供的证言；（8）不具备合法性和真实性的其他证据材料。

14. ABE 【解析】具体行政行为有下列情形之一的，决定撤销、变更或者确认该具体行政行为违法，可以责令被申请人在一定期限内重新作出具体行政行为：主要事实不清、证据不足的；适用依据错误的；违反法定程序的；超越或者滥用职权的；具体行政行为明显不当的。

15. BCE 【解析】申请人逾期不起诉又不履行行政复议决定的，或者不履行最终裁决的行政复议决定的，按照下列规定分别处理：（1）维持具体行政行为的行政复议决定，由作出具体行政行为的税务机关依法强制执行，或者申请人民法院强制执行。（2）变更具体行政行为的行政复议决定，由复议机关依法强制执行，或者申请人民法院强制执行。

16. ABDE 【解析】对下列行政复议事项，按照自愿、合法的原则，行政复议机关可以调解：（1）行使自由裁量权作出的具体行政行为，如行政处罚、核定税额、确定应税所得率等；（2）行政赔偿；（3）行政奖励；（4）存在其他合理性问题的具体行政行为。

17. BE 【解析】选项A，因不可抗力或者被申请人设置障碍等原因耽误法定申请期限的，申请期限的计算应当扣除被耽误时间，自障碍消除之日起继续计算；选项C，申请人对税务机关委托代征人作出的代征税款的行为不服申请行政复议，该委托税务机关为被申请人，因此该直辖市税务局是被申请人；选项D，复议机关收到行政复议申请后，应当在5日内进行审查，决定是否受理，受理的，应当自受理申请之日起60日内作出行政复议决定。

三、简答题

1.【答案】

（1）县税务局作出补缴税款和加收滞纳金，并处罚款的处理是正确的。因为纳税人未申报纳税，经税务机关通知后仍拒不申报，税务机关有权核定其应纳税款，并加收滞纳金。罚款金额是其欠缴税款的2倍，是符合规定的。

（2）李某可以作为申请人申请行政复议，行政复议的被申请人为县税务局，行政复议机关是市税务局。

（3）李某按相关规定申请行政复议的，必须先依照税务机关根据法律、行政法规确定的税额、期限，先行缴纳或者解缴税款及滞纳金或者提供相应的担保，方可在实际缴清税款和滞纳金后或者所提供的担保得到作出具体行政行为的税务机关确认之日起60日内申请行政复议。

（4）行政复议机关不予受理决定不符合规定。罚款不是申请行政复议的前提，纳税人对税务机关的处罚决定不服的，可依法申请行政复议。行政复议机关以"未缴纳罚款"作为不予受理复议申请的理由属于适用法律错误。

2.【答案】

（1）A县税务局的处理正确。因为该建筑企业采取虚假的纳税申报方式造成少缴税款的结果，已经构成了偷税。对纳税人偷税的，由税务机关追缴其不缴或者少缴的税款、滞纳金，并处不缴或者少缴税款的50%以上5倍以下的罚款；构成犯罪的，依法追究刑事责任。80万元的罚款为不缴税款的4.44倍，符合征管法的规定。

（2）永安建筑公司提出的行政复议申请不符合规定。根据《税收征管法》的规定，纳税人对税务机关作出的补税、加收滞纳金决定有异议的，应先解缴税款及滞纳金或者提供相应的担保，然后可依法申请行政复议；对税务机关的罚款决定不服可直接依法申请行政复议。故永安建筑公司应在缴清税款及滞纳金或提供担保后才可依法申请行政复议，或者单独就行政处罚一事依法申请行政复议。

（3）①市税务局作出的不予受理决定的理由不能成立。根据《税收征管法》的规定，纳税人对税务机关的处罚决定不服的，可依法申请行政复议。市税务局以"未缴纳罚款"作为不予受理复议申请的理由属于适用法律错误。

②市税务局超出法定期限作出不予受理复议申请的决定。根据《税务行政复议规则》规定，复议机关收到行政复议申请后，应当在5日内进行审查，对不符合规定的行政复议申请，决定不予受理，并书面告知申请人。因此，市税务局于收到复议申请书后的第8天才对复议申请作出不予受理的决定是不符合规定的。

3.【答案】

（1）市税务局应该受理甲加工企业的行政复议申请。纳税人对各级税务局的稽查局的具体行政行为不服的，向其所属税务局申请行政复议。该复议属于市税务局的管辖范围。纳税人对税务机关作出的征税行为（征收税款行为）提出行政复议，属于税务行政复议的受案范围。4月20日收到税务处理决定书，5月20日缴纳了税款及滞纳金，5月21日申请行政复议，即在规定的期限60日内提出的申请，也是符合规定的。有明确的申请人和符合规定的被申请人都是符合条件的，所以市税务局应该受理甲加工企业的行政复议申请。

（2）甲加工企业可以就不予受理行为向法院提起行政诉讼。因为根据税法规定，对应当先向行政复议机关申请行政复议，行政复议机关决定不予受理的，申请人可以自收到不予受理决定书之日起15日内，向人民法院提起行政诉讼。

4.【答案】

（1）税务机关的不当之处。

①企业支付给供货方违约金4万元可以在企业所得税前扣除，无需作纳税调整增加；

②补缴企业所得税11.5万元不当，税务机关对调增的应纳税所得额不应直接按适用税率计算应补缴的企业所得税，而应先弥补企业原已申报的应纳税所得额-120万元。该企业弥补亏损后应纳税所得额为-78万元，无需补缴企业所得税；

③按应补税额处以50%罚款和自2020年1月1日起按日加收万分之五的滞纳金错误。因为该企业以查增的应纳税所得额弥补亏损后，企业的应纳税所得额为负数，因此该企业无需补缴企业所得税，所以无需缴纳滞纳金，税务机关应该按照虚假申报进行处罚，罚款额度为5万元以下；

④因企业未代扣个人所得税的处罚不当。因扣缴义务人应扣未扣税款的，由税务机关向纳税人追缴税款，对扣缴义务人处应扣未扣税款50%以上3倍以下的罚款，所以税务机关做出的罚款处理是正确的，但不能对扣缴义务人征收滞纳金。因为只有在扣缴义务人未按照规定期限解缴税款的情况下，税务机关除责令限期缴纳外，从滞纳税款之日起，按日加收滞纳税款万分之五的滞纳金。所谓扣缴义务人未按照规定期限解缴税款，指的是扣缴义务人已经代扣税款、但尚未代缴的情形。如果扣缴义务人未扣未缴个人所得税，则对纳税人和扣缴义务人均不加收滞纳金。

（2）措施。

①收到告知书之日起3日内向做出具体行政行为税务机关申请听证；

②收到处理决定书后：

a. 企业对税务机关作出的补缴税款及滞纳金不服的，必须依照税务机关根据法律、法规确定的税额、期限，先行缴纳或者解缴税款和滞纳金，或者提供相应的担保，才可以在缴清税款和滞纳金以后或者所提供的担保得到作出具体行政行为的税务机关确认之日起 60 日内提出行政复议申请；

b. 企业对税务机关作出的罚款决定不服的，可采取的措施包括税务行政复议或直接向法院起诉；

c. 提出行政复议申请期限为知道税务机关作出具体行政行为之日起 60 日内；

d. 对应当先向行政复议机关申请行政复议，对行政复议决定不服再向人民法院提起行政诉讼的具体行政行为，行政复议机关决定不予受理或者受理以后超过行政复议期限不做答复的，申请人可以自收到复议决定书之日起、不予受理决定书之日起或者行政复议期满之日起 15 日内，依法向人民法院提起行政诉讼；直接向人民法院提起诉讼的，应当自知道或者应当知道作出行政行为之日起六个月内提出。

本章知识串联

<table>
<tr><td colspan="2"></td></tr>
</table>

税务咨询与税务顾问

第 14 章

考情解密

历年考情概况

本章属于非重点章节，近几年考题并没有涉及，考题有可能以单选题、多选题的形式出现。对于本章，关键不是记住纳税策划的方法，而是结合税法Ⅰ、税法Ⅱ以及涉税服务实务第九至十一章的内容，仔细研读本章的案例。对于本章的案例，我们不在本章介绍，而是在第九至十一章介绍。

近年考点直击

考点	主要考查题型	考频指数	考查角度
税务咨询	单选题、多选题	★	(1)考查税务咨询的内容； (2)考查税务咨询的形式； (3)考查税收政策运用咨询的操作要点
税务顾问	单选题、多选题	★	(1)考查税务政策指导； (2)考查税务办税指导； (3)考查提供的税务信息
税收策划	单选题、多选题、简答题	★	(1)考查税收策划的概念及特点； (2)考查税收策划的基本方法； (3)考查税收策划的分类及范围

本章2020年考试主要变化

本章无实质性变化。

考点详解及精选例题

一、税务咨询★

扫我解疑难

（一）税务咨询的内容

（1）税收法律规定方面的咨询。

（2）税收政策运用方面的咨询。

这是有关税收实体法方面政策运用的释疑解难，也是税务咨询最主要的内容

（3）办税实务方面的咨询。

这是有关税收程序法方面政策操作、运用方面的咨询。

（4）涉税会计处理的咨询。

（5）税务动态方面的咨询。

（二）税务咨询的形式

（1）书面咨询——最常用。

（2）电话咨询。

（3）晤谈。

（4）网络咨询——新兴的税务咨询形式。

【知识点拨】电子邮件形式的咨询属于书

面咨询，而非网络咨询。

（三）税收政策运用咨询的操作要点

税收政策运用方面的咨询是税务咨询中最主要的内容，也是税务师咨询实务的重点。

（1）弄清咨询问题所涉及的税种。

（2）收集咨询问题相关的税收政策文件。

（3）分析税收政策适用条款——这是税务咨询服务的核心。

①税收政策适用时效。

②不同税种政策规定的差异。

③税收政策制定原则和精神。

（4）根据需要作必要的沟通说明。

（5）确定合适的答复方式。

（四）经营各阶段部分税务问题的咨询

1. 企业成立初期

（1）缴纳税种的咨询。

（2）税收征收管理的咨询。

2. 企业日常经营活动

（1）纳税期限的咨询。

（2）增值税纳税人性质登记的咨询。

（3）凭证使用的咨询。

（4）收入的咨询。

（5）进项抵扣的咨询。

（6）扣除的咨询。

（7）享受税收优惠的咨询。

（8）纳税地点的咨询。

（9）代扣税款的咨询。

（10）维护合法权益的咨询。

3. 企业重组

4. 企业注销

【知识点拨1】发票是企业所得税税前扣除重要凭证，但不是唯一凭证。不同的支出项目合规的税前扣除凭证不同（具体要求见表14-1）。

表14-1　企业所得税税前扣除凭证的要求

类型	具体凭证		
内部凭证	职工薪酬发放、成本计算、资产损失等		
外部凭证	在境内发生的支出项目属于增值税应税项目	对方为已办理税务登记的增值税纳税人	发票
		对方为依法无需办理税务登记的单位或者从事小额零星经营业务的个人	税务机关代开的发票或收款凭证及内部凭证
	在境内发生的支出项目不属于增值税应税项目的	对方为单位的	发票以外的其他外部凭证
		对方为个人的	内部凭证
	从境外购进货物或者劳务发生的支出		发票或者具有发票性质的收款凭证、相关税费缴纳凭证

【知识点拨2】发生销售折让时已经开具增值税发票的税务处理：（1）在增值税处理时，购货方或销售方（开具专用发票尚未交付购买方，以及购买方未用于申报抵扣并将发票联及抵扣联退回的）在增值税发票系统升级版中填开并上传《开具红字增值税专用发票信息表》，销售方凭税务机关系统校验通过的《开具红字增值税专用发票信息表》开具红字专用发票，退还给购货方的增值税额，可从发生销售折让当期的销项税额中扣减；（2）在企业所得税处理时，可在发生销售折让当期

冲减当期销售商品收入。

【例题1·多选题】税务咨询的形式一般有书面咨询、电话咨询、晤谈、网络咨询。对各种形式理解正确的有（　　）。

A. 在实现计算机网络化的情况下，书面咨询可以电子信件的形式传输

B. 电话咨询主要用于比较简单明了的税务问题的咨询服务

C. 网络咨询是一种新兴的咨询形式，它要求以网络为载体，即时解答咨询人的提问

D. 晤谈带有共同研讨的特点，往往是对

于较为复杂的问题双方进行讨论，最后由纳税人作出结论

E. 电话咨询是税务咨询中最常用的一种咨询方式

解析 选项C，网络咨询可以即时解答，也可以延时留言答复；选项D，晤谈带有共同研讨的特点，往往是对于较为复杂的问题双方进行讨论，最后由税务师作出结论；选项E，书面咨询是税务咨询中最常用的一种咨询方式。 **答案** AB

二、税务顾问★

扫我解疑难

与税务咨询相比，税务顾问具有权威性强、咨询内容广泛、服务对象专一的特点。

税务顾问主要的咨询形式是书面咨询和晤谈。

三、现代税务咨询——税收策划★

扫我解疑难

税收策划的目标是获得税收利益，然而税收策划不能只局限于个别税种税负的高低，而应着重考虑整体税负的轻重，因为纳税人的经营目标是获得最大总收益，这就要求他的整体税负最低。

(一)税收策划的概念和特点

税收策划指的是在税法规定的范围内，通过对经营、投资、理财活动的事先策划和安排，尽可能地取得"节税"的税收利益。

(1)合法性。

(2)策划性。

(3)目的性。

(二)税收策划的基本方法

(1)不予征税方法。

(2)减免税方法。

(3)税率差异方法。

(4)分割方法。

(5)扣除方法。

(6)抵免方法。

(7)延期纳税方法。

(8)退税方法。

(三)税收策划的分类及范围

1. 新建企业的税收策划

(1)企业组织形式的选择。

在进行组织形式的选择时需要考虑不同组织形式的税收问题(见表14-2)。

表14-2　不同组织形式的税务处理

类型	税务处理
有限责任公司	形成的所得，先缴纳企业所得税。
	个人投资者分得的股息、红利按"利息、股息、红利所得"缴纳个人所得税。
合伙企业和个人独资企业	投资者的所得比照"经营所得"缴纳个人所得税。

(2)经营地点、行业的选择。

(3)企业会计方法的选择。

2. 企业扩展的税收策划

(1)分公司与子公司选择。

总分公司与母子公司的税务处理见表14-3。

表14-3　总分公司与母子公司的税务处理

	母子公司	总分公司
增值税	各自纳税	各自纳税 经批准，可汇总
企业所得税	各自纳税 经国务院批准，可合并	汇总纳税

（2）企业重组的税收策划——该项内容要结合第十章的内容进行学习。

3. 企业在融资、投资及利润分配过程中的税收策划

（1）企业资本结构的税收策划（债权筹资、股权筹资）。

（2）企业投资核算的税收策划——权益法、成本法的选择

（3）股利决策的税收策划。

按照税负差异理论，股份制企业最好不发放任何一种股利，而通过股票价格升高来间接地增加股东财富，因为发放股息、红利要缴个人所得税。

【例题2·单选题】 税务师建议某公司将销售货物的方式由直接收款业务，变更为分期收款销售业务等方式，这属于（　）税收策划方法的运用。

A. 退税　　　　B. 税收抵免

C. 税法漏洞　　D. 延期纳税

解析 ▶ 利用延期纳税策划是指在合法、合理的情况下，使纳税人延期缴纳税款而节税的税务策划方法。根据税法规定，分期收款销售业务的纳税义务发生时间为书面合同约定的收款日期的当天。　　答案 ▶ D

同步训练 / 限时30分钟

一、单项选择题

1. 下列税务咨询业务中，属于企业成立初期涉税问题的是（　）。

A. 对不同经营方式收入的确认时间和金额进行咨询

B. 对享受税收优惠政策进行咨询

C. 对办理税务登记的咨询

D. 对纳税期限的咨询

2. 某个人准备在 2020 年投资新办一商业企业，在向税务师进行咨询时，税务师的以下说法错误的是（　）。

A. 如果该个人将企业的组织形式设立为个人独资企业，则可以不缴纳企业所得税，只缴纳个人所得税

B. 如果年应税销售额超过 500 万元，应当登记成为增值税一般纳税人

C. 即使企业为小规模纳税人，也可以自行开具增值税专用发票

D. 如果该个人将企业的组织形式设立为一人有限责任公司，那么对于企业的经营所得要按照经营所得缴纳个人所得税

3. 某金融企业向税务师咨询关于本企业 2019 年的捐赠支出企业所得税税前扣除规定，税务师作出以下解答中正确的是（　）。

A. 公益性捐赠按照企业的会计利润 12% 以内的部分在当年的所得税税前扣除

B. 企业通过社会力量等向红十字事业、老年服务机关、农村义务教育、青少年活动场所的公益性捐赠可以全额在税前扣除

C. 企业对外的公益性捐赠支出在应纳税所得额 30% 以内的部分可以在税前扣除

D. 企业的非公益救济性捐赠，在企业有盈利时可以按会计利润 12% 扣除

4. 税务师接受咨询时，下列答复正确的是（　）。

A. 白酒生产企业批发给商场白酒收取的优质费，可随销售款一并开具增值税专用发票，也可单独开具普通发票

B. 某商场收到厂家的"平销返利"，可开具增值税专用发票

C. 某酒厂销售啤酒同时收取的包装物押金，逾期时并入消费税的计税依据征收消费税

D. 企业将外购货物用于集体福利，应计算增值税的销项税额

5. 税收策划就是通过对经营、投资、理财等活动事先安排，来达到节税的目的。假如企业依据国家税收法律，使计税依据中尽量增加可扣除的项目或金额，以减轻税收

负担，这种方法称为（　　）。

A. 扣除方法

B. 分割方法

C. 抵免方法

D. 不予征税方法

6. 关于企业在融资、投资及利润分配过程中的税收策划，以下表述中错误的是（　　）。

A. 北京市 A 企业缺少资金，决定采用举债的方式进行融资，因为这样可以达到少缴企业所得税的目的

B. 天津市 B 企业缺少资金，决定采用发行股票的方式进行筹资，B 企业认为这样可以达到少缴企业所得税的目的

C. 河北省石家庄市 C 企业为了融通资金，采用发行股票和债券两种方式，因为发行债券可以达到节税的目的；发行股票可以平衡财务经营风险

D. 青海省西宁市 D 企业上市后第三年不发放股利，而是通过增加企业利润以提高股票价格的方式来间接增加股东财富，因为这种方式股东不用缴纳个人所得税

二、多项选择题

1. 某人 2019 年 7 月取得自有房屋出租收入，其对税法方面的规定不了解，向某税务师进行咨询，则税务师应该从（　　）税种的相关规定进行解答。

A. 契税　　　　　B. 增值税

C. 房产税　　　　D. 企业所得税

E. 个人所得税

2. 某企业向税务师王某咨询关于增值税纳税人性质的相关问题，王某的下列观点中正确的有（　　）。

A. 增值税纳税人有一般纳税人和小规模纳税人之分

B. 对于不经常发生应税行为的企业，可以选择成为一般纳税人或小规模纳税人

C. 对于年应税销售额未超过规定的小规模纳税人标准以及新开业的纳税人，不可以向主管税务机关办理一般纳税人资格登记

D. 对于年应税销售额超过规定的小规模纳税人标准的，除非企业性单位和不经常发生应税行为的企业外，应当向主管税务机关办理一般纳税人资格登记

E. 办理一般纳税人资格登记时，应向主管税务机关填报登记表，并提供规定的资料

3. 下列对于税收策划的理解正确的有（　　）。

A. 为纳税人进行税收策划时，必须以法律为界限

B. 税收策划必须事先规划、设计安排，而不在于事后寻找少缴税的途径

C. 税收策划的目的是节约当前税收的支付，使当前税收的支付达到最小

D. 税收策划着重考虑整体税负的轻重

E. 税收策划不必考虑企业生产经营业务的扩展

4. 对于新建的企业，可以选择的税收策划思路有（　　）。

A. 对于不同组织形式的企业或组织，有不同的税法规定，可以选择这点作为税收策划的思路

B. 对于不同地域的企业或组织，有不同的税收优惠政策，可以选择这点作为税收策划的思路

C. 对于不同行业的企业或组织，有不同的税收优惠政策，可以选择这点作为税收策划的切入点

D. 对于不同资本结构的企业，存在不同的税收规定，可以选择这点作为税收策划的思路

E. 对于采用不同的会计方法的企业，存在计算出的应纳税额不同的情况，可以选择有利于企业税收方面的方法来确定会计处理方法

三、简答题

马先生拟投资成立一家咨询公司，咨询成立一人有限责任公司、个人独资企业或合伙企业在税收上有什么差异？单纯从税收角度看，哪种组织形式更为有利？

同步训练答案及解析

一、单项选择题

1. C 【解析】选项 ABD 属于企业日常经营活动的涉税问题。

2. D 【解析】如果该个人将企业的组织形式设立为一人有限责任公司，那么，对于企业的经营所得要缴纳企业所得税，对个人作为股东取得的分配利润要按照"利息、股息、红利所得"缴纳个人所得税。

3. A 【解析】企业的公益性捐赠按照企业的会计利润 12% 以内的部分在税前扣除。

4. A 【解析】选项 B，商业企业收到的平销返利一律不得开具增值税专用发票；选项 C，啤酒是从量征收消费税，押金与计税依据无关；选项 D，企业将外购货物用于集体福利，进项税额不允许抵扣，不能做视同销售处理。

5. A 【解析】扣除方法是指依据国家税收法律、法规或政策规定，使经营、投资、理财等活动的计税依据中尽量增多可以扣除的项目或金额，以减轻税收负担的方法。

6. B 【解析】采用股权的方式进行筹资，向股东分配的股利税前不得扣除，所以达不到少缴企业所得税的目的。

二、多项选择题

1. BCE 【解析】个人出租房屋不涉及契税和企业所得税。

2. ABDE 【解析】对于年应税销售额未超过规定的小规模纳税人标准以及新开业的纳税人，可以向主管税务机关办理一般纳税人资格登记。

3. ABD 【解析】选项 C，税收策划应该着重考虑整体税负的轻重，同时需要着眼于生产经营业务的扩展，而不是只关注于当前的税收支出；选项 E，在考虑整体税负的同时还要着眼于生产经营业务的扩展，即使缴纳税收的绝对额增加，甚至税负也提高了，但从长远看，资本回收率能增长，还是可取的。

4. ABCE 【解析】对于新建的企业，税收策划的具体方法可以分为三方面：企业组织形式的选择；企业经营地点、行业的选择；企业会计方法的选择。

三、简答题

【答案】

三者在税收上的主要差异在于所得税上。

（1）一人有限责任公司，其所得应按规定缴纳企业所得税，如果符合小型微利企业的条件，可以享受小型微利企业的税收优惠。将税后利润分配或转增资本时，分配或转增的部分，应该按照"利息、股息、红利所得"缴纳 20% 的个人所得税。

（2）个人独资企业，无需缴纳企业所得税，其所得按照"经营所得"缴纳个税，税后利润转增时无需再次缴纳个税。

（3）合伙企业，其所得先按约定分配比例或平均确定为各个合伙人的所得，然后按照"经营所得"缴纳个税，税后利润转增时无需再次缴纳个税。

单纯从税收角度考虑，如果一人有限责任公司无法达到小型微利企业标准，个人独资企业和合伙企业的税收负担会相对轻一些。个人独资企业和合伙企业相比较，由于合伙企业可以在合伙人之间分配所得，可以降低适用税率，建议马先生成立合伙企业。如果一人有限责任公司可以达到小型微利企业标准，需要比较三者的税收负担率之后再进行选择。

税务咨询与税务顾问

税务咨询 ★
- 税务咨询的内容
  - 税收法律规定
  - 税收政策运用
  - 办税实务
  - 涉税会计处理
  - 税务动态
- 税务咨询的形式
  - 书面咨询（最常用）
  - 电话咨询（又称口头咨询）
  - 晤谈
  - 网络咨询
- 税收政策运用咨询的操作要点
  - 弄清咨询问题所涉及的税种
  - 收集咨询问题相关的税收政策文件
  - 分析税收政策适用条款（核心）
  - 根据需要作必要的沟通说明
  - 确定合适的答复方式
- 经营各阶段部分税务问题的咨询

税务顾问 ★
- 政策指导
- 办税指导
- 提供信息

现代税务咨询——税收策划 ★
- 税收策划的概念及特点（合法性、策划性、目的性）
- 税收策划的基本方法
  - 不予征税方法
  - 减免税方法
  - 税率差异方法
  - 分割方法
  - 扣除方法
  - 抵免方法
  - 延期纳税方法
  - 退税方法
- 税收策划的分类及范围
  - 分类
    - 按地域：国内、国际
    - 按纳税人：个人或家庭、企业
    - 按税种：所得税、流转税、财产税
  - 范围
    - 新建企业
    - 企业扩展
    - 融资、投资及利润分配过程中
- 税务师事务所从事税收筹划的工作程序及业务洽谈模式

第15章 税务师执业风险与税务师事务所质量控制

考情解密

历年考情概况

本章为非重点章节，考试题型主要是单选题、多选题。预计分值在 2~3 分。

近年考点直击

考点	主要考查题型	考频指数	考查角度
税务师执业风险	单选题、多选题	★	(1)考查税务师执业风险的表现形式； (2)考查税务师执业风险影响因素
税务师事务所质量控制	单选题、多选题	★	(1)考查税务师事务所执业质量控制目标； (2)考查税务师事务所执业质量控制制度； (3)考查税务师事务所质量控制的一般要求； (4)考查税务师事务所业务质量控制

本章2020年考试主要变化

1. 对税务师事务所质量控制制度内容进行重新编写。
2. 对税务师事务所的业务质量控制的部分内容进行重新编写。

考点详解及精选例题

一、税务师的执业风险 ★

扫我解疑难

（一）税务师执业风险的概念

税务师执业风险是指税务师因**工作欠缺**导致**委托人或第三方权益**遭受损失所要承担的法律责任。

税务师工作缺欠的实质就是税务师的执业质量问题，体现在两个方面：

（1）存在于工作成果中的缺欠；

（2）税务师在工作过程中的缺欠。

【知识点拨】消除委托人税务风险是委托

人的责任而非税务师的责任，除非税务师的服务目标是发现或揭示委托人已经或可能存在的税务风险。

（二）税务师执业风险表现形式

（1）为委托人提供有损于国家税收利益或第三方利益的服务。

（2）出具不恰当鉴证报告。

（3）为委托人提供服务的过程、成果没有达到业务约定书的要求。

（4）税务师没有履行告知义务，致使委托人不当使用税务师服务成果。

（三）影响税务师执业风险的因素（见表15-1）

表 15-1　影响税务师执业风险的因素

分析角度	具体因素
委托人方面影响执业质量的因素	委托人的委托意向
	委托人的纳税意识
	委托人或指向的服务对象的财务核算基础
税务师事务所及其税务师方面影响执业风险的因素	税务师的职业道德水平
	税务师的专业胜任能力
	税务师事务所执业质量控制程度
其他部门或人员方面影响执业风险的因素	

【知识点拨】分清哪些是从委托人角度影响执业风险的额因素，哪些是从税务师事务所及其税务师方面影响执业风险的因素。

【例题 1·多选题】下列( )属于从税务师事务所及其税务师方面产生的风险因素。

A. 税务师的职业道德水平的高低

B. 纳税人纳税意识的强弱

C. 税务师的专业胜任能力

D. 企业委托代理的意向是否同税法保持基本一致

E. 税务师事务所是否有健全的质量控制体系

解析 ▶ 从税务师事务所及其税务师方面产生风险的因素包括：税务师的职业道德水平、税务师的专业胜任能力、税务师事务所执业质量控制程度。 答案 ▶ ACE

真题精练(客观题)

(2016 年多选题)影响税务师执业风险的因素有( )。

A. 执业人员的学历水平高低

B. 被服务企业财务会计核算制度是否健全

C. 执业人员的职业道德水平的高低

D. 税务师事务所是否有健全的质量控制体系

E. 企业委托代理的意向是否同税法保持基本一致

解析 ▶ 本题考核税务师执业风险的因素。

答案 ▶ BCDE

二、税务师事务所的质量控制★

扫我解疑难

(一)税务师事务所质量控制目标

质量控制的目标是合理保证税务师事务所及其涉税服务人员按照法律法规和涉税服务业务规范提供涉税专业服务，服务过程满足业务约定书需要，服务成果维护国家税收利益和纳税人合法权益，税务师事务所信用评论达到监管部门的要求。

税务师事务所执业质量控制应达到以下基本目标：

(1)按照法律法规、中国税务师执业道德规范以及执业准则的要求向委托人或者委托人指向的第三人提供服务。

(2)向委托人出具的业务报告客观真实。

(3)向委托人提供业务服务过程和结果符合业务约定书的要求。

(二)税务师事务所质量控制制度

1. 质量控制涉及要素

(1)质量控制组织机构；

(2)职业道德要求；

(3)与质量有关的人力资源政策；

(4)业务承接与业务保持环节的质量控制制度；

(5)业务委派环节的质量控制制度；

(6)业务计划、重大风险识别与处理、业务证据收集与处理、业务复核、业务分歧处理、业务监控等业务实施过程中的质量控制制度；

(7)业务工作底稿及档案管理制度。

2. 制定质量制度遵循的原则：

(1)全面性原则；

(2)重要性原则；

(3)制衡性原则；

(4)适应性原则；

(5)成本效益原则。

【例题2·单选题】下列(   )不属于制定质量制度应遵循原则。

A. 全面性原则

B. 成本效益原则

C. 适应性原则

D. 责任清晰原则

解析▶ 制定质量制度应遵循的原则包括：全面性原则；重要性原则；制衡性原则；适应性原则；成本效益原则。　　**答案▶** D

(三)税务师事务所质量控制的一般要求

1. 质量控制责任(见表15-2)

表15-2　质量控制责任

责任人	责任内容
税务师事务所的法定代表人或执行合伙人	对质量控制制度的建立与组织机构设置以及加强本机构信用管理承担责任
税务师事务所的法定代表人或执行合伙人、项目负责人	对业务结果的质量承担最终责任
项目其他成员	为所承担的工作质量承担责任

涉税服务人员在提供服务时保持客观和专业谨慎，不因外在压力和个人好恶影响分析、判断的客观性，以正直、诚实、不偏不倚的态度对待有关利益各方。税务师事务所及其涉税服务人员，除与委托人存在委托事项关系外，不得存在影响独立性的其他利益关系。

2. 职业道德规范

独立性是税务师职业道德的重要内容。

税务师事务所制定有关独立性制度时，注意以下方面：

(1)要覆盖所有的业务人员和业务流程；

(2)针对本机构内不同业务板块之间关系、同一客户提供不同业务类型服务等事项制定独立性政策；

(3)根据本事务所的情况，列举威胁本事务所独立性的具体情形和应采取的对应措施；

(4)要求需要保持独立性的人员，每年至少一次向本机构提供遵守独立性政策和程序的书面确认函。

3. 人力资源

(四)税务师事务所的业务质量控制

1. 业务的承接和保持

2. 业务委派

税务师事务所制定的业务委派制度内容应当包括：项目组织结构、项目负责人和其他重要人员的选定程序、责任、权力。

项目组织结构一般可设为项目负责人、项目经理、项目助理三级。

①项目负责人由税务师事务所选定，是项目最高负责人，全面负责项目管理工作，对项目质量承担最终责任。

②项目经理由项目负责人选定，是项目具体承办人。

税务师事务所提供鉴证业务，如果鉴证对象是本事务所提供的涉税服务结果，可以考虑由提供涉税服务项目以外的人员担任项目负责人或项目经理。

3. 业务实施

业务实施制度内容应当包括：业务计划、重要质量(风险)控制事项、重要事项意见分歧的处理、业务结论、服务结果提交等相关事项的决策程序和权限。

项目组成员之间、项目组与被委托人之间、项目负责人与业务质量监控人员之间产生意见分歧，得到解决以后，项目负责人方可提交服务成果。

项目组是指执行业务的所有人员，但不包括税务师事务所聘请的外部专家。

4. 业务质量复核与监控(见表15-3)

表 15-3　业务质量复核与监控

类型	具体内容
业务质量复核	项目组内部人员之间对工作结果进行的复核。一般可采用三级复核：现场负责人的复核、项目经理复核、项目负责人复核。涉税鉴证业务的复核级别不应少于三级，口头咨询的项目可以适当减少复核级别数
业务质量监控	税务师事务所选派项目组以外人员，对项目组的工作成果作出客观评价的过程。业务监控人员在监控期间不应当以任何方式参与项目和代替项目组进行决策。业务质量监控不减轻项目负责人的质量责任

5. 业务工作底稿及档案管理

(1)项目组自提交业务结果之日起90日内将业务工作底稿归整为业务档案。

(2)业务工作底稿的所有权属于税务师事务所。税务师事务所可自主决定允许客户获取业务工作底稿部分内容，或摘录部分工作底稿。但披露这些信息不得损害税务师事务所执行业务的有效性。对鉴证业务，披露这些信息不得损害税务师事务所及其人员的独立性。

(3)税务师事务所的**业务档案，**应当自提交结果之日起至少保存10年。

【例题3·单选题】税务师事务所的业务档案，应当自提交结果之日起至少保存( )年。

A. 1　　　　　　　B. 5

C. 10　　　　　　D. 20

解析 ▶ 税务师事务所的业务档案，应当自提交业务结果之日起至少保存10年。

答案 ▶ C

同步训练 限时10分钟

一、单项选择题

1. 下列关于税务师执业风险的说法，错误的是( )。

A. 税务师执业风险是税务师因工作缺欠而导致委托人或第三方权益遭受损失所要承担的法律责任

B. 税务师工作缺欠的实质就是税务师的执业质量问题

C. 税务师工作缺欠包括存在于工作成果中的缺欠和税务师在工作过程中的缺欠

D. 消除委托人税务风险属于税务师的责任

2. 税务师执业风险表现形式不包括( )。

A. 为委托人提供有损于国家税收利益或第三方利益的服务

B. 出具保留意见的鉴证报告

C. 为委托人提供服务的过程、成果没有达到业务约定书的要求

D. 税务师没有履行告知义务，致使委托人不当使用税务师服务成果

3. ( )对业务成果的质量承担最终责任。

A. 税务师事务所合伙人

B. 税务师事务所所长

C. 税务师事务所的法定代表人或执行合伙人、项目负责人

D. 全体执业人员

4. 关于税务师事务所制定有关独立性制度时应注意的方面，下列表述不正确的是( )。

A. 覆盖主要从业人员和业务流程

B. 针对本机构内不同业务板块之间关系、同一客户提供不同业务类型服务等事项制定独立性政策

C. 根据本事务所的情况，列举威胁本事务所独立性的具体情形和应采取的对应措施

D. 要求需要保持独立性的人员，每年至少一次向本机构提供遵守独立性政策和程序的书面确认函

5. 税务师事务所在开展业务中项目组内部产生分歧,下列对意见分歧的处理正确的是( )。

A. 项目内部、项目组与被咨询者之间发生意见分歧,税务师事务所应当终止执业

B. 税务师事务所应当根据不同业务类型和分歧的性质,确定分歧的解决程序和方式

C. 项目负责人与项目质量控制复核人员之间产生意见分歧,项目负责人书面保证承担一切后果的,可以出具报告

D. 产生分歧的执业服务不得出具报告

6. 对工作底稿管理制度要求理解错误的是( )。

A. 安全保管业务工作底稿并对工作底稿保密

B. 保证业务工作底稿的完整性

C. 便于使用和检索业务工作底稿

D. 自行确定业务工作底稿保管期限

7. 涉税服务业务或涉税鉴证业务工作底稿属于税务师事务所的业务档案,应当自( )之日起至少保存10年。

A. 提交结果   B. 得出结果

C. 审核结果   D. 开始整理

二、多项选择题

1. 下列( )属于影响税务师事务所及其税务师执业风险的因素。

A. 税务师的职业道德水平的高低

B. 纳税人纳税意识的强弱

C. 税务师的专业胜任能力

D. 企业委托代理的意向是否同税法保持基本一致

E. 税务师事务所是否有健全的质量控制体系

2. 下列关于税务师事务所质量控制的表述,错误的有( )。

A. 税务师事务所的法定代表人或执行合伙人、项目负责人对服务成果承担最终责任

B. 项目其他成员为其完成的工作质量承担责任

C. 仅由税务师事务所对服务成果承担最终责任

D. 仅由项目负责人对服务成果承担最终责任

E. 项目负责人和项目其他成员共同对服务成果承担最终责任

3. 下列属于税务师事务所质量控制制度的要素的有( )。

A. 业务承接与保持环节的质量控制制度

B. 业务工作底稿及档案管理制度

C. 与质量有关的人力资源政策

D. 税务师事务所领导的素质

E. 职业道德要求

4. 税务师事务所承接业务时,与委托方签订业务约定书一般包括( )要素。

A. 委托原因和背景

B. 委托人的需求

C. 服务目标

D. 事务所全体合伙人信息

E. 适用的税收法律标准

5. 业务负责人在对业务工作计划进行管理时,应当重点关注( )。

A. 计划前是否在现场进行调研

B. 计划内容是否全面、可行

C. 时间预算是否合理

D. 对重大风险事项确定是否及时

E. 项目组成员的选派与分工是否恰当

6. 税务师事务所业务质量复核一般可采用三级复核,包括( )。

A. 现场负责人的复核

B. 项目经理复核

C. 项目负责人复核

D. 税务师事务所所长复核

E. 外部专家复核

7. 下列关于税务代理执业要求的说法,符合规定的有( )。

A. 项目组自提交业务结果之日起30日内将业务工作底稿归整为业务档案

B. 鉴证业务在税务师事务所内部应当使用统一的工作底稿

C. 税务师行业主管部门检查执业质量时，未经委托人同意，事务所不得提供工作底稿

D. 涉税鉴证业务工作底稿至少应保存

10 年

E. 业务工作底稿的所有权属于税务师事务所

同步训练答案及解析

一、单项选择题

1. D 【解析】消除委托人税务风险是委托人的责任而非税务师的责任，除非税务师的服务目标是发现或揭示委托人已经或可能存在的税务风险。

2. B 【解析】出具不恰当鉴证报告才属于税务师执业风险的表现形式之一。

3. C 【解析】税务师事务所的法定代表人或执行合伙人、项目负责人对业务成果的质量承担最终责任；项目其他成员为其完成的工作质量承担责任。

4. A 【解析】选项 A，正确表述是：要覆盖所有的业务人员和业务流程。

5. B 【解析】执业过程中如果项目内部、项目组与被咨询者之间以及项目负责人与项目质量控制复核人员之间产生意见分歧，只有分歧问题得以解决，项目负责人才能出具报告，选项 C 错误；项目组内只要分歧得以解决，可以继续执业，也可以出具报告，所以选项 AD 错误。

6. D 【解析】业务工作底稿保管期限是不得低于 10 年，不是自行确定。

7. A 【解析】涉税服务业务或涉税鉴证业务工作底稿属于税务师事务所的业务档案，应当自提交结果之日起至少保存 10 年。

二、多项选择题

1. ACE 【解析】税务师事务所及其税务师方面影响执业风险的因素：(1)税务师的职业道德水平；(2)税务师的专业胜任能力；(3)税务师事务所执业质量控制程度。

2. CDE 【解析】税务师事务所的法定代表人或执行合伙人、项目负责人对服务成果承担最终责任；项目其他成员为其完成的

工作质量承担责任。所以选项 C、D、E 均不正确。

3. ABCE 【解析】税务师事务所质量控制制度应当包括下列要素：质量控制组织机构；职业道德要求；与质量有关的人力资源政策；业务承接与业务保持环节的质量控制制度；业务委派环节的质量控制制度；业务计划、重大风险识别与处理、业务证据收集与处理、业务复核、业务分歧处理、业务监控等业务实施过程中的质量控制制度；业务工作底稿及档案管理制度。

4. ABCE 【解析】业务约定书内容不包括全体合伙人信息，所以选项 D 不正确。

5. ABCE 【解析】业务负责人在对业务工作计划进行管理时，应当重点关注以下方面：

(1)计划前是否在现场进行调研；(2)对重大风险事项确定是否准确；(3)计划内容是否全面、可行；(4)时间预算是否合理；(5)项目组成员的选派与分工是否恰当；(6)业务计划能否达到委托人预期的委托目标。所以选项 D 不正确。

6. ABC 【解析】税务师事务所业务质量复核一般可采用三级复核，包括现场负责人的复核、项目经理复核和项目负责人复核。

7. BDE 【解析】项目组自提交业务结果之日起 90 日内将业务工作底稿归整为业务档案；税务师行业主管部门检查执业质量时，事务所可以提供工作底稿，不用事先征得委托人同意。

税务师执业风险与税务师事务所质量控制

税务师执业风险 ★
- 概念
- 表现形式
  - 提供有损国家利益或第三方利益的服务
  - 出具不恰当鉴证报告
  - 提供服务的过程、成果没有达到业务约定书的要求
  - 没有履行告知义务，致使委托人不当使用服务成果
- 影响因素
  - 委托人方面影响因素（3项）
  - 税务师事务所及其税务师方面影响因素（3项）
  - 其他部门或人员方面影响因素

税务师事务所质量控制 ★
- 质量控制目标
  - 按相应的法律法规、道德规范、准则提供服务
  - 出具的业务报告客观真实
  - 提供业务过程和结果符合业务约定书要求
- 质量控制制度
  - 质量控制涉及要素（7项）
  - 制定质量制度遵循的原则（5项）
- 质量控制的一般要求
  - 质量控制责任
  - 职业道德规范
  - 人力资源
- 业务质量控制
  - 业务的承接和保持
  - 业务委派
  - 业务实施
  - 业务质量复核与监控
  - 业务工作底稿及档案管理（档案要至少保存10年）

第3部分

2020

易错易混知识点辨析

智慧启航

没有加倍的勤奋，就既没有才能，也没有天才。

——门捷列夫

2020 年易错易混知识点辨析

1. 会计上收入确认时间 VS 企业所得税收入确认时间 VS 增值税纳税义务发生时间

扫我解疑难

会计上收入确认时间：以会计准则为准，实行权责发生制，承认谨慎性原则。会计上确认收入时，应该贷记"主营业务收入"或"其他业务收入"等收入类科目。

企业所得税收入确认时间：以企业所得税法及相关规定为准，实行权责发生制，但不承认谨慎性原则。当企业所得税与会计对收入确认存在差异时，应该通过纳税调整的方式——即通过填写企业所得税纳税申报表的 A105000 表及相关附表进行纳税调整，无需调账。

增值税纳税义务发生时间：以增值税的相关规定为准。增值税纳税义务发生时，会计上和企业所得税上不一定确认收入。增值税纳税义务发生时，在账务处理上的体现是贷记"应交税费——应交增值税（销项税额）""应交税费——简易计税""应交税费——应交增值税"或"应交税费——转让金融商品应交增值税"等。

上述三者不能混为一谈。在做题时，一定要注意题目的问题是账务处理还是增值税或企业所得税的税务处理，根据问题，按照相关标准进行处理或审核。

实战演练

【例题 1·综合题】 A 公司为增值税一般纳税人，以预收货款方式销售一批货物，价款 100 万元，增值税款 13 万元。2020 年 3 月收到 50 万元的预付款，货物尚未发出，但按照购买方的要求开出全额增值税专用发票。请做出相应的账务处理。

答案 ▶

借：银行存款 500000
　　贷：预收账款 370000
　　　　应交税费——应交增值税（销项税额） 130000

【思路点拨】 对于该项业务而言，由于已经开出发票，因此增值税纳税义务已经发生，需要贷记"应交税费——应交增值税（销项税额）"，但是由于货物尚未发出，与商品所有权相关的风险和报酬尚未转移，会计上未达到收入确认条件，因此需要贷记"预收账款"。

【例题 2·综合题】 某建筑工程公司为增值税一般纳税人，2019 年承接了某中央公园建造工程，采用一般计税方法。2020 年 3 月工程完工，但按合同预留了 10% 的质保金，价税合计 109 万元。请做出相应的账务处理。

答案 ▶

借：应收账款 1090000
　　贷：主营业务收入（或工程结算）1000000
　　　　应交税费——待转销项税额 90000

【思路点拨】 对于建筑服务而言，工程已经完工，无论款项是否收到，均应该确认收入，因此贷记"主营业务收入（或工程结算）"；在增值税中，由于该质保金既未开具发票，也未收取款项，因此增值税的纳税义务并未发生。由于在该项业务中会计上收入确认时间早于增值税纳税义务发生时间，因此相应的增值税应通过"应交税费——待转销项税额"核算。

2. 不动产租赁的增值税、企业所得税、印花税、房产税税务处理及账务处理

扫我解疑难

出租、承租不动产，是企业在经营过程中经常会遇到的问题。不动产租赁过程中，不仅

要注意其税务处理——尤其要注意各个税种纳税义务发生时间与企业所得税收入确认时间，而且还要注意其账务处理。

表1　不动产租赁的账务处理

税种	账务处理
增值税	(1)收到预收款时，增值税纳税义务发生； (2)免租期免收的租金无需视同销售
房产税	(1)从租计征； (2)按年计算，分期缴纳； (3)免租期从价计征房产税
印花税	按照租赁合同记载金额计税
企业所得税	按照租赁合同约定的承租人应付租金的日期确认收入的实现；如果交易合同或协议中规定租赁期限跨年度，且租金提前一次性支付的，根据《企业所得税法实施条例》第九条规定的收入与费用配比原则，出租人可对上述已确认的收入，在租赁期内，分期均匀计入相关年度收入
会计	分期确认收入

实战演练

【例题·简答题】位于市区的A公司(一般纳税人)出租房产，合同约定自2019年7月1日起租赁期五年，每年不含增值税租金12万元，并约定第一年7月1日一次性向承租方收取两年租金，共计25.2万元，第三、四、五年的租金每年支付。由于A公司于2013年取得房产，因此对于该项出租业务，A公司选择了简易计税方法计算缴纳增值税。

问题：

(1)上述房产出租业务2019年的增值税、房产税、企业所得税应如何处理？如何计算缴纳印花税？

(2)就第一年收取租金、计提房产税和印花税、结转收入的业务作出账务处理。

答案

(1)增值税、房产税、企业所得税、印花税如何处理

①增值税：纳税人提供租赁服务，采取预收款方式的，增值税纳税义务发生时间为收到预收款的当天。所以出租房产业务第一年应纳增值税 = 24×5% = 1.2(万元)；

②房产税：2019年7—12月份的房产税从租计征，以不含增值税的租金作为计税依据，2019年7—12月份的房产税 = 6×12% = 0.72(万元)；

③企业所得税：根据企业所得税法规定，租金收入按照合同约定的承租人应付租金的日期确认收入的实现。其中，如果交易合同或协议中规定租赁期限跨年度，且租金提前一次性支付的，出租人在租赁期内，可以分期均匀计入相关年度收入。出租房产业务计算第一年的企业所得税时应将6万元收入计入应纳税所得额中；

④印花税：应该按照合同记载的金额60万作为印花税的计税依据，缴纳1‰的印花税600元。

(2)账务处理

①收取租金

借：银行存款　　　　　　　　　　252000
　　贷：预收账款　　　　　　　　　　240000
　　　　应交税费——简易计税　　　　12000

②计提房产税及印花税

借：税金及附加　　　　　　　　　　7800
　　贷：应交税费——应交房产税　　　7200
　　　　应交税费——应交印花税(或银行存款)
　　　　　　　　　　　　　　　　　　600

③结转2019年收入

借：预收账款   60000

  贷：其他业务收入   60000

真题精练（主观题）

（2016年简答题，改）某市房地产开发企业为增值税一般纳税人，向香港某公司租用其在该市购入的办公用房，用于现行开发的三个项目进行经营管理。合同约定租期三年，年租金114.45万元，三年租金合计343.35万元。于2020年3月18日一次付清，已知该房地产开发企业2020年正在开发的项目有三个，其中有一个建筑总面积8万平方米的老项目选择简易计税办法缴纳增值税，另两个项目合计建筑总面积22万平方米选择一般计税方法缴纳增值税，香港某公司出租的该办公房于2012年7月购进。

问题：

（1）香港某公司出租办公房增值税的纳税义务发生时间？理由？

（2）房地产开发企业在支付办公用房租金时，履行哪些税费的扣缴义务，金额分别是多少？

（3）房地产开发企业支付该办公用房租金，按税法规定允许抵扣的进项税额是多少？申报抵扣的扣税凭证是什么？

答案 ▶

（1）纳税义务发生时间：2020年3月18日。

理由：租赁服务采取预收款方式的，其纳税义务发生时间为收到预收款的当天。

（2）扣缴增值税、城建税、教育费附加、地方教育附加、房产税和企业所得税。

【思路点拨1】境外单位或者个人在境内发生应税行为，在境内未设有经营机构的，扣缴义务人按照下列公式计算应扣缴税额：应扣缴税额＝购买方支付的价款÷(1+税率)×税率

① 增值税＝343.35÷1.09×9%＝28.35（万元）

② 城建税＝28.35×7%＝1.98（万元）

③ 教育费附加＝28.35×3%＝0.85（万元）

④ 地方教育附加＝28.35×2%＝0.57（万元）

⑤ 房产税＝114.45÷1.09×12%＝12.6（万元）（按年计算）

产权所有人不在房屋所在地的，由房产代管人或者使用人纳税。

⑥ 企业所得税＝343.35÷1.09×10%＝31.5（万元）

【思路点拨2】按不含增值税租金收入全额计算预提所得税；在支付时扣缴预提所得税。

（3）允许抵扣的进项税额＝343.35÷(1+9%)×9%＝28.35（万元）

申报抵扣的扣税凭证：代扣代缴增值税后税务机关出具的解缴税款的完税凭证、书面合同、付款凭证和境外单位的对账单或者发票。

【思路点拨】根据财税〔2017〕90号文件的规定，自2018年1月1日起，纳税人租入固定资产、不动产，既用于一般计税方法计税项目，又用于简易计税方法计税项目、免征增值税项目、集体福利或者个人消费的，其进项税额准予从销项税额中全额抵扣。

3. 经营租赁 VS 融资租赁 VS 融资性售后回租的税务处理

扫我解疑难

表2 经营租赁、融资租赁、融资性售后回租的税务处理

类型	流转税	印花税	企业所得税
经营租赁	(1) 不动产经营租赁9%；有形动产经营租赁13%； (2) 营改增之前取得的资产出租，可选简易计税，不动产租赁5%，有形动产租赁3%； (3) 收到预收款时增值税纳税义务发生	按照"财产租赁合同"缴纳印花税，税率1‰，计税依据为租金收入	出租方：一次收取多年租金，可分期确认收入，分期计提折旧； 承租方：跨年的可以分期扣除租赁费

类型	流转税		印花税	企业所得税
融资租赁	(1)不动产融资租赁9%；有形动产融资租赁13%； (2)**差额计税**：可扣除借款利息、发行债券利息、车辆购置税； (3)符合条件的有形动产融资租赁税负超过3%的部分**即征即退**； (4)收到预收款时纳税义务发生		按照"借款合同"缴纳印花税，税率0.05‰，计税依据为租金总额	承租方：由承租方计提折旧；不得扣除租赁费；出租方：不得计提折旧
融资性售后回租	承租方	(1)承租方出售资产的行为，不征收增值税； (2)承租方支付的租金，**不得抵扣进项税额**——因为贷款服务不得抵扣进项税额	按照"借款合同"缴纳印花税，税率0.05‰，计税依据为租金总额	(1)承租人出售资产的行为，不确认为销售收入； (2)承租方计提折旧：仍按出售前**原账面价值**作为计税基础计提折旧； (3)承租人支付的属于**融资利息**的部分，作为**财务费用**在税前扣除
	融资租赁企业	(1)按"贷款服务"征收增值税，税率6%； (2)**差额计税**：以取得的全部价款和价外费用(不含本金)，扣除两息(对外支付的借款利息、发行债券利息)后的余额作为销售额 (3)符合条件的有形动产融资性售后回租服务，实际税负超过3%的部分**即征即退**			

关键点：

(1)只有符合条件的有形动产融资租赁和有形动产融资性售后回租服务，对其增值税实际税负超过3%的部分实行增值税即征即退政策。对于不动产租赁、有形动产经营租赁，均不实行即征即退政策。

(2)增值税纳税义务发生时间不同：经营租赁和融资租赁在收到预收款时，增值税纳税义务发生；融资性售后回租服务则是在纳税人发生应税行为并收讫销售款项或者取得索取销售款项凭据的当天发生纳税义务；先开具发票的，在开具发票的当天发生纳税义务。

(3)印花税适用税目不同：一般的财产租赁，按照"财产租赁合同"缴纳印花税，税率1‰；而对银行及其他金融组织的融资租赁业务签订的融资租赁合同，按照"借款合同"缴纳印花税，税率0.05‰。

📝 **实战演练**

【例题1·简答题】河北省A融资租赁公司为经商务部批准从事融资租赁业务的公司，系增值税一般纳税人。2019年7月份发生如下

业务：

(1)与B公司签订了经营租赁合同，约定租赁期限2年，设备租赁费为每年30万元，每年1月5日、7月5日分2次均匀支付当年的租赁费用，该租赁设备系2014年购入；

(2)与C公司签订的融资租赁合同约定：将其电信设备融资租赁给C公司，租赁期限10年，设备租赁费为每年120万元，每年7月5日支付相应的租赁费用，租赁期结束后该设备归C公司所有；

(3)与D公司签订融资性售后回租合同，以3000万元购入D公司的设备，之后D公司以每年900万元的租金、租赁期5年的方式将该设备回租，租赁期结束后设备归D公司所有。该设备原值5000万元，已经计提折旧500万元，账面净值4500万元。

请根据上述资料，回答下列问题，无需计算具体数字。

(1)A公司应该如何纳税？

(2)B公司、C公司、D公司是否允许扣除相应的进项税额？

(3)B公司、C公司、D公司支付的租赁费在

计算应纳税所得额时是否可以扣除？

答案▶

（1）A公司应该如何纳税？

①与B公司签订的经营租赁合同。

该项合同属于有形动产经营租赁，由于有形动产的购入时间在有形动产营改增（注：有形动产租赁服务营改增的时间为2013年8月1日。）之后，因此只能按照一般计税方法计算缴纳增值税，税率13%，每年1月5日、7月5日，合同约定的收款日期增值税纳税义务发生，并缴纳相应的城建税和教育费附加；

以租金总额按照"财产租赁合同"缴纳1‰的印花税；

该项经营租赁合同由出租方A公司计提折旧，在企业所得税前扣除。

②与C公司签订的融资租赁合同。

该公司为经批准经营融资租赁业务的试点纳税人中的一般纳税人，提供融资租赁服务，应该按照13%的税率计算缴纳增值税，以取得的全部价款和价外费用，扣除支付的借款利息、发行债券利息和车辆购置税后的余额为销售额计算缴纳增值税，对其增值税实际税负超过3%的部分实行增值税即征即退政策；缴纳相应的城建税和教育费附加；

以租金总额按"借款合同"缴纳0.05‰的印花税；

该设备应该由承租方C公司计提折旧。

③与D公司签订的融资性售后回租合同。

融资性售后回租应该按照"贷款服务"缴纳增值税，税率6%。经人民银行、银保监会或者商务部批准从事融资租赁业务的试点纳税人，提供融资性售后回租服务，以取得的全部价款和价外费用（不含本金），扣除对外支付的借款利息、发行债券利息后的余额作为销售额。对其增值税实际税负超过3%的部分实行增值税即征即退政策；缴纳相应的城建和教育费附加；

以租金总额按"借款合同"缴纳0.05‰的印花税；

该设备应该由承租方D公司计提折旧。

（2）B公司、C公司、D公司是否允许扣除相应的进项税额？

B公司、C公司相应业务的进项税额允许抵扣；

D公司相应业务的进项税额不得抵扣，因为纳税人购进的贷款服务的进项税额不得抵扣。

（3）B公司、C公司、D公司支付的租赁费是否在计算应纳税所得额时是否可以扣除？

B公司租赁期间每年支付的30万元租赁费用作为企业相关费用在计算应纳税所得额时扣除；

C公司支付的租赁费不得在计算应纳税所得额时扣除，C公司按规定计提的折旧可以在税前扣除；

D公司不得直接扣除支付的租金，而应该仍按出售前原账面价值5000万元作为计税基础计提折旧；支付的属于融资利息的部分，作为财务费用在税前扣除。

【例题2·简答题】 甲公司（制造企业增值税一般纳税人）2019年10月1日将一台设备租给乙公司（增值税一般纳税人，租入设备用于管理部门），租期一年，全年租金于2019年10月1日一次性支付12万元（含税）。甲公司收到款项，乙公司取得增值税专用发票并通过认证。

问题：

（1）作出甲、乙公司2019年10月1日该项业务的会计分录。

（2）分别说明这笔设备租金在甲、乙公司的企业所得税处理。

答案▶

（1）甲公司会计分录：

借：银行存款　　　　　　　　120000

　　贷：预收账款　　　　　　106194.69

　　　　应交税费——应交增值税（销项税额）

　　　　　　　　　　　　　　13805.31

乙公司会计分录：

借：预付账款　　　　　　　　106194.69

　　应交税费——应交增值税（进项税额）

　　　　　　　　　　　　　　13805.31

贷：银行存款 120000

（2）甲公司的企业所得税处理：

租金收入，按照合同约定的承租人应付租金的日期确认收入的实现。但如果租赁期限跨年度，且租金提前一次性支付的，根据收入与费用配比原则，出租人可对上述已确认的收入，在租赁期内，分期均匀确认收入。即甲公司2019年确认3个月（10~12月）的租金收入，剩余的租金确认为2020年企业所得税的收入。

乙公司的企业所得税处理：

以经营租赁方式租入固定资产发生的租赁费支出，按照租赁期限均匀扣除。所以乙公司2019年10月1日一次性支付的全年租金不得一次性扣除，可以扣除的租赁费支出为3个月（10~12月）的租赁费支出，剩余部分作为2020年租赁费支出扣除。

4. "应交税费——应交增值税（已交税金）"VS"应交税费——预交增值税"

扫我解疑难

表3 "应交税费——应交增值税（已交税金）"VS"应交税费——预交增值税"

应交税费——应交增值税（已交税金）	应交税费——预交增值税
增值税纳税义务已经发生，纳税人当月缴纳当月的增值税款，核算的情形主要包括： ①辅导期一般纳税人需要增购发票时缴纳增值税； ②以1、3、5、10、15日（不足1个月）为1期纳税的	①提供建筑服务收到预收款或跨地级市提供建筑服务时，预缴的增值税； ②不动产经营租赁时，不动产所在地与机构所在地不在同一县（市、区）的，向不动产所在地主管税务机关预缴的增值税； ③销售不动产时，纳税人转让其取得的不动产，向不动产所在地主管税务机关预缴的增值税； ④房地产开发企业销售开发产品收到预收款时预缴的增值税

实战演练

【例题·多选题】需要通过"应交税费——预交增值税"核算的情形包括（ ）。

A. 提供建筑服务收到预收款时

B. 不动产所在地与机构所在地不在同一县（市、区）的不动产经营租赁服务

C. 辅导期一般纳税人需要增购发票时缴纳增值税

D. 7月15日预缴7月1日至10日的应纳增值税

E. 房地产开发企业销售开发产品收到预收款时

解析 ▶ 本题考核"已交税金"与"预交增值税"的区别，需要大家提起重视。

答案 ▶ ABE

5. "应交税费——应交增值税（销项税额抵减）"VS"应交税费——应交增值税（进项税额）"

扫我解疑难

"应交税费——应交增值税（销项税额抵减）"核算的是营改增后在差额纳税时，由于扣减

销售额而减少的销项税额。

"应交税费——应交增值税（进项税额）"核算的是取得扣税凭证可以抵扣的进项税额。

销项税额抵减与进项税额抵扣的效果是相同的——均达到降低增值税的效果，不同之处在于：

（1）抵扣进项税额时必须取得合格的扣税凭证，而销项税额抵减无需取得增值税专用发票、农产品收购或销售发票等扣税凭证，只需要取得合格的发票或相应的凭证即可；

（2）两者账务处理不同；

（3）纳税申报表的填写不同，进项税额抵扣需要填写附表2《本期进项税额明细》，销项税额抵减需要填写附表3《服务、不动产和无形资产扣除项目明细》。

实战演练

【例题·简答题】某中介公司为增值税一般纳税人，提供经纪代理服务，收取含增值税服务费106000元，其中21200元为向委托方收取并代为支付的政府性基金，取得相应的财政票据。

当月该中介公司对外支付相应的服务费，取得的增值税专用发票上注明价款 20000 元，增值税 1200 元。请做出相应的账务处理。

答案 ▶

（1）收取含增值税服务费时

借：银行存款　　　　　　　　106000

　　贷：主营业务收入　　　　　100000

　　　　应交税费——应交增值税（销项税额）

　　　　　　　　　　　　　　　　6000

（2）代委托方支付政府性基金，差额纳税时

借：主营业务成本　　　　　　20000

　　　　应交税费——应交增值税（销项税额抵减）

　　　　　　　　　　　　　　　　1200

　　贷：银行存款　　　　　　　21200

（3）对外支付服务费时

借：主营业务成本　　　　　　20000

　　　　应交税费——应交增值税（进项税额）

　　　　　　　　　　　　　　　　1200

　　贷：银行存款　　　　　　　21200

6. 投资入股的增值税、消费税、土地增值税、企业所得税、个人所得税的税务处理

扫我解疑难

表 4　投资入股的税务处理

	有形动产	技术成果	不动产、土地使用权	货币资金
增值税	视同销售，按照**平均售价或组成计税价格**计算缴纳增值税	视同销售，但**技术转让有免增值税的规定**	按照销售缴纳增值税。注意：差额纳税；简易计税的规定	不担风险，收取固定利润或保底利润，按照"贷款服务"征收增值税
消费税	纳税人用于换取生产资料和消费资料，投资入股和抵偿债务等方面的应税消费品，应当以纳税人同类应税消费品的**最高销售价格**作为计税依据计算消费税	—	—	—
企业所得税	可以分 5 年均匀计入应纳税所得额	可以：（1）分 5 年均匀计入应纳税所得额；（2）暂不纳税，转让股权时再纳税	可以分 5 年均匀计入应纳税所得额	—
个人所得税	可以分 5 年计算缴纳个人所得税，无需均匀缴纳	可以：（1）分 5 年计入应纳税所得额；（2）暂不纳税，转让股权时再纳税	可以分 5 年计算缴纳个人所得税，无需均匀缴纳	—
土地增值税	—	—	非房地产开发企业改制重组中以房地产投资入股，暂不征土地增值税，否则征土地增值税	—
房产税	—	—	共担风险：被投资方缴纳房产税 不担风险：投资方从租计征房产税	—

需要注意的关键点：

(1)纳税人用于换取生产资料和消费资料，投资入股和抵偿债务等方面的应税消费品，应当以纳税人同类应税消费品的最高销售价格作为消费税的计税依据，以平均售价作为增值税和所得税的计税依据。

(2)投资入股时，无论企业所得税和个人所得税均可以分5年递延纳税，但企业所得税是均匀递延纳税，而个人所得税无需均匀递延纳税。

(3)在改制重组中以不动产、土地使用权投资入股时，是否需要缴纳土地增值税取决于投资方和被投资方是否为房地产开发企业。

(4)以房产投资入股时，房产税如何缴纳，取决于是否承担投资风险。

📝 实战演练

【例题1·简答题】 2020年3月万保房地产开发公司、海奥装饰公司和达明塑钢厂分别以自行开发的房产、货币资金和外购的钢材投资成立万海达建材经营公司，并约定按投资比例进行利润分配、共同承担投资风险。

投资主体投资情况汇总表
单位：万元

投资主体	投资方式	原账面价值	投资确认的公允价值	股权比例
万保房地产开发公司	房产	400	600	60%
海奥装饰公司	货币资金	200	200	20%
达明塑钢厂	钢材	150	200	20%

假定所有投资主体均为内资企业。

根据上述资料，请回答下列问题：

(1)各投资主体投资设立万海达建材经营公司的行为，所涉及的流转税、企业所得税和土地增值税应如何处理？

(2)应如何确定各投资主体投资业务涉及的流转税和企业所得税的计税依据？（不要求计算具体数额）

答案 ▶

(1)所涉及的税收

①万保房产开发公司

a. 增值税

营改增后，以房地产投资入股，按照销售征收增值税。

b. 土地增值税

房地产公司以开发产品(房产)对外投资，发生所有权转移，应视同销售房地产，按规定征收土地增值税。

c. 企业所得税

开发产品(房产)因投资引起资产的所有权属发生改变，应视同销售确定收入征收企业所得税，其所得可以分5年均匀计入应纳税所得额。

②海奥装饰公司用货币资金投资，不涉及税款缴纳。

③达明塑钢厂以外购的钢材对外投资，应视同销售征收增值税；

外购货物因投资引起资产的所有权属发生改变，应视同销售确定收入征收企业所得税，其所得可以分5年均匀计入应纳税所得额。

(2)计税依据

①万保房产开发公司的计税依据

增值税确定计税依据的顺序：

a. 按照纳税人最近时期销售同类不动产的平均价格；

b. 按照其他纳税人最近时期销售同类不动产的平均价格；

c. 按组成计税价格：组成计税价格＝成本×(1+成本利润率)。

房地产开发企业企业所得税收入的确认按照下列方法和顺序确认：

a. 按本企业近期或本年度最近月份同类开发产品市场销售价格确定；

b. 由主管税务机关参照当地同类开发产品市场公允价值确定；

c. 按开发产品的成本利润率确定。开发产品的成本利润率不得低于15%，具体比例由主管税务机关确定。

【思路点拨】 土地增值税的收入按下列方法和顺序确认：

a. 按本企业在同一地区、同一年度销售的同类房地产的平均价格确定；

b. 由主管税务机关参照当地当年、同类房地产的市场价格或评估价值确定。

②达明塑钢厂的计税依据

增值税确定计税依据的顺序：

a. 按纳税人最近时期同类货物平均售价；

b. 按其他纳税人最近时期同类货物平均售价；

c. 按组成计税价格。

企业所得税收入确认依据：按照纳税人同类产品的平均售价确认确定。

【例题2·简答题】 2020年3月宝龙汽车制造厂(A市一般纳税人)以10辆自产汽车与瑞德公司合资成立了宝瑞汽车销售公司。该品牌汽车的平均售价为25万元/辆，最高售价为28万元/辆，成本18万元/辆，消费税税率5%(不考虑地方教育附加)。

问题：

(1)对于该项投资行为，增值税、消费税的计税依据是多少？企业所得税确认的收入金额是多少？

(2)计算该投资行为涉及的增值税销项税额、消费税税额及所得税纳税调整金额。

(3)该投资行为对企业所得税应纳税所得额的影响金额。

答案 ▶

(1)增值税的计税依据为250万元，消费税的计税依据为280万元，企业所得税确认的收入金额为250万元。

(2)增值税销项税额 $= 25 \times 10 \times 13\% = 32.5$ (万元)

消费税 $= 28 \times 10 \times 5\% = 14$ (万元)

企业会计利润增加 $= 250 - 180 = 70$ (万元)，随之影响应纳税所得额。

(3)城建税、教育费附加 $= (32.5 + 14) \times (7\% + 3\%) = 4.65$ (万元)

该投资行为对企业所得税应纳税所得额的影响金额 $= (250 - 180) - 14 - 4.65 = 51.35$ (万元)

真题精练(主观题)

(2016年简答题)2016年7月18日，某市咨询公司程先生前往诚信税务师事务所咨询，现就下列问题分别予以解答：

(1)甲企业对关联企业进行非货币性资产投资的行为，何时确认收入？甲企业该投资行为确认的非货币性资产转让所得，在缴纳企业所得税时有怎样的优惠？

(2)乙企业法人代表王先生将自己持有的A公司20%股权全转给王先生本人控股的B公司，价格偏低，应如何缴纳个人所得税，简述理由。

(3)丙企业将对外投资的部分股权转让给个人并签订企业股权转让合同，是否需要缴纳印花税？简述理由。

答案 ▶

(1)企业以非货币性资产对外投资，应于投资协议生效并办理股权登记手续时，确认非货币性资产转让收入。

居民企业以非货币性资产对外投资确认的非货币性资产转让所得，可在不超过5年的期限内，分期均匀计入相应年度的应纳税所得额，按规定计算缴纳企业所得税。

(2)对于转让股价偏低的，税务机关可以核定股权转让收入。

理由：申报的股权转让收入明显偏低且无正当理由的，主管税务机关可以核定股权转让收入，转让给本人持股的公司，不属于法定的正当理由。

(3)需要缴纳印花税。

理由：《印花税暂行条例》中的印花税税目表中规定，产权转移书据包括财产所有权和版权、商标专用、专利权、专有技术使用权等转移书据，按所载金额万分之五来贴花。其中"财产所有权"转移书据的征税范围是：经政府管理机关登记注册的动产、不动产的所有权转移所立的书据，以及企业股权转让所立的书据。所以股权转让应按"产权转移书据"征收印花税，税率为万分之五。

7. 资产损失的增值税 VS 企业所得税

扫我解疑难

对于资产损失，增值税与企业所得税的税务处理有所不同。两者的区别主要在于：

(1)增值税无论是正常损失还是非正常损失，均自行计算确定即可；企业所得税的资产损失管理分为清单申报与专项申报；从2017年开始，企业向税务机关申报扣除资产损失，仅需填报企业所得税年度纳税申报表《资产损失税前扣除及纳税调整明细表》，不再报送资产损失相关资料。相关资料由企业留存备查。

(2)增值税的非正常损失的界定：因管理不善造成货物被盗、丢失、霉烂变质，以及因违反法律法规造成货物或者不动产被依法没收、销毁、拆除的情形。在界定增值税的非正常损失时需要注意以管理不善和违反法律法规作为界定的基本前提。

(3)一旦发生非正常损失，增值税需要做进项税额转出，转出的进项税额会影响企业所得税前可以扣除的损失数额。

真题精练（主观题）答案

（2017年简答题，改）某零售商业企业是增值税一般纳税人，零售的各种商品增值税税率按照2019年4月1日之后的13%确定，各种商品在购进时均取得增值税专用发票，进项税额均按规定抵扣，2019年发生存货损失及处理情况汇总如下：

损失存货种类	损失原因	购进成本	回收或处置
日用品	雷电火灾	80万元	保险公司理赔20万元
服装	顾客退货	10万元	降价出售收款8.12万元
小家电	零星失窃	6万元	

(1)上述损失中哪些应作进项税额转出处理？金额分别为多少？

(2)上述存货损失在企业所得税税前申报扣除的金额分别是多少？

(3)2020年4月该企业进行企业所得税汇算清缴时，需要提供哪些证据资料？

答案

(1)①雷电火灾导致的日用品损失属于自然灾害造成的损失，进项税额允许抵扣，不需要做进项税额转出处理，进项税额转出金额为0。

②顾客退货，不需要做进项税额转出，进项税额转出金额为0。

顾客退货，企业可以开具红字增值税专用发票，冲减当期销售收入和销项税额。

③小家电零星失窃损失属于管理不善造成的损失，增值税中不允许抵扣，需要做进项税额转出处理，需要转出的进项税额：$6×13\% = 0.78$（万元）。

(2)①雷电火灾导致的日用品损失，在企业所得税税前申报扣除金额为$80-20 = 60$（万元）。

②顾客退货，降价处理，在企业所得税税前申报扣除金额为$10-8.12÷1.13 = 2.81$（万元）。

③小家电零星失窃损失，在企业所得税税前申报扣除金额为$6×(1+13\%) = 6.78$（万元）。

(3)2020年4月该企业进行企业所得税汇算清缴时，不再报送资产损失相关资料。

【思路点拨】根据国家税务总局公告2018年第15号的规定，2017年度及以后年度企业所得税汇算清缴，企业向税务机关申报扣除资产损失，仅需填报企业所得税年度纳税申报表《资产损失税前扣除及纳税调整明细表》，不再报送资产损失相关资料。相关资料由企业留存备查。

8. 转增资本的税务处理

扫我解疑难

表 5　转增资本的税务处理

情形	税务处理
以未分配利润、盈余公积转增资本	视同股息红利收入；增加股东投资的计税基础
以资本溢价或股本溢价形成的资本公积转增资本	既不视同股息红利收入，也不增加股东投资的计税基础

实战演练

【例题·简答题】 A 公司股东为 B 公司(持股比例 60%)、C 个人(持股比例 40%)，A 公司的所有者权益为 9000 万元，其中实收资本 4000 万元，资本溢价形成的资本公积 2000 万元，盈余公积 1500 万元，未分配利润 1500 万元。2020 年 3 月 A 公司的股东会做出决定，以 2000 万元的资本公积、500 万元的盈余公积和 1500 万元的未分配利润转增资本。请问其股东 B 公司和 C 个人应如何进行税务处理？

答案 ▶

B 公司税务处理：对于以资本溢价形成的 2000 万资本公积转增资本，既不征收企业所得税，也不增加 B 公司对 A 公司投资的计税基础；对于以 500 万元的盈余公积和 1500 万元的未分配利润转增资本，视同 B 公司取得 1200 万元[(500+1500)×60%]的股息红利收入，免征企业所得税，同时 B 公司对 A 公司投资的计税基础增加 1200 万元。

C 个人税务处理：对于以资本溢价形成的 2000 万资本公积转增资本，既不征收个人所得税，也不增加 C 个人对 A 公司投资的计税基础；对于以 500 万元的盈余公积和 1500 万元的未分配利润转增资本，视同 C 个人取得 800 万元[(500+1500)×40%]的股息红利收入，由 A 公司在转增资本时扣缴 20% 的个人所得税，即 160 万元，同时 C 个人对 A 公司投资的计税基础增加 800 万元。

9. 股权转让 VS 以股权投资

扫我解疑难

表 6　股权转让 VS 以股权投资的税务处理

	股权转让	以股权投资
增值税	转让上市公司的股票，按照金融商品转让征收增值税； 个人转让金融商品，免征增值税； 转让非上市公司的股权，不属于增值税的征税范围	增值税的规定同股权转让
所得税	股权转让所得按照"财产转让所得"缴纳所得税	按照以非货币性资产投资入股，可以享受递延缴纳所得税的有关规定——企业所得税 5 年内均匀递延纳税；个人所得税 5 年内递延纳税
印花税	按照"产权转移书据"计算缴纳印花税	按照"产权转移书据"计算缴纳印花税

真题精练(主观题)

(2017 年简答题)宋先生持有境内甲有限责任公司 30% 股权，投资成本为 600 万元，经评估公允价值为 4000 万元，现境内乙公司有意按公允价值向宋先生收购这部分股权，有两种收购方案。

方案一：宋先生向乙公司转让持有甲公司的股权，全部收取现金；

方案二：宋先生以持有甲公司的全部股权向乙公司投资，取得乙公司股权。

请结合现行相关政策，回答宋先生咨询的如下问题：

(1)该收购业务中宋先生是否缴纳增值税？简述理由。

(2)按照上述两个方案收购，宋先生分别缴纳多少个人所得税？

（3）上述两个方案是否可以免征或延迟交个税？如何操作？

答案 ▶

（1）该收购业务中宋先生不缴纳增值税，因为不属于增值税征税范围。

（2）方案一，宋先生按照"财产转让所得"缴纳个人所得税，个人所得税＝（4000－600）×20%＝680（万元）。

方案二，属于非货币性资产投资，可以申请延期纳税，在投资行为之日起的5个纳税年度内分期缴纳个人所得税，个人所得税合计＝（4000－600）×20%＝680（万元）。

（3）方案一，宋先生按照"财产转让所得"缴纳个人所得税，不能免征或延迟缴纳。

方案二，属于非货币性资产投资，可以申请延期纳税。宋先生一次性缴税有困难

的，可合理确定分期缴纳计划并在发生非货币性资产投资行为的次月15日内报主管税务机关备案，自行制定缴税计划并向主管税务机关报送《非货币性资产投资分期缴纳个人所得税备案表》、纳税人身份证明、投资协议、非货币性资产评估价格证明材料、能够证明非货币性资产原值及合理税费的相关资料，申请自发生上述应税行为之日起不超过5个公历年度内（含）分期缴纳个人所得税。

10. 小微企业、小型微利企业税收优惠

扫我解疑难

由于近年来我国针对中小企业出台了一系列税收优惠措施，而各个税种的税收优惠条件有所不同，需要大家有针对性地加以总结。

表7　小微企业、小型微利企业税收优惠

税种	优惠条件	税收优惠
增值税	小规模纳税人；月度销售额不超过10万元（季度30万元）	免征增值税
企业所得税	无论一般纳税人还是小规模纳税人，只要符合"335"的条件，均可享受小型微利企业优惠	（1）年应纳税所得额不超过100万元：应纳税额＝应纳税所得额×5% （2）年应纳税所得额100~300万元：应纳税额＝应纳税所得额×10%-5
6税2费	只要是小规模纳税人，无论销售额是多少	均可享受减征50%优惠

【知识点拨】"6税2费"中的"6税"：资源税、城市维护建设税、房产税、城镇土地使用税、印花税（不含证券交易印花税）、耕地占用税；"2费"：教育费附加、地方教育附加。

真题精练（主观题）

（2019年简答题）《国家税务总局关于小规模纳税人免征增值税政策有关征管问题的公告》《国家税务总局公告2019年第4号》规定"转登记日前连续12个月（以1个月为1个纳税期）或者连续4个季度（以1个季度为1个纳税期）累计销售额未超过500万元的一般纳税人，在2019年12月31日前，可选择转登记为小规模纳税人"。

某企业符合转登记条件，咨询小规模纳税人和一般纳税人在增值税政策方面的差异。

问题：请分别从增值税的计税方法、含税收入换算销售额、适用税率或征收率、进项税额抵扣、税收优惠享受及纳税期限等方面，对两类纳税人作出简要的比较说明。

答案 ▶

（1）计税方法：一般纳税人采用一般计税方法，应纳税额＝销项税额－进项税额；小规模纳税人采用简易计税方法，应纳税额＝销售额×征收率。

（2）含税收入换算销售额适用税率或征收率：一般纳税人适用13%、9%或6%的税

率，小规模纳税人适用 3% 或 5% 的征收率。

(3)进项税额抵扣：一般纳税人符合规定可以抵扣进项税额；小规模纳税人不得抵扣进项税额。

(4)税收优惠享受

符合条件的一般纳税人可以享受进项税额加计抵减等税收优惠；月销售额未超过 10 万元的一般纳税人可以免征 2 费 1 基金；

小规模纳税人发生增值税应税销售行为，合计月销售额未超过 10 万元(以 1 个季度为 1 个纳税期的，季度销售额未超过 30 万元)的，免征增值税；小规模纳税人可以享受 6 税 2 费的减征 50% 优惠；月销售额未超过 10 万元(季度 30 万元)，免 2 费 1 基金。

(5)纳税期限：除另有规定外，一般纳税人通常按月纳税，不可选择；小规模纳税人可以选择按季纳税。

第 4 部 分

2020

考前预测试题

智慧启航

没有人事先了解自己到底有多大的力量，直到他试过以后才知道。

——歌德

2020 年考前预测试题

预测试题（一）

扫 我 做 试 题

一、**单项选择题**（共 20 题，每题 1.5 分。每题的备选项中，只有 1 个最符合题意）

1. 下列有关税务师涉税专业服务范围和税务师权利和义务的表述，正确的是（　　）。
   A. 税务师应当在委托人对外出具的报表上签字盖章，并对其真实性、合法性负责
   B. 税务师可以代理办理开业税务登记、变更税务登记，但不能代理办理注销税务登记
   C. 税务师应当对业务助理人员的工作进行指导与审核，但不必对其结果负责
   D. 税务师可以对税收政策存在的问题向税务机关提出意见和修改建议

2. 下列关于道路通行费进项税额抵扣的说法中，错误的是（　　）。
   A. 通行费电子发票分为征税发票和不征税发票两类
   B. 政府还贷性收费公路开具的是不征税发票
   C. ETC 预付费客户可以自行选择在充值后索取发票或者实际发生通行费用后索取发票

D. 增值税一般纳税人申报抵扣的通行费电子发票进项税额，在纳税申报时应当填写在《增值税纳税申报表附列资料（二）》（本期进项税额明细）中"其他"相关栏次中

3. 某人 2019 年采用假报出口的手段，骗取国家出口退税款，数额巨大，其将面临（　　）处罚。
   A. 处 5 年以上 10 年以下有期徒刑
   B. 处 5 年以下有期徒刑或拘役，并处骗取税款 1 倍以上 5 倍以下罚金
   C. 处 5 年以上 10 年以下有期徒刑，并处骗取税款 1 倍以上 5 倍以下罚金
   D. 处 5 年以下有期徒刑或拘役，或处骗取税款 1 倍以上 5 倍以下罚金

4. 以下个体工商户，应当设置简易账的是（　　）。
   A. A 个体工商户注册资金为 5 万元
   B. B 个体工商户生产藤编工艺品，每月的销售收入是 35000 元
   C. C 个体工商户零售电气产品，每月的销售收入是 90000 元
   D. D 个体工商户从事运输业务，每月销售收入 50000 元

5. 某建筑公司发生的旅客运费支出，在抵扣进项税额时，说法错误的是（　　）。
   A. 国际旅客运费不得抵扣进项税额
   B. 定额发票不得抵扣进项税额

关于"扫我做试题"，你需要知道——

亲爱的读者，微信扫描对应小程序码，并输入封面防伪贴激活码，即可同步在线做题，交卷后还可查看做题时间、正确率及答案解析。

C. 该单位为接受的劳务派遣员工发生的国内旅客运输服务不得抵扣进项税额

D. 除增值税专用发票、增值税电子普通发票外，其他旅客运费要想抵扣进项税额，必须在票面注明旅客身份信息

6. 下列( )属于增值税视同销售行为，应计算缴纳增值税。

A. 某生产企业将外购钢材用于生产免税产品

B. 某电器厂委托商店代销小电器

C. 某商业企业购进一批饮料用于交际应酬

D. 某餐饮企业购进服装用于集体福利

7. 下列有关增值税的表述错误的是( )。

A. 纳税人已售票但客户逾期未消费取得的运输逾期票证收入，按照"交通运输服务"缴纳增值税

B. 纳税人为客户办理退票而向客户收取的退票费、手续费等收入，按照"其他现代服务"缴纳增值税

C. 纳税人租入固定资产、不动产，既用于一般计税方法计税项目，又用于简易计税方法计税项目的，其进项税额按照两者的销售额比例，用于一般计税方法的部分进项税额可以抵扣

D. 资管产品管理人运营资管产品过程中发生的增值税应税行为，暂适用简易计税方法，按照3%的征收率缴纳增值税

8. 下列各项中，应按当期生产领用数量计算准予扣除已纳消费税税款的是( )。

A. 委托加工已税高档手表生产的高档手表

B. 委托加工收回的汽油用于连续生产的应税成品油

C. 委托加工已税涂料生产的涂料

D. 委托加工已税珠宝玉石生产的金银镶嵌首饰

9. 在境内销售服务、无形资产或者不动产需要依法缴纳增值税，下列情形中属于在"境内"销售服务、无形资产或者不动产的是( )。

A. 境外单位或者个人向境内单位或者个人销售完全在境外发生的服务

B. 向境内单位或者个人提供的会议展览地点在境外的会议展览服务

C. 境外单位或者个人向境内单位或者个人出租完全在境外使用的有形动产

D. 境外单位或者个人向境内单位或者个人销售的未完全在境外发生的服务

10. 根据企业所得税法的规定，下列收入中属于免税收入的是( )。

A. 企业依法收取并纳入财政管理的行政事业性收费

B. 企业从事海水养殖、内陆养殖收入

C. 企业购买国债取得的利息收入

D. 企业提供非专利技术收入

11. 下列关于所得税特别纳税调整的说法错误的是( )。

A. 居民企业甲的所得税税率为25%，其控制的 A 公司设立在实际税负为10%的境外，提供的资料证明主要取得积极经营活动所得，2019 年非出于合理经营需要对利润不做分配，应视同股息分配对甲企业的应税所得进行特别纳税调整

B. 企业从其关联方接受的债权性投资与权益性投资的比例超过规定标准而发生的利息支出，应按照实际支付给各关联方利息占关联方利息总额的比例，在各关联方之间进行分配，其中分配给实际税负高于企业的境内关联方的利息准予扣除

C. 主管税务机关发现企业存在避税嫌疑的，层报省、自治区、直辖市和计划单列市(以下简称省)税务机关复核同意后，报税务总局申请立案

D. 纳税人在特别纳税调整监控管理阶段按照规定提供同期资料等有关资料的，其自行补税按照税款所属纳税年度中国人民银行公布的与补税期间同期的人民币贷款基准利率加收利息，不再另加收5 个百分点

12. 某汽车制造企业（增值税一般纳税人）2019 年的会计利润为 2000 万元，通过公益性社会团体向非目标脱贫地区捐款 500 万元，直接向希望小学捐款 200 万元，在企业所得税申报时，A105070 表第 7 列"可结转以后年度扣除的捐赠额"合计金额为（ ）。

A. 0   B. 240

C. 260   D. 460

13. 税务师范某在接受甲企业咨询时，认为下列仅有（ ）属于职工福利费的范围。

A. 企业发给员工的过节费和节假日物资

B. 职工的防暑降温费

C. 职工的伙食补助费

D. 企业组织员工旅游的支出

14. 张某 2019 年 1 月起承包某服装厂，依据承包协议，服装厂工商登记更改为个体工商户。2019 年张某经营的服装厂共取得收入 80 万元，发生成本、费用、税金等相关支出 43 万元（其中包括张某工资每月 3200 元），张某无综合所得，基本费用扣除、专项扣除、专项附加扣除以及依法确定的其他扣除共计 90000 元。2019 年张某应缴纳个人所得税（ ）元。

A. 9550   B. 45500

C. 55020   D. 70500

15. 下列关于房地产企业土地增值税清算中拆迁安置费的说法错误的是（ ）。

A. 房地产企业用建造的该项目房地产安置回迁户的，安置用房视同销售处理

B. 异地安置的房屋属于购入的，以实际支付的购房支出计入拆迁补偿费。

C. 回迁户支付给房地产开发企业的补差价款，计入本项目拆迁补偿费

D. 货币安置拆迁的，凭合法有效凭证计入拆迁补偿费

16. 关于印花税的说法，下列表述正确的是（ ）。

A. 某汽车租赁公司与客户签订一份汽车租赁合同，商定每月租金 20000 元，租赁

期 3 年，则该公司在合同签订当日应缴纳的印花税为 20000×1‰＝20（元）

B. 房地产企业签订的土地出让合同，不属于印花税列举征税的凭证，不缴纳印花税

C. 某公司在互联网上进行网络销售时，多数情况下是通过电子邮件与客商签订销售合同，由于未打印成纸质合同，故无须缴纳印花税

D. 某运输企业签订的货物运输合同，在计算应缴纳印花税时，应以不含装卸费和保险费的运输费金额作为计税依据

17. 下列对房产税代理申报的表述，正确的是（ ）。

A. 房屋的各种附属设施不应计入房屋价值缴纳房产税，如中央空调

B. 已交付使用但未办理竣工决算的房屋暂不申报纳税

C. 房地产企业将自建的房产投入生产经营中使用后，从生产经营之月起，开始计算缴纳房产税

D. 对出售前房地产开发企业已使用或出租、出借的商品房应按规定征收房产税

18. 下列有关城镇土地使用税的表述中，正确的是（ ）。

A. 土地使用权未确定或权属纠纷未解决的，由争议方分别纳税

B. 纳税人购置新建商品房，自房屋交付使用当月起，缴纳城镇土地使用税

C. 纳税人新征用的耕地，自批准征用之日起满 1 年时开始缴纳城镇土地使用税

D. 出租、出借房产，自交付出租、出借房产之月起计征城镇土地使用税

19. 行政复议期间，下列情形中，属于行政复议终止的是（ ）。

A. 申请人因不可抗力不能参加行政复议

B. 作为申请人的公民被宣告失踪

C. 申请人的法人资格终止

D. 申请人按规定与被申请人达成和解

20. 下列关于税务师事务所质量控制的一般

要求，说法错误的是(　　)。

A. 税务师事务所的法定代表人或执行合伙人对质量控制制度的建立与组织机构设置以及加强本机构信用管理承担责任

B. 税务师事务所的法定代表人或执行合伙人、项目负责人对业务结果的质量承担最终责任

C. 税务师事务所制定有关独立性制度时，要覆盖所有的业务人员和业务流程

D. 项目其他成员不需要对任何工作质量承担责任

二、多项选择题(共 10 题，每题 2 分。每题的备选项中，有 2 个或 2 个以上符合题意，至少有 1 个错项。错选，本题不得分；少选，所选的每个选项得 0.5 分)

21. 下列情形中，属于委托方在代理期限内可以单方终止服务行为的有(　　)。

A. 涉税专业服务人员发生变化

B. 涉税服务人员未按涉税专业服务协议的约定提供服务

C. 涉税专业服务机构被注销资格

D. 委托项目发生变化

E. 涉税专业服务机构破产、解体或被解散

22. 下列关于税务机关实施税收保全措施的表述中，正确的有(　　)。

A. 税收保全措施仅限于从事生产、经营的纳税人及扣缴义务人

B. 只有在事实全部查清，取得充分证据的前提下才能进行

C. 冻结纳税人的存款时，其数额要以相当于纳税人应纳税款的数额为限

D. 个人及其扶养家属维持生活必需的住房和用品，不在税收保全措施的范围之内

E. 拍卖所扣押的纳税人价值相当于应纳税款的财产，以拍卖所得抵缴税款

23. 以下涉及发票的事项，纳税人处理正确的有(　　)。

A. 甲企业向 A 商贸公司购进货物一批，因采购员无法确定其单位全称，要求 A 商贸公司在发票上暂不填写发票抬头

B. 甲企业向 B 商贸公司购进货物一批，由于货物涉及品种较多，发票填列产品品种行次不够，所以在发票中填写为"货物一批"，后附货物清单列明货物明细

C. 甲企业向 C 公司销售货物一批，开具发票后未加盖发票专用章，只加盖了企业公章

D. 甲商店向 D 企业赊销货物，协议约定 3 个月之后付清全款，甲商店按协议约定在收款当天开具了增值税专用发票

E. 甲商店向 E 个体工商户销售一批商品，开具增值税普通发票时，在"购买方纳税人识别号"栏未填写购买方的纳税人识别号或统一社会信用代码

24. 税务师对企业的增值税销售额审核时，下列说法正确的有(　　)。

A. 纳税人用以物易物方式销售货物，双方均做购销处理

B. 纳税人用以旧换新方式销售金银首饰，按实际收取的不含税价款确定销售额

C. 销售啤酒收取的包装物押金，逾期时并入销售额计征增值税

D. 纳税人以还本方式销售货物，不得从销售额中减除还本支出

E. 纳税人以自产货物用于投资，按同类产品的最高售价计算增值税销项税额

25. 原高新技术企业 A 公司，因经营不善于 2019 年当年终止生产经营，终止经营之日编制的资产负债表及相关资料记载：全部资产可变现价值 7600 万元；企业存货账面价值 1800 万元，计税基础 2180 万元；企业厂房及相关设备账面价值 2980 万元，计税基础 3500 万元(企业当期并无其他资产)；当期负债账面价值 2430 万元(和计税基础相等)，共清偿债务 2105 万元；可弥补以前年度亏损为 150 万元；当期支付清算费用 90 万元，支付职工安置费、法定补偿金 180 万元，

清算过程中发生税费为 16 万元。企业所得税税率为 25%。下列说法正确的有( )。

A. 清算所得适用的税率为 25%

B. 清算所得适用的税率为 15%

C. 企业的可分配剩余资产为 3841.75

D. 在计算清算应纳税所得额时，需要考虑资产的原计税基础

E. 企业的可分配剩余资产为 4711.75

26. 根据企业所得税的有关规定，企业发生的下列支出中，应作为长期待摊费用的有( )。

A. 租入固定资产的改建支出

B. 长期借款的利息支出

C. 固定资产的大修理支出

D. 已提足折旧的固定资产的改建支出

E. 固定资产的日常修理支出

27. 下列非货币性资产投资，所得税处理方法正确的有( )。

A. 居民企业以非货币性资产对外投资确认的非货币性资产转让所得，可在不超过 5 年期限内，分期均匀计入相应年度的应纳税所得额

B. 个人以非货币性资产投资，纳税人一次性缴税有困难的，可在报主管税务机关备案后，自发生应税行为之日起不超过 5 个公历年度内(含)分期均匀缴纳个人所得税

C. 个人以非货币性资产投资交易过程中取得现金补价的，现金部分应优先用于缴税；现金不足以缴纳的部分，可分期缴纳

D. 企业发生非货币性资产投资，符合企业重组特殊性税务处理条件的，可选择按特殊性税务处理规定制定

E. 被投资企业取得非货币性资产的计税基础，应按非货币性资产的公允价值确定

28. 中国公民李先生为某上市公司技术人员，每月工资 7000 元。2018 年该公司开始实

行股票期权计划。2018 年 1 月 28 日，该公司授予李先生股票期权 20000 股，授予价 3.5 元/股；该期权无公开市场价格，并约定 2019 年 1 月 28 日起李先生可以行权，行权前不得转让。2019 年 1 月 28 日李先生以授予价购买股票 20000 股，当日股票在上交所的公平价格 8 元/股，下列说法正确的有( )。

A. 李先生取得股票期权时，无需缴纳个人所得税

B. 李先生股票期权行权所得应缴纳个人所得税 11340 元

C. 李先生股票期权收入不并入综合所得计算纳税

D. 李先生股票期权行权所得应缴纳个人所得税 6480 元

E. 李先生将行权之后的股票再转让时，获得的高于授予价的差额，应按照"财产转让所得"征免个人所得税

29. 下列关于资源税税收优惠的说法，正确的有( )。

A. 高含硫天然气资源税减征 30%

B. 高凝油减征 20%资源税

C. 三次采油资源税减征 30%

D. 从低丰度油气田开采的原油减征 20%资源税

E. 稠油减征 30%资源税

30. 下列关于税务行政复议管辖原则的表述中，正确的有( )。

A. 对税务机关作出逾期不缴纳罚款加处罚款的决定不服的，向做出行政处罚决定的税务机关申请行政复议

B. 对计划单列市税务局的具体行政行为不服的，向省级税务局申请行政复议

C. 对计划单列市税务局的具体行政行为不服的，可以选择向省税务局或者本级人民政府申请行政复议

D. 对被撤销的税务机关，对在其被撤销前作出的具体行政行为不服申请的复议，由继续行使其职权的税务机关管辖

E. 对国家税务总局的具体行政行为不服的，向国家税务总局申请行政复议

三、简答题(共 5 题，每题 8 分，共 40 分)

1. 宏帆商贸公司为小规模纳税人，2018 年 10 月 1 日至 2019 年 9 月 30 日自行申报的增值税应税销售额为 498 万元，其中包括转让商标权获得的 15 万元销售额；此外 2018 年 11 月被税务机关稽查，发现 2017 年少申报销售额 20 万元，该项销售额已经在 2018 年 12 月申报纳税。针对上述情况，请回答下列问题：

(1)一般纳税人和小规模纳税人划分标准的年应税销售额的范围如何确定？

(2)宏帆商贸公司是否达到了一般纳税人的登记标准？为什么？

(3)宏帆商贸公司应该在什么时候办理一般纳税人资格登记？

(4)假设宏帆商贸公司在 2019 年 10 月 23 日办理了一般纳税人资格登记手续，那么一般纳税人的生效之日是什么时间？从什么时间可以领用增值税专用发票？

(5)如果宏帆商贸公司未及时办理一般纳税人资格登记，2019 年 11 月份经税务机关通知也未办理税务登记，则宏帆商贸公司应如何申报缴纳增值税？

2. 甲公司为服装生产企业，系增值税一般纳税人，近年由于生产经营状况不佳，厂房、机器设备闲置，设备系 2007 年购入，厂房系 2012 年自建。2019 年 8 月准备将部分自建的厂房及设备一并出售，目前有两种方案：

方案一：将自建厂房及设备分别作价出售；

方案二：将自建厂房及设备、相应的工人、与该厂房设备有关的债权债务打包转让给乙公司。

针对上述情况，请回答下列问题。

(1)上述两个方案应如何进行增值税的处理？

(2)上述两个方案应如何开具发票？

(3)对于该项资产处置，如何操作，能够享受递延缴纳企业所得税的优惠政策？

(4)在方案二中，符合什么条件，可以享受暂不缴纳企业所得税的税收优惠？

3. 甲上市公司 2017 年 1 月开始实行股票期权计划，按照期权计划，在企业工作满 2 年、且达到相应业绩条件的高级管理人员可以行权。2019 年甲公司的工资薪金总额 8000 万元，同时该公司副总李某以施权价 3 元/股的价格购入 5 万股票，行权日股票的市场价格为 10 元/股。此外公司裁减了 1 名高管张某，张某已经在企业工作 5 年，支付了 80 万的离职补偿(已经计入工资总额)，当地上年人均年工资收入为 6 万元。2019 年公司企业职工福利费为 1220 万元，职工教育经费 300 万元，职工工会经费 170 万元。

请回答下列问题：

(1)在计算缴纳企业所得税时工资薪金及三项经费应纳税调整多少？

(2)李某股票期权行权所得应该缴纳多少个人所得税？

(3)张某获得的离职补偿应该缴纳多少个人所得税？

4. A 企业于 2019 年 1 月至 2019 年 10 月自行开发某项新技术，企业自行核算所发生的研究开发支出共计 2000 万元。现就研发费用的所得税问题向税务师事务所咨询，作为税务师，请代为回答企业提出的下列问题：

(1)研发费用在企业所得税前如何扣除？

(2)可以加计扣除的研发费用具体范围包括哪些？

(3)企业外聘研发人员的劳务费用是否允许加计扣除？

(4)假设该科技型中小企业当年购进的研发设备单价为 90 万元，会计上计提的折旧额为 10 万元，税收上选择加速折旧优惠，请问针对该研发设备折旧，税前允许加计扣除多少？

5. D 机械公司是某市的一家内资企业，成立于 2010 年。2020 年 2 月，某市税务局反避税人员在对该公司 2019 年度的财务数据资料进行分析时发现，该公司的经营利润历年来一直维持在一个极低的水平上。与此同时，公司的注册资本、销售规模、资产总额却在不断膨胀。税务人员通过审核 D 公司利润表发现，D 公司 2019 年度共列支财务费用 656 万元，而在以往年度，财务费用一般不会超过 20 万元，财务费用突然间增长 30 多倍。检查人员决定对 D 公司的财务费用科目进行专项检查，"贷款总额为 2100 万元，年利率为 20%，贷款期限 1 年（2019 年 1 月 1 日–2019 年 12 月 31 日）"的 D 公司与 E 公司的贷款协议浮出水面。E 公司为民政福利企业，享受免征企业所得税的政策。D 公司和 E 公司存在着关联关系。已知金融企业同期同类贷款年利率为 8%。

要求：

（1）列举转让定价的几种方法，简述各种方法的含义和适用范围。

（2）如何对 D 公司的财务费用进行调整，计算应对 D 公司 2019 年应纳税所得进行调整的金额和应补缴的所得税金额。（不考虑其他年度利息支出调整）

四、综合分析题（共 2 题，第 1 题 20 分，第 2 题 30 分，共 50 分）

1. A 房地产开发公司在北京市开发商业楼盘，该项目土地出让金为 24000 万元，缴纳了 720 万元契税，2015 年 10 月开工建设商业楼盘，营改增后 A 公司对该项目采用一般计税方法。2019 年 3 月开始收取客户的诚意金，收到诚意金 1000 万元；2019 年 5 月取得房屋预售许可证，预售房屋，当月原有的诚意金 1000 万元转作业主购房的首付款，另外又收取了 15000 万元的首付款。2019 年 5 月至 2019 年 9 月共计收取预收款 80000 万元，已经预缴了土地增值税 1467.89 万元。

2019 年 10 月份房屋完工，将已售房屋交付业主，除取得土地使用权的金额外，房地产开发成本共计 21000 万元，其中包括 1000 万元的银行借款利息，可以按照房地产开发项目分摊。截至 2019 年 10 月共计销售 90% 的房屋，80000 万元的预收款转为销售收入。该项目无法准确与其他项目划分进项税额。

其他相关资料：其他房地产开发费用的扣除比例为 5%。

请回答下列问题：

（1）A 公司收到诚意金时是否发生了增值税纳税义务？是否需要预缴增值税？

（2）A 公司收到业主的首付款时是否发生纳税义务？是否需要预缴增值税？

（3）2019 年 5 月至 2019 年 9 月共计收取预收款 80000 万元。请问应该预缴多少增值税？请做出预缴增值税的账务处理？

（4）请作出 2019 年 10 月份将房屋交付业主的账务处理。

（5）假设主管税务机关要求 A 房地产开发公司对该项目进行土增清算，请问税务机关的要求是否合理？理由？

（6）请计算土增清算时需要补交的土地增值税。

2. 天津市 A 企业为中国境内居民企业，主要经营业务为自己种植亚麻，并以亚麻为原料生产纺织制品，为了扩展国际业务，在境外设立了一家子公司负责该国的纺织品销售业务。2019 年 A 公司营业收入 8800000 元，营业成本 5000000 元，税金及附加 56000，企业已经预缴了 41250 元的企业所得税。A 公司与企业所得税相关的会计资料如下：

（1）管理费用 1695000 元，其中包括业务招待费支出 140000 元、新产品的研发费用 280000 元，其中包括支付给境外研发机构的研发费用 190000 元。

（2）财务费用 900000 元，全部属于支付给非金融企业的借款利息。（支付给非金融企业的年利率为 4%，金融机构同期同类贷款利率为 5%）。

（3）销售费用 1040000 元，包括广告费和业务宣传费支出 540000 元、非广告性赞助支出 50000 元，其余为销售人员的工资及房租。业务宣传费支出中包括 2019 年 9 月将生产成本 150000 元、市场售价 180000 元的产品作为样品赠送客户的业务，企业账务处理为：

借：销售费用——业务宣传费 150000

　　贷：库存商品 150000

（4）投资收益 740000 元，包括国债持有期间的利息收入 100000 元、境外 B 国子公司分配的税后利润 640000 元（境外子公司缴纳并由 A 企业间接负担的税款为 160000 元，不考虑 A 企业针对该项投资收益直接缴纳的境外所得税，不存在以前年度未抵免境外所得税额）。

（5）营业外支出为 60000 元，包括通过减灾委员会向遭受自然灾害的地区的捐款 50000 元、因迟延交货按购销合同约定支付的违约金 10000 元。

（6）已经计入成本、费用的实发工资薪金 500000 元、职工福利费支出 105000 元、上缴工会经费 10000 元（并取得《工会经费专用拨缴款收据》）、职工教育经费支出 20000 元。

要求：根据上述资料，按顺序回答下列问题。

（1）分别指出每项业务对企业所得税应纳税所得额的影响。

（2）填列企业所得税纳税申报表 A100000。（单位：元）

A100000 中华人民共和国企业所得税年度纳税申报表（A 类）

行次	类别	项目	金额
1		一、营业收入（填写 A101010\101020\103000）	
2		减：营业成本（填写 A102010\102020\103000）	
3		税金及附加	
4		销售费用（填写 A104000）	
5		管理费用（填写 A104000）	
6		财务费用（填写 A104000）	
7	利润总额计算	资产减值损失	
8		加：公允价值变动收益	
9		投资收益	
10		二、营业利润（1-2-3-4-5-6-7+8+9）	
11		加：营业外收入（填写 A101010\101020\103000）	
12		减：营业外支出（填写 A102010\102020\103000）	
13		三、利润总额（10+11-12）	

行次	类别	项目	金额
14	应纳税所得额计算	减：境外所得（填写 A108010）	
15		加：纳税调整增加额（填写 A105000）	
16		减：纳税调整减少额（填写 A105000）	
17		减：免税、减计收入及加计扣除（填写 A107010）	
18		加：境外应税所得抵减境内亏损（填写 A108000）	
19		四、纳税调整后所得（13−14+15−16−17+18）	
20		减：所得减免（填写 A107020）	
21		减：弥补以前年度亏损（填写 A106000）	
22		减：抵扣应纳税所得额（填写 A107030）	
23		五、应纳税所得额（19−20−21−22）	
24	应纳税额计算	税率（25%）	
25		六、应纳所得税额（23×24）	
26		减：减免所得税额（填写 A107040）	
27		减：抵免所得税额（填写 A107050）	
28		七、应纳税额（25−26−27）	
29		加：境外所得应纳所得税额（填写 A108000）	
30		减：境外所得抵免所得税额（填写 A108000）	
31		八、实际应纳所得税额（28+29−30）	
32		减：本年累计实际已缴纳的所得税额	
33		九、本年应补（退）所得税额（31−32）	
……		……	

预测试题（一）
参考答案及详细解析

一、单项选择题

1. D 【解析】选项 A，税务师应当在对外出具的涉税文书上签字盖章，并对其结果负责，而非在委托人对外出具的报表上签字盖章；选项 B，税务师可以代理办理开业税务登记、变更税务登记，也可以代理办理注销税务登记；选项 C，税务师应当对业务助理人员的工作进行指导与审核，并要对其结果负责。

2. D 【解析】增值税一般纳税人申报抵扣的通行费电子发票进项税额，在纳税申报时应当填写在《增值税纳税申报表附列资料（二）》（本期进项税额明细）中"认证相符的增值税专用发票"相关栏次中。

3. C 【解析】以假报出口或者其他欺骗手段，骗取国家出口退税款，数额巨大的，处 5 年以上 10 年以下有期徒刑，并处骗取税款 1 倍以上 5 倍以下罚金。

4. B 【解析】具备下列条件之一的个体工商户，应设置简易账：
（1）注册资金在 10 万元以上 20 万元以下的。
（2）销售增值税应税劳务或服务的纳税人月销售额在 15000 元至 40000 元；从事货物生产的增值税纳税人月销售额在

30000 元至 60000 元；从事货物批发或零售的增值税纳税人月销售额在 40000 至 80000 元的。

(3)省级税务机关确定应当设置简易账的其他情形。

选项 A，达不到上述建账标准的个体工商户，经县以上税务机关批准，可按照税收征管法的规定，建立收支凭证粘贴簿、进货销货登记簿或者使用税控装置。选项 CD 应当设置复式账。

5. C 【解析】用工单位接受的劳务派遣员工发生的国内旅客运输服务，可以抵扣进项税额。

6. B 【解析】选项 A，属于将外购的货物用于免税项目，不得抵扣进项税；选项 C，外购的货物用于交际应酬，不得抵扣进项税；选项 D，属于外购的货物用于集体福利，不得抵扣进项税。

7. C 【解析】自 2018 年 1 月 1 日起，纳税人租入固定资产、不动产，既用于一般计税方法计税项目，又用于简易计税方法计税项目、免征增值税项目、集体福利或者个人消费的，其进项税额准予从销项税额中全额抵扣。

8. B 【解析】高档手表、涂料不得扣除已纳消费税；金银镶嵌首饰在零售环节缴纳消费税，不得扣除珠宝玉石在生产环节缴纳的消费税。

9. D 【解析】下列情形不属于在境内销售服务或者无形资产：

(1)境外单位或者个人向境内单位或者个人销售完全在境外发生的服务。

(2)境外单位或者个人向境内单位或者个人销售完全在境外使用的无形资产。

(3)境外单位或者个人向境内单位或者个人出租完全在境外使用的有形动产。

(4)财政部和国家税务总局规定的其他情形：

①为出境的函件、包裹在境外提供的邮政服务、收派服务；

②向境内单位或者个人提供的工程施工地点在境外的建筑服务、工程监理服务；

③向境内单位或者个人提供的工程、矿产资源在境外的工程勘察勘探服务；

④向境内单位或者个人提供的会议展览地点在境外的会议展览服务。

选项 ABC 都不属于在境内销售服务、无形资产或者不动产。

10. C 【解析】选项 A，属于不征税收入；选项 B，减半征收企业所得税；选项 C，国债利息收入属于免税收入；选项 D，在一个纳税年度内，居民企业技术转让所得不超过 500 万元的部分，免征企业所得税；超过 500 万元的部分，减半征收企业所得税。

11. A 【解析】选项 A，中国居民企业股东能够提供资料证明其控制的外国企业满足以下条件之一的，可免予将外国企业不做分配或减少分配的利润视同股息分配额，计入中国居民企业股东的当期所得：①设立在国家税务总局指定的非低税率国家(地区)；②主要取得积极经营活动所得；③年度利润总额低于 500 万元人民币。

12. C 【解析】2017 年修订的企业所得税法规定，企业发生的公益性捐赠支出，在年度利润总额 12% 以内的部分，准予在计算应纳税所得额时扣除；超过年度利润总额 12% 的部分，准予结转以后三年内在计算应纳税所得额时扣除。直接捐款不属于公益性捐款，不能在税前扣除。可以结转扣除的捐赠金额 = 500 - 2000 × 12% = 260(万元)。

13. B 【解析】下列费用不属于职工福利费的开支范围：退休职工的费用；被辞退职工的补偿金；职工劳动保护费；职工在病假、生育假、探亲假期间领取到的补助；职工的学习费；职工的伙食补助费(包括职工在企业的午餐补助和出差期间的伙食补助)；企业发给员工的"年货"

"过节费"、节假日物资及组织员工旅游支出等。

14. C 【解析】应纳税所得额 = 800000 − 430000+3200×12 − 90000 = 318400（元）；应纳个人所得税 = 318400×30% − 40500 = 55020（元）。

15. C 【解析】回迁户支付给房地产开发企业的补差价款，应抵减本项目拆迁补偿费。

16. D 【解析】选项 A，汽车租赁公司应就合同的全部金额缴纳印花税，应纳印花税 = 20000 × 12 × 3 × 1‰ = 720（元）；选项 B，土地出让合同属于印花税的应税合同，应按"产权转移书据"缴纳印花税；选项 C，以电子形式签订的各类应税凭证也应该缴纳印花税。

17. D 【解析】选项 A，房屋的各种附属设施应计入房屋价值缴纳房产税；选项 B，已交付使用但未办理竣工决算的房屋应该申报纳税；选项 C，房地产企业将自建的房产投入生产经营中使用后，从建成之日的次月起，开始计算缴纳房产税。

18. C 【解析】选项 A，土地使用权未确定或权属纠纷未解决的，由实际使用人为纳税人；选项 B，纳税人购置新建商品房，自房屋交付使用之次月起，缴纳城镇土地使用税；选项 D，出租、出借房产，自交付出租、出借房产之次月起计征城镇土地使用税。

19. D 【解析】选项 AB，行政复议中止；选项 C 如果申请人的法人资格终止，尚未确定其权利义务承受人的，行政复议中止；如果确定了其权利义务承受人，其权利义务的承受人放弃行政复议权利的，行政复议终止。

20. D 【解析】项目其他成员为所承担的工作质量承担责任。

二、多项选择题

21. BCE 【解析】选项 AD，属于涉税专业服务法律关系的变更；选项 BCE，属于委托方在代理期限内可以单方终止服务行为的情形。

22. CD 【解析】选项 A，税收保全措施仅限于从事生产、经营的纳税人，并不针对扣缴义务人；选项 B，税收保全措施是针对纳税人即将转移、隐匿应税的商品、货物或其他财产的紧急情况下采取的一种紧急处理措施，不可能等到事实全部查清，取得充分的证据以后再采取行动；选项 E 属于税收强制执行措施。

23. BDE 【解析】选项 A，应当将全部联次一次性如实填开；选项 C，发票上应加盖发票专用章，不应盖企业公章；选项 E，自 2017 年 7 月 1 日起，购买方为企业的，销售方为其开具增值税普通发票时，应在"购买方纳税人识别号"栏填写购买方的纳税人识别号或统一社会信用代码。其中企业，包括公司、非公司制企业法人、企业分支机构、个人独资企业、合伙企业和其他企业，不包括自然人、个体工商户等。

24. ABCD 【解析】增值税的计征只是按同类售价计算，如果是应税消费品用于交换、抵债、投资才按最高售价计征消费税。

25. ADE 【解析】企业清算期间，正常的生产经营都已经停止，企业取得的所得已经不是正常的生产经营所得，企业所得税优惠政策的适用对象已经不存在，因而企业清算期间所得税优惠政策应一律停止，企业应就其清算所得依照税法规定的 25% 的法定税率缴纳企业所得税，选项 A 正确；清算所得=企业的全部资产可变现价值或交易价格−资产的计税基础−清算费用−相关税费+债务清偿损益，选项 D 正确；可以分配的剩余资产 = 7600 − 2105 − 90 − 180 − 16 − 497.25 = 4711.75（万元），选项 E 正确。

【思路点拨】清算所得=企业的全部资产可变现价值或交易价格−资产的计税基

础－清算费用－相关税费＋债务清偿损益＝
7600－2180－3500－90－16＋（2430－2105）＝
2139（万元）

清算应纳税所得额＝2139－150＝1989（万元）

清算企业所得税＝1989×25％＝497. 25（万元）

26. ACD 【解析】企业发生的下列支出作为长期待摊费用，按照规定摊销的，准予扣除：

(1)已足额提取折旧的固定资产的改建支出；

(2)租入固定资产的改建支出；

(3)固定资产的大修理支出；

(4)其他应当作为长期待摊费用的支出。

27. ACDE 【解析】选项 B，个人以非货币性资产投资，纳税人一次性缴税有困难的，可合理确定分期缴纳计划并报主管税务机关备案后，自发生应税行为之日起不超过 5 个公历年度内（含）分期缴纳个人所得税，无需均匀缴纳。

28. ACD 【解析】不可公开交易的股票期权，员工接受股票期权时，除另有规定外，一般不作为应税所得征税，选项 A 正确。

股票期权收入＝20000×（8－3.5）＝90000（元）

适用税率10%，速算扣除数2520元。

应纳税额＝90000×10%－2520＝6480（元）选项 D 正确，选项 B 错误。

在 2021 年 12 月 31 日之前，股权激励收入不并入综合所得计算纳税。选项 C 正确。

李先生将行权之后的股票再转让时，获得的高于购买日公平市场价的差额，而非高于授予价的差额，应按照"财产转让所得"征免个人所得税，选项 E 错误。

29. ACD 【解析】选项 B，高凝油减征 40%资源税；选项 E，稠油减征 40%资源税。

30. AE 【解析】选项 BC，对计划单列市税

务局的具体行政行为不服的，向国家税务总局申请行政复议；选项 D，对被撤销的税务机关，对在其被撤销前作出的具体行政行为不服申请的复议，由继续行使其职权的税务机关的上一级税务机关管辖。

三、简答题

1.【答案】

(1)年应税销售额指的是在连续不超过 12 个月的经营期内累计应征增值税销售额，包括纳税申报销售额、稽查查补销售额、纳税评估调整销售额、税务机关代开发票销售额和免税销售额；

稽查查补销售额和纳税评估调整销售额计入查补税款申报当月的销售额，不计入税款所属期销售额；

纳税人偶然发生的销售无形资产、转让不动产的销售额，不记入应税行为年应税销售额。

(2)宏帆商贸公司已经达到一般纳税人的登记标准，因为宏帆商贸公司在 2018 年 10 月至 2019 年 9 月的应税销售额为 503 万元(即 498+20-15＝503 万元)。

(3)宏帆商贸公司申请一般纳税人资格登记应当在 2019 年 9 月份申报期结束后 15 个工作日内办理相关手续。

(4)宏帆商贸公司在办理一般纳税人登记手续时，可自行选择登记的当月 1 日(即 10 月 1 日)或者次月 1 日(11 月 1 日)为一般纳税人生效之日；

除另有规定外，一般纳税人自生效之日起可以按照规定领用增值税专用发票。

(5)宏帆商贸公司应按销售额依照增值税税率计算应纳税额，不得抵扣进项税额，也不得使用增值税专用发票。

2.【答案】

(1)方案一：

由于设备在 2008 年 12 月 31 日之前购入，未抵扣过进项税额，按 3%减按 2%缴纳增值税；

由于厂房是在2016年4月30日营改增之前自建，因此销售时可以选择简易计税，按照5%全额缴纳增值税。

方案二：属于资产重组，不征收增值税。

（2）方案一：

销售设备如果按3%减按2%缴纳增值税，则只能开具普通发票；也可以放弃减税，按3%计算缴纳增值税，开具增值税专用发票；

销售厂房可以开具增值税专用发票，也可以开具普通发票。

方案二：属于资产重组，不征收增值税，但资产重组中涉及到的不动产（厂房）、土地使用权可以开具"未发生销售行为的不征税项目"编码的不征税增值税发票。

（3）如果甲公司以厂房、设备等非货币性资产投资入股，可以在5年内均匀递延纳税。

（4）如果在该项重组业务中，符合特殊性税务处理的条件，股权支付对应部分可以享受暂不缴纳企业所得税的税收优惠。条件为：

①具有合理的商业目的，且不以减少、免除或者推迟缴纳税款为主要目的；

②被收购资产占甲公司资产的50%以上；

③乙公司支付给甲的对价中涉及股权支付金额达到85%以上；

④企业重组后的连续12个月内不改变重组资产原来的实质性经营活动；

⑤甲公司取得股权支付后，在重组后连续12个月内，不得转让所取得的股权。

3.【答案】

（1）离职补偿所得税前允许扣除，但不作为工资薪金在税前扣除；

税前允许扣除的工资薪金 = 8000 + (10 − 3) × 5 = 8035（万元），纳税调减35万元

职工福利费税前扣除限额 = 8035 × 14% = 1124.9（万元），纳税调增 = 1220 − 1124.9 = 95.1（万元）

职工教育经费税前扣除限额 = 8035 × 8% =

642.8（万元），未超过扣除限额，无需纳税调整

职工工会经费税前扣除限额 = 8035 × 2% = 160.7（万元），纳税调增 = 170 − 160.7 = 9.3（万元）

工资及三项经费合计纳税调整 = − 35 + 95.1 + 9.3 = 69.4（万元）

（2）股权激励收入 = (10 − 3) × 50000 = 350000（元）

找到适用税率25%，速算扣除数31920

应纳个税 = 350000 × 25% − 31920 = 55580（元）= 5.558（万元）

（3）免税部分 = 60000 × 3 = 180000（元）

剩余部分 = 800000 − 180000 = 620000，找到适用税率30%，速算扣除数52920元

应纳个税 = 620000 × 30% − 52920 = 133080（元）= 13.308（万元）

4.【答案】

（1）研发费用，应区分为收益化（费用化）和资本化两个部分，对企业开展研发活动中实际发生的研发费用，未形成无形资产计入当期损益的，在按规定据实扣除的基础上，按照本年度实际发生额的75%，从本年度应纳税所得额中扣除；形成无形资产的，按照无形资产成本的175%在税前摊销。

（2）可以加计扣除的研发费用具体范围包括：

①人员人工费用。

②直接投入费用。

③折旧费用。

④无形资产摊销。

⑤新产品设计费、新工艺规程制定费、新药研制的临床试验费、勘探开发技术的现场试验费。

⑥其他相关费用。

⑦财政部和国家税务总局规定的其他费用。

（3）企业外聘研发人员的劳务费用允许作为人员人工费用加计扣除。

（4）当年税前可以扣除的研发设备折旧为90万元，企业可以加计扣除67.50万元。

【思路点拨】2018年1月1日至2020年12月31日之间，企业购进的单价不超过500万元的仪器、设备可以在税前一次性扣除。

5.【答案】

（1）转让定价方法含义和适用范围：

①可比非受控价格法，以非关联方之间进行的与关联交易相同或者类似业务活动所收取的价格作为关联交易的公平成交价格。可比非受控价格法可以适用于所有类型的关联交易。

②再销售价格法，以关联方购进商品再销售给非关联方的价格减去可比非关联交易毛利后的金额作为关联方购进商品的公平成交价格。其计算公式如下：

公平成交价格＝再销售给非关联方的价格×（1-可比非关联交易毛利率）

可比非关联交易毛利率＝可比非关联交易毛利÷可比非关联交易收入净额×100%

再销售价格法一般适用于再销售者未对商品进行改变外形、性能、结构或更换商标等实质性增值加工的简单加工或单纯购销业务。

③成本加成法，以关联交易发生的合理成本加上可比非关联交易毛利后的金额作为关联交易的公平成交价格。其计算公式如下：

公平成交价格＝关联交易发生的合理成本×（1+可比非关联交易成本加成率）

可比非关联交易成本加成率＝可比非关联交易毛利÷可比非关联交易成本×100%

成本加成法一般适用于有形资产使用权或者所有权的转让、资金融通、劳务交易等关联交易。

④交易净利润法，以可比非关联交易的利润指标确定关联交易的利润。利润指标包括息税前利润率、完全成本加成率、资产收益率、贝里比率等。交易净利润法一般

适用于不拥有重大价值无形资产企业的有形资产使用权或者所有权的转让和受让、无形资产使用权受让以及劳务交易等关联交易。

⑤利润分割法，根据企业与其关联方对关联交易合并利润（实际或者预计）的贡献计算各自应该分配的利润额。利润分割法分为一般利润分割法和剩余利润分割法。

利润分割法一般适用于企业及其关联方均对利润创造具有独特贡献，业务高度整合且难以单独评估各方交易结果的关联交易。

⑥其他符合独立交易原则的方法包括成本法、市场法和收益法等资产评估方法。

（2）D公司的关联借款交易约定的20%借款利率不公允，税务机关可以采用可比非受控价格法进行调整，对超过金融企业同期同类贷款年利率水平8%的利息进行纳税调增，补缴所得税。

纳税调增的利息支出＝2100×（20%-8%）＝252（万元）

补缴所得税＝252×25%＝63（万元）

四、综合分析题

1.【答案】

（1）A公司收到诚意金时增值税纳税义务尚未发生，而且也不需要预缴增值税，因为诚意金不属于预收款。

（2）A公司收到首付款时增值税纳税义务尚未发生，但需要预缴增值税，因为首付款属于预收款。

（3）预缴增值税＝80000/1.09×3%＝2201.83（万元）

账务处理：

借：应交税费——预交增值税　　　　　　　　　　　　　2201.83万

　　贷：银行存款　　2201.83万

（4）

①确认收入

借：预收账款　　80000万

　　贷：主营业务收入　　73394.50万

应交税费——应交增值税(销项税额)

6605.50 万

②结转成本

借：主营业务成本

41148 万[（24000+21000+720）×90%]

　　贷：开发产品　　　　41148 万

③销项税额抵减

借：应交税费——应交增值税(销项税额抵减) 1783.49 万（24000×90%/1.09×9%）

　　贷：主营业务成本 1783.49 万

④结转预交增值税

借：应交税费——未交增值税

2201.83 万

　　贷：应交税费——预交增值税

2201.83 万

（5）合理。因为已售面积已经达到整个项目可售建筑面积的 85% 以上，税务机关可以要求企业进行土增清算。

（6）

① 销 项 税 额 = 6605.50 - 1783.49 = 4822.01（万元）

② 应 税 收 入 = 80000 - 4822.01 = 75177.99（万元）

③扣除项目金额：

a. 取得土地使用权的金额 =（24000+720）× 90% = 22248（万元）

b. 房地产开发成本 =（21000-1000）× 90% = 18000（万元）

c. 房地产开发费用 = 1000 × 90% +（22248 + 18000）× 5% = 2912.4（万元）

d. 与转让房地产有关的税金 = 2201.83 ×（7%+3%+2%） = 264.22（万元）

e. 加计扣除 =（22248 + 18000）× 20% = 8049.6（万元）

扣除项目合计 = 22248 + 18000 + 2912.4 + 264.22 + 8049.6 = 51474.22（万元）

④ 增 值 额 = 75177.99 - 51474.22 = 23703.77（万元）

⑤增值率 = 23703.77/51474.22 = 46.05%，适用税率为 30%。

⑥应纳税额 = 23703.77 × 30% = 7111.13（万元）

⑦ 应 补 税 额 = 7111.13 - 1467.89 = 5643.24（万元）

2.【答案】（1）

①业务招待费的 60% 为：140000 × 60% = 84000（元），业务招待费按照企业所得税法规定计算的扣除限额 =（8800000 + 180000）× 0.5% = 44900（元），税前可以扣除两者之间的较小者 44900 元，应调增应纳税所得额 = 140000 - 44900 = 95100（元）。企业为开发新技术、新产品、新工艺发生的研究开发费用，未形成无形资产计入当期损益的，在按照规定据实扣除的基础上，再按照研究开发费用的 75% 加计扣除。企业委托境外进行研发活动所发生的费用，按照费用实际发生额的 80% 计入委托方的委托境外研发费用。委托境外研发费用不超过境内符合条件的研发费用三分之二的部分，可以按规定在企业所得税前加计扣除。加计扣除 =（280000 - 190000）× 75% + 90000 × 2/3 × 75% = 112500（元）。

②非金融企业向非金融企业借款的利息支出，不超过按照金融企业同期同类贷款利率计算的数额部分可以税前扣除，无需纳税调整。

③广告费和业务宣传费的扣除限额 =（8800000 + 180000）× 15% = 1347000（元）企业实际发生广告费和业务宣传费为 593400 元（540000 + 30000* + 180000 × 13%），未超过限额，但将产品赠送客户，增值税和所得税都要视同销售，计算缴纳增值税和所得税。确认的增值税和相应的附加税需要分别计入销售费用和税金及附

---

* 根据国家税务总局 2019 年 41 号公告的规定，由于视同销售的纳税调整将导致税前可以扣除的相应成本费用增加。

加，影响会计利润，进而影响应纳税所得额。补缴的增值税金额 = 180000×13% = 23400(元)，补缴的城建税、教育费附加和地方教育附加 = 23400×(7%+3%+2%) = 2808(元)，对会计利润和应纳税所得额的影响为 26208 元(23400+2808)。

所得税视同销售，确认收入纳税调增 180000 元，确认成本纳税调减 150000 元，合计调增 30000 元。

同时在"扣除类"调整项目的其他中调减 30000 元。

非广告性的赞助支出不能在税前扣除，应调增应纳税所得额 50000 元。

④国债利息收入免税，作为免税收入调减应纳税所得额 100000 元。

境外投资收益作为境外所得，需要单独计算税款，先调减应纳税所得额 640000 元。

⑤会计利润 = 8800000－5000000－(1040000+23400)－1695000－900000－(56000+2808)

+740000－60000 = 762792(元)

对外捐赠的限额 = 762792×12% = 91535.04(元)，因此实际捐赠的 50000 元准予全部扣除，无需纳税调整。

给客户的违约金 10000 元可以在税前扣除，无需纳税调整。

⑥实际发生的工资薪金支出 500000 元可以在所得税前扣除，无需纳税调整。

职工福利费扣除限额 = 500000×14% = 70000(元)，实际支出额为 105000 元，税前可以扣除金额为 70000 元，应调增应纳税所得额 = 105000－70000 = 35000(元)。

工会经费扣除限额 = 500000×2% = 10000(元)，实际上缴 10000 元，可以全部扣除，无需纳税调整。

职工教育经费扣除限额 = 500000×8% = 40000(元)，实际支出额为 20000 元，未超过扣除限额，无需纳税调整。

（2）

A100000 中华人民共和国企业所得税年度纳税申报表（A 类）

行次	类别	项目	金额
1	利润总额计算	一、营业收入(填写 A101010\ 101020\ 103000)	8800000
2		减：营业成本(填写 A102010\ 102020\ 103000)	5000000
3		税金及附加	58808
4		销售费用(填写 A104000)	1063400
5		管理费用(填写 A104000)	1695000
6		财务费用(填写 A104000)	900000
7		资产减值损失	0
8		加：公允价值变动收益	0
9		投资收益	740000
10		二、营业利润(1－2－3－4－5－6－7+8+9)	822792
11		加：营业外收入(填写 A101010\ 101020\ 103000)	0
12		减：营业外支出(填写 A102010\ 102020\ 103000)	60000
13		三、利润总额(10+11－12)	762792

行次	类别	项目	金额
14	应纳税所得额计算	减：境外所得(填写 A108010)	640000
15		加：纳税调整增加额(填写 A105000)	360100
16		减：纳税调整减少额(填写 A105000)	180000
17		减：免税、减计收入及加计扣除(填写 A107010)	212500
18		加：境外应税所得抵减境内亏损(填写 A108000)	
19		四、纳税调整后所得(13-14+15-16-17+18)	90392
20		减：所得减免(填写 A107020)	
21		减：弥补以前年度亏损(填写 A106000)	
22		减：抵扣应纳税所得额(填写 A107030)	
23		五、应纳税所得额(19-20-21-22)	90392
24	应纳税额计算	税率(25%)	
25		六、应纳所得税额(23×24)	22598
26		减：减免所得税额(填写 A107040)	
27		减：抵免所得税额(填写 A107050)	
28		七、应纳税额(25-26-27)	22598
29		加：境外所得应纳所得税额(填写 A108000)	200000
30		减：境外所得抵免所得税额(填写 A108000)	160000
31		八、实际应纳所得税额(28+29-30)	62598
32		减：本年累计实际已缴纳的所得税额	41250
33		九、本年应补(退)所得税额(31-32)	21348
……		……	……

【解析】

第 15 行纳税调整增加额 = 180000+95100+50000+35000 = 360100(元)

第 16 行纳税调整减少额 = 150000+30000 = 180000(元)

第 17 行免税、减计收入及加计扣除 = 112500+100000 = 212500(元)

第 29 行境外所得应纳所得税额 = (640000+160000)×25% = 200000(元)

第 30 行境外所得抵免所得税额：抵免限额和可抵免境外所得税额孰低。

抵免限额 = (640000 + 160000) × 25% = 200000(元)

可抵免境外所得税额 = 160000(元)

【思路点拨】 一些不涉及的项目，报表可以填零，也可以不填，不影响最终的做题结果。

预测试题(二)

扫我做试题

一、单项选择题(共 20 题, 每题 1.5 分。每题的备选项中, 只有 1 个最符合题意)

1. 下列关于房地产开发企业销售开发产品增值税征收管理的说法, 错误的是( )。

   A. 房地产开发企业预售开发产品收到预收款时, 增值税的纳税义务并未发生

   B. 房地产开发企业预售开发产品收到预收款时, 需要预缴增值税

   C. 房地产开发企业销售开发产品差额计算缴纳增值税时, 在取得土地时向其他单位或个人支付的拆迁补偿费用允许在计算销售额时扣除

   D. 房地产开发企业销售开发产品差额计算缴纳增值税时, 在取得土地时支付的契税允许在计算销售额时扣除

2. 下列关于税务机关实施税收保全措施的表述中, 错误的是( )。

   A. 税收保全措施仅限于从事生产、经营的纳税人

   B. 只有在事实全部查清, 取得充分证据的前提下才能进行

   C. 冻结纳税人的存款时, 其数额要以相当于纳税人应纳税款的数额为限

   D. 个人及其扶养家属维持生活必需的住房和用品, 不在税收保全措施的范围之内

3. 未经委托人同意, 税务师事务所可以向第三方提供工作底稿的情况是( )。

   A. 税务机关因行政执法需要进行查阅的

   B. 为了和合作方洽谈业务, 合作方需要查阅相关资料的

   C. 统计局需要统计企业的各项经济指标的

   D. 金融机构需要审查相关单位的经济往来事项的

4. 下列涉税会计分录处理错误的是( )。

   A. 企业按规定计算的应代扣代缴的职工个人所得税, 应借记"应付职工薪酬", 贷记"应交税费——应交个人所得税"

   B. 纳税人当月多缴的增值税大于当月应纳增值税, 应当根据多缴税额借记"应交税费——未交增值税", 贷记"应交税费——应交增值税(转出多交增值税)"

   C. 旅游企业采用差额计税方式时, 支付给其他单位或者个人的门票费和其他接团企业旅游费, 应借记"应交税费——应交增值税(销项税额抵减)", 贷记"主营业务成本"

   D. 增值税欠税税额大于期末留抵税额, 按增值税欠税税额红字借记"应交税费——应交增值税(进项税额)"科目, 红字贷记"应交税费——未交增值税"科目

5. 2020 年 3 月发生的下列行为, 无需缴纳增值税的是( )。

   A. A 企业集团下属 B 公司将资金无偿借贷给同一企业集团的下属 C 公司

   B. 王丽将房产无偿赠送给其朋友李萌

   C. 将购进的货物分配股东

   D. 将购进的货物用于投资

6. 2020 年 2 月, 某以初级农产品为原料的饼干生产企业, 在采购农产品并进行进项税额抵扣的处理正确的是( )。

   A. 从小规模纳税人处购进初级农产品取得普通发票, 允许按照发票上注明的金额和 3% 的扣除率抵扣进项税额

   B. 从小规模纳税人处购进初级农产品取得增值税专用发票, 按照发票上注明的金额和 9% 的扣除率抵扣进项税额

   C. 从农业生产者处购进初级农产品取得农产品收购发票, 按照收购发票上注明的买价和 9% 的扣除率抵扣进项税额

   D. 从一般纳税人处购进初级农产品取得农产品增值税专用发票, 不仅允许扣除发票上注明的增值税额, 领用生产饼干时, 还允许加计扣除 1% 的进项税额

7. 下列关于"营改增"零税率的说法错误的

是( )。

A. 取得相关资质的境内单位和个人提供国际运输服务，适用增值税零税率

B. 境内单位和个人向境外单位提供完全在境外消费的研发服务，适用增值税零税率

C. 境内单位和个人以无运输工具承运方式提供的国际运输服务，无运输工具承运业务的经营者适用增值税零税率

D. 境内的单位和个人提供适用增值税零税率的服务或无形资产，如果属于适用简易计税方法的，实行免征增值税办法

8. 下列有关消费税征税规定的表述，正确的是( )。

A. 卷烟批发环节，按销售金额的5%征收消费税从价税，同时，按每箱150元征收从量税

B. 收取白酒包装物押金时间超过12个月不再退还的，该押金应按含税价计征消费税

C. 对既作价随同从价计征消费税的应税消费品销售，又另外收取的包装物押金，凡纳税人在规定的期限内不予退还的，均应并入应税消费品的销售额征收消费税

D. 收取的应税消费品包装物押金具有保证金性质，所以不征收消费税

9. 某商贸公司为增值税小规模纳税人，按月申报交纳增值税。每月销售额为15万元，从业人数85人，资产总额2600万元，2019年度应纳税所得额为120万元。对于该公司2019年的税务处理，正确的是( )。

A. 该公司免征增值税

B. 2019年该公司应该缴纳12万元的企业所得税

C. 该公司可以享受其所在省级政府规定的在50%的税额幅度内减征房产税、城镇土地使用税的规定

D. 该公司已依法享受房产税、城镇土地使用税其他优惠政策的，不得叠加其所在省级政府规定的在50%的税额幅度内减征房产税、城镇土地使用税的优惠政策

10. 依据企业所得税法规定，下列关于收入实现确认的说法中，错误的是( )。

A. 股息、红利等权益性投资收益，除另有规定外，按照被投资方作出利润分配决定的日期确认收入的实现

B. 利息收入，按照合同约定的债务人应付利息的日期确认收入的实现

C. 特许权使用费收入，按照收到特许权使用费的日期确认收入的实现

D. 接受捐赠收入，按照实际收到捐赠资产的日期确认收入的实现

11. 某有出口经营权的生产企业(一般纳税人)，2020年3月从国内购进生产用的材料，取得增值税专用发票上注明的价款为500000元、税款65000元，无上期留抵进项税。当期进料加工贸易进口免税料件的到岸价格200000元，材料均已验收入库；本月内销货物的销售额为350000元，进料加工出口货物的离岸价格为420000元，企业采用实耗法计算当期不得免征和抵扣税额抵减额，计划分配率为60%，当期计算应退增值税额为( )元。(增值税征税率13%，出口退税率11%)

A. 3360　　　　B. 5040

C. 16140　　　D. 18480

12. 张鑫2020年4月10日将自己持有5年的、位于北京朝阳区的一幢别墅转让，含税转让价为3890万元，该别墅购入价格为1230万元，则张鑫应该缴纳的增值税为( )万元。

A. 0　　　　　B. 77.48

C. 126.67　　　D. 185.28

13. 2015年4月，个人张某接受其父亲无偿赠送的一处房产，原房屋的取得成本为100万元，赠与合同中标明房屋市值300万元，张某办理相关过户手续，自行支付相关费用12万元。2019年8月，张某将此处房产转让，转让价格400万元，转

让过程中支付相关税费 50 万元。下列关于上述业务个人所得税的表述，正确的是(   )。

A. 张某接受无偿受赠的房产免纳个税

B. 张某取得受赠房产时，应按"偶然所得"项目缴纳个税

C. 张某受赠房产的应纳税所得额为 300 万元

D. 张某将受赠房产转让时，应纳税所得额为 338 万元

14. 某中学委托一服装厂加工校服，合同约定布料由学校提供，价值 50 万元，学校另支付加工费 10 万元，下列各项关于计算印花税的表述中，正确的是(   )。

A. 学校应以 50 万元的计税依据，按销售合同的税率计算印花税

B. 服装厂应以 50 万元的计算依据，按销售合同的税率计算印花税

C. 服装厂应以 10 万元加工费为计税依据，按加工承揽合同的税率计算印花税

D. 服装厂和学校均以 60 万元为计税依据，按照加工承揽合同的税率计算印花税

15. 税务师李平在代理某房地产企业的土地增值税纳税申报业务中，遇到以下问题，其中企业的下列处理中正确的是(   )。

A. 将超过贷款期限加收的罚息作为利息支出在房地产开发费用中扣除

B. 企业开发项目若干，贷款分别向建设银行和工商银行借入，财务上为简便核算，将利息按借款单位核算，在计算房地产开发费用时，采用了"房地产开发费用＝（地价款＋房地产开发成本）×5% 以内＋全部借款利息支出"的公式计算

C. 企业在计算开发成本时，将拆迁补偿费、建筑安装工程费计入其中

D. 将未计入房价的代收费用作为扣除项目，但未作为收入计税

16. 按照城镇土地使用税的有关规定，下列表述正确的是(   )。

A. 城镇土地使用税以纳税人实际占用的土地面积为计税依据

B. 土地使用权未确定或权属纠纷未解决的，暂不缴纳土地使用税

C. 城镇土地使用税中所称的"工矿区"，是指坐落在城市之外的任何工矿企业所在地

D. 在我国境内拥有土地使用权的单位，应缴纳土地使用税，个人不征收土地使用税

17. 下列关于房产税的说法正确的是(   )。

A. 产权出典的，由出典人纳税

B. 房产原值应包括与房屋不可分割的各种附属设备或一般不单独计算价值的配套设施

C. 农村地区的房产用于居住的，不征收房产税；用于经营的，从价计征房产税

D. 房地产开发企业建造的商品房，自办理验收手续之次月起缴纳房产税

18. 下列关于纳税申报的表述，错误的是(   )。

A. 纳税申报的对象为纳税人和扣缴义务人

B. 纳税人在纳税期内没有应纳税款的，可以不办理纳税申报

C. 纳税人享受减税、免税待遇的，在减税、免税期间应当按照规定办理纳税申报

D. 纳税人和扣缴义务人应按照法定的期限办理纳税申报

19. 税收策划有多种方法，以下关于税务策划基本方法理解错误的是(   )。

A. 某医药公司每年向外国研发机构支付大额委托开发费用，税务师建议改为寻找国内的研发机构进行合作或自行研发的方式，税务师采用的是扣除方法，通过该种方式可以增加研发费用的加计扣除

B. 某企业产品价值较大，销售回款周期较长，一般情况下都要在六个月以内分

三次收取，税务师建议企业与客户签订分期收款合同，在合同中约定具体的收款时间和收款金额，税务师采用的是延期纳税的方法

C. A公司将销售货物的方式详细划分为赊销业务、分期收款销售业务、直接收款业务等方式，这属于利用分劈的策划方法

D. 张某因工作需要在上海购置房产，拟在三年后调回北京时将此房产转让给刘某，税务师提醒张某妥善保存原购房合同及购房发票。税务师提出的是税收扣除的策划方法

20. 下列各项中，不能直接提起行政复议的是( )。

A. 不予审批减免税或者出口退税

B. 国家税务总局和国务院其他部门的规定

C. 税务机关作出的行政处罚行为

D. 税务机关作出的征税行为

二、多项选择题(共10题，每题2分。每题的备选项中，有2个或2个以上符合题意，至少有1个错项。错选，本题不得分；少选，所选的每个选项得0.5分)

21. 下列涉税专业服务情形中，税务师事务所在服务期限内可以单方终止服务行为的有( )。

A. 委托人死亡或者破产

B. 委托人自行实施或授意涉税服务人员实施违反国家法律、法规行为

C. 委托人提供虚假的生产经营情况和财务会计资料，造成涉税服务错误的

D. 涉税服务人员未按涉税专业服务协议的约定提供服务

E. 由于代理项目有了新的发展，代理内容超越了原代理约定的范围

22. 符合下列情形之一的增值税专用发票，列入异常凭证范围的有( )。

A. 非正常户纳税人未向税务机关申报或未按规定缴纳税款的增值税专用发票；

B. 纳税人丢失、被盗税控专用设备中未开具或已开具但已上传的增值税专用发票

C. 经国家税务总局、省税务局大数据分析发现，纳税人开具的增值税专用发票存在涉嫌虚开、未按规定缴纳消费税等情形

D. 增值税发票管理系统稽核比对发现"比对不符""缺联""作废"的增值税专用发票

E. 走逃(失联)企业存续经营期间发生销售货物名称严重背离的，所对应属期开具的增值税专用发票

23. 根据《税收征收管理法》的规定，下列属于税收强制执行措施的有( )。

A. 书面通知纳税人开户银行或者其他金融机构冻结纳税人的金额相当于应纳税款的存款

B. 扣押、查封、拍卖纳税人价值相当于应纳税款的商品、货物或者其他财产，以拍卖所得抵缴税款

C. 书面通知纳税人开户银行或者其他金融机构从其存款中扣缴税款

D. 扣押、查封纳税人的价值相当于应纳税款的商品、货物或其他财产

E. 依法拍卖或者变卖其价值相当于应纳税款的商品

24. 下列关于小规模纳税人自行开具增值税专用发票的说法正确的有( )。

A. 只有月销售额超过了10万元(或季销售额超过30万元)的小规模纳税人才可以自行开具增值税专用发票

B. 提供居民服务的小规模纳税人可以自行开具增值税专用发票

C. 自愿选择自行开具增值税专用发票的小规模纳税人销售其取得的不动产，需要开具增值税专用发票的，应该由税务机关为其代开

D. 小规模纳税人自行开具增值税专用发票的销售额应填列增值税纳税申报表(小规模纳税人适用)第3栏"税控器具开具

的普通发票不含税销售额"

E. 小规模纳税人自行开具增值税专用发票的销售额应填列增值税纳税申报表（小规模纳税人适用）第2栏"税务机关代开的增值税专用发票不含税销售额"

25. 下列属于制定质量制度遵循原则的有(   )。

A. 全面性原则

B. 责任清晰原则

C. 重要性原则

D. 制衡性原则

E. 成本效益原则

26. 某工业企业生产的是单一的机械产品，各期生产销售均衡，各期原材料、在产品和产成品都有一定数量的余额。税务师在该企业2019年决算报表编制后的汇算清缴时发现，该企业2019年8月有一笔在建工程领用材料20000元的账务处理为：

借：生产成本　　　　　　　22600

　　贷：原材料　　　　　　20000

　　　　应交税费——应交增值税（进项税额转出）　　　　　　　2600

税务师按照"比例分摊法"计算调整额。在调整2019年错账时，计入贷方调整的科目有(   )。

A. 原材料　　　　B. 生产成本

C. 库存商品　　　D. 本年利润

E. 以前年度损益调整

27. 《增值税纳税申报表附列资料（二）》中"二、进项税额转出额"中填写的项目有(   )。

A. 红字专用发票通知单注明的进项税额

B. 运输费用结算单据

C. 用于免税项目的进项税额

D. 上期留抵税额抵减欠税

E. 免抵退税办法出口货物不得抵扣进项税额抵减额

28. 下列各项中，不符合消费税纳税义务发生时间规定的有(   )。

A. 进口的应税消费品，为取得进口货物的当天

B. 纳税人采取赊销和分期收款结算方式的，为销售合同规定的收款日期的当天

C. 委托加工的应税消费品，为支付加工费的当天

D. 采取预收货款结算方式的，为收到预收款的当天

E. 纳税人自产自用的应税消费品，其纳税义务的发生时间，为移送使用的当天

29. 关于企业重组的所得税处理，下列表述正确的有(   )。

A. 在特殊性税务处理下，收购企业取得被收购企业股权的计税基础，以收购企业支付的股权部分原有计税基础确定

B. 企业发生债权转股权的，应当分解为债务清偿和股权投资两项业务，确认有关债务清偿所得或损失

C. 适用一般性税务处理时，企业分立相关企业的亏损可以相互结转弥补

D. 资产收购，所得税要适用特殊性处理规定，条件之一是受让企业收购的资产必须不低于转让企业全部资产的50%

E. 重组交易中，适用特殊性税务处理时，双方均不计算所得或损失

30. 下列关于个人所得税的说法，正确的有(   )。

A. 无论是居民个人还是非居民个人，均需要对工资薪金所得、劳务报酬所得、稿酬所得、特许权使用费所得按年综合征收个人所得税

B. 单位每月向员工支付工资薪金所得时，需要按照累计预扣法和7级超额预扣率预扣预缴个人所得税

C. 单位向劳务人员支付劳务报酬时，需要按照累计预扣法和7级超额预扣率预扣预缴个人所得税

D. 所有取得综合所得的纳税人在年度终了后都需要汇算清缴

E. 供货方给予购货方业务员钱某以免收

旅游费用方式奖励其境外旅游所发生的费用，按照"劳务报酬"缴纳所得税

三、简答题(共 5 题，每题 8 分，共 40 分)

1. 某企业为增值税一般纳税人，2019 年 10 月开始买卖金融商品，其转让损益通过"投资收益"核算。2019 年 10 月金融商品卖出价 105 万元，相应的买入价 120 万元，负差 15 万元；2019 年 11 月金融商品卖出价 110 万元，相应的买入价 102 万元，正差 8 万元；2019 年 12 月金融商品卖出价 150 万元，相应的买入价 148 万元，正差 2 万元。2020 年 1 月金融商品卖出价 140 万元，相应的买入价 134 万元，正差 6 万元。

问题：

(1)请作出该企业与转让金融商品有关的增值税的账务处理。

(2)并填列 2019 年 12 月份、2020 年 1 月份的附列资料(三)(服务、不动产和无形资产扣除项目明细)。

增值税纳税申报表附列资料(三)

(服务、不动产和无形资产扣除项目明细)

税款所属时间：　　年 月 日至 年 月 日

纳税人名称：(公章)　　　　　　　　　　　　　　　　　　金额单位：元至角分

项目及栏次		本期服务、不动产和无形资产价税合计额(免税销售额)	服务、不动产和无形资产扣除项目				
			期初余额	本期发生额	本期应扣除金额	本期实际扣除金额	期末余额
		1	2	3	4=2+3	5(5≤1 且 5≤4)	6=4-5
16%税率的项目	1						
10%税率的项目	2						
6%税率的项目(不含金融商品转让)	3						
6%税率的金融商品转让项目	4						
5%征收率的项目	5						
3%征收率的项目	6						
免抵退税的项目	7						
免税的项目	8						

2. 某汽车制造企业为增值税一般纳税人，2019 年 12 月有关生产经营业务如下：

(1)以交款提货方式销售 A 型小汽车 30 辆给汽车销售公司，每辆不含税售价 15 万元，开具增值税专用发票注明价款 450 万元，当月实际收回货款 430 万元，余款下月才能收回。

(2)销售 B 型小汽车 50 辆给特约经销商，每辆不含税单价 12 万元，向特约经销商开具了增值税专用发票，注明价款 600 万元、增值税 78 万元，另给予特约经销商 2%的折扣，在发票"备注"栏注明折扣额。

(3)将新研制生产的 C 型小汽车 5 辆销售给本企业的中层干部，每辆按成本价 10 万元出售，共计取得收入 50 万元，C 型小汽车尚无市场销售价格。

(4)购进机械设备取得增值税专用发票注明价款 20 万元、进项税额 2.6 万元，该设备当月投入使用。

(5)当月购进原材料取得增值税专用发票

注明金额 600 万元、进项税额 78 万元,购进原材料发生运输费用,取得一般纳税人开具的增值税专用发票上注明运费 20 万元。

(6)从小规模纳税人处购进汽车零部件,取得由当地税务机关代开的增值税专用发票注明价款 20 万元、进项税额 0.6 万元,取得运费的增值税专用发票上注明税额 0.14 万元。

2019 年 12 月该企业自行计算、申报缴纳的增值税和消费税如下:

①申报缴纳的增值税 = [430+600×(1-2%)+50]×13% - [2.6+78+20×9%+0.6] = 138.84-83 = 55.84(万元)

②申报缴纳的消费税 = [430+600×(1-2%)+50]×9% = 96.12(万元)

(说明:该企业生产的小汽车均适用 9% 的消费税税率,取得增值税专用发票当月认证)

要求:根据企业自行计算、申报缴纳增值税和消费税的处理情况,按资料顺序逐项指出企业的做法是否正确?简要说明理由(无需计算具体结果)。

3. A 房地产开发公司位于天津,于 2018 年 6 月开发建设 A 楼盘。为开发建设该楼盘,A 公司支付给政府部门的土地价款 3 亿元,按政府规定的赔偿标准,支付给被拆迁户(自然人)的拆迁补偿款 5000 万元。2019 年 5 月开始进行宣传,并收取了 1000 万元诚意金。2019 年 6 月 A 楼盘取得预售许可证,预售房屋,收取了 1.1 亿元的预收款,原有的 1000 万元诚意金也转做预收款。2020 年 1 月份将房屋交付业主,交付业主时房屋销售了 65%,已经收到 8.5 亿元的售房款,其中 6 亿元为预收款。65% 房屋的开发成本为 6.2 亿元。

其他相关资料:销售款项均含增值税。

请根据上述资料,回答下列问题:

(1)做出上述业务的账务处理。

(2)填写 2019 年 6 月份的《增值税预缴税款表》。

增值税预缴税款表

税款所属时间: 　年　月　日至　年　月　日

纳税人识别号:			是否适用一般计税方法		是□ 否□

纳税人名称:(公章)			金额单位:元(列至角分)		
项目编号			项目名称		
项目地址					

预征项目和栏次		销售额	扣除金额	预征率	预征税额
		1	2	3	4
	1				
	2				
	3				
	4				
	5				
合计	6				

(3)被拆迁户收到拆迁补偿款如何进行税务处理?

4. 张岚准备在 2019 年 3 月投资设立一家小型咨询公司(小规模纳税人),听说国家对于小型微利企业有各种税收优惠,于是前往鑫达税务师事务所咨询,咨询问题如下:

（1）如果公司月销售额 8 万左右，是否可以享受免征增值税的优惠？

（2）公司是否可以自行开具增值税专用发票？

（3）如果公司 2019 年的应纳税所得额可以达到 40 万元，如何计算缴纳企业所得税？

（4）假设当地省级政府规定，对于小规模纳税人的印花税可以减征 50%，如果张岚准备投资 50 万，企业需要缴纳多少印花税？

（5）公司成立后，为了拓展业务需要，购入一辆 30 万元的小汽车，是否可以在所得税前一次性扣除其成本费用？

请您作为税务师回答张岚的问题，并说明理由。

5. 甲股份有限公司是一家上市公司，公司一贯重视并不断完善研发人员的激励机制，2019 年相关业务如下：

（1）2019 年 3 月，研发人员王某行使公司股票期权计划，假设行权时股票的公允价值 35 元，行权数量 10 万股。已知，该股票期权设立于 2016 年初，股权激励协议规定：甲公司向 100 名高级研发人员每人授予 10 万股股票期权，行权条件为这些高级研发人员从授予股票期权之日起连续服务满 3 年；符合行权条件后，每持有 1 股股票期权可以自 2019 年 1 月 1 日起 1 年内，以每股 4 元的价格购买甲公司 1 股普通股股票，在行权期间内未行权的股票期权将失效。在 2016 年初至 2018 年末的等待期间，甲股份按会计的规定确认了相关的成本费用。

（2）甲公司为全体员工缴纳补充养老保险和补充医疗保险，金额分别占职工工资总额的 6.5%。

（3）企业为全体员工购买符合规定的商业健康保险，每人每月 300 元，企业直接在企业所得税前扣除，未将其并入职工工资计算个税。

就此事项，企业财务经理咨询税务师，请回答下列问题。

（1）该股权激励在授予、等待期和行权时的企业所得税扣除有何规定。

（2）王某在接受该股票期权和 2019 年 3 月行权时个人所得税政策，无需计算具体金额。

（3）该股权激励实际行权是否可以作为研究开发费享受企业所得税前加计扣除的政策。

（4）公司设立的补充养老保险和补充医疗保险，企业所得税扣除有何规定。

（5）公司为员工缴纳的补充养老保险和补充医疗保险，应如何征收个人所得税。

（6）企业为员工购买的商业健康保险的税务处理，是否正确并说明理由。

四、综合分析题（共 2 题，第 1 题 20 分，第 2 题 30 分，共 50 分）

1. 府城房地产开发公司为内资企业，公司于 2016 年 1 月 ~ 2020 年 2 月在市区开发"东丽家园"住宅项目，发生相关业务如下：

（1）2016 年 1 月通过竞拍获得一宗国有土地使用权，合同记载总价款 17000 万元，并规定 2016 年 3 月 1 日动工开发。由于公司资金短缺，于 2017 年 5 月才开始动工。因超过期限 1 年未进行开发建设，被政府相关部门按照规定征收土地受让总价款 20% 的土地闲置费。

（2）支付拆迁补偿费、前期工程费、基础设施费、公共配套设施费和间接开发费用合计 2450 万元。

（3）2019 年 6 月该项目竣工验收，应支付建筑企业工程总价款 3150 万元，根据合同约定当期实际支付价款为总价的 95%，剩余 5% 作为质量保证金留存两年，建筑企业按照工程总价款开具了发票。

（4）发生销售费用、管理费用 1200 万元。向商业银行借款的利息支出 600 万元，其中含超过贷款期限的利息和罚息 150 万元，已取得相关凭证。

（5）2019 年 5 月开始销售，可售总面积为

45000m²，截至 2019 年 8 月底销售面积为 40500m²，取得含税收入 40500 万元；尚余 4500m² 房屋未销售。

（6）2019 年 9 月主管税务机关要求房地产开发公司就"东丽家园"项目进行土地增值税清算，公司以该项目尚未销售完毕为由对此提出异议。

（7）2020 年 2 月底，公司将剩余 4500m² 房屋打包销售，收取含税价款 4320 万元。（其他相关资料：①当地适用的契税税率为 5%；②按照一般计税方法计算增值税，无法准确计算该项目应该缴纳的城市维护建设税和教育费附加；③其他开发费用扣除比例为 5%）

要求：根据上述资料，按序号回答下列问题，如有计算，每问需计算出合计数（不考虑印花税的影响）。

（1）简要说明主管税务机关于 2019 年 9 月要求府城房地产开发公司对该项目进行土地增值税清算的理由。

（2）在计算土地增值税和企业所得税时，对缴纳的土地闲置费是否可以扣除？

（3）计算 2019 年 9 月进行土地增值税清算时可扣除的土地成本金额。

（4）计算 2019 年 9 月进行土地增值税清算时可扣除的开发成本金额。

（5）在计算土地增值税和企业所得税时，对公司发生的借款利息支出如何进行税务处理？

（6）计算 2019 年 9 月进行土地增值税清算时可扣除的开发费用。

（7）计算 2019 年 9 月进行土地增值税清算时的增值额。

（8）计算 2019 年 9 月进行土地增值税清算时应缴纳的土地增值税。

（9）计算 2020 年 2 月公司打包销售的 4500m² 房屋的单位建筑面积成本费用。

（10）计算 2020 年 2 月公司打包销售的 4500m² 房屋的土地增值税。

2. 税务师受理某建筑安装企业 2020 年 3 月增

值税应纳税额计算、会计核算和编制纳税申报表及其附列资料。

税务师根据企业提供资料核实，该企业系增值税一般纳税人，从事建筑安装业务和不动产经营租赁业务，所有建筑服务业务均由直接管理的项目部施工或分包，建筑工程材料按项目发生地分别就近统一采购。结合企业的财务核算、增值税开票系统和其他相关资料，经税务师收集整理，当期发生与增值税相关的业务如下：

（一）收入方面

（1）与本地某房地产公司签订合同，承接其房地产项目的工程作业。该房产项目分两期开发，第一期项目《建筑工程施工许可证》上注明的开工日期是 2016 年 4 月 1 日，第二期项目《建筑工程施工许可证》上注明的开工日期是 2018 年 5 月 1 日。两个项目合同约定都是在完工时一次办理竣工结算。建安企业就上述两个项目的处理如下：

①第一期项目选择采用简易计税办法，本月竣工结算。收取工程款 3090 万元，开具增值税专用发票，款已收到，发生分包支出 412 万元。

②第二期项目采取一般计税办法，本月竣工结算。收取工程款 1635 万元，开具增值税专用发票；另收取抢工费 109 万元，开具企业自制的收款收据，款项均已收到。

（2）承接外省营改增后的建筑项目，采取一般计税办法，合同约定，完工后，一次办理竣工结算。本月竣工结算，收取工程款 2180 万元，开具增值税专用发票，款已收到，发生分包支出 872 万元。

（3）本月将外市的一间商铺出租，合同约定租金按月收取，每月收取租金 5.25 万元，开具增值税普通发票。该商铺是企业 2008 年购入，企业选择按简易办法计税。

（4）将本月在当地购置办公楼出租，合同约定每年租金 381.5 万元，当月一次性收取十年的租金，开具增值税专用发票，注明租金 3500 万元，税额 315 万元。

(5)将外省建筑项目竣工后剩余的板材出售，取得含税销售收入22.6万元，开具增值税专用发票，款项已收到。

(6)2019年8月完工已开具增值税专用发票的当地某项目(采取一般计税办法)，因存在质量问题，经协商退还工程款43.6万元，凭税务机关系统校验通过的《开具红字增值税专用发票信息表》开具红字专用发票，款项已退还。

(7)将营改增前以300万元购置的外省一间商铺出售，取得收入825万元。企业选择简易计税办法，开具增值税专用发票。

(8)将营改增前购置的一批旧的建筑设备出售，取得收入10.3万元，享受减税优惠，开具增值税普通发票。

(二)进项税额方面

(1)本月采购建筑工程材料均取得增值税专用发票，相关情况如下表所示：

建筑工程材料相关情况

工程项目发生地	材料种类	发票份数	发票不含税金额	发票注明税额
本地工程	钢材、板材等	1	1000万	130万
	砂石、混凝土等	1	300万	9万
外省工程	钢材、板材等	1	500万	65万
	砂石、混凝土等	2	200万	6万

(2)本月公司在当地购置办公楼一座，取得增值税专用发票一张，专用发票注明销售额8000万元，增值税税额为720万元，当月认证相符。

(3)本月支付房地产工程作业第一期项目发生的分包支出，分别取得增值税专用发票和增值税普通发票各一张。增值税专用发票记载金额和税额为：金额120万元，税额3.6万元；增值税普通发票记载金额288.4万元。

(4)本月支付本地房地产工程作业第二期项目与劳务派遣公司结算的劳务派遣服务费180万元，其中包括支付给劳务派遣员工的工资、福利和为其办理社会保险及住房公积金的费用148.5万元。劳务派遣公司选择适用差额纳税，分别开具了增值税专用发票和普通发票各一份，其中增值税专用发票载明：金额30万元，税额1.5万元。

(5)支付外省建筑项目的分包支出，取得增值税专用发票一张，记载金额和税额为：金额800万元，税额72万元。

(6)进口建筑专用设备，进口价100万元，报关进口时海关征收关税20万元，增值税15.6万元，分别取得海关完税凭证和海关进口增值税专用缴款书(本月报送电子数据，申请稽核比对)。

(7)本月向主管税务机关查询海关进口增值税专用缴款书稽核比对结果信息，上月申请比对的一份海关进口增值税专用缴款书已比对相符，为进口建筑设备，金额60万元，税额7.8万元。

(三)进项税额转出方面

(1)外省工程项目工地一批板材被盗，经盘点确认被盗板材的实际成本为20万元。

(2)本地房产项目工程作业第一期项目领用上月购进已经抵扣过进项税的建材一批，该批建筑成本100万元。

(四)其他情况

经核实企业上期期末留抵税额20万元，无待抵扣不动产进项税额，无服务、不动产和无形资产扣除项目期末余额及无税额抵减的期末余额。

当期开具的增值税发票都已按规定进行报税；取得的增值税专用发票都已通过增值税发票查询平台选择用于申报抵扣或通过扫描认证；企业选择简易计税办法和享受税收优惠都向主管税务机关办理备案手

续。预缴税款已经取得相应税务机关出具的完税凭证。

要求：

(1)根据上述资料，做出公司购置办公楼和出售商铺的涉税会计处理。

(2)根据上述资料，计算当期应纳的增值税。（单位：万元）

(3)根据上述资料，填写下列增值税纳税申报表的相应栏次，计算结果以元为单位。

增值税纳税申报表

（一般纳税人适用）

	项目	栏次	一般项目	
			本月数	本年累计
销售额	（一）按适用税率计税销售额	1		
	其中：应税货物销售额	2		
	应税劳务销售额	3		
	纳税检查调整的销售额	4		
	（二）按简易办法计税销售额	5		
	其中：纳税检查调整的销售额	6		
	（三）免、抵、退办法出口销售额	7		
	（四）免税销售额	8		
	其中：免税货物销售额	9		
	免税劳务销售额	10		
税款计算	销项税额	11		
	进项税额	12		
	上期留抵税额	13		
	进项税额转出	14		
	免、抵、退应退税额	15		
	按适用税率计算的纳税检查应补缴税额	16		
	应抵扣税额合计	17＝12+13-14-15+16		——
	实际抵扣税额	18(如17<11，则为17，否则为11)		
	应纳税额	19＝11-18		
	期末留抵税额	20＝17-18		
	简易计税办法计算的应纳税额	21		
	按简易计税办法计算的纳税检查应补缴税额	22		
	应纳税额减征额	23		
	应纳税额合计	24＝19+21-23		

项目	栏次	一般项目	
		本月数	本年累计
期初未缴税额(多缴为负数)	25		
实收出口开具专用缴款书退税额	26		
本期已缴税额	27＝28+29+30+31		
①分次预缴税额	28		——
②出口开具专用缴款书预缴税额	29		——
③本期缴纳上期应纳税额	30		——
④本期缴纳欠缴税额	31		——
期末未缴税额(多缴为负数)	32＝24+25+26−27		
其中:欠缴税额(≥0)	33＝25+26−27		——
本期应补(退)税额	34＝24−28−29		——
即征即退实际退税额	35	——	——
期初未缴查补税额	36		
本期入库查补税额	37		
期末未缴查补税额	38＝16+22+36−37		

（左栏合并单元格：税款缴纳）

预测试题(二)
参考答案及详细解析

一、单项选择题

1. D 【解析】房地产开发企业预售开发产品收到预收款时增值税纳税义务尚未发生,但需要预缴3%的增值税。房地产开发企业销售开发产品采用一般计税方法时,差额计算缴纳增值税,在取得土地时向其他单位或个人支付的拆迁补偿费用允许在计算销售额时扣除,但是支付的契税不得扣除。

2. B 【解析】税收保全措施是一种预防措施,只要税务机关有依据并且依照法定程序即可采取保全措施,无需查清全部事实。

3. A 【解析】未经委托人同意,鉴证人不得向任何第三方提供工作底稿,但下列情况

除外:
(1)税务机关因行政执法需要进行查阅的;
(2)涉税专业服务监管部门和行业自律部门因检查执业质量需要进行查阅的;
(3)法律、法规规定可以查阅的其他情形。

4. D 【解析】增值税欠税税额大于期末留抵税额,按期末留抵税额红字借记"应交税费——应交增值税(进项税额)"科目,红字贷记"应交税费——未交增值税"科目。

5. A 【解析】自2019年2月1日至2020年12月31日,对企业集团内单位(含企业集团)之间的资金无偿借贷行为,免征增值税。

6. D 【解析】对于生产、销售13%税率货物的纳税人而言,农产品适用10%的扣除率。由于饼干增值税税率为13%,因此按照10%的税率计算扣除农产品进项税额。从小规模纳税人手中购进农产品,只有在取得3%的增值税专用发票时才允许扣除

9%或10%的进项税额，取得普通发票，不得抵扣进项税额。

7. C 【解析】境内单位和个人以无运输工具承运方式提供的国际运输服务，由境内实际承运人适用增值税零税率；无运输工具承运业务的经营者适用增值税免税政策。

8. C 【解析】选项A，卷烟在批发环节征收11%的从价税，并按 0.005 元/支征收从量税；选项BD，对于包装物押金，除啤酒、黄酒以外的酒类产品的包装物押金，在收取时就需要计入销售额中，计算增值税和消费税；普通包装物押金在逾期时或者超过 12 个月时应当并入销售额征税。

9. C 【解析】选项A，对月销售额10万元（季度销售额30万元）以下的增值税小规模纳税人，免征增值税；选项B，该公司2019年应该缴纳企业所得税 = 100×25%×20%+（120-100）×50%×20% = 7（万元）；选项D，增值税小规模纳税人已依法享受资源税、城市维护建设税、房产税、城镇土地使用税、印花税、耕地占用税、教育费附加、地方教育附加其他优惠政策的，可叠加享受省级政府规定50%税额幅度内的减征优惠政策。

10. C 【解析】特许权使用费收入，按照合同约定的特许权使用人应付特许权使用费的日期确认收入的实现。

11. C 【解析】免税购进原材料金额 = 420000×60% = 252000（元）；免抵退税不得免征和抵扣税额 = 420000×（13%-11%）-252000×（13%-11%）= 3360（元）；应纳税额 = 350000×13%-（65000-3360）= -16140（元）；当期免抵退税额 = 420000×11%-252000×11% = 18480（元）；当期应退税额 = 16140（元）。

12. C 【解析】个人转让位于北京、上海、广州、深圳的非普通住房，持有 2 年以上的，应该差额计算缴纳增值税。张鑫应纳增值税 = （3890-1230）÷1.05×5% =

126.67（万元）。

13. A 【解析】无偿赠送的房产属于其配偶、父母、子女、祖父母、外祖父母、孙子女、外孙子女、兄弟姐妹，双方均免个人所得税，所以选项A正确，选项BC错误；选项D，受赠人转让受赠房屋的，以其转让受赠房屋的收入减除原捐赠人取得该房屋的实际购置成本以及赠与和转让过程中受赠人支付的相关税费后的余额，为受赠人的应纳税所得额，依法计征个人所得税，所以应纳税所得额 = 400-100-12-50 = 238（万元）。

14. C 【解析】对于由委托方提供主要材料或原料，受托方只提供辅助材料的加工合同，无论加工费和辅助金额是否分别记载，均以辅助材料与加工费的合计数，依照加工承揽合同计税贴花，对于委托方提供的主要材料或原料金额不计税贴花。所以原材料由学校提供，服装厂收取加工费，就是按加工费 10 万元按照加工承揽合同计算印花税。

15. C 【解析】选项A，超过贷款期限的利息部分和加收的罚息不允许作为利息支出在房地产开发费用中扣除。选项B，借款利息不能按项目分摊的，开发费用按（地价款+开发成本）×10%以内计算扣除。选项D，按规定代收的各项费用，如果代收费用是计入房价中向购买方一并收取的，可作为转让房地产所取得的收入计税；如果代收费用未计入房价中，而是在房价之外单独收取的，可以不作为转让房地产的收入。对于代收费用作为转让收入计税的，在计算扣除项目金额时，可予以扣除，但不允许作为加计 20% 扣除的基数；对于代收费用未作为转让房地产的收入计税的，在计算增值额时不允许扣除代收费用。

16. A 【解析】选项B，土地使用权未确定或权属纠纷未解决的，由实际使用人纳税；选项C，城镇土地使用税中所称的

"工矿区"，是指工商业比较发达，人口比较集中的大中型工矿企业所在地，工矿区的设立必须经过省级人民政府的批准；选项D，城镇土地使用税是对拥有土地使用权的单位和个人征收的。

17. B　【解析】选项A，产权出典的，由承典人纳税；选项C，房产税的征税范围不包括农村，农村地区的房产用于经营的，也不计征房产税；选项D，房地产开发企业建造的商品房，不征收房产税。房地产开发企业将开发的商品房自用、出租、出借的，自房屋使用或交付之次月起缴纳房产税。

18. B　【解析】纳税人在纳税期内没有应纳税款的，也应当按照规定办理纳税申报。

19. C　【解析】选项C，A公司将销售货物的方式详细划分为赊销业务、分期收款销售业务、直接收款业务等方式，这属于延期纳税的策划方法。

20. B　【解析】选项B，在对具体行政行为申请行政复议时，可一并向复议机关对有关规定提出审查申请，不能直接以抽象行政行为作为复议的对象。

二、多项选择题

21. AC　【解析】选项B，委托人自行实施或授意涉税服务人员实施违反国家法律、法规行为，经劝告仍不停止其违法活动，涉税专业服务机构才可以单方终止代理行为；选项D，涉税服务执业人员未按涉税专业服务协议的约定提供服务，是委托方可单方终止代理行为，而非涉税专业服务机构单方终止代理行为；选项E，如果双方同意增加或减少代理内容的，可以变更涉税服务关系。

22. ACDE　【解析】符合下列情形之一的增值税专用发票，列入异常凭证范围：
(1)纳税人丢失、被盗税控专用设备中未开具或已开具未上传的增值税专用发票；
(2)非正常户纳税人未向税务机关申报或未按规定缴纳税款的增值税专用发票；

(3)增值税发票管理系统稽核比对发现"比对不符""缺联""作废"的增值税专用发票；
(4)经国家税务总局、省税务局大数据分析发现，纳税人开具的增值税专用发票存在涉嫌虚开、未按规定缴纳消费税等情形的；
(5)走逃(失联)企业存续经营期间发生下列情形之一的，所对应属期开具的增值税专用发票列入：
①商贸企业购进、销售货物名称严重背离的；生产企业无实际生产加工能力且无委托加工，或生产能耗与销售情况严重不符，或购进货物并不能直接生产其销售的货物且无委托加工的。
②直接走逃失踪不纳税申报，或虽然申报但通过填列增值税纳税申报表相关栏次，规避税务机关审核比对，进行虚假申报的。

23. BCE　【解析】选项AD属于税收保全措施。

24. BE　【解析】自2020年2月1日起，除其他个人外，所有小规模纳税人均可以自行开具增值税专用发票。无论月销售额是否达到10万元(季度销售额30万)，均可以自愿使用增值税发票管理系统自行开具增值税专用发票。自愿选择自行开具增值税专用发票的小规模纳税人销售其取得的不动产，需要开具增值税专用发票的，税务机关不再为其代开。
试点纳税人在填写增值税纳税申报表时，应当将当期开具增值税专用发票的销售额，填写在"税务机关代开的增值税专用发票不含税销售额"的"本期数"相应栏次中。

25. ACDE　【解析】税务师事务所建立质量控制制度，应遵循以下原则：
(1)全面性原则；
(2)重要性原则；
(3)制衡性原则；

(4)适应性原则;

(5)成本效益原则。

26. BCE 【解析】错误的计入了"生产成本"科目,各期生产销售均衡,各期原材料、在产品和产成品都有一定数量的余额,所以应该调整"生产成本"及后续的"库存商品"和"主营业务成本"科目;由于是在次年决算报表编制后发现的差错,所以涉及损益的调整通过"以前年度损益调整"科目进行处理,而非通过"本年利润"科目。

27. ACDE 【解析】《增值税纳税申报表附列资料(二)》中"二、进项税额转出额"中反映的本期进项税额转出额中包括:免税货物用;集体福利、个人消费;非正常损失;按简易办法征税项目;免抵退税办法出口货物不得抵扣进项税额;纳税检查调减进项税额;红字专用发票通知单注明的进项税额;上期留抵税额抵减欠税;上期留抵税额退税;其他应作进项税额转出的情形。其中,免抵退税办法出口货物不得抵扣进项税额抵减额在表二第18行中用负数表示。

28. ACD 【解析】选项 A,进口的应税消费品,纳税义务发生时间为报关进口的当天;选项 C,委托加工的应税消费品,纳税义务发生时间是纳税人提货的当天;选项 D,纳税人采取预收货款结算方式的,其纳税义务的发生时间,为发出应税消费品的当天。

29. BD 【解析】选项 A,在特殊性税务处理下,收购企业取得被收购企业股权的计税基础,以被收购股权的原有计税基础确定;选项 C,适用一般性税务处理时,企业分立相关企业的亏损不得相互结转弥补;选项 E,重组交易中,适用特殊性规定时,对交易中股权支付部分暂不确认有关资产的转让所得或损失,其非股权支付部分仍应该在交易当期确认相应的资产转让所得或损失,并调整

相应资产的计税基础。非股权支付对应的资产转让所得或损失 =(被转让资产的公允价值–被转让资产的计税基础)×(非股权支付金额÷被转让资产的公允价值)。

30. BE 【解析】选项 A,只有对居民个人才有综合征收的概念,对于非居民个人的各项所得,均需要分类征收;选项 C,单位向劳务人员支付劳务报酬时,需要根据 3 级超额预扣率按次预扣个人所得税;选项 D,纳税人取得综合所得,在下列四种情况需要汇算清缴个人所得税:①从两处以上取得综合所得,且综合所得年收入额减除专项扣除的余额超过 6 万元;②取得劳务报酬所得、稿酬所得、特许权使用费所得中一项或者多项所得,且综合所得年收入额减除专项扣除的余额超过 6 万元;③纳税年度内预缴税额低于应纳税额;④纳税人申请退税。

三、简答题

1.【答案】

(1)①2019 年 10 月账务处理:

借:应交税费——转让金融商品应交增值税

8490.57

贷:投资收益 8490.57

②2019 年 11 月账务处理:

借:投资收益 4528.30

贷:应交税费——转让金融商品应交增值税 4528.30

由于 10 月份尚有负差未抵扣完毕,因此 11 月份无需缴纳增值税

③2019 年 12 月份与 20000 元转让收益相关的增值税的账务处理:

借:投资收益 1132.08

贷:应交税费——转让金融商品应交增值税 1132.08

由于 10 月份的负差未抵扣完毕,因此 12 月份无需缴纳增值税。

年末,由于 2019 年的负差不得结转到

2020年扣除，因此将"转让金融商品应交增值税"的借方进行结转。

借：投资收益　　　　　2830.19

　　贷：应交税费——转让金融商品应交增值税　　　　　2830.19

④2020年1月份与60000元转让收益相关的增值税的账务处理：

借：投资收益　　　　　3396.23

　　贷：应交税费——转让金融商品应交增值税　　　　　3396.23

缴纳增值税的账务处理：

借：应交税费——转让金融商品应交增值税　　　　　3396.23

　　贷：银行存款　　　　　3396.23

（2）

增值税纳税申报表附列资料（三）

（服务、不动产和无形资产扣除项目明细）

税款所属时间：2019年12月1日至2019年12月31日

纳税人名称：（公章）　　　　　　　　　　　　　　　　　　　　　金额单位：元至角分

项目及栏次		本期服务、不动产和无形资产价税合计额（免税销售额）	服务、不动产和无形资产扣除项目				
			期初余额	本期发生额	本期应扣除金额	本期实际扣除金额	期末余额
		1	2	3	4=2+3	5(5≤1且5≤4)	6=4-5
13%税率的项目	1						
9%税率的项目	2						
6%税率的项目（不含金融商品转让）	3						
6%税率的金融商品转让项目	4	1500000	70000	1480000	1550000	1500000	50000
5%征收率的项目	5						
3%征收率的项目	6						
免抵退税的项目	7						
免税的项目	8						

增值税纳税申报表附列资料（三）

（服务、不动产和无形资产扣除项目明细）

税款所属时间：2020年1月1日至2020年1月31日

纳税人名称：（公章）　　　　　　　　　　　　　　　　　　　　　金额单位：元至角分

项目及栏次		本期服务、不动产和无形资产价税合计额（免税销售额）	服务、不动产和无形资产扣除项目				
			期初余额	本期发生额	本期应扣除金额	本期实际扣除金额	期末余额
		1	2	3	4=2+3	5(5≤1且5≤4)	6=4-5
13%税率的项目	1						

项目及栏次		本期服务、不动产和无形资产价税合计额（免税销售额）	服务、不动产和无形资产扣除项目				
			期初余额	本期发生额	本期应扣除金额	本期实际扣除金额	期末余额
		1	2	3	4=2+3	5(5≤1且5≤4)	6=4-5
9%税率的项目	2						
6%税率的项目(不含金融商品转让)	3						
6%税率的金融商品转让项目	4	1400000	0	1340000	1340000	1340000	0
5%征收率的项目	5						
3%征收率的项目	6						
免抵退税的项目	7						
免税的项目	8						

『提示』 由于金融商品转让正负差只能在年度内结转，不能结转下一纳税年度，因此2020年的期初余额填写0。

2.【答案】

(1)交款提货方式销售的汽车30辆，由于已经全额开具了增值税专用发票，应该按照450万元确认为销售收入，企业按照430万元为销售收入计算有误，因此计算的增值税、消费税有误。

(2)销售给特约经销商的汽车50辆，折扣额未在同一张发票"金额"栏注明折扣额，而仅在发票的"备注"栏注明折扣额的，折扣额不得从销售额中减除。

(3)销售给本企业职工的汽车，按照成本价格计算税金，价格明显偏低，应该核定计税依据，由于没有同类销售价格，应该采用组成计税价格计算，企业按照成本价格50万元确认收入有误，所以计算出的增值税、消费税有误。

(4)企业购进机器设备，处理正确。

(5)当月购进原材料，处理正确。

(6)从小规模纳税人购进货物支付的运费取得增值税专用发票可以抵扣进项税额，企业没有计算，进项税额的计算有误。

3.【答案】

(1)账务处理

①支付土地出让金和拆迁补偿款

借：开发成本　　　　　350000000

　　贷：银行存款　　　　350000000

②2019年5月收到诚意金

借：银行存款　　　　　10000000

　　贷：其他应付款　　　　10000000

③2019年6月收到首付款

需要预缴增值税，预缴税款=120000000/1.09×3%=3302752.29(元)

借：银行存款　　　　　110000000

　　其他应付款　　　　　10000000

　　贷：预收账款　　　　120000000

借：应交税费——预交增值税

　　　　　　　　　　　3302752.29

　　贷：银行存款　　　　3302752.29

④2020年1月将房屋交付业主

借：预收账款　　　　　600000000

　　银行存款　　　　　250000000

　　贷：主营业务收入　　779816513.76

应交税费——应交增值税(销项税额)
　　　　　70183486.24

结转成本

借：主营业务成本　　　620000000

　　贷：开发产品　　　　620000000

销项税额抵减 = 350000000×65%÷1.09×9%
= 18784403.67(元)

借：应交税费——应交增值税(销项税额抵减)　　　18784403.67

　　贷：主营业务成本　　　18784403.67

(2)填写预缴税款表

增值税预缴税款表

税款所属时间：2019 年 6 月 1 日至 2019 年 6 月 30 日

纳税人识别号：　　　　　　是否适用一般计税方法　　　　　　是√　否□

纳税人名称：(公章)			金额单位：元(列至角分)		
项目编号			项目名称		
项目地址					
预征项目和栏次		销售额	扣除金额	预征率	预征税额
		1	2	3	4
销售不动产	1	120000000		3%	3302752.29
	2				
	3				
	4				
	5				
合计	6				

(3)被拆迁户的税务处理

被拆迁户无需缴纳增值税，无需缴纳土地增值税，无需缴纳个人所得税。

【思路点拨】(1)土地使用者将土地使用权归还给土地所有者，免增值税；

(2)因国家建设需要依法征用、收回的房地产或因城市实施规划、国家建设的需要而搬迁，由纳税人自行转让原房地产的，免征土地增值税。

(3)个人取得拆迁补偿款，免征个人所得税。

4.【答案】

(1)可以享受免增值税的优惠。对月销售额 10 万元(季度销售额 30 万元)以下的增值税小规模纳税人，免征增值税。

(2)可以自行开具增值税专用发票，截止到目前，除其他个人外，所有小规模纳税人均可以自开专票。无论小规模纳税人月销售额是否达到 10 万元(季度销售额 30 万元)，需要开具增值税专用发票的，均可以自愿使用增值税发票管理系统自行开具。

(3)该公司 2019 年的应纳税所得额为 40 万，未超过 300 万，如果从业人数未超过 300 人，资产总额未超过 5000 万元，可以享受小型微利企业的税收优惠，应纳企业所得税 = 40×25%×20% = 2(万元)。如果不符合小型微利企业的从业人数、资产总额条件，应纳企业所得税 = 40×25% = 10(万元)。

(4)应纳印花税 = 500000×50%×0.05%×50% = 62.5(元)

【思路点拨】 增值税小规模纳税人已依法享受资源税、城市维护建设税、房产税、城镇土地使用税、印花税、耕地占用税、教育费附加、地方教育附加其他优惠政策的，可叠加享受省级政府规定的减征50%优惠政策。

（5）可以。企业在2018年1月1日至2020年12月31日期间新购进的设备、器具，单位价值不超过500万元的，允许一次性计入当期成本费用在计算应纳税所得额时扣除，不再分年度计算折旧。其中设备、器具指的是除房屋、建筑物以外的固定资产。单价不超过500万元的小汽车可以一次性计入当期成本费用在计算应纳税所得额时扣除。

5.**【答案】**

（1）股权激励计划实行后，需要等待一定服务年限方可行权的，授予时企业不做处理，企业所得税也不涉及调整；等待期企业会计上计入相关成本费用，但是不得在对应年度计算企业所得税时扣除，应做纳税调整；行权后，上市公司可以根据实际行权时该股票的公允价格与激励对象实际行权支付价格的差额和数量，计算确定作为当年上市公司工资薪金支出予以扣除。

（2）员工接受实施股票期权计划企业授予的股票期权时，除另有规定外，一般不作为应税所得征税。此时，王某不用缴纳个人所得税。

2019年1月1日至2021年12月31日之间，股权激励收入不并入当年综合所得，全额单独适用综合所得税率表，计算纳税。计算公式为：

应纳税额=股权激励收入×适用税率-速算扣除数

（3）在职直接从事研发活动人员的工资、薪金、奖金等可以作为企业的研究开发费，享受加计扣除的优惠。

（4）甲公司为全体员工缴纳的补充养老保险费、补充医疗保险费，分别在不超过职工工资总额5%标准内的部分，在计算应纳税所得额时准予扣除；超过的部分，不予扣除。甲公司所支付的超过扣除标准的1.5%的部分不能在企业所得税前扣除，在计算缴纳企业所得税时需要纳税调增。

（5）甲公司根据国家有关政策规定的办法和标准为全体员工缴纳的补充养老保险，在计入个人账户时，个人暂不缴纳个人所得税。

甲公司为全体员工缴纳的补充医疗保险费，应并入职工的当月工资一并缴纳个人所得税。

（6）企业为员工购买的商业健康保险的税务处理，不正确。单位统一为员工购买符合规定的商业健康保险产品的支出，应分别计入员工个人工资薪金，视同个人购买。对个人购买符合规定的商业健康保险产品的支出，允许在当年（月）计算应纳税所得额时予以税前扣除，扣除限额为2400元/年（200元/月）。

四、综合分析题

1.**【答案】**

（1）已竣工验收的房地产开发项目，已转让的房地产建筑面积占整个项目可售建筑面积的比例在85%以上的，主管税务机关可要求纳税人进行土地增值税清算。

府城房地产开发公司截至2019年8月底已经销售了40500m²的建筑面积，占全部可销售面积45000m²的90%，已经达到了主管税务机关可要求纳税人进行土地增值税清算的条件。

（2）房地产开发企业逾期开发缴纳的土地闲置费在土地增值税税前不得扣除，但在企业所得税税前可以扣除。

（3）可以扣除的土地成本金额=（17000+17000×5%）×90%=16065（万元）

（4）可以扣除的开发成本金额=（2450+3150）×90%=5040（万元）

（5）超过贷款期限 150 万元的利息和罚息在土地增值税税前不能扣除，在企业所得税税前可以扣除。在土地增值税税前可以扣除的利息支出为 450 万元，在企业所得税税前可以扣除的利息支出是 600 万元。

（6）可以扣除的开发费用 =（600−150）×90%+（16065+5040）×5% = 1460.25（万元）

（7）预缴增值税 = 40500/1.09 × 3% = 1114.68（万元）

可以扣除的转让环节税金 = 1114.68×（7%+3%+2%）= 133.76（万元）

扣除项目金额 = 16065 + 5040 + 1460.25 + 133.76+（16065 + 5040）× 20% = 26920.01（万元）

抵减后的销项税额 = 40500 ÷ 1.09 × 9% − 17000×90%÷1.09×9% = 2080.73（万元）

应税收入 = 40500−2080.73 = 38419.27（万元）

增值额 = 38419.27 − 26920.01 = 11499.26（万元）

（8）增值率 = 11499.26 ÷ 26920.01×100% = 42.72%

应纳土地增值税 = 11499.26 × 30% = 3449.78（万元）

（9）单位建筑面积成本费用 = 26920.01÷40500 = 0.66（万元）

（10）扣除项目 = 0.66×4500 = 2970（万元）

抵减后的销项税额 = 4320 ÷ 1.09 × 9% − 17000×10%÷1.09×9% = 216.33（万元）

应税收入 = 4320−216.33 = 4103.67（万元）

增值额 = 4103.67−2970 = 1133.67（万元）

增值率 = 1133.67÷2970×100% = 38.17%

应纳土地增值税 = 1133.67×30% = 340.10（万元）

【思路点拨】国税发〔2006〕187 号规定：在土地增值税清算时未转让的房地产，清算后销售或有偿转让的，纳税人应按规定进行土地增值税的纳税申报，扣除项目金额按清算时的单位建筑面积成本费用乘以销售或转让面积计算。

单位建筑面积成本费用 = 清算时的扣除项目总金额÷清算的总建筑面积

2.【答案】

（1）购入办公楼：

借：固定资产　　　　　　　　　80000000
　　应交税费——应交增值税（进项税额）
　　　　　　　　　　　　　　　　7200000
　　　贷：银行存款　　　　　　 87200000

出售商铺：

向不动产所在地税务机关预缴税款：

借：应交税费——简易计税　　　 250000
　　　贷：银行存款　　　　　　　 250000

当期，企业向机构所在地主管税务机关纳税申报

借：银行存款　　　　　　　　　8250000
　　　贷：固定资产清理　　　　 8000000
　　　　　应交税费——简易计税　 250000

（2）计算当期应纳增值税：

①销项税额：

房产项目工程作业第二期项目 =（1635 + 109）÷（1+9%）×9% = 144（万元）

外省营改增后的建筑项目 = 2180÷（1+9%）×9% = 180（万元）

当地购置办公楼出租 = 315（万元）

外省建筑项目竣工后剩余的板材出售 = 22.6÷（1+13%）×13% = 2.6（万元）

退还工程款抵减本期销项税 = 43.6÷（1+9%）×9% = 3.6（万元）

销项税额合计 = 144+180+315+2.6−3.6 = 638（万元）

②进项税额：

本地工程进项税额 = 130+9 = 139（万元）

【思路点拨】本地工程同时包括一般计税项目和简易计税项目，购入建材无法区分用于那个项目，先全部计入进项税额，再做进项税额转出。

外省工程进项税额 = 65+6 = 71（万元）

购置办公楼进项税额：720（万元）

房地产工程作业第一期项目适用简易计税

办法，分包支出已经差额纳税，进项税额不能重复抵扣。

房地产工程作业第二期项目劳务派遣支出进项税额=1.5(万元)

外省营改增后的建筑项目分包支出进项税额=72(万元)

进口设备进项税额=7.8(万元)

【思路点拨】本月进口设备进项税15.6万元因未取得稽核比对相符信息，进项税额先计入待认证进项税额，待比对相符后，再转入进项税额抵扣。

进项税额合计=139+71+720+1.5+72+7.8=1011.3(万元)

③进项税额转出

本地工程建材不得抵扣的进项税额=139×3000÷(3000+1600)=90.65(万元)*

【思路点拨】将进项税额按照简易计税项目和一般计税项目的销售额比例分摊，其中按照简易计税项目的进项税额不能抵扣，作进项税额转出。

板材被盗进项税额转出=20×13%=2.6(万元)

房产项目工程作业第一期项目(简易计税项目)领用已经抵扣过的建材进项税转出=100×13%=13(万元)

进项税额转出合计=90.65+2.6+13=106.25(万元)

④简易计税办法应纳增值税：

房产项目工程作业第一期项目=(3090-412)÷(1+3%)×3%=78(万元)

外市商铺出租=5.25÷(1+5%)×5%=0.25(万元)

出售外省商铺=(825-300)÷(1+5%)×5%=25(万元)

旧设备出售=10.3÷(1+3%)×2%=0.2(万元)

简易计税办法应纳税额合计=78+0.25+25+0.2=103.45(万元)

⑤预缴增值税：

承接外省营改增后的建筑项目=(2180-872)÷(1+9%)×2%=24(万元)

出租外市商铺=5.25÷(1+5%)×5%=0.25(万元)

出售外省商铺=(825-300)÷(1+5%)×5%=25(万元)

合计预缴增值税=24+0.25+25=49.25(万元)

当期应纳税额：

一般计税方法应纳税额=638-(1011.3-106.25)-20=-287.05(万元)

当期应纳税额=0+103.45-49.25=54.2(万元)

(3)

增值税纳税申报表

(一般纳税人适用)

项目		栏次	一般项目		即征即退项目	
			本月数	本年累计	本月数	本年累计
销售额	(一)按适用税率计税销售额	1	70800000			
	其中：应税货物销售额	2	200000			
	应税劳务销售额	3				

---

* 对于不得抵扣的进项税额如何计算有各种各样的争议，比如在计算比例时是否应该将非相关项目的销售额纳入计算公式等。由于本题中给出的无法准确划分的材料款是用于建筑工程的，因此在本题中我们按照工程中的一般计税和简易计税的销售额比例计算不得抵扣的进项税额，特此说明。

项目		栏次	一般项目		即征即退项目	
			本月数	本年累计	本月数	本年累计
销售额	纳税检查调整的销售额	4				
	(二)按简易办法计税销售额	5	38007142.86			
	其中：纳税检查调整的销售额	6				
	(三)免、抵、退办法出口销售额	7			——	——
	(四)免税销售额	8			——	——
	其中：免税货物销售额	9			——	——
	免税劳务销售额	10			——	——
税款计算	销项税额	11	6380000			
	进项税额	12	10113000			
	上期留抵税额	13	200000			
	进项税额转出	14	1062500			
	免、抵、退应退税额	15			——	——
	按适用税率计算的纳税检查应补缴税额	16			——	——
	应抵扣税额合计	17=12+13-14-15+16	9250500	——		——
	实际抵扣税额	18(如17<11，则为17，否则为11)	6380000			
	应纳税额	19=11-18	-			
	期末留抵税额	20=17-18	2870500			——
	简易计税办法计算的应纳税额	21	1035500			
	按简易计税办法计算的纳税检查应补缴税额	22				
	应纳税额减征额	23	1000			
	应纳税额合计	24=19+21-23	1034500			
税款缴纳	期初未缴税额(多缴为负数)	25				
	实收出口开具专用缴款书退税额	26			——	——
	本期已缴税额	27=28+29+30+31	492500			
	①分次预缴税额	28	492500	——		——
	②出口开具专用缴款书预缴税额	29				
	③本期缴纳上期应纳税额	30				
	④本期缴纳欠缴税额	31				
	期末未缴税额(多缴为负数)	32=24+25+26-27	542000			
	其中：欠缴税额(≥0)	33=25+26-27	——	——		——

项目		栏次	一般项目		即征即退项目	
			本月数	本年累计	本月数	本年累计
税款缴纳	本期应补(退)税额	34 = 24−28−29	542000	——		——
	即征即退实际退税额	35	——	——		
	期初未缴查补税额	36			——	——
	本期入库查补税额	37			——	——
	期末未缴查补税额	38 = 16+22+36−37			——	——

【思路点拨】 第 5 栏数字 = 30900000/1.03+50000+8250000/1.05+103000/1.03 = 38007142.86

附录:

新型冠状病毒感染的肺炎疫情期间相关政策总结

政策类别	具体政策	注意事项
支持防护救治的税收政策	工作补助和奖金免征个税	自 2020 年 1 月 1 日起,对参加疫情防治工作的医务人员和防疫工作者按照政府规定标准取得的临时性工作补助和奖金,免征个税。政府规定标准包括各级政府规定的补助和奖金标准; 对省级及省级以上人民政府规定的对参与疫情防控人员的临时性工作补助和奖金,比照执行
	医药防护用品等免征个税	自 2020 年 1 月 1 日起,单位发给个人用于预防新型冠状病毒感染的肺炎的药品、医疗用品和防护用品等实物(不包括现金),不计入工资、薪金收入,免征个税
支持物资供应的税收政策	增量留抵税额	对疫情防控重点保障物资生产企业全额退还增值税增量留抵税额 (1)疫情防控重点保障物资生产企业名单:由省级及省级以上发展改革部门、工业和信息化部门确定。 (2)增量留抵税额:与2019 年 12 月底相比新增加的期末留抵税额。 (3)疫情防控重点保障物资生产企业可以按月向主管税务机关申请全额退还增值税增量留抵税额
	疫情防控重点保障物资运输收入免征增值税	纳税人提供疫情防控重点保障物资运输收入免征增值税 (1)疫情防控重点保障物资的具体范围:由国家发展改革委、工业和信息化部确定。 (2)纳税人按规定适用免征增值税政策的,不得开具增值税专用发票。 (3)免征增值税的规定,相应的进项税额不允许抵扣,要考虑进项税额转出的问题。 (4)免征增值税的,免征城市维护建设税、教育费附加、地方教育附加
	受疫情影响严重行业免增值税	纳税人提供公共交通运输服务、生活服务及居民必需生活物资快递收派服务收入免征增值税。 【知识点拨】公共交通运输服务、生活服务、快递收派服务:按照财税【2016】36 确定
	防控疫情物资免征关税	对卫生健康主管部门组织进口的直接用于防控疫情物资免征关税
鼓励公益捐赠的税收政策	无偿捐赠免征流转税及附加	自 2020 年 1 月 1 日起,单位和个体工商户将自产、委托加工或购买的货物,通过公益性社会组织和县级以上人民政府及其部门等国家机关或者直接向承担疫情防治任务的医院,无偿捐赠用于应对新型冠状病毒感染的肺炎疫情的,免征增值税、消费税、城市维护建设税、教育费附加、地方教育附加。 【知识点拨】不能开专票,只能开普票
	捐赠所得税前全额扣除	(1)通过公益性社会组织或县级以上人民政府及其部门等国家机关捐赠应对疫情的现金和物品允许企业所得税或个税税前全额扣除。 【知识点拨】全额扣除的范围不仅包括物品,还包括现金。 (2)自 2020 年 1 月 1 日起,企业和个人直接向承担疫情防治任务的医院捐赠用于应对新型冠状病毒感染的肺炎疫情的物品,允许在计算企业所得税或个税应纳税所得额时全额扣除。 【知识点拨 1】仅限于物品,不包括现金。 【知识点拨 2】捐赠人凭承担疫情防治任务的医院开具的捐赠接收函办理税前扣除事宜,并留存备查

政策类别	具体政策	注意事项
鼓励公益捐赠的税收政策	扩大捐赠免税进口范围	自 2020 年 1 月 1 日至 2020 年 3 月 31 日，对捐赠用于疫情防控的进口物资，免征进口关税和进口环节增值税、消费税。 (1)进口物资增加试剂，消毒物品，防护用品，救护车、防疫车、消毒用车、应急指挥车。 (2)免税范围增加国内有关政府部门、企事业单位、社会团体、个人以及来华或在华的外国公民从境外或海关特殊监管区域进口并直接捐赠；境内加工贸易企业捐赠。 (3)受赠人增加省级民政部门或其指定的单位。省级民政部门将指定的单位名单函告所在地直属海关及省级税务部门
支持复工复产的税收政策与社保政策	延长亏损结转年限	受疫情影响较大的困难行业企业2020 年度发生的亏损最长结转年限延长至 8 年。 (1)困难行业企业：交通运输、餐饮、住宿、旅游(指旅行社及相关服务、游览景区管理两类)四大类，具体判断标准按照现行《国民经济行业分类》执行。困难行业企业2020 年度主营业务收入须占收入总额(剔除不征税收入和投资收益)的50%以上。 (2)应当在2020 年度企业所得税汇算清缴(2021.5.31 之前)时，通过电子税务局提交《适用延长亏损结转年限政策声明》
	调整征收率	自 2020 年 3 月 1 日至 12 月 31 日(最新政策)： (1)对湖北省增值税小规模纳税人，适用 3%征收率的应税销售收入，免征增值税；适用 3%预征率的预缴增值税项目，暂停预缴增值税。 (2)除湖北省外，其他省、自治区、直辖市的增值税小规模纳税人，适用3%征收率的应税销售收入，减按1%征收率征收增值税；适用 3%预征率的预缴增值税项目，减按1%预征率预缴增值税。 应纳税额＝含税销售额/(1+1%)×1% 【知识点拨】降低征收率的政策仅适用于3%征收率的应税销售收入，对于适用 5%征收率的应税销售收入，不减免

社保政策	三项社会保险(基本养老保险、失业保险、工伤保险)	湖北省	可免征各类参保单位(不含机关事业单位)三项社会保险单位缴费部分，免征期限不超过 5 个月
			受疫情影响生产经营出现严重困难的企业，可申请缓缴社会保险费，缓缴期限原则上不超过 6 个月，缓缴期间免收滞纳金
		其他地区	可免征中小微企业三项社会保险单位缴费部分，免征期限不超过 5 个月。 中小微的划分标准按照《关于印发中小企业划型标准规定的通知》(工信部联企业〔2011〕300 号)执行
			对大型企业等其他参保单位(不含机关事业单位)三项社会保险单位缴费部分可减半征收，减征期限不超过 3 个月
	职工医保		对职工医保单位缴费部分实行减半征收，减征期限不超过 5 个月
			统筹基金累计结存可支付月数大于 6 个月的统筹地区，可实施减征
			可支付月数小于 6 个月但确有必要减征的统筹地区，由各省指导统筹考虑安排
			缓缴政策可继续执行，缓缴期限原则上不超过 6 个月，缓缴期间免收滞纳金

办税程序	"非接触式"网上办税缴费事项清单185 项(了解)

致亲爱的读者

  "梦想成真"系列辅导丛书自出版以来，以严谨细致的专业内容和清晰简洁的编撰风格受到了广大读者的一致好评，但因水平和时间有限，书中难免会存在一些疏漏和错误。读者如有发现本书不足，可扫描"扫我来纠错"二维码上传纠错信息，审核后每处错误奖励10元购课代金券。（多人反馈同一错误，只奖励首位反馈者。请关注"中华会计网校"微信公众号接收奖励通知。）

  在此，诚恳地希望各位学员不吝批评指正，帮助我们不断提高完善。

  邮箱：mxcc@cdeledu.com

  微博：@ 正保文化

扫我来纠错

中华会计网校
微信公众号